악의 이유들

: 기독교 신정론

악의 이유들

기독교 신정론

손호현 지음

동연

추천의 글

손호현 교수의 저서는 한마디로 대작이다. 양적으로나 질적으로
모든 면에서 탁월하다. 그의 땀과 눈물, 기도와 사유가 만들어 낸
이 작품은 문체나 구성이 세심하고 아름다우며, 내용은 풍성하다.
신정론의 주제 아래 다뤄질 수 있는 논의와 논쟁, 문제점과 해결책이
이 책에 다 담겼다고 해도 과언이 아니다. 저자가 분류해 놓은 신정론의
유형들과 다루고 있는 자료들을 보면, 유신론과 무신론, 다신론, 악마
론, 성서와 신학과 철학, 문학과 예술, 과학기술과 의학, 고대와 중세,
근대 그리고 현대를 넘나들며 펼쳐놓은 다채로운 신정론의 거대한
향연에 감탄하지 않을 수 없다. 저자는 다양한 유형의 신정론을 삶의
험한 파도를 넘어가려는 '이론의 뗏목'으로 규정하며, 그 안에 지금까지
전개되었던 '신과 악의 공존 가능성에 대한 이론적 성찰'을 꼼꼼하고
촘촘하게 정리해 놓았다. 이 책에 소개된 신정론의 유형은 모두 17가지
로 다음과 같다: 무신론, 다신론, 악마론, 분열 인격론, 자유의지
신정론, 교육적 신정론, 내세의 신정론, 역사의 신정론, 교제의 신정론,
예정의 신정론, 과정 신정론, 무악론, 신정론 없는 위안, 논리적 신정론,
미학적 신정론, 기술적 신정론, 성서적 신정론. 이런 점에서 이 책은
교과서나 참고서로서도 손색이 없다.

하지만 이 저서에서 단순히 이론의 뗏목만을 봐서는 안 된다.
우리는 그 뗏목 아래에서 위협적으로 출렁이는 악의 파도와 뗏목이
닿고자 하는 미지의 지평도 읽을 수 있어야 한다. 논리정연한 전개와

치밀한 사유, 풍부한 참고 자료의 전문성과 더불어 신정론의 물음과 답변의 장구한 여정을 스케치하며 저자가 가리키고 있는 저 너머의 지평도 보아야 한다. 물음과 답변, 체계와 해체의 반복 속에서 이론의 뗏목이 도달한 곳은 어디인가?

신과 악의 공존 가능성을 언어와 사유의 체계 속에 담으려는 모든 이론의 뗏목은 파편화되고 부서지고 만다. "악은 우리를 체계 없는 나그네로 만든다." 성공도 아니지만 그렇다고 실패도 아니다. 새로운 출발점에 도달한 셈이다. 이론이 침몰할 때, 새로운 사유가 떠오른다. 서구의 존재 사유로부터 철저하게 배제되거나 부정적으로 묘사되었던 무와 어두움에서 하나님 사유의 새로운 빛을 감지하고 저자는 이제 '무로부터의 신정론'을 말하고자 한다. 이때 무(*nihil*)는 하나님의 새로운 이름이다. 무의 하나님은 언어와 사유의 체계에 갇혀 있을 수 없는 '빛나는 어두움'이며, '언어 너머의 무로 표현되는 '침묵의 하나님'이다.

저자는 '신비로의 환원'(*reductio in mysterium*)을 택한 것일까? 신학적 언어가 도달할 수 있는 끝점, 그 깊은 침묵의 호흡에서 저자는 무로부터 창조하시는 하나님과 씨름하고 있었다. 최종적인 답변을 찾고자 하는 신정론의 여정은 계속될 것이고, 하나님과의 씨름은 삶을 더욱 진솔하게 만들 것이다. 이론의 뗏목 유무와 상관없이 질퍽한 고난의 파도를 버텨낼 그 힘은 하나님을 향한 멈출 수 없는 질문에서 오는 것이 아닐까. 그래서 저자는 "신정론은 우리의 인간성과 초월적 신비를 지키는 과제"라고 말한다.

팬데믹과 기후 위기, 인간 정체성의 혼란, 혐오와 배제의 정치에 직면하여 신정론의 물음은 날카로워졌고, 깊이 있는 신학적 사유는 더욱 절실해졌다. 그렇기에 이 책의 출간을 환영하지 않을 수 없다. 반갑고 감사하다. 신정론의 어두컴컴한 사유의 숲을 탐험하고자 하는 이에게 이 책은 좋은 안내자가 되기에 충분하다.

박영식
서울신학대학교 교수, 『고난과 하나님의 전능』의 저자

머리말

"나는 사마리아 여인입니다. 내 임은 다섯입니다. 고유종교, 유교, 불교, 장로교 또 무교회교. 그러나 그 어느 것도 내 영혼의 주인일 수는 없습니다. 지금 내가 같이 있는 퀘이커도 내 영혼의 주는 아닙니다."[1]

당신의 고단한 인생과 격랑 속의 한국 역사를 되돌아본 함석헌咸錫憲 (1901~1989) 선생님의 고백입니다. 원래 '주宔'는 등잔의 접시 위에 불꽃이 타고 있는 모습을 상형화한 글자입니다. 등불은 어둠을 가만히 응시하는 용기입니다. 비교할 염치도 없지만, 이 저서『악의 이유들』도 구걸하는 심정으로 어둠을 응시하며 영혼의 배고픔을 채우고자 한 시도였습니다. 작년에 작고하신 소금 유동식柳東植(1922~2022) 선생님 께서는 보시 중에서 가장 큰 보시는 법보시法布施라고 말씀해주셨습니다. 이 책에서 법보시를 베푸신 모든 사상의 거인들에게 감사와 애정과 존경의 마음을 드립니다.

'신정론 세미나'에서 악과 고통과 하나님의 문제를 함께 고민하고 토론해준 연세대학교 대학원 학생들께 감사를 드립니다. 과분하고 넘치는 '추천의 글'을 써주신 서울신학대학교의 박영식 교수님께 감사를 드립니다. 신정론이라는 '신학의 자갈길'을 함께 벗으로 걸으며 의지가 되었습니다. 셸링의 신정론 부분을 읽고 같이 논의해준 숭실대

---

1 함석헌, 『함석헌 저작집』 15 (파주: 한길사, 2009), 29.

학교의 이용주 교수님께 감사를 드립니다. 그가 없었다면 저질렀을 셸링에 대한 오해들을 생각하니 함께 연세에서 수학한 동무로서 고마움과 애정을 느낍니다. 한국에서의 연구년 동안 구약성경 신정론의 근원적 성격에 대해 조언과 대화를 나누어 주셨던 마빈 스위니^{Marvin Sweeney} 교수님께 감사를 드립니다. 유대인이기도 한 그와의 사귐은 제도적 종교를 넘어서는 거룩한 우정이 가능하다는 것을 가르쳐 주었습니다. 신약성경의 신정론에 대한 거시적 안목을 제공해 준 연세대학교 김학철 교수님께 감사를 드립니다. 엄정하고 탁월한 그의 학문적 견해는 항상 든든하고 신뢰할 수 있는 조언이었습니다. 이 책의 출판이 가능하도록 허락해주신 동연출판사 김영호 대표님께 감사를 드립니다. 신학은 학교와 교회의 강단에서만이 아니라 거리 한복판에서 출판을 통해서도 가능하다는 것을 보여주셨습니다. 적지 않은 분량의 원고를 편집하는 데 수고해주신 이희도 그리고 박선주 편집자님께 감사를 드립니다. 삶의 바다를 가족으로 함께 건너가는 아내 민지화와 산유와 인우에게도 감사를 드립니다. 무엇보다도 복음적 실존이라는 초월의 가난한 마음을 가르쳐주신 저의 스승님 유동식 선생님께 그리움과 감사의 마음을 드립니다. 하늘 나그네의 발꿈치를 조금이라도 그림자처럼 뒤쫓아 밟으며 걸어가고자 합니다.

어느 늦은 봄에
손호현

차 례

1 장

신정론과 유형론

I. 신정론의 역사: 예수, 바울, 라이프니츠

기독교 신정론의 역사는 예수에게로 거슬러 올라간다. 예수가 신정론의 질문을 가장 먼저 제기했다. "나의 하나님, 나의 하나님 어찌하여 나를 버리셨나이까"(막 15:34; 마 27:46). 어둠이 내린 십자가 위에 달린 채 크게 소리쳐 부르짖은 예수의 외침이었고 항변이었다. 모든 기독교 신정론은 여기서 시작한다. 기독교인에게 있어서 "하나님, 왜?"라는 신정론의 질문은 처음부터, 기독교 종교의 출발점부터 시편 22편 1절의 고뇌의 질문을 인용하여 고함친 예수에게서 시작한다. 제임스 크랜쇼James L. Crenshaw에 따르면 "최초의 기독교인들에게 있어서, '나의 하나님, 나의 하나님 어찌하여 나를 버리셨나이까'라는 예수의 입술을 통해 물어진 시편 22편의 질문은 신앙의 순종이 가져온 결과들에 대한 진정한 혼란을 표현한 것이다. 또한 그것이 시편 22편이 처음에 기록된 이유이기도 하다."[1] 기독교 신정론의 창시자는 다름 아닌 예수 자신이다.

이러한 신앙의 질문은 사도 바울의 구체적인 변증의 프로젝트로서 계승된다. 로마서에서 바울은 비록 선택받은 민족인 이스라엘이라도 잘못이 있을 때는 징벌하신다는 하나님의 심판의 정당성을 이렇게 옹호하고 있다.

> 세상 모든 사람이 거짓말쟁이라 하더라도 하나님만은 언제나 진실하십니다. 성서에도, "당신의 말씀에는 언제나 정의가 드러나고 재판을 받으시면

---

[1] James L. Crenshaw, *Defending God: Biblical Responses to the Problem of Evil* (Oxford: Oxford University Press, 2005), 17.

반드시 이기십니다"라는 말씀이 있지 않습니까?[2] 우리의 불의(ἀδικία)가 오히려 하나님의 정의(θεου δικαιοσύνην)를 드러낸다고 하면 어떻게 되겠습니까? 그렇다면 우리에게 진노를 내리시는 하나님을 옳지 않다고 말할 수 있겠습니까?(롬 3:4-5)

바울에게 신정론은 하나님의 진노와 심판이 정당하다는 것을 옹호하는 것이었다. 위 바울의 진술에서 나중에 17세기에 신정론神正論(theodicy)이라는 새로운 용어가 조어造語되는 데 필요한 두 요소, 곧 '하나님'(θεός, theos)과 '정의'(δικαιοσύνη, dikaiosune 혹은 보다 짧게 δίκη, díke)의 결합을 우리는 발견할 수 있다. '하나님의 정의'가 다름 아닌 하나님의 진노와 심판을 통해 드러나는 것이다.

여기서 바울은 인간의 '불의'와 거기에 진노의 징벌을 내리시는 '하나님의 정의'가 대조되는 일종의 재판裁判 상황을 전제하고 있다. 물론 이러한 재판은 역사적 소송이라기보다는 종말론적인 소송이다. 하지만 그것은 이미 신앙인의 마음이라는 사유의 재판정에서도 예견적으로 수행되고 있다. 에른스트 케제만Ernst Käsemann은 바울의 소송 상황을 이렇게 설명한다: "여기서 명백히 드러나는 사실은 바울이 역사를 세상과 하나님 사이의 소송으로 보는데 이것은 최후의 심판에서 비로소 종결지어지며, 그때에는 한 편의 승리와 다른 편의 패배만이 유일한 결론으로서 나타나리라는 것이다."[3]

하나님의 정의 혹은 옳으심을 옹호하는 바울의 이러한 가상적 재판 상황은 17세기에 와서 공식적인 이름을 부여받게 된다. 철학자

---

2 시편 50:6b.
3 에른스트 케제만, 『로마서』 (서울: 한국신학연구소, 1986), 140.

라이프니츠$^{G. W. Leibniz}$는 1690년대부터 '하나님(*theos*)의 정의(*díke*)'를 옹호하는 변증을 '신정론'(*théodicée*)이라는 새로운 이름으로 부르지만, 아쉽게도 그는 한 번도 용어의 뜻에 대해 엄밀한 정의를 제공하지는 않는다.[4] 심지어 자신의 1710년 프랑스어 초판『신의 선함과 인간의 자유와 악의 기원에 대한 신정론 에세이들』에서도 라이프니츠는 제목에 포함된 '신정론'이라는 말을 설명하지 않으며, 본문 어디에서도 이 용어를 다시 사용하지도 않는다.[5] 따라서 우리는 라이프니츠의

---

4 '신정론'(*théodicée*)이라는 프랑스어 용어는 1697년 라이프니츠가 쓴 한 편지에서 처음으로 사용되었다(Magliabechi에게 보낸 편지). John Hick, *Evil and the God of Love*, 개정판 (New York: Harper & Row, 1977), 6. 라이프니츠가 신정론이란 용어를 한 번도 정의하지 않은 사실에 대해서는 Mark Larrimore, *The Problem of Evil: A Reader* (Oxford: Blackwell, 2001), 191을 참조하라. 케네스 수린(Kenneth Surin)은 '신정론'이라는 용어의 이러한 철학적 태생을 문제시하며 신정론은 철학자의 과제이지 신학자의 과제는 아니라고 주장한다: "신정론 문제가 정경화된 (곧 현재의) 형태로 확고하게 형성된 17세기 때부터 신정론의 '하나님'은 대부분 '철학자들의 하나님'으로 알려진 신성이었다." Kenneth Surin, *Theology and the Problem of Evil* (Oxford: Basil Blackwell Inc., 1986), 3. 신정론의 담론의 형식도 이런 철학적 유신론의 형식 안에서 이루어진다고 수린은 비판한다: "사실상 신정론 질문의 거의 모든 현대적 논의는 암시적으로든 혹은 명시적으로든 '17세기와 18세기의 철학적 유신론'(philosophical theism)의 원리들을 전제하며 이루어진다"(*ibid.*, 4). 나아가 수린은 이런 철학적 신정론이 가지는 세 가지 문제점을 구체적으로 지적한다. '계몽주의 전통의 유산'(*ibid.*, 39ff.), '신정론의 추상적인 악 개념'(46ff.) 그리고 '합리성을 초월하는 것에 대한 이성의 적용으로서의 신정론'(52ff.)이 그것이다. 하지만 본인은 예수와 바울의 경우에서도 드러나듯이 신정론이라는 17세기 용어의 철학적 기원과는 별개로 신정론이 다루는 고통과 악의 문제는 인류의 역사만큼이나 오래된 인류의 보편적인 주제라고 본다. 또한 수린이 지적하는 철학적 신정론의 비역사성(ahistoricity), 추상성(abstraction), 합리성(rationality)은 우리가 경계해야 할 여러 어려움을 잘 요약하고 있다. 하지만 그것들은 철학이라는 태생적 한계에서 기인하는 어려움이라기보다는, 철학과 신학을 포함한 모든 인간 사유의 한계상황과 근원적 약점을 드러내는 것으로 생각한다. 철학적 신정론을 피한다고 이러한 어려움을 피할 수 있는 것은 아니다. 그렇기에 오히려 신학자는 신정론 담론을 구체적으로 직면하고 사유하고 개선해야 한다.

5 이하『신정론』으로 표기한다. 프랑스어 원전의 제목은 *Essais de Théodicée sur la bonté de Dieu, la liberté de l'homme et l'origine du mal* (1710)이다. 본인이 사용한 번역본은 G. W. Leibniz, *Theodicy: Essays on the Goodness of God, the Freedom of Man and the Origin of Evil*, ed. Austin Farrer and trans. E. M. Huggard (New Haven: Yale University

관련된 여러 진술들을 통해 그가 사용하는 신정론의 의미를 간접적으로만 추측할 수 있을 뿐이다.

라이프니츠에 따르면 "하나님이 행하신 것은 최고라는 것을 단지 믿을 뿐만 아니라 또한 알아야만 한다."[6] "우리에게 알려진 하나님의 무한한 지혜에 대해서 우리는 다음의 결론을 내린다. 우리가 경험하는 악은 허용돼야만 했다."[7] 허용된 악으로 인해 하나님을 반대하는 견해에 대응하는 세 가지 다른 동기를 라이프니츠는 구분한다. 곧 그것은 "반대를 이해하려거나, 증명하려 하거나, 대답하려는 것"이다.[8] 여기서 마지막 세 번째 '대답하려는 것'이 라이프니츠의 『신정론』 저서의 동기이다. 나아가 신비를 옹호하는 신정론자라고 하더라도 자신의 '대답'을 위해 신비 자체의 행동을 모두 설명해야 할 의무가 있는 것은 아니라고 그는 본다. 신비의 이유를 실제로 알아야 한다는 것은 인간 조건을 넘어서는 요구이기 때문이다. "반대자는 신비가 거짓이라는 것을 증명하고자 목표한다. 하지만 옹호자는 신비를 수용하면서도, 그런 신비를 증명하지는 못한다는 데 동의한다."[9] 신정론자는 악을 허용하는 "하나님의 이유를 발견하고자 하는 것이 아니라, 하나님이 그런 이유를 결핍하실 수는 없다는 것을 보여주고자 하는 것이다."[10] 신정론이란 하나님의 실제적 이유에 대한 지식이 아니라, 하나님의 가능한 이유에 대한 추측이다. 따라서 신정론자에게는 신비

Press, 1982)이다.

6 Leibniz, *Theodicy*, 98.

7 *Ibid.*, 99.

8 *Ibid.*, 105.

9 *Ibid.*, 106.

10 *Ibid.*, 209.

를 신비로 인정하면서도 "하나님의 행위를 옹호하는 천 가지 길들이 존재한다."11

II. 악의 종류: 도덕적 악, 자연적 악, 형이상학적 악

우리는 악의 존재를 설명하기 어렵다는 것은 대체로 손쉽게 동의하지만, 반대로 선을 설명하기도 동일하게 어렵다는 것은 별로 인식하지

---

11 *Ibid.*, 181. 라이프니츠에 대한 해석자들의 여러 비판에도 불구하고 이른바 우리의 현재 세계가 '가능한 세계들 중 최고의 세계'라는 라이프니츠의 미학적 신정론은 하나님이 세상에 악을 허용하는 '실제적' 이유(a real reason)를 안다는 주장이라기보다는 오히려 하나님이 어떤 '가능한' 이유(a possible reason)에서(특히 미학적 이유에서) 그렇게 악을 허용하셨을 수도 있다는 합리적 가설을 제공하는 것으로 이해되어야 할 것이다. 이러한 맥락에서 라이프니츠의 신정론은 앨빈 플랜팅가(Alvin C. Plantinga)의 논의와 유사한 점을 가진다. 플랜팅가는 '신정론'(theodicy)과 '옹호론'(defense)을 다음과 같이 구분한다. 전자의 '신정론'은 "악을 허용하는 하나님의 이유를 구체적으로 진술하려는 시도"인 반면에 후자의 '옹호론'은 "하나님의 이유가 '무엇인지'(is) 말하는 것을 목표로 하는 것이 아니라, 하나님의 이유가 '무엇일 수도 있는지'(might possibly be) 그 가능성을 말하는 것을 최대한의 목표로 하는 것이다." Alvin C. Plantinga, *God, Freedom, and Evil* (Grand Rapids, Michigan: William B. Eerdmans Publishing Company, 1977), 27-28. 라이프니츠의 신정론과 플랜팅가의 옹호론은 둘 다 하나님과 악의 공존 가능성을 합리적으로 그리고 가설적으로 지지하는 시도이다. 따라서 하나님과 악의 공존 가능성을 믿는 사람이 하나님이 악을 허용하는 '실제적' 이유는 알지 못한다고 고백한다고 해서 그가 전혀 합리적인 신앙을 갖지 못한 것으로 평가되어서는 안 될 것이다. 그것은 인간 인식의 조건이 부여한 한계를 넘어서는 요구이다. 반대로 그 한계를 부정적 혹은 긍정적 확언을 통해 불법적으로 넘어서려는 것은 오히려 언어의 우상을 제작하는 지적 타락이다. 플랜팅가의 말처럼, "왜 하나님이 악을 허용하는지 유신론자가 모른다는 사실이 유신론자에 대한 흥미로운 사실일 수는 있지만, 그러한 사실 자체가 하나님에 대한 신앙의 합리성에 대해서는 아무것도 혹은 거의 아무것도 보여주지는 못한다." *Ibid.*, 10. 어떠한 진지한 신정론자도 하나님의 '실제적' 이유를 안다고 주장하지는 않을 것이지만, 그렇다고 그러한 이유에서 신정론자가 합리성을 결여한 것도 아닐 것이다. 카를 라너가 지적하듯, "고난의 이해 불가능성은 하나님의 이해 불가능성의 한 부분이다." Karl Rahner, *Theological Investigations*, vol. 19, 206.

못한다. 『철학의 위안』에서 보에티우스^{Boethius}는 신정론이라는 동전의
반대편을 이렇게 표현한 적이 있다.

> 만약 하나님이 존재한다면, 악은 어디에서 오는가? 하지만 만약 하나님이
> 존재하지 않는다면, 선은 어디에서 오는가?(*Si quidem deus est, unde*
> *mala? Bona vero unde, si non est?*)[12]

풍경, 생명, 아름다움, 커피 향내, 음악, 좋은 책들, 사랑, 예술가,
신학자, 어머니 등등 우리가 경험하는 선은 너무도 자명한 듯 보여서
실제로 그것을 설명하려 할 때 오히려 쉽지 않은 경우가 종종 있다.
나아가 어떤 현상 혹은 범주에 대한 설명이 그 범주 안의 구체적인
경우들 혹은 모든 경험에 대한 설명은 아닌 때도 있다. 음악의 예를
하나만 들어보자. 찰스 하트숀^{Charles Hartshorne}은 과정 사상을 대표하는
철학자이자 신학자이지만 또한 야생 조류의 음악에 관심을 가지고
저술까지 남긴다. 그의 저작 『타고 난 노래꾼』에서 하트숀은 단지
음악의 현상이 인간에게만 독특한 것이 아니며, 더욱 일반적인 차원에
서 생명을 가진 동물계에서도 발견된다는 일종의 '생물음악론^{生物音樂}
^論'(biomusicology)을 주장한다.[13] 나아가 어떤 한 새의 노래를 설명하
는 것은 단지 그가 속한 조류의 종^種(species)에 대한 음악적 설명으로

---

12 Boethius, *The Consolation of Philosophy*, 1.4.105. 손호현, 『아름다움과 악: 2권, 아우구
   스티누스의 미학과 신정론』(서울: 한들, 2009), 136에 인용된다.

13 Charles Hartshorne, *Born To Sing: An Interpretation and World Survey of Bird Song*
   (Bloomington: Indiana University Press, 1973), xi. 원래 '생물음악론'이란 개념은 헝가
   리 음악학자인 소케(Peter Szöke)가 제안한 것으로, 하트숀은 그것을 새들의 음악에 관
   한 자신의 연구에 적용한다.

대체될 수 없고, 각각의 새들이 지닌 환원될 수 없이 고유한 예술성에 기초하여 개체의 독특성을 주목해야 한다고 주장한다.

> 원시적 노래를 가진 새들의 경우보다, 세련된 노래를 가진 새들이 더욱 잘 동료 새들의 노래를 '모방'하며, (애완동물의 감금 상태처럼) 어떤 특별한 경우에는 다른 종의 노래를 모방하기도 한다. 마치 인간 음악가들과 마찬가지로, 이러한 새들은 음악적으로 둔감한 생물들보다 훨씬 강렬하고 보편적으로 다양한 소리 패턴들에 흥미를 느낀다.[14]

모차르트와 비틀즈를 우리가 단지 '인간 음악가들'이 만든 동일한 음악이라고 취급할 수 없는 것처럼 새들의 음악도 마찬가지이다. 동일한 종의 새들이라고 하더라도 평균보다 더 많은 노래의 레퍼토리를 가진 개체들도 있고, 종종 인간의 노래까지 따라 부를 수 있는 예외적인 예술가 새들도 있다. 개체의 환원 불가능한 독특성이 얼마나 종의 일반화라는 사유에서 벗어나는지 보여주는 것이다.

악과 고통의 경우도 마찬가지다. 궁극적으로 악은 일반화시켜서 설명할 수 없다. 고통도 온전히 의사소통할 수는 없다. 신정론의 '이론'은 구체적인 시간의, 구체적인 장소에서, 구체적인 개인이 겪는, 구체적인 악의 경험을 구체적으로 설명할 수는 없다. 모든 이론은 개체의 단독성이라는 암초에 파선(破船)할 수밖에 없다. 그것이 이론이라는 일반성이 지니는 논리적 한계이다. 신정론 이론은 구체적 악의 경험을 온전히 설명하기 위해 존재한다기보다는 인간이 존재하고

---

14 Hartshorne, *Born To Sing*, 12-13.

생존하는 데 필요한 최소한의 이론적 지도地圖(map), 곧 인간의 대략적인 존재론적 위치 감각과 방향 감각을 제공하는 일종의 가상적 지형으로 기능한다. 지도는 세계를 재현하지 않고 요약할 뿐이다. 신정론의 이론은 항상 선험적 개방성을 가진다. 그것은 경험이라는 미학적 연속체를 최소한의 논리적 덩어리로 일반화시키고 재단하는 가설의 시도로서, 항상 수정될 가능성을 지닌 이론적 지도이다. 이런 제한적인 기능을 수행하기 위해 우리는 아래에서 먼저 악의 종류들에 대해 논의할 것이다. 악의 유형론은 우리가 경험하는 구체적인 악이 어떤 범주에 속하는지 확정적으로 결정하지도 않으며 혹은 또 다른 범주의 악은 존재할 수 없다고 배제하지도 않는다. 단지 고통과 악의 경험에도 불구하고 우리가 일반화라는 인간 사유의 조건과 한계를 핑계로 전혀 자신과 이웃의 고통에 대해 사유하지 않고 침묵하려는 실수는 피하고자 하는 것이다.

라이프니츠는 보에티우스의 질문을 이어받으며[15] 악의 종류를 세 가지로 제시한다. 도덕적 악, 물리적 악, 형이상학적 악이 그것이다.

> 악은 형이상학적으로, 물리적으로 그리고 도덕적으로 이해될 수 있다. 형이상학적 악(*malum metaphysicum*)은 단지 불완전성不完全性을, 물리적 악(*malum physicum*)은 고통苦痛을 그리고 도덕적 악(*malum morale*)은 죄罪를 가리킨다.[16]

여기서 '도덕적 악'이란 인간의 의도적인 범죄를 가리킨다. '물리적

---

15 *"Si Deus est, unde malum? Si non est, unde bonum?"*, Leibniz, *Theodicy*, 135(20절).
16 Leibniz, *Theodicy*, 136(21절).

악'은 자연재해 혹은 하나님의 징벌 등으로 인류가 겪게 되는 신체적·정신적 고통을 가리키는 것으로, 자연적 악(natural evil)이라고 불리는 것에 상당 부분 상응한다.17 반면 '형이상학적 악'은 라이프니츠가 고유하게 제안하는 범주이다. 그것은 도덕적 악이 발생하기 이전에도 존재하는 피조물의 근원적인 불완전성, 곧 라이프니츠가 "죄를 범하기 이전에 피조물이 부여받은 본래적 불완전성"(an original imperfection in the creature before sin)이라고 표현한 피조물의 존재론적 조건 혹은 상황을 가리킨다.18 피조물로 존재한다는 것은 벗어날 수 없는 형이상학적 악의 상황 안에서 존재하는 것이다. 형이상학적 악이란 "피조물이 자신의 존재가 최초로 시작될 때 부여받을 수밖에 없는 본래적 한계"를 뜻하기 때문이다.19 이런 의미에서 창조의 순간부터 피조물은 최소한 형이상학적 악이라는 타락의 상황 안에서 존재할 수밖에 없는 것이다. 창조의 순간이 바로 타락의 순간이다.

형이상학적 악은 유한성 자체이다. 피조물의 불완전성은 상대적 개념으로 완전성을 요구한다. 하나님의 완전성과 대조되는 피조물의 존재 자체가 근원적으로 볼 때 형이상학적 악이다. 하나님은 영원하시지만, 피조물은 죽음을 향하는 가사적^{可死的} 존재이다. 왜 피조물은

---

17 '자연적 악'이란 자연의 현상이 인간에게 물리적 악과 고통을 가져오는 것을 가리킨다.
18 Leibniz, *Theodicy*, 135(20절). 물론 피조물의 불완전성이 어떤 선재하는 범죄로 인해 발생한 일종의 심판 혹은 징벌의 상태, 곧 타락의 상태라는 견해도 매우 오래된 고전적 생각이다. 예를 들어 아우구스티누스의 신플라톤주의적 신정론이 그러한 견해를 제시한다. 라이프니츠 자신도 "악이란 존재의 결핍이다"라는 아우구스티누스의 진술을 옹호하며 형이상학적 악을 아우구스티누스와 관련하여 언급한다(*ibid.*, 140 혹은 29절). 하지만 라이프니츠의 형이상학적 악은 이전의 개념들과는 다른 새로운 독창적 개념이다. 피조물의 불완전성이 죄와 타락의 파생적 결과라기보다는 우리가 피조된 '원래적' 상태라고 그가 보기 때문이다.
19 *Ibid.*, 141-142(31절).

'본래적 불완전성'으로서의 형이상학적 악의 상태가 아니라, 하나님의 완전성을 가진 존재로 창조될 수는 없었는가? 이 지점에서 라이프니츠는 이른바 '풍성함'의 미학적 신정론(aesthetic theodicy of 'plenitude')이라고 부를 수 있는 고전적 대답을 사용한다: "왜냐하면 하나님은 피조물을 또 다른 하나님으로 만들지 않고 피조물에게 모든 것을 부여할 수는 없었기 때문이다. 사물들의 완성에는 다른 정도들이 존재해야만 하고, 모든 종류의 한계들에도 또한 그러해야만 하는 것이다."[20] 피조물은 피조물로 존재하기 위해서는 본래적으로 불완전해야 한다. 만물이 존재하려면, 만물은 본래적으로 불평등해야 한다. 만일 만물이 평등하다면, 오직 한 종류의 평등한 피조물만 여럿 존재할 것이다.

이러한 라이프니츠의 풍성함의 논리는 토마스 아퀴나스의 신 존재 증명을 통해 설명될 수도 있다. 『신학대전』에서 아퀴나스는 운동運動, 결과結果, 우연偶然, 단계段階, 질서秩序를 통한 5가지 신 존재 증명의 방법들을 제시한다(Thomas Aquinas, *Summa Theologiae*, 1a. q2. a3). 여기서 네 번째 증명, 곧 사물들의 단계로부터의 신 존재 증명은 피조물들의 불완전성의 단계들을 거쳐 완전성 자체의 하나님에게로 올라간다는 신플라톤주의적 추론을 적용한 것이다.

---

20 *Ibid.*, 142(31절). "과연 전능한 하나님이 '피조물'을 '또 다른 하나님'처럼 창조할 수는 없었는가"는 사실 어려운 문제다. 여기에서 라이프니츠의 견해는 하나님의 전능성이라고 하더라도 논리적으로 모순되는 일은, 곧 '피조물'이면서 동시에 창조자 같은 '또 다른 하나님'의 존재를 만드는 일은 할 수 없다고 보는 것이다. 하지만 하나님의 전능성의 절대성을 보다 강조하는 데카르트와 같이 사상가들은 하나님이 논리적으로 혹은 수학적으로 모순되는 일도 하실 수 있다고 본다. 하나님의 전능성에 대해서는 논리적 신정론을 다룰 때 다시 논의하게 될 것이다.

존재하는 사물들에서 어떤 사물은 보다 더, 다른 사물은 보다 덜 선하고 참되고 고귀하다. 하지만 "보다 더" 혹은 "보다 덜"이라는 것은 사물들이 어떤 최대치^{最大値}(maximum)를 다른 방식으로 닮기 때문에 거기에 더해지는 수식어이다. 예를 들어 어떤 사물이 최고로 뜨거운 존재를 가깝게 닮을수록 그 닮음의 정도에 따라 뜨겁다. 따라서 가장 참되고, 가장 최선이고, 가장 고귀한 존재가 있고, 따라서 결과적으로 존재에 있어서도 가장 최대의 존재가 있는 것이다. 왜냐하면 [아리스토텔레스의] 『형이상학』 2권에 있는 것처럼, 진리에서 가장 최대치는 존재에서도 가장 최대치이다. 어떠한 종류에 있어서도, 최대는 그 종류 속의 모든 것들의 원인이다. 예를 들어 그 책에 적혀있는 것처럼, 열의 최대치인 불은 모든 뜨거운 것들의 원인이다. 따라서 모든 존재자에 있어 그것들의 존재, 선함 그리고 다른 모든 완벽성(perfection)의 원인이 있어야만 하고, 이것을 우리는 하나님(*Deus*)이라고 부른다.[21]

토마스 아퀴나스와 라이프니츠에게 있어 하나님의 완벽성은 다른 피조된 존재들의 필연적인 불완전성을 논리적으로 그리고 신학적으로 산출하게 된다. 모든 피조물은 존재의 위계질서, 곧 러브조이가 "거대한 존재의 사슬"(*The Great Chain of Being*)이라고 부른 우주의 질서 안에서 각각의 자리를 가지는 것이다.[22] 하지만 '최대치'(maximum)라는 꼭대기에는 항상 하나님의 완벽성이 위치한다. 이러한 고대와 중세의 형이상학에서 볼 때 피조물이 존재한다는 것은 불완전하게 존재한

21 *STI*, q.2, a.3, c; 리차드 빌라데서, 『신학적 미학』 (서울: 한국신학연구소, 2001), 219-220.
22 Arthur O. Lovejoy, *The Great Chain of Being: A Study of the History of an Idea* (Cambridge, MA: Harvard University Press, 1936).

다는 것과 동의어이다. 라이프니츠의 형이상학적 악이란 우리 존재의 유한성 자체를 뜻한다. 만물이 존재하기 위해서 만물은 불완전한 것이다.

그렇다면 도덕적 악, 물리적 악, 형이상학적 악 사이의 관계는 무엇인가? 라이프니츠는 도덕적 악이나 물리적 악보다 더 근원적이고 선행적인 것이 형이상학적 악이라고 보았다. 도덕적 악은 인간 등과 같이 지성적 피조물 일부에게만 적용되지만, 유한성의 조건이라는 형이상학적 악은 모든 존재하는 피조물에게 보편적으로 적용되기 때문이다. 따라서 라이프니츠는 하나님이 유일하게 인간의 유익만을 위해 다른 모든 피조물을 도구로서 창조하셨다는 과거의 인간중심주의적 신학에 동의하지 않는다. "만물은 오직 인간을 위해서 피조되었다"는 견해를 그는 "구식의 그리고 이제는 더는 신빙성이 없는 격언"이라고 평가한다.23

라이프니츠에게 있어 형이상학적 악이 지니는 선행성 혹은 우선성은 그의 악마에 대한 논의에서도 잘 드러난다. 악마가 인간의 죄의 원인이라고 보는 당시의 통속적인 종교적 견해와는 달리 라이프니츠

---

23 Leibniz, *Theodicy*, 189(118절). 인간과 다른 피조물들의 가치를 비교하며 논의하는 맥락에서 라이프니츠는 형이상학적 선악과 도덕적 혹은 물리적 선악의 경중에 대해서도 언급한다: "따라서 합리적인 피조물들의 도덕적 혹은 물리적 선과 악이 가지는 가치가 단지 형이상학적인 선과 악, 곧 다른 피조물들의 완성이 가지는 가치보다 무한히 크지는 않다." *Ibid.*, 188(118절). 물론 여기서 라이프니츠의 논의가 도덕적, 물리적, 형이상학적 악의 관계를 직접적으로 규정하지는 않는다. 합리적인 피조물들의 도덕적 악 혹은 물리적 악이 지니는 부정적 가치가 비합리적인 피조물들의 형이상학적 악이 지니는 부정적 가치보다 무한히 크지는 않다는 정도의 주장이기 때문이다. 그럼에도 우리는 라이프니츠의 추가적인 논의들에 기초하여 그가 최소한 논리적 혹은 시간적 선행성의 차원에서는 형이상학적 악이 다른 악들보다 더 근원적이라고 주장하였다고 해석할 수 있다.

는 악마의 유혹으로 발생하는 도덕적 악보다 시간적으로 더 선행하고, 논리적으로 더 우선하는 것이 형이상학적 악이라고 본다.

악의 원인과 관련하여, 악마가 죄의 저자(author)라고 말하는 것은 옳다. 하지만 죄의 기원(origin)은 거기서 더 먼 곳에 놓여 있다. 죄의 기원은 피조물들의 본래적 불완전성에 있는 것이다. 그것이 피조물들로 하여금 죄를 지을 수 있도록 했으며, 사물들의 질서 안에서 이러한 능력이 행동을 불러일으키는 상황들이 존재하는 것이다.[24]

악마의 유혹으로 발생하는 도덕적 악보다 더 과거의 기원적인 위치에 놓인 것이 피조물들의 원초적인 유한성 자체인 것이다. 『신정론』의 후반부에서 라이프니츠는 도덕적 악, 물리적 악, 형이상학적 악 사이의 관계를 이렇게 결론 내린다.

본인은 '자유의지'가 범죄의 악의 바로 가까운 원인(the proximate cause)이며, 따라서 결과적으로 징벌의 악의 그것이기도 하다는 것을 증명하였다. 그럼에도 불구하고 영원한 관념들[이데아들] 안에 이미 존재하던 '피조물들의 본래적 불완전성'이 최초의 그리고 가장 앞선 원인(the first and most remote cause)이다.[25]

---

24 Leibniz, *Theodicy*, 221(156절). 여기서 라이프니츠는 악마가 '죄의 기원자'(the originator of sin)라고 주장하는 베일(M. Bayle)의 주장을 반박하는 맥락에서 형이상학적 악의 근원성을 주장하고 있다(*ibid.*).

25 *Ibid.*, 302-303(288절).

여기서 '범죄의 악'은 도덕적 악의 다른 표현이며, '징벌의 악'은 그러한 도덕적 악의 징벌로서 경험하게 되는 고통 혹은 물리적 악을 가리킨다. 따라서 라이프니츠의 위의 인용문에 따르면, 자유의지가 아니라 "피조물들의 본래적 불완전성"으로서의 형이상학적 악이 "[논리적으로] 최초의 그리고 [시간적으로] 가장 앞선 원인"이다. 아담의 자유로운 타락 이전에 아담과 뱀이라는 피조된 존재들이 있었고, 그들 이전에는 하나님만이 계셨다.

본인은 악의 종류에 대한 라이프니츠의 삼중적 구분을 유용한 도구로 사용할 것이지만, '형이상학적 악'의 우선성에 대한 그의 주장을 논란 없이 증명된 것으로 전제하지는 않을 것이다. 또한 악의 종류를 도덕적, 자연적, 형이상학적 악으로 나누는 것이 각각 서로에게 아무 관계가 없다고 주장하기 위해서도 아니다. 이것들은 단지 다른 세 가지 악이라기보다는 근원적인 악의 여러 양태 중에서 우리가 경험하는 대표적인 세 가지가 아닐까 추측한다. 나아가 이러한 세 양태의 관계는 다양한 방식으로 다르게 생각될 수 있을 것이다. 분명 라이프니츠는 형이상학적 악이 가장 근원적인 악이라고 보았다. 반면 모든 신정론자가 그렇게 생각하지는 않는다. 오히려 전통적으로는 도덕적 악이 가장 근원적인 지위를 가지는 것으로 여겨졌다.

예를 들어 아우구스티누스St. Augustine는 영혼의 기원에 대한 고대의 여러 이론, 곧 ① 단일 영혼설, ② 책임 계승설, ③ 신적 임무설, ④ 자유 추락설 등을 성찰하면서 인간의 유한성이라는 형이상학적 조건이 이미 선재하던 영혼의 도덕적 타락 혹은 하강으로 인한 하나님의 심판 결과라고 보았다.[26] 다시 말해 그는 영혼의 기원에 대한 네 가지 이론 중 어떤 입장도 기독교 신앙과 본질적으로 양립 불가능한 것은 아니라고 생각했다. 또한 네 입장 중 기독교 신앙이 어떤 관점을 취하더라도 "영혼들이 자기 죄에 형벌을 치르고 있는 것"이라는 근원적 사실을 보여주기에 우리는 "다른 더 먼 데서 죄의 원인을 찾아서는 안 된다"고 아우구스티누스는 생각했다.27 라이프니츠처럼 도덕적 악과 자연적 악을 형이상학적 악에 소급시키고 환원시킨 것이 아니라, 오히려 아우구스티누스는 여기서 형이상학적 악과 자연적 악의 뿌리를 궁극적으로 영혼의 '교만'(superbia)이라는 도덕적 악으로 소급시키고 있는 것이다.28

또 다른 견해의 예로 화이트헤드Alfred North Whitehead는 자연적 악과 도덕적 악이 사실은 동일한 존재의 보편적 자유에 기초한다는 이론적 가능성을 제시하였다. 자연적 악도 형이상학적 차원의 사유에서는 일종의 도덕적 악으로 이해할 수 있게 된 것이다. 아우구스티누스의 '인간론적 자유의지 신정론'(anthropological free will theodicy)을 화이트헤드는 민주적인 형이상학을 통해 확장시켜 하나님과 인간과 자연을 포함한 모든 존재자가 일정 정도의 보편적 자유를 가진다는 '존재론적 자유의지 신정론'(ontological free will theodicy)을 제안하였다고 본인은 생각한다.29 화이트헤드의 표현에 따르면 "개개 현실적 존재의 합생合生(concrescence)은 내적으로 결정되며, 외적으로 자유롭다."30

---

26 손호현, 『아름다움과 악: 2권』, 97-99.

27 아우구스띠누스/성염 역주, 『자유의지론』 (왜관: 분도출판사, 1998), 399(33.22.63).

28 J. Patout Burns, "Augustine on the origin and progress of evil," William S. Babcock ed., *The Ethics of St. Augustine* (Atlanta: Scholars Press, 1991), 67-85.

29 손호현, 『아름다움과 악: 3권, 화이트헤드의 미학과 신정론』 (서울: 한들, 2009), 20-21.

30 Alfred North Whitehead, *Process and Reality* (New York: Macmillan, and Cambridge, U.K.: Cambridge University Press, 1929), 41; 화이트헤드 지음/오영환 옮김, 『과정과 실재』 (서울: 민음사, 1991), 88-89. 손호현, 『아름다움과 악: 3권』, 125에 인용된다.

모든 존재의 보편적 자유라는 화이트헤드의 견해는 기존의 도덕적 악과 자연적 악이라는 이분법을 상대화시키고, 자연적 악까지도 느낌(feeling)이라는 일종의 미학적이고 보편적인 존재론적 자유의 현상을 통해 설명할 가능성을 열어두게 된다. 달리 말해 인간의 범죄와 태풍 혹은 지진과 같은 자연적 재난까지도 단일하고 보편적인 존재론적 자유의 현상 안에서 설명할 수 있는 것이다.[31]

결론적으로 악의 종류와 관계라는 우리의 논의에서 보면, 아우구스티누스의 '교만'의 경우처럼 화이트헤드의 창조성의 '자유'도 어떤 의미에서는 도덕적 악이 지닌 형이상학적 궁극성을 드러내는 것으로 해석될 수 있다. 물론 화이트헤드는 여기서 도덕적道德的 관점보다 더 보편적이고 근원적인 미학적美學的 관점에서 존재론을 구성한다는 점은 지적되어야 할 것이다. 화이트헤드에게 존재의 보편적 자유는 창조성의 미학적 사건이기 때문이다. 이처럼 악의 유형론은 유용하지만, 동시에 악의 종류와 관계를 최종적으로 확정할 수는 없는 제한적인 도구이다. 그럼에도 신정론자는 아무리 제한적인 도구라도 차라리 침묵보다는 선호한다. 그것이 우리를 하나님과 악에 대해 말하기 시작하게 만들기 때문이다.

---

31 존재론적 자유의지 신정론은 자연재해까지도 자연의 개별적 존재들이 지닌 보편적 자유의 현상으로 설명할 '가능성'을 가진다는 것이지, 과정 신정론자들이 '실제로' 이런 자연재해에 대한 자유의지적 설명들을 다양하게 제시하고 있다는 뜻은 아니다.

III. 신정론과 유형론

본인은 신정론을 "신神과 악惡의 공존 가능성共存可能性(the compossi-bility of God and evil)에 대한 이론적 성찰이라고 정의하고자 한다.[32] 이러한 신정론 정의가 유용하기 위해서는 하나님, 악, 공존 가능성을 각각 심도 있게 설명해야만 한다. 우리는 앞에서 악의 유형들에 대해 간략하게나마 논의하였다. 하지만 여기서 하나님에 대해 우리가 전면적인 신학적 논의를 할 수는 없기에 다만 유신론의 하나님 관념이 없는 비非유신론적인 종교에서도 넓은 의미에서의 신정론이 존재할 수 있는가의 문제만을 다루도록 하자. 그리고 마지막의 공존 가능성은 하나님과 악이 어떻게 함께 존재할 수 있는지 설명하는 이후의 장들의 구체적인 신정론들을 통해서만 제시될 수 있을 것이다.

사회학자 막스 베버Max Weber는 『종교사회학』의 "신정론, 구원, 환생" 부분에서 신정론과 '유일신론唯一神論'(monotheism)의 관계에 대해 성찰한다. 그에 따르면 악의 존재에도 불구하고 하나님의 행동과 결정이 지닌 정당함을 옹호하는 협의狹義의 의미에서의 신정론은 엄격한 유일신론 종교인 유대교와 이슬람교 그리고 유일신론적 경향성을 보이는 삼위일체론의 기독교에서 발견된다고 본다. "초월적인 단일한 하나님이 보편적인 신이라는 생각이 더 발달하면 할수록, 그러한 유일신의 엄청난 능력이 자신이 창조하고 다스리는 세계의 불완전성과 화해될 수 있는가의 문제가 더한 정도로 생겨나는 것이다."[33] 신정론이란

---

32 손호현, 『아름다움과 악: 1권, 신학적 미학 서설』 (서울: 한들, 2009), 71-107.

33 Max Weber, "Theodicy, Salvation, and Rebirth," *The Sociology of Religion,* trans. Ephraim Rischoff (Boston: Beacon, 1963), 138-139.

유일신론 특히 윤리적 유일신론 안에서 발생할 수밖에 없는 어떤 신학적 긴장의 문제라는 것이다.

달리 말해 윤리적 유일신론 안에서 탄생한 협의의 신정론은 다음과 같은 두 가지 절대적인 신학적 원리의 충돌을 해결하고자 하는 이론적 시도이다. ① 하나님은 모든 존재하는 것들에 대한 '신학적 설명의 궁극적 끝'(the ultimate terminus of theological explanation)이다. 하지만 ② 하나님은 전적으로 선하시기에 '악의 근원'(the source of evil)으로 설명될 수는 없다.[34] 세상의 악과 고통을 포함한 만물의 마지막 설명으로서의 하나님의 존재가 지니는 형이상학적 궁극성과 그럼에도 선한 하나님이 실제적인 악의 근원 혹은 악의 저자일 수 없다는 우리의 종교적 통찰 사이의 논리적 모순 혹은 파열이 신정론이 풀어야 하는 문제이다. 따라서 협의의 신정론에서는 무신론, 다신론, 악마론 등과 같은 비非유일신론적 해결책들은 배제된다.

협의의 신정론이 모든 인류의 관심사는 아니다. 혹은 협의의 신정론이 없는 종교도 존재할 수 있다. 그렇기에 인간 존재의 삶의 질과 세계의 고통 그리고 거기로부터의 구원 혹은 해방에 대한 성찰이 더 넓은 의미에서 광의廣義의 신정론이라고 이해될 수 있다면, 신정론 담론의 공동체는 더욱 확장될 것이다. 실제로 베버는 신정론의 문제를 전통적인 윤리적 유일신론에 한정시키지 않는다. 전능하고 정의로운 신의 존재를 전제하지 않더라도 인간의 악행과 고통의 문제를 깊이 성찰하는 종교적 전통은 광의의 신정론을 가진다고 그는 제안한다.[35]

---

34 손호현, "아름다움의 모험: 화이트헤드의 세 가지 신정론 분석," 「한국기독교신학논총」 43집 (2006년 1월): 197-221.

35 Weber, *Sociology of Religion*, 138-150; Ronald M. Green, "Theodicy," Mircea Eliade ed.,

베버에 따르면 "불교는 전적으로 구원의 교리이지만, 그럼에도 불교에는 신이 없다."36 불교는 유일신론의 종교가 아니며, 나아가 유신론적 종교도 아니지만, 베버의 판단에는 가장 완벽한 신정론을 가진 종교라는 것이다. 만약 신정론 담론이 넓은 의미에서 사용될 수 있다면, 막스 베버는 인도의 힌두교와 불교에서 발견되는 원인과 결과의 완벽한 일치로서의 '업보業報' 사상이 가장 도덕적으로 완벽한 신정론이라고 극찬한다: "세계 내적인 직업윤리와 함께 명상瞑想이 바로 가장 최고의 구원의 길, 곧 신정론의 최고 형태(hervorragende Form des Theodicee)이다."37 전생의 업에 따라 영혼은 인과율적으로 현생의 존재 형태의 결과를 가지게 된다는 완벽한 형식적/도덕적 정의가 실현되기 때문이다.

신정론의 문제에 대한 가장 완벽한 형식적 해결책은 특히 인도의 업보

The Encyclopaedia of Religion, vol. 14 (New York: MacMillan, 1987), 431; Antti Laato and Johannes C. de Moor eds, Theodicy in the World of the Bible (Leiden and Boston: Brill, 2003), ix-x. 힌두교 신화에 등장하는 악의 문제를 연구한 웬디 도니거 오플래허티 (Wendy Doniger O'Flaherty)에 따르면, "막스 베버는 신정론이라는 용어를 확장시켜 서, 고통과 악을 설명하려는 실존적 필요성을 위해 사용하였다. … 신정론은 유일신론에 제한되지 않을 뿐 아니라, 그것은 모든 종교의 시금석이다. 그것은 신학적 문제라기보다는 실존적 문제이다." W. D. O'Flaherty, The Origins of Evil in Hindu Mythology (Berkeley, 1976), 1-2; Laato and Moor eds, Theodicy in the World of the Bible, xi에 인용된다. 본인은 과거의 글에서 신정론 담론의 공동체를 전체 인류보다는 작고 기독교 종교보다는 큰 일종의 가상적 담론 공동체, 곧 '유일신론의 전통에 참여하는 이들'이라고 규정한 바가 있다. 『아름다움과 악, 1권』, 75. 하지만 현재는 신정론 공동체의 범위를 더 크게 전체 인류로 확장하여 사유하고자 한다.

36 Weber, Sociology of Religion, 147.

37 "Kontemplation als höchsten Heilswegs mit innerweltlicher Berufsethik, hervorragende Form des Theodicee" (Contemplation as the highest way of salvation with the innerworldly professional ethics, the most excellent form of theodicy). Max Weber, Religionssoziologie (Tübingen: Verlag von J. C. B. Mohr, 1920), 573.

(*karma*) 사상, 이른바 영혼 윤회의 신앙에서 성취된다. 세계는 완벽하게 연결되어 있고 자기 완결적인 형태로 존재하는 윤리적 응보의 우주 (cosmos of ethical retribution)라는 것이다. 이 응보의 우주 안에서 범죄와 선행은 영혼의 다음 생의 운명이라는 형태로 실수 없이 보상받는다. 여기에 따라 영혼은 셀 수 없이 여러 번 동물, 인간 혹은 신적 존재로 환생한다. … 한 개인의 현생現生에서의 불공정한 고난이라도 응보의 원리에서 볼 때는 전생前生의 죄에 대한 죗값인 것이다. 각각의 개인은 자신의 운명을 배타적으로, 그리고 가장 엄격한 의미에서, 자신만이 만들어가는 것이다.[38]

베버처럼 본인도 협의의 종교적 신정론과 함께 더 폭넓은 광의의 종교적 신정론이 존재할 수 있다고 생각한다. 나아가 인류는 비종교적인 신정론, 곧 논리적 신정론, 과학기술과 의학의 신정론, 미학과 예술의 신정론 등도 발전시켜 왔다고 본다. 아래에서 본인은 신정론의 유형에 대한 대표적 연구들을 먼저 소개하고, 여기에 기초하여 확장된 신정론의 유형론을 제안할 것이다.

막스 베버는 1920년 저서 『종교사회학』에서 세계 종교의 대표적인 세 신정론 유형을 기독교의 '예정론'(predestination), 조로아스터교와 마니교의 '이원론'(dualism) 그리고 인도의 '업보 사상'(doctrine of karma)이라고 제시한다.[39]

엘리아데의 『종교학 대사전』에 실린 로날드 그린[Ronald M. Green]의 고전적인 1987년 논문 "신정론"은 '자유의지 신정론'(free-will theo-

---

38 Weber, *Sociology of Religion*, 145.

39 Weber, *Religionssoziologie*, 571-573; *Sociology of Religion*, 144-145.

dicy), '교육적 신정론'(educative theodicies), '종말론적(혹은 보상의) 신정론'(eschatological [or recompense] theodicies), '연기된 신정론: 고난의 신비'(theodicy deferred: the mystery of suffering) 그리고 '교제의 신정론'(communion theodicies)이라는 다섯 가지 유형을 제안한다.[40]

안티 라토[Antti Laato]와 요하네스 C. 드 무어[Johannes C. de Moor]가 고대 근동 세계와 신구약성서 등의 유일신론적 신정론을 편집한 2003년 저작 『성서의 세계 안의 신정론』은 그린의 다섯 가지 신정론의 유형을 수용하면서도 거기서는 빠진 결정론적 혹은 예정론적 해결책으로 제임스 찰스워스[James H. Charlesworth]의 '인간의 운명 결정론'(human determinism)을 추가한다.[41] 라토와 무어에 따르면 이러한 운명 결정론적 태도는 유대교뿐만 아니라 스피노자의 철학 그리고 이슬람 종교에서도 두드러지게 발견된다.

2005년 출판된 제임스 크랜쇼[James L. Crenshaw]의 저작 『하나님을 옹호하며』는 모두 신정론의 11가지 유형을 제공한다. 크랜쇼에 따르면 이러한 11가지 신정론은 "사변적인 신학이나 철학이 아니라 성서의 텍스트들로부터 유래한" 것들이다.[42] 그의 저서는 이러한 11가지 신정

---

40 Ronald M. Green, "Theodicy," Mircea Eliade ed., *The Encyclopaedia of Religion*, vol. 14 (New York: MacMillan, 1987), 432-434.

41 Antti Laato and Johannes C. de Moor eds, *Theodicy in the World of the Bible* (Leiden and Boston: Brill, 2003), vii-liv, 특히 xxix-xxx. 라토와 무어가 준 변화는 그린의 첫째 유형인 '자유의지 신정론'을 '언약 신학의 틀 안에서의 응보의 신정론'이라고 고쳐 부른 것과 여섯 번째로 '인간의 운명 결정론'을 추가한 것이다. 인간의 운명 결정론에 대해서는 James H. Charlesworth, "Theodicy in Early Jewish Writing," Antti Laato and Johannes C. de Moor eds, *Theodicy in the World of the Bible* (Leiden and Boston: Brill, 2003), 471-472를 보라. 나머지 '교육적 신정론', '종말론적 신정론', '고난의 신비', '교제의 신정론'은 동일한 표현으로 수용된다.

42 James L. Crenshaw, *Defending God: Biblical Responses to the Problem of Evil* (Oxford:

론을 유사성에 기초하여 크게 세 가지 부류로 나누어서 분석한다:

제1부. 여기저기 비난을 흩어버리기

    1. 무신론적 대답: 추구의 포기

    2. 대안적 신들: 편리한 세계관으로 후퇴

    3. 악마의 행동: 자비가 미끄러지게 두기

제2부. 하나님의 재정의

    4. 제한된 능력과 지식: 인간의 자유를 강조하기

    5. 분열된 인격: 정의와 자비를 화해시키기

    6. 교육의 과정: 덕이 자라도록 자극하기

    7. 죄의 징벌: 희생자를 비난하기

제3부. 인간의 무대로 이동

    8. 속죄로서의 고난: 나쁜 일을 최대한 선용하기

    9. 연기된 정의: 무덤 너머 내세에 내기 걸기

    10. 신비: 인간의 무지에 호소하기

    11. 무사 공평한 정의: 질문을 질문하기

크랜쇼는 성서의 텍스트 안에서 발견되는 사상들에 자신의 연구를 제한하고 집중함에도 불구하고 그의 연구는 유용하다. 본인은 크랜쇼의 신정론 유형들을 대부분 수용하고, 나아가 앞서 베버 등 선행

Oxford University Press, 2005), 18.

연구들의 결과에 기초하여 본인 자신의 확장된 신정론 유형론을 제공하고자 한다.

먼저 본인의 신정론 유형론은 화이트헤드의 과정 신정론과 스피노자의 무악론無惡論을 추가한다. 또한 이전의 연구가들이 종교적 신정론에 다소 집중하는 경향을 보인 반면에 본인은 비종교적인 신정론도 인류의 고통에 대한 다양한 해결책으로 포함시키고자 한다. 특히 최근의 의학 기술과 과학 기술 그리고 인공지능 기술의 발전으로 더는 종교가 아니라 인류가 스스로 죽음의 악에서 자신을 구원할 것이라 기대하는 기술적 신정론을 추가하였다. 그리고 종교적 담론과 겹치지만, 상대적인 철학적 독립성을 가진다고 볼 수 있는 논리적 신정론도 추가하였다. 또한 서구 지성사의 중요한 독립적 흐름을 이루고 있는 미학적 신정론 혹은 예술의 신정론도 추가하였다. 결과적으로 본인이 제안하는 신정론 유형론의 확장된 조감도는 아래와 같다:

① 성서의 신정론(biblical theodicy)[43]

② 무신론(atheism)

③ 다신론(polytheism)

④ 악마론(diabolism)

⑤ 분열 인격론(split personality)

⑥ 자유의지 신정론(free-will theodicy)

⑦ 교육적 신정론(educative theodicy)

---

43 성서적 신정론은 한 독립적인 논리적 유형이라기보다는 성서 텍스트 안의 신정론들이 지닌 성격과 특징에 대한 거시적 성찰에 가깝다.

⑧ 내세의 신정론(afterlife theodicy)

⑨ 역사의 신정론(history as theodicy)

⑩ 교제의 신정론(communion theodicy)

⑪ 예정의 신정론(predestination theodicy)

⑫ 과정 신정론(process theodicy)

⑬ 무악론(non-existence of evil)

⑭ 신정론 없는 위안(consolation without theodicy)

⑮ 논리적 신정론(logical theodicy)

⑯ 미학적 신정론(aesthetic theodicy)

⑰ 기술적 신정론(technological theodicy)

이러한 신정론의 유형은 막스 베버가 "이론적 순수 유형"(theoretically pure types)이라고 부른 것이다.[44] 순수한 이론적 관점에서 볼 때 각각의 유형은 서로에게서 독립적으로 분리될 수 있다. 하지만 실제로 누구도 혹은 어떤 종교 전통도 악과 고통이라는 난제에 대해 순수하게 하나의 신정론 유형만을 배타적으로 주장하는 경우는 드물다. 대부분 다수의 신정론이 한 개인 혹은 전통 안에 혼합적으로 공존한다. 또한 각각의 유형 혹은 패러다임의 경계선은 고정되었다기보다는 역사적 유동성을 가지는 것이다.

이론이란 무엇인가? 신과 악의 공존 가능성에 대한 이론으로서 신정론이란 무엇인가? 플라톤은 '이론'을 우리가 올라타서 감히 '삶(βίος, bíos)의 바다를 건너보려는 뗏목(σχεδία, schedía)'이라고 했다.[45] 삶의

---

44 Weber, *Sociology of Religion*, 139.

45 Plato, *Phaedo*, 85d.

바다에 대한 이론의 뗏목이 신정론인 것이다. 그것이 삶의 바다를
건네줄지는 그 위에서 항해한 자만이 최후에 말할 수 있다.

2 장

성서의 신정론

I. 성서와 신정론의 기원

라이프니츠는 '신정론'이라는 새로운 용어를 바울의 로마서 3:4-5에 기초하여 만든 것으로 추정된다.[1] 하지만 이러한 잠재적인 성서적 기원에도 불구하고 현대의 신정론 논의가 성서적 신정론聖書的 神正論(Biblical theodicy) 취급하기를 다소 회피한 것이 사실이다. 실제로 20세기 신정론의 가장 중요한 저작들인 존 힉[John Hick]의 『악 그리고 사랑의 하나님』과 데이비드 그리핀[David R. Griffin]의 『하나님, 힘, 그리고 악: 과정 신정론』에서 성서의 신정론은 상당히 주변화된다.[2] 힉은 성서가 아니라 아우구스티누스의 신정론 분석으로 자신의 저서를 시작하고 있으며, 그리핀은 처음에 간략하게 성서의 신정론을 제시하지만, 성서의 몇몇 구절들을 인용하는 수준에 머문다. 인간의 진정한 자유라는 관점에서 그리핀은 성서의 신정론 사상이 양면적이며 모호하다고 평가한다. "성서는 하나님의 절대적 결정주의를 옹호하는 자들에 의해 인용될 수도 있고, 하나님에 대한 피조물의 자유를 옹호하기 위해 인용될 수도 있다."[3] 성서의 신정론이 지닌 모호성이라는

---

1 "주께서 주의 말씀에 의롭다 함을 얻으시고 재판 받으실 때에 이기려 하심이라." Marcel Sarot, "Theodicy and Modernity," Antti Laato and Johannes C. de Moor eds, *Theodicy in the World of the Bible* (Leiden and Boston: Brill, 2003), 2. 이 논문은 일반적으로 근대 계몽주의의 철학적 프로젝트로 이해되는 신정론이 계몽주의보다 앞서 성서의 신정론과 가지는 연속성을 분석하고 있다. 손호현, "다원성과 모호성: 구약성서의 신정론 연구," 「한국기독교신학논총」 82집 (2013): 147-176.

2 John Hick, *Evil and the God of Love*, revised ed. (New York: Harper & Row, 1977); 존 힉 지음/김장생 옮김,『신과 인간 그리고 악의 종교철학적 이해』 (파주: 열린책들, 2007)로 번역되었다. David Ray Griffin, *God, Power, and Evil: A Process Theodicy* (Philadelphia: Westminster Press, 1976); 데이빗 그리핀 지음/이세형 옮김,『과정 신정론』 (대구: 이문출판사, 2007).

그리핀의 결론에 본인은 동의하지만, 자유의지 신정론 대^對 절대적 결정주의 사이의 긴장 외에도 다양한 신정론 모델들이 성서 안에는 공존한다는 점에서 그와 의견을 달리한다. 성서는 '하나의 규범적인 신정론'이 아니라 훨씬 다양하고 대조적인 '성서적 신정론들'을 제공한다. 최근의 연구들에 기초하여 우리는 아래에서 성서 안에 존재하는 몇몇 신정론 모델들을 분석하고자 한다.[4]

---

3 Griffin, *God, Power, and Evil*, 31.

4 성서에 드러나는 혹은 성서와 관련이 있는 신정론 연구로는 대표적으로 그린(Ronald M. Green)의 1987년 논문 "신정론"이 있다. 여기서 그린은 5가지 유형의 신정론을 제시한다. ① '자유의지(free-will) 신정론', ② '교육적(educative) 신정론', ③ '종말론적(eschatological) 신정론' 혹은 '보상(recompense)의 신정론', ④ '연기된(deferred) 신정론' 혹은 '고난의 신비'(mystery of suffering) 그리고 ⑤ '교제(communion)의 신정론'이 그것이다. Ronald M. Green, "Theodicy," Mircea Eliade ed., *The Encyclopedia of Religion*, vol. 14 (New York: Macmillan, 1987): 430-441. 이후 라토(Antti Laato)와 드 무어(Johannes C. de Moor)는 2003년 논문에서 그린의 5가지 유형들을 수정하고, 추가적으로 하나님이 세상의 모든 일을 결정하고 인간은 자신의 운명을 피할 수 없다는 것을 기본 주제로 하는 '인간의 운명 결정론'을 더하여 6개의 모델을 제안한다. ① '응보(retribution)의 신정론', ② '교육적 신정론', ③ '종말론적 신정론', ④ '신정론의 신비'(mystery of theodicy), ⑤ '교제의 신정론', ⑥ '인간의 운명 결정론'(human determinism). Antti Laato and Johannes C. de Moor, "Introduction," Laato and de Moor eds, *Theodicy in the World of the Bible* (Leiden and Boston: Brill, 2003), xxx-liv. 또한 찰스워스(James H. Charlesworth)는 기원전 250년에서 기원후 200년경에 집필된 초기 유대교 문서들에서 다음과 같은 8가지 신정론의 모티브들을 발견할 수 있다고 주장한다. '하나님의 응보', '우주적 파괴', '이스라엘의 불신앙과 토라의 선물', '대답 되지 않은 질문과 신비', '종말론과 묵시론', '예견적 선취', '인간의 자유의지', '인간의 운명 결정론'. James H. Charlesworth, "Theodicy in Early Jewish Writing," Antti Laato and Johannes C. de Moor eds, *Theodicy in the World of the Bible* (Leiden and Boston: Brill, 2003), 471-472. 크랜쇼(James L. Crenshaw)는 악의 문제에 대한 성서에서 발견되는 11가지 대답으로 '무신론적 대답', '대안적 신들', '악마의 사역', '제한된 힘과 지식', '분열된 자아', '교육적 훈육', '죄에 대한 징벌', '구속으로서의 고난', '연기된 정의', '신비', '무사공평한 정의'를 제시한다. James L. Crenshaw, *Defending God: Biblical Responses to the Problem of Evil* (Oxford: Oxford University Press, 2005). 본인은 여기서 이러한 성서 안의 신정론을 모두 살펴보려고 시도하기보다는 성서의 신정론이 지닌 근본적 특징, 곧 다원성과 모호성을 분석하고자 한다. 각각의 개별적 모델들은 이후의 논의에서 대부분 다시 등장할 것이다.

II. 에덴동산의 인간과 뱀

최초 인류의 타락 이야기에 등장하는 뱀은 하나님이 창조하신 피조물이다(창 2:19, 3:1). 폰 라트Gerhard von Rad의 해석에 따르면, 여기서 성서 기록자는 뱀을 종교적 이원론의 관점에서 악을 객관화하여 하나님에 대항하는 사탄을 상징하는 신화적 존재로서 설명하고 있지는 않다. 뱀이 다른 들짐승과 구분되는 점은 단지 좀 더 영리하다는 것일 뿐 여전히 피조물 중 하나에 불과하다. 악의 기원과 관련하여 뱀의 존재에 대한 이러한 이해는 오직 피조물 자신이 타락에 대한 전적인 책임을 가진다는 자유의지 신정론 혹은 응보의 신정론에 기초하고 있다. 폰 라트는 타락 이야기에서 악惡이란 단지 잘못된 행동으로서의 죄罪일 뿐이라는 일종의 악의 비신화론화가 이루어지고 있다고 제안한다.

> 뱀을 통한 '유혹'은 전혀 비신화적인 과정으로 이뤄지는데, 그것이 그와 같이 서술된 것은 설화자가 가능한 한 책임을 인간으로부터 옮겨 놓지 않으려는 명백한 노력에 기인한다. 인간과 인간의 죄책만이 문제이다. 그 때문에 설화자는 악을 어떤 방식으로건 객관화시키지 않으려고 매우 주의한다.[5]

여기서 악의 존재론적 기원, 피조물 간의 적대 관계, 임신과 출산이라는 경험 등이 명확하게 인간의 책임성과 하나님의 응보적 심판이라

---

5 게르하르트 폰 라트, 『창세기』 (서울: 한국신학연구소, 1983), 93.

는 관점에서 기술되고 있다는 것이다. 요컨대 폰 라트는 창세기의 타락 이야기가 인간의 자유의지를 강조하는 일종의 "우주적 규모의 신정론神正論"을 제공하고 있다고 본다.6

하지만 오늘날 다른 학자들은 타락 이야기에서 이러한 인간의 책임성이라는 문제가 흔히 생각하는 것만큼 그렇게 명확하게 독자에게 전달되고 있지는 않다는 반론을 제시한다. 일례로 유대인 구약학자인 마빈 스위니Marvin A. Sweeney는 아담에게 선악과를 먹지 말라는 하나님의 금지 명령(창 2:16-17)이 이브의 창조(창 2:18, 22) 이전에 주어졌다는 사실을 주목한다.7 독자가 이 부분을 평이하게 읽을 때 선악과를 최초로 먹은 당사자인 여자는 하나님으로부터 아무런 명령을 받은 것은 아니라는 사실을 깨닫게 된다. 이제 막 창조된 이브는 하나님의 금지령을 파악하지는 못하고 있는 듯 보인다. 금지령에 대한 이브 자신의 혼동 때문인지 혹은 아담이 금지령을 그녀에게 제대로 전달하지 못했기 때문인지는 이야기에서 분명치 않다. 결과적으로 이브는 하나님의 명령에 대한 자신의 불완전한 이해에 기초해서 뱀의 유혹으로 치명적인 선택을 하였다. 스위니는 상황을 다음과 같이 해석한다:

---

6 같은 책, 108. 이런 맥락에서 창세기의 원역사(原歷史) 부분은 이른바 '도덕적' 악과 '자연적' 악을 구분하지 않고 있으며, 모든 악의 궁극적 원인이 인간에게 주어진 자유의 오용에서 유래하는 것으로 본다고 몇몇 해석자들은 제안한다. 예를 들어 호우트만(Cornelis Houtman)에 따르면, "원역사(창 1-11) 전체가 하나님의 정당화로 해석될 수 있다. 죽음, 고통, 살인, 폭력 등과 같이 인간을 괴롭히는 모든 악의 원인은 인간의 죄와 반란 때문이다." Cornelis Houtman, "Theodicy in the Pentateuch," Antti Laato and Johannes C. de Moor eds, *Theodicy in the World of the Bible* (Leiden and Boston: Brill, 2003), 152 note 4.

7 Marvin A. Sweeney, *Reading the Hebrew Bible After the Shoah: Engaging Holocaust Theology* (Minneapolis: Fortress Press, 2008), 241.

이브가 선택하기 이전에 하나님은 올바른 행동에 대한 가르침을 주기 위해 그녀에게 나타나지는 않았다. 하나님은 오직 나중에야 그녀의 (잘못된) 선택으로 인해 그녀를 (그리고 아담을) 징벌하기 위해 나타났을 뿐이다. 최소한 이브의 관점에서 볼 때, 자신의 선택 이전에 하나님은 부재(不在)하였고 아담은 그 어떤 도움도 주지 않았다.[8]

여기서 독자는 하나님의 금지령의 직접적 수혜자로서의 아담이 나중에 타락한 상황과는 질적으로 다른 근원적 상황을 직면하게 된다. 이브의 선택은 인간의 책임성이라는 관점을 온전히 적용하기는 어려운 어떤 실존적 비극성을 보여준다.

이러한 이유에서 일부 학자들은 자유의지의 책임성이 아니라 창세기의 타락 이야기에 내재하는 다른 신정론의 모티브에 주목하기도 한다. 예를 들어 뱀의 진술이 완전히 거짓은 아니었으며, 인간은 타락으로 인해 선악에 대한 지식을 결국은 갖게 되었다는 것이다.

오 진정 필요했던 아담의 죄여,
그리스도의 죽음에 의해 취소됐도다!
오 복된 범죄(*felix culpa*)여,
그렇게도 위대한 구세주를 공로로 얻었도다![9]

---

8 Sweeney, *Reading the Hebrew Bible After the Shoah*, 241.

9 이 진술은 5~7세기로 추정된다. '복된 범죄' 사상은 아우구스티누스(Augustine), 암브로시우스(Ambrose), 그레고리우스 대제(Gregory the Great)에게로 전통적으로 소급됐으며, 부활절 저녁 미사에서 노래로 불렸다. Hick, *Evil and the God of Love*, 244 n. 1.

인간의 타락은 '복된 범죄'라는 전통적인 사상에 기초하여 기독교 철학자 헤겔G. W. F. Hegel은 타락이 절대정신의 자기 전개의 과정에서 필연적으로 요구되는 소외의 경험이라고 해석한다. 그에 따르면 선악을 알지 못하는 타락 이전의 순수성의 단계는 완전성完全性의 상태라기보다는 오히려 결핍缺乏의 상태이다. 절대정신의 이해라는 영으로서의 인간에게 주어진 숭고한 사명에 비해 이러한 순수성의 단계는 비단 결핍의 상태일 뿐 아니라 오히려 악惡의 상태라고까지 헤겔은 말한다: "그러한 상태에 놓인 동물은 선하지도 악하지도 않다. 하지만 인간이 그러한 동물의 상태에 놓인다는 것은 미개한 것이고, 악한 것이고, 인간이 처해서는 안 되는 상태에 처한 것이다." 따라서 인간의 참된 운명은 이러한 '동물원의 동산'을 벗어나서 학문이라는 절대정신의 자기 전개의 사다리를 지적 노동으로 올라서는 것이라고 그는 본다.10 하나님으로부터의 소외라는 악의 경험이 하나님에게로 되돌아가게 만드는 학문의 길을 또한 인간에게 제공한다는 것이다. 이성의 상처는 오직 그러한 상처를 준 이성만이 치유할 수 있다. 이런 맥락에서 헤겔은 다음과 같은 결론을 내린다: "오직 학문만이 신정론이다"(Die Wissenschaft ist allein die Theodizee).11

---

10 G. W. F. Hegel, *Lectures on the Philosophy of Religion*, 3 vols. ed. Peter C. Hodgson (Berkeley: University of California Press, 1984, 1987, 1985), 2:526-527, 3:300; idem, *Phenomenology of Spirit*, trans. A. V. Miller (Oxford: Oxford University Press, 1977), 468; idem, *Lectures on the Philosophy of World History. Introduction: Reason in History*, trans. H. B. Nisbet (Cambridge: Cambridge University Press, 1975), 178.

11 Walter Kaufmann, *Hegel: Reinterpretation, Texts, and Commentary* (London: Weidenfeld and Nicholson, 1966), 318. 독일어 텍스트로는 Johannes Hoffmeister ed., *Briefe: Von und an Hegel*, vol. 1 (Hamburg: Meiner, 1952), 137-138 참조. 이처럼 헤겔에게 악은 원초적 순수성 그리고 정신의 소외라는 두 가지 형태를 모두 가진다.

한편 프랑스의 철학자 폴 리쾨르[Paul Ricoeur]는 창세기의 타락 이야기에 등장하는 뱀의 모티브를 폰 라트의 해석처럼 악의 비신화론화라고 볼 수는 없다고 주장한다. 뱀 혹은 악에게 어떠한 객관적인 존재론적 지위도 부여하지 않으려는 시도는 이야기 자체에서 허용되지 않는다는 것이다. 에덴동산의 타락 이야기는 악을 철저하게 도덕론적으로 비신화론화하기보다는 오히려 악이 지닌 두 얼굴, 곧 악의 내향성(도덕론)과 외향성(존재론)을 함께 강조한다고 리쾨르는 제안한다. 인간의 타락 이전에 이미 유혹하는 악의 존재가 시간적으로 그리고 논리적으로 선행하는 것으로 이야기가 보여주고 있기 때문이다. "아담은 모든 인간보다 이전에 존재하였고, 뱀은 그러한 아담보다도 이전에 존재하였다."[12] 이처럼 악의 기원은 인간의 선택 그리고 그러한 선택 이전에 존재하는 원초적인 우주적 유혹에 동시에 관련된다. 리쾨르의 표현에 따르면, "뱀은 인간의 악(human evil)에 대한 타자(Other)이다."[13] 인간의 범죄와 거기에 대한 징벌이라는 인과론적 응보 구조에 단순히 환원되지 않는 이러한 악의 존재론적 선행성先行性은 에덴동산 이야기에서 여전히 신비로 남겨지게 된다.

결과적으로 성서의 독자는 우주의 기원과 인간의 운명을 설명하는 성서의 최초의 책인 창세기에서 악의 기원에 대한 단일하고 규범적인 신정론을 발견하기는 어렵게 된다. 오히려 독자는 자유의지 신정론, 여기에 대한 회의와 의심, 교육적 신정론, 악의 신비, 연기된 신정론 등등 다원적이고 서로 경쟁하는 설명들을 동시에 직면하게 된다.

---

12 Paul Ricoeur, *The Conflict of Interpretations* (Evanston: Northwestern University Press, 1974), 295.

13 Ricoeur, *Conflict of Interpretations*, 295.

본인은 우리가 발을 들여놓게 되는 이러한 불확정적 의미의 공간, 곧 다원적인 해석의 갈등 공간 그 자체가 성서의 신정론이라고 본다. 곧 성서적 신정론이란 하나의 단일한 대답의 모델이라기보다는 다양한 대답들이 만들어 내는 개방된 해석 공간 그 자체인 것이다.

III. 이스라엘의 역사와 신정론

구약성서는 선민選民으로서의 이스라엘의 역사 자체를 하나의 신정론으로 제시하기도 한다. 하나님의 정의가 악인의 처벌과 의인의 보상을 통해 이스라엘의 역사에서 반드시 실현된다는 종교적 신념은 이스라엘 민족의 기원으로 여겨지는 아브라함의 다음 진술에서 분명하게 드러나고 있다: "세상을 심판하시는 이가 공의를 행하실 것이 아니니이까?"(창 18:25) 범죄와 거기에 상응하는 심판이라는 이러한 고전적인 정의 관념은 고대 근동의 법률 문서, 종주권 조약(vassal treatises), 지혜문학 등의 영향을 받은 것으로 학자들은 추측한다. "이러한 삼중적인 고대 근동의 영향은 왜 응보應報(retribution)의 사상이 히브리 성서에서 주도적인 신정론 유형으로 발견되는지를 최소한 부분적으로는 설명한다."14

하지만 우리는 구약성서에서 이러한 공정한 하나님의 뒤편에 어두

---

14 Laato and de Moor, "Introduction," xxxii. 신정론의 맥락에서 종주권 조약이 지니는 중요성에 대해서는 Antti Laato, "Theodicy in the Deuteronomistic History," Antti Laato and Johannes C. de Moor eds, *Theodicy in the World of the Bible* (Leiden and Boston: Brill, 2003) 참조.

운 하나님의 그림자를 종종 발견하게 되는 것도 사실이다. 하란을 떠나 가나안에 온 아브라함은 하나님이 일으킨 기근으로 인해 이집트로 다시 이주하게 되고, 거기서 가족의 생존을 위해 자신의 아내인 사라를 파라오의 하렘에 보내야만 했다(창 12). 독자는 하렘에서 사라에게 어떤 일이 일어났는지 알 수 없으나 가부장제 사회에서 아브라함이 자신의 아내를 다른 남자에게 넘겨준 일은 아브라함과 사라 모두에게 엄청난 수치였을 것이다.[15] 또한 하나님은 아브라함을 시험하고자 언약의 결실인 아들 이삭을 희생 제물로 죽이라는 끔찍한 명령을 내린다(창 22:1-19). 비록 아브라함은 하나님의 시험을 통과하지만, 사라와 하나님의 관계는 이러한 괴물 같은 시험으로 인해서 돌이킬 수 없이 파괴된 듯하다. 이야기는 다음과 같이 종결된다: "이에 아브라함이 그의 종들에게로 돌아가서 함께 떠나 브엘세바에 이르러 거기 거주하였더라"(19절). 여기서 독자는 흥미로운 점을 발견하게 되는데, 이삭이 아브라함과 함께 돌아왔다는 언급이 없다. 이 점에 착안하여서 한 유대교 전통은 아버지로부터 씻을 수 없는 마음의 상처를 입은 이삭이 어머니 사라가 있는 집으로 다시 돌아가지 않았고, 결국 사라는 자식이 죽었다는 소식을 접하고 충격으로 생을 마감하게 된다고 전한다.[16]

---

15 더구나 스위니에 따르면, "오경의 이야기에서 여호와는 자연계의 창조를 담당한 저자로서, 기근이 일어나도록 허락함을 통해 아브라함을 위협에 빠지게 했을 뿐 아니라 자신의 가족의 생존을 위해 이집트로 아브라함이 내려가도록 만들었다." Sweeney, *Reading the Hebrew Bible after the Shoah*, 35.

16 Sweeney, *Reading the Hebrew Bible after the Shoah*, 40. Crenshaw, *Defending God*, 215 n. 19. 구약성서 원문은 이삭을 바치라는 하나님의 명령을 독특한 계단식 구조로 표현하고 있다: "네 아들, 네 독자, 네 사랑하는 자, 이삭을 데리고"(창 22:2). 유대교 랍비들은 이 계단식 표현에 대한 창조적 읽기를 통해 이 시험이 지닌 소름 끼치는 괴물성

모세의 출애굽 이야기는 압제자 파라오에 대한 하나님의 정당한 심판을 보여준다. 하지만 동시에 독자는 하나님이 개입하여 파라오의 자유로운 의지를 일시 정지시켰기 때문에 그가 다르게 행동할 수 없었다는 사실과 이러한 파라오의 심판은 이스라엘을 교육하기 위해서 이루어진 것을 깨닫게 된다(출 10:1-2). 나아가 파라오의 개인적 잘못으로 인해 직접적으로 여기에 개입하지 않은 다른 백성들, 동물들과 가축들, 식물들 그리고 이집트의 땅이 함께 처벌받게 된다. 이러한 일종의 '종교적 연좌제^{宗敎的 緣坐制}'의 적용은 출애굽기 20:5의 "나를 미워하는 자의 죄를 갚되 아비로부터 아들에게로 삼 사대까지 이르게 하거니와"라는 초세대적 응보^{超世代的 應報}(transgenerational retribution)의 원칙에 분명하게 드러난다.[17] 나중에 기독교의 등장과 함께 마르키온^{Marcion}은 이러한 출애굽기 20:5와 같은 본문들을 비판하며 구약의 불완전한 '정의의 하나님'과 신약의 예수가 선포한 '사랑의 하나님'이라는 종교적 이원론을 발전시키기도 한다.[18]

하지만 무엇보다도 구약성서 전체를 통틀어 하나님의 선하심과 정의로운 성품에 대해 의심하게 된 결정적 사건은 이스라엘 국가 자체의 멸망이었다. 아시리아에 의한 북이스라엘 왕국이 먼저 멸망하

과 끔찍함을 드러내고 있다. 하나님: "너의 아들을 바쳐라." 아브라함: "제게는 두 명의 아들이 있습니다." 하나님: "너의 독자를 바쳐라." 아브라함: "한 명은 자신의 어머니에게 독자이며, 다른 한 명도 자신의 어머니에게 독자입니다." 하나님: "네가 사랑하는 아들을 바쳐라." 아브라함: "전 둘 다 사랑합니다." 하나님: "이삭을 바쳐라." Crenshaw, *Defending God*, 64.

17 Sunwoo Hwang, "Transgenerational Punishment in the Hebrew Bible," ed. Heerak Christian Kim, *Journeys in Biblical Studies* (Highland Park: The Hermit Kingdom Press, 2008), 20-33.

18 Houtman, "Theodicy in the Pentateuch," 174.

였고(기원전 722/1), 뒤이어 바빌론에 의해 남유다 왕국이 멸망한다(기원전 587/6). 특히 유다 왕국과 예루살렘 성전의 파괴는 노예로 잡혀간 유대인들에게 엄청난 신학적 도전을 안겨주었다. 왜냐하면 유다는 북이스라엘이 아시리아에 몰락할 당시 함께 멸망할 일촉즉발의 위기에 몰렸으나 하나님의 기적적인 구원을 얻었기 때문이다(왕하 19장). 이런 경험을 통해 유다는 하나님 자신이 머무는 시온산을 영구히 보호하실 것이라는 신학을 발전시키게 된다(시 46, 48편 참조). 그런데 그런 하나님이 바빌론의 침략 앞에서 자신의 백성을 보호하지 못하였고, 심지어 자신의 거처인 예루살렘 성전이 파괴되도록 방치하였다는 것은 시온 신학에 엄청난 타격을 가져왔다. 국가들의 전쟁을 신들의 전쟁으로 여긴 고대인들에게 이는 이스라엘의 하나님 야훼가 바빌론의 신 마르둑에 패배한 것으로 보였다. 심지어 예언자 예레미야는 예루살렘 함락을 가리켜 하나님에 대한 자신의 순진한 신뢰가 배신당했고, 하나님이 자신을 영적으로 강간하였다고까지 고발한다(렘 20:7).[19] 이는 포로로 잡혀간 유대인 종교 지도자들이 직면한 거센 도전이었고, 그렇기에 그들은 이에 대한 신학적 답변을 내놓아야 했다. 이런 상황에서 국가의 멸망에 대한 그들의 해석, 곧 그것이 하나님의 무능의 결과가 아니라 인간의 죄악이 가져온 결과라는 역사가들의 대답에서 우리는 짙은 신정론의 동기를 발견할 수 있다. 민족적 비극을 맞이하여 신명기 사가와 역대기 사가가 각각 어떻게 고유한 형태의 응보의 신정론을 발전시켰는지를 살펴보도록 하자.

구약성서는 종종 동일한 역사적 사건에 대해서도 서로 충돌하는

---

19 Crenshaw, "Theodicy and Prophetic Literatures," 245-246.

신학적 평가를 제시한다. 신명기 역사관(Deuteronomistic history)과 역대기 역사관(Chronicler's history)이 가장 대표적인 예이다. 두 역사관은 이스라엘이 범죄하였기 때문에 하나님이 정의롭게 심판하셨다는 자유의지 신정론 혹은 응보의 신정론을 제공한다는 측면에서는 근본적으로 동일하지만, 그러한 응보의 구체적인 적용 범위(scopes)에 있어서는 매우 다른 입장을 제시하고 있다. 신명기 역사관은 죄와 응보의 '집단성集團性'(collectivity)을 강조하는 반면, 역대기 역사관은 그 '개인성個人性'(individuality)에 주목하기 때문이다. 주전 722년경 북이스라엘은 이 지역에서 군사적 경제적 패권을 확장하고자 한 아시리아에 의해서 멸망하게 되지만, 신명기 사가는 이러한 멸망의 결정적인 원인을 제공한 것은 주전 922년경에 재위하기 시작한 여로보암이라고 신학적으로 소급하여 해석한다(왕상 12-13장; 왕하 17장). 특히 문제가 된 것은 여로보암이 반란을 우려하여 자신의 백성으로 하여금 예루살렘 성전에 내려가 예배하지 않고 벧엘과 단에 각각 금송아지를 만들어 거기서 우상숭배를 하게 만들었다는 사실이다(왕상 12:27-30). 여기서 독자는 하나님이 여로보암이라는 개인의 죄 때문에 북이스라엘 전체를 멸망하신 것인가 질문하게 된다. 또한 여로보암의 우상숭배와 아시리아 제국을 통한 하나님의 심판 사이에는 대략 270년이라는 오랜 시간적 차이가 존재한다는 사실을 주목할 때, 이러한 응보는 정당하지 않아 보인다. 하지만 독자는 열왕기하 17:21-23에서 여로보암이 이스라엘로 하여금 범죄하도록 유인하였고, 이후 이스라엘 자손은 여로보암이 지은 죄를 본받아 그대로 따라 하였음을 알게 된다. 여로보암의 죄가 북이스라엘 멸망의 유일한 원인은 아니지만, 결정적인 원인이라는 것이다. 다시 말해 한 범죄자 개인이 집단적

범죄의 결정적인 원인이자 원형으로 작용하는 것이다.[20]

신명기 사가에 따르면 북이스라엘의 멸망이 결정적으로 여로보암의 범죄 때문이라면, 남유다의 멸망은 전적으로 므낫세의 범죄 때문이다(왕하 21:1-18). 여로보암의 경우와 유사하게 므낫세의 종교적 타락이 바빌론 제국을 통해 하나님이 예루살렘을 주전 587년에 멸망시키는 원인이 된다는 것이다. 여기서 흥미로운 사실은 므낫세의 죽음이 주전 642년이기 때문에 그의 범죄 시기와 하나님의 심판 사이에는 55년이라는 시간적 지연이 존재한다는 초세대적 응보의 현상이다. 더구나 북이스라엘의 경우 여로보암과 그를 추종한 이스라엘 후손들의 집단적 범죄가 멸망을 가져왔다고 본 반면, 남유다의 경우는 오직 므낫세 개인의 범죄가 세대를 초월해 민족 전체의 멸망을 가져왔다고 동일한 신명기 사가는 다르게 차별적으로 해석한다. "따라서 예루살렘과 유다의 멸망에 므낫세가 개인적인(individual) 책임을 가진다는 신명기 역사의 해석은 이스라엘이 집단적(collective) 범죄로 인해 멸망하게 되었다는 신명기 역사의 해석과 일관적이지 못하다."[21] 이러한 므낫세의 예는 세대를 초월한 집단적 응보 사상을 명백하게 보여준

---

20 독자들은 과연 벧엘과 단에 금송아지를 세우고 하나님을 예배한 것 자체가 우상숭배의 죄인지 질문할 수 있을 것이다. 마빈 스위니를 포함한 여러 학자는 여로보암의 이러한 행위가 정치적 동기를 가진 통치의 조치였으며, 그 자체로 우상숭배의 종교적 죄라고 해석되어서는 안 된다고 주장한다. 벧엘과 단은 여로보암 이전에 이미 오래도록 신성한 예배처로 여겨져 왔으며(창 28:10-22; 사 17-18), 당시 고대 근동에서는 신들이 황소나 송아지 같은 동물들을 타고 임재하는 것으로 이해되었기 때문에 그러한 임재의 상징적 표현 자체가 하나님과 그 임재의 매개체를 혼동하는 우상숭배의 행위가 될 수는 없다는 것이다. 여기서 문제의 핵심은 우상숭배가 아니라, 남유다가 성궤를 임재의 상징으로 사용한 것처럼 북이스라엘은 송아지를 사용하였다는 점이다. 이것을 우상숭배로 해석한 것은 남유다에 기반을 둔 신명기 사가의 일방적 해석일 수 있다. Sweeney, *Reading the Hebrew Bible after the Shoah*, 69ff.

21 Sweeney, *Reading the Hebrew Bible after the Shoah*, 73.

다. 한 집단의 우두머리가 저지른 개인적 죄는 그의 가족 혹은 국가 전체의 집단적 죄로 여겨질 수 있다는 것이다(출 20:5-6, 34:7; 민 14:18; 신 5:9-10; 렘 32:18). 요컨대 "아비가 신 포도를 먹었으므로 아들의 이가 시다"(겔 18:2)는 이스라엘의 속담이 이러한 초세대적 응보 사상 혹은 종교적 연좌제를 간결하게 요약하고 있다.[22] 독자는 동일한 신명기 역사관 안에서도 민족적 비극에 대한 서로 다른 두 층위의 신정론 모델이 공존하고 있는 것을 발견하게 된다. 곧 다수의 신정론 유형들이 상이한 역사관들에 각각 내재할 수 있을 뿐 아니라, 어떤 경우는 단일한 역사관 안에서도 다른 층위를 이루며 공존하는 것이다.

마지막으로 신명기 사가에게 종교적으로 의로운 왕 요시야의 전투에서의 죽음은 알 수 없는 신비로 남는다. 라토에 따르면, "요시야의 통치 기간은 신명기 사가의 신정론에 있어 신비神祕의 측면을 포함하고 있다."[23] 요시야는 충실하게 종교개혁을 진행하여 신명기 사가에 의해 "요시야와 같이 마음을 다하며 뜻을 다하며 힘을 다하여 모세의 모든 율법을 따라 여호와께로 돌이킨 왕은 요시야 전에도 없었고 후에도 그와 같은 자가 없었더라"(왕하 23:25)라는 최고의 평가를 받는다. 하지만 그런 요시야가 므깃도에서의 전투 중 이집트의 파라오 느고에 의해 어린 나이에 죽임을 당한 것이다. 최고의 왕에게 닥친 이러한 비극적 결과는 범죄와 징벌이라는 신명기 사가의 응보의 신정론 모델에서는 온전히 설명하기 힘든 신비였고, 그래서 학자들은 이러한 요시야의 운명에서 제2이사야의 고난받는 종의 이미지와도 유사한 일종의 '교제의 신정론'이 싹트고 있다고 주장하기도 한다.[24] 하지만

---

22 Houtman, "Theodicy in the Pentateuch," 171-178.

23 Laato, "Theodicy in the Deuteronomistic History," 219.

이처럼 의로운 요시야의 종교개혁과 죽음도 므낫세의 개인적 범죄로 인한 예루살렘의 멸망을 막지는 못한 것으로 신명기 사가는 해석한다 (왕하 23:26-27).[25]

신명기 역사관이 "아비가 신 포도를 먹었으므로 아들의 이가 시다" (겔 18:2)는 속담으로 대변되는 초세대적(transgenerational) 응보의 신정론을 통해 북이스라엘과 남유다의 멸망을 해석하였다면, 역대기 역사관은 "범죄하는 그 영혼이 죽으리라"(겔 18:4)라는 개인적(individual) 응보의 신정론 사상에 더 일반적으로 기초하고 있다. 폰 라트는 이러한 차이를 다음과 같이 설명한다:

> 신명기 사가는 종종 왕들의 죽음 이후 훨씬 후대에, 그들의 죄악이 가져온 결과들에 대해 지적하는 것을 조금도 망설이지 않는다. 반면 역대기 사가 는 여호와의 심판과 구원이 각각의 세대에 개인적으로 영향을 미친다는 것을 보여주기 위해 노력한다.[26]

역대기는 이러한 개인의 개별적 행동에 대한 하나님의 개인적 응보의 원칙을 잘 보여주고 있다: "너희가 여호와와 함께 하면 여호와 께서 너희와 함께 하실지라. 너희가 만일 저를 찾으면 저가 너희의 만난바 되시려니와 너희가 만일 저를 버리면 저도 너희를 버리시리라" (대하 15:2). 이러한 이유에서 "정의에 대한 신명기적 관념과 대조적으

---

24 *Ibid.*, 225.

25 Sweeney, *Reading the Hebrew Bible after the Shoah*, 77ff.

26 Gerhard von Rad, *Old Testament Theology*, vol. 1, trans. D. M. G. Stalker (New York: Harper & Row, 1962), 349.

로 역대기에서의 응보는 한 세대에서 다른 세대로 전가될 수도 없을 뿐 아니라 계속적으로 축적될 수도 없는 것이다."27 여기서 '즉각적인, 전가 불가능한 응보'와 '보상과 처벌의 당위성'이라는 두 원칙이 역대기의 개인적 신정론의 두 기둥을 형성한다.28

예를 들어 신명기 사가가 남유다와 예루살렘의 멸망의 원인으로 지목한 므낫세에 대해 역대기 사가는 보다 동정적인 관점을 가진다. 역대하 33:10-17은 므낫세가 포로가 되어 바빌론으로 끌려간 후에 하나님 앞에서 회개하고, 이후에 예루살렘에 돌아와 성을 재건하고 종교개혁을 한 것으로 서술한다. 따라서 예루살렘의 멸망의 원인은 므낫세의 책임이 아니라, 멸망 당시 세대의 부패한 종교 지도자들과 백성 각자의 개별적 책임이라는 것이다(대하 36:14). 반면 요시야의 요절에 대해서 역대하 35:20-24는 일종의 교제의 신정론이나 연기된 신정론의 모델을 통해 설명하려 시도하지 않고, 철저하게 개인적인 응보의 신정론을 적용하여 이집트의 왕 느고의 입을 통한 하나님의 싸우지 말라는 명령에 순종하지 않은 잘못 때문이라고 해석한다. 결과적으로 구약성서 전체를 정경으로 읽는 독자는 예를 들어 요시야의 죽음이라는 단일한 사건에 대해서 교제의 신정론, 연기된 신정론 그리고 응보의 신정론과 같은 최소한 세 가지 다른 해석의 가능성을 직면하게 되는 것이다. 이처럼 성서 안의 신정론들의 다원성은 근원적이다. 하지만 문제는 요시야의 죽음이나 혹은 보다 광범위하게 북이스라엘과 남유다의 멸망의 이유에 대해 다양한 신정론들 중 어떤 모델이

---

27 Sara Japhet, "Theodicy in Ezra-Nehemiah and Chronicles," Antti Laato and Johannes C. de Moor eds, *Theodicy in the World of the Bible* (Leiden and Boston: Brill, 2003), 459.
28 *Ibid.*

적용되어야 할 것인가에 대해 독자가 분명하게 결정할 수 있는 어떤 해석학적 원리도 제공 받지 못했다는 것이다. 독자는 성서 안의 신정론들이 지닌 모호성을 매 순간 직면하게 된다. 바로 이러한 다원성과 모호성이 이른바 성서의 신정론이라는 개방된 해석의 공간을 구성하게 되는 것이다.

IV. 욥기와 두 명의 욥

지혜문학 중에서도 잠언은 세계 안에 존재하는 도덕적 질서에 대한 확신을 보여준다. 하나님의 지혜가 바로 이러한 질서의 핵심이다. 잠언은 서두에서 가장 중심적인 사상으로 "여호와를 경외하는 것이 지식의 근본"이라는 것을 제시한다(잠 1:7). 의인의 보상과 악인의 처벌, 근면한 삶과 게으른 삶의 차이, 부모에 대한 공경과 아내에 대한 신실함 등이 이러한 도덕적 질서를 구성하고 있으며, 잠언의 저자는 세계의 도덕적 질서를 독자들이 손쉽게 관찰할 수 있을 뿐 아니라 이러한 법칙에 따라 살 때 성공적인 삶을 이룰 수 있다고 본다. 그러나 욥기는 이러한 잠언의 가르침과 정면으로 충돌한다. 욥은 잠언의 충고처럼 "하나님을 경외하고 악에서 떠난 자"였음에도 불구하고(욥 1:1) 극단적인 신체적, 정신적 고통을 겪는 것으로 묘사되기 때문이다. 잠언은 하나님의 지혜를 손쉽게 발견할 수 있다고 보는 반면 욥기는 그것이 인간에게 감추어져 있어서 발견하기 힘들고 오직 하나님에게만 알려진다고 본다. 요컨대 "성서 안에서 욥기와 잠언은 서로와 논쟁하고 있는 것이다."29

욥기와 잠언이 서로와 논쟁하고 있을 뿐 아니라, 욥기 안에서도 그러한 논쟁이 내부적으로 더욱 격렬하게 일어나고 있다. 욥이라는 한 등장인물 안에는 "하나님에 대한 두 가지 병행될 수 없는 태도", 곧 "두 명의 욥"이 갈등적으로 공존하고 있다.[30] 욥기 1-2장의 서론과 42:7-17의 에필로그는 문학적 형식에 있어서 산문散文으로 서술되었을 뿐만 아니라, 내용적 측면에서도 자유의지 신정론 혹은 응보의 신정론을 핵심으로 하고 있다. 반면 가운데 위치한 욥기 3:1-42:6의 대화 부분은 형식에 있어서 시의 운문韻文 형태를 가질 뿐 아니라, 내용에서도 대조적으로 고난의 신비 혹은 연기된 신정론을 제시한다. 대체적으로 학자들은 욥기의 대화 부분이 욥기의 서론-에필로그라는 틀에 후대에 삽입된 것으로 본다.[31]

서론-에필로그의 욥은 하나님의 정의에 대해 조금의 의심이나 흔들림도 없이 확신에 찬 인물로 등장한다. 하나님의 첫 번째 시험으로 자신의 모든 소유물과 10명의 자녀를 잃은 후에도 욥의 하나님에 대한 신뢰는 변함이 없다: "내가 모태에서 적신이 나왔사온즉 또한 적신이 그리로 돌아 가올찌라. 주신 자도 여호와시오 취하신 자도

---

29 Sweeney, *Reading the Hebrew Bible after the Shoah*, 199.

30 Karl-Johan Illman, "Theodicy in Job," Antti Laato and Johannes C. de Moor eds, *Theodicy in the World of the Bible* (Leiden and Boston: Brill, 2003), 307-309.

31 Illman, "Theodicy in Job," 307. 비평학자들은 욥기의 산문과 운문의 차이를 이른바 통시적 관점으로 설명하기도 한다. 서로 다른 기원을 가진 두 부분이 누군가의 편집으로 현재의 단일한 욥기 형태를 가지게 되었다는 것이다. 여기서 우리는 이러한 비평적 가능성을 인정하지 않는 것이 아니라, 오히려 그것을 적극적으로 전제한다. 이러한 기원의 차이가 메시지의 갈등을 가져오는 것은 어쩌면 당연하지만, 나아가 최종 본문에 남겨진 이러한 명시적인 메시지의 긴장과 갈등을 독자가 직면하도록 편집자가 적극적으로 의도하였다고 볼 수 있는 것이다. 곧 신정론들의 갈등과 모호성 자체가 욥기의 메시지라고 본인은 생각한다.

여호와시오니 여호와의 이름이 찬송을 받으실찌니이다"(욥 1:21). 하나님의 두 번째 시험으로 욥이 자신의 건강을 잃게 되고 아내가 하나님을 욕하고 차라리 죽어버리라고 저주할 때도 욥은 아내의 어리석음을 꾸짖으며 여전히 변함없는 태도를 보인다: "우리가 하나님께 복을 받았은즉 재앙도 받지 아니하겠느뇨?"(욥 2:10) 결국 흠 없는 태도를 보인 욥은 에필로그에서 잃은 재산의 2배 분량을 보상받게 되고 10명의 새로운 자녀들을 얻게 된다. 서론-에필로그의 욥은 자신의 고통의 이유에 대해 하나님에게 질문하지 않을 뿐 아니라, 그 진짜 이유가 하늘에서의 내기였다는 사실도 결국 알지 못한다.

하지만 중간의 대화 부분의 욥은 상당히 다른 모습이다. 여기서 욥은 서론-에필로그의 욥, 잠언, 신명기 역사관, 역대기 역사관의 핵심이라고 할 수 있는 '죄와 벌의 올바른 균형'이라는 인과응보의 사상에 정면으로 도전한다. 자신이 태어난 날을 저주하는 것(3:1)으로 등장하는 도전적 모습의 욥은 하나님에게 자신의 죄 없음을 역설할 뿐 아니라, 설혹 자신이 죄가 있더라도 자신만 징벌해야지 세대를 넘어 자신의 자녀들을 징벌해서는 안 된다고 항변한다(19:4). 응보의 신정론이 지닌 종교적 타당성이 그 개인적 형태나 혹은 집단적 형태에서 모두 의심된 것이다. 욥의 세 친구는 항변하는 욥의 결백 주장에 대해 "죄 없이 망한 자가 누구인가"(4:7) 반문하며 욥의 자녀들도 그들 자신의 죄 때문에 징벌을 받았다(8:4)는 자유의지 신정론 혹은 응보의 신정론을 재확인할 뿐 아니라, 하나님을 향하여 자신의 고난의 뜻을 가르쳐 달라고 기도하라(5:8)고 욥에게 종교적 권고를 한다. 이러한 충고에 대해 욥은 친구들이 현실보다는 응보라는 기존의 종교적 이론을 따라 신학적 거짓말을 하고 있을 뿐이라고 비판한다: "네가 하나님의 오묘를 어찌 능히 측량하며 전능자를 어찌 능히 온전히 알겠느냐"(11:7). 우리는 도전하는 욥에게서 고난의 신비 그리고 연기된 신정론의 입장을 발견할 수 있다. 네 번째 인물로 등장하는 엘리후도 대체적으로 앞의 세 친구의 입장에서 크게 벗어나지 못한다. 결국 욥은 친구들로부터의 조언을 듣기를 포기하고 침묵 가운데 하나님의 대답을 기다린다. 하지만 이어지는 하나님의 두 개의 독백(욥 38:2-3, 40:2-4)은 욥이 무슨 잘못을 저질렀기에 이러한 징벌을 받게 된 것인지 그 이유에 대해 전혀 말하지 않고 있다. 단지 욥이 우주의 질서에 대해 얼마나 무지한가를 강조할 뿐이다. 욥기의 독자는 마치 신정론 세미나 수업에 들어가서 다양한 입장들을 지닌 참석자들이 결정적으로 상대방들을 설득하지 못하고 격렬하게 서로에게 혹은 자신에게 논쟁하는 것을 지켜보는 인상을 받게 된다.

왜 욥기의 저자 혹은 최종 편집자는 이렇게 명백하게 그리고 격렬하게 충돌하는 신정론들의 여러 목소리가 한 권의 완결된 책에 혼재하도록 욥기를 구성한 것일까? 이것은 단지 부주의한 우연적 산물인가 아니면 치밀하게 의도된 결과인가? 몇몇 학자들은 욥기에서 이러한 악의 이유에 대한 이질적인 다원적 해석들이 공존하고 있다는 사실 자체가 저자에 의해 계획적으로 의도된 것이라고 본다.

> 욥기는 이러한 질문들에 대해 명확한 대답들을 제공하기보다는 오히려
> 질문들을 제기하게 만든다. 등장인물들이 서로 논쟁하게 만들 뿐 아니라,
> 책의 독자들도 논쟁하게 만드는 것이다.[32]

---

32 Sweeney, *Reading the Hebrew Bible after the Shoah*, 198.

욥기는 등장인물들이 결정적인 대답을 찾지 못하고 서로 치열하게 논쟁하는 모습을 보여줌을 통해서 독자로 하여금 우리의 인간으로서의 조건을, 그것의 한계와 책임을 인지하게 의도한 것이 아닐까? 이처럼 욥기는 악의 문제에 대한 '가능한 대답들의 모음집(anthology)'이며, 단지 그러한 대답들 자체뿐 아니라 각각의 대답들이 지닌 문제들도 함께 보도록 만들고 있다.33 요컨대 우리는 악의 이유에 대한 의문이 결정적으로 해소되지 않고 남게 되는 것을 경험한다. 오히려 이러한 잔존하는 모호성과 다원성이 욥기의 신정론이 전달하는 근본적인 교훈이라고 볼 수도 있는 것이다.34

V. 미래의 세계와 종말론적 해결

구약성서의 중요한 신정론들 가운데에서 시기적으로 후기에 등장한 것이 종말론적 신정론이다. 반복적으로 경험된 현실 세계의 부조리와 실패 경험은 우리에게 "죽음은 끝인가?"라는 질문을 하게 만든다. 죽음 후 사후세계에 관한 생각은 성서 안에서 점진적으로 발전한다.35 먼저 지하세계에 대한 언급은 예언자 사무엘이 죽음 후에 잠시 살아있

---

33 Illman, "Theodicy in Job," 332.

34 '저자의 죽음' 혹은 보다 정확하게 '저자의 의도(authorial intention)의 죽음'으로 특징지어지는 포스트모던의 비평 시대에 이러한 저자 혹은 편집자의 의도에 대해 말하는 것이 점점 덜 중요하게 느껴질 수도 있다. 하지만 이러한 의도된 갈등과 다양성이 성서의 최종 본문 안에 존재한다는 것은 독자들로서는 피할 수 없는 현실이며, 그렇기에 더욱 책임적으로 성서적 신정론의 다원성과 모호성을 직면해야 할 해석학적 필요성이 있는 것이다.

35 Crenshaw, *Defending God*, 149-163.

는 사울에게 나타나는 이야기에서 간략하게 등장한다(삼상 28:3-25). 그리고 에녹(창 5:24)과 엘리야(왕하 2:1-12)의 이야기는 독자에게 죽음을 겪지 않고 천국에 갈 수 있는 가능성도 생각하게 만든다. 시편과 이사야의 여러 곳에서도 사후세계에 대한 언급들이 발견된다(시 49:16, 73:24; 사 53:8, 26:19). 하지만 구약성서의 유일한 묵시문학 작품이라고 평가되는 다니엘서에 와서는 이러한 사후세계의 존재와 거기서 실현될 궁극적 정의에 대한 종교적 희망은 조금의 의심도 남기지 않고 결정적으로 수용된다.

> 땅의 티끌 가운데서 자는 자 중에 많이 깨어 영생을 얻는 자도 있겠고, 수욕을 받아서 무궁히 부끄러움을 입을 자도 있을 것이며, 지혜 있는 자는 궁창의 빛과 같이 빛날 것이요, 많은 사람을 옳은 데로 돌아오게 한 자는 별과 같이 영원토록 비취리라(단 12:2-3).

이처럼 악인의 심판과 의인의 보상이라는 이미 결정된 미래에 대한 성서의 묵시론적 전망은 비록 신약시대의 바리새인과 사두개인의 논쟁이 보여주는 것처럼 모두에게 보편적으로 수용되지는 않았지만, 다수의 사람에게 현재의 고난을 넘어서는 마지막 종교적 희망을 가질 수 있게 만들었다: "너는 가서 마지막을 기다리라"(단 12:13).

VI. 예수의 신정론

악의 이유들에 대한 신약성서의 종교적 견해는 구약성서의 그것과

급격한 차이를 보이지는 않는다. 이전의 입장들이 대부분 명시적으로 혹은 암묵적으로 수용되기 때문이다. 하지만 과거의 종교적 견해에 대한 단호한 거부와 새로운 창조적 수정이 신약성서에 드러나는 것이 바로 신체장애와 자연재해에 대한 예수의 태도이다.

요한복음 9:1-7에는 시각 장애인의 이야기가 나온다. 선천적 신체 장애는 당시의 유대인들 사이에는 선조나 부모가 저지른 범죄에 대한 하나님의 징벌, 곧 천형天刑으로 여겨졌다. 직접적인 종교적 인과관계가 장애인의 신체적 고통과 그의 부모 혹은 조상의 범죄 사이에 존재한다는 것이다. 이러한 선입견은 예수의 제자들의 물음에서도 드러나고 있다.

> 제자들이 물어 이르되 랍비여 이 사람이 맹인(盲人)으로 난 것이 누구의 죄로 인함이니이까? 자기니이까, 그의 부모니이까?(요 9:2)

제자들은 선천적인 신체장애가 범죄에 대한 하나님의 징벌이라는 종교적 해석을 당연한 것으로 이미 전제한다. 그들은 이러한 종교적 해석의 진실 여부가 아니라 오히려 그러한 범죄 행위의 주체가 '맹인'인지 혹은 '그의 부모'인지 이른바 범죄인의 확정確定에 더 관심한 것이다. 하지만 예수의 대답은 종교적 선입견의 근원적 해체를 보여준다. 선천적 신체장애와 종교적 범죄 사이를 묶는 종교적 연결고리를 예수는 단호하게 끊어버린다. 예수는 이렇게 말한다:

> 이 사람이나 그 부모가 죄를 범한 것이 아니라 그에게서 하나님의 하시는 일을 나타내고자 하심이니라(요 9:3).

그런 후 예수는 그 사람의 장애를 치유한다. 선천적 신체장애가 도덕적 범죄의 징벌이 아니라 하나님의 사랑과 영광이 표현되는 기회라는 것이다. 이처럼 예수의 신정론은 "아비가 신 포도를 먹었으므로 아들의 이가 시다"(겔 18:2)는 이전의 초세대적 응보의 신정론을, 최소한 선천적인 신체장애의 경우에 있어서는, 명시적으로 거부한 것이다. 나아가 이러한 선천적 장애와 고통이라는 개인의 의지로 결정할 수 없는 인간사의 물리적 요소에 대한 예수의 견해는 어쩌면 지진 등의 자연재해에 대한 예수의 견해와 유사한 신학적 병행 구조를 가진다는 가설을 생각해 볼 수 있다. 신체장애의 경우처럼 자연재해를 통한 하나님의 심판이라는 응보의 신정론에도 예수가 최소한 회의적이었다는 가설을 뒷받침할 근거가 있는가?

누가복음 13:1-5이 그러한 텍스트적 증거라고 본인은 생각한다. 여기에 등장하는 '예배자의 살육'과 '건축물의 붕괴'라는 두 사건이 예수의 자연재해에 대한 견해를 최소한 간접적으로 드러낸다고 볼 수 있는 것이다. 먼저 이야기에 따르면 갈릴리에서 온 몇몇 사람들이 예루살렘 성전에서 예배를 드리는 도중에 빌라도에 의해서 살육된다. 마치 포르투갈의 리스본 대지진 이후 시민들이 일요일 미사 도중에 어떻게 이런 참사가 있을 수 있는가 절규하였던 것처럼 예배 도중의 살육을 지켜본 목격자들이 신앙의 절규를 예수께 가져왔던 것으로 보인다.

그때 마침 두어 사람이 와서 빌라도가 어떤 갈릴리 사람들의 피를 그들의 제물에 섞은 일로 예수께 아뢰니, 대답하여 이르시되 너희는 이 갈릴리 사람들이 이같이 해 받으므로 다른 모든 갈릴리 사람보다 죄가 더 있는 줄 아느냐? 너희에게 이르노니 아니라, 너희도 만일 회개하지 아니하면 다 이와 같이 망하리라. 또 실로암에서 망대가 무너져 치어 죽은 열여덟 사람이 예루살렘에 거한 다른 모든 사람보다 죄가 더 있는 줄 아느냐? 너희에게 이르노니 아니라, 너희도 만일 회개하지 아니하면 다 이와 같이 망하리라(눅 13:1-5).

선천적 신체장애의 경우와 마찬가지로 여기서도 예수는 예배 도중 살해殺害를 당한 갈릴리 사람들과 그들의 선행적 범죄 사이의 종교적 인과관계를 설정하기를 거부한다. 여기서 더 나아가 실로암 연못 옆의 무너진 망대의 사례를 예수가 스스로 일종의 병행적인 사건으로서 제시하는 점에서도 우리는 예수의 신정론이 지닌 비판성을 볼 수 있다. 실로암은 예루살렘의 물을 저장한 저수지였으며, 이 지역을 보호하기 위해 망대가 있었던 듯하다. 그런데 어떤 이유에선지 망대가 무너져 18명이 사고사事故死를 당하게 된다. 이 사고에 대해 예수는 18명의 사망자가 당시 주변의 생존자들 혹은 예루살렘의 다른 시민들보다 특별히 더 흉악한 죄인들이어서 그렇게 하나님의 심판을 받은 것인지 묻는다. 예수의 대답은 "아니라"는 것이다(13:5). 예루살렘 안의 모든 생존자가 안타깝게 사망한 18명의 사람보다 더 특별히 착하지는 않다고 예수는 말한다.

우리는 이 붕괴 사고의 역사적 정황에 대해 충분한 자료를 갖고 있지는 못하다. 혹자는 빌라도가 물의 공급을 개선하기 위하여 수로를 건설했는데 망대가 무너진 것은 이 건설 작업과 관련된 사고였을 것으로 추측하지만, 이 사고에 대해서 달리 전해진 자료는 없다고 인정한다.36 망대가 무너진 것이 부주의한 건설 작업 때문인지 혹은 다른 이유에서인지 우리는 확정할 수 없다. 하지만 명확히 드러나는 것은 예수가 이 사건을 어떻게 해석하는지이다. 그는 건설 과정의 인재^{人災}로서의 부주의한 측면을 지적하며 건설 담당자들을 비난하는 데 초점을 맞추지 않는다. 오히려 예수는 이런 건축물의 붕괴와 앞의 성전 안의 살육을 일종의 신학적인 병행 사건으로 해석한다. 곧 그는 이 두 경우에서 드러나는 죽음의 무차별성/무목적성, 하나님의 공정함에 대한 의심 등과 같은 신정론적 의문들을 사람들과 이야기할 기회로 삼았다.

우리는 실로암 망대가 무너진 이유가 자연재해^{自然災害}, 곧 팔레스타인 지역에 종종 발생하던 지진으로 인한 것이며, 사망한 18명도 실제로 그런 자연재해의 희생자들이었다고 확정할 수는 없다. 하지만 예수가 빌라도의 예배자들 살육과 실로암 망대의 붕괴라는 두 사건의 실존적 상황은 신학적으로 유사한 의미를 가진다고 해석한 것은 분명하다. 나아가 일종의 해석학적 가능성으로 예수가 이러한 비극의 무차별성을 지진, 태풍, 화산폭발 등 인류가 겪는 자연재해의 상황에 확장적으로 적용하였을 것이라고 논리적으로 추측할 수 있다. 요컨대 우리는 예수가 누가복음의 이 부분에서 자연재해와 하나님의 심판 사이의 연결고리를 끊고 자연재해에 대한 하나님의 심판론을 간접적으로 거부하였다는 해석의 '가능성'을 발견하는 것이다.

예수의 신정론은 인간의 선천적 신체장애, 인재를 통한 죽음 혹은 자연재해의 희생 어떤 경우에도 그것이 이전의 죄에 대한 하나님의 심판의 결과라고 해석하지 않았다. 태어날 때부터 맹인이 된 사람,

---

36 I. 하워드 마샬, 『루가복음 (II)』 (서울: 한국신학연구소, 1984), 236-237.

빌라도에 살해된 예배자들 그리고 실로암 망대가 무너져 죽은 희생자들이 하나님에게 죄를 지었기 때문에 그런 심판의 비극을 겪은 것이라고 예수는 가르치지 않았다. 사실 희생자의 '범죄'와 하나님의 '심판'이라는 단순한 종교적 연결고리에 대한 저항은 단지 신약성서뿐만 아니라 이미 우리가 살펴본 구약성서의 욥기에서도 찾아볼 수 있다. 20세기의 위대한 철학자이자 세계의 고통에 대해 깊은 공감적 통찰을 지녔던 화이트헤드는 욥기를 두고 다음과 같이 말한다: "욥기는 운 좋은 사람들에 의해 그렇게 애용됐던 손쉬운 해결책, 곧 '고난받는 자는 악한 자이다'라는 해결책에 대한 항거이다."[37] 이러한 예수의 입장과 성서적 근거들에 기초하여 우리는 자연재해 혹은 신체적 장애의 희생자들을 하나님의 심판을 받은 죄인들이라고 비난하는 것은 예수의 견해도 아니고 오히려 비[非]성서적인 입장일 가능성이 매우 크다고 결론을 내린다.

VII. 해석학적 간텍스트성

성서의 신정론은 근원적인 다원성과 모호성으로만 존재한다. 그것은 '개방된 결론'이라는 해석학적 상황을 우리에게 제시하기 때문이다. 신구약성서 전체를 참된 권위를 가진 정경[正經]으로 읽는 독자에게 악과 고통의 이유에 대한 대답들의 다원성, 나아가 이러한 여러 대답 가운데 어떤 것이 자신의 구체적인 삶의 경우에 적용되는지에 대한

---

37 Alfred North Whitehead, *Religion in the Making: Lowell Lectures 1926* (New York: The Macmillan Company, 1926), 48.

풀리지 않는 모호성은 분명 심각한 종교적 도전을 주는 것이 사실이다. 하지만 동시에 우리는 다원성과 모호성 그 자체가 성서의 신정론이 전달하는 가장 근원적인 메시지라고 이해할 수도 있다. 자유의지 신정론 혹은 응보의 신정론 같은 고전적 대답이 악의 이유에 대한 성서의 거의 유일한 입장이라고 종종 여겨지지만, 사실 그것은 성서가 제기하는 대답들의 빙산의 일각이다. 오히려 우리는 성서의 여러 책들이 서로 대화 가운데 존재한다는 그 사실 자체를 주목하는 것은 어떨까?[38]

성서의 신정론은 단지 성서의 텍스트 안(in)이 아니라, 성서의 텍스트 사이(between)에 존재한다. 곧 그것은 성서가 만들어 내는 일종의 가상적인 해석학적 간間텍스트성(hermeneutical intertextuality)의 공간으로 존재하는 것이다. 후기자유주의 신학자 조지 린드벡[George A. Lindbeck]은 카를 바르트의 해석학에 기초한 자신의 성서관을 이렇게 표현한 적이 있다.

> 신학적 명제주의자들의 실수는 성서가 말하고 있는 실재들이 성서의 텍스트 위에, 뒤에, 밑에 혹은 앞에 존재하는 교리적, 형이상학적, 도덕적, 경험적 혹은 역사적 영역들에서 발견된다고 생각한 것이다. 바르트의 젊은 시절 표현으로 돌아가서 말해본다면, 이상하고도 새로운 세계는 어떤 다른 곳에 존재하는 것이 아니라 바로 성서 안에 존재하는 것이다.[39]

---

38 스위니에 따르면, "현대 신학이 유대인 대학살(Shoah) 이후에 지금 여기에 관해 대화하고 있는 것처럼, 히브리 성서도 세계에 존재하는 비참한 악의 문제에 관해 대화 가운데 있는 것이다." Sweeney, *Reading the Hebrew Bible after the Shoah*, 2.

39 George A. Lindbeck, "Barth and Textuality," *Theology Today* 43 (1986), 365.

하지만 린드벡의 입장은 최소한 성서의 신정론이라는 문제에서는 별로 도움이 되지 않는다. 우리가 지금까지 살펴본 것처럼 악과 고통의 이유에 대한 '성서 안'의 대답들은 근원적인 다원성과 모호성을 가지기 때문이다. 데이비드 트레이시[David Tracy]가 올바로 지적하듯, "어떠한 고전古典의 텍스트도 그것의 생산과 이전의 수용에 있어서 다원적이고 모호한 영향사影響史를 통하지 않고 우리에게 전달되지는 않는다."[40] 구약성서는 인간의 비극과 고통을 놓고 자유의지 신정론 혹은 응보의 신정론, 여기에 대한 의심, 악의 신비, 교육적 효과, 종말론적 해결 등등 다양한 신정론의 대답들을 제공하고 있다. 북이스라엘과 남유다의 멸망에 대해 신명기 역사관은 집단적이고 초세대적인 응보의 신정론을 제시하지만, 역대기 역사관은 즉각적이고 개인적인 응보에 초점을 맞춘다. 요시야의 죽음이라는 하나의 사건을 두고도 응보의 신정론, 연기된 신정론, 교제의 신정론 같은 여러 대답이 성서에 동시에 제시된다. 욥기라는 한 권의 책 '안'에서도 서로 다른 두 명의 욥, 욥의 친구들, 하나님의 독백 등을 통해서 응보의 신정론, 교육적 신정론, 연기된 신정론, 고난의 신비 등과 같은 다양한 입장들이 그 타당성을 놓고 논쟁하고 있다. 다니엘서와 같은 종말론적 신정론에서 우리는 시간의 마지막에 대한 종교적 희망을 발견하기도 한다. 신약성서는 이러한 이전의 다양한 신정론들을 대체적으로 계승하거나 암묵적으로 전제하지만, 예수의 신정론은 신체적 장애와 자연재해에 대한 해석에 있어서 종교적 심판이라는 이전의 응보의 신정론을 직간접적으로 거부하고 수정한다. 린드벡에게 제기하고 싶은 질문은 이 모든 신정론

---

40 David Tracy, *Plurality and Ambiguity: Hermeneutics, Religion, Hope* (Chicago: University of Chicago Press, 1987), 69.

적 대답들이 '성서 안'에 존재한다는 것이다. 그리고 한 입장을 수용하면, 논리적으로 그리고 자동적으로 다른 입장들은 받아들일 수 없는 경우들도 있다.

따라서 위의 바르트-린드벡의 진술은 조금 수정되어야 한다. 성서의 의미는 텍스트의 위·뒤·밑·앞·안에 즉각적인 방식으로 놓여 있는 어떤 기성품^{旣成品}이 아니다. 오히려 그것은 텍스트의 위·뒤·밑·앞·안이 함께 만들어 내는 '사이'라는 해석의 개방 공간에 계시적으로 발생하는 말씀의 현존 사건이다. 신구약 성서의 텍스트가 함께 만들어 내는 해석의 개방 공간을 본인은 '해석장^{解釋場}'(hermeneutical field)이라고 부른다.[41] 성서의 의미는 사이의 '해석장'에서 발생하는 복음적 실존의 현존 사건이다. 곧 복음의 의미는 텍스트 위의 탈언어적 초월성(postlinguistic transcendentality), 텍스트 아래의 이데올로기(ideology), 텍스트 뒤의 역사적 실재(historical reality), 텍스트 앞의 독자(reader) 그리고 텍스트 안의 언어(language) 그 '사이'(between)에서 계시적 신비로서 현존하게 된다. 마찬가지로 성서적 신정론은 텍스트 사이의 개방된 해석 공간으로 현존하는 것이다. 음악이 단지 종이 안에 인쇄된 기호가 아니라, 그것이 연주회의 빈 공간에서 공연될 때 비로소 온전히 존재하게 되는 일종의 미학적 사건인 것과도 마찬가지다.

성서의 신정론도 음악과 비슷하다. 욥기의 편집자는 산재한 다양하고 이질적인 소리를 담은 신정론들의 악보들을 욥이라는 한 사람의 의식의 흐름 속에 수집함으로써 독자에게도 욥처럼 이러한 다원성과

---

41 손호현, 6장 "가난의 초월성과 민중신학의 미래: 민중 데우스, 예술, 그리고 성서," 죽재 서남동기념사업회 엮음, 『민중신학과 예술』 (서울: 동연, 2018).

모호성을 거절하지 않고, 적극적으로 참여하고, 내면적으로 하나씩 연주해보도록 초대하는 것이다. 이러한 의도된 혹은 의도되지 않았더라도 독자로서는 거부할 수 없는 성서적 신정론이라는 열린 해석학적 공간에 들어선다는 것은 손쉬운 대답의 단일성과 독자의 상황으로부터 유리된 텍스트의 자율성이라는 환상을 어렵게 버리는 것을 의미한다. "원을 그릴 때, 그리스도가 전체 원의 중심이다"라고 마르틴 루터(Martin Luther)의 그리스도 중심주의적 성서해석학은 제시한다.[42] 성서에 드러난 예수는 이전의 손쉬운 종교적 대답들을 거절하고 새로운 해석학적 공간을 창조하였다. 마찬가지로 성서적 신정론을 추구하는 모든 이는 고난과 악의 문제에 대한 성서와의 대화는 쉽게 끝나지 않는다는 것, 이러한 해결되지 않은 종교적 물음 속에서 우리는 책임적으로 살아가야 한다는 것 그리고 그러한 고난 가운데서도 하나님과 이웃을 잊지 않는 법을 배워야 한다는 것을 보여준다.

---

42 Robert M. Grant and David Tracy, *A Short History of the Interpretation of the Bible*, second edition (USA: Fortress Press, 1984), 94.

3 장

———

무신론

무신론과 신정론의 관계는 두 형태를 가질 수 있다. 무신론적 반신정론^{無神論的 反神正論}(atheistic anti-theodicy)의 입장에 따르면, "신이 없다면, 악을 설명할 필요도 없다."[1] 서구의 도덕적 유일신론 전통 안에서 탄생한 이러한 반신정론의 형태는 신과 악의 공존 가능성을 부정적으로 대답한다. 그것은 악의 존재라는 의심할 수 없는 확실성에서 출발해서 이러한 악의 경험이 전능하고 전선한 신의 존재를 불확실

---

[1] 이러한 입장과 관련된 논리적 접근으로는 로우(William L. Rowe)의 '증거적'(evidential) 도전과 존 로스(John K. Roth)의 '저항의 신정론'(theodicy of protest)이 언급될 수 있을 것이다. 로우는 하나님과 악의 공존 가능성이 일정 정도의 논리적 설득력을 가진다고 하더라도 아무 소용 없이 편만한 악의 존재는 유신론보다는 무신론의 가능성을 '증거적'으로 더 지지한다고 주장한다. 다시 말해 악의 존재가 그것 없이는 이룰 수 없는 가치를 위해 허용될 수 있다는 논리적 가능성을 인정하더라도 사실상 존재하는 악의 분량(quantity), 강도(intensity), 동물의 고통(animal suffering) 등의 경험이 그러한 가치의 실현에 과연 필요하였는가를 생각할 때 신이 존재하지 않을 가능성이 더 크다는 것이다. William Rowe, "The Problem of Evil and Some Varieties of Atheism," *American Philosophical Quarterly* 16 (October 1979). 로스의 '저항의 신정론'은 어떤 신정론의 대답도 무의미하다고 저항하는 일종의 반신정론이다. "기본적으로 이 저항의 신정론은 반신정론(anti-theodicy)이다. 그것은 버려진 것(waste)을 어떠한 방식으로든 정당화하고자 원하지 않는다. 그러한 반신정론은 자신의 대답을 포함해서 모든 대답에 대해 그리고 모든 대답의 결핍에 대해 싫증을 낸다." John K. Roth, "A Theodicy of Protest," Stephen T. Davis, *Encountering Evil: Live Options in Theodicy*, A New Edition (Louisville: Westminster John Knox Press, 2001), 17.

하게 혹은 불가능하게 만든다고 보는 견해다. 우리가 경험하는 악은 유신론적으로 설명될 수 없기에 유신론을 거부하고 저항하는 무신론적 결과를 가져오게 된다는 것이다. 요컨대 악이 존재하기에 신은 존재할 수 없는 반면 악은 설명을 필요치 않을 만큼 확실하다는 것이다.

반면 무신론적 신정론無神論的 神正論(atheistic theodicy)은 "신이 없어도 악을 설명할 수 있다"라고 보는 견해다. 여기서도 신과 악의 공존 가능성의 질문을 부정적으로 대답하지만, 유신론적 신정론에 대한 경험적 저항과는 다른 이유에서 그러하다. 이러한 입장은 비서구적이고 비유신론적인 종교 특히 힌두교와 불교의 철학적 형태에서 발견된다. 막스 베버Max Weber가 제안했듯, 인간의 삶의 고통스러운 경험을 신이라는 유신론적 가설 없이 설명하는 것이 광의의 신정론으로 이해될 수 있다면, '인도의 업보(karma) 사상'이 이러한 무신론적 신정론의 대표적 형태일 것이다.[2]

I. "신이 없다면, 악을 설명할 필요도 없다"

1. 성서 안의 무신론

악의 존재와 고통의 경험을 꼭 종교적으로 설명해야 할 삶의 문제로 생각하지 않는다는 이른바 상식적 태도를 지닌 사람들도 있다. 혹은 그것이 종교적 삶의 문제가 된다고 하더라도 유신론적 대답이 불가능

---

2 Max Weber, *The Sociology of Religion* (Boston: Beacon, 1963), 145.

하다고 여기기도 한다. 이러한 사회적 상식의 비종교성 혹은 무신론의 흔적은 성서 안에서도 발견된다. 시편의 '악인' 혹은 '어리석은 자'의 예가 그러하다.

> 악인은 그 교만한 얼굴로 말하기를 여호와께서 이를 감찰치 아니하신다 하며 그 모든 사상에 하나님이 없다 하나이다(시 10:4).

> 어리석은 자는 그 마음에 이르기를 하나님이 없다 하도다. 저희는 부패하고 소행이 가증하여 선을 행하는 자가 없도다(시 14:1).[3]

시편 10편은 한 알려지지 않은 개인의 생각을 전달하고 있다. '악인'으로 표시된 이 익명의 사람은 하나님이 자신의 악한 행동과 의도를 '감찰'(*darash*, investigate)하지 않는다(곧 신경 쓰지 않고 소홀하게 간과한다)고 말하며, "하나님이 없다"라고 선언한다.[4] 달리 말해 하나님이 인간의 삶에는 전혀 관심이 없거나 감찰하지 않기에 그러한 무관심한 하나님은 사실상 존재하지 않는 하나님과 마찬가지라는 것이다. 비슷하게 시편 14편의 '어리석은 자'도 인간의 부패를 징벌하고 인간의 선행을 보상할 "하나님이 없다"라고 여긴다. 하나님이 없기에, 따라서 자신의 행동을 설명할 필요도 없다. 설혹 하나님이 있다고 하더라도 그는 무고한 자와 고난받는 자를 위로하거나 악한 자와 죄인을 감찰하고 처벌하는 데 전혀 관심이 없기에 걱정할 필요가 없다. 하나님은 인간을 감찰하지 않는다. 요컨대 악인과 어리석은

---

3 시편 53편도 약간의 표현만 다를 뿐, 14편과 유사하다.
4 이어지는 10:13에도 "주는 감찰하지 아니하리라"는 악인의 생각이 재확인된다.

자의 견해에는 무관심한 하나님만이 존재하거나 혹은 하나님이라는 존재가 전혀 없거나 혹은 두 경우 모두 삶의 실천적 행동에서는 별로 큰 차이가 없다. 그들은 사실상 하나님 없이 살아가며, 사실상 모든 것이 허용된다. 크랜쇼는 이러한 관점을 "실천적 무신론"(practical atheism)이라고 부른다.5 이러한 '무신론적 대답'은 사실상 신정론의 포기, 곧 '추구의 포기'라고 크랜쇼는 본다.6 대답의 포기도 일종의 대답일 수는 있다.

무신론의 흔적은 욥기에서도 발견된다. 거기서 우리는 직접적인 무신론적 입장은 아니지만, 무신론의 암묵적 흔적을 찾을 수 있다. 하나님은 의인을 보상하고 악인을 징벌한다는 전통 신학에 반대하여 욥은 자신의 경우 그렇지 않다고 자신을 스스로 변호한다.

> 나 비록 흠이 없다고 하지만 무엇이 무엇인지 모르겠네.
> 살아있다는 것이 구역질 날 뿐.
> 내가 할 수 있는 말은 이 한마디,
> "그는 의인을 악인과 함께 묻어버리신다네."
> 그의 채찍에 맞아 어이없이 숨겨 가는데
> 죄 없이 절망에 빠진 자를 그가 비웃으시네.

---

5 James L. Crenshaw, *Defending God: Biblical Responses to the Problem of Evil* (Oxford and New York: Oxford University Press, 2005), 26. 이에 반해 시편 기자는 신의 존재를 부정하는 것은 사회의 근간이 되는 도덕의 필요성을 부정하는 것과도 같다고 본다. 존재의 질서는 신성한 질서, 곧 도덕적 질서이기 때문이다. 따라서 실천적 무신론자, 곧 어리석은 자와 악한 자는 이미 그러한 도덕적 질서가 가져온 심판의 결과라고 볼 수 있다. 그들이 그러한 질서를 의심할 이유가 되지는 않는다는 것이다. 실천적 무신론은 그 자체가 어리석음과 악의 징벌적 열매이기 때문이다.

6 Crenshaw, *Defending God*, 25ff.

땅을 악인의 손에 넘기셨으니 재판관의 눈을 가리신 이가 그분 아니고 누구시겠는가(욥 9:21-24).

여기서 마지막의 "그분 아니고 누구시겠는가"는 무신론적으로 해석될 수도 있다. 에즈라Ibn Ezra와 몇몇 주석자들은 이것을 "만일 이것이 그렇지 않다면 누가 나를 거짓말쟁이라고 증거할 것인가?"라고 해석한다.[7] 이러한 해석은 무신론적 함의를 최소화하는 것이다. 하지만 다른 가능성도 있다. "그가 아니라면, 그는 어디에 있느냐?"로 번역될 가능성도 있는 것이다.[8] 욥의 물음은 존재하지 않는 하나님에 대한 무신론적 회의를 드러내는 것으로 이해될 수도 있는 것이다. 물론 이 진술이 욥 자신의 무신론을 표현하는 것인지는 분명치 않다. 하지만 불의한 하나님과 존재하지 않는 하나님이라는 두 신학적 불가능성 사이에 놓인 이때의 욥의 물음은 프랑스 작가 스탕달Stendal(1783~1842)의 진술을 상기시킨다. "하나님을 위한 유일한 변명은 그가 존재하지 않는다는 것이다."[9]

욥 자신의 무신론적 입장은 불확실했지만, 욥이 다른 이들의 견해를 전달할 때는 의심할 여지 없이 무신론의 입장을 간접적으로 전달하기도 한다. 예를 들어 욥은 친구들의 견해를 이렇게 요약한다:

---

7 마빈 H. 포우프, 『욥기』(서울: 한국신학연구소, 1983) 173. 곧 "if this is not so, who then (will refute me)?" 에즈라 입장의 영어 번역으로는 Saadiah Ben Jesoph Al-Fayyumi, *The Book of Theodicy: Translation and Commentary on the Book of Job*, trans. L. E. Goodman (New Haven: Yale University Press, 1988), 238 참조.

8 "If not — where is He?" Saadiah, *Book of Theodicy*, 238.

9 Friedrich Nietzsche, *Ecce Homo*, trans. Duncan Large (Oxford: Oxford University Press, 2007), 25 (II 4); Ronald M. Green, "Theodicy," Mircea Eliade ed., *The Encyclopedia of Religion*, vol. 14 (New York: MacMillan, 1987), 440 등에 인용된다.

하나님을 불러 대답을 듣다가 그의 벗이라는 자에게 웃음거리가 되었고 죄 없고 온전하다는 자에게 도리어 조롱거리가 되었군. 태평 무사한 자의 눈에는 재난에 빠진 자가 천더기로 보이고 미끄러지는 자는 밀쳐도 괜찮은 자로 보이는 법이지. 강도의 장막에 도리어 평안이 깃들이고 하나님을 손아귀에 넣고 주무르는 자가 오히려 태평하다네(욥 12:4-6).

욥은 하나님에게 '대답'을 요청하며 따지지만, 그의 벗은 차갑게 욥의 운세가 그렇다고 조롱한다는 것이다. 이러한 진술은 실천적 무신론을 여과 없이 전달하고 있다. 프랑스 철학자 필립 니모[Philippe Nemo]는 이 부분을 다음과 같이 성찰한다.

여기서 사회적 의식은 본능적으로 '무신론적'이다. 곧 그것은 세상의 진정한 법칙을 오랫동안 알고 있었다. 비일관성과 자유로운 놀이라는 법칙이 그 극단의 경우까지 내버려진 것이다. 이러한 사회적 의식은 나약한 자에 대한 혐오를 품고 있다. 이러한 나약함이 만들어 낸 다소 초라한 전략이 바로 종교라고 생각한다. 사회적 의식에 따르면, 그것은 모두 운세(luck) 문제이다.[10]

이와 유사한 주변 사회의 태도가 욥기 뒷부분에 다시 제시된다. 의인이지만 고통당하는 욥 자신과 비교해 악인과 악인의 자손들은 번성하면서 아무런 처벌도 받지 않는다는 것이다. 이처럼 하나님의 존재 따위는 살아가는 데 무시할 수 있다는 실천적 무신론이 사회에

---

10 Philippe Nemo, *Job and the Excess of Evil* (Pittsburgh: Duquesne University Press, 1998), 96.

만연하다. 악인이 "기껏 하나님께 한다는 소리가 '우리 앞에서 비키시오. 당신의 가르침 따위는 알고 싶지도 않소. 전능하신 분이 다 무엇인데 그를 섬기며 무슨 먹을 것이 있겠다고 그에게 빌랴'"(욥 21:14-15)고 한다. 여기에 대해 랍비 사디아$^{Saadiah Ben Jesoph Al-Fayyumi}$는 이것은 "하나님은 존재하지 않는다"라는 입장이라고 결론을 내린다.[11] 신이 존재하든 존재하지 않든, 자신의 인생을 살아가는 데는 아무런 차이가 없다는 이러한 태도는 존재론적 무신론(ontological atheism)이라기보다는 경험론적 무신론(experiential atheism)에 가깝다.

2. 사르트르와 무신론적 실존주의

장-폴 사르트르$^{Jean-Paul Sartre}$는 나치로부터 프랑스가 해방된 이후 1945년 파리에서 실존주의에 대해 강연하였다. 이것이 다음 해에 『실존주의는 휴머니즘이다』(*L'Existentialisme est un humanisme*)라는 제목으로 출판되었다. 여기서 그는 도스토옙스키의 말을 중요하게 인용한다.

> "만약 하나님이 없다면, 모든 것이 허용된다"라고 도스토옙스키는 말했다. 그것이 바로 실존주의의 출발점이다. 만일 하나님이 존재하지 않는다면, 실제로 모든 것이 허용된다. 인간은 버림받은 것이다. 인간은 자신 안에서 혹은 자신 밖에서, 붙들고 의지할 아무것도 발견할 수 없기 때문이다. 이제 인간은 자신을 위해 더는 변명을 만들 수 없게 되었다.[12]

---

11 Saadiah, *Book of Theodicy*, 301.

12 Jean-Paul Sartre, *Existentialism*, trans. Bernard Frechtman (New York: Philosophical

하지만 문제는 도스토옙스키가 이런 말을 한 적이 없다는 사실이다. 이와 유사한 그의 표현들은 존재한다. 예를 들어 1878년 한 지인(N. L. Ozmidov)에게 보낸 편지에서 인생의 중요한 문제들을 함부로 자신이 논하기보다는 그에게 먼저 성서의 러시아어 번역본 전체를 그리고 최소한 사도 바울의 편지들을 읽을 것을 추천한다. 오직 그런 이후에 이렇게 말한다.

> 하나님이 없다고, 개인의 영원불멸도 없다고 가정해보자. (개인의 영원불멸과 하나님은 하나의 동일한 생각이다.) 말해 보라. 결국 이 땅에서 죽는 것이라면, 왜 나는 점잖은 삶을 살아야 하고 선한 행동을 해야만 하는가? 영원불멸이 없다면, 그저 나의 수명을 살아가고 나머지는 불타게 내버려 두면 될 일이다. 만약 정말 그러하다면 (그리고 현재의 법률들에 따라 붙잡히지 않을 정도로 내가 영리하다면), 왜 나는 살인을 하고, 강도질을 하고, 도둑질을 하고, 타인을 희생시키며 살아가면 안 되는가? 결국 나는 죽을 것이고, 다른 모든 것도 죽어서 완전히 사라질 것이다![13]

편지에서 도스토옙스키는 신의 존재가 없을 때 도래할 끔찍한 도덕적 아나키즘, 곧 모든 것이 허용될 상태를 걱정하고 있다. 철학자 칸트가 도덕성과 인류의 행복을 위해서라도 내세와 신의 존재가 실천이성의 가설로 요청된다고 한 것처럼 도스토옙스키도 인간에게 모든

Library, 1947), 27. 사르트르는 도스토옙스키의 진술에 대한 인용 출처를 제공하지는 않았다.

13 1878년 2월 N. L. Ozmidov에 보낸 편지. F. Dostoevsky, *Letters of Fyodor Michailovitch to his Family and Friends*, trans. Ethel Colburn Mayne (London: Chatto & Windus, 1917), 222.

86 | 악의 이유들: 기독교 신정론

것이 허용되지 않기 위해서라도 신은 반드시 존재해야 한다는 자기 생각을 쓴 것이다.

하지만 그는 편지 내용과 표현은 유사하지만, 조금 다른 생각을 1871년부터 연재한 소설 『악령』의 키릴로프라는 등장인물을 통해 이렇게 표현한 적도 있다.

> 만약 하나님이 없다면, 그땐 내가 하나님이다. … 만약 하나님이 존재한다면, 모든 것이 그의 의지이다. 하나님의 의지를 벗어나 나 스스로 아무것도 할 수 없다. 만약 하나님이 없다면, 모든 것이 나의 의지이다. 나는 내 의지를 표현해야만 한다. … 그렇다, 난 하나님이 될 것이다.[14]

어떤 목소리가 진짜 도스토옙스키일까? 편지는 하나님이 없는 무신론의 상황을 끔찍한 가능성으로 경계한 반면, 소설 『악령』의 키릴로프는 그것을 마치 초인超人의 도래처럼 인간의 궁극적 자유의 조건으로 환영하고 있다. 도스토옙스키 자신만이 대답할 수 있는 질문이지만, 사르트르는 『악령』의 목소리를 자신의 무신론적 실존주의의 출발점으로 해석한 것이 아닐까 추측한다. 따라서 "만약 하나님이 없다면, 모든 것이 허용된다"라는 진술은 엄밀하게 말해서 도스토옙스키보다는 사르트르 자신에게 돌려져야 할 것이다.

사르트르는 무신론(atheism), 실존주의(existentialism) 그리고 휴

---

14 『악령』 3부 6장. 유사한 다음의 진술도 참조하라: "하나님이든 영생불멸이든 존재하지 않으므로 새로운 인간은 인신(人神)이 될 수 있겠지. … 하나님이 설 곳이 바로 하나님의 자리야. 내가 설 곳이 최고의 자리인 거야. '모든 것은 허용된다'는 말로 충분해! 그건 정말 멋진 말이야." 표도르 미하일로비치 도스또예프스끼 지음/이대우 옮김, 『까라마조프 씨네 형제들』 (파주: 열린책들, 2007), 1134(4부 11권 9).

머니즘(humanism)의 철학적 상호 근접성을 주장한다. 하나님이 없다면, 모든 것이 자유로운 인간에게 허용된다. 하나님의 존재와 인간의 자유는 양립될 수는 없는 것이다. 인간은 하나님 없는 세계 안에 홀로 내버려진 채 실존한다. 인간의 본질을 미리 태초부터 규정해 놓은 하나님은 없다. 이제 인간은 인간 자신의 과제이며, 인간 자신의 미래이다. 하나님이라는 변명도 더는 유효하지 않기에 오직 인간이 스스로 자유와 악의 책임을 짊어져야 한다. 이것이 바로 자유에로 저주받은 인간의 실존적 상황이다. 이러한 입장을 지닌 자신과 마르틴 하이데거를 사르트르는 '무신론적 실존주의자'라고 부른다.15

무신론적 실존주의의 핵심은 "실존이 본질을 앞선다"라는 주장이다. 인간의 실존 혹은 "주체성이 시작점이 되어야 한다."16 이것이 참이라면, 인간 본질의 입법자 혹은 창조자로서 신은 인간보다 앞서 존재할 수는 없는 것이다. 신과 자유가 공존할 수 있다고 보는 유신론은 사르트르에게는 일관성이 모자란 것이다.

> 내가 대변하는 무신론적 실존주의는 더 일관성을 가진다. 만약 하나님이 존재하지 않는다면, 실존이 본질을 앞선다는 것이 적용되는 최소한의 정도에 있어서 존재는 있는 것이다. 그 존재는 바로 어떤 개념으로 정의되기 이전에 실존하는 존재, 하이데거는 현존재라고 불렀던 존재, 곧 인간이다.17

---

15 Jean-Paul Sartre, *Existentialism*, trans. Bernard Frechtman (New York: Philosophical Library, 1947), 15. 나중에 하이데거가 사르트르의 실존주의로부터 거리를 둔 것은 여기서 논외로 하자.

16 Sartre, *Existentialism*, 15.

17 *Ibid.*, 18.

왜 사르트르의 실존주의는 무신론으로 이어지게 되는 것일까? 실존이 본질을 앞선다는 뜻은 무엇일까? 사르트르의 설명에 따르면, "그것은 인간이 우선 실존하고, 나타나고, 무대 위에 등장한다는 뜻이다. 오직 나중에 인간은 자신을 스스로 정의하는 것이다." 따라서 "인간의 본질이란 없다. 그것을 구성할 하나님이 없기 때문이다."[18] 사르트르에게 가장 먼저 존재하는 것은 인간 실존이며, 이러한 인간 실존이 자신의 본질을 추후에 스스로 정의하는 미래의 과제를 가지는 것이다. 인간의 본질을 설정할 하나님은 존재하지 않기에 실존주의에서 아무런 역할을 가질 수 없게 된다. 인간은 인간이 만들어가는 것이다. 실존주의에서 무신론은 불가피하다.

이처럼 "만약 하나님이 없다면, 모든 것이 허용된다"라는 말을 혹은 그와 유사한 말을 도스토옙스키와 사르트르가 모두 했다고 하더라도 그들의 의미는 달랐을 것이다. 도스토옙스키가 무신론적 상황을 경계했다면, 사르트르는 그것을 온전히 환영한다. 무신론은 도덕적 아나키즘이 아니라, 오히려 도덕적 실존주의를 가능케 할 것이라고 사르트르는 생각했기 때문이다. 신이 없기에 외부로부터 오는 도움도 없다. 따라서 인간은 인간 자신의 책임과 의무가 되어야 한다. 이것이 또한 하이데거가 말한 세계 속으로 내던져짐과 버려짐의 의미라고 사르트르는 해석한다: "하이데거가 좋아했던 용어 '버려짐'을 우리가 말할 때, 하나님이 존재하지 않는다는 것과 따라서 인간은 무신론의 모든 결과를 직면해야 한다는 것을 의미한다."[19] 인간 실존이 짊어져야 할 짐은 비극적으로 무거워졌다. 한 개인의 실존이 인류 전체의 본질을

---

18 *Ibid.*, 18.
19 *Ibid.*, 25.

결정해야 하기 때문이다.

따라서 실존주의의 첫 번째 행동은 모든 사람에게 자신이 무엇인지 알게 만드는 것이고, 자기 실존의 책임이 전적으로 자신에게 있도록 하는 것이다. 인간은 자신을 스스로 책임져야 한다. 그것은 단지 개인 자신을 책임져야 한다는 것만이 아니라, 모든 인간을 함께 책임져야 한다는 것을 우리는 의미한다.[20]

사르트르의 무신론적 실존주의는 고통과 악의 대답을 더는 신에게서 들으려 하지 않는다. 인간은 인간 자신이 선택하는 결과이며, 자신이 가져오는 미래이기 때문이다. 하이데거의 내버려짐과 키르케고르의 염려가 사르트르에게 공존하는 이유도 여기에 있다.

내버려짐이란 또한 우리가 자신의 존재를 선택해야 한다는 것을 의미한다. 내버려짐과 염려는 함께 걸어간다.[21]

달리 말해 결정론이란 없다. … 인간은 자유롭다. 인간은 자유이다. … 우리는 변명 없이 혼자이다. … 인간은 자유에로 저주받았다.[22]

사르트르는 자신의 무신론적 실존주의의 자유를 일종의 미학적 행동과도 같다고 설명한다. 윤리는 어떠한 선험적 원리에도 기초하지

---

20 *Ibid.*, 19-20.
21 *Ibid.*, 34.
22 *Ibid.*, 27.

않기에 행동을 통해서만 오히려 윤리적 원리가 미래적으로 구현될 수 있는 자유의 자기 창조의 행동이다. 사르트르는 자신의 실존주의를 일종의 '미학적 윤리'(aesthetic ethics)라고 부르는 견해를 반대하면서도 결국 그러한 비교의 예를 제공한다.

> 도덕적 선택은 예술 작품의 창조와 비교될 수 있다. … "화가는 어떤 그림을 그려야만 하는가?"라고 우리는 한 번이라도 물은 적이 있는가? … 어떤 그림이 그려졌을 때, 그것이 바로 그 화가가 그려야만 했던 그림이다. 어떤 선험적인(a priori) 미학적 가치도 존재하지 않으며, 작품의 일관성 안에서 오직 나중에야 그러한 가치들이 등장하는 것이다. … 이것과 윤리가 무슨 관계가 있을까? 우리는 동일한 창조적 상황 안에 놓이게 되는 것이다. … 예술과 윤리가 가지는 공통점은 둘 다 창조, 곧 발명이라는 것이다. 여기서 우리는 무엇을 해야 할지 미리 선험적으로 결정할 수는 없는 것이다.[23]

사르트르에게 의미는 미리 존재하는 것이 아니라 실존적으로 창조하는 것이다. 고통의 경우 혹은 악의 경험에 대한 미리 만들어진 설명이 하나님의 마음속에 선험적으로 존재하지는 않는다. 인간은 인간의 대답을 스스로 만들어야 한다. 인간이 고통과 악의 경험에서 어떤 의미를 만들어 낼 것인지 선택하는 행동에 따라 인생이 의미 있는 것 혹은 무의미한 것으로 결정되는 것이다. "인생이란 미리(a priori) 의미를 가지지는 않는다." 왜냐하면 "인생에 의미를 부여하는

---

23 *Ibid.*, 49-51.

것은 당신에게 전적으로 달려 있고, 가치란 다른 어떤 것이 아니라 당신이 선택한 의미이기 때문이다."24 무신론에서 휴머니즘은 불가피한 결론이다.

결론적으로 사르트르에게 실존주의와 무신론과 휴머니즘은 동일한 동전이 여러 사람의 손을 거치는 것과도 같다. 조금씩 닳은 정도가 다를 뿐 동전의 금액은 동일하다. "하나님의 비존재를 가정하며, 그리고 고정된 인간의 본질을 부정하며, 사르트르는 인간의 외부로부터 오는 어떠한 도움도 허락하지 않는다."25 제2차 세계대전과 아우슈비츠 이후에 세속적 유대인들은 이른바 '아우슈비츠 이후의 하나님'(God after Auschwitz)이라는 문제를 무신론의 가능성으로 제기하였다. "하나님이 계셨지만, 아우슈비츠 안에서 죽었다."26 유사하게 사르트르는 아우슈비츠 이후 인간의 가능성을 냉정하게 가늠해보고자 한 것이다.

실존주의란 일관성 있는 무신론이 가져오는 모든 결과를 똑바로 직시하려는 시도이다. … 실존주의는 하나님이 존재하지 않는다는 것을 보여주는 데 모든 힘을 소모하려는 방식으로, 무신론적이지는 않다. 오히려 만약 하나님이 존재하지 않더라도 아무것도 바뀌지 않는다고 생각하는 것이다. 그것이 우리의 관점이다. 우리가 하나님의 존재를 믿는다는 말이 아니라, 하나님의 존재가 우리에게는 더는 문제가 되지 않는다는 뜻이다. 이런 의미에서 실존주의는 낙관적 이론이고, 행동의 이론이다. 기독교인

---

24 *Ibid.*, 58.

25 Bernard Frechtman, "Introduction," Jean-Paul Sartre, *Existentialism*, trans. Bernard Frechtman (New York: Philosophical Library, 1947), 3.

26 Jacob Neusner ed., *Judaism Transcends Catastrophe*, vol. 1: *Faith Renewed* (Macon, Georgia: Mercer University Press, 1994), 9.

들이 자신의 절망과 우리의 절망을 구분하지 않고, 우리가 그저 절망한다고 말하는 것은 명백하게 부정직한 태도이다.[27]

II. "신이 없어도, 악을 설명할 수 있다"

1. 인도의 업보 사상

종교사회학자 막스 베버[Max Weber](1864~1920)는 신을 옹호하지 않는 신정론, 곧 무신론적 신정론이 가능하다고 제안한다. 현재의 고통과 삶의 비극을 설명하는 데 있어 신이라는 유신론적 가설을 사용하지 않는 인류도 존재한다는 것이다. 베버는 힌두교와 불교의 철학적 형태에서 발견되는 원인과 결과의 완벽한 인과론적 일치, 곧 인과응보의 사상이 가장 완벽한 무신론적 신정론이라고 극찬한다. 자신의 전생의 업보에 따라 영혼은 인과율적으로 현생의 존재 형태라는 결과를 가지게 된다는 것은 분명한 형식적 정의를 표현하는 것이다.

신정론 문제의 가장 완벽한 형식적 해결책은 특히 인도의 업보業報(karma) 사상, 이른바 영혼 윤회의 신앙에서 성취된다. 세계는 완벽하게 연결되어있고 자기 완결적인 형태로 존재하는 윤리적 응보의 우주 (cosmos of ethical retribution)라는 것이다. 응보의 우주 안에서 범죄와 선행은 영혼의 다음 생의 운명으로 실수 없이 보상받는다. 여기에

---

27 Sartre, *Existentialism*, 60-61.

따라 영혼은 셀 수 없이 여러 번 동물, 인간 혹은 신적 존재로 환생한다. … 한 개인의 현생現生에서의 불공정한 고난이라도 보상의 원리에서 볼 때는 전생前生의 죄에 대한 죗값이다. 각각의 개인은 배타적으로 그리고 가장 엄격한 의미에서, 자신의 운명을 스스로 만들어가는 것이다.[28]

정의란 무엇이며, 정의는 어떻게 실현되는 것인가? 키케로는 "정의란 각자에게 각자의 몫을 주는 것이다"라고 하였다.[29] 불교의 영혼윤회설과 인과응보설은 각자에게 각자의 몫을 주는 형식적 정의에 대한 가장 철학적인 성찰 중 하나일 것이다.

죽은 자의 영혼은 동물 혹은 식물 등으로 옮겨간다고 믿는 이른바 애니미즘(animism)의 자연주의적 신앙이 윤리적 응보의 원리에 의해 종교적인 영혼윤회설로 발전한 것이라고 베버는 보았다. "죽은 자의 영혼이 자신의 삶과 죽음의 모습에 따라, 또한 가족과 카스트 안에서의 위치에 영향을 받아, 동물 혹은 식물로 환생할 것이라는 견해는 매우 광범위하게 퍼져있다."[30] 애니미즘과 그것의 더욱 발전된 형태인 영혼

---

28 Weber, *Sociology of Religion*, 145.

29 Cicero, *De officiis* 1.15; Augustine, *De Genesi adversus Manicheos* (Two Books on Genesis against the Manichees), 2.27.41에 인용된다.

30 Weber, *Sociology of Religion*, 140. 어쩌면 이런 인도의 윤회사상이 당시의 교역로를 통해 고대 그리스의 피타고라스주의자들에게 영향을 주었고, 이것이 다시 플라톤의 영혼불멸론으로 이어졌을 가능성을 우리는 배제할 수는 없을 것이다. 독배를 마신 후 죽음을 앞둔 소크라테스는 영혼의 불멸과 정의의 실현을 이렇게 이야기한다. "죽음은 둘 중 하나일 것이다. 죽음이 파멸이라면, 죽은 자는 아무것도 인식할 수 없게 될 수도 있다. 혹은 우리가 들은 것처럼 죽음이 사실 하나의 변화라면, 이곳에서 다른 곳으로 영혼이 환생할 수도 있다. … 우리의 이른바 정의를 넘어서 다른 세계에 도착했을 때, 영혼은 그곳의 재판정을 다스리는 참된 재판관들을 만나게 될 것이다"(『변증』, 40c-41a). 여기에서 소크라테스의 견해는 동양의 업보설과 매우 유사하다.

윤회설은 자연의 순환과정을 인간의 윤리적 삶에 적용한 결과이기에 상대적으로 인격신의 가설이 필요하지 않다. 범죄와 처벌 혹은 선행과 보상을 인과론적으로 이어주는 존재는 의식을 가지고 행동하는 인격적 신이 아니라, 일종의 자연적인 순환과정으로 이해된 것이다. 이처럼 자연법칙으로서 응보가 지배하는 윤리적 우주는 필연적으로 그리고 자동적으로 작동하기에 전능한 신의 심판과 보상이 필요하지 않다. 자연법칙으로서의 응보를 베버는 '자연주의적 인과성'(naturalistic causality)이라고 부른다. 여기에 따르면,

> 인과응보의 과정은 세계의 영원한 질서가 지닌 초超신적인(supra-divine) 특성으로부터 일관성 있게 추론된다. 그것은 세계 위에 자리하며, 세계를 인격적으로 다스리고, 세계를 섭리하고 예정하는 인격신(a god)의 개념과는 차이가 난다.[31]

영혼윤회설과 업보설은 어떤 전능한 인격신이 이러한 자연주의적 인과성의 작동 구조에 개입하는 것을 완전히 불필요하다고 보고, 오히려 생각할 수 없게 만든다. 세계의 영원한 질서가 지닌 자연법칙은 자동적 기능을 통해서 윤리적 결과들을 오차 없이 실현하기 때문이다. 베버는 여기에서 동양 종교와 서양 종교의 차이, 곧 종교적 자연주의와 종교적 인격주의의 차이를 발견한다.

윤리적 이원론의 종교들과 그 섭리의 교리에서 종종 발견되는 세계의

---

31 *Ibid.*, 146.

이항화^{二項化}(bifurcation)는 영혼윤회설에서는 전혀 찾아볼 수 없다. 한 편에는 성스럽고 전능하고 장엄한 하나님이, 다른 한편에는 윤리적으로 부적절한 모든 그의 피조물이 서로를 대면한다는 이원론은 완전히 결핍된다. 혹은 영적인 이원론의 경우처럼 빛과 어두움, 순수하고 깨끗한 영혼과 어둡고 더럽혀진 물질이라는 만물의 양분화도 없다. 오히려 여기서는 일종의 존재론적 이원론이 제시된다. 한편에는 세계의 무상한 사건들과 행동들이 그리고 다른 한편에는 고요하고 변치 않는 존재의 영원한 질서, 곧 꿈 없는 잠에서 쉬는 움직임 없는 신성이 대조되는 것이다.[32]

또한 유신론의 가설이 불필요하기에 더불어 신에 대한 항거와 불순종으로서의 죄의 가설도 불필요하게 된다. "엄밀하게 말해서 죄는 존재하지 않는다. 오직 이 끝없는 수레바퀴를 벗어나는 데 있어서 자기 자신의 분명한 이해에 반하는 손해만이 존재할 뿐이다."[33] 업보 사상과 영혼윤회설은 이처럼 무신론적 신정론(atheistic theodicy) 혹은 초^超신론적 신정론(supra-theistic theodicy)으로 기능하며, 이것의 최종적 완성이 철학적 불교라고 베버는 분석한다. '예정론'이 가장 근원적인 유신론적 신정론의 해결책이라고 한다면, '영혼윤회설'은 가장 근원적인 무신론적 신정론의 해결책이라는 것이다.

영혼윤회설에 있어서 오직 불교만이 그 궁극적인 결과를 도출하는 데 성공하였다. 이것은 신정론의 문제에 대한 가장 근원적인 해결책이다.[34]

---

32 *Ibid.*, 146-147.

33 *Ibid.*, 146.

34 *Ibid.*, 147.

최근 인도 종교학자 웬디 도니거 오플래허티[Wendy Doniger O'Flaherty]는 인도의 종교 전통에 대한 보다 심층적인 이해를 제공하고 있다. 그녀에 따르면, 악에 대한 신정론으로서 인도의 힌두교와 불교가 단일한 업보설이라기 보다는 베다 종교의 범신론으로부터 우파니샤드의 일원론 등등 다원적인 무신론 혹은 유신론 전통들로 구성된다는 것이다.

따라서 '선'과 '악' 사이의 갈등은 다양한 방식으로 해결되거나 혹은 무시된다. 초기의 『브라마나』 혹은 『범서梵書』 텍스트들은 문제를 옆으로 밀어내어 버리고, 제의적祭儀的 해결책들에 더욱 집중한다. 정통주의 텍스트들은 선과 악을 화해시키고, 갈등을 피하고자 한다. 불교도들과 몇몇 힌두교도들은 선과 악의 유일한 원인이 업보(*karma*)라고 주장하며, 문제를 회피하려 한다. 마치 마지막 결승점을 향해 끝없이 접근하지만 결코 도달할 수 없는 아킬레스와 거북이의 역설처럼, 업보 사상은 전생의 원인과 그보다 앞선 전생의 원인이라는 무한한 인과의 사슬을 가져오기 때문이다. 우파니샤드와 바크티 같은 보다 후대의 텍스트들은 불교의 영향으로 선악의 문제가 지닌 우주적 차원뿐 아니라, 개인적 차원에 대한 통찰도 담고 있다.[35]

우리는 여기서 인도 계열 종교들이 단 하나의 신정론이 아니라 복수의 신정론들을 가지고 있다는 점을 주목하고자 한다. 힌두교의 신화와 예술에서 신들이 여러 개의 머리와 손을 지닌 모습으로 표현되는 것처럼 그녀는 "신정론에 대한 힌두사상의 유일한 접근법 혹은

---

35 Wendy Doniger O'Flaherty, *The Origins of Evil in Hindu Mythology* (Berkeley: University of California Press, 1980), 379.

해결책이 아니라, 복수의 접근법들과 해결책들"을 말해야만 한다고 주장한다.36 이러한 다른 독립적인 견해들을 동시에 지닐 수 있는 것이 바로 힌두 사상의 강점이라고 그녀는 본다. "두 가지(혹은 그 이상의) 다른 관점들에서 한 문제를 동시에 성찰하는 능력이 힌두 사상이 지닌 위대한 장점 중 하나이며, 특히 악의 문제에 대해 접근할 때 유용하다."37

오플래허티는 신정론으로서의 업보 사상에 대해 전체적으로 부정적인 평가를 한다. 여기에는 최소한 세 가지 이유가 존재하는 듯하다. 첫째는 이미 앞에서도 언급된 무한한 역소급의 어려움, 곧 도달할 수 없는 원인의 기원점이라는 논리적 어려움이다.

> 업보의 부적절한 해결책에서 직접적으로 발생하는 어려움은 바로 기원의 문제이다. 업보 사상은 악의 기원이란 존재하지 않는다고 주장함으로, 악의 기원의 문제를 '해결하는' 것이다. 시간에서 시작이란 없고 단지 영원한 순환만이 있을 뿐이며, 이 안에서 미래와 과거가 서로에게 녹아들어 간다. 하지만 이러한 해결책은 문제를 해결한다기보다는 문제를 무시하는 것이다.38

둘째로 오플래허티는 불교 안에 존재하는 무신론과 유신론, 곧 철학적 불교와 종교적 불교라는 두 흐름 사이의 긴장 관계를 이유로 든다. "여기서 업보 철학으로 대변된 인식의 종교(cognitive religion)와

---

36 *Ibid.*, 376.
37 *Ibid.*, 370.
38 *Ibid.*, 17.

신들에 대한 예배적 헌신으로서의 감정의 종교(affective religion) 사이의 역설적 공생 관계"가 인도에서는 존재하는 것이다.[39] 그것이 역설적인 이유는 불교 철학이 업보 사상을 주장하는 반면 불교 종교는 부처님의 공덕을 주장하기 때문이다.

> 이러한 해결책이 지닌 결함은 즉각적으로 분명하다. 업보의 가설은 전능성의 가설을 파괴한다. 따라서 업보의 가설은 신정론을 해결한다기보다는 옆으로 지나쳐 버리는 것이다. 만약 신이 업보의 지배력 아래에 있다면, 그는 전능하지 못하다. 하지만 만약 몇몇 신학자들이 주장하듯 신이 업보를 통제하는 것이라고 해도 결국 다시 비난은 신의 발아래에 고스란히 놓일 수밖에 없다.[40]

이러한 논리 구성에 있어 근원적인 전제는 신정론이 오플래허티에게 있어서는 유신론의 문제라는 것, 따라서 베버가 다소 광범위하게 불교 철학의 무신론에도 적용하는 신정론의 용법보다 그녀는 서구에서 통용되는 협의의 신정론의 의미를 선호한다는 것을 추측할 수 있다. "업보 사상과 같은 고통의 이론을 소유한 문화에서는 불의한 고통을 설명해야 하는 [신정론의] 문제는 처음부터 생겨나지 않는 것이다."[41] 순수한 인과응보의 불교 철학에서는 자비한 부처님의 옹호

---

39 *Ibid.*, 15.

40 *Ibid.*, 14.

41 Gananath Obeyesekere, "Theodicy, Sin and Salvation in a Sociology of Buddhism," Edmund R. Leach ed., *Dialectic in Practical Religion* (Cambridge Papers in Social Anthropology, no. 5) (Cambridge, 1968), 10-11; O'Flaherty, *Origins of Evil in Hindu Mythology*, 16에 인용된다.

라는 신정론의 과제가 발생할 수 없고, 반면에 불교 종교에서는 전능한 부처님의 공덕과 변경될 수 없는 업보의 법칙이 조화롭게 공존하기 힘든 것이다. 마치 기독교에서 자유의지론과 예정론이 근원적 긴장 관계를 가지는 것처럼 불교에서도 철학적 무신론과 종교적 유신론이 긴장 상태에서 공존하는 것이다. 이것은 힌두교의 경우에서도 마찬가지다.

> 불교에서 이것은 "한편으로 인간의 은총의 상태를 변경할 수 있는 힘을 지닌 신들(gods)이 다른 한편으로 변경될 수 없는 업보에 대한 신앙과 공존해야 하는 일종의 신정론의 역설 유형에 관련되는 행동의 태도"를 초래하게 된다. 힌두교 특히 유일신론적 예배 종교에서, 업보는 상대적으로 중요하지 않은 것으로 여겨지고, 예배의 헌신을 통해 극복될 수 있다고 생각된다.[42]

오플래허티는 업보설이 악과 고통에 대한 대중적 설명으로 사용될 때는 "신의 잠시간의 무능력을 설명하는 일종의 임시적인 변명" 정도로서 사실상 기능한다고 평가한다.[43] 하지만 어쩔 수 없는 임시변통의 변명이라고 하더라도 철학적 업보 사상은 종교적 감정에 있어서는 한계를 가질 수밖에 없다. "업보 사상이 합리적으로 설득력이 있다고 하더라도 그것이 결코 감정적으로 만족스러운 것은 아니기 때문이다."[44] 막스 베버가 완벽한 신정론, 곧 악의 문제에 대한 가장 근원적인

---

42 O'Flaherty, *Origins of Evil in Hindu Mythology*, 15.

43 *Ibid.*, 17.

44 *Ibid.*, 14.

해결책이라고 극찬했던 불교의 업보 사상이 오플래허티의 판단에는 신정론 문제를 회피한 것으로 평가된 점은 흥미롭다.

2. 한국의 업보 사상

한국불교의 토착화를 상징하는 원효元曉는 『대승기신론 소 · 별기』에서 인과응보설을 이렇게 제시한다. "이는 논論에서 '앞서는 과보果報였던 것이 뒤에서는 도리어 원인을 이루어서 항상 전전하는 인과因果가 다 시작이 없기 때문이다'고 하였다."[45] 원효가 여기서 언급한 '논'이 정확하게 어떤 텍스트를 가리키는지는 확실하지 않다. 다만 원효의 해석이 우리가 앞에서 살펴본 인도 사상, 곧 인과의 무한한 역소급 그리고 악의 궁극적인 원인의 부재라는 생각과 조화로운 것으로 보인다. 그리고 인도의 경우처럼 한국에서도 불교 철학과 불교 종교가 다양한 형태로 역설적 공존의 역사를 가져왔다는 것은 짐작하기 어렵지 않다. 윤회설에 대한 엄격한 철학적 성찰과 더불어 기독교의 메시아 신앙에 비교될 수 있는 불교의 미륵신앙이 왕성한 것도 한 예가 될 것이다. 전남 화순군에 있는 운주사雲住寺의 천불천탑과 거대한 미륵와불臥佛이 이에 대한 생생한 예술적 증언이다.[46]

조선의 신유학자들은 불교와 천주교 모두에 대체로 비판적이었다. 그들은 천주교의 내세관이 도피주의적이며 이기주의적이라고 보았다. 천주교의 천당 지옥설도 불교의 전생으로부터의 윤회설, 후생으로

---

45 "先是果報 後反成因 而恒展轉因果, 皆無始故." 원효 지음/은정희 역주, 『대승기신론 소 · 별기』 (서울: 일지사, 1991), 131-132.

46 Hohyun Sohn, "Minjung Theological Aesthetics," *Madang*, vol. 29 (June 2018): 3-44.

서의 천당 지옥설과 마찬가지로 허황한 것으로 유교의 현생에의 집중
과는 비교할 바가 못 된다고 유학자들은 생각했다. 이익^{李瀷}(1579~1624)
은 다음과 같이 불교의 윤회설과 천주교의 천당 지옥설의 상호관계를
역사적으로 분석하고자 시도하였다.

> 옛날 서국^{西國}에 폐타와자^{閉他臥剌}[Pythagoras]라는 사람이 있어서 세민
> ^{細民}들이 악한 짓을 거리낌 없이 하는 것을 통탄하여 윤회설^{輪廻說}을 만들었
> 다. … 그런데 그 당시에 이 윤회설이 어쩌다 외국으로 새어 나가서 석가가
> 마침 새로운 교문^{敎門}을 세우려고 하면서 이 윤회설을 계승한 것이다.
> … 그 혹시 전세^{前世}의 일을 능히 기억하는 자가 있다면 그것은 마귀, 광인
> 의 하는 짓이요 불교가 중국에 온 후로부터인 것이다. … 천당이니 지옥이
> 니 증명할 수 없었다면 어찌 유독 불교의 윤회만을 잘못이라 하고 천주교
> 의 천당, 지옥은 옳다고 하는 것인가?⁴⁷

불교의 윤회설과 천주교의 천당 지옥설이 비슷한 것으로 그는
이해하였다. 흥미롭게도 영혼윤회설에 대한 이익의 역사적 분석은
최초의 창시자가 그리스의 철학자 피타고라스라고 주장한다. 피타고
라스의 이론(Plato, *Phaedo*, 86b-d 참조)이 그리스에서 인도로 전래하
여서 석가모니의 윤회설로 계승되었고, 다시 그것이 중국을 거쳐
조선에까지 들어왔다는 것이다. 그의 주장의 출처가 무엇인지 분명하
지 않은 것은 아쉽다. 아마 역사적으로는 오히려 반대의 경우, 곧
인도에서 그리스로 전파된 것이 아닐까 추측된다. 어쨌든 그는 천주교

---

47 박종홍, 『실학 사상의 탐구』 (서울: 현암사, 1974), 177-178. 더 후대의 남인 실학자인
   성호 이익(1681~1763)과는 구분되어야 한다.

의 천당 지옥설이 사실상 불교의 윤회설과 다름없다고 부정적으로 평가한다. 이러한 평가는 예외적인 사례가 아니었다. 조선 후기 성호 이익의 문하에 속했던 신후담^{愼後聃}(1702~1761)도 『서학변^{西學辨}』에서 불교와 천주교가 사실상 이기심에 동일하게 기초한다고 비판한다.

> 불씨가 선악을 전세^{前世}에 있어서 생각하는 것도 천주학이 화복을 후세^{後世}에 있어서 가리키는 것도 그 현세^{現世}를 떠나 허설^{虛說}을 가구^{架構}하는 것으로 말하면 마찬가지다. 또 이른바 후세의 화복이라는 것은 불씨의 천당 지옥설을 인용한 데 불과한 것이니 이래가지고 윤회를 논척^{論斥}한대서야 불씨의 웃음거리가 안 될 수 없을 것이다.[48]

반면에 조선의 신유학자들은 고통에 일희일비하지 않는 군자의 상을 유학의 이상적 인간형이라고 여겼다. 고통과 죽음의 문제를 영혼불멸설로 해결하려 하지 않고, 군자의 삶의 태도를 보이는 것으로 해결하려고 한 것이다. "유교 속에 스스로 낙지^{樂地}가 있어 군자의 마음이 편안하여 때와 곳을 따라 일찍이 생사에 척척^{戚戚}하지 않음을 모르는 것이라."[49] 무신론적 신정론으로서의 불교의 업보 사상이나 연기된 신정론으로서의 천주교의 내세관이 과연 단지 종교적 이기심에서 전적으로 기초하고 있는지는 상세한 논의가 필요한 문제이다. 단지 종교적 이기심의 여부가 그 종교의 진리가 주장하는 '사태에 대한 최종적 판단'의 기준이 되어서는 안 될 것이다.

---

48 같은 책, 186.
49 같은 책, 같은 곳.

III. 만약 하나님이 없어도, 모든 것이 허용되지는 않는다

서구에서 무신론은 유신론의 빛이 만들어 내는 그림자와도 같다. 신과 인간, 유신론과 무신론, 선과 악은 마치 동전의 양면처럼 이항적^二項的으로 사유되었다. 그렇기에 "신이 없으면, 악을 설명할 필요도 없다"라는 무신론적 태도는 모든 악이 전적인 인간 자유의 책임이라고 희생자를 비난하는 고전적 유신론의 논리와 매우 흡사하다. 그것은 우주라는 광활한 공간의 중심 무대가 평평한 지구이며, 그곳의 유일한 주인공이 인간이라고 사유하던 시기의 유물이다. 유신^{有神}과 무신^{無神}이라는 이항적 경계선(bifurcation boundary)을 통해 의미의 정체성을 확립하는 기독교 신학은 지극히 근대적인 서구 사유의 유산이다. 하지만 우리는 '없음'의 의미를 과연 사유하였는가? 무신론의 참된 가치는 무^無에 대한 깊은 성찰에 있는 것이다.

사르트르의 무신론적 실존주의는 인간의 위치를 지나치게 과대평가한다. 그는 "만약 하나님이 없다면, 모든 것이 허용된다"라는 태도가 실존주의의 출발점이라고 주장한다. 하지만 정말 그러한가? 만약 하나님이 없어도, 모든 것이 허용되지는 않는다. 만약 하나님이 없어도, 여전히 인간은 빛의 속도나 중력 가속도를 임의로 바꿀 수는 없다. 만약 하나님이 없어도, 여전히 중력 가속도는 고층 건물에서 떨어지는 혹은 뛰어내리는 인간이 죽도록 만들 것이다. 하나님이 없다는 가설이 정말 악과 고통에 대한 더 큰 설득력을 제공하는가? 사르트르는 아무것도 대답하지도, 아무것도 해결하지도 못한다. 단지 신정론의 질문을 실존주의 철학으로 변경하려 시도할 뿐이다. 하지만 신이 없다고 악을 설명할 의무가 사라지지는 않는다. 정말 그러했다면 불교, 힌두교 등의 무신론적 신정론은 처음부터 생겨나지 않았을 것이다. 신이 없다고 악이 더 잘 설명되지도 않는다. 만일 그러했다면 보에티우스의 질문은 처음부터 제기되지 않았을 것이다. 그는 "신이 없다면 선이 어디에서 오는지 알지 못할 것"이라고 했다. 하지만 신이 없다면 악이 어디에서 오는지도 알지 못하지 않을까? 신이란 그런 모든 것의 마지막 설명이 지닌 형이상학적 궁극성의 자리이다. 하지만 사르트르가 가져오는 무신론의 현기증과 구토 혹은 로스의 저항의 신정론이 드러내는 모든 대답과 모든 대답의 부재에 대한 '싫증'은 사유라고 불리기보다는 지식인의 자기 고집에 가깝다. 신이 존재하든 존재하지 않든 자신의 삶에는 아무런 차이가 생기지 않는다는 태도는 엄밀한 의미에서 존재론적 무신론보다는 경험론적 무신론에 가깝다. 제1철학을 존재론이 아닌 인식론으로 바꾸어버린 근대적 사유의 선입견이다.

업보業報의 논리는 영원한 자연의 절대적 순환성을 상정한다. '윤리적 응보의 우주'는 어떤 지적 설계자에 의해 창조된 것이 아니라, 태초부터 항존하는 존재의 구조라는 것이다. 하지만 오늘날 우리는 그런 자연의 절대적 순환성, 우주의 영원성을 더는 신뢰하지 않는다. 우주는 영원히 존재하였던 것이 아니며, 138억 년 전에 시작하였다. 따라서 윤리적 응보의 우주도 영원하지도, 절대적이지도 않다. 오히려 우리는 '윤리적 응보의 우주'라는 사상이 현실을 정당화하는 종교적 이데올로기는 아닌지 의문을 가진다. 과연 형식적 정의라는 업보의 개념이 실체적으로 정의로운 것인지 카스트의 차별 구조 안에서 고통당하는 이른바 불가촉천민들에게 물어보아야 할 것이다.

신이 없다면 악을 설명할 필요도 없는가? 신이 없다면 악은 더 잘 설명되는가? 우리는 "신이 없다"라는 태도 때문에 '인간의 책임 너머의 현상'을 경시하지는 말아야 한다.

4 장

—

다신론

I. 성서 안의 다신론

다신론적 신정론多神論的 神正論(polytheistic theodicy)은 복수의 신적 존재들 사이의 관계가 선과 악의 이유라고 설명하는 견해다. 성서 안에는 다신론적 사유의 잔재와 더불어 점진적인 유일신론으로의 전이가 동시에 드러난다. 예를 들어 고대 근동의 다신론적 세계관, 곧 지상 왕국의 정치적 회의와 비슷하게 신들도 천상 회의에 모여 세계에 대해 의논한다는 생각이 시편 82편에 드러나고 있다. 특히 본문은 최고신 하나님이 결국 다른 신들을 정복할 것이라는 유일신론적 신관으로의 점진적인 전이도 보여주고 있다.

> 하나님(Elohim)께서 신들의 모임(divine assembly) 가운데 서시어 재판하신다. "언제까지 너희는 불공평한 재판을 하려는가? 언제까지 악인에게 편들려는가? 약한 자와 고아를 보살펴 주고 없는 이와 구차한 이들에게 권리 찾아주며 가난한 자와 약자들을 풀어주어라. 악인의 손에서 구해 주어라." 그들은 분별력도 없고 깨닫지도 못하여 어둠 속을 헤매고만 있으니 세상이 송두리째 흔들린다. "나의 선고를 들어라. 너희가 비록 신들이요 모두 지극히 높으신 이의 아들들이나 그러나 너희는 보통 인간처럼 죽겠고 여느 군주처럼 넘어지리라." 하나님이여, 일어나시어 온 세상을 재판하소서. 만백성이 당신의 것이옵니다(시 82:1-8).

시편 82편의 논리를 재구성해보자. 첫 번째 전제는 다신론의 상황이다. 최고신인 엘로힘 외에도 다른 경쟁자 신들이 존재하기에 일종의 신적인 힘들의 충돌이 발생할 가능성이 있는 것이다. 두 번째는 악이 발생하고 계속 지속되는 이유가 다른 신들이 불공평하게 재판하고 악인을 편들기 때문이라는 견해이다. 성서 안에서 다신론이 악의 기원에 대한 설명으로 신정론적 역할을 하는 사례이다. 다른 신들이 각각 공정한 판결의 의무를 충실히 수행하였더라면 신정론의 상황은 처음부터 발생하지 않았을 것이다. 세 번째는 하나님의 공평하고 정의로운 성격에 대한 강조이다. 최고신 하나님은 불공정의 상황에 대해 다른 신들을 비판하고, 그들의 의무 방기를 지적한다. 따라서 암시적으로 제시되고 있는 상황은 일종의 휴전 혹은 미봉책의 상황이다. 천상의 왕인 엘로힘이 다른 신적 존재들을 정복하였으나 그들의 반란의 정신이 완전히 사라지지는 않았다. 경쟁자 신들은 각각 책임지고 있는 나라들과 민족들에서의 정의의 실현이라는 자신들의 의무에 태만했다. 따라서 시편의 기자는 정의로운 하나님이 경쟁자 신들을 심판하고 궁극적인 파멸의 상태를 가져올 것을 호소하는 것으로 시편을 끝내고 있다.

다신론적 믿음은 고대 세계에 매우 흔한 현상이었다. 자연의 현상 뒤에는 신적 존재들이 놓여 있다고 보았기 때문이다. 지혜서는 이러한 자연주의적 다신론을 다음과 같이 묘사하며 비판하고 있다.

하나님을 모르는 자들은 모두 태어날 때부터 어리석어서 눈에 보이는 좋은 것을 보고도 존재하시는 분을 알아보지 못하였고, 업적을 보고도 그것을 이룩하신 분을 알아보지 못하였다. 그래서 그들은 불이나 바람이나 빠른 공기, 또는 별의 회전, 혹은 도도하게 흐르는 물, 하늘에서 빛나는 것들을 세상을 지배하는 신들로 여겼다. 만일 이런 것들의 아름다움을 보고 그것을 신이라고 생각했다면, 이런 것들의 주님이 얼마나 더 훌륭하신가를 알아야 했을 터이다(지혜서 13:1-7).

산불, 태풍, 천체의 운행과 광채, 강물의 흐름 등등이 일종의 '세상을 지배하는 신들'이라고 사람들이 생각했다는 것이다. 하지만 이러한 모든 것들은 그 자체로 신들이 아니라 하나님의 설계 혹은 '업적'이며, 이러한 자연의 현상에서 '그것을 이룩하신 분'을 추측할 수 있다는 우주론적 신 존재 증명의 논리가 전제되고 있다. 하지만 이스라엘의 경우에도 예상보다 훨씬 후대까지 이러한 다신론적 신앙이 통용되었던 것으로 보인다. 앞의 시편 82편에서처럼 '엘로힘'이 다른 신들보다 우월한 최고신이라고 여겨졌지만, 동시에 그것은 다른 경쟁자 '신들'의 존재를 사실상 인정하는 것이기도 하다.

신명기 5:7의 "나 외에는 다른 신들을 네게 두지 말지니라"라는 계명은 이러한 다신론적 경쟁 상황을 전제하고 있다. 이 계명이 실제로 엄수되기까지, 곧 이스라엘의 종교적 신관이 다신론(polytheism), 택일신론(henotheism), 유일신론(monotheism)으로 점진적으로 전이되는 데 얼마나 시간이 걸렸는지 정확하게 알 수는 없다. 크랜쇼에 따르면, "택일신론의 기간, 곧 다른 신들이 존재하는 것은 인정하면서도 어떤 한 신을 선택하여 예배한 기간은 확정될 수 없지만, 뒤이은 유일신론의 등장은 점진적인 과정일 것이다."[1] 시편 82편의 기자는 다신론에서 유일신론으로의 전환 자체가 일종의 신정론이라고 본 것이다. 최고신 하나님이 타락하고 임무에 태만한 다른 신들을 심판하고, 전체 세계를 홀로 다스리는 유일신론의 확립만이 지체된 정의를

---

1 James L. Crenshaw, *Defending God: Biblical Responses to the Problem of Evil* (Oxford and New York: Oxford University Press, 2005), 51.

실현하는 궁극적 해결책이라고 그는 보기 때문이다. 신정론의 문제가 다신론의 신학에서 유일신론의 신학으로의 전이를 촉구하는 한 계기가 된 것이다. 곧 "연기된 정의는 다른 종류의 하나님을 요청한다!"[2]

여기서 우리는 일종의 '유일신론의 역설'을 직면하게 된다. 다신론이 발생시킨 신정론 문제의 해결책으로서의 유일신론이 요청되지만, 그러한 유일신론의 도래가 결과적으로 다시 신정론 문제를 발생시키는 역설적 상황을 가져오는 것이다. 곧 "하나님이여, 일어나시어 온 세상을 재판하소서. 만백성이 당신의 것이옵니다"(82:8)라는 시편 기자의 바람이 실현된 상황을 생각해보자. 시편 기자가 요청한 다신론 혹은 택일신론으로부터 유일신론으로의 전이의 이유는 지연된 정의의 실현이라는 신정론적 요구 때문이었다. 처음부터 신정론을 해결하기 위해 다신론이 유일신론으로 교체된 것이다. 하지만 문제는 이러한 전이가 최종적으로 완결되었을 때, 신정론의 문제가 해결되기보다는 오히려 다시 새로운 긴장 상황을 가져오게 된다. 공평하고 정의로운 유일신에 대한 종교적 신앙은 더는 사람들이 현실에서 경험하는 부정의와 악을 다른 신들 때문이라고 쉽게 설명할 수 없게 만들어 버린다. 결과적으로 사람들은 공식적으로는 유일신론의 신앙을 지지하면서도 암묵적으로는 다시 이전의 다신론적 믿음으로 계속 회귀하려는 경향성을 보이게 되는 것이다. 유일신론은 다시 다신론으로 혹은 악마론과 같은 이원론적 신앙으로 뒷걸음치게 되는 것이다. 크랜쇼는 이러한 역설적 회귀를 일종의 '반#다신론'의 상황이라고 부른다.

---

2 Crenshaw, *Defending God*, 53.

다수의 신들에서 유일한 신으로의 이동은 값비싼 대가를 지급해야만 했다. 세계 안에 만연한 악에 대한 편리한 대답은 윤리적 유일신론(ethical monotheism)을 위해서 포기되었다. 다수의 신들이 존재한다고 믿었을 때는, 악의 원인이 그들 중 하나 혹은 몇몇에게 돌려질 수 있었고 전체적인 세계관이 해를 입을 필요는 없었다. 하지만 선하고 강력한 유일신만이 존재한다는 신앙의 발생은 여기에 수반되는 문제, 곧 악을 설명해야 하는 문제를 가져왔다. 이러한 어려움을 해결하려는 초기의 시도가 일종의 반다신론(semipolytheism)으로의 회귀였다.[3]

II. 흄과 다신론

철학자 데이비드 흄[David Hume]은 스코틀랜드의 엄격한 칼뱅주의 환경에서 성장하였지만, 곧 이러한 영향을 벗어나서 종교가 단지 개인적으로 불필요한 것일 뿐 아니라, 역사적으로 볼 때 인류에게 나쁜 영향력을 끼친 병자病者들의 꿈이라고 보았다. 특히 그는 이전의 기독교 혹은 계몽주의에서 주장한 이신론理神論(deism)의 신 존재 증명들을 비판하며, 우주의 질서에서 도덕적으로 완전한 유일신 하나님을 추론할 수 없다고 주장하였다. 예를 들어 프랑스의 이신론자이자 극작가인 볼테르(Voltaire)는 뉴턴적 우주관에 기초해 우주의 배후에 지성적인 유일신이 존재한다는 것을 확신하였다. 그는 1734년의 『형이상학론』(Traité de Métaphysique)에서 이렇게 주장한다.

---

3 Crenshaw, *Defending God*, 54.

시계의 바늘이 시간을 가리키는 것을 본다면, 한 지성적인 존재가 시계의 바늘이 시간을 가리키도록 스프링들을 배열하여 이 기계를 만들었다고 우리는 결론을 내린다. 마찬가지로 인간의 몸이라는 스프링들을 볼 때도, 9개월 동안 자궁에서 영양분을 공급받도록 설계한 지성적인 존재가 이러한 신체 기관들을 배열하였다고 우리는 결론을 내린다. 눈은 보기 위해 주어졌고, 손은 잡기 위해 주어졌다. 하지만 이러한 유일한 논증에 기초하여 우리는 다음과 같은 결론 그 이상을 추론해서는 안 될 것이다. 곧 지성적이고 고등한 어떤 존재(an intelligent and superior being)가 물질을 준비하여 솜씨 있게 창조하였다는 것이다.[4]

앞서 살펴본 지혜서 13:1-7에서처럼 볼테르를 포함한 이신론자들도 자연의 현상이 지성적인 설계자 하나님을 드러낸다고 보았다. 자연의 정교한 질서에서 이러한 질서를 부여한 어떤 단일한, 무한한 그리고 완전한 설계자 하나님의 존재를 추론할 수 있다는 것이다. 다시 말해 자연의 시계공 하나님은 최초의 원인자로서 단일한 존재이며, 영원하고 무한한 존재이며, 그 도덕적 품성에 있어 완벽하다는 것이다.

하지만 흄은 자연이라는 결과에서 우리가 이러한 단일성, 무한성, 완벽성이라는 신의 전통적인 세 속성을 종교적으로 추론하는 것은 우리의 이성의 한계를 넘어서는 사유의 도약이라고 지적한다. 『자연종교에 관한 대화』(The Dialogue Concerning Natural Religion, 1751~1757, 1761 개정)에서 흄은 우리의 세계가 완벽한 질서를 가지는지,

---

4 Voltaire, *Works*, XXI, 239. James C. Livingston, *Modern Christian Thought*, 2nd ed. (Minneapolis: Fortress Press, 2006), 25-26에 인용된다.

그렇지 않은지 다른 세계들과 비교할 능력을 인간은 가지고 있지 않다고 주장한다. 우리는 다른 세계들을 본 적이 없기 때문이다. 설혹 우리의 세계가 다른 모든 세계를 능가하는 완벽한 질서를 가지고 있다고 하더라도 그것이 이신론자들의 믿음처럼 한 명의 유일신 혹은 시계공 하나님의 존재를 증명하는 것은 아니라는 것이다. 특히 유일신론과 다신론에 대해 흄은 이렇게 말한다:

> 당신의 가설에서 신의 단일성을 증명할 어떠한 논쟁을 제공할 수 있단 말인가? 집이나 선박을 만들거나 도시를 건설할 때 혹은 공화국을 기초하는데 엄청나게 많은 다수의 사람들이 함께 협력한다. 그렇다면 왜 세계를 계획하고 창조할 때에는 다수의 신들이 협력할 수는 없는 것인가?[5]

역사적으로 기독교 종교와 계몽주의의 자연종교 사상은 세계의 기원자로서 단일한 지성적 존재를 상정했다. 하지만 흄은 이러한 우주론적 신 존재 증명이 전혀 확실하지 않으며, 나아가 세계의 창조자가 있다고 하더라도 그가 단일한 존재인지 혹은 여러 신적인 존재들의 공동체인지 우리가 확실히 알 수는 없다고 생각한다. 우리 세계의 질서가 한 명의 신적 설계자가 아니라 복수의 신적 설계자들에 의한 것이라면, 우리 세계의 불완전성을 설명하는 중요한 논리 중 하나가 다신론이라고 흄은 생각했다.[6]

---

5 David Hume, *Dialogues concerning natural religion* (Indianapolis: Bobbs-Merrill, 1947), 166-167.

6 니먼(Susan Neiman)은 흄이 신정론의 맥락에서 유일신론보다는 다신론을 선호했다고 평가한다: "흄은 유일신론과 다신론이 가지는 도덕적 효과를 비교하였고, 다신론이 더욱 건강한 결과를 가져온다고 보았다. 다신론은 열광주의보다는 관용을 가져오고, 겸손이나

III. 한국의 다신론

한국의 토속적 종교인 무속신앙은 엄격한 유일신론보다는 위계적 계층 구조를 가진 다신론적 세계관을 발전시켰다. 이러한 무교의 다신론은 이른바 무신도巫神圖에서 분명하게 드러나고 있다. 무신도의 존재는 문헌적으로는 최소한 고려 때부터 거슬러 올라갈 수 있는데, 고려의 문신 이규보(1168~1241)는 『동국이상국집』, 「노무편」에서 이렇게 적고 있다: "무당이 자가自家의 신단 방 벽에 단청으로 그린 신상을 가득히 걸어놓고 장구를 치고 가무를 한다."7 자신이 섬기는 무신과 벽에 걸린 무신도는 일종의 이콘적 상응 관계를 지닌 것으로 이해되었기에 무당은 무신도를 소홀히 다루는 것이 곧 무신을 소홀히 다루는 것과도 같다고 여겼다. "만약 집을 수리하게 되어 무신도에 손을 대게 되는 경우에는 미리 제물을 간략하게 준비해 바치고 이러저러한 이유로 하여 지엄한 무신도에 손을 대게 되니 용서해 달라고 빈다. … 신의 뜻에 어긋나는 일이 있으면 신의 벌을 받아 몸이 아프거나, 하는 일이 잘되지 않으며, 집안에 우환이 있게 된다고 믿기 때문이다."8 질병이나 인생의 비극이 무신 혹은 무신도와 관련된 것으로 믿는 신앙이 존재한 것이다.

무신들의 기능은 먼 길을 나서는 여행자들의 안전과 조업에 나가는

수동성 같은 수도자적인 미덕보다는 용기와 활동성 같은 씩씩한 미덕을 가져온다. 흄은 인간들을 매우 닮은 이방의 신들이 그 자체로 이점을 가진다고 주장한다. … 따라서 다신론은 실천이성의 요구들과 더 조화로운 것이다." Susan Neiman, *Evil in Modern Thought: An Alternative History of Philosophy* (Princeton: Princeton University Press, 2002), 156.

7 김태곤 편, 『한국무신도』 (서울: 열화당, 1989), 29.

8 같은 책, 16.

어부들의 안전을 보살피는 기능, 천연두와 같은 질병과 인간의 수명을 관장하는 기능, 해와 달과 별 같은 천체들의 운행을 담당하는 기능 등등 매우 다양하다. 한국의 무속이 지닌 다신론은 각각의 신들이 자신의 고유한 영역에서는 절대적인 능력을 지닌 채 역할을 한다고 본 것이다. 그림으로 남아있는 몇몇 대표적 무속의 신들과 그 역할들을 김태곤은 아래와 같이 제시한다.

별상^{別桓, 別上, 別星} ― 천연두를 앓게 하는 두신^{痘神}으로, 천연두를 앓지 않으려고 이 신을 모신다. …

서낭신^{城隍神} ― 동구나 고개마루에서 마을을 수호해 주는 신으로, 여행의 안전을 비는 노신^{路神}의 기능도 겸한다.

일월성신^{日月星辰} ― 해·달·별의 천체신, 인간에게 행운과 명^命을 내려준다.

대신^{大神} ― 무조신^{巫祖神}으로 무당의 영험을 보강시켜 준다.

산신^{山神} ― 산의 신격. 인간을 보살펴 주는 신.

용신^{龍神} ― 용의 신격. 흔히 해상의 안전과 풍어신으로 신앙.

칠성^{七星} ― 북두칠성의 신격. 수명장수신.

공주^{公主} ― 왕녀의 신격. 신당에서 지역성과 관련되어 신앙.

호구아씨 ― 천연두를 앓게 하는 여두신^{女痘神}. 별상과 같이 천연두를 예방하기 위해서 이 신에게 치성을 드린다.

대감^{大監} ― 벼슬이 높은 관리의 신격. 재복을 주는 신.

오방신장^{五方神將} ― 오방, 곧 동서남북과 중앙을 지켜주는 방위신.

삼불제석^{三佛帝釋} ― 무속에서 천상에 있다는 불교의 천신. 인간에게 재복을 주고, 명을 길게 이어주며, 아기를 잉태하게 해 준다.

제장^{諸將} ― 수호 기능을 가진 무신^{武神}.

유비, 관우, 장비 — 중국 장수의 신격으로, 수호신으로 신앙된다.

천신天神 — 천상에 있는 최고의 신으로, 인간의 길흉화복을 주관한다.

태조대왕太祖大王 — 조선의 개국시조 이성계의 신격으로, 인간을 수호해 준다.

옥황상제玉皇上帝 — 도교의 최고신인 천신. 옥황상제를 무속에서 천신의
    최고신으로 신앙한다. 인간의 길흉화복 전반을 주관한다.

염라대왕閻羅大王 — 사람이 죽어서 가는 명부에서 인간의 수명을 관장하는 신.

와룡선생臥龍先生 — 중국 제갈량의 신격. 인간을 수호해 준다.

석가여래釋迦如來 — 석가모니불. 인간을 수호해 주는 신.

맹인盲人 — 점占을 전문으로 하는 소경의 신격으로, 눈병을 고쳐 준다.

창부倡夫 — 노래 부르고 악기를 전문으로 다루는 창부의 신격. 외부로부
    터 들어오는 액厄을 막아주는 역할을 한다.[9]

이처럼 구체적인 인간의 질병들과 사고들은 각각의 어떤 신령이
일으킨 것으로 이해되었다. 해상의 날씨와 안전사고는 용신에게 돌려
졌고, 눈병의 치유는 맹인에게 돌려진다. 여기서 흥미로운 점은 각
신령의 역할이 종종 모호하고 중첩적이어서 구체적 사건이 어떤 신령
과 연관되는지는 확실하지 않은 때도 있다는 것이다. 예를 들어 천연두
의 질병을 일으키는 원인이 '별상' 혹은 '호구아씨'에게 모두 돌려지고
있다. 이러한 기원의 다중성은 신정론의 문제를 더욱 다양한 각도에서
해석하고 설명할 수 있도록 허용하는 동시에 반대로 설명의 불확실성
을 증가시키기도 한다. 또한 무신들은 인간들의 보호와 징계라는
이중적 역할을 하기에 사실상 항상 경계의 대상이 되었다.

---

9 같은 책, 23-25.

무신巫神은 대체로 인격적으로 현현되지만, 자연신自然神의 경우는 간혹 자연 그대로의 정령精靈으로 보는 경우도 있다. 그리고 이들 분담된 직능의 분야에 대해서는 무한한 능력자로 나타난다. 그러나 인간에게 어떤 이성적인 계시를 통하여 그 능력을 인도 행사하기보다는 무서운 고통을 주는 벌로써 신의 의사를 전달하기 때문에 비록 인간을 수호해 주는 선신善神일지라도 늘 공포의 대상이 된다. 그러나 공포는 신성의 극치이기도 하다. 무신과 인간의 관계를 보면, 무속에서는 인간의 생과 사, 길흉, 화복, 질병 등의 운명 일체가 신의 의사에 달려 있다고 믿는다. … 이들 무신에게는 각기 인간을 위한 직무가 분담되어 있는데, 무신들이 서로 합심이 되지 않을 때 인간은 신들의 알력 여파로 화를 입게 된다고 믿는다.[10]

시편 82편의 천상 회의에서 신정론의 문제가 최고신 하나님과 다른 경쟁자 신들 사이의 긴장된 관계를 원인으로 가진다고 여겨졌던 것처럼 한국의 무속신앙에서도 유사하게 "무신들이 서로 합심이 되지 않을 때 인간은 신들의 알력 여파로 화를 입게 된다"고 보았다.

한국의 다신론은 매우 오랜 역사를 지닌 것으로 건국 신화인 단군 신화까지 거슬러 올라간다. 일연의 『삼국유사』는 고조선을 건국할 때 환인의 아들 환웅이 3,000명의 신들을 거느리고 내려와 세상을 다스린 것으로 이야기한다.

『위서魏書』에 이렇게 말하였다. 지금부터 2,000년 전에 단군왕검檀君王儉

---

10 같은 책, 32.

이 있어 아사달^{阿斯達}에 도읍을 정하고 나라를 열어 조선이라고 불렀으니, 바로 요^堯 임금과 같은 시기이다. 『고기^{古記}』에는 이렇게 말하였다. 옛날 환인^{桓因}의 서자 환웅^{桓雄}이 자주 천하에 뜻을 두고 인간 세상을 탐내어 구하였다. 아버지가 아들의 뜻을 알고는 삼위태백^{三危太伯}을 내려다보니 인간을 널리 이롭게 할 만하여, 즉시 천부인^{天符印} 세 개를 주어 내려보내 인간 세상을 다스리게 하였다.

환웅이 (다스리는 데 필요한) 무려 3,000명을 거느리고 태백산^{太白山} 꼭대기 신단수^{神壇樹} 아래로 내려왔다. 이곳을 신시^{神市}라 하고 이분을 환웅천왕이라 한다. 풍백^{風伯}, 우사^{雨師}, 운사^{雲師}를 거느리고 곡식, 생명, 질병, 형벌, 선악 등 인간 세상의 360여 가지 일을 주관하여 세상을 다스려 교화하였다.[11]

건국 신화에 나오는 환인·환웅·단군의 삼신^{三神} 신앙 그리고 3,000명의 신적 조력자들이 '곡식, 생명, 질병, 형벌, 선악' 등등 인생의 360여 가지 일을 주관한다는 생각은 이후 우리 민족의 토착적 무속신앙에 대대로 이어져 내려왔다.

근대적 의미에서 한국 최초의 종교학자로 평가될 수 있는 이능화는 조선 무속의 원류를 단군 신화라고 본다. 우리 민족은 가뭄 등과 같은 천재지변이 있을 때마다 무당들을 불러 기우제를 드렸는데, 그러한 풍속이 단군 시대부터 이어져 왔다는 것이다. 또한 무당들은 단군 신화에 나오는 '곡식, 생명, 질병, 형벌, 선악' 등등 이른바 인생의

---

11 일연 지음/김원중 옮김, 『삼국유사』 (서울: 을유문화사, 2002), 35-37.

'360여 가지 일'을 이어온 것이라고 이능화는 해석한다.

> 조선 고대로부터 한발^{旱魃}의 천재^{天災}가 있을 때에는 반드시 무당^{巫堂}으로
> 써 기우^{祈雨}를 행하여 왔다. 그 이무도우^{以巫禱雨}하는 풍속을 말하면, 즉
> 단군^{檀君}의 고사^{故事}에서 시원^{始源}된 것이다. … 금일^{今日} 아속^{我俗}에 무당의
> 기도를 '일'한다고 하는 무당의 '일'은 즉시 신시천왕^{神市天王}의 재세이화^{在世}
> ^{理化}하던 삼백팔십여사^{三百六十餘事}의 '사^事'자의 역어^{譯語}라고 해석한다. 주
> 곡주명^{主穀主命}이란 것은 즉 인간의 농사와 질병 등을 주장주치^{主掌主治}의
> '일'의 의미가 아닌가.[12]

실제로 조선조 초기에는 '성숙청'이라는 무속 기능을 전담하는
관청을 두었고, 세종 때는 오늘날의 병원에 해당하는 '활인원^{活人院}'을
두어서 무당이 백성들의 병을 치료하는 역할을 했다. 나중에 세조
때에는 '활인서^{活人署}'로 명칭이 바뀌었으며, 여기서 전염성이 강한 역질^{疫疾}
을 담당하는 일에 무당이 투입되었다. 하지만 이후 유학자들의 요구로
무속 기능을 담당하던 관청들이 폐지되었다가 영조 때에 부활하기도
한다.[13]

우리 민족이 전염병 같은 일종의 신정론적 문제를 단군 신화의
삼신관과 다신론적 세계관을 통해 해석했다는 사실은 조선 시대에
발생한 '단군 사당의 이전 문제'를 통해서도 확인될 수 있다. 단군
사당을 평양으로 이전한 것이 전염병의 원인이 되었다고 당시 사람들
은 본 것이다. 먼저 1452년 단종 즉위년에 황해도에 역병이 생겼는데,

---

12 이능화·권상로 저, 『朝鮮宗教史』 (서울: 민속원 影刊, 2002), 4-5.
13 김태곤 편, 『한국부신도』, 42.

이 당시 이선제의 상소문은 사람들이 전염병의 이유로 단군 사당의
평양 이전을 지목한다고 보고하고 있다. "지난날 단군 사당을 문화현에
서 평양으로 옮긴 뒤에 괴기怪氣가 뭉쳐서 귀신 모양 같은 것이 있고
검은 기운黑氣이 진陣을 이루어서 행동하는 소리가 있었습니다. 한
사람이 이 광경을 바라보고서 놀랍고도 괴이하여 몸을 숨겨서 피했으
며 마을에 이 일을 전하였는데, 사람들이 서로 말하기를 병이 발생한
것은 단군 사당을 옮겼기 때문이라고 합니다."[14] 곧 사람들은 원래
단군이 도읍을 평양으로 삼았으며, 나중에 아사달(문화현)로 옮겼다고
생각했다. 따라서 이런 단군의 결정을 임의로 번복하고 단군 사당을
다시 평양으로 옮긴 것은 불경한 일로 질병의 원인이 되었다는 것이다.
또한 단군의 신위만 옮겨졌고, 환인, 환웅은 제외된 듯하다. 당시
우의정이었던 유관은 상황을 이렇게 설명한다: "지난번 단군의 신위를
평양으로 옮겼는데, 그렇다면 두 분 성인聖人의 신위는 어느 곳에 봉안했
단 말입니까? 이것이 단군 혼자만 토박이 사람을 원망하는 것이 아니라
두 분 성인이 또한 반드시 요괴를 맞아들여 여역癘疫을 만들어서 백성들
에게 해를 끼치는 것입니다. … 다시 성당聖堂의 신주神主를 만들어서,
전염병이 돌아 죽는 근원을 제거하신다면 온 나라가 심히 다행스러운
일이겠습니다."[15]

대략 20년 후인 1471년에 다시 황해도에 유사한 전염병이 발생하
였다. 보고를 받은 성종은 황해도 관찰사 이예李芮에게 다음과 같은
교서를 내린다: "이 도의 괴질怪疾은 어째서 생긴 것인가? … 단군의
신사檀君神祠는 이전에는 어느 곳에 있었으며 무슨 까닭으로 이전하였는

---

14 이능화, 『조선신사지(朝鮮神事誌)』 (서울: 동문선, 2007), 276.
15 같은 책, 278-281.

가? 그 제사를 지내는 제도는 또 어떠한가? 지금 민간의 풍속에서도 제사를 모시는가? … 민간에서 병 치료를 바라는 자들은 어떤 일을 하는가? … 사람들 말로는 '단군의 천왕당은 본래 구월산의 윗봉우리에 있었는데 나중에 앞 봉우리로 옮겼고 다시 산기슭으로 옮겨 천황^{天王} 세 분의 위패를 안치하였으며, 또 사자의 배향청을 설치하고 향을 내려 제사를 모시게 한 지가 이미 오래되었다. 그 뒤에 이를 폐지하여 제사를 지내지 않아 … 몹쓸 병이 결국 생기고 말았다'고 한다. … 몹쓸 병은 과연 전에는 없던 것이 이를 계기로 처음 일어났는가? 분명히 항간에 전해지는 말이 있을 것이니 그것들을 조목별로 찾아가 탐문하고 병의 근원^{病源}을 자세하게 따져본 후 장계를 올리도록 하라."16

성종의 명을 받은 이예는 상황을 조사한 후 다음과 같은 장계를 올린다: "단군과 그 아버지 환웅, 할아버지 환인을 '삼성^{三聖}'이라고 부르고 사당을 세워 제사를 지내다가 제사를 중단한 뒤부터 사당이 황폐해졌는데… 삼성당을 평양으로 옮긴 뒤로는 나라에서 제사를 모시지는 않았으나 비가 오거나 날이 개기를 기원할 때는 현의 관리가 조복을 갖추고 친히 제사를 올리는데 제사에 흰 떡, 흰 밥, 폐백, 실과를 썼으며 이것 말고는 다른 제사는 행할 수 없는데 고을의 풍속에는 영험이 있다 하여 사람들이 함부로 와서 제사를 지내지는 못하나이다. … 삼성당 아래 가까운 곳에는 인가가 많이 모여 있었는데 제사 지내기를 중단한 뒤로부터 몹쓸 병이 생기기 시작하면서부터 인가가 텅 비어 버렸으나 그 인가의 닭, 돼지를 도살해서 신령이 싫어했다는 이야기는 듣지 못하였나이다."17 여기서도 황해도의 전염병의 이유가

---

16 정인보 지음/문성재 역주, 『조선사연구 下』 (서울: 우리역사연구재단, 2013), 581-583.
17 같은 책, 584-587.

단군 사당의 평양 이전과 관련된다는 사람들의 입장이 반복되고 있다. 결과적으로 다음 해에 성종의 지시로 황해도 문화현 구월산에 다시 삼성사를 세우게 된다: "성종 3년(1472)에 황해도 관찰사 이예의 말에 따라 삼성묘^{三聖廟}를 구월산에 세우고 평양 단군묘^{檀君廟}의 관례에 의하여 해마다 향과 축문을 보내 제사한다."18

이능화만이 단군 신화와 무속신앙 사이의 역사적 관계를 강조한 것은 아니다. 국학자였던 정인보도 단군 신화의 삼일신관과 홍익인간의 종교관이 무속신앙에 역사적으로 이어져 왔다고 보았다. 정인보는 중국의 유일신관과 우리 겨레의 삼일신관은 다르다고 본다.

역사적으로 중국의 제천의식인 '교천^{郊天}'에서는 상제^{上帝}만 유일한 주신^{主神}으로 받들어졌기 때문에 이때 배향^{配享}되는 그 나라의 태조는 하늘과 짝을 이루기는 해도 하늘의 신, 즉 '천신^{天神}'은 언제나 상제뿐이었던 것이다. 그러나 조선에서는 상황이 좀 달랐다. 시조 단군의 선조를 하늘까지 소급했을 때 첫 번째 신성한 존재였던 단군은 인간 세상의 임금인 동시에 천상 세계까지 관장하는 등 그야말로 하느님과 같은 존재라고 여겨졌다. 또 3개의 천부인^{天符印} 역시 하느님의 지체로 인간 세상을 다스린다는 것을 의미할 뿐만 아니라 사람들의 임금이면서 하늘의 임금, 즉 '천왕^{天王}' 임을 보여주는 상징물이었다. 이 점은 '환인^{桓因}'[또는 단인^{檀因}]과 '환웅' [또는 단웅] 그리고 단군왕검을 모두 '천왕'이라고 부른 데서도 잘 알 수 있다.19

---

18 이능화, 『조선신사지』, 282-286.
19 정인보, 『조선사연구 下』, 547-548.

특히 정인보는 무속의 삼신할미 신앙이 단군 신화의 삼신관에서 유래하였다고 본다. 곧 우리 민족의 고유한 삼일신관이 널리 중국의 산둥 지방 해안가에까지 전파되었을 뿐 아니라, 조선의 무속신앙에서는 이른바 '삼신'할미가 단군 신화에서 삼신三神과 관련되어 언급된 '주명主命', 곧 수명을 관장하는 역할을 하는 것으로 계승됐다는 것이다.

이런 맥락에서 본다면 『제왕운기』나 『삼국유사』에 전해지는 환인, 환웅, 단군이 바로 지금까지 민간 신앙으로 수용된 '삼신三神'이자 한대에 산둥 해안으로 전래된 '삼일신三一神'인 셈이다. 비록 파편화되어 얼마 남지 않은 자취이기는 하지만 "곡식, 수명, 질병, 형벌, 선악을 관장하였다"(主穀主命主病主刑主善惡)는 대목은 그 자체만으로 충분히 소중한 옛 기록이라 하겠다. 지금까지 민간 신앙에서 최고이자 대단히 중시되던 삼신을 아이를 '점지'해 주는 신으로 신봉하면서 누구나 삼신의 점지로 태어나지 않은 사람이 없다고 여겨 그들에게 자녀를 점지해 주기를 빌고 무사한 출산을 감사드리는가 하면 심지어 아이가 10세가 되기 전까지는 삼신이 보호해 준다고까지 믿어온 것은 '수명 관장'(主命)의 단서이다. 또 집집마다 삼신을 위하여 궤짝, 부대, 독에 곡식을 비치하고 해마다 햇것으로 교체하는 것은 모든 집안의 주부들이 다 지키던 풍습이었으니 이것은 '곡식 관장'(主穀)의 흔적이다.[20]

---

20 같은 책, 556-557.

IV. 다신론적 신정론의 불확실한 미래

악의 문제가 유일신론보다는 다신론으로 더 잘 설명될 수 있는가? "불필요하게 다원성을 가정해서는 안 된다"(*Pluralitas non est ponenda sine neccesitate*)는 오컴^{William of Ockham}의 원칙은 반드시 그렇지는 않다는 것을 보여준다.[21] 이것은 다신론의 불확실한 미래를 상징적으로 보여주는 듯하다. 어쩌면 다신론은 이미 타버린 재와도 같다. 혹은 최소한 기독교 신정론으로 기능하기는 더는 어려울 것이다.

다신론은 신정론의 긍정적이고 부정적인 기능을 동시에 수행한다. 우리가 시편 82편에서 살펴본 것처럼 처음부터 다신론이 점진적으로 포기되고 유일신론으로 전이된 중요한 이유 중 하나가 신정론의 문제였다. 여러 명의 자연신들, 국가신들 혹은 민족신들이 자신들의 임무를 태만하게 하였기 때문에 정의가 실현되지 못하고 지연되는 신정론의 상황이 발생했다고 여겨졌다. 따라서 시편 82편의 기자는 다신론의 포기와 유일신론으로의 전환 자체가 일종의 신정론의 성립이라고 본 것이다. 하지만 유일신론의 역설은 크랜쇼가 '반(半)다신론'이라고 부른 상황으로의 회귀 경향성도 가져온다.[22] 다신론과 유일신론의 설명력에 대한 경쟁에서 현대인 대부분은 유일신론적 종교관을 선택하는 것으로 보인다.

현대적 사유에서 다신론이 점점 더 설득력을 잃어가고 있는 또 다른 이유는 설명의 불확실성이다. "잘되면 제 탓, 못되면 조상 탓"이라는 한국 속담은 어떤 사건이 가져올 결말이 긍정적인지 부정적인지에

---

21 William Thorburn, "The Myth of Occam's Razor," *Mind*, Vol. 27 (1918): 345-353.
22 Crenshaw, *Defending God*, 54.

따라 당사자는 얼마든 다르게 해석할 수 있다는 것을 보여준다. 유교의 조상신이라는 다신론의 상황을 수용할 수도 그렇지 않을 수도 있는 재량권을 해석자가 가지는 것이다. 나아가 다신론적 신정론이 제시하는 신들의 기능적 분담이 지나치게 불확실하고 다소 임의적이다. 앞에서 본 것처럼 한국 무신巫神들의 체계에서는 천연두라는 전염병의 원인이 별상일 수도 있고 혹은 호구아씨일 수도 있는 불확실성이 존재한다. 혹은 인간 수명의 장수를 위해서 삼신할미, 일월성신, 칠성, 삼불제석 등등 누구에게 치성을 드려야 할지도 분명하지 않다. 다신론적 신정론이 전통적으로 담당했던 여러 신정론적 문제들을 이제는 오히려 의학과 과학이 해결하는 경우들도 점증한다. 수명장수와 전염병 등의 질병, 날씨와 자연재해 등등의 문제를 다신론적 종교로 대답하려는 현대인들은 줄어들고 있다. 우리는 이제 그런 신들은 필요치 않은 상황에 놓여 있다. 더군다나 그런 종교적 설명을 선호하는 사람들에게는 다신론적 해결책보다는 이원론 혹은 악마론이라는 대안을 선택할 또 다른 가능성도 존재하는 것이다.

반면 데이비드 흄은 유일신론에 기초한 자연종교의 이신론을 비판하며, 오히려 다신론적 종교가 더욱 건강한 인류의 삶을 가져올 것이라고 보았다. 흄의 인과성 비판 그리고 원인과 결과의 비례 원칙을 고려할 때, 유한한 자연의 질서에서 그것의 설계자인 무한하고 유일하고 완벽한 하나님을 추론하는 것은 그의 주장처럼 이성의 한계를 넘어서는 사유의 비약으로 비판될 수도 있을 것이다. 하지만 철저한 회의론 혹은 불가지론이라는 흄의 동일한 논리에서 한 명의 설계자 하나님이 아니라 다수의 설계자들 혹은 신들을 추론하는 것도 불가능한 것으로 유사한 비판을 받게 된다. 결국 흄에게는 유일신론뿐만이 아니라 다신론도 증명될 수 없는 병자들의 꿈일 뿐이다. 나아가 최소한 한국 다신론에 대한 본인의 경험으로 미루어 볼 때, 다신론이 인류의 삶을 더욱 건강하게 만들 것이라는 흄의 희망의 근거를 뒷받침할 증거를 발견할 수는 없다.

종교는 모든 것에 대한 궁극적 설명이다. 자신뿐 아니라 이웃을, 자기 민족뿐 아니라 모든 인류를 그리고 생명뿐 아니라 무생물을 포함한 우주 전체를 설명하고자 하는 보편성을 지향한다. 현대의 종교는 점차 더 큰 보편성을 향해 움직여나가고 있고, 최소한 기독교 종교의 경우는 더욱 그러하다. 고대 문명이 자신의 고통과 국가적 재난을 여러 다양한 신들 사이의 전쟁의 결과라고 이해한 것은 사실이다. 그러나 인류의 종교성은 국가신 혹은 민족신의 개념을 넘어서 보편신의 방향으로 결정적으로 전이하였다. 고통과 악의 원인을 자신의 국가신, 민족신을 제외한 다른 신들의 의무의 방기 혹은 악의적 행위에 관련시키는 이전의 다신론적 신정론은 인류의 보편주의에 의해 점차 설득력을 잃고 있는 것도 사실이다. 정치적인 경계 혹은 인종적인 차이가 여러 신들 사이의 전쟁이라는 틀로 더는 설명되지 않으며, 자연적 혹은 지리적 힘들을 의인화한 다신론적 사유도 점차 단일하고 보편적인 과학적 설명으로 대체되고 있다. 우주는 하나의 균질적 실체로 이해되고 있으며, 바다의 태풍과 대지의 폭풍이 서로 다른 질적 원인을 가진다고 보지도 않는다. 결국 하나의 자연적 현상 혹은 민족적 사건을 설명하기 위해 고대 인류가 각각 자신의 신을 만들어 설명할 수 있었다면, 오늘날 우리는 모든 자연적 현상들과 역사적 사건들을 설명하는 단일한 신적 원리를 요구하고 있다. 인류의 형이상학적 보편성에 대한 추구가 다신론적 신정론의 미래가 불확실한 이유이다.

5 장

악마론 혹은 이원론적 신정론

I. 성서 밖의 악마

"악마 없이는 하나님도 없다"(*Sine diabolo nullus Deus*).[1] 고대에서 오늘날까지 인류의 문명에서 악마의 개념사를 추적한 역사학자 제프리 러셀[Jeffrey Burton Russell]이 자신의 연구를 요약한 말이다. 신성의 개념 자체가 악의 그림자를 요구한다고 그는 본다. 역사적으로 볼 때 문명의 초기에 인류는 신이란 두 얼굴을 지닌 존재, 곧 선과 악, 양과 음, 남성과 여성, 하늘과 지하 세계 등등 '대립의 일치'라는 특징을 지닌 존재라고 보았다.[2] 특히 도덕적 관점에서 이해된 선과 악은 동일한 신이 지닌 양면성으로 이해하였다.

주전 600년경 페르시아에서 악마론惡魔論(diabolism) 혹은 이원론二元論 (dualism)의 등장은 일종의 종교적 혁명을 가져왔다.[3] 고대 페르시아, 곧 오늘날의 이란 지역에서 예언자 조로아스터[Zoroaster]는 근원적으로 새로운 생각을 제시한다. 하나님과 악마란 사실상 동일한 신성이

---

1 Jeffrey Burton Russel, *The Devil: Perceptions of Evil from Antiquity to Primitive Christianity* (Ithaca: Cornell University Press, 1977), 32.

2 Russel, *Devil*, 58ff.

3 "'이원론'(dualism)이란 고대 페르시아인들의 종교를 묘사하기 위해 1700년에 영국에서 만들어진 용어이다. 그것은 우주가 두 개의 동일하게 영원한 능력자들, 곧 종종 빛과 어둠, 영과 물질 사이의 전쟁터라고 보는 견해이다. 가장 중요한 이원론적 종교들로는 조로아스터교, 영지주의, 마니교(마니[Mani, 216~276/77]의 추종자들)가 있으며, 종종 '영지주의자'(gnostic) 혹은 '마니교도'(manichaean)는 '이원론자'와 동일한 의미로 사용된다." Mark Larrimore ed., *The Problem of Evil: A Reader* (Oxford: Blackwell, 2001), xxi-xxii note. 막스 베버는 종교적 이원론의 사례들로서 "후기 조로아스터교, 조로아스터교로부터 영향을 받은 소아시아의 여러 종교, (유대교와 기독교의 영향을 받은) 바빌론 종교의 최종 형태, 만다야교(Mandaeism), 영지주의, 마니교" 등을 든다. Max Weber, *The Sociology of Religion* (Boston: Beacon, 1963), 144. 인도의 이원론에 대해서는 Wendy Doniger O'Flaherty, *The Origins of Evil in Hindu Mythology* (Berkeley: University of California Press, 1980), 58-59를 참조하라.

지닌 서로 대립된 내재적 원리들이라는 지금까지의 견해를 그는 거부한다. 곧 과거의 일원론에서 벗어나 철저히 다른 두 신들의 존재를 신앙하는 이원론을 주장하며 또한 추가적으로 그는 여러 신을 섬기는 다신론에서 선한 신만을 경배해야 한다는 유일신론의 방향으로 나아갔다.4 신과 악마라는 종교적 이원론이 신만을 숭배하는 유일신론의 방향으로 반드시 발전할 논리적 필연성은 없었지만, 조로아스터는 악한 신이 선한 신의 통치 아래에 있다고 보는 일종의 이원론적 유일신론이 더 큰 설득력을 가진다고 생각했다.5 이러한 그의 생각이 지닌 모호한 양면성이 기독교의 입장과도 유사하다고 러셀은 평가한다. 과연 조로아스터가 유일신론자로 평가될 수 있는가는 논란의 여지가 있지만, 그가 분명히 이원론자였다는 점은 의심할 수 없는 사실이다. 러셀에 따르면,

> 선한 영보다는 힘이 열등한 악한 영적 통치자를 주장하는 일종의 변형된 이원론이 반드시 유일신론과 양립 불가능한 것은 아니며, 기독교 전통도 그러한 경우이다. … 조로아스터교와 마니교의 이원론이 명시적인 반면에 유대교와 기독교의 이원론은 더 암시적이다. 그럼에도 불구하고 유대교와 기독교 안에는 분명 이원론이 존재하며, 최소한 그러한 이원론의 존재 이유는 이란 지역의 영향 때문이다.6

---

4 Russel, *Devil*, 98.

5 웬디 도니거 오플래허티(Wendy Doniger O'Flaherty)에 따르면, "조로아스터교는 원래 유일신론적 종교였지만, 나중에 유일신의 속성들을 우주를 지배하는 두 가지 독립적인 행동의 원인자들로 쪼갬으로써 신정론의 문제를 해결한 것이다." O'Flaherty, *Origins of Evil in Hindu Mythology*, 70.

6 Russel, *Devil*, 98.

신정론의 맥락에서 조로아스터는 새로운 패러다임의 전환을 가져왔다. 이전과 다른 신론은 이전과 다른 신정론의 탄생, 곧 일종의 '이원론적 신정론'을 가져온 것이다.[7] 후대의 기독교가 하나님의 전능성全能性과 전선성全善性을 모두 유지하는 데 어려움을 가졌던 반면, 조로아스터는 하나님의 전능성을 희생해서 하나님의 절대적인 전선성을 주장했다.[8] 그는 하나님, 곧 '아후라 마즈다Ahura Mazda'에서 악의 원인을 분리해서 악마, 곧 '앙그라 마이누Angra Mainyu'에게 돌렸다.[9] 아후라 마즈다는 하나님이며, 선함과 빛의 주님이다. 반면 앙그라 마이누는 악과 어둠의 주님, 곧 '파괴의 영 혹은 고통의 영'이다.[10] 처음부터 악마는 자신의 자유의지로 스스로 타락하였다. 조로아스터의 말에 따르면,

> 태초에 쌍둥이 영들(twin spirits)이 자신의 본성을 선한 영과 악한 영으로 사유와 말과 행동에서 드러내었다. … 이 두 쌍둥이 중에서 악한 영은 가장 끔찍한 것들을 행동으로 선택하였다. 하지만 가장 성스러운 영은 가장 불변하는 하늘들의 옷을 입고, 스스로 의로움의 편을 선택하였다.[11]

조로아스터는 악마가 하나님의 또 다른 속성이라고 이해한 것이 아니라, 하나님과 악마는 '쌍둥이'지만 전혀 다른 두 분리된 '영들'의 존재라고 생각한 것이다. 따라서 엄밀한 의미에서 하나님이 전능한

---

7 Ibid., 101.

8 조로아스터의 이러한 선택은 현대의 과정 신정론(process theodicy)이 하나님의 형이상학적 궁극성을 희생시키며, 하나님의 전적 선하심을 옹호한 것과도 유사하다.

9 Russel, Devil, 102ff.

10 Ibid., 106.

11 Ibid., 106-107.

힘을 지니지도 않았으며, 그가 만물을 모두 창조한 것도 아닐 수 있다. 조로아스터에 따르면, 하나님과 악마는 각각 자신이 창조한 영역들을 가진다. 아후라 마즈다는 빛과 어둠, 보이는 것과 보이지 않는 것, 물질세계 등을 만들었고, 추가적으로 여섯 천사(선한 마음, 진리, 곧은 마음, 왕국, 전체성, 불멸성)도 창조하였다.12 이들 여섯에 아후라 마즈다 자신의 지혜의 성령인 스펜타 마이누Spenta Mainyu가 포함될 때, 이러한 일곱의 신적 존재들이 아후라 마즈다를 중심으로 하늘에서 일종의 천상 회의를 구성하는 것으로 이해되었다. 반면에 거짓과 파괴의 악마인 앙그라 마이누는 일곱 명의 대표적 악령들(비뚤어진 마음, 이단 혹은 배교, 무정부 상태와 폭정, 대립, 뻔뻔함, 배고픔, 목마름)을 창조하였다.13 이러한 일곱 악령 밑에는 무수한 졸개들이 있는 것으로 여겨졌다. 나아가 쌍둥이 신들은 끊임없이 충돌하지만, 결국에는 하나님이 악마에 대해 승리하리라고 조로아스터교의 후대 추종자들은 믿었다. 사회학자 막스 베버의 지적처럼, 이원론적 종교들은 종종 종말의 때에 선한 신이 악한 신에 대해 궁극적 승리를 확실히 쟁취할 것이라는 종말론적 희망을 주장하지만, 이러한 종말론적 승리 사상은 '엄밀한 의미의 이원론으로부터의 이탈'이다.14

---

12 *Ibid.*, 112.

13 *Ibid.*, 115.

14 Max Weber, *The Sociology of Religion* (Boston: Beacon, 1963), 144-145.

II. 성서의 악마

사탄 혹은 마귀가 언급되는 중요한 성서 텍스트로는 욥기 1-2장, 스가랴 3:1-2, 역대상 21:1, 마태복음 4장과 누가복음 4장 등이 있다. 구약성서의 히브리어 표현 '사탄'(satan, שטן)은 신약성서에 와서 '마귀'(diabolos, διάβολος)라는 그리스어로 번역됐다. 신정론의 맥락에서 악마론의 논리는 "악의 책임은 하나님이 아니라 악마에게 있다"라는 것이다. 신약성서 시대 당시 유대교와 기독교가 공유한 악마관을 러셀은 아래의 9가지 특징으로 설명한다:

(1) 악마는 악의 인격화이다. (2) 악마는 사람들의 몸을 공격하거나 그것들을 점령함으로써, 사람들에게 물리적인 해악을 가져온다. (3) 악마는 사람들을 시험한다. 그는 죄를 짓도록 유혹하여 사람들을 파괴하거나 하나님과의 전쟁을 위해 사람들을 매수한다. (4) 악마는 죄인들을 비난하고 처벌한다. (5) 악마는 악령들, 타락한 천사들, 귀신들의 우두머리이다. (6) 악마는 고대의 자연적 정령들 혹은 귀신들이 지닌 대부분의 악한 특징들을 물려받는다. (7) 악마는 하나님의 왕국이 도래할 때까지, 물질과 육체의 이 세계를 다스리는 통치자이다. (8) 그러한 종말의 때까지, 악마는 선한 하나님과 끊임없는 전쟁을 한다. (9) 종말의 때에 악마는 하나님에 의해 패배할 것이다.[15]

하지만 유대교와 기독교는 점차 서로 다른 입장들을 발전시키게

---

15 Russel, *Devil*, 256.

된다. 대체로 기독교가 악마론을 추가적으로 더욱 발전시키지만, 유대교는 악마론을 거부하는 방향으로 나아갔다. 유대교는 철저한 유일신론의 확립을 위해 하나님의 신적 경쟁자를 인정할 수 없었고, 그렇기에 악마의 비신성화 혹은 비신화론화 작업을 진행한 것이다. 하지만 기독교에서는 이전의 다신론적 존재들에 대한 신앙 혹은 하나님 내부에 존재하는 어둠의 그림자에 관한 생각이 점차 일종의 타락한 천사로서의 사탄이라는 단일한 독립적 존재로 객체화되는 경향성을 보인다.

1. 구약성서의 사탄

히브리 성서에서 사탄은 결코 완벽하게 합의된 개념이 아니었다. 독립된 악마적 존재, 악한 인간 대적자 혹은 여호와 하나님의 어두운 그림자 등등 다양한 해석의 가능성이 존재하였기 때문이다. 욥기 1:6에 등장하는 '사탄'은 한 존재의 이름을 가리키는 고유명사라기보다는 재판 등등에서 적대적 역할을 하는 자를 지칭하는 보통명사, 곧 '대적자'(the adversary)의 뜻에 가깝다. 이러한 보통명사로서의 용례는 스가랴 3:1-2에서도 마찬가지다. 반면 '사탄'이 고유명사로서 한 구체적인 존재의 이름을 가리키는 용례는 역대상 21:1에서 발견된다: "사탄이 일어나 이스라엘을 대적하고 다윗을 충동하여 이스라엘을 계수하게 하니라." 사탄의 고유명사로서의 용례는 이스라엘의 여호와 하나님이 지닌 '어두운 면'이 주변의 종교적 영향으로 점차로 '어두운 독립적 존재'로서의 사탄에 대한 믿음으로 발전한 것이다. 크랜쇼에 따르면,

고대 이스라엘 사람들은 하나님이 어두운 면을 가진다고 믿었다. 그것이 결과적으로 독립적인 존재로 자신을 드러내게 된 것이다. 처음에 그것은 하나님의 종이었지만, 궁극적으로 강력한 대적자가 되었다. ··· 더욱 후기의 문헌에서 사탄이라고 불리는 대적자의 출현은 주전 6세기 후반부터 시작된 페르시아의 영향력과 시기적으로 일치한다.[16]

예를 들어 사탄과 여호와의 정체성에 대한 이러한 불분명하고 다소 유동적인 신학적 경계선은 다윗이 이스라엘의 인구조사를 시행한 동일한 사건을 두고 성서가 완전히 상반되는 두 해석을 제공하는 사실에서도 드러난다. 사무엘하 24:1에 따르면, 다윗을 시험하고 인구조사를 명령한 것은 여호와 하나님이다: "여호와(YHWH)께서 다시 이스라엘을 향하여 진노하사 그들을 치시려고 다윗을 격동시키사 가서 이스라엘과 유다의 인구를 조사하라 하신지라." 여기서 이스라엘의 여호와 하나님이 지닌 어두운 그림자가 여과 없이 제시되고 있다. 여호와가 인구조사를 명령하고, 그 명령의 이유는 이스라엘을 여호와가 죽음으로 심판하기 위해서이다. 고대 이스라엘에서는 인신공양 혹은 인간 살해 제사의 흔적이 보이며, 아브라함의 이삭 희생 이야기는 충격적이라기보다는 하나님의 어두운 측면에 대한 통속적인 이야기일 수 있다고 크랜쇼는 제안한다: "아브라함은 키르케고르의 믿을 수 없는 불신감이나, 임마누엘 칸트의 도덕적 분노를 느끼지 않는다."[17] 아브라함에게 하나님은 원래부터 어두운 분이시다.

---

16 James L. Crenshaw, *Defending God: Biblical Responses to the Problem of Evil* (Oxford: Oxford University Press, 2005), 56.

17 Crenshaw, *Defending God*, 62. 칸트는 아브라함의 하나님에 대한 자신의 도덕적 분노

반면에 역대상 21:1은 인구조사로 시험한 주체가 '여호와'가 아니라 '사탄'이라고 이름을 바꾸어 설명한다: "사탄^{Satan}이 일어나 이스라엘을 대적하고 다윗을 충동하여 이스라엘을 계수하게 하니라." 이처럼 구약성서 안에서도 하나님과 악마 사이의 신학적 구분이 결코 명확하게 확립되지는 않은 모호성의 상태를 지니는 것으로 보인다. 신정론의 물음이 더욱 전면에 등장하면 할수록 이스라엘은 여호와를 옹호하고 그의 어두운 면을 사탄이라는 신화적 존재로 객체적 투사를 하였다. 그렇지만 이원론적 유일신론은 그 자체가 미봉책의 성격을 지닌다. "비록 이전의 흥미로운 등장인물들에도 불구하고, 나중에 등장한 이 사탄이라는 인물은 하나님의 어깨로부터 무거운 짐을 오직 살짝 덜어줄 뿐이다. 하나님이 사탄을 궁극적으로 통제하기 때문이다."[18]

이처럼 성서의 악마론이 지닌 특징은 항상 사탄 혹은 마귀는 궁극적으로는 하나님의 주권적 통치 아래에서 도구적 역할을 하는 열등한 존재에 불과하다는 신앙이 강하다는 점이다. 가장 대표적인 예가 욥기에 등장하는 사탄과 하나님의 관계이다. 여기서 사탄은 항상 하나님의 허락을 기다리며, 하나님의 허용과 동의를 구한 후에만 행동하는 종속적 존재로서 표현된다. 욥기 1:6은 '사탄'이 하나님을

를 다음과 같이 표현한다: "아브라함은 하나님의 목소리로 추정되는 이것에 이렇게 대답했어야 했다. '내 착한 아들을 살해해서는 안 된다는 것을 나는 절대적으로 확신한다. 하지만 비록 그 목소리가 하늘로부터 들려오더라도, 나에게 나타난 당신이 하나님이라는 것을 나는 확신할 수 없으며, 확신해서도 안 된다. … 그것은 도덕률에 반대되는 것이기 때문이다. 아무리 장엄하고 초자연적으로 보이더라도, 우리는 그것을 속임수라고 여겨야만 한다.'" Immanuel Kant, *Streit der Fakultagten*, cited in Emil Fackenheim, *Encounters between Judaism and Modern Philosophy: A Preface to Future Jewish Thought* (New York: Schocken, 1973), 34.

18 Crenshaw, *Defending God*, 19.

포함한 여러 신적 존재들의 천상 회의에 참여하는 상황을 다음과 같이 제시하고 있다: "하루는 하나님의 아들들이 와서 여호와 앞에 섰고 사탄도 그들 가운데에 온지라." 러셀이 지적하듯, 유대교 전통은 이러한 천상 회의의 다신론적 혹은 이원론적 종교관을 보다 유일신론적으로 해석하는 경향성을 점증적으로 발전시킨다. 사탄의 열등한 지위는 더욱 강조되었고, 점차 비신격화의 과정을 거치게 된다. "대개의 경우 랍비들은 악의 힘을 지배하는 어떤 인격화된 존재라는 생각을 거부하고, 악마란 인간의 마음속에 존재하는 악의 경향성을 상징하는 것으로 이해하기를 선호한다."[19] 물론 그리스 철학과 기독교 종교에 더욱 큰 영향을 받은 카발라*kabbala*와 같은 유대교 신비주의 전통은 악마의 역할을 보다 강조하지만, 대부분의 유대인들 사유에서 악마의 자리는 별로 중요하지 않은 것으로 여겨졌다.

이러한 유대교 입장을 대표하는 것이 이집트 태생의 랍비 사디아 가온*Saadiah Gaon*이다. 사디아는 자신의 주석서에서 욥기의 사탄이란 타락한 천사가 아니라, 단지 한 명의 인간 대적자라는 것을 분명히 한다. "사탄*satan*과 관련하여, 사실 그는 한 명의 평범한 인간이다. 성서가 '여호와께서 에돔 사람 하닷을 일으켜 솔로몬의 대적(satan)이 되게 하시니'(왕상 11:14)라고 말한 경우와도 마찬가지다."[20] 사디아는 인간 '대적', 곧 '사탄'이라는 말이 사용된 수많은 구약성서 용례들을 언급하며 사탄이 하나님으로부터 독립된 타락한 천사라는 견해는 유일신론

---

19 Jeffrey Burton Russel, *Satan: The Early Christian Tradition* (Ithaca: Cornell University Press, 1981), 27-28.

20 Saadiah Ben Jesoph Al-Fayyumi, *The Book of Theodicy: Translation and Commentary on the Book of Job*, trans. L. E. Goodman (New Haven: Yale University Press, 1988), 154.

에서 받아들여질 수 없는 태도라는 것을 강조한다. "왜냐하면 모든 유일신론자는 다음에 동의할 것이기 때문이다. 창조주 하나님은 그의 천사들을 창조하셨고, 천사들이 하나님을 섬기며 불순종하지 않을 것을 미리 아셨다. 마치 예언자들이 하나님의 메시지를 전달하고 불순종하지 않을 것을 미리 아셨던 것과 마찬가지다."[21] 하나님의 전지全知함이란 모든 것을 미리 아시는 선지先知함을 포함하기에 천사의 타락을 미리 알고도 사탄을 창조하셨을 수는 없다고 랍비 사디아는 생각한 것이다. 그럼에도 불구하고 나중의 해석자들이 사탄을 단지 대적하는 인간이 아니라, 일종의 타락한 천사라고 잘못 믿게 된 것은 히브리어가 지닌 관용적 표현들을 잘 이해하지 못하였기 때문이라고 사디아는 본다: "그는 이야기를 언어적으로 해석하는 데 분별력을 거의 가지지 못한 것이다."[22] 17세기의 철학자 스피노자B. Spinoza도 이러한 사디아의 언어적 해석에 대한 강조와 유사하게 성서의 다양한 신인동형론적 표현과 기적 등에 대한 언급들을 문자적으로 해석하기 보다는 히브리어가 지닌 언어적 표현의 문제로 이해해야 한다고 주장한다. "간단히 요약해서 성서를 해석하는 방법은 자연을 해석하는 방법과 전혀 다르지 않을 뿐만 아니라 완벽하게 일치한다"라고 스피노자는 말한다.[23]

---

21 *Ibid.*

22 *Ibid.*, 156.

23 Edwin Curley ed. and trans., *The Collected Works of Spinoza*, vol. 2 (Princeton, New Jersey: Princeton University Press, 2016), 171.

2. 신약성서의 마귀

신과 악마라는 이원론은 조로아스터교에서는 분명하게 적극적으로 주장되지만, 유대교와 기독교에 와서는 보다 암시적으로 잠복하게 된다. 나아가 조로아스터교에서 선과 악은 두 영적靈的인 원리들이었지만, 그리스 철학은 이러한 두 영적 원리들의 충돌을 영적靈的 원리와 물질적物質的 원리의 충돌로 이해하였으며, 결국 유대교와 기독교는 선한 영으로서의 하나님과 악한 물질로서의 악마라는 종합적 견해를 가지게 된 것이다.

> 이란의 이원론에서 두 원리는 영들이었다. 그리스에서 등장한 또 다른 이원론은 영과 물질 사이의 대립을 주장하였다. 이란과 그리스의 이러한 두 이원론은 후기 유대교와 기독교 사상에 모두 수용됐다. 그 결과 선한 하나님은 영과 관련되었으며, 악마는 물질과 관련되었다.[24]

신약성서에 등장하는 사탄 혹은 악령의 이름은 '마귀'(διάβολος)이다. 마태복음 4장과 누가복음 4장에 따르면, 예수를 광야에서 시험한 존재는 '마귀'이지만, 또한 이미 앞에서 살펴본 이원론적 유일신론의 역설이 제기하듯 그렇게 시험하도록 이끈 것은 하나님, 곧 '성령'(πνεύμα)이다. 이러한 성령의 허락과 마귀의 실제적 유혹은 앞서 욥기의 하나님의 허락과 사탄의 실제적 시험이라는 동일한 절충적인 논리 구조를 가진다. 초대 기독교 교부들과 신학자들은 사탄 혹은 마귀를 한 타락한

---

24 Russel, *Devil*, 251.

천사, 곧 악하게 변한 신적 존재로서의 기원을 가진다고 보는 방향성을 대체로 선호하였다. 페르시아의 조로아스터가 유일신론과 이원론을 일종의 긴장된 공존 상태 안에서 동시에 신앙하였던 것처럼, 기독교도 유사한 이원론적 유일신론의 틀에서 타락한 천사로의 악마의 독립성과 더불어 하나님의 주권 아래에 놓인 도구로서의 열등성을 모두 신앙한 것이다. 러셀에 따르면, "악마는 하나님에게 종속되는 보다 열등한 존재라고 기독교는 정의하지만, 그런데도 악마가 주님과 우주적 전쟁의 상황에 놓여 있다고 기독교는 계속해서 신앙했다."[25] 다시 말해 이미 욥의 이야기에서 하나님의 허용이라는 논리로서 제시되듯, 이러한 독립적 존재로서의 신약성서의 마귀도 사실 그렇게 독립적이지 못하다는 모호성을 가진다. 악마란 하나님의 어두운 측면과 그림자를 신화와 문학을 통해 외부적으로 물상화한 것이 아닌지의 의문이 항상 잔존하게 되는 것이다. 다른 대안은 신적 그림자를 형이상학적 실체로 객체화하는 방법이다. 초기 기독교가 직면한 마리키온과 마니교의 도전은 이러한 기독교의 이원론적 유일신론이 지닌 신학적 긴장이 내재적으로 혹은 외부적으로 파열하는 계기가 되었다.

III. 마르키온과 마니

하나님과 악마 사이의 관계적 모호성은 결국 기독교 안에서 철저한 분리를 선호하는 영지주의적 기독교를 만들게 된다. 선한 영은 악한

---

25 Russel, *Satan*, 30.

물질로부터 해방되어야 하기 때문이다. 특히 2세기 시리아 태생의 영지주의자 마르키온Marcion이 이러한 이원론적 신정론을 기독교 내에서 가장 일찍 대변한 인물이다. 그는 139~140년에 로마로 왔지만, 144년 7월에 로마교회에 의해 이단으로 축출되게 된다. 마르키온은 악의 기원을 설명하기 위해서는 반드시 두 명의 신들이 우주에 존재해야 한다는 이원론을 주장한다. 마리키온에 따르면, 구약의 하나님은 물질의 세계를 만든 창조자 '데미우르고스Demiurgos'이며, '악의 저자' (*conditor malorum*; author of evils)이다. 반면에 신약의 하나님은 그러한 악한 물질세계와는 아무 관계가 없는 그리스도의 아버지이자 자비의 하나님이라는 것이다.[26] 우리는 테르툴리아누스Tertullian의 반박의 글에서 마리키온의 입장을 부분적으로 추정할 수 있다. 마르키온은 신정론의 사중적 문제, 곧 창조자 하나님이 지닌 전지성, 전능성, 전선성 그리고 악의 존재를 다음과 같이 제기한다:

> 만약 하나님이 선하고, … 미래에 대한 지식을 가진다면, 그는 악을 방지할 능력도 가질 것이다. 그러하면 왜 하나님은 인간이 악마에게 속아서, 순종함으로부터 타락하여, 죽게 되도록 허용하였는가? 인간은 하나님의 형상이며, 심지어 인간의 영혼이 하나님의 실체(substance)에서 기인하기에 하나님의 실체인데도 말이다. 따라서 만약 하나님이 선善하다면, 하나님은 어떤 일이 일어나지 않도록 원할 수도 있었다. 만약 하나님이 선先지식을 가진다면, 하나님은 어떤 일이 일어날 것을 아셨을 것이다. 그리고 만약 하나님이 어떤 일이 일어나는 것을 막을 능력과 힘을 가진다

---

26 *Ibid.*, 57.

면, 그것은 절대로 일어나지 않았을 것이다. 하나님의 주권이 지닌 이러한 세 조건들 아래에서 그것이 일어나는 것은 불가능하기 때문이다. 하지만… 그 일이 일어났기에, 정반대가 증명된 것이다. 곧 하나님은 선하지 않으며, 선지하지 않으며, 전능하지 않다는 것이 증명되었다. 만약 하나님이 이러한 선함(goodness), 선지(prescience), 전능(omnipotence)의 속성들을 소유한다면 그러한 종류의 일은 결코 일어날 수 없기에, 하나님이 이러한 속성들을 가지지는 않는다는 결론이 나는 것이다.[27]

마르키온이 여기서 증명하고자 한 것은 세계를 창조한 구약성서의 하나님은 선하지도, 전지하지도, 전능하지도 않다는 주장이다. 그런 데미우르고스의 하나님은 예수의 아버지인 하나님과는 다르다는 것이다.

하지만 기독교의 주류 교회는 마르키온의 영지주의적 이원론을 받아들이지 않았다. 조로아스터교의 '우주적 이원론'(cosmic dualism)과도 유사한 마리키온의 두 하나님을 거부하며, 그것을 러셀의 용어로 표현한다면 일종의 '윤리적 이원론'(ethical dualism)으로 변경시켰다. 이러한 전환은 마르키온의 이원론을 비판한 테르툴리아누스의 일원론에서 상징적으로 표현된다. 테르툴리아누스에 따르면, "세속(saeculum, world)은 하나님에게서 온 것이지만, 세속적인 것(saecularia, worldliness)은 악마에게서 온다."[28] 마르키온이 생각했던 것처럼 물질적 세계를 창조한 구약의 하나님이 악마가 아니며 또한 악마도 신적

---

27 Tertullian, *Adversus Marcionem*, ed. and trans. Ernest Evans, 2 vols. (Oxford: Clarendon, 1972), i.97-99(book II, chapter 5); quoted in Larrimore ed., *Problem of Evil*, xxi.

28 "*Saeculum Dei est; saecularia autem Diaboli.*" Russel, *Satan*, 91.

존재가 아니라 일개 피조물의 존재, 곧 한 타락한 천사라는 것이다. 테르툴리아누스는 악마의 피조성被造性을 분명히 한다.

> 선한 존재가 선한 존재 자체의 현존 안에서 피조된 것처럼, 악마도 하나님
> 의 현존 안에서 피조된 것이다. 하지만 나중에 악마는 자신의 자유로운
> 선택으로 악한 존재로 변한 것이다.[29]

악마는 원래 악마로 창조된 것이 아니라 천사로 창조되었다. 구약성서의 창조자 하나님이 악의 창조자로 여겨질 수 없는 이유이다. 나아가 악마는 단지 한 천사가 아니라 천사들의 우두머리였다. 천사들의 위계질서에서 가장 밑의 저등한 천사가 타락하여 악마가 된 것이 아니라 가장 위의 최상위의 천사가 타락한 것이다. 모든 천사는 동일하게 자유의지를 지니기에 가장 높은 위치의 천사라도 동일하게 타락할 가능성을 가졌던 것이다. 이처럼 테르툴리아누스는 하나님이 악마를 창조하신 것이 아니라 자유의지를 지닌 선한 천사를 창조하셨는데, 그가 질투 때문에 스스로 악마가 된 것이라고 주장한다. 따라서 마르키온의 주장과 달리 구약의 하나님과 신약의 하나님은 한 동일한 하나님이라고 테르툴리아누스는 결론 내린다.

　마르키온이 교회 밖으로 축출되었지만, 신정론 논쟁은 결코 끝난 것이 아니었다. 기원후 3세기에 와서 새로운 이원론적 종교인 마니교가 지중해 주변 지역에 등장하여 기독교 교회와 종교적 주도권을 두고 경쟁하게 된 것이다. 창시자 마니(Mani 혹은 Manichaeus)는 바빌

---

29 "*Apud deum constitutus qua bonus apud bonum, postea vero a semetipso translatus in malum.*" Tertullian, *Adversus Marcionem*, bk. II, ch. 10; Russel, *Satan*, 92에 인용된다.

론 남부 지역, 곧 현재의 이라크 지역에서 태어났다. 인도까지 여행하였으며 페르시아 제국 전역에서 자신의 종교를 가르쳤다. 그는 아담에서 시작하여 부처, 조로아스터, 예수로 이어지는 긴 예언자의 계보의 마지막 예언자가 마니 자신이라고 생각하였다. 자신의 종교가 이전의 모든 지역적인 종교들을 대체하는 보편적 종교가 될 것이라고 기대한 것이다. 마니교는 4세기에는 서쪽으로 이집트와 북아프리카, 스페인 그리고 로마까지 도달하였고, 나중에 동쪽으로는 중국에까지 이르렀다. 위대한 기독교 신학의 정초자인 아우구스티누스[Augustine]가 기독교로 개종하기 전 밀라노에서 수사학을 가르칠 때 거의 9년의 기간 동안 마니교 신자였다는 사실은 악의 문제와 신정론을 둘러싼 당시 기독교와 마니교의 종교적 경쟁의 치열성을 보여준다. 『자유의지론』에서 "도대체 어떻게 해서 우리가 악하게 행하는지 내게 말씀해 주십시오"라는 한 제자의 질문에 아우구스티누스는 자신의 마니교도로서의 과거를 이렇게 회상한다:

> 내가 아직 청년이었을 적에 나를 몹시도 괴롭혔고, 그래서 견디다 못해 이단자들한테까지 나를 내맡기고 내팽개쳤던 바로 그 문제를 그대는 제기하고 있다. 나는 그 무렵 너무도 시달렸고 하고많은 삿된 신화들에 휩싸여 있었던 탓으로, 만일 진리를 기어코 발견하리라는 사랑으로 하느님의 보우하심을 얻어내지 못했더라면, 나는 그 문제에서 헤어나오지 못했을 것이다.[30]

---

30 아우구스티누스 지음/성염 역주, 『자유의지론』 (왜관: 분도출판사, 1998), 77(1권 II.4).

아우구스티누스가 기독교로 개종하지 못하고 마니교를 신봉할 수밖에 없었던 이유 중 하나가 선악의 기원에 대한 마니교의 설명이었다. 마니교는 빛의 왕국과 어둠의 왕국이라는 명확한 종교적 이원론을 가르쳤다.

마니교는 7세기에 중국에까지 전파되었는데, 중국의 한 마니교 교리문답집은 이렇게 가르치고 있다: "사람이 해야 할 첫 번째 일은 (선과 악의) 두 원리를 구분하는 것이다. 우리 종교에 들어온 사람은 이 두 원리가 절대적으로 다른 본질을 가지고 있다는 것을 알아야 한다."[31] 종교사회학자 막스 베버는 마니교의 교리를 더욱 자세하게 설명한다.

> 마니교도들에 따르면 하나님은 전능하지 않으며, 하나님이 세계를 무로부터 창조한 것도 아니다. 신정론의 문제를 발생시키는 모든 부정의와 불의와 죄의 요소들은 위대하고 선한 신들이 지닌 순수한 광채가 정반대의 독립적인 어둠의 권세들과 접촉하면서 희미하게 어두워졌기 때문이다. 어둠의 권세들이란 다름 아닌 불순한 물질이다. 이러한 불순한 힘들이 성해지면서 세계의 통치권이 어떤 사탄적인 권세에 넘어가게 된 것이다. 불순한 힘들은 인간 혹은 천사의 원초적인 약함 때문에 발생한 것이며, 여러 영지주의자의 견해에 따르면 여호와(Jehovah) 혹은 데미우르고스(the Demiurge) 등등과 같은 어떤 열등한 세계의 창조자 때문에 발생한 것이다. 이어지는 전쟁에서 빛의 신(the god of light)의 궁극적 승리가

---

31 Peter Brown, *Augustine of Hippo* (Berkeley: University of California Press, 1967), 47-48에 인용된다. 손호현, 『아름다움과 악: 2권, 아우구스티누스의 미학과 신정론』 (서울: 한들출판사, 2009), 21 참조.

확실하다고 대체로 믿어졌지만, 그것은 엄격한 이원론에서는 벗어나는 것이었다. 이처럼 비록 세계는 불가피한 고통으로 가득하지만, 그러한 세계 자체가 어둠의 오염으로부터 빛의 정화의 끝없는 과정이다.[32]

물질적 접촉을 통한 오염이라는 마니교의 생각이 인류 초기의 '타부 신앙의 윤리관'(tabooistic ethics)과도 유사하다고 베버는 평가한다.[33] 곧 악이란 잘못된 물질적 접촉을 통해 오염되고 얼룩을 가지게 되는 실수로서의 죄라는 것이다. 또한 그러한 악마론의 흔적이 기독교에도 남아있다고 베버는 본다. 기독교가 말하는 구원도 "해로운 잡귀들과 나쁜 마술에 대한 공포로부터의 해방"의 측면을 가지며, 그것이 바로 그리스도의 힘과 관련된다는 것이다.[34] "그리스도가 자신의 영의 힘으로 악령들의 힘을 파괴하고, 제자들을 악령들의 통제로부터 되찾아온다는 신앙은 초기 기독교에 있어 가장 중요하고 영향력이 있던 메시지 중 하나였다."[35] 이러한 유사성 때문에 마니교는 오랫동안 기독교의 한 이단 분파라고 여겨졌으며, 오직 최근에야 새로운 종교로 평가받기 시작한 것이다.

---

32 Weber, *Sociology of Religion*, 144-145.
33 *Ibid.*, 145.
34 *Ibid.*, 148.
35 *Ibid.*, 148.

IV. 루터의 잉크병 그리고 바르트의 무(*das Nichtige*)

마르틴 루터[Martin Luther]가 악마에게 잉크병을 던진 일화는 유명한 전설이다.[36] 루터는 당시의 표준적이고 상식적인 중세적 악마론에 기초해 글을 썼다고 우리는 가정할 수 있을 것이다. 예를 들어 루터는 인간 세계를 하나님과 악마 사이의 신화적인 전쟁터로서 묘사한다.

> 하나님의 말씀과 인간의 전통은 화해할 수 없는 대립 가운데 전쟁하고 있다. 하나님과 사탄이 바로 이 전쟁터에 직접 개입하고 있다. 둘은 서로의 일을 파괴하고, 서로의 가르침을 전복시키고자 노력한다. 마치 두 명의 왕들이 서로의 왕국을 정복하고 파괴하고자 하는 것과도 마찬가지다. 그리고 그리스도께서는 "나와 함께 하지 아니하는 자는 나를 반대하는 자"(눅 11:23)라고 말씀하셨다.[37]

하나님의 왕국과 사탄의 왕국이 각각 존재하며, 그들은 인간의

---

36 전설에 따르면 루터는 어릴 때부터 악마에게 지속적으로 괴롭힘을 당하였다고 한다. 성장하여서도 끝없는 악마의 괴롭힘으로부터 자신을 지키기 위해 루터는 기도하거나 찬송가를 부르거나 심지어 한밤중에 악마가 자신을 깨웠을 때는 그에게 잉크병을 던지기까지 하였다는 것이다. 바르트부르크(Wartburg)에서의 이 일을 루터는 "잉크로 악마를 몰아내었다"라고 표현했으며, 해석자에 따라서는 이것을 문자적으로 이해하기보다는 루터의 독일어 성서 번역을 가리킨다고 보기도 한다. 나중에 도스토옙스키는 『까라마조프 씨네 형제들』에서 악마를 향해 물잔을 던진 이반을 묘사하며 '루터의 잉크병'을 언급한다. 물세례를 받은 악마는 몸에 묻은 물을 털어내며 이반에게 이렇게 말한다: "루터의 잉크병이 생각난 모양이로군! 나더러 꿈이라고 하면서 꿈을 향해 물잔을 집어 던지다니 말이야!" 표도르 미하일로비치 도스또예프스끼 지음/이대우 옮김, 『까라마조프 씨네 형제들』 (파주: 열린책들, 2007), 1134(4부 11권 9).

37 Martin Luther, *The Bondage of the Will*, trans. O. R. Johnston (Grand Rapids: Baker, 2003), 93.

영혼이라는 전쟁터에서 서로에 맞서 싸우고 있다는 것은 전혀 이례적인 견해가 아니다. 루터에게서 발견되는 독특한 점은 이러한 이원론적 유일신론을 그 논리적 극단까지 가져가서 거의 파열시킨다는 것이다. 곧 루터는 인간이 선악의 행동을 선택할 때 사실상 자유의지가 없다고 보았다. 나아가 그것은 인간만이 아니라 사탄도 마찬가지라는 것이다. 우선 인간의 경우 자유의지라는 것은 '죄와 죽음과 사탄의 노예'일 뿐 전혀 자유롭지 않다고 자신의 『노예의지론』 11번째 논증에서 주장한다. 인간의 자유의지가 전혀 자유롭지 않고 사탄의 통제 아래에 있다면, 그럼 사탄의 경우는 자유로운가? 하나님 외에 누구의 절대적인 자유도 믿지 않는 루터에게 있어 일관성 있는 태도는 사탄도 마찬가지로 자유의지가 없다는 것이다. 실제로 루터는 사탄이 하나님의 필연적인 섭리의 통제 아래에 있으며 하나님의 도구로 사용된다고 강조한다.

> 하나님께서는 신앙심 없는 자들(the ungodly) 안에서 그리고 심지어 사탄[Satan] 안에서조차도 필연적으로 일하시고 움직이신다. 하나님은 그들이 무엇인지에 따라 일하시고, 하나님이 보시는 그들의 본질에 따라 일하시는 것이다. 이것이 의미하는 것은 그들이 악하고 자신들을 타락시키기 때문에 그들이 그런 타락하고 악한 행동을 할 때 하나님의 전능성이 일으키는 움직임에 의해서 그들은 그렇게 행동하도록 강요되는 것이라는 뜻이다.[38]

---

38 *Ibid.*, 204.

이처럼 루터가 악마에게 잉크병을 자유롭게 던진 것처럼 보이지만, 사실상 악마는 루터의 방에 필연적으로 나타나야만 했고, 루터는 악마에게 잉크병을 필연적으로 던져야만 했다. 모든 기독교적인 악마론 혹은 이원론적 유일신론은 악마를 하나님을 닮은 모습으로 혹은 하나님을 악마를 닮은 모습으로 그릴 수밖에 없는 역설적 운명에 처한다.[39] 한편으로 루터가 잉크병을 던진 '악마'와 다른 한편으로 루터의 이른바 '숨겨진 하나님'(deus absconditus) 사이의 거리가 얼마나 가까운지는 루터 자신도 온전히 평가할 수 없을 것이다.[40]

테르툴리아누스가 악마를 타락한 천사라는 피조물에 지나지 않는다고 본 이래로 기독교의 악마론 혹은 이원론은 조로아스터교나 마니교의 경우와 달리 대체로 하나님의 섭리로부터 독립적인 악마의 존재를 상정하지는 않는다. 이런 이유에서 칼뱅[John Calvin]도 악마에게 독립성을 부여하는 마니교의 이원론을 강하게 비판한다. 그는 철저한 이원론을 악에 대한 궁극적 설명으로 거부하고, 대신 일원론적 신정론의 길을 선택한 것이다.

> 마니는 자신의 종파와 함께 두 원리를 주장하며 일어났다: '하나님과 악마.' 그는 하나님이 모든 선한 것들의 원인이라고 했고, 악마가 사악한 본성들의 저자라고 하였다. … 하나님의 뜻에 저항하고 대항하여, 자신이

---

39 우리는 '분열 인격론'을 다룰 때 이 문제에 대해 성찰할 것이다.

40 카를 바르트는 루터의 '숨겨진 하나님'은 사실상 악을 하나님에게 존재하는 것으로 여기기에 일종의 우상이라고 평가한다: "우리가 '숨겨진 하나님'(Deus absconditus)에 대해 말하기 시작한다면, 우리는 우상(an idol)에 대해 말하는 것이다." Karl Barth, Church Dogmatics III. 3: The Doctrine of Creation, trans. G. W. Bromiley and R. J. Ehrlich (Edinburgh: T&T Clark, 1960), 57.

원하는 무엇이든 할 수 있는 그런 주권이 악마에게 부여된다면, 하나님의 전능함이 도대체 어떻게 되겠는가?[41]

칼뱅은 철저한 유일신론과 이중예정설을 통해 악마에게 어떠한 신학적 독립성도 부여하지 않는다. "악마는 하나님의 타락한 창조물이다." "악마는 하나님에 의해 창조되었다." "악마들은 하나님의 천사들로 처음에 창조되었지만, 자신을 스스로 타락으로 훼손시켰으며 다른 이들을 훼손시키는 도구가 되었다." "악마는 하나님의 능력 아래에 존재한다." "사탄과 하나님 사이에 존재하는 갈등과 충돌이라고 우리가 말하는 것과 관련하여, 하나님이 뜻하고 허용하지 않는다면 악마는 아무것도 할 수 없다는 것을 우리는 확증된 사실로 수용하여야만 한다." "따라서 사탄은 하나님의 능력 아래 분명히 존재한다. 사탄은 하나님의 명령으로 다스림을 받으며, 하나님에게 봉사하도록 강요되는 것이다. 사탄이 하나님에게 대적하며, 사탄의 일은 하나님의 일에 반대된다고 우리가 말할 때, 사실 우리는 이러한 저항과 반대가 하나님의 묵인에 의존한다는 것을 동시에 말하는 것이다."[42]

20세기에 와서 스위스의 개신교 신학자 카를 바르트[Karl Barth]는 다소 예외적으로 하나님과 하나님의 선한 창조 세계와는 전혀 관계가 없는, 그렇기에 그 기원을 전혀 알 수 없는 제3의 영역이 존재한다고 주장한다. 바르트는 그러한 '이질적인'(alien) 혹은 '제3의'(third) 요소를 '무無' (das Nichtige)라고 부르며, "하나님의 피조물 전체만이 아니라, 창조주

---

41 John Calvin, *Institutes of the Christian Religion*, trans. Ford Lewis Battles (Philadelphia: Westminster, 1960), 163(1.14.3).

42 Calvin, *Institutes*, 175-176.

하나님 자신에게도 반대되는 안티테제(antithesis)"라고 주장한다.[43]

실제적 악이 존재한다. 실제적 죽음이 존재한다. 실제적 죄가 존재한다.
… 또한 실제적 악마가 그의 군대들과 함께 존재한다. 실제적 지옥이
존재한다. 하지만 우리는 여기서는 실제적 악과 실제적 죽음을 인식하는
것으로 충분하다. '실제적'(real)이라는 말의 뜻은 하나님의 전체 창조
세계에 반대된다는 것이다. "무無가 악과 죽음과 죄의 형태를 가진다"는
것은 그것이 단지 도덕적으로(morally) 그러할 뿐만 아니라 물리적으로
(physically) 그리고 총체적으로(totally) 그러하다는 뜻이다.[44]

창세기에서 '혼돈'(chaos)으로 묘사된 무는 단지 없는 비존재라기
보다는 창조주 하나님 자신이 거부하고 버린 '의도되지 않고 창조되지
않은 실체'(unwilled and uncreated reality)이다.[45] 하나님과 무 사이의
줄 위를 걷는 바르트의 이러한 교리적 공중곡예가 라이프니츠, 슐라이
에르마허, 헤겔, 하이데거, 장-폴 사르트르 등에 의해 '비신화론화'(de-
mythologized)된 악의 근원성을 회복시키는 동시에 조로아스터교나
마니교와 같은 철저한 이원론의 중력권으로 빨려 들어가지 않고 기독
교의 이원론적 유일신론의 궤도를 유지할 수 있을지 판단하기에는
아직 너무 이른 듯하다.[46] 어떤 경우든 존재 신학의 전통 안에 있는

---

43 Barth, *Church Dogmatics III.3*, 289, 292, 304.

44 *Ibid.*, 310.

45 *Ibid.*, 352-353. 창세기 1:2 이하의 '*tohu wa-bohu*'에 대한 바르트의 해석으로는 Barth,
    Church Dogmatics III.1: The Doctrine of Creation (Edinburgh: T & T Clark, 1958),
    102ff. 참조.

46 Barth, *Church Dogmatics III.3*, 300. 마크 래리모어의 바르트 해석에 따르면 "계몽주의

서구 신학자 바르트에게는 무가 악마인 것처럼 보인다.[47]

V. 악마 대 하나님?

하나님과 그의 영원한 대적자 악마라는 종교적 이원론은 최소한 기독교의 유일신론 안에서는 불가능해 보인다. 또한 악마가 한시적으로 존재한다고 하더라도 악마론이 그 자체로 기독교 신정론의 해결에 공헌하는 것이 크지는 않다.

먼저 마르키온을 비판하는 글에서 테르툴리아누스는 이단과 정통은 숫자의 관점에 달려 있다고까지 주장한다: "폰투스의 이단은 두 하나님을 주장한다."[48] 반면에

> 논쟁의 핵심 그리고 사실 논쟁의 전체는 숫자數字에 관한 것이다. (이른바 꼭 있어야 한다는) 시적詩的 방종에 의해서든 혹은 회화적繪畵的 상상에 의해서든 혹은 우리가 지금 덧붙이듯 이단적異端的 타락의 제3의 과정에 의해서든, 그들은 두 하나님을 용인해야 한다고 한다. 하지만 기독교의

신정론과 자유주의 신학은 악을 피조계의 '부정적 측면'과 혼동함으로써 우리가 악에 대한 장님이 되게 만들었다." Mark Larrimore ed., *The Problem of Evil: A Reader* (Oxford: Blackwell, 2001), 348.

47 바르트의 악마로서의 무에 대한 본능적 혐오감은 하나님을 존재 자체로만 보는 서구의 존재 신학(ontotheology)의 다소 편협한 상상력이 가져온 결과라고 본인은 본다. 서구인은 존재의 경이로움은 알았지만, 무의 경이로움은 주목하지 못하는 듯하다. 하지만 심지어 현대의 천체물리학도 우주가 존재(matter)뿐 아니라, 암흑물질(dark matter)과 암흑에너지(dark energy)로 구성되었다고 분석한다. 존재를 가능케 하는 창조적 무가 지닌 신성함과 경이로움을 신학도 재성찰할 때가 도래하였다.

48 Tertullian, *Adversus Marcionem*, bk. I, ch. 2.

진리는 다음의 원리를 분명하게 주장한다: "하나님이 유일하신 한 분이 아니라면, 하나님은 존재하지 않는다." 꼭 그래야 하는 모습이 아닌 것은 존재하지 않는다고 믿는 것이 차라리 옳기 때문이다.[49]

다음으로 악마가 영원한 신적 존재가 아니라 단지 신의 주권 안에 있는 피조물이라고 하더라도 악마론은 사실상 다른 신정론들의 논리에 자신의 설득력을 의존하고 있다. 악마는 자유의지를 지닌 피조물이거나 하나님의 예정 혹은 섭리의 도구에 불과할 것이다. 하지만 자유로운 피조물의 타락으로서의 악마라는 가설은 사실상 자유의지 신정론과 동일한 논리에 기초한다. 자유의지 신정론의 중복된 논리로서의 악마론은 불필요한 신정론이다.

예를 들어 테르툴리아누스는 악마가 자유로운 천사로 피조되었으며, 스스로 타락의 선택을 하였다고 한다. 곧 최초의 인간 아담의 범죄는 하나님이 창조하신 악마의 유혹 때문이라고 하는 이원론적 비난에 대해 그는 "하나님이 악마를 창조하셨다"라는 것은 사실이 아니라고 대답한다. 하나님은 오직 선한 천사들을 창조하셨고, "천사들 가운데서 가장 높은 천사, 대천사장, 가장 지혜로운 천사"가 스스로 자유로운 선택으로 하늘에서 추락하였다는 것이다. "악마로 변하기 전에 그 천사는 피조물들 가운데 가장 지혜로운 존재였다. … 그는

---

49 Tertullian, *Adversus Marcionem*, bk. I, ch. 3: "The principal, and indeed the whole, contention lies in the point of number: whether two Gods may be admitted, by poetic licence (if they must be), or pictorial fancy, or by the third process, as we must now add, of heretical pravity. But the Christian verity has distinctly declared this principle, 'God is not, if He is not one'; because we more properly believe that that has no existence which is not as it ought to be."

창조에 의해서(by creation) 선하였으며, 선택에 의해서(by choice) 타락한 것이다."[50]

고대의 테르툴리아누스와 마찬가지로 리처드 스윈번[Richard Swinburne] 등과 같은 현대의 신학자들도 기독교 신학에서 악마론은 그 자체로는 별로 역할을 가지지 않는다고 본다. 악마론은 혼자 독립적으로 기능하기보다는 다른 신정론들을 돕는 조력적 요소로서 작동하기 때문이다. 스윈번에 따르면,

> 전체적으로 볼 때 기독교 전통은 나쁜 천사들의 영향(그리고 가장 나쁜 천사인 악마의 영향)이 인간이 잘못된 행동을 하도록 유혹하는 데 작동하는 것으로 보며, 고통을 직접 일으키는 것으로 여기지는 않는다. 기독교 전통에서의 이러한 악마들의 제한된 자리를 고려할 때, 세상의 나쁜 일들이 대부분 그들의 활동이라고 설명하는 것은 사실상 지나친 것이다. 나쁜 천사들이 독립적으로 매우 강력한 힘을 지녔다는 충분한 증거가 어디에도 없다.[51]

스윈번은 악마론을 자유의지론의 논리적 확장일 뿐이라고 본다. 그는 천사의 자유의지와 인간의 자유의지를 병행적이고 닮은 것으로 설명한다. 천사가 하나님의 임재의 경험에도 불구하고 자유의지로 범죄할 수 있는 유일한 가능성은 하나님의 임재의 경험보다 더욱 강력한 자기애 혹은 교만을 느낄 때이다. 스윈번은 이것을 한 아이가

---

50 Tertullian, *Adversus Marcionem*, bk. II, ch. 10.

51 Richard Swinburne, *Providence and the Problem of Evil* (Oxford: Clarendon Press, 1998), 108.

자기 동생을 때리고 싶은 경우에 비교한다. "만약 우리가 우리의 동생을 때리고 싶은 매우 강력한 욕구를 느낀다면, 엄마가 방문을 통해 보고 있을 수도 있다는 믿음이 우리의 착한 행동을 보증하기에는 불충분할 것이다. 우리가 엄마를 매우 강력하게 즐겁게 만들고 싶어 하지 않는다면 말이다."[52] 동생을 때리고 싶은 형처럼 자유의지를 통해 타락한 천사도 마찬가지다.

> 사탄이 하나님의 임재를 강력하게 느낌에도 불구하고 세상을 통치하고 싶어 한다면, 그러한 사탄의 상황은 하나님에 의해 최초로 창조되었을 때와 마찬가지일 것이다. 그는 교만의 강력한 욕망에 쉽게 빠질 수 있는 반면에 하나님의 승낙을 얻고자 하는 욕망은 매우 약한 상태였기에, 교만 속으로 타락할 가능성이 있었다.[53]

이처럼 악마론 그 자체가 신정론으로 기능하기 위해서는 그보다 선행하는 자유의지 신정론의 기초 위에서만 가능한 것이다.

자유의지自由意志의 악마론과는 별개로 예정론 혹은 노예의지奴隷意志의 악마론을 생각할 수도 있다. 악마는 전혀 자유롭지 않고, 단지 하나님 섭리의 계획을 실행하는 도구에 불과할 수 있다. 그러나 이런 노예의지의 악마론은 우리가 나중에 살펴볼 하나님의 전능함과 주권 아래에 놓인 악마라는 칼뱅의 예정론과 사실상 동일한 논리를 가진다. 여기서도 중복된 논리는 불필요한 신정론이다. 요컨대 악마론은 기독교 신학 안에서 자신의 존재 이유 혹은 타당성을 아직 충분히 획득하지

---

52 *Ibid.*, 206.

53 *Ibid.*, 206 note.

는 못한 듯하다.

물론 카를 바르트와 같은 신학자들은 이러한 악마의 주변화 혹은 '비신화론화'를 걱정하였다. 바르트의 입장은 성서의 역사비평 방법론을 우회하고 신인동형론적 표현들을 옹호하는 자신의 신학적 스타일 전체가 그렇듯 전혀 현대적이지 못한 징후이다. 하나님에 대한 신인동형론이 신학적 문제가 되는 만큼 악마의 신인동형론도 문제가 된다. 그렇기에 우리는 러시아 소설가 도스토옙스키의 '비신화론화'된 악마의 목소리에 보다 귀를 기울여야 한다. 도스토옙스키의 악마는 마치 바르트의 악마에 맞서듯 이렇게 말한다.

> "강제로 믿게 할 수는 없는 노릇이잖아? 더구나 증거, 특히 물적 증거들은 믿음을 갖게 하는 데 도움이 되지 않으니까. … 예를 들면 강신술사^{降神術士}들이 있는데, 난 그들을 무척 좋아하지. … 그런데 그들은 믿음이 유익한 것이라면서, 그건 악마들이 저세상에서 자신들에게 뿔을 보여주기 때문이라는 거야. '이것이야말로 저세상은 존재한다는 물적 증거'라는 것이지. 저세상과 물적 증거들이라니. 나 원 참! 아니, 악마의 존재가 입증되었다고 해서 하느님의 존재가 입증되었다고 할 수는 없잖아?"[54]

마이클 스토버의 표현을 빌리면, 도스토옙스키의 정직한 시선은 악의 문제를 '탈^脫지성화'(de-intellectualise)시킨다.[55] 악과 비극과 고

---

54 표도르 미하일로비치 도스또예프스끼 지음/이대우 옮김, 『까라마조프 씨네 형제들』 (파주: 열린책들, 2007), 1111-1112(4부 11권 9).

55 Michael Stoeber, *Evil and the Mystics' God: Towards a Mystical Theodicy* (Toronto: University of Toronto Press, 1992), 25.

통의 냉엄한 사실들을 가만히 직시하고, 값싼 이론으로 탈출구를 마련하지 않기에 독자들이 거기에서 자신들의 머뭇거림과 고뇌를 발견하게 되는 것이다. 도스토옙스키의 이반은 현대인 모두가 말하지는 않지만, 암묵적으로 생각하고 있는 것을 공개적으로 대변한다: "나는 악마가 실제로 존재하는 것이 아니라 필경 인간이 창조해 낸 것이라면, 자신의 모습과 흡사하게 창조해 냈을 거라고 생각하거든."[56] 악마는 인간의 마음이 만들어 낸 어두운 심리적 그림자이기에 이반에게 말을 건네는 악마는 지극히 인간적이다: "난 이따금씩 인간으로 변신하는데, 일단 변신한 이상 그 결과도 받아들이는 수밖에. 나는 사탄이라서 인간의 현상은 나한테 낯설지 않아(*sum et nihil humanum a me alienum puto*)."[57] 이러한 이반의 도스토옙스키를 로렌스[D. H. Lawrence]는 "항거 가운데서 사유하는 인간의 마음, 모든 것을 씁쓸한 결말까지 생각하는 사유"라고 표현하였다.[58] 도스토옙스키에게 악마란 인간의 본성이 지닌 사악한 인격을 상징한다. 외부적 악마를 만드는 것과 인간의 자기 책임을 회피하는 것은 항상 함께 걸어 왔다. 심리학자 융의 말처럼, 악마라는 종교적 표상은 단지 인간 마음의 그림자를 신화적으로 객체화한 것일 수도 있다. 악마가 인간과 무관한 어떤 우주의 객체적인 힘이라고 주장하는 신화론적인 악마론은 인간 내부의 무의식/의식적 심리가 지닌 어두운 파괴성을 간과할 위험성을

---

56 도스또예프스끼, 『까라마조프 씨네 형제들』, 425(1부 5권 4). 포이에르바하 이후에, 프로이트 이후에 우리는 종교적 투사론의 비판을 바르트처럼 우회할 수는 없다. 그것을 넘어서는 방법만이 남게 된다.

57 도스또예프스끼, 『까라마조프 씨네 형제들』, 1116(4부 11권 9).

58 D. H. Lawrence, "Preface to Dostoevsky's *The Grand Inquisitor*," Rene Wellek ed., *Dostoevsky* (Englewood Cliffs, N.J.: Prentice-Hall, 1962), 90.

가진다. "그 어떤 때보다도 오늘날 더욱 인간은 자신 안에 감추어진 악의 위험성을 간과해서는 안 된다."[59]

반면 바르트 외에도 악마론에 더 큰 비중을 두고자 하는 현대 신학자들도 있다. 플랜팅가[Alvin Plantinga]는 물론 자신이 형이상학적 신정론이 아니라 논리적 변증론을 추구한다고 선을 긋지만, 지진이나 태풍과 같은 이른바 '자연적 악'이 자유의지를 가진 악마의 행동 때문에 발생한다는 매우 이례적인 주장을 하기도 한다. 플랜팅가에 따르면,

> 전통적 교리가 주장하듯, 사탄은 강력한 비인간적인(nonhuman) 영이다. 인간의 창조 이전에 그는 다른 여러 천사와 함께 하나님에 의해 창조됐다. 하지만 동료 천사들과 달리 사탄은 하나님에게 반역하였고, 그때부터 계속해서 대혼란을 가져왔다. 그 결과가 바로 자연적 악(natural evil)이다. 따라서 우리가 경험하는 자연적 악은 비인간적 영의 자유로운 행동들 때문이다.[60]

전통적인 자유의지 신정론이 도덕적 악의 문제는 해결할 수 있는 반면에 자연적 악을 설명하는 데는 어려움을 가진다는 것을 플랜팅가는 잘 인지하고 있었다. 이런 상황에서 어쩌면 전무후무하게 플랜팅가는 자유의지의 신정론/변증론의 논리를 '비인간적 영의 자유로운 행동들'이라는 가설을 통해 '자연적 악'에도 확장한 것이다. 대체로 자연재해는 하나님의 심판의 행동으로 여겨졌으며, 악마의 자유의지

---

59 Larrimore ed., *Problem of Evil*, 343에 인용된다.

60 Alvin Plantinga, *God and Other Minds* (Ithaca, N.Y.: Cornell University Press, 1967), 151-152.

의 행동들 때문이라고 설명된 경우는 기독교 전통 안에서 거의 없다. 물론 그는 이러한 사태에 대한 형이상학적 주장에 헌신함이 없이, 그러한 상태의 논리적 가능성만으로 충분히 무신론적 도전에 대한 대답이 된다고 본다.[61]

악마론 혹은 이원론적 신정론이 지닌 신학적 전망은 필연적으로 모호하다. 그것은 피상적으로는 설득력을 가지는 듯하지만, 실제적으로는 그리 만족스럽지 못하다. 그것은 자유의지 신정론을 인간의 영역에서 천사의 영역으로 확장한 것에 불과할 수 있기 때문이다. 또한 성서와 기독교 전통에서 악마는 하나님의 허락을 받아야 하는 종속적 존재로, 곧 하나님의 주권적 의지를 실현하는 도구적 존재로 이해되기 때문이다. 그렇다면 악의 원인으로서의 악마라는 설명은 결국 악의 원인으로서의 자유의지 혹은 하나님의 예정이라는 설명과 논리적으로 큰 차이가 없다. 요컨대 중복된 신정론은 불필요한 신정론이다.

---

61 John S. Feinberg, *The Many Faces of Evil: Theological Systems and the Problems of Evil, Revised and Expanded Edition* (Wheaton, Illinois: Crossway Books, 2004), 87.

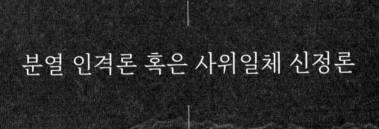

6 장

분열 인격론 혹은 사위일체 신정론

I. 성서의 분열 인격론: '빛'과 '어둠'의 창조자

이원론 혹은 악마론이 선악의 대립을 하나님의 존재 바깥에 외재外在하는 우주적(cosmological) 갈등이라고 보지만, 분열 인격론分裂人格論(split personality theory)은 그것을 하나님의 존재 안에 내재內在하는 일종의 심리적(psychological) 분열이라고 본다. 이러한 하나님의 분열 인격론은 성서 안에서도 그 흔적이 발견된다.

페르시아 제국을 정초한 고레스(Cyrus the Great) 왕은 조로아스터 교도였을 것으로 추정된다. 그런 이방인 왕에게 마르둑Marduk 신의 바빌론 제국을 멸망시키고 이스라엘을 해방하려는 계획을 하나님이 드러낸다. 하나님은 고레스 왕에게 기름을 부으며, 그의 오른팔을 잡고, 그의 이름을 부르며, 그에게 영예로운 이름을 지어주며, 그의 허리띠를 매어준다. 이 모든 것은 제왕 즉위식의 절차를 암시하는 것이다. 하나님이 이방인이었던 고레스를 세계의 제왕으로 임명한 것이다.

> 내가 야훼다. 누가 또 있느냐? 나밖에 다른 신은 없다. 너는 비록 나를 몰랐지만 너를 무장시킨 것은 나다. 이는 나밖에 다른 신이 없음을 해 뜨는 곳에서 해 지는 곳에까지 알리려는 것이다. 내가 야훼다. 누가 또 있느냐? 빛을 만든 것도 나요, 어둠을 지은 것도 나다. 행복을 주는 것도 나요, 불행을 조장하는 것도 나다. 이 모든 일을 나 야훼가 하였다(사 45:5-7).[1]

---

1 흠정역(KJV)은 마지막의 45:7을 이렇게 번역하였다: "I form the light, and create darkness. I make peace, and create evil. I the Lord do all these things."

성서학자 베스터만$^{Claus\ Westermann}$은 "빛을 만든 것도 나요, 어둠을 지은 것도 나다"(45:7)는 구절에 주목한다. 성서 안에서 처음으로 제2 이사야가 과거의 창세기의 신학을 비판하고 나섰기 때문이다. 창세기의 신학은 하나님이 어둠과 악의 창조주는 아니라고 본다. 여기서 하나님은 태초에 빛과 어둠의 경계를 설정하였지만, 어둠 그 자체를 능동적으로 창조하지는 않았다. 또한 에덴동산의 뱀으로 상징되는 파괴적 불행과 악은 선한 창조 세계에 침입한 하나님이 의도하지 않은 이질적인 요소인 듯하다. 반면에 제2 이사야는 이원론과 악마론에 대한 조금의 암시적 흔적도 허락하지 않고 비판하며, "모든 일은 나 야훼가 하였다"고 선포한다. 베스터만에 따르면,

> 여기서 제2 이사야는 성서에서는 처음으로 창세기 1장 및 3장과 대립되는 말을 한다. 즉, 하나님은 빛뿐만 아니라 어둠도 창조하였다는 것이다. 하나님은 구원을 일으킬 뿐만 아니라 화도 일으킨다(화를 나타내는 히브리어는 화와 악이라는 개념을 모두 포함하고 있다). 여기서 이원론은 낱낱이 철저하게 배격된다. 하나님이 악을 창조하고 화를 일으킨다면, 사탄은 더 이상 설 자리가 없다. 그러나 화도 일으킬 수 있고 악도 창조할 수 있는 하나님은 도대체 어떤 하나님인가?[2]

제2 이사야의 하나님은 이스라엘과 이방인, 전쟁과 평화, 승전국과 패전국, 구원과 저주, 행복과 멸망, 선과 악 그리고 빛과 어둠을 동시에 혹은 순차적으로 창조한 심리적으로 분열된 하나님이다. "따라서

---

2 C. Westermann, 『이사야(3)』 (서울: 한국신학연구소, 1990), 188.

하나님이 신이라는 사실은 사람들이 하나님에 관해 말하는 것의 한계와 하나님에 관해 사고하는 것의 한계를 깨뜨림으로써 모든 신학의 한계도 아울러 깨뜨린다'라고 베스터만은 본다.3 하나님은 모든 '정형화된 신학'과 심지어 '성서의 신학'조차도 깨뜨려버리는 어두운 신비라는 것이다.

하나님의 어두운 그림자에 대한 인식 그리고 하나님의 분열된 인격에 대한 종교적 당혹감은 제2 이사야에만 제한된 국지적인 현상은 아니다. 예를 들어 예언자 예레미야는 하나님이 자신을 영적으로 유혹하고 강간하였다고 항변하기도 한다. 그는 토기장이의 그릇을 이스라엘 백성들이 보는 앞에서 깨뜨리며, 깨어진 그릇처럼 이스라엘 백성들도 "매장할 자리가 없을 만큼" 살육의 골짜기를 가득 채우게 될 것이라고 예언하도록 명령받는다(렘 19:11). 이 예언 때문에 그는 성전의 사제 바스홀에 의해 채찍질을 당하고 차꼬가 채워진다. 이어서 예레미야는 이것이 마치 하나님이 자신을 유혹하여 강제로 성관계를 가진 것과도 같다고 항변한다: "야훼여, 당신은 나를 꾀었고 나는 당신에게 넘어갔습니다. 당신은 나를 붙잡아 사로잡고 말았습니다. 그래서 날마다 웃음거리가 되고 모든 사람에게 놀림감이 되었습니다"(렘 20:7).4 예레미야의 수치심의 배후에는 자기 민족을 향한 어두운 살육의 미래를 예비한 하나님에 대한 그의 혼란스러운 심정이 여과

---

3 Westermann, 『이사야(3)』, 188.

4 J. 브라이트, 『예레미야』 (서울: 한국신학연구소, 1985), 262의 번역이다. 브라이트에 따르면, "예레미야가 하고 있는 신성모독에 가까운 말투를 분명하게 드러내기 위하여 '꾀다'라는 말이 선택되고 스스럼없이 '당신'이라는 말이 사용되었다. … 아마도 그['붙잡아'의] 의미는 '당신은 나를 강요하여'이며, 따라서 유혹의 의미까지 담고 있다." 브라이트, 『예레미야』, 265.

없이 드러나고 있다. 이와 유사하게 요나에서 자기 민족을 불의하게 탄압하고 침략한 제국의 도시 니느웨가 죄인의 집단임에도 불구하고 용서받지만, 요엘에서 유다는 메뚜기와 기근으로 끔찍한 고통의 비극에 처하게 된다. 보복의 하나님과 자비의 하나님 사이의 예측불허한 긴장이 성서 텍스트들에 담겨 있는 것이다.

크랜쇼는 하나님 안의 내재적인 심리적 분열의 뿌리가 '엄격한 정의'와 '은혜로운 자비'라는 두 궁극적 가치들 사이의 어려운 균형 때문이라고 해석한다.5 하나님의 인격 안에 공존하는 정의에 관한 관심과 자비에 관한 관심은 충돌하며 일종의 이중적 인격, 곧 '분열적 인격'(split personality)을 발생시킨다는 것이다.6

> 정의(justice)와 자비(mercy)라는 상충하는 요구가 다른 어디에서보다 더욱 분명하게 하나님 자신 안에서 드러난다. 성서의 저자들은 완벽하게 정의로우면서 동시에 완벽하게 자비로운 하나님을 묘사하고자 씨름한 것이다. 그들의 씨름은 성공하지 못한지도 모른다. 하나님조차도 화해될 수 없는 것들을 화해시킬 수는 없기 때문이다.7

---

5 James L. Crenshaw, *Defending God: Biblical Responses to the Problem of Evil* (Oxford and New York: Oxford University Press, 2005), 19. 이러한 '정의'와 '자비' 사이의 긴장은 루터에게로 거슬러 올라갈 수 있을 것이다. 루터의 *Operationes in Psalmos* (WA 5:204.26-27)에 대한 매트(Mark C. Mattes)의 해석에 따르면, "종종 루터는 하나님 자신 안에 정의(justice)와 자비(mercy) 사이의 투쟁, 곧 하나님에게 대항하는 하나님(God against God)이 존재하는 것처럼 말한다." Mark C. Mattes, *Martin Luther's Theology of Beauty: A Reappraisal* (Grand Rapids, Michigan: Baker Academic, 2017), 61.

6 Crenshaw, *Defending God*, 87ff.

7 *Ibid.*, 91.

현실 세계에서 범죄에 대한 정의로운 심판이 지연되거나 철회되기도 하는 이유도 바로 정의의 원칙과 자비의 원칙이 하나님의 인격 안에 공존하기 때문이다. 성서의 여러 텍스트가 이러한 자비의 하나님과 정의의 하나님 사이의 역설적 균형을 지향하고 있다는 것이다. 특히 크랜쇼는 성서의 신명神名 중에서 '엘로힘Elohim'과 '야훼'(YHWH)가 각각 정의의 하나님과 자비의 하나님을 상징적으로 대변하는 것이라고 해석한다: "성서의 처음 오경五經들 안에서 다른 하나님의 이름들(엘로힘과 야훼)은 하나님의 가장 중요한 두 성격, 곧 정의와 자비를 각각 가리키는 것으로 후대 랍비들은 이해하였다."[8]

크랜쇼가 하나님의 분열적 인격을 정의와 자비라는 항존하는 심리적(psychological) 갈등으로 해석하지만, 러셀Jeffrey Burton Russel은 그것을 이스라엘의 종교관의 점진적인 역사적(historical) 변천 과정과 관련된다고 본다. 러셀의 연구에 따르면, 히브리인들의 신관은 '가나안 정착'과 '바빌론 포로기'라는 두 역사적 경험으로 인해 근원적으로 변화하게 되었다는 것이다.

원래 히브리인들에게 악은 하나님의 또 다른 얼굴이었다고 러셀은 주장한다. "사탄은 하나님의 어두운 측면, 야훼 안에 존재하는 선을 방해하는 요소가 인격화된 것이다."[9] 초기 히브리인들은 유랑하는

---

8 *Ibid.*, 197 n. 1. 성서로부터 루터, 셸링, 카를 구스타프 융 등으로 이어지는 이러한 하나님의 심리적 이중성을 '분열 인격'(split personality)이라고 분명하게 표현한 것은 크랜쇼의 중요한 공헌이다. 하지만 크랜쇼가 그것을 '정의'(justice)와 '자비'(mercy) 사이의 심리적 분열로 다소 온건하게 해석한 점은 신정론 내부에 존재하는 이러한 급진적 전통을 대변하기에는 한계를 가지는 것으로 보인다. 제2 이사야가 말한 창조자 하나님의 '분열 인격'은 급진적인 의미에서의 '빛'(light)과 '어둠'(darkness) 사이의 분열 인격, 곧 선(good)과 악(evil) 사이의 분열 인격에 더 가깝기 때문이다.

9 Jeffrey Burton Russel, *The Devil: Perceptions of Evil from Antiquity to Primitive*

유목민으로서 떠돌며 험난한 삶의 과정에서 경험하는 야훼의 어두운 측면을 강조하였다. 하지만 일단 유목사회에서 농경사회로의 전환이 어느 정도 완료되면서 이스라엘의 예언자들은 가난한 자와 약자와 과부와 나그네를 사랑하는 윤리적 하나님의 모습을 보다 강조하게 되었다. "선과 악에 대한 히브리인들의 견해가 이전의 제의적 타부에 대한 강조에서부터 이탈하여, 실천적이고 인도적인 의미에서 인간의 상호 책임성을 강조하는 윤리적 방향으로 움직이게 되었다"라고 러셀은 본다.10 또한 바빌론 포로기 이전의 유대교 사상이 유일신론적 분열 인격론을 주로 강조하지만, 포로기 이후에는 이란의 조로아스터교 이원론의 영향으로 쿰란 공동체의 예에서 볼 수 있듯이 이원론을 주로 강조하는 경향으로 바뀌었다.11 결국 야훼의 성격이 바뀐 것이다. 야훼는 무도덕적 신에서 도덕적 신이 되었다. 야훼는 전적으로 선하다고 여겨졌으며, 야훼의 어두운 측면은 악마라는 종속적 존재로 인격화됐다.

결과적으로 유대교와 기독교의 역사 안에는 유일신론과 암시적 이원론이 긴장된 관계 속에서 공존한다고 러셀은 본다. 유일신론의 방향이 궁극적으로 하나님의 분열 인격론으로 나아갈 수밖에 없다면, 이원론의 방향은 하나님과 악마라는 또 다른 차원의 분열로 표현되는 것이다. 이처럼 기독교는 유일신론과 이원론 사이에서 일종의 '반半'이원론적 종교'(semidualist religion)로서 존재한다고 러셀은 평가한다.12

Christianity (Ithaca: Cornell University Press, 1977), 176-177.

10 *Ibid.*, 181.

11 *Ibid.*, 219-220.

12 *Ibid.*, 228, 248.

II. 루터의 '숨겨진 하나님'과 '드러난 하나님'

루터는 숨겨진 하나님과 드러난 하나님을 구분한다. 성육화한 예수가 다음과 같이 말하였다고 루터는 상상한 것이다. "나는 숨겨진 하나님(*Deus absconditus*, an unrevealed God)으로부터 드러난 하나님(*Deus revelatus*, a revealed God)이 될 것이다. 그럼에도 불구하고 나는 동일한 하나님으로 남을 것이다."[13] 루터의 이러한 구분은 앞에서 살펴본 이사야 45:7의 "나는 빛도 짓고 어둠도 창조하며 나는 평안도 짓고 환난患難도 창조하나니 나는 여호와라 이 모든 일들을 행하는 자니라"에 대한 그의 주석과도 관련된다. 루터는 이 구절이 하나님은 자신의 숨겨진 의지 속에서 악惡도 창조하셨다는 것을 성서가 증언하는 예라고 여긴다. "따라서 하나님은 영원한 분노 아래에 자신의 영원한 자비와 사랑의 동정심을 감추시며, 불의함 아래에 자신의 정의로움을 감추신다"라고 루터는 말한다.[14] 또한 에라스무스와 루터는 에스겔 18:32을 놓고 서로 다른 주석을 제공한다: "주 여호와의 말씀이니라 죽을 자가 죽는 것도 내가 기뻐하지 아니하노니 너희는 스스로 돌이키고 살지니라." 에라스무스는 하나님의 의지가 인간의 죽음을 원치 않으며, 죽음은 인간의 자유로운 타락 때문이라고 본다. "만약 하나님이 우리의 죽음을 원치 않는다면, 그리고 그런데도 우리가 죽는다면, 그것은 우리 자신의 의지를 비난해야만 한다"는 것이다.[15] 반면에

---

13 Martin Luther, "Lectures on Genesis: Chapters 26-30," ed. Jaroslav Pelikan, Hilton C. Oswald, and Helmut T. Lehmann, *Luther's Works* (Philadelphia: Fortress, 1999), 5:45.

14 John Peckham, "An Investigation of Luther's View of the Bondage of the Will with Implications for Soteriology and Theodicy," *Journal of the Adventist Theological Society* 18/2 (Autumn 2007), 295에 인용된다.

루터는 다음과 같은 견해를 제시한다:

여기서 에스겔은 하나님의 자비라는 드러난 제안에 대해 말하고 있는
것이지, 하나님의 무섭고도 숨겨진 의지에 대해 말하고 있지는 않다.
하나님은 자신의 천상 회의에서 그런 사람들을 하나님의 뜻에 따라 예정
하시며, 그들에게 선포되고 제안된 자비를 베풀고 그들이 거기에 참여하
도록 정하신 것이다. 반면 하나님의 숨겨진 의지는 더 이상 질문해서는
안 되며, 다만 하나님의 장엄함이 지닌 가장 무서운 비밀로서 경건하게
숭배되어야 한다. 하나님은 이 의지를 자신 속에만 간직하셨으며, 우리가
그것을 아는 것은 금지하셨다.[16]

이처럼 루터는 '선포된(preached) 하나님'과 '숨겨진(hidden) 하나
님'을 해석자들이 구분하지 못하기 때문에 여러 문제가 생겨나는
것이라고 말한다.[17] 요컨대 하나님의 두 분열적인 의지 혹은 인격으로
인해서 루터는 "하나님에게 맞서 하나님 안에서 피신처를 찾아야
한다"(*ad deum contra deum confugere*)고 보았다.[18]

루터 이후 기독교인들에게는 어떤 하나님에게 맞서야 하고, 어떤
하나님 안으로 피신하여야 하는지에 대한 머뭇거림과 논란이 일어났

---

15 Martin Luther, *The Bondage of the Will*, trans. O. R. Johnston (Grand Rapids: Baker,
  2003), 167에 인용된다.

16 Luther, *Bondage of the Will*, 169.

17 *Ibid.*, 170.

18 Luther, "Operationes", *WA* 5, 204,26-27; Sasja Emilie Mathiasen Stopa, "'Seeking Refuge
  in God against God': The Hidden God in Lutheran Theology and the Postmodern
  Weakening of God," *Open Theology* 4 (2018), 659에 인용된다.

다. 더군다나 루터의 '숨겨진 하나님'과 '드러난 하나님'이 그가 말하는 것처럼 정말 '동일한 하나님'이기는 한 것인지 의문시되었다. 카를 바르트는 여기에 대해 부정적으로 대답한다. 바르트는 '숨겨진 하나님' 이란 하나님 내부에 존재하는 하나님의 또 다른 악한 혹은 어두운 측면이라고 해석하지 않고, 하나님의 존재 바깥의 '무無'(das Nichtige) 라고 주장한다.

> 필자가 지금 이것을 여기서 말하고 있는 이유는 우리가 악이라고 부르는 것, 곧 죽음, 죄, 악마, 지옥이란 하나님의 피조물이 '아니다'(No)는 것을 분명하게 하기 위해서이다. 오히려 그것은 하나님의 피조물에서 제외되는 것이며, 따라서 하나님이 거기에 대해 '아니다'라고 말씀하신 것이다. 만약 악의 실재라는 것이 존재한다면, 그것은 오직 이렇게 배제되고 논박된 것으로서의 실재, 곧 하나님의 등 뒤에 놓인 실재일 것이다. 하나님이 세계를 선하게 창조하실 때, 하나님은 이것으로부터 등을 돌려서 지나가셨다. 그리고 "하나님이 지으신 그 모든 것을 보시니 보시기에 심히 좋았다." 선하지 않은 것은 하나님이 창조하지 않으셨다. … 우리는 하나님 자신 안에서 어둠을 찾아서는 안 된다. 하나님은 오직 빛의 아버지이시다. 만약 우리가 숨겨진 하나님(a Deus absconditus)에 대해 말하기 시작한다면, 우리는 우상(an idol)에 대해 말하고 있는 것이다.[19]

이처럼 바르트는 루터에게 맞서 무로서의 악이 하나님의 존재 바깥에 있는 '이질적인 요소'로 보았지만, 다른 기독교인들은 만물萬物

---

19 Karl Barth, *Church Dogmatics III. 3: The Doctrine of Creation,* trans. G. W. Bromiley and R. J. Ehrlich (Edinburgh: T&T Clark, 1960), 57.

의 창조자 하나님과 선악善惡의 창조자 하나님 사이의 관계에 대해서 분명하게 마음을 결정하지는 못하였다.[20] 하나님이 만물을 만드셨다고 고백할 때, 그 만물 안에는 선뿐만 아니라 악도 포함되는지 분명하지 않기 때문이다. 바르트와 달리 오히려 셸링과 같은 철학자는 루터의 '숨겨진 하나님'과 '드러난 하나님'의 구분을 하나님의 신성 안에서 발생하는 일종의 내적 구분, 곧 하나님의 실존(Existenz)과 하나님의 실존의 근거(Grund) 사이의 구분이라고 해석하기도 한다.

III. 셸링의 내적 이원론: "악은 낡은 자연으로부터 나온다"

셸링F. W. J. Schelling은 '악의 근거'가 하나님 안에, 곧 "자연을 포함하는 최고 긍정적 존재 가운데 있어야 한다"고 제안한다.[21] 자유自由는 생명의 보편적 현상이며, 그러한 자유의 근거가 곧 하나님의 자유이기 때문이다. 모든 존재는 자유의 행동이다. 튀빙겐대학 신학부에서

---

20 바르트는 하나님과 무에 대한 그의 본문에서 '이질적 요소'(an alien factor)로서의 '무' (無)를 다음과 같이 설명한다: "There is opposition and resistance to God's world-dominion. There is in world-occurrence an element, indeed an entire sinister system of elements, which is not comprehended by God's providence in the sense thus far described, and which is not therefore preserved, accompanied, nor ruled by the almighty action of God like creaturely occurrence. It is an element to which God denies the benefit of His preservation, concurrence and rule, of His fatherly lordship, and which is itself opposed to being preserved, accompanied and ruled in any sense, fatherly or otherwise. These is amongst the objects of God's providence an alien factor. It cannot escape God's providence but is comprehended by it." *Ibid.*, 289.

21 셸링 지음/최신한 옮김, 『인간적 자유의 본질 외』(파주: 한길사, 2000), 98-99.

함께 수학한 헤겔과 휠덜린과 셸링 모두에게 자유는 프랑스혁명의 시대정신이자 우주의 형이상학적 원리였다. 이 셋은 자유를 위한 사유의 헌신을 약속하며, 자신들의 표어를 "하나님 나라의 도래"라고 정하였다.[22]

1. 이원론과 신플라톤주의 비판

셸링의 사유는 과거의 이원론과 신플라톤주의에 대한 비판의식을 드러낸다. 곧 1809년 출판된 『인간적 자유의 본질』은 "악에 관한 두 가지 설명방식, 즉 이원론적 설명방식과 카발라적(*kabbalistisch*) 설명 방식"을 극복하고, 하나님의 "인격성에 대한 최초의 분명한 개념을 설정했다"라고 셸링은 자평한다.[23]

첫째로 이원론의 약점은 악을 하나님으로부터 분리된 실체로 인정함으로써 하나님이라는 "가장 완전한 존재 개념이 전적으로 훼손된다"는 점에 있다.[24] 셸링의 입장에 따르면,

> "피조물의 모든 긍정적 존재는 신으로부터 나온다"는 명제는 바로 이러한 체계 가운데서 주장되어야 한다. 악 가운데 긍정적 존재가 들어 있다는 사실이 받아들여진다면, 이 긍정적 존재는 또한 신으로부터 유래한 것이다.[25]

---

22 같은 책, 25.
23 같은 책, 161.
24 같은 책, 74.
25 같은 책, 74.

셸링은 선과 악의 외재적인 이원론을 비판하며, 일종의 변증법적 동일성이라는 역설을 주장한다. 물론 그는 이러한 선악의 변증법적 '동일성'(*Identität*)이 단순한 의미에서의 선악의 즉각적 '단일성'(*Einheit*)을 의미하지는 않는다고 본다.[26] 셸링이 주장하는 선악의 '동일성'은 일종의 내적 이원론, 곧 우리가 하나님의 분열 인격론이라고 부른 것과 유사하다고 평가될 수 있다.

다르게 표현하자면 선이 곧 악이라는 것이다. 이 말이 의도하는 바는 다음과 같다. 악은 스스로 존재할 힘을 갖지 않는다. 악 속에 있는 것은 (그 자체로 고찰할 경우), 곧 선이다. 그러므로 이 말은 다음과 같이 해석된다. 정의와 불의, 덕과 악덕 간의 영원한 구별은 부정되며, 이 둘은 논리적으로 동일자이다.[27]

둘째로 신플라톤주의 혹은 카발라 전통은 일자[者]로부터 만물의 유출이라는 관점에서 하나님의 절대성을 보존한다. 하지만 이러한 유출의 과정을 기계적인 필연성으로 이해하거나 혹은 악의 실재성을 거의 부정하는 한계를 가진다. 셸링은 스피노자의 범신론과 아우구스티누스의 자유의지론이 이런 약점을 지닌다고 보았다. 스피노자에게서 하나님과 세계의 관계는 자유의 관계라기보다는 '기계론적 물리학'의 법칙에 가깝다고 셸링은 보았다.[28] 반면에 아우구스티누스는 악의

---

26 같은 책, 60-61 각주 3.

27 같은 책, 58-59. 선악의 동일성을 헤겔은 선이 악이 되고(becomes), 악이 선이 된다는 영/정신의 변증법적 운동성으로 해석한다.

28 같은 책, 67.

실체가 지닌 심각성을 단지 선의 '단순한 결핍'으로 약화시킨다.[29]

2. 내적 이원론

셸링 연구자들은 선과 악의 구분 자체를 해체하지 않으면서도 하나님의 전능성이나 형이상학적 궁극성을 훼손시키지 않는 방법이 셸링의 '내적 이원론內的 二元論'이라고 본다.[30] 내적 이원론이란 셸링이 제시한 하나님 존재 내부에서 하나님의 실존과 하나님의 실존 근거를

---

29 같은 책, 99 각주 6. 최신한은 셸링의 신플라톤주의에 대한 비판의식을 다음과 같이 설명한다. "범신론이나 유출설을 따를 경우 인간 존재와 세계 존재는 근원 존재인 신으로부터 나오며, 유한한 세계 속에 있는 악은 필연적으로 신으로부터 도출되어야 한다. 그러나 신을 악한 존재로 규정할 수 없는 한 기존의 설명체계는 한계에 부딪힌다. 신의 실존과 신 실존의 근거를 구별하는 셸링의 사유는 바로 여기서 악의 문제를 설명할 수 있는 중요한 이론으로 부각된다. 셸링은 신 실존의 근거를 자연으로 간주한다." 최신한, "선악의 가능성으로서의 자유," 셸링, 『인간적 자유의 본질』, 39. 하지만 셸링의 아우구스티누스 비판과 관련하여 악의 가능성(possibility)과 악의 현실성(actuality)을 구분하며 악의 가능성에서 현실성으로의 실현은 피조물의 의지적 자유의 행동 때문이라는 셸링의 해석은 아우구스티누스의 자유의지론과 유사한 점도 가진다. 나아가 셸링이 과거의 신정론들에 비판적이었다면, 오늘날의 현대적 신정론들 특히 화이트헤드(A. N. Whitehead)와 몰트만(J. Moltmann)에 대해서는 어떤 반응을 보였을까 생각해 볼 수 있다. 이용주는 셸링의 절대적 하나님 개념을 고려할 때, 셸링은 신의 전능성을 약화시키는 시도를 부정하면서 신의 전능성을 제시함으로써 악의 문제에 대한 실천적 대답을 찾으려 했다고 본다. 신의 전능성을 제한한 과정 신정론이나 혹은 고통당하는 신을 강조하는 몰트만의 신정론 등은 악의 문제의 해결이라기보다는 문제의 해체에 가깝다는 것이다. "왜냐하면 신의 전능성을 제한시키고 신을 단지 피조물과 함께 고난당하는 존재로 이해한다면, 그것은 '모든 것을 규정하는 실재로서의 신'(*Gott als die alles bestimmende Wirklichkeit*)을 포기하고 신을 피조물과 동일한 존재론적 지위로 격하시켜 버리는 것이기 때문이다." 이용주, "악에 직면하여 신을 사유함: 셸링의 『자유론』을 중심으로," 「헤겔연구」 37호, 199.

30 '내적 이원론'이라는 표현을 처음 사용한 이는 헤르마니이다. F. Hermanni, *Die letzte Entlastung* (Wien: Passagen-Verlag, 1994), 73-98; 이용주, "악에 직면하여 신을 사유함", 203 각주 18.

구분하는 시도를 가리킨다. 하나님의 "실존하는 한에서의 존재와 실존實存(Existenz)의 근거根據(Grund)인 한에서의 존재"를 셸링은 구분한다.[31] 앞서 신神(Deus)을 자연自然(Natura)과 동일시한 스피노자의 범신론보다 이러한 자신의 실존과 근거의 엄밀한 구분이 더 설득력이 있다고 셸링은 생각한다. 스피노자가 "신과 자연을 혼합한다"라는 비난을 막지 못하였지만, 셸링 자신의 신의 '실존'과 신의 실존의 '근거'로서의 자연 사이의 구분은 혼동하기 힘들다고 보기 때문이다.[32] 이처럼 셸링은 신과 자연의 혼합을 피하면서도 근거와 실존이라는 구분을 하나님의 존재 내부에 도입하고자 하였다. 이러한 하나님의 존재 안의 내적 이원론만이 "유일하게 올바른 이원론"이라고 셸링은 주장한다.

> 이것은 유일하게 올바른 이원론, 즉 동시에 통일성을 허용하는 이원론이다. 우리는 위에서 변형된 이원론에 대해 언급했는데, 이것에 따르자면 악의 원리는 선의 원리에 병행하는 것이 아니라 그것에 종속되는 것이다. 여기서 설정된 관계가 이원론, 즉 그 가운데서는 종속 존재가 늘 본질적으로 악한 원리이며 그렇기 때문에 이 종속 존재는 그것이 신으로부터 파생된 존재라는 사실에 따라 전혀 파악 불가능한 것으로 남게 되는 이원론과 혼동되는 것에 대해서는 걱정할 필요가 거의 없다.[33]

---

31 "[Unterscheidung] zwischen dem Wesen, sofern existiert, und dem Wesen, sofern es bloß Grund von Existenz ist." F.W.J. Schelling, Philosophische Untersuchungen über das Wesen der menschlichen Freiheit und die damit zusammenhängenden Gegenstände, M. Schröter (ed.), Sämtliche Werke (München: C.H. Beck und R. Oldenbourg, 1927), VII 357. 셸링, 『인간적 자유의 본질』, 81-82; 이용주, 「악에 직면하여 신을 사유함」, 203.
32 셸링, 『인간적 자유의 본질』, 82.
33 같은 책, 84 각주 5.

과거의 조로아스터교나 마니교의 이원론이 선과 동일한 정도의 힘을 지닌 악의 기원을 '전혀 파악 불가능한 것'으로 남겨둔 이원론이지만, 셸링의 내적 이원론은 악이 '신으로부터 파생된 존재' 혹은 '종속 존재'라고 본 점에서 다르다. 선과 악이 선한 신과 악한 신이라는 외적 이원론으로 남겨진 것이 아니라, 동일한 신의 존재 안에서의 내적 이원론으로 다시 규정된 것이다.

3. 실존과 근거

셸링은 신의 실존 안에 신의 실존의 근거가 존재한다고 본다. 공간적 포함 관계에서 볼 때, 신의 실존이 그 근거를 포함하는 것이다. 하지만 여기에 추가적으로 셸링은 근거가 신의 실존 안에 포함됨에도 불구하고 근거가 신은 아니라고도 주장한다.

> 신 앞과 신 바깥에는 아무것도 존재하지 않기 때문에 신은 자기 실존의 근거를 자기 안에 가져야 한다. … 신이 내적으로 소유하는 자기 실존의 근거는… 신이 아니다. 왜냐하면 이 근거는 오로지 신의 실존의 근거이기 때문이다. 이 근거는 신 안에 있는 자연(속성)이며 신으로부터 분리될 수는 없지만 신과는 구별되는 본질이다.[34]

공간적으로 '신 바깥'에는 아무것도 존재하지 않는다. 따라서 신은 자기 실존의 근거를 가진다면, 신은 그것을 내적으로 소유한다. 그럼에

---

34 같은 책, 82.

도 내적인 근거가 신과는 구별되는 본질, 곧 자연이라고 셸링은 본 것이다. 그에게 신의 실존의 '근거'는 신 안에 있는 '자연'이지만, 또한 '신과는 구별되는 본질'이다.

다음으로 시간적 선행성 혹은 최소한 논리적 선행성의 관점에서 볼 때, 보통의 경우 근거는 실존보다 선행한다. 하지만 셸링은 실존과 근거의 형이상학적 순환성을 주목한다.

> 이 밖에도 선행하는 것에 관한 한 이 선행은 시간의 순서에 따른 것으로 생각될 수 없으며 본질의 우선성으로 생각될 수도 없다. 모든 존재가 생성되는 순환에서는 한 존재(*das Eine*)를 산출하는 존재가 다시 이 존재로부터 산출된다는 것이 모순이 아니다. … 신은 이 근거를, 그것(근거)이 실존하는 존재인 자기를 선행하는 한에서 갖는다. 그러나 신이 실제로 실존하지 않는다면 근거 또한 존재할 수 없기 때문에 신은 또다시 근거의 선행자이다.[35]

시간적 선행 관계에서 볼 때 '신 앞'에는 아무것도 존재하지 않는다. 여기서 셸링은 선행성의 관념을 극단적인 '순환循環'의 논리로 해석한다. 신은 자기보다 선행하는 근거를 갖지만, 또 어떤 순환적 의미에서는 신 자신이 근거의 선행자이기도 하다. 하나님의 실존과 근거가 이러한 역설 혹은 변증법적 성격을 가지는 것은 다른 모든 피조물의 존재와는 다르기 때문이다. 모든 피조물은 선행하는 다른 존재 안에서 근거를 가지지만, 하나님은 하나님 자신 안에서 근거를 가진다. "모든 존재는

---

35 같은 책, 83.

다른 존재가 아니지만, 다른 존재 없이는 그 스스로 존재하지 않는다. 신은 자기 실존의 내적 근거를 갖는다."36

우리에게 신의 실존과 신의 실존의 근거 사이의 순환 관계가 역설적이고 모순적으로 들리는 이유는 우리가 주로 피조물들에 대한 사유에 익숙하기 때문이다. 하지만 창조의 현상은 신과 피조물 둘 다를 사유할 때만 모순에서 벗어날 수 있다.

> 사물은 신으로부터 분리되기 위해서 신과는 상이한 근거 속에서 생성되어야 한다. 그러나 신 바깥에는 아무것도 존재할 수 없으므로 이 모순은 사물이 그 근거를 신 자신 가운데 신 자신이 아닌 것 속에서, 즉 신 실존의 근거 속에서 가진다는 사실을 통해서만 해소될 수 있다.37

곧 피조물은 악의 가능성을 신의 실존으로부터 직접적으로 가진다기보다는 신의 실존의 근거, 곧 '신과는 상이한 근거'로부터 가지는 것이다. 셸링은 신의 실존의 근거와 신의 실존의 관계를 일종의 변증법적 자유, 곧 생명生命으로 본다. 또한 신이 자유롭기에 피조된 생명의 존재도 자유로운 것이다. "신은 죽은 존재의 신이 아니라, 생명을 지닌 존재의 신이다."38

---

36 같은 책, 83.
37 같은 책, 83-84.
38 같은 책, 65.

4. 낡은 자연

셸링의 '근거根據'(Grund)라는 말은 매우 응축적인 의미를 가진다. 특히 그의 설명에서 플라톤의 질료, 프란츠 폰 바더의 물과 불, 스피노자의 자연 등이 두드러진다. 첫째로 셸링은 근거와 관련하여 플라톤의 『티마이오스』를 언급한다.[39] 플라톤의 『티마이오스』는 우주의 창조 과정을 조물주 데미우르고스가 혼돈 가운데 선재하는 가시적이고 질료적이고 촉각적인 성격을 지닌 4가지 원소(불, 흙, 물, 공기)에 지성적인 질서를 부여하는 과정으로 설명한다(Timaeus 30-32). 셸링은 『티마이오스』의 용어들을 사용하여 '마치 플라톤의 질료와 흡사하게 물결치며 용솟음치는 바다', '시원적인 몰규칙', '선행적 어둠', '몰오성의 어둠' 혹은 그저 '밤'을 하나님의 실존의 '근거'라고 표현한다.[40] 이렇게 어두운 근거는 빛의 '로고스'(Wort)의 근거이지만, 그 자체로는 밤처럼 악의 가능성을 내포한다.[41] 어두운 근거로부터 빛처럼 생명의 질서가 비추어 나오는 것이다. "모든 탄생은 어둠으로부터 빛으로의 탄생이다."[42] "몰오성이 오성의 근거가 되고 밤이 빛의 시원이 된다."[43]

이처럼 생명의 창조는 아름답지만, 동시에 원래 어둠의 몰규칙 상태로 되돌아가려는 불안정한 악의 요소도 내포한다. "사물에 깃들여 있는 이러한 몰규칙은 파악할 수 없는 실재의 토대이며, 결코 출현하지 않는 잔여인가 하면, 아주 팽팽한 긴장을 지닌 채 오성 가운데서

---

39 같은 책, 106 각주 12; 129 각주 3.
40 같은 책, 85-86.
41 같은 책, 86.
42 같은 책, 86.
43 같은 책, 85.

해소될 수 없는 것이며, 영원히 근거에 머물러 있는 것이다."[44] 모든 피조물은 자기보다 앞선 '선행적 어둠'을 유산으로 필연적으로 상속받는다.[45] 셸링은 글의 후반부에서 플라톤의 질료를 자연이라고 고쳐 부르며, 이러한 자연을 악의 근거, 곧 '악한 근거 본질'이라고 지목한다.

악 자체에 대한 요청은 악한 근거 본질(*böses Grundwesen*)로부터 유래할 수 있는 것으로 보이는데, 그럼에도 이러한 근거 본질을 가정하는 일은 불가피하다. 또한 이것은 정당하게도 질료에 대한 플라톤의 해석으로 보이기도 한다. 이러한 해석에 의하면 악에 대한 요청은 근원적으로 신을 거역하는 본질이며 그렇기 때문에 그 자체가 악한 본질이다.…

악惡은 낡은 자연自然으로부터 나온다(*das Böse komme aus der alten Natur*)는 플라톤의 말은 바로 여기서 설명될 수 있다. 모든 악은 혼돈으로, 즉 시원의 중심이 아직 빛 아래로 정위되지 않은 생태로 되돌아가려 하기 때문이며, 또한 모든 악은 몰오성적 상태에 머물러 있는 동경의 중심이 비등沸騰한 것이기 때문이다. 이 두 가지 원리는 불가분리적 방식으로 오로지 빛과 어둠에서 통일될 수 있기 때문에 악 자체는 오로지 피조물에게서만 생겨날 수 있다는 사실을 우리는 분명하게 입증한 바 있다.[46]

플라톤은 '데미우르고스Demiurgos'(δημιουργός)가 선재하는 질료에 이

---

44 같은 책, 85.
45 같은 책, 85.
46 같은 책, 106-107.

성의 질서를 부여하는 반면, 선행하는 원초적 혹은 낡은 '자연'(φύσις, physis)은 악의 가능성을 제공하는 것으로 설명한다.[47] 셸링은 플라톤의 '피시스'를 독일어 '나투르Natur'로 번역한 것이다. 요컨대 플라톤의 '데미우르고스'와 '피시스'라는 병행 구조가 셸링에게 와서는 자유의 행동인 '신의 실존(Existenz)'과 '자연'(Natur)으로서의 '근거'(Grund)라는 병행 구조로 해석된 것이다.

이처럼 셸링은 악의 가능성을 근거, 곧 '악한 근거 본질' 혹은 '낡은 자연'과 관련된다고 보았다. 신의 실존은 근거를 포함하지만, 자신의 실존의 근거와 동일한 것으로 환원될 수 없기에 악의 발생에 관련되지 않는다고 그는 본다. 우리는 이것을 하나님과 피조물 안의 이원론적 요소들이 지닌 관계의 차이를 통해 이해할 수 있다. 신의 경우 앞에서 살펴본 것처럼 "악의 원리는 선의 원리에 병행하는 것이 아니라 그것에 종속되는 것"이며, 이러한 '종속 존재'로서의 악의 원리의 완벽한 통제만이 "유일하게 올바른 이원론, 즉 동시에 통일성을 허용하는 이원론"이라고 셸링은 부른다.[48] 하지만 피조물의 경우 악의 원리는 종속 존재로서의 지위를 항구적으로 이탈하는 경향성을 보인다. 그것은 마치 중력과 빛의 관계와도 같다고 셸링은 설명한다. 어둠의 원리는 시원적 어둠의 중심에 이끌려 되돌아가려는 중력의 구심력求心力이며, 빛의 원리는 어둠의 중심점에서 비등하여 주변으로 비추어 나오며,

---

47 "악은 낡은 자연으로부터 나온다"는 셸링의 해석의 근거로는 플라톤의 다음의 진술을 참조하라: "this [material] element, which was inherent in the primeval nature (πάλαι ποτὲ φύσις), was infected with great disorder before the attainment of the existing orderly universe." 이러한 원초적이고 낡은 자연에 조물주 '데미우르고스'(δημιουργός)가 빛의 질서를 부여하였다. *Statesman*, 273b-c.

48 셸링, 『인간적 자유의 본질』, 84 각주 5.

개별성을 획득하려는 빛의 원심력遠心力이다.

> 중력은 빛에 앞서서 빛의 영원한 어두운 근거로 발생한다. 이 어두운
> 근거 자체는 활동적이지 않으며 빛(실존하는 존재)이 비추어짐으로써
> 밤으로 도피한다. 빛 자체는 그 속에 중력이 포함되어 있는 봉인을 완전히
> 뜯어내지 못한다.[49]

이러한 두 원리 혹은 두 힘은 그 자체가 악은 아니며, 단지 악의
가능성을 제공한다. 하나님에게는 이 두 가지 원리 혹은 힘이 완전한
통제 아래에서 통일성을 이루지만, 피조물에서는 통일성이 깨어지고
각각 다른 정도로 두 원리가 차등적으로 실현된다. 요컨대 하나님
안에서 항상 통일성으로 존재하는 두 원리가 창조의 과정을 통해
개개 피조물에서는 분리 가능성을 가지게 되는 것이 바로 '악의 가능성'
인 반면에 피조된 개체 안에서의 두 원리의 실제적인 분리는 '악의
현실성', 곧 피조물의 자유의 행동의 결과이다.[50]

둘째로 셸링은 야콥 뵈메의 사상에 영향을 받은 프란츠 폰 바더Franz
von Baader의 '질병疾病의 유비'에 대한 긴 인용문을 통해 악의 발생을
설명한다. 다소 신비주의적이고 연금술적인 모호성을 지닌 본문이지
만, 셸링의 사유를 이해하는 데 도움이 되기에 살펴보도록 하자.

> 불이나 물은 그 자체로 존재하지 않는다. 즉, 불과 물은 유기적 과정 가운
> 데 나타나는 분리된 영역이 아니라, 불은 중심(신비)으로, 물은 개방된

---

49 같은 책, 82-83.
50 같은 책, 93.

것 내지 중심 가운데 있는 주변으로 존재한다. 불의 문을 열고 이를 높이 올리며 활활 타게 하는 것은 물을 폐색시키는 것과 더불어 죽음과 병을 가져다준다. 그러므로 일반적으로 자아성과 개성은 당연히 기초와 토대이며 모든 피조적 생명의 자연적 중심이다. 그러나 피조물이 봉사하는 중심으로 있기를 중단하고 지배하는 존재가 되면서 주변으로 들어서면, 이 피조물의 생명은 이기심(내지 불타오르는 자아성)의 탄탈로스적 분노가 그 가운데서 타오른다. ◉으로부터 ○이 되는 것이다. 이것은 천체의 유일한 한 자리에 어두운 자연의 중심이 폐색되며 잠재적으로 존재하는 것을 의미한다. 따라서 이 자연의 중심은 빛의 담지자로서 보다 높은 체계의 등장(빛의 비춤 혹은 이념의 계시)을 위해 일한다. 따라서 이 자리는 체계 가운데 있는 개방점(태양-마음-눈)이다. 여기서 어두운 자연의 중심은 고양되고 개방된다. 이렇게 될 경우 빛의 점은 자연히 폐색되며, 빛은 천체 속의 어둠으로 화하거나 태양이 그 빛을 잃고 마는 것이다![51]

의학적 '죽음과 병'의 원인을 물*과 불*의 자연철학을 통해 설명하는 위의 글은 셸링이 『티마이오스』의 우주론을 더욱 구체화하는 계기가 되었다. 특히 질병의 원인 혹은 신정론의 맥락에서 보면 '이기심'(내지 불타오르는 자아성)으로서의 악의 발생을 "◉으로부터 ○이 되는 것"이라고 표현한 것은 흥미롭다. 이러한 이기심 혹은 개체성의 증가는 '중심'에서 이탈하여 '주변'으로 퍼져나가는 것이다. 셸링은 "이렇게 이기적 의지를 높이는 일이 곧 악이라는 것"을 밝히고자 하였다.[52]

마지막, 세 번째로 셸링의 근거는 스피노자의 자연 개념과 밀접한

---

51 같은 책, 97 각주 2.
52 같은 책, 94-95.

관계를 가진다. 이미 앞에서 보았듯 셸링은 신의 실존의 근거(Grund)를 플라톤의 '피시스^{physis}(φύσις)에 상응하는 '자연'(Natur)이라고 해석한다. 또한 셸링은 이러한 플라톤의 낡은 자연을 '자연 혹은 하나님'(Deus, sive Natura)이라는 스피노자의 사상과 관련시킨다.[53] 스피노자는 자유로운 정신으로서의 하나님을 '능산적 자연'(Natura naturans)이라 부르고, 사물들의 자연적 혹은 물질적 속성들(attributes)로서의 하나님을 '소산적 자연'(Natura naturata)이라고 불렀다.[54] 다소 일반화시키는 위험을 무릅쓴다면, 스피노자의 '능산적 자연'이 셸링의 '하나님의 실존'에 해당하고, 스피노자의 '소산적 자연'이 셸링의 '하나님의 실존의 근거'로서의 '자연'에 해당한다고 해석할 수 있을 것이다. 여기서 실존과 근거, 자유와 자연, 능동성과 수동성, 정신과 물질, 빛의 원리와 어둠의 원리가 완벽한 통일성 안에 존재하기에 모순이 존재하지는 않는다.

> 즉각적으로는 오로지 영원한 존재만이 자기 자신으로부터 기인하는 존재이며 의지이며 자유이다. 파생적인 절대성이나 신성의 개념은 그것이 전체 철학의 중심 개념일 정도로 거의 모순적인 것이 아니다. 이러한 신성은 자연에 해당한다. 신 가운데 내재하는 것과 자유는 서로 모순되지 않는다. 자유로운 존재는 그것이 자유로운 한 신 안에 존재하며 자유롭지 못한 존재는 그것이 자유롭지 못한 한 필연적으로 신 바깥에 존재한다.[55]

---

53 Edwin Curley ed. and trans., *The Collected Works of Spinoza*, vol. 1 (Princeton, New Jersey: Princeton University Press, 1985), 544.

54 *Ibid.*, vol. 1, 434.

55 셸링, 『인간적 자유의 본질』, 66.

5. 선악의 능력인 자유

셸링에게 자유는 '선악의 능력'이다.[56] 오직 자유를 지닌 존재만이 악의 현실성을 가져올 수 있다. 하나님은 인간에게 자유를 주기 위해서 자신의 전능성을 제한한 것은 아니라고 셸링은 생각했다. 오히려 하나님이 전적으로 제한 없이 자유롭기에 인간도 또한 자유로운 존재일 수 있다는 것이다.

신은 인간이 행위할 수 있도록 하기 위해 자신의 전능을 억제한다거나 자유를 허용한다는 말은 아무것도 설명하지 않는다. 만약 신이 그 능력을 한순간이라도 거두어버린다면 인간은 존재하기를 중단할 수밖에 없을 것이다.[57]

셸링은 자유와 전능은 대립하지 않는다고 본다. 하나님의 실존은 자유롭기에 전능하고, 전능하기에 자유롭다. "자유는 전능에 대해 대립적으로 생각될 수 없으므로 인간을 그의 자유와 함께 신적인 본질 자체를 향해 구출하려고 하고, 인간은 신 바깥에 존재하지 않고 신 안에 있으며 그의 행위 자체는 신의 생명에 속한다."[58]

또한 신의 자유, 자연의 자유, 인간의 자유에 대한 셸링의 관심은 스피노자의 '기계론적 물리학'을 피히테의 철학과 결합하도록 만든다.[59] 스피노자의 철학은 '일면적-실재론적 체계'이다.[60] 반면 피히테

---

56 같은 책, 73.
57 같은 책, 56.
58 같은 책, 56.

의 '주관적 관념론'은 스피노자의 철학에 '자유가 지배하고 있는 관념적 부분'을 보충할 수 있다. 곧 과거의 일면적-실재론적 체계를 관념론적-실재론적 체계로 바꾸는 것이 셸링의 철학적 목표이다.

> 자유 가운데서 주장되고 발견되는 것은 힘을 강화하는 궁극적 행위인데 전 자연은 이 행위를 통해 지각과 지성으로 밝혀질 뿐 아니라 결국 의지로 드러난다. … 의욕은 근원 존재이다(*Wollen ist Ursein*).[61]

플라톤, 뵈메와 바더, 스피노자 등이 셸링에게 신의 실존의 어두운 근거로서 자연自然을 설명하는 언어를 제공하였다면, 피히테의 철학은 신의 의지와 자유自由를 설명하는 언어를 제공한 것이다. 셸링은 이 둘을 모두 말해야 진리를 말한 것으로 생각한다. 셸링에 따르면, "관념론은 철학의 영혼이며 실재론은 그 몸이다. 생동적인 전체는 이 두 가지가 함께함으로써만 이루어진다."[62]

6. 악의 가능성

악의 기원은 악의 가능성과 관련된다. 모든 피조물은 하나님의 내적 이원론의 속성을 동일하게 가지기에 선악의 가능성도 마찬가지로 가지게 된다. 이러한 악의 기원에 대해 셸링은 이렇게 쓰고 있다:

---

59 같은 책, 67.
60 같은 책, 70.
61 같은 책, 71.
62 같은 책, 79.

악이 어디에서 유래하는지에 대해 묻는다면, 그 대답은 다음과 같다. 피조물의 관념적 속성이 신적인 오성 가운데 포함되어 있는 영원한 진리로부터 나오고 그것이 신의 의지에 종속적이지 않는 한, 악은 피조물의 자연적 속성으로부터 나온다. 영원한 진리의 영역은 악과 선의 관념적 원인이며, 고대인들이 말한 질료의 자리로 정립되어야 한다.63

악의 가능성은 '피조물의 관념적 속성', 곧 피조물의 자유가 '신의 의지'에 종속적이지 않을 가능성과 동일하다. 신의 경우 악의 원리가 선의 원리와 완벽한 종속적 통일성을 형성한다. 반면에 피조물의 경우 그러한 두 원리가 분리될 수 있도록 창조되었기에 악의 가능성을 가지는 것이다. 다시 말해 악이 가능한 이유는 악마가 따로 이원론적二元論的으로 존재하기 때문이 아니며, 혹은 거대한 존재의 사슬에서 선의 하방적下方的 결핍 때문도 아니고, 오히려 신神 안에 존재하던 선과 악의 두 원리가 피조물 안에서는 분리 가능하다는 그 사실 때문이다.

그러므로 악의 근거는 긍정적 존재 일반에 있어야 할 뿐 아니라, 우리의 견해를 따를 때 해당하는 경우와 같은, 자연을 포함하는 최고 긍정적 존재 가운데 있어야 한다. 왜냐하면 악의 근거는 명백하게 형성된 중심이나 최초 근거의 근원 의지 속에 있기 때문이다.64

악이 가능한 이유는 신 안에 실존과 근거 혹은 빛의 원리와 어둠의 원리가 통일성으로 함께 있기 때문이다. 셸링은 근거의 어둠의 원리를

---

63 같은 책, 97-98.
64 같은 책, 98-99.

'근거 의지'라고 부르고, 신 실존의 빛의 원리를 '사랑의 의지'라고
한다.

우리에게는 악을 설명하기 위해, 신 안에 있는 두 가지 원리 이외의 그
어떤 것도 주어져 있지 않다. 정신으로서의 신(두 원리의 영원한 결속)은
최고의 순수 사랑이지만 사랑 가운데는 악을 향한 의지가 있을 수 없다.
이와 마찬가지로 악을 향한 의지는 관념적 원리 속에도 존재할 수 없다.
그러나 신 자신은 스스로 존재할 수 있기 위해 근거를 필요로 한다. 즉,
그(신) 바깥에 있지 않고 그 안에 있는 근거를 필요로 한다. 신은 그 자신에
게 속하기는 하지만, 그와는 다른 자연을 자기 안에 소유하고 있는 것이
다. 사랑의 의지와 근거 의지는 각각 독자적으로 존재하는 두 가지 상이한
의지이다. 그러나 사랑의 의지는 근거 의지에 대립하지 않으며 후자를
지양하지도 않는다.[65]

이처럼 우주의 역사에서 태초의 시간은 선과 악이 공존한 기간이라
기보다는 선과 악이 결정되기 이전의 선악 미분善惡未分의 시간이다.
"태초의 시간은 선도 악도 아닌 복스러운 미결정성의 시간과 더불어
시작한다."[66] 이러한 '최초의 창조'의 시간에 신의 실존과 분리된 신의
실존의 근거의 작용, 곧 '근거의 독자적인 작용'이 '악을 향한 인간의
자연적 경향'과 '이기적인 의지의 각성'을 가져왔다고 셸링은 본다.[67]
신의 의지와 근거 의지가 분열의 가능성을 보이는 것이다. "신의

---

65 같은 책, 107.
66 같은 책, 112.
67 같은 책, 115.

6장 _ 분열 인격론 혹은 사위일체 신정론 | 191

의지는 모든 것을 보편화하며, 모든 것이 빛과 통일되도록 그것을 고양시키며, 모든 것을 빛 가운데 보존한다. 그러나 근거 의지는 모든 것을 특수화하며 피조적으로 만든다."[68] 신의 의지와 근거 의지는 선악의 가능성이지만, 선악의 현실성 자체는 아니다. 자유의 행동이 일어나야 악도 존재한다.

7. 악의 현실성

인간은 행동이다. "자아는 자신의 고유한 행위"라는 피히테의 주장처럼 셸링도 인간을 행동 그 자체라고 본다. "근원적으로 인간의 본질은 그만의 고유한 행동이다."[69] 인간은 존재하기 위해서 행동해야 하고, 이러한 자유의 존재론적 조건은 선악의 필연성을 가져온다. 곧 인간은 개체의 행동이며, "◉으로부터 ○이 되는 것"이다. 여기에 악의 필연성이 있다. 그것은 기계적인 필연성이라기보다는 유기적인 필연성, 곧 자유와 필연성의 유기적인 통일에 가깝다.

인간 자기성의 안정을 찾기 위하여 중심으로부터 주변으로 들어서는 일은 거의 필연적인 시도이다. 그러므로 고유성의 실제적인 죽음이라 할 수 있는 죄와 죽음은 보편적인 필연성이다. 불로 규정될 수 있는 모든 인간적 의지는 그것이 설명되기 위해 이러한 고유성의 죽음을 관통해 나아가야 한다. 이러한 보편적 필연성에도 불구하고 악은 늘 인간의 고유한 선택으로 남는다. 근거는 악 자체를 만들 수 없다. 모든 피조물은 자신

---

68 같은 책, 115.
69 같은 책, 122.

의 잘못을 통해 타락한다.[70]

악의 가능성이 근거라면, 악의 현실성은 인간의 행동이다. 가룟 유다는 자유로운 행동으로 예수를 밀고한 것이다. "유다가 예수의 밀고자가 되었다는 사실은 유다 자신이나 다른 피조물에 의해 변경될 수 없었다. 그럼에도 그는 강제적으로 그리스도를 밀고한 것이 아니라 이를 의도적으로 전적인 자유를 가지고 행한 것이다."[71]

우리는 셸링의 내적 이원론이 선악의 가능성에 대한 성찰이라면, 그의 자유론은 선악의 현실성에 대한 성찰이라고 이해할 수 있다. 그는 예정설에 대해 비판적이다. "예로부터 자유론의 가장 큰 충격은 신적 오성 가운데 앞서 기획된 세계 전체의 통일성에 대한 관계에서 가정되는 인간 행위의 우연성이었다."[72] 혹자는 인간의 자유로운 의지가 왜 선의 현실이나 악의 현실을 행동으로 실현하는지 추가적인 원인을 묻고자 할 수 있다. 그러나 이러한 물음 자체가 인간은 행동으로 존재하며, 이러한 행동의 존재 이전에 더 선행하는 독립적 존재는 없다는 것을 이해하지 못했다고 셸링은 본다. 인간은 행동이기에 행동 이전에 인간은 존재할 수 없는 것이다.

무엇 때문에 이 사람은 악하고 포악하게 행하도록 규정되었으며 다른 사람은 선하고 의롭게 행동하도록 규정되었는가? 이 물음은 인간이 원래 행위가 아니라고 전제하며, 인간은 정신적 존재로서 그의 의지에 앞서서

---

70 같은 책, 116.
71 같은 책, 123.
72 같은 책, 125.

이 의지와는 무관한 독립적인 존재를 갖고 있다고 전제한다. 이미 지적한 바와 같이 이와 같은 독립적 존재는 불가능하다.[73]

8. 셸링과 아우구스티누스

셸링의 자유론은 아우구스티누스의 자유의지론을 닮았다. 둘 다 악의 직접적 원인을 피조물의 자유의지에서 찾는다. 의지의 자유가 악의 현실성을 가져오는 원인이라고 보며, 피조물의 의지보다 선행하지만 의지는 아닌 어떤 다른 인과론적 존재를 찾지 않는다. 그럼에도 불구하고 둘의 차이점은 셸링이 근거로서의 자연의 역할, 곧 질료와 자연적 충동을 보다 더 적극적으로 강조한다는 점이다. 자연의 의지 혹은 근거 의지는 악의 가능성이 악의 현실성이 되도록 직접 촉발하지는 않지만, 그럼에도 아무런 관계가 없는 것도 아니다.

셸링의 자유론은 도덕적 얼굴을 가지기에 칸트주의를 계승하고 있다고 평가될 수도 있다. 칸트에게서처럼 셸링에게서도 종교성은 양심성의 다른 말이다: "우리는 종교성을 근원적이고 실천적인 의미로 이해하고자 한다. 종교성은, 곧 양심성이다."[74] 바로 여기에서 신의 인격과 인간의 인격, 신의 자유와 인간의 자유가 만나는 것이다. 생명만이 생명을 낳는다. 하지만 신의 생명에 자연의 아름다운 충동이 존재하기에 세계에는 슬픔도 있는 것이다.

신 자신은 체계가 아니라 생명이다. 그리고 신과 연관된 악의 가능성으로

---

73 같은 책, 126.
74 같은 책, 132.

인해 생겨난 물음에 대한 대답이 여기에 있다. … 신이 이 조건을 자기화하지 않고 이 조건과 하나되어서 절대적 인격성으로 결속되지 않을 때 신 안에는 어둠의 근거가 있을 수 있다. 인간은 스스로 이 조건을 얻기 위해 노력한다 할지라도 이를 결코 강제력으로 자기 것으로 삼지 못한다. … 신 안에 적어도 각각의 독립적인 조건이 있다 할지라도, 신 자체 안에는, 결코 현실화되지 않으며 오히려 영원한 극복의 기쁨에 봉사할 따름인 슬픔의 원천이 있는 것이다. 그러므로 전 자연 위에 편만해 있는 우수의 면사포가 있으며 결코 파괴될 수 없는 모든 생명의 깊은 멜랑콜리가 존재하는 것이다.[75]

과연 신 안에 이러한 '슬픔의 원천'과 '생명의 깊은 멜랑콜리'는 왜 존재해야 하는가? 인력과 척력, 구심력과 원심력, 사랑과 증오는 독자적으로 존재하는 것은 불가능하기 때문이다. 신은 악의 가능성 자체를 없앨 수는 없었는가? "이것은 사랑의 대립물이 존재하지 않을 수 있기 위해서는 사랑 자체가 존재하지 말아야 한다는 것을 의미할 것이기 때문이다.… 따라서 악이 존재하지 않으려면 신 자신도 존재해서는 안 될 것이다."[76] 신이 없다면 악도 존재할 수 없다. "따라서 악은 간접적으로 신의 성질을 분유하고 있었다."[77] 셸링의 진술은 계속 이어지지만, 그의 말은 자꾸 우리를 떠나며 우리가 볼 수 없고 말할 수 없는 실존과 근거의 차별 너머 절대적 무차별의 '비근거'(*Ungrund*)로 걸어가 버린다.[78]

---

75 같은 책, 141-142.
76 같은 책, 146-147.
77 같은 책, 148-149.

셸링의 내적 이원론과 우리가 분열 인격론이라 부른 입장은 악의 문제가 형이상학적으로 단지 '신의 존재 바깥의 문제'가 아니라 '신의 존재 내부의 문제'라는 철저한 유일신론의 신학적 문법을 사용한다는 유사점을 가진다. 신은 모든 설명의 '궁극적 참조점'(ultimate point of reference)이 되어야 하는 것이다.[79] 하지만 만약 분열 인격론이 "신의 내부에는 선한 인격과 악한 인격 사이의 심리적 분열이 존재한다"는 입장으로 더욱 엄격하고 좁게 정의된다면, 셸링의 내적 이원론은 분열 인격론과는 조금 다른 입장으로 이해되어야 한다. 셸링의 내적 이원론은 신의 실존의 근거와 신의 실존 모두 의지를 가진다고 보지만, 그러한 의지는 마치 중력과 빛처럼 방향이 다른 의지일 뿐이며, 적극적인 선의善意와 적극적인 악의惡意로 분열되지는 않기 때문이다. 셸링의 하나님의 실존의 '근거'와 하나님의 '실존' 사이의 구분은 서로 반대되는 인격의 대조, 곧 신적인 선의와 신적인 악의라는 심리적 분열은 아니다. 셸링의 근거 의지, 곧 자연의 의지가 단지 악의 가능성을 제공하는 역할만 하는 것이지, 여기에 추가적으로 실제적인 악의도 가지는지의 문제는 의문스럽기 때문이다.[80] 악의 가능성과 악의 현실성, 악의 근원과 악의 원인은 다르기 때문이다. "악의 가능성과 현실성 모두가 신의 창조 행위를 통해 부여된 존재론적 구조를 토대로 한다는

---

78 같은 책, 153. 헤겔은 이것을 두고 "모든 소들이 검게 보이는 밤"이라고 표현한다. G. W. F. Hegel, *Phenomenology of Spirit*, trans. by A. V. Miller (Oxford: Oxford UP, 1977), 9.

79 Gordon D. Kaufman, *In Face of Mystery: A Constructive Theology* (Cambridge: Harvard University Press, 1994), 30-31.

80 셸링의 근거 의지 혹은 자연의 의지는 피조물의 개별성을 강화하고자 하는 창조적 의지로서 악의 '가능성'을 피조물의 자유에 허용하는 것으로 해석될 수는 있지만, 이것이 적극적 악의로서 악의 '현실성'을 발생시키는 인과적 원인은 아니라고 해석하는 것이 셸링의 의도에 가까울 것이다.

점에서 신은 악의 '근원'이라 할 수 있다. 그러나 이것이 곧 신이 악의 '원인'이라는 것을 의미하지는 않는다"라고 이용주는 본다.[81] 셸링의 내적 이원론은 궁극적으로는 피조물의 자유를 강조하는 자유의지론과도 양립될 수도 있을 것이다. 이어서 우리는 이러한 셸링의 내적 이원론이 카를 구스타프 융의 더욱 극단적인 신학적 분열 인격론과 어떻게 차이가 나는지 보도록 하자.

IV. 융의 사위일체 신정론: 어두운 하나님[82]

"하나, 둘, 셋은 있는데, 넷째는 어디에 있는가?"[83] 플라톤의 『티마이오스』의 질문을 인용하여 카를 구스타프 융(Carl Gustav Jung)은 하나님이 전능 · 전지 · 전선하다면 악은 어디에서 기인하는가라는 오랜 신정론의 문제를 이렇게 생략된 넷째의 문제, 곧 결핍된 사위일체론四位一體論(quaternity)의 문제라고 본다. 융은 플라톤의 질문, 욥의 질문을 이어간 것이다. 욥기는 하나님과 악마 사이의 대결이 아니라 하나님과 욥 사이의 대결에 관한 기록이다. 그리스도의 질문은 이미 과거에 욥이 물었던 질문이었다: "나의 하나님, 나의 하나님, 어찌하여 나를 버리셨나이까?"[84] 왜 자신의 전지함을 사용하여 하나님은 욥의

---

81 이용주, "악에 직면하여 신을 사유함," 224.

82 이 부분은 손호현, "융의 사위일체 신정론: '넷째는 어디에 있는가'," 「신학사상」 182집 (2018 가을): 253-285를 편집한 것이다.

83 Carl Gustav Jung, *The Collected Works of C. G. Jung, vol. 11: Psychology and Religion: West and East*, trans. R. F. C. Hull (New York: Pantheon Books, 1958), 70, 122, 164. 이하 융의 전집은 *CW*로 줄여서 표기한다. Cf. Plato, *Timaeus*, 17.

무고함을 보지 않는지 항변하지만, 욥이 발견한 것은 하나님의 어두운 얼굴, 곧 플라톤의 생략된 넷째였다. 융의 설명에 따르면, "'넷째'란 바로 '타자'(the Other)이며, 타자의 본질은 '대적자'(the adversary), 곧 조화를 저항하는 자이다."[85] 넷째의 대적자는 아직 도착하지 않은 자, 침묵으로 생략된 자, 그래서 부재한 어두운 그림자이다.

기독교 신학은 영지주의와 마니교의 이원론적 위험성을 경계하고 자 넷째를 생략했다. 악은 선의 결핍이라는 아우구스티누스의 교리는 악을 비실재적으로 만들 뿐 아니라, 모든 선은 하나님께 돌리는 반면 모든 악은 인간에게 돌리는 사유의 습관을 가져 왔다. 하지만 여기서 융이 주목한 난제는 인간의 타락 이전에 이미 있었던 악, 곧 뱀의 존재이다. 자유의지 신정론은 선재하는 뱀의 존재를 강조하지 않는다. 나아가 고전적 삼위일체론은 물질, 여성성, 악마라는 어두운 그림자를 철저하게 하나님의 존재로부터 배제하며, 하나님의 존재를 "과도하게 영성화하고, 과도하게 남성화하고, 과도하게 단순화한다"라고 융은 진단한다.[86] 비록 삼위일체가 기독교의 오랜 고전적 교리이지만, 인간 의 심리적 진실을 드러내는 것은 오히려 사위일체라고 융은 믿었다. 그에 따르면, "영혼은 사각형이며, 삼각형이 아니다."[87] 영혼은 삼위일 체적이라기보다는 사위일체적이라는 뜻이다. 그렇기에 넷째가 생략 된 마음은 그것이 신적이라고 하더라도 온전할 수 없다.

여기서 우리는 융의 종교적 저작들인 "삼위일체론에 대한 심리학적

---

84 *CW*, 11: 408; 마태복음 27:46; 마가복음 15:34.

85 *CW*, 11: 125.

86 Ann Conrad Lammer, *In God's Shadow: The Collaboration of Victor White and C. G. Jung* (New York: Paulist Press, 1994), 159.

87 *CW*, 11: 167.

접근"(1948), 『아이온』(1951), 『욥에의 대답』(1952) 등의 분석을 통해 그가 제공하는 대답을 추적할 것이다.[88] 융의 신정론의 핵심은 어두운 넷째를 포함시켜 고전적 삼위일체를 새로운 사위일체로 확장하려는 시도이다. 융에게 넷째가 생략된 삼위일체^{三位一體}는 아직 "결합이 있는 사위일체^{四位一體}(quaternity) 혹은 사위일체를 향한 디딤돌"에 불과하다.[89] 성부-성자-성령의 관계 속으로 악마적 넷째가 도착할 때 삼위일체는 온전하게 완성된다는 것이다. 융이 제시하는 이러한 생각을 본인은 일종의 사위일체 신정론(quaternity theodicy) 혹은 분열 인격론 (split personality theory)이라 부르고자 한다.[90] 아래에서 우리는 무의식의 미분화 단계로서의 성부, 선한 인격의 의식적 분화로서의 성자, 악한 인격의 의식적 분화로서의 악마 그리고 무의식과 의식의 역설적 통합으로서의 성령이라는 네 단계를 각각 고찰할 것이다. 또한 신학과

---

88 C. G. Jung, "A Psychological Approach to the Dogma of the Trinity," *The Collected Works of C. G. Jung*, vol. 11, *Psychology and Religion: West and East*, trans. R. F. C. Hull (New York: Pantheon Books, 1958), 107-200; idem., *Aion: Researches into the Phenomenology of the Self* as *The Collected Works of C. G. Jung*, vol. 9, part 2, trans. R. F. C. Hull (Princeton, N. J.: Princeton University Press, 1959); idem., *Answer to Job*, in *The Collected Works of C. G. Jung*, vol. 11: *Psychology and Religion: West and East*, trans. R. F. C. Hull (New York: Pantheon Books, 1958), 355-470.

89 *CW*, 9II: 224.

90 '분열 인격'이라는 표현은 크랜쇼가 구약의 하나님이 지닌 '정의'에 대한 관심과 '자비'에 대한 관심 사이의 충돌을 가리켜서 일종의 분열된 인격을 가진 하나님으로 묘사한 것에서 유래한다. Crenshaw, *Defending God*, 91. 본인은 크랜쇼의 분열 인격론이 융의 사위일체 신정론의 논리와 유사하다고 본다. 곧 ① 미분화의 성부, ② 그리스도와 ③ 악마로 분열된 이중적 인격 그리고 ④ 그것들의 통합으로서의 성령이라는 사위일체 (quaternity)의 전개 과정은 일종의 하나님의 인격의 심리적 분열과 재통합 과정이기 때문이다. 다만 크랜쇼의 분열 인격론이 정의의 하나님과 자비의 하나님 사이의 충돌이라면, 융의 사위일체 신정론은 성부-성자-성령-악마 사이의 심리적 충돌이라는 더욱 극단적인 성격을 가진다.

형이상학을 심리학의 영역 안으로 통합시킨 융의 이른바 '심리주의'(psychologism)를 비판적으로 성찰할 것이다.[91]

1. 성부 여호와: 욥의 하나님

제2차 세계대전이 남긴 폐허와 한국전쟁의 총성 한가운데서 융은 『욥에의 대답』(*Answer to Job*)을 1952년에 출판한다. 이 책에서 고대의 욥과 현대의 융이 함께 제기한 근원적 물음은 하나님의 '무도덕적'(amoral) 성격이다.[92] 욥기에서 인과응보의 신정론에 기초한 욥의 친구들은 "죄 없이 망한 자가 누구인가"(4:7)라고 욥의 결백을 의심하지만, 욥 자신은 진정 "하나님을 경외하고 악에서 떠난 자"(1:1)였음에도 불구하고 극단적인 징벌의 고통을 겪었다. 욥이 경험한 하나님은 선악 미분善惡未分의 하나님, 도덕 이전의 하나님, 무도덕적 하나님이었다. "여호와는 아직 분열적(split)이라기보다는 안티노미antinomy, 곧 내적 대립들의 총체성이었다."[93] 그의 이중성은 인격의 미분화 상태를 가리키며, 그런 의미에서 사랑의 하나님과 공포의 하나님이 혼재하는 상태이다.

하나님은 끔찍한 이중성을 지닌다. 은총의 바다는 펄펄 끓는 불의 호수와

---

91 *CW*, 11: 362.

92 *CW*, 11: 365. 『욥에의 대답』은 제2차 세계대전 이후 인류와 기독교 세계에 제공한 융의 '심리치료 처방'이라고 한 해석자는 평가한다. Murray Stein, "Of texts and contexts: reflections upon the publication of The Jung-White Letters," *Journal of Analytical Psychology*, 52 (2007): 313-314.

93 *CW*, 11: 369.

맞닿아 있고, 사랑의 빛은 맹렬하게 어두운 열기와 만난다. 그 어두운 열기는 "타오르지만, 빛나지 않는다"(*ardet non lucet*). 바로 그것이 시간적 복음으로부터 구분되는 영원한 복음이다: 우리는 하나님을 사랑할 수는 있지만, 반드시 그를 두려워해야만 한다.[94]

끔찍한 이중성을 둘러싼 신론의 싸움은 성서와 기독교 신학의 역사를 관통하여 왔다. 요한의 편지는 하나님을 어두움이 조금도 없는 순수한 빛이라고 하지만, 이사야는 하나님이 빛과 어두움을 동시에 창조하였고, 평화와 전쟁을 동시에 가져온다고 한다.[95] 욥이 호소하고 싶었던 하나님은 전자였지만, 욥이 경험한 하나님은 후자였다. 전통 신학은 '지고의 선'(*summum bonum*)으로서의 하나님을 강조했지만, 욥의 침묵하는 항변도 잊히지 않고 루터의 '숨은 하나님'(*deus absconditus*)으로 이어져 내려왔다.[96] 칼뱅의 이중예정론도 하나님 안에 존재하는 의지의 이중성을 보여준다. 그의 『기독교강요』에 따르면 "하나님의 의지를 떠나서는 어떤 것도 일어나지 않으며, 두 상반된 의지들이 하나님 안에는 존재하며, 하나님의 율법이 공개적으로 금지한 것은 또한 하나님의 비밀스러운 계획에 따라 예정된 것이다."[97]

욥이 경험한 "하나님은 원圓이다"(*Deus est circulus*). 연금술의 상징

---

94 *CW*, 11: 451. 이하 모든 강조점은 융 자신의 강조를 표시한 것이다.

95 요한1서 1:5에 따르면, "하나님은 빛이시라. 그에게는 어두움이 조금도 없으시니라." 반면 이사야 45:7에 따르면, "나는 빛도 짓고 어두움도 창조하며 나는 평안도 짓고 환난도 창조하나니 나는 여호와라. 이 모든 일을 행하는 자니라."

96 *CW*, 11: 411, 428; *CW*, 11: 175.

97 John Calvin, *Institutes of the Christian Religion*, trans. Ford Lewis Battles (Philadelphia: The Westminster Press, 1960), 233. 이 맥락에서 융은 칼뱅을 명시적으로 언급하지는 않고 있다.

에 따르면 그는 '우로보로스^{uroboros}', 곧 자신의 꼬리를 원형으로 물고 있는 용 혹은 뱀이다.[98] 이처럼 성부는 선악의 구분 이전의 원형적 무의식에 놓인 하나님이다. 융에 따르면, 이어지는 두 차례의 성육신 과정이 성자와 악마라는 분열을 가져 온다. 여기서 결정적인 것은 하나님의 선악 미분의 상태에서 분열된 인격으로의 발전의 원인이 바로 도덕적 인간 욥과의 만남이라는 것이다.

우리는 종교적 신관의 전이를 역사학 혹은 사회학의 관점을 통해 설명할 수 있다. 앞에서 보았듯 러셀^{Jeffrey Burton Russel}은 히브리인의 신관은 가나안 정착과 포로기라는 역사적 경험의 결과물이라고 보았다. 반면 심리학자 융은 외부적 역사의 이야기를 탈투사화^{脫投射化}의 과정을 통해 내부적 심리의 이야기로 재해석한다. 히브리인들의 신론의 역사적 변화는 더욱 근원적인 심리적 필요성에 기초한다는 것이다. 융의 해석에 따르면, 하나님과 욥 사이의 대결 이야기는 무의식과 의식 사이의 심리적 통합 과정의 필요성을 신화적으로 객체화한 것이다. 전능한 존재의 이중성 혹은 무도덕성 앞에 놓인 욥은 생존을 위해 자신의 무기력함을 인식하여야만 하지만, 그러한 한계를 의식할 필요성을 결여한 여호와는 자신의 행동에 어떠한 장애도 가지지 않는다. 결과적으로 하나님의 시험을 거치며 욥은 인간인 자신이 하나님보다 더한 정도의 '도덕적 우월성'을 지니고 있다는 것을 알게 된다.[99] 역설적으로 욥의 '형이상학적 열등함'이 욥의 '도덕적 우월성'과 동전의 양면을 이루는 것이다. 인간 욥이 하나님을 하나님 자신보다 더 잘 이해하는 반면, 하나님은 자신에 대해 무의식의 차원에 머물며 거의 무지하게

---

98 *CW*, 11: 155 n. 6; *CW*, 12: 293.
99 *CW*, 11: 373.

남겨져 있다. 바로 이런 이유에서 자기의식의 획득을 위해서 하나님은 인간이 되어야만 하는 것이다. 융에 따르면, "하나님이 인간이 된 진짜 이유는 하나님의 욥과의 만남에서 찾아져야 한다."[100]

2. 그리스도의 탄생: 욥이 된 하나님

그리스도는 욥이 된 하나님이다. 그리스도의 성육신은 욥의 질문이 하나님의 질문이 되는 과정이다. 자신의 피조물 욥이 창조주 자신보다 도덕적으로 더 우월하다는 사실은 하나님으로 하여금 자신의 새로운 발전이 필요함을 의식하게 만든다. 그리고 성육신을 통해 인간이 된 하나님은 자신이 인간에게 부정의不正義를 행하였다는 것을 알게 된다. 욥의 항변은 하나님에게 대항하는 하나님 자신의 항변이 되고, 마침내 욥의 질문은 그리스도의 질문으로 구체화된다: "나의 하나님, 나의 하나님, 어찌하여 나를 버리셨나이까?"[101] 그리스도의 성육신이 드러내는 진실은 하나님이 인간이 되었고, 하나님이 인간이라는 것이다. 마침내 하나님은 인간을 이해하게 된 것이다.

십자가 위의 절규에서 그리스도의 인성은 신성에 도달한다. 그 순간 하나님은 죽어야 할 운명의 인간이 된다는 것이 무엇인지 경험하게 된다. 자신이 그의 신실한 종 욥에게 겪도록 만든 고통을 남김없이 마시게 된다. 욥에의 대답이 여기서 주어진 것이다. 이 결정적 순간은 분명 하나님의 경험일 뿐 아니라 인간의 경험이며, '종말론적'(eschatological)일 뿐

---

100 *CW*, 11: 397.
101 *CW*, 11: 408; 마태복음 27:46; 마가복음 15:34.

아니라 '심리학적'(psychological) 순간이다.[102]

욥에게 주어진 대답이란 그리스도의 성육신, 곧 인간이 된 하나님의 존재 자체이다. 하나님의 인간화는 "세계가 경천동지할 하나님의 변신"인 것이다.[103] 성육신과 십자가에서 하나님의 무의식은 의식화 되었고, 하나님의 무도덕적 성격은 도덕적으로 변하며, 하나님의 선악 미분의 상태는 마침내 선과 악 사이의 분열을 가져온다. "피조물과 의 만남이 창조주를 바꾼 것이다."[104] 그리스도라는 결정적인 카이로 스는 형이상학과 신학으로 하여금 마침내 심리학의 진실을 깨닫게 만든 것이다.

그리스도는 인간과 하나님의 동일화의 '상징'(*symbolum*), 곧 "욥과 여호와가 단일한 인격 속으로 결합한 것"이다.[105] 하지만 융의 독특한 주장에 따르면, 그리스도의 성육신은 아직 불완전한 성육신이다. 그것은 하나님이 원형적 인간으로 성육화한 것이지만, 아직 실증적 인간, 곧 선악의 조건에 놓인 구체적 인간으로 성육화한 것은 아니기에 불완전하다. 그리스도의 성육신은 욥이 된 하나님이지만, 모든 실증적 인간이 죄 없는 의인 욥은 아니다. 실증적 인간은 '죄의 얼룩'(*macula peccati*) 아래에서 태어나지만, 동정녀에서 탄생한 그리스도는 그러한 원죄로부터 자유롭기 때문에 인간이라기보다는 초인간 혹은 신에 가깝다.[106] 이런 의미에서 융은 "그리스도가 아직 인간이 된 것은

---

102 *CW*, 11: 408.
103 *CW*, 11: 401.
104 *CW*, 11: 428.
105 *CW*, 11: 409.
106 H. L. Philip, *Jung and the Problem of Evil* (New York: Robert M. McBride Co., 1959), 238.

아니다"라고 보는데, "인간은 어둠으로부터 상처받기 때문이다."[107] 죄 없는 그리스도는 갈보리의 십자가에 달려 죽었지만, 실증적 죄인으로서의 인간들도 천 개가 넘는 형태의 자신들만의 십자가에 매일 달려 죽는다.[108]

『아이온』(Aion)에서 융은 인간을 네 가지 심리적 층위로 분석한다. '자아'(the Ego), '그림자'(the Shadow), '연접'(the Syzygy: Anima, Animus), '자기'(the Self)가 바로 그것이다.[109] 자아는 의식意識의 차원을, 그림자는 자신의 본성 안에 존재하는 악惡을, 연접은 남성 안에 존재하는 에로스의 아니마Anima와 여성 안에 존재하는 로고스의 아니무스Animus를 그리고 마지막으로 자기는 의식적 자아와 무의식적 그림자와 남성성과 여성성의 연접이 균형적으로 통합될 때 탄생하는 완전성完全性을 가리킨다.[110] 이처럼 인간의 심리적 사중성이 신화와 교리와 연금술 등을 통해 표현된 것이 '사위일체'의 상징들이라고 융은 본다.[111] 형이상학적 상징들은 심리적 실재의 외부적 투사물인 것이다. 그리고 원죄 없는 본질적 인간으로 성육한 그리스도는 첫 번째 층위의 성육화이며, 아직 모든 층위의 온전한 성육화는 아니라는 것이다. 이런 이유에서 융은 신약성서에서 전하고 있는 사탄의 추락, 곧 사탄의 세계화 이야기에 주목한다.

그리스도는 흥미로운 어떤 형이상학적 현상을 목격한다. 그는 사탄이

---

107 *Ibid.*, 223.
108 *Ibid.*, 223-224.
109 *CW*, 9II: 3-71.
110 *CW*, 9II: 3-35.
111 *CW*, 9II: 31.

하늘에서 번개처럼 추락하는 것을 본 것이다. 형이상학적 사건이 시간적 사건이 되는 것을 그는 목격한 것이다. 사탄의 추락은 역사적 사건, 곧 우리가 아는 한에 있어, 여호와와 그의 어두운 아들 사이의 궁극적인 분리의 사건이다. 사탄은 천국에서 추방되었다. 사탄은 더 이상 자신의 아버지로 하여금 수상쩍은 일을 하도록 꼬일 기회를 가질 수 없게 된 것이다.[112]

융의 영지주의적 해석에 따르면 "악마 혹은 사탄(*Satanaël*)은 하나님의 첫째 아들이며, 그리스도는 하나님의 둘째 아들이다."[113] 그리스도의 탄생이 미분화 상태로 있던 하나님의 선한 본성이 원형적 인간 안에 분화한 것이라면, 사탄의 땅으로의 추락은 하나님의 어두운 그림자가 세계와 실증적 인간들 안으로 분화한 것이다. 요한계시록 등이 증언하는 이러한 추가적 성육화, 제2의 성육화, 적그리스도의 성육화는 하나님의 '피조된 인간 안의 성육화'이다.[114] 필립[H. L. Philip]은 그리스도의 성육화와 악마의 세계화를 함께 가리켜서 '이중적 성육화'(a double incarnation)라고 부른다.[115] 그리스도의 성육화가 순전한 선의 완벽성(perfection)을 대변한다면, 이중적 성육화는 선과 악이 함께 하는 온전성(completeness)을 가져온다고 융은 믿는다.[116] 온전하지 않게 완벽할 수도 있지만, 완벽하지 않게 온전할 수도 있는 것이다.

---

112 *CW*, 11: 410.
113 *CW*, 11: 170.
114 *CW*, 11: 459.
115 Philip, *Jung and the Problem of Evil*, 60.
116 *CW*, 9II: 68.

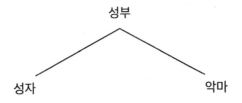

성부

성자　　　　　　　　　　　　악마

도표1 〈성부와 두 아들〉[117]

3. 사탄의 추락: 어두운 하나님

넷째는 어디에 있는가는 플라톤의 질문에 대한 융의 대답이 바로 '어두운 하나님'(the *dark* God)인 악마이다.[118] 융은 자신의 1940년 삼위일체에 대한 강연을 시작으로, 기독교의 '선의 결핍'(*privatio boni*)으로서의 악이라는 교리는 악의 실재성을 부인하는 신학적 혹은 심리적 은폐일 뿐이라고 비판하며 악의 독립성을 주장한다.[119] 화이트[Victor White]에게 보낸 1949년 12월 31일 편지에서도 융은 제2차 세계대전에도 불구하고 아무도 자신의 어두운 그림자를 심각하게 직시하려 하지 않는다고 우려한다. 악이 단지 선의 결핍으로 이해된다면, '히틀러와 스탈린'조차도 단지 '완벽성의 우연한 결핍' 정도로 여겨질 것이다. 반면 "심리학적으로 말해서, 악은 끔찍하게 실재한다"라고 융은 말한다.[120]

---

117 *CW*, 11: 174. 하나님이 '그리스도의 성육화'와 '악마의 세계화'를 통해 분화(split)되는 과정을 융은 이렇게 도식화시킨다.

118 *CW*, 11: 412.

119 *CW*, 9II: 48ff.

120 Stein, "Of texts and contexts," 309 n. 31.

예를 들어 어떤 사람의 존재가 100% 선하다고 가정해보자. 어떤 악한 것의 영향으로 그가 원래 지닌 선의 5%가 감소하였다. 이처럼 추가적인 사건들 때문에 그의 선이 계속 감소하였다고 하자. 만약 잔존하는 1%조차도 사라진다면, 전체 100%의 선은 사라지고 그는 아무런 선도 갖지 않게 된다. 하지만 이 경우 존재와 선을 동일시하는 고전적인 '선의 결핍' 교리에 따르면, 그 사람은 전혀 선하지 않기에 존재하지도 않아야만 할 것이다. 융은 이러한 추론이 잘못되었다고 비판한다. 그 사람이 100%의 선을 상실하더라도 여전히 그는 죄인 혹은 악인으로 존재할 것이기 때문이다. 악의 능동적 독립성이라는 융의 관점에서 볼 때, "선(good)과 존재(ousia)의 동일화는 오류이다. 왜냐하면 어떤 사람의 마지막 선이 사라졌다고 완벽하게 악한 그 사람이 사라지는 것은 아니기 때문이다."121

마찬가지로 융은 삼위일체론도 심리적 그림자와 악의 통합이라는 질문을 생략하였다고 본다. 어떠한 대립 혹은 악도 가지지 않는 완벽한 조화로서의 삼위일체론은 '논리적 사상'(logical idea)으로서 타당성을 가질지는 몰라도 '심리적 실재'(psychological reality)로서는 설득력이 떨어진다.122 갈등이 부재한 삼위일체론은 악의 기원에 대한 신정론의 질문을 필연적으로 발생시킨다. 악의 형이상학적 지위가 어떠하든지, 선과 악의 심리적 실재성은 마치 낮과 밤처럼 서로를 취소할 수는 없게 만든다고 융은 주장한다. 그의 1948년 논문 "삼위일체론에 대한 심리학적 접근"은 삼위일체가 사위일체로 발전해야 하는 이러한 심리적 필연성에 대한 성찰을 담고 있다.123 융이 그린 악의 구체적 얼굴은

---

121 Philip, *Jung and the Problem of Evil*, 19.
122 *CW*, 11: 131.

삼중적이다. 여성^{女性}, 물질^{物質}, 악마^{惡魔}가 바로 그것이다. 성모승천설의 마리아, 연금술의 물질, 심리학의 그림자는 융에게 나누어질 수 없는 원형적인 넷째이다. 지금부터 우리는 융이 어떻게 여성적 사위일체, 연금술적 사위일체 그리고 심리적 사위일체를 발전시키고자 했는지를 보도록 하자.

첫째는 성부–성자–성령–성모의 '여성적 사위일체'(feminine quaternity)이다.[124] "중세 자연철학에서 넷째는 의심의 여지 없이 땅과 여성을 가리켰다."[125] 악은 구체적으로 여성성인 동시에 물질적 땅, 곧 원초적 물질의 독성을 가리켰다. 따라서 융의 신정론의 과제는 넷째의 재발견, 곧 온전한 인간의 자웅동체성(hermaphrodite)을 되찾는 것과 관련된다. '성부, 성모, 성자'의 삼위일체가 더욱 자연스럽고 온전한 상징이라고 한다면, 이러한 자연스러운 관계에서 여성성, 물질, 악의 엄격한 배제를 요구한 사유의 결과가 바로 '성부, 성자, 성령'의 남성적 삼위일체론인 것이다.[126] 기독교 역사에서 볼 때 초대교회의 영지주의자들은 이러한 난제를 해결하기 위해서 성령을 어머니로 해석하기도 하였다.[127] 혹은 중세의 도상학은 성모의 승천^{昇天}이나 대관식^{戴冠式}을 통해 여성성을 사위일체의 일부분으로 도입하는 수많은 상징적 회화들을 생산하였다. 예를 들어 1588년의 한 성모대관 도상에 따르면, 사복음서를 상징하는 천사, 사자, 황소, 독수리에 둘러싸인 천상의 공간 가운데에 성부, 성자, 성령 그리고 성모 마리아가

---

123 *CW*, 11: 107-207.

124 *CW*, 12: 205.

125 *CW*, 11, 63.

126 *CW*, 11: 158; Augustine, *De Trinitate*, Book XII, Chapter 2.

127 *CW*, 11: 161.

위치하고 있다. 그리고 왕관을 머리에 받고 있는 성모는 '땅'(*terra*)과 '몸'(*corpus Lyb*)이라는 글씨로 표현되고 있다.[128] 성모 마리아의 여성적 몸이 영원한 삶에 참여하게 된다는 생각은 마침내 1950년에 성모승천설이라는 가톨릭의 공식 교리로서 선포된다. 융은 이러한 공인을 여성, 물질, 악을 신의 존재 안으로 수용하려는 자신의 사위일체 사상의 교리적 정당화로 여긴다.

> 마리아 승천설(*Assumptio Mariae*)은 테오토코스^{Theotokos}의 신격화, 곧 여신^{女神}으로서의 마리아의 궁극적 인정일 뿐만 아니라, 사위일체 (quaternity)를 향한 길을 열어놓았다. 물질^{物質}뿐만 아니라, 우주의 타락 원리로서의 악^{惡}도 함께 형이상학의 영역에 수용된 것이다.[129]

둘째는 성부-성자-성령-물질의 '연금술적 사위일체'(alchemical quaternity)이다.[130] 악과 물질 사이의 밀접한 관계를 설정하는 것은 정통 기독교의 창조 신앙에 반하는 이단적 입장, 곧 영지주의의 입장에 가깝다는 것을 융은 인지하고 있다. 하지만 선의 결핍(*privatio boni*) 교리가 존재와 선 사이의 완전한 동일성에 기초해서 물질적 우주를 전적인 선의 실현이라고 해석한 반면에 융은 창조 이전에 흑암이

---

128 *CW*, 12: 420-421, figure 232. Cf. *CW*, 12: 411, figure 224 (1420년); *CW*, 12: 429, figure 235 (1550년). 중세의 여성 신비주의자 빙엔의 힐데가르트(Hildegarde of Bingen, ?~1179)가 이러한 '어두운 여성성'(the dark feminine)을 중요하게 강조하기 시작하였고, 융의 심층심리학에 큰 영향을 끼쳤다고 보는 연구자가 있다. Avis Clendenen, "Hildegard, Jung, and the Dark Side of God," *Magistra*, vol. 16, no. 2 (2010), 42.

129 *CW*, 11: 170. 융의 전집 11권 *Psychology and Religion* (New York: Pantheon, 1958) 처음 부분에는 이러한 성모 대관식에 대한 15세기 Jean Fouquet의 도상이 실려 있다.

130 *CW*, 12: 169, 429 figure 235.

덮고 있던 '깊음'(תְּהוֹם, Tehom), 곧 선재하던 물질의 독립성을 강조한다.[131] 여기서 창조는 하나님의 영이 물질 속으로 추락한 것이다. "영의 물질로의 하강은 영지주의의 신화로서 마니에게 커다란 영향을 주었다. 그리고 아마 마니교의 영향을 통해 그것은 서구 연금술의 주요 사상 중 하나가 되었다."[132] 융의 영지주의 해석에 따르면, "연금술사들에게 있어 구속을 필요로 하는 자는 인간이라기보다는, 물질 속으로 떨어져 잠자고 있는 하나님이다."[133] 그 최종 목표는 물질 속에 잠긴 신성의 회복, 곧 철학적 황금으로서의 '철학자들의 돌'(*lapis philosophorum*)이다.[134] 융은 그리스도와 돌 사이의 병행 구조를 주목한다. 그리스도가 의식을 지닌 인간에게 하강한 하나님이라면, 철학자들의 돌은 무의식의 물질에 하강한 하나님의 상징이기 때문이다. "돌-그리스도(*lapis-Christ*) 병행 구조는 변모하는 물질적 실체와 그리스도 사이의 유비를 설정한다."[135]

하지만 우리는 중세의 연금술이 단지 수은, 유황, 황금 등의 물질에 관한 화학적 탐구만이 아니라 일종의 영혼의 수행 과정이었다는 융의 해석을 잊지 말아야 한다. 연금술은 화학적 과정인 동시에 심리적 추구이다. 물질의 전환을 목표하는 연금술과 인간 심리의 전환을 목표하는 심리학은 융에게 하나의 동일한 우주적 과정인 것이다. 융의 심층심리학이 지향하는 의식과 무의식의 통합은 이미 이전의 연금술이 관심하였던 "누스^Nous와 피시스^Physis 사이의 우주적 포옹의

---

131 *CW*, 12: 23. 창세기 1:2에 따르면, 창조 이전에 어두운 '테홈', 곧 '깊음'이 있었다.

132 *CW*, 11: 101.

133 *CW*, 12: 312.

134 *CW*, 11: 232.

135 *CW*, 12: 434. 여기서 가톨릭의 화체설과 연금술의 과정도 병행적이다.

반복"을 의미한다.136 따라서 연금술이 철학자들의 돌이라 부른 것은 심리학의 '개성화 과정'을 가리키는 것이라고 융은 결론 내린다.137 그가 인용한 연금술사 도른Gerard Dorn의 진술은 연금술이 곧 심리의 개성화 과정이란 것을 명확하게 한다: "자신을 죽은 돌에서 살아있는 철학자들의 돌로 변모시켜라!"138

마지막 셋째는 성부-성자-성령-악마의 심리적 사위일체(psychological quaternity)이다. 비록 융이 심리적 사위일체란 용어를 사용하지 않았지만, 여성적 사위일체와 연금술적 사위일체를 통해 융이 궁극적으로 지향한 것이 심리적으로 '온전한 인간'(homo totus)이라는 사실은 매우 분명하다.139 융의 심층심리학에서 악마는 무의식의 깊은 그림자라는 독립적으로 존재하는 심리적 실재를 가리키는 말이다. 융은 삼위일체의 셋을 완성시키는 사위일체의 '넷째'가 바로 무의식과 의식의 통합, 곧 온전한 인간을 가져온다고 본다.140 루시퍼의 신화는 선과 악이 모두 무의식 안에 존재한다는 것을 보여주는 '치유적'(therapeutic) 신화라는 것이다.141 요컨대 성모승천 교리, 중세의 연금술, 현대의 심리학은 모두 여성성, 물질, 무의식을 함께 포괄하는 사위일체, 곧 온전한 인간을 위한 치료법이다.

---

136 *CW*, 12: 335.

137 *CW*, 12: 475.

138 *CW*, 12: 269.

139 *CW*, 12: 6, 15: 140. 융은 여성적 사위일체 장르의 하나인 성모대관 도상(*Rosarium philosophorum*, 1550)을 동시에 '연금술적 사위일체'라고 부른다. *CW* 12: 429 figure 235. 두 사위일체는 모두 '악'이라는 오명 하에 놓인 인간의 '여성성'과 '물질성'을 통합하는 온전한 인간을 지향하기 때문이다.

140 *CW*, 9II: 184.

141 *CW*, 11: 196.

기독교의 역사는 이러한 넷째의 편입에 오랫동안 저항했다. 그러나 이러한 편입이 반드시 이원론이라는 결과를 가져오는 것은 아니며, 교부들에서도 유사한 생각들이 발견된다고 융은 지적한다. 예를 들어 로마의 클레멘스Clemens Romanus는 하나님이 자신의 오른손인 그리스도와 왼손인 사탄을 통해 세계를 통치하신다고 하였다.[142] 또한 사위일체의 필연성은 하나님의 고통의 상징으로서의 십자가를 통해서도 드러난다. 루터의 십자가 신학은 이러한 사위일체의 신학적 증언이다. "루터는 숨겨진 하나님(deus absconditus)에게 익숙했다. 살해, 갑작스러운 죽음, 전쟁, 질병, 범죄 그리고 모든 종류의 혐오스러운 것이 하나님의 통일성 안으로 흘러 들어간다."[143] 융에 따르면, "십자가는 오해할 수 없도록 사위일체이다."[144]

요컨대 융의 사위일체론에서 성부가 사랑의 하나님과 공포의 하나님의 무의식적 미분화였다면, 성자 그리스도의 성육화는 또 다른 아들 악마의 제2의 성육화와 함께 발생한다. 사탄이 하늘에서 번개처럼 떨어지는 것을 그리스도는 본 것이다.[145] 하나님의 미분화된 무의식은 반대되는 두 의식으로 분화되며, 욥기에서 지연된 하나님의 자기 징벌은 마침내 '어두운 하나님'으로서의 악마의 추락으로 성취된다.[146] 이러한 하나님의 인격분열은 성령을 통한 반대의 일치로 마침내 지양된다.

---

142 *CW*, 11: 357-358.

143 *CW*, 11: 175.

144 *CW*, 11: 170.

145 *CW*, 11: 410; 누가복음 10:18.

146 *CW*, 11: 412.

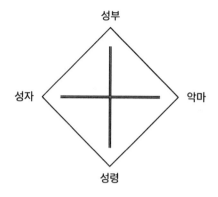

성부

성자 악마

성령

도표 2 〈성부-성자-성령-악마의 사위일체〉[147]

4. 성령: 마음 안에 탄생하는 하나님

"하나님은 인간이 되고자 원하였고, 지금도 여전히 원하고 있다."[148] 전자가 그리스도에서 발생한 유일무이한 형이상학적 사건이라면, 후자는 다수의 구체적 인간들에서 발생하는 심리적 과정이다. 곧 그리스도가 하나님의 자녀인 것처럼 다수의 실증적 인간들도 그리스도처럼 되어야 한다. 그리스도의 성육신과 인간의 개성화는 연속적

---

147 *CW*, 11: 175. 융의 사중체 혹은 사위일체 도표들로는 *CW*, 9II: 227, 231, 236, 238, 247 참조. 융의 가장 포괄적인 사위일체 도표로는 Ann C. Lammers, "Jung and White and the God of terrible double aspect," *Journal of Analytical Psychology*, 52 (2007), 261을 참조하라.

148 *CW*, 11: 455. 영속적 성육신이라는 융의 이러한 생각의 출처는 어쩌면 마이스터 에크하르트일 것이다. 에크하르트에 따르면, "성부는 나를 그의 성자로서, [그리스도와] 동일한 성자로서 낳는다. 하나님의 행동은 항상 단일하다. 따라서 그는 어떠한 구분도 없이 그의 성자로서 나를 낳는다." "Articles Condemned in the Bull of John XXII," 22째 항목, Maurice O'C. Walshe, trans. and ed., *The Complete Mystical Works of Meister Eckhart* (New York: A Herder & Herder Book, 2009), 27.

인 과정, 곧 '성육화의 추가적 진행'인 것이다.[149] 융은 이를 가리켜
'다수多數의 그리스도화'(Christification of many)라고 부른다.[150] 이것을
가능케 하는 것이 성령의 내재이다. 융에 따르면, "성령의 내재란
신자가 하나님의 자녀의 지위로 접근하는 것을 가리킨다."[151] 다만
2,000년 전과는 달리 하나님은 미래에는 자신의 탄생지로 실증적
인간을 선택할 것이다.

하지만 보다 정확하게 융의 입장을 해석한다면, 그리스도의 성육화
와 다수의 그리스도화는 형이상학적으로는 두 사건이지만, 심리학적
으로는 사실 하나의 사건이다. 융의 사유가 던지는 핵심 논쟁점 중
하나가 바로 이러한 형이상학과 신학의 심리학화, 곧 초월의 내재화에
대한 현대적 필요성이다. 달리 말해 융이 보기에 이원론들 중 가장
궁극적으로 극복되어야 할 이원론은 하나님과 인간 사이의 이원론이
다. 그렇기에 신학의 용어를 빌려 '다수의 그리스도화'라고 부른 것을
심층심리학의 용어로 다시 '개성화個性化 과정'(individuation process)이
라고 융은 고쳐 부른다.[152] 하나님의 형이상학적 전개와 인간의 심리적
개성화 과정은 그에게 사실상 동일한 하나의 과정이다. 그리스도화
혹은 개성화의 핵심은 내부의 하나님을 발견하는 것, 곧 자기의 원형을
온전히 경험하는 것이다. 융은 더 이상 하나님 혹은 무의식을 형이상학

---

149 *CW*, 11: 413.

150 *CW*, 11: 470. 한국 신학자 다석 류영모는 융이 말한 '다수의 그리스도화'와 유사한 사상을
   주장하였다: "기독교를 믿는 이들은 예수만이 그리스도라 하지만 그리스도는 예수만
   이 아닙니다. 그리스도는 하느님으로부터 오는 성령으로 우리의 영원한 생명입니다."
   박영호, 『다석 전기: 류영모와 그의 시대』(서울: 교양인, 2012), 338.

151 *CW*, 11: 413.

152 *CW*, 11: 467.

적 바깥이 아니라 심리의 내부에서 발견하려고 시도한다.

역사적 혹은 형이상학적 그리스도(historical or metaphysical Christ)
라는 당신의 투사물投射物을 외부로부터 거두어들이고, 그렇게 함으로
내면의 그리스도(Christ within)를 당신이 깨울 때에만 개성화가 발생할
수 있다. 외부적 투사물의 철회 없이는, 자기가 의식적 혹은 실재적이
될 수 없는 것이다.153

이런 측면에서 융은 14세기 독일의 신비주의자 에크하르트Meister
Eckhart가 주장한 "영혼 안에서의 하나님의 탄생(theogenesis)" 사상과
융 자신의 개성화 과정이 유사하다고 본다.154 혹은 "아무든지 나를
따라 오려거든 자기를 부인하고 자기 십자가를 지고 나를 좇을 것이니
라"(마 16:24)는 예수의 말씀을 융은 생각했던 것일까? 혹은 '역사의
성금요일'(historic Good Friday) 자리에 '사변적 성금요일'(speculative
Good Friday)을 거울(speculum)처럼 재현하려 했던 헤겔의 철학적
골고다도 생각했던 것일까?155 융에게 개성화란 고통을 통한 자기의

---

153 Philip, *Jung and the Problem of Evil*, 233.

154 *CW*, 9II: 206; *CW*, 11: 456-457. Reiner Schürmann, *Wandering Joy: Meister Eckhart's
mystical philosophy* (Great Barrington, MA: Lindisfarne Books, 2001), ix. 예를 들어 에크
하르트는 삼위일체 안에서의 그리스도의 영원한 탄생과 에크하르트 자신의 영혼 안에
서의 성자의 탄생을 본질적으로 동일한 사건이라고 본다. "하나님 안에서 성자가 항상
태어나고 태어나는 과정 속에 있는 것처럼, 너에게서도 성자가 태어나는 과정 속에
있을 뿐 아니라 이미 태어났도록 자신을 노력하라. 이것이 우리의 운명이 되도록 하나님
이여 도우소서. 아멘." *Ibid.*, 134. 융의 개성화도 "하나님이 피조물 인간 안에서 태어날
것이다"라고 주장한다. *CW*, 11: 431.

155 G. W. F. Hegel, *Faith &Knowledge* (Albany: SUNY Press, 1977), 191. 물론 헤겔은 고통과
부정성의 역동적 힘이 삼위일체의 존재 속에 내재한다고 본다는 점에서 융의 사위일체

실현 과정이다.156 융의 사위일체 한복판에 바로 고통의 엔진으로 십자가가 존재한다.

> 우리는 한편으로 그리스도와 그의 대적자 사이의 양극적 동일성을 가지며, 다른 한편으로 성부의 단일성과 성령의 다수성 사이의 그것을 가진다. 결과적으로 발생하는 십자가는 인류의 구속을 위해 고난받는 신성(the suffering Godhead)의 상징이다. 그러나 하나님에게 대항하는 권세, 곧 '이 세상과 그것의 주인이 존재하지 않았다면, 이러한 고통은 일어날 수도 없었고 전혀 아무런 효과를 가질 수도 없었다. 사위일체의 구조는 이러한 권세를 부인할 수 없는 사실로 인정함을 통해서, 삼위일체적 사유를 이 세상의 현실에 족쇄 채운다. … 세계 전체가 하나님의 고통이며, 자신의 온전성을 향해 다가서기를 원하는 모든 개개 인간들이 바로 십자가의 길인 것이다."157

5. 심리학으로서의 신학?

우리는 종종 이성을 선용할 때 악과 고통을 피할 수 있거나 최소한 그것을 설명할 수 있는 것처럼 제안하지만, 그러한 추상적 설명은 인간의 진정한 유한성에 대한 직시를 결핍한다. 합리적인 신정론은 처음부터 모순어법(oxymoron)인지도 모른다. 반면 융은 악의 신비,

---

의 십자가와는 차이가 있다. 그러나 신화적 사유의 객체화 혹은 소외를 극복하여 한 점에서 헤겔과 융은 유사하다.

156 *CW*, 11: 157.

157 *CW*, 11: 178-179.

곧 넷째의 질문을 침묵시키거나 축소하려 하지 않는다. 악의 기원과 기능에 대해서 비정통적이지만 분명한 방식으로 그는 접근한다. 악의 기원은 어두운 하나님 악마이거나 보다 거슬러 올라가서 선악 미분 이전의 성부이다. 융에 따르면, "기독교의 중심 상징은 삼위일체인 반면에 무의식이 드러내는 법칙은 사위일체이다."[158] 폴 리쾨르[Paul Ricoeur]도 융과 마찬가지로 존재의 고통에 뿌리내리고 있는 근원적 신비가 악의 상징이라고 보았다: "비극은 완성되어진다. 악이 하나님 안에 존재하기 때문이다."[159]

융이 본 악의 기능은 우리의 종교적 가치와 도덕적 합의가 지닌 한계들을 드러내는 것이다. 울라노프[Ann Ulanov]의 분석에 따르면, "넷째 는 사물에 대한 고정된 범주들과 정의들을 포함하여, 우리가 확실하고 분명하다고 여긴 것들을 파괴한다. 왜냐하면 넷째는 고정될 수 없고, '항상 살아서 우리를 움직이며, 모든 시대를 위한 하나의 고정된 정의定義 속으로는 포획되지 않기 때문이다.'"[160] 융이 해체하고자 한 중심 대상은 바로 '하나님 = 지고의 선'(*Deus = Summum Bonum*)이라는 신학적 공식이며, "모든 선한 것은 하나님으로부터 오는 반면, 모든 악한 것은 인간으로부터 온다"는 고전적 신론/인간론이다.[161] 하나님 은 선하지 않게 될 수 없는 존재이며, 따라서 혹시라도 하나님이

---

158 *CW*, 11: 59.

159 Paul Ricoeur, *The Symbol of Evil* (Boston: Beacon Press, 1967), 328.

160 Ann Ulanov, "The Third in the Shadow of the Fourth," 602; Amy Bentley Lamborn, "Revisiting Jung's 'A Psychological Approach to the Dogma of the Trinity': Some Implications for Psychoanalysis and Religion," *Journal of Religion and Health*, vol. 50, no. 1 (March 2011), 144에 인용된다.

161 *CW*, 9II: 46, 52.

선하기를 멈춘다면 동시에 하나님이기를 멈추는 것이라고 고전 신학자들은 사유하였다.[162] 반면 스피노자의 아무도 사랑하지도 미워하지도 않는 자연으로서의 하나님 혹은 니체의 선악 너머의 하나님처럼, 융의 사위일체도 서양 형이상학과 기독교 신학이 오랫동안 지켜온 하나님의 존재와 선하심 사이의 필연적 동일성을 심리학의 칼로 해체한다.

융은 현대의 신학과 심리학이 더는 방법론적으로 분리될 수 없다는 필연성을 보여주는 동시에 이 둘 사이의 더욱 엄밀한 관계 설정이라는 과제도 남긴다. 여기에 대한 그의 대답은 분명하기보다는 모호하고 상반된다. 한편으로 1937년의 예일대학 "심리학과 종교" 강연처럼 융은 기회가 있을 때마다 자신이 신학자나 철학자가 아니라 현상학적으로 접근하는 경험주의자라고 강조한다.[163] 자신의 심리학이 신학의 프롤레고메나가 아니라는 융의 강조 기저에는 그의 칸트주의적 인식론이 자리하고 있다. 칸트의 철학이 형이상학적 존재론에 대한 판단중지를 선포하고 그것을 인식론으로 대체하였던 것처럼, 융의 심리학도 '하나님' 존재에 대한 형이상학적 증명이 아니라 인간 심리가 경험하는 '하나님-이미지'를 현상학적으로 관찰하는 것을 목적으로 한다.[164] 융은 종교와 심리학 사이의 간격을 칸트와 바퀴벌레 사이의 간격으로

---

162 예를 들어 토마스 아퀴나스(Thomas Aquinas)에 따르면, "하나님의 의지는 하나님의 선하심과 필연적인 관계를 가지기 때문에… 하나님은 그의 선하심을 필연적으로 원하게 된다." *Summa Theologiae*, part 1, q. 19, 1. 3.

163 *CW*, 11: 5. "나에게 심리학이란 자신의 한계를 인식하는 정직한 학문이며, 나는 인식론적 장벽 너머로 나아갈 능력이 있다고 믿는 철학자나 신학자는 아니다." Philip, *Jung and the Problem of Evil*, 17. Cf., *Ibid.*, 254.

164 *CW*, 11, 105.

묘사하기도 한다. "예를 들어 칸트의 『순수이성비판』이 바퀴벌레가 지닌 심리적 이미지로 번역될 때 어떻게 보이겠는가?"165 신학과 심리학은 이질적인 학문의 영역이며, 사위일체라는 심리학적 가설은 "신학적 교리들의 개정을 위해서는 어떠한 재료나 심리적 통찰도 분명 제공하지 않을 것이다."166 바퀴벌레가 자신의 심리적 이미지에 기초해서 칸트의 『순수이성비판』을 개정하려는 시도를 상상해보라!

하지만 다른 한편으로 해석자들을 당혹스럽게 만드는 점은 융의 심리학이 결과적으로 제공한 것이 바로 이런 종류의 재진술, 곧 심리학에 기초한 신학적 교리들의 개정이라는 사실이다.167 마치 칸트의 뒤를 이은 헤겔이 삼위일체의 교리를 사변 철학을 통해 재진술한 것처럼, 융도 종교적 교리를 심리학의 용어를 통해 개정하는 것을 강력히 옹호한다.168 나아가 융의 교리적 개정은 부분적이라기보다는 하나님, 그리스도, 성육화, 구원, 십자가 등등 기독교의 핵심 교리들을 거의 모두 포괄한다.169

결과적으로 해석자들은 융이 한편으로 심리학과 신학 사이의 방법

---

165 Philip, *Jung and the Problem of Evil*, 15.

166 *Ibid.*, 218.

167 예를 들어 스타인의 판단에 따르면, "심리학과 신학 사이의 이러한 분리는 융에게 수용 불가능한 것이다. 그에게 신학은 심리학을 떠나서는 어떠한 실재성도 가지지 않는다." Stein, "Of texts and contexts," 310.

168 "나는 우리의 심리학적 통찰의 도움을 통한 우리의 종교적 교리들의 개정을 강력하게 옹호한다." Philip, *Jung and the Problem of Evil*, 21.

169 "교리는 보다 학문적이고 심리학적인 언어로 표현될 수 있다. 예를 들어 우리는 하나님 이라는 용어 대신에 '무의식'(unconscious)을 말할 수 있고, 그리스도 대신에 '자기'(Self) 를, 성육화 대신에 '무의식의 통합'(integration of the unconscious)을, 구원 혹은 구속 대신에 '개성화'(individuation)를 그리고 십자가에서의 죽음 혹은 희생 대신에 '네 기능 들 혹은 온전성의 실현'(realization of the four functions or of "wholeness")을 말할 수 있다." Philip, *Jung and the Problem of Evil*, 245.

론적 '분리'를 주장하며, 다른 한편으로 심리학에 기초한 신학의 '재진술'을 동시에 제안하고 있다는 사실을 직면하며 다양한 반응을 보인다.[170] 융 자신이 추가적인 성찰을 제공하지 않고 있는 상황에서 본인은 심리학 너머의 영역에 대한 현상학적 괄호 치기라는 융의 첫 번째 칸트주의적 경향성이 점차 약화되는 반면, 심리학적 재진술이라는 두 번째 헤겔주의적 경향성이 점차 강화된다고 제안한다. 구체적으로 융은 사위일체의 심리적 '이미지'와 구분되는 사위일체의 존재, 곧 '원본'(original) 존재에 대해 여지를 남기지만,[171] 동시에 사위일체와 자기, 하나님과 무의식 혹은 형이상학과 심리학을 점증적으로 동일시하기도 한다.[172] 이러한 융의 '심리주의'(psychologism), 곧 형이상학과 신학을 심리화하는 경향은 비판적 성찰의 여지를 남기는 동시에 융의 신정론에도 영향을 끼친다고 생각한다.[173] 본인은 아래에서 사제로서의 심리치료사, 정신 건강법으로서의 신정론 그리고 건강으로서의 구원이라는 세 가지 주제를 성찰하고자 한다.

첫째, 융의 심리주의는 심리치료사를 현대인의 사제로 만들 위험성

---

170 화이트는 '신학의 과제'와 '분석심리학의 과제'는 아무리 관련될 수 있더라도 동일하지는 않다고 보았다. F. X. Charet, "A Dialogue Between Psychology and Theology: The correspondence of C. G. Jung and Victor White," *Journal of Analytical Psychology*, vol. 35 (1990), 434에 인용된다. 융 자신도 이러한 신학 안으로의 심리학의 '침범'(transgression)을 걱정하였다. Antonio Moreno, "Jung's Ideas on Religion," *The Thomist*, vol. 31, no. 3 (July 1967), 306. 하지만 클렌데넌에 따르면, "융은 종종 교리신학과 심리치료법 사이의 경계를 모호하게 만들며, 심리학자라기보다는 신학자로서 활동하였다. 그는 기독교를 위해 상처받은 인간 영혼을 치유할 수 있는 구체적 치료법을 찾으려고 시도했다. 여기서 융은 삼위일체라는 규범적 교리에서 중요한 실수를 본 것이다." Clendenen, "Hildegard, Jung, and the Dark Side of God," 47.

171 Philip, *Jung and the Problem of Evil*, 219.

172 "우리는 하나님과 무의식이 서로 다른 두 실체인지 알지 못한다." *CW*, 11: 468.

173 *CW*, 11: 362.

을 가진다. 그의 "심리치료사 혹은 사제"(1932)에 따르면, 오늘날 사람들은 문제 해결의 주체로 사제를 찾기보다는 심리치료사에게 간다.174 융의 환자와 독자는 행복한 신앙의 소유자가 아니라 탈기독교화되고 탈형이상학화된 세계에 놓인 현대인으로 제한된다. "빛이 꺼졌고, 신비가 퇴색되었고, 신이 죽은 많은 사람들"을 위해 오늘날 남은 유일한 방법은 심리학적 접근뿐이라는 것이다.175 과거의 모든 교리적 해결책이 소용없는 것으로 드러난 현대에 와서 고통 속에 놓여 있는 환자들은 심리학자와 심리치료사에게 종교적 사제의 역할을 강요한다: "이런 이유에서 우리 심리치료사들은 엄밀하게 말해서 신학자에게 속하는 문제들에 관여해야만 하는 것이다. 우리는 더 이상 이러한 문제들을 신학이 대답하도록 남겨둘 수는 없다."176 하지만 우리는 심리학자와 심리치료사도 인간의 한계와 유한성의 조건 아래에 놓인 동료 죄인이라는 사실을 잊지 말고 문제의 해결을 위해 초대해야 할 것이다. 나아가 융은 사실상 문제 해결의 주체를 심리치료사가 아닌 환자 자신의 몫으로 남겨두는 것은 아닌지 질문해야 한다. 오래전 "자연은 질병들의 의사다"고 한 히포크라테스처럼, 프로이트와 융도 '자연의 치유력'(vis medicatrix naturae)을 믿으며 환자는 홀로 남겨질 때 저절로 자신을 치료한다고 생각하는 것은 아닐까?177 만약 그렇다면 그것은 환자를 역설적으로 치유자로 환치換置시키는 오류이다.

둘째, 융의 심리주의는 신정론의 문제를 정신 건강법으로 축소하거

---

174 *CW*, 11: 333.

174 *CW*, 11: 333.
175 *CW*, 11, 89.
176 *CW*, 11: 344.
177 M. F. Palmer, *Freud and Jung on Religion* (New York: Routledge, 1997), 92.

222 | 악의 이유들: 기독교 신정론

나 해체할 위험성을 가진다. 중세 기독교는 악의 어두운 공포로부터 사람들을 방어하는 '정신 건강법'(methods of mental hygiene)으로 형이상학적 교리와 예전을 발전시켰지만, 현대에 적합한 정신 건강법은 심층심리학이라고 융은 생각한다.[178] 융은 사위일체의 상징이 이전의 '윤리적 혹은 지성적' 논란을 종식시킬 수는 없지만, '실천적 치료'의 차원에서 중요한 역할을 한다고 본다.[179] 정신병과 신경증에서 벗어나기 위해서 현대인은 자신의 도덕적 자아뿐 아니라 자신의 어두운 그림자와도 함께 사는 법을 배워야 하기 때문이다. 그렇다면 삼위일체보다 사위일체가 구체적으로 어떻게 인간에게 도움이 되는가? 융의 대답은 다양하다. 삼위일체는 악에 대한 책임을 전적으로 인간에게 묻지만, 사위일체는 여기서 어느 정도 인간을 심리적으로 자유롭게 한다.[180] 사위일체론은 모든 악이 인간의 힘에서 기인한다는 악마적 교만과 비참한 열등감에서 동시에 인간을 구출하며 겸손하게 한다.[181] 삼위일체론이 '십계명의 도덕'을 가져온다면, 사위일체론은 '영지주의 도덕'을 가져온다.[182] 전자는 하나님의 전적 선하심을 믿지만, 후자는 선악 너머의 하나님의 창조적 어두움을 믿는다. 그것은 삶을 위험하게 만들지만 동시에 책임적으로 만든다. 여기에 바로 '악의 도덕성'(a morality of evil)이 존재하는 것이다.[183] 하나님이 사위일체라고 한다면, 인간도 사위일체 하나님처럼 선악의 너머에 존재하는 두려운

---

178 *CW*, 11: 44.

179 *CW*, 11: 64.

180 Philip, *Jung and the Problem of Evil*, 220-221.

181 *Ibid.*, 222.

182 *Ibid.*, 227-228.

183 *CW*, 11: 457.

과제를 가지게 된다.[184] 또한 하나님이 인간의 도덕성을 이해하고, 인간이 하나님의 무도덕성을 이해한다면, 그러한 상호 인식은 결국 하나님과 인간 사이의 상호 화해를 가능케 한다.[185]

융의 이러한 생각들이 모두 분명한 것은 아니지만, 사위일체론이 삼위일체론보다 우리를 심리적으로 안정시키고 보다 큰 책임감으로 삶을 살게 만든다고 제안하는 듯하다. 하지만 과연 그것이 인간의 정신을 건강하게 하고 사회를 보다 도덕적으로 만드는 효과를 실증적으로 가져올지는 의문으로 남는다. 또한 여기서 신정론의 성격이 일종의 인정론人正論(anthropodicy)으로 축소되는 것을 우리는 경계해야 한다. 기독교 신정론은 인간(human)의 문제이면서 동시에 인간-이전(pre-human)의 문제이고, 인간-이후(post-human)의 문제이기도 하다. 그것은 인간의 심리적 치유뿐 아니라 인간의 탄생 이전과 인간의 멸망 이후의 우주의 의미와 운명에 대한 성찰도 포함해야 한다. 신정론의 심리주의적 환원은 어쩌면 단지 현대인의 심리적 상태에 대해 '심리학적 면죄부'(psychological indulgence)를 제공하는 것에 그치지는 않는지 우리는 염려해야 할 것이다. 과거의 선의 결핍으로서의 악이라는 교리가 히틀러나 스탈린을 단지 선의 완벽성을 결핍한 사례라며 악의 악독성을 평가절하한다고 융은 비판하지만, 융의 사위일체론도 또한 그들을 심리적 그림자가 필연적으로 실현된 정당한 사례라고 옹호하는 심리학적 이데올로기가 될 위험성은 없는가? 그렇다면 융의 사위일체론은 신정론의 문제를 해결한 것인가 해체한 것인가? 융의 대답은 대답을 가장한 질문, 곧 대답의 가능성을 파괴하는 질문은

---

184 Philip, *Jung and the Problem of Evil*, 244.

185 *Ibid.*, 252.

아닌가?

　마지막으로 융의 신정론이 목표하는 구원은 심리적 건강이다.[186] 그것은 사위일체의 성부-성자-성령-악마 사이의 관계를 규정하는 십자가, 곧 융이 '에난티오드로미아'(enantiodromia)라고 부르는 것이다.[187] 그것은 니콜라우스 쿠자누스Nicholaus Cusanus의 반대의 일치 혹은 동양의 음양론陰陽論과 유사한 근원적인 형이상학적 법칙이자 심리의 개성화 과정이다.[188] 선과 악, 그리스도와 적그리스도, 단일성과 다수성, 양과 음, 남성성과 여성성, 삶과 죽음, 의식과 무의식, 아니마와 아니무스 그리고 페르조나와 그림자 등등 어떠한 존재도 자신의 반대 없이 존재할 수는 없는 것이다. 하지만 에난티오드로미아의 성격은 다소 모호하며 최소한 세 가지 해석 혹은 번역의 가능성을 남긴다: 진동振動, 통합統合, 중도中道.

　(1) 진동으로서의 에난티오드로미아는 시계의 추 혹은 진자처럼 두 극단 사이의 왕복운동을 의미한다. 심리 안의 진동을 고려할 때, "악을 만들어 낼 수 없는 선은 없으며, 선을 만들어 낼 수 없는 악도 없다."[189] 하나님 안의 진동은 성부-성자-성령-악마 사이에 그려진 십자가형의 운동성을 가리킨다.[190] 역사 안의 진동과 관련하여 융은

---

186 코벳에 따르면, "개성화는 일종의 심리학적 구원으로서 생각될 수 있고, 어떤 구체적인 교리에 기초한 것은 아니다. (융은 구원과 치료의 과정을 동일시한다. 라틴어 '살부스'(salvus)는 치료되는 것을 의미한다.)" Lionel Corbett, "Jung's *The Red Book* Dialogues with the Soul," *Jung Journal: Culture & Psyche*, vol. 5, no. 3 (Summer 2011): 73-74.

187 "오래전 위대한 성자였던 헤라클레이토스(Heraclitus)는 모든 심리학적 법칙 중 가장 놀라운 법칙을 발견하였다: 반대들의 조정하는 기능. 그는 그것을 '에난티오드로미아', 곧 반대로의 진행이라 불렀다. 조만간 만물은 그 반대로 변한다는 뜻이다." *CW*, 1: 71. Cf. *CW*, 11: 342.

188 *CW*, 11: 186-187; *CW*, 15: 61; *CW*, 11: 454-455.

189 *CW*, 12: 31.

중세 고딕의 상승의 영성이 물질과 땅에 대한 열정으로서의 '르네상스'로 재탄생하였고, 이러한 기독교에 대한 반작용의 결과로 '계몽주의'와 '프랑스혁명'이 일어났다고 본다.[191]

(2) 반면 융은 통합으로서의 에난티오드로미아를 주장하기도 한다. 통합은 단지 반대로의 끝없는 진동이 아니라, "반대에 대한 인식을 통한 이전 가치들의 보존"을 의미한다.[192] 진동이란 심리적 제로섬 게임이지만, 통합은 영혼의 상승이다.

(3) 마지막으로 중도 혹은 균형으로서의 에난티오드로미아가 존재한다고 융은 본다. 건강 혹은 구원이란 '중도'이며 대칭의 '균형'이라는 것이다.[193] 연금술, 심리학, 종교 등의 모든 영역에서 융은 셋 혹은 다섯은 '대칭적 균형의 결여'로서 불안정성을 드러내는 반면, 넷이라는 사위일체의 현상은 이러한 대칭적 균형의 우주적 상징이라고 융은 생각한다.[194] 진동이 운동하는 에난티오드로미아라면, 균형은 멈춘 에난티오드로미아이다. 진동이 두 반대의 존재를 전제한다면, 통합은 그것을 극복하려 한다. 이처럼 진동, 통합, 균형은 각각 다르며, 본인은 융의 신정론의 근원적 논리는 통합이 아니라 진동이라고 해석한다. 그리고 균형이란 잠시 멈춘 진동일 뿐이다.

요컨대 융에게 구원이란 개인이 자신에게 고유한 에난티오드로미

---

190 삼위일체의 'circumincessio'와 사위일체의 'enantiodromia' 비교 분석으로는 R. Kearney, *The God who may be: A hermeneutics of religion* (Bloomington: Indiana University Press, 2001), 109 참조.

191 *CW*, 9II: 43.

192 Philip, *Jung and the Problem of Evil*, 115.

193 *CW*, 12: 171; *CW*, 15: 104; Philip, *Jung and the Problem of Evil*, 245.

194 *CW*, 12: 218.

아를 심리적 개성화를 통해 수용하는 것이다. 그것은 선의 완성으로서의 완벽성이 아니라 선악의 진동, 통합, 중도를 통한 '온전하게 되기'(becoming whole)이다.195 융은 이것을 연금술의 용어를 빌려서 '원의 사각형화'(*circulus quadratus*, squaring the circle)라고도 부른다.196 여기서 원은 하나님 혹은 무의식을 의미한다. 고대와 중세의 연금술적 신론에 따르면 "하나님은 모든 곳에 중심점으로 가지지만, 아무 곳에도 원주圓周로 가지지 않는 원(*circulus*)이다."197 반면 사각형은 심리, 곧 인간의 영혼을 가리킨다. 피타고라스주의의 오랜 가르침에 따르면, "영혼은 사각형이다."198 따라서 원의 사각형화란 하나님의 인간화, 무의식의 의식화, 반대의 결합, 빛과 어둠의 합치, 곧 개성화의 과정이다.199 이것이 현대인을 위한 구원, 곧 하나님의 인간화를 통한 심리적 온전성의 획득이다. "현대 심리가 만든 사위일체는 내부의 하나님뿐만 아니라, 하나님과 인간의 동일성을 직접적으로 가리키고 있다."200 그런 면에서 융은 서양 종교가 전前심리학적 단계에 놓인 반면, 동양 종교는 형이상학의 심리학화를 완성하였다고 평가한다. "자기 = 하나님의 동일화(the equation self = God)는 유럽인들에게는 충격적이다."201

---

195 *CW*, 11: 556.

196 *CW*, 11: 53ff, 64, 454. 원래 '원의 사각형화'는 카오스의 미분화 상태에 놓인 물질을 네 가지의 요소들로 나누고 그것들을 다시 보다 높은 연합으로 만드는 '연금술의 작업'(*opus alchymicum*)이다. *CW*, 12: 124.

197 *CW*, 11: 155 n. 6.

198 *CW*, 11, 72.

199 *CW*, 11: 454-455. 개성화의 결과로 탄생하는 것이 바로 '철학자의 돌'인 것이다. *CW*, 12: 167. 그것은 "하나님은 인간 '외부'에 존재한다"는 선입견에 대항하여 '내부의 하나님'을 상징한다. *CW*, 11, 58.

200 *CW*, 11, 61.

201 *CW*, 11, 580.

반면 불교는 "당신이 부처라는 것을 알라"고 가르쳤다.202

우리는 몇몇 질문으로 마무리하고자 한다. 첫째, 심리학이 신학을 대체할 수 있는가? 존재론과 인식론의 관계가 지닌 모호성이 해소되지 않은 상태에서 융의 '심리주의'는 데이비드 흄과 칸트의 비판을 벗어날 수 없을 것이다.

둘째, 사위일체론은 종교적으로 가능한 신관인가? 융의 어두운 하나님 혹은 악마 하나님이 종교적 가능성을 가지려면, 최소한 성부-성자-성령-악마 사이의 관계가 융의 설명보다는 훨씬 분명하고 상세하게 성찰되어야 한다. 이러한 추가적 성찰 없는 융의 사위일체는 분명 우리가 알고 있는 기독교의 하나님과는 다르다.

셋째, 융의 사위일체는 신정론의 구성인가, 신정론의 해체인가? 켐벨C. A. Campbell에 따르면, 융의 "초-합리적 유신론(supra-rational Theism)에 있어 인간에 대한 하나님의 행동들을 어떻게 정당화할 수 있는가의 문제는 전혀 대답하기 어려운 질문이 아니다. 그것은 너무 쉬워 묻기조차 어리석은 질문이다."203 너무 쉬워 묻지 않아도 되는 질문처럼 신정론을 취급하는 것은 그 질문을 해체하는 한 게으른 방법일 뿐이다. 침묵이 신정론을 대신할 수 없는 이유도 여기에 있다.

넷째, 악은 통합되어야 하는가, 극복되어야 하는가? 악의 통합은 부분적으로 신정론의 역할을 할 수는 있어도 질적으로 다른 미래를 가져오는 것은 아니다.204 융은 자신이 악을 최소화시키는 것이 아니라

---

202 *CW*, 11: 575.

203 C. A. Campbell, *On Selfhood and Godhood* (London: George Allen & Unwin, 1957), 305-306; Philip, *Jung and the Problem of Evil*, 203.

204 "그리스도의 수난이든 세계의 고통이든, 고통은 이전처럼 그대로 남는다. 우매함, 죄, 질병, 노쇠 그리고 죽음은 끊임없이 삶의 찬란한 즐거움을 상쇄시키는 어두운 대조를

상대화시킨다고 하지만, 그러한 악의 최소화 없는 악의 상대화는 결국 악의 심각성도 최소화시킬 것이다. 융이 아우구스티누스에게 내려놓은 심각성의 결여라는 비난을 그는 다시 자신에게 되돌려 주어야 하지 않을까?

마지막으로 종교적 구원은 심리적 건강일 뿐인가? 개성화가 치료책이라면, 모든 구체적 인간은 사실 이미 선악의 실증적 공존으로서의 개성화 상태에 있다. 그런데 왜 우리는 여전히 신경증을 지니며, 종교적으로 불편한가? 스탈린과 히틀러를 포함한 모든 죄인은 엔안티드로미아의 개성화로 옹호될 수 있는 반면에 유일하게 구원에서 배제되어야 하는 것은 엔안티드로미아 너머의 완벽한 성자이다. 하지만 만약 선악의 영속적 진동이 구원이라면, "우리는 일종의 메트로놈metronome이 되기를 원치는 않는다."205

이룬다." *CW*, 9II: 267.

205 필립의 비판적 표현이다. Philip, *Jung and the Problem of Evil*, 118.

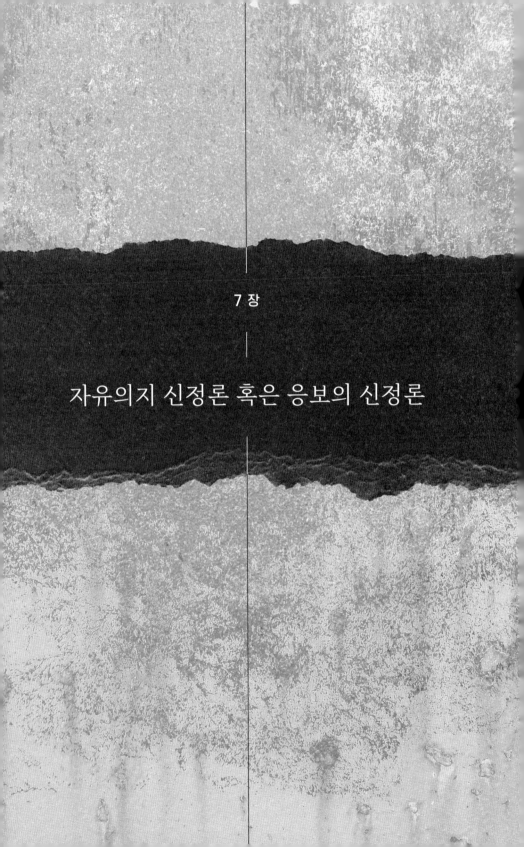

7 장

자유의지 신정론 혹은 응보의 신정론

"슬퍼하는 인간이 행복한 벌레보다 낫다."[1] 자유의지 신정론^{自由意志}神正論(free will theodicy)을 한마디로 요약한 아우구스티누스의 말이다. 인간은 자유의지를 가지기에 또한 슬픔에 처하게 되는 것이다. 이처럼 인간의 존엄성의 무게를 드러내는 자유는 어떤 이론 하나로 요약될 수 있는 가치는 아니다. 단지 여기서 우리는 성서, 플라톤, 아우구스티누스에 의해 제시된 자유의지 신정론을 악과 관련하여 고찰하도록 한다.

---

1 "A weeping man is better than a happy worm." Aurelius Augustine, *De vera religione*, 41.77.

I. 성서의 자유의지 신정론

인간은 자유롭게 범죄하고, 하나님은 정의롭게 심판한다. 크랜쇼는 성서 안에 있는 이러한 자유의지론과 심판론을 따로 다루고 있지만, 본인은 이 둘이 동전의 양면이라고 생각하고 여기서 함께 분석하고자 한다.[2] 먼저 크랜쇼는 성서에 드러나는 인간 자유론을 '공동체적 자유'와 '개인적 자유'라는 두 가지 형태로 나누어 성찰한다.[3] 성서가 인간을 집단적 관점으로 보기도 하고, 개인적 관점으로 보기도 하기 때문이다. 예를 들어 스바냐 3:1-5는 예루살렘 시민들의 집단적 자유와 집단적 범죄가 하나님의 정의로운 심판을 가져온 것으로 본다. 반면에 자유와 책임의 개인성을 강조하는 성서의 관점도 동시에 존재한다. 신명기 24:16은 한 공동체 혹은 한 가족이라도 "자식의 잘못 때문에 아비를 죽일 수 없고, 아비의 잘못 때문에 자식을 죽일 수 없다. 죽을 사람은 죄지은 바로 그 사람이다"라고 선언한다.

인간에게 있어 자유와 책임의 가장 기본적인 단위가 무엇인가라는 물음에 있어 성서적 관점은 다원성을 지닌다. 다만 자유와 책임의 기본 단위를 집단에서 개인으로, 공동체의 역사에서 개인의 인생으로 보는 관점의 점진적 이동을 가장 상징적으로 보여주는 것이 에스겔 18:1-4이다.

---

2 James L. Crenshaw, "4. Limited Power and Knowledge: Accentuating Human Freedom", "7. Punishment for Sin: Blaming the Victim," *Defending God: Biblical Responses to the Problem of Evil* (Oxford: Oxford University Press, 2005), 75-86, 117-131.

3 Crenshaw, *Defending God*, 76-82.

야훼께서 나에게 말씀을 내리셨다. "'아비가 설익은 포도를 먹으면 아이들의 이가 시큼해진다.' 이런 속담이 너희 이스라엘 사람이 사는 땅에 퍼져 있으니 어찌 된 일이냐? 주 야훼가 말한다. 내가 무슨 일이 있어도 다시는 너희 이스라엘에서 이런 속담을 말하지 못하게 하리라. 사람의 목숨은 다 나에게 딸렸다. 아들의 목숨도 아비의 목숨처럼 나에게 딸렸다. 그러므로 죄지은 장본인 외에는 아무도 죽을 까닭이 없다."

이스라엘의 속담은 아버지가 먹은 신 포도라는 원인과 아들의 이가 시린 결과 사이에 논리적 인과 관계가 존재하는 것으로 본다. 아들은 아버지의 또 다른 객체적 존재 형태로 이해될 수도 있다. 따라서 선대先代의 죄와 후대後代의 심판 사이의 논리적·신학적 인과 관계는 공동체적 인간론의 관점에서는 매우 당연한 입장이었을 것이다. 이러한 공동체적 자유의지 신정론 혹은 종교적 연좌제緣坐制의 적용은 출애굽기 20:5의 "나 야훼 너희의 하느님은 질투하는 신이다. 나를 싫어하는 자에게는 아비의 죄를 그 후손 삼 대에까지 갚는다"라는 집단적 처벌의 원칙에도 분명하게 드러난다.

반면에 에스겔 18장은 집단적 자유와 집단적 처벌의 관점이 왜 설득력이 없는지 아버지, 자식, 손자의 삼대三代의 예를 제시한다.[4]

---

4 "내 율례를 따르며 내 규례를 지켜 진실하게 행할진대 그는 의인이니 반드시 살리라. 주 여호와의 말씀이니라. 가령 그가 아들을 낳았다 하자. 그 아들이 이 모든 선은 하나도 행하지 아니하고 이 죄악 중 하나를 범하여 강포하거나 살인하거나 산 위에서 제물을 먹거나 이웃의 아내를 더럽히거나 가난하고 궁핍한 자를 학대하거나 강탈하거나 빚진 자의 저당물을 돌려주지 아니하거나 우상에게 눈을 들거나 가증한 일을 행하거나 변리를 위하여 꾸어 주거나 이자를 받거나 할진대 그가 살겠느냐? 결코 살지 못하리니 이 모든 가증한 일을 행하였은즉 반드시 죽을지라. 자기의 피가 자기에게로 돌아가리라. 또 가령 그가 아들을 낳았다 하자. 그 아들이 그 아버지가 행한 모든 죄를 보고 두려워하여 그대로

아버지는 자유의지를 통해 의로운 삶을 살았고, 하나님은 그를 심판하지 않았다. 반면 자식은 악행의 삶을 살았다. 그럼 공동체적 관점에 따라 자식은 아버지의 덕으로 심판받지 않아야 하는가, 개인적 관점에 따라 자신의 악행을 심판받아야 하는가? 자식은 하나님으로부터 죽음의 심판을 받는다. 그렇다면 손자는 어떻게 되는가? 아버지의 악행 때문에 손자도 동일하게 죽임을 당해야 하는가? 손자는 잘못이 없기에 하나님으로부터 심판 받지 않는다. 에스겔서는 자유의 공동책임이라는 과거 관점의 철회와 개인적 자유의지 신정론이라는 새로운 성서적 관점의 등장을 보여주고 있다. 이처럼 성서는 죄와 응보의 구체적인 적용 범위(scope), 곧 기본 단위에 있어서 집단성集團性과 개인성個人性을 동시에 주장한다.

자유의지론과 심판론은 동전의 양면으로 이어져 있다. 하지만 크랜쇼가 자유의지론과 심판론을 구분하여 제시하는 이유는 모든 고통이 과연 공정한 심판인가에 대한 물음을 묻기 위해서이다.[5] 크랜쇼는 그렇지 않은 경우도 있는 듯하고, 그렇기에 잘못된 심판론은 희생자를 비난할 위험성도 있다고 본다. 예를 들어 시편 37:25는 "내가 어려서부터 늙기까지 의인이 버림을 당하거나 그 자손이 걸식함을

행하지 아니하고 산 위에서 제물을 먹지도 아니하며 이스라엘 족속의 우상에게 눈을 들지도 아니하며 이웃의 아내를 더럽히지도 아니하며 사람을 학대하지도 아니하며 저당을 잡지도 아니하며 강탈하지도 아니하고 주린 자에게 음식물을 주며 벗은 자에게 옷을 입히며 손을 금하여 가난한 자를 압제하지 아니하며 변리나 이자를 받지 아니하여 내 규례를 지키며 내 율례를 행할진대 이 사람은 그의 아버지의 죄악으로 죽지 아니하고 반드시 살겠고 그의 아버지는 심히 포학하여 그 동족을 강탈하고 백성들 중에서 선을 행하지 아니하였으므로 그는 그의 죄악으로 죽으리라"(겔 18:9-18).

5 크랜쇼의 저서 7장의 "죄의 징벌: 희생자를 비난하기"를 참조하라. Crenshaw, *Defending God*, 117-131.

보지 못하였도다"라고 한다. 인간의 행동과 하나님의 심판 사이에 정확하고 정의로운 비례 관계가 항상 존재한다는 것이다. 크랜쇼는 특히 욥기가 "절박한 곤경에 처한 사람을 공정한 심판을 받은 죄인으로 여기는 경향성"이 지닌 문제점을 보여준다고 주장한다.6 또한 크랜쇼는 "빙하기가 공룡을 멸종시켰듯, 현대의 대량살상무기는 인류의 멸종을 위협하고 있다"라는 반론의 예도 제시한다.7 핵전쟁이라는 범죄가 몇몇 개인들의 책임에 국한되더라도 그 부정적 결과는 모든 인류의 고통으로 이어지게 된다. 나아가 크랜쇼는 예수도 이러한 '고통받는 자'와 '죄인' 사이의 신학적 동일화를 비판했다는 점을 강조한다.8

모든 희생자가 죄인은 아니며, 그렇기에 모든 희생자를 죄인으로 비난해서는 안 된다는 크랜쇼의 입장에 본인은 매우 동의한다. 하지만 이러한 견해 자체가 또 하나의 신정론의 논리를 구성하는 것은 아니다. 희생자와 죄인 사이의 불일치는 새로운 신정론의 논리를 구성한다기보다는 오히려 신정론의 문제를 발생시키는 신앙의 물음 자체에 가깝다. 나아가 그러한 죄와 심판의 불일치는 독자적인 신정론이라기보다는 자유의지 신정론 혹은 다른 어떤 신정론의 실패를 보여주는 것이다.

---

6 Crenshaw, *Defending God*, 20.

7 *Ibid.*, 120.

8 Crenshaw, *Defending God*, 118. 크랜쇼는 요한복음 9:1-7에 등장하는 소경의 이야기를 언급하고 있다. 선천적 장애는 당시 유대인들 사이에서는 자신이나 자기 부모가 저지른 죄에 대한 천형(天刑)으로 여겨졌다. 곧 고통받는 장애인과 종교적 죄인이 같은 존재로 생각된 것이다. 하지만 예수는 이러한 선천적 장애와 종교적 범죄 사이를 묶는 하나님의 심판이라는 연결고리를 단호하게 끊어버린다: "이 사람이나 그 부모가 죄를 범한 것이 아니라 그에게서 하나님의 하시는 일을 나타내고자 하심이니라"(요 9:3). 그리고 예수는 그 소경을 치유한다. 손호현, "지진은 하나님의 심판인가," 「신학사상」 154집 (2011년 가을호): 188-189.

이론의 실패가 그 자체로 또 다른 이론은 아니다. 따라서 본인은 심판론을 자유의지론의 성공 혹은 실패의 측면을 보여주는 보조적 역할을 하는 것, 곧 자유의지론의 그림자라고 본다.

구체적인 예를 들어보도록 하자. 주후 100년경에 제2 바룩(2 Baruch)을 집필한 익명의 유대인은 주후 70년 예루살렘 성전 파괴의 사건이 가져온 신정론의 문제를 대다수 유대인과는 다르게 보려고 시도했다. 당시 유대인들은 자신들은 흠이 없었지만 불경한 로마인들이 성전을 파괴한 것이며, 종말의 때에 심판과 보상을 통해 모든 것이 회복될 것이라고 믿었다. 여기서 죄인들과 희생자들은 일치하지 않는다. 반면에 제2 바룩은 성전을 궁극적으로 파괴한 것은 로마인들이 아니라 하나님의 천사들이며, 파괴의 이유는 유대인들이 하나님과의 언약에 충실하지 않았기 때문이라고 본다. 곧 예루살렘 성전의 파괴는 다른 이유가 아니라 바로 유대인들 자신의 종교적 죄 때문에 발생한 하나님의 정의로운 심판이라는 것이다. 이런 의미에서 우리는 모두 아담이며, 희생자와 죄인이 일치한다. "따라서 아담은 자신을 제외한다면 원인이 아니며, 우리가 우리 각자의 아담이 된 것이다"(제2 바룩 54:19).9 제2 바룩의 입장은 원죄론에 대한 부정적 견해를 드러낼 뿐만 아니라 유대인들 각자의 자유의지에 기초한 책임을 강조한 것이다.

우리의 논의에 제2 바룩의 예를 적용해보자. 예루살렘 성전의 파괴라는 동일한 역사적 사건에 대해 당시 다수의 유대인은 자신들을 단지 로마 군인들의 희생자로 보았으며, 자신들의 고통이 정당하지는

---

9 Anti Laato and Johannes C. de Moor eds., *Theodicy in the World of the Bible* (Leiden and Boston: Brill, 2003), 492에 인용된다.

않다고 생각했다. 반면 제2 바룩은 유대인들의 종교적인 범죄가 심판의 진정한 원인이라고 본 것이다. 제2 바룩이 옳다면, 희생자들과 죄인들은 일치하기에 자유의지론이 성공적으로 옹호된 것이다. 그가 틀린다면, 자유의지론이 실패한 것이다. 하지만 이 두 경우 모두 심판론이라는 또 다른 독립적인 신정론의 논리를 제시한 것은 아니라고 본인은 생각한다.

II. 플라톤의 자유의지론

인류의 역사에서 우리가 아는 한에 있어 '신학神學(θεολογια)'이라는 용어를 최초로 사용한 사람은 플라톤의 소크라테스이다. 플라톤의 『국가론』에서 철학자 소크라테스는 호메로스와 같은 시인들이 신들에 대해 만들어 낸 허황한 이야기를 비판하며 국가 통치자의 중요한 임무 중 하나가 '신학의 원칙들'(τύποι περὶ θεολογίας, patterns or norms of right speech about the gods)을 확립하는 것이라고 주장한다(Republic, 379a). 최초의 그리고 가장 중요한 신학의 원칙으로 소크라테스가 언급하는 것이 바로 신의 절대적 선하심이다. 소크라테스는 호메로스나 다른 시인들이 "제우스는 인간들에게 선과 악을 모두 내리시는 분이다"라고 말하는 것은 신학의 원칙을 파괴하는 참을 수 없는 거짓이라고 본다(Rep., 379e). 왜냐하면 "서사적, 서정적 혹은 비극적 시를 지을 때를 막론하고, 우리는 항상 신에게 신의 참된 품성만을 돌려야"하기 때문이다(Rep., 379a). "선善에 관하여 우리는 신神 외에 다른 원인을 가정해서는 안 되지만, 악惡의 원인은 신이 아니라 다른 것들에서 찾아야만 한다"(*Rep.*, 379c). 따라서 철학자나 시인 모두는 신학의 첫째 원칙, 곧 "신은 만물(πάντων)의 원인이 아니라, 오직 선한 것들(ἀγα-θῶν)의 원인이다"라는 원칙을 자신들의 글에서 지켜야 하는 것이다 (*Rep.*, 380c). 요컨대 플라톤에게 하나님은 선과 악을 포함하는 만물의 원인이 아니라 선만의 원인이어야 한다. 그럼 악의 원인은 어디에 있는가?

『티마이오스』에서 플라톤은 악의 원인을 질료적 물질과 관련된다고 본다. 조물주 데미우르고스가 아름다운 우주를 만들고자 아무리 원하여도 이미 혼돈 가운데 선재하는 4가지 원소, 곧 '불'과 '흙'과 '물'과 '공기'가 이러한 질서의 창조작업에 어려움을 가져온다는 것이다 (*Timaeus*, 30-32). 이처럼 "악은 낡은 자연(φύσις)으로부터 나온다"(*das Böse komme aus der alten Natur*).[10] 하지만 창조 이전에 미리 존재하던 질료 혹은 물질 외에도, 플라톤은 『국가론』에서 악의 기원에 대한 설명으로 자유의지론을 제시한다. 인간의 책임과 신의 선함에 대한 이러한 플라톤의 강조는 이후 유대교와 기독교의 신학에 근원적인 영향을 남겼다. "비난은 선택하는 자가 받아야 한다. 신은 책임이 없다"(*Rep.*, 617e).

---

10 Plato, *Statesman*, 273b. 플라톤 진술의 독일어 번역은 셸링 지음/최신한 옮김, 『인간적 자유의 본질 외』 (파주: 한길사, 2000), 106-107 참조.

III. 아우구스티누스의 자유의지론

1. 마니교도 아우구스티누스

아우구스티누스는 악의 문제와 관련하여 자유의지 신정론만을 주장하지는 않았다. 그의 신학적 순례에는 마니교도적 견해, 자유의지론, 원죄론, 예정론, 미학적 신정론 등이 각각의 적합한 계절을 가졌다. 죽음을 3년 정도 앞둔 아우구스티누스가 스승으로서 자신의 신학을 되돌아보는 저서인 『재논고^{再論考}』(*Retractationes*)에서 자신의 자유의지론에 대한 성찰과 논쟁의 이유가 마니교도들 그리고 특히 마니교도로서의 자신의 과거와 관련이 있다는 것을 밝히고 있다.

> [『자유의지론』에서의] 논쟁의 이유는 악의 기원이 자유의지의 선택에 있다는 것을 부정하는 사람들 때문이었다. 그들은 만물의 창조주 하나님이 비난받아야 한다고 주장했다. 이런 방식으로 그들은 자신들의 불경한 실수를 저지르며(그들은 마니교도들이기 때문이다), 하나님과 동일하게 영원하고 변하지 않는 어떤 악한 자연(*natura mali*, an evil nature)을 도입하려고 시도했다. 우리가 논쟁하도록 제안한 주제가 바로 이것이었기 때문에 이 책에서는 하나님의 은총에 대해 토론은 하지 않았다. 하나님의 은총을 통해서 하나님은 자신이 선택한 자들을 예정하시고(*praedestinauit*, predestined), 자유의지의 선택을 하는 자들 가운데서 선택한 자의 의지는 하나님이 직접 준비하신다. … 한편으로 악의 기원에 관해 묻는 것과 다른 한편으로 인간의 본래적인 선의 상태로 혹은 더 나은 상태로 돌아가는 수단에 관해 묻는 것은 서로 다른 문제이다.[11]

만물의 창조주 하나님은 악까지 창조하신 것일까? 아우구스티누스는 마니교도, 곧 '이단자'였던 과거 9년 동안 자신의 마음을 지배했던 이 물음을 다음과 같이 표현한다: "만약 죄가 영혼으로부터 생겨나는 것이라면, 그리고 영혼은 하나님이 창조하셨고 따라서 하나님으로부터 기원하는 것이라면, 그렇다면 비록 약간의 간격(paruo interuallo)이 있지만 어떻게 죄가 하나님께로 소급되지 않을 수 있는가?"[12] 하나님이 영혼을 만들었고, 영혼이 악의 기원이라고 한다면, 결국 '약간의 간격'은 있지만 영혼을 거슬러 올라가 보면 하나님이 악의 저자가 아닌가? 이런 그의 물음은 하나님 외에 또 다른 근원적 존재를 상정한 마니교의 이원론을 그가 9년 동안 신봉한 이유였다. 그리고 『자유의지론』은 자신의 마니교도로서의 과거에 대한 그의 신학적 해방의 시도였다.

2. 하나님은 악의 저자인가?

아우구스티누스는 『자유의지론』의 맨 처음을 "과연 '하나님'(Deus)은 '악의 저자'(auctor mali)인가"라는 질문으로 시작한다.[13] 이런 질문에 대해 아우구스티누스는 '아니다'와 '맞다'라는 두 대답을 함께 제공

---

11 Augustine, *Retractationes*, I, ix. 아우구스띠누스 지음/성염 역주, 『자유의지론』 (왜관: 분도출판사, 1998), 428-429; Augustine, *Earlier Writings* (Philadelphia: Westminster, 1953), 102-103.

12 Augustine, *De libero arbitrio*, 1.2.4. 아우구스띠누스, 『자유의지론』, 77. Augustine, *Earlier Writings*, 115.

13 Augustine, *De libero arbitrio*, 1.1.1; *De diversis quaestionibus* 83, q. 21; *De duabus animabus* 8.10; *Retractationes*, 1.9.2; *Confessiones* 7.3.5. 아우구스띠누스, 『자유의지론』, 77 각주 17.

한다. 하나님이 악의 저자가 '아니다'라고 본 이유는 우리가 모두 자신의 악의 저자이기 때문이다. 아우구스티누스의 시각에서는 모든 악의 유일한 저자는 존재하지 않는다. 악에는 종류들이 있고, 거기에 따라 악의 저자도 다르기 때문이다. 하지만 또한 하나님이 악의 저자가 '맞다'라고 본 이유는 인간이 겪는 고통의 악은 하나님의 심판이기 때문이다. 아우구스티누스에게 자유의지 신정론과 심판론은 동일한 질문에 대한 대답인 것이다.

자연적 · 도덕적 · 형이상학적 악이라는 라이프니츠의 후대의 구분을 가지고 아우구스티누스의 입장을 분석해보는 것이 도움이 될 것이다. "자연적 악(natural evil)이란 없다"라고 아우구스티누스는 말한다.[14] 이 말은 그가 자연에 대해 아무런 신학적 사유를 하지 않았거나 자연적인 재해들을 다루지 않았다는 의미는 아니다. 다만 그의 자유의지 신정론이 그것을 설명하는 것을 주목적으로 하지 않는다는 것을 우리는 염두에 두고 해석해야 한다. 우선 마니교가 신봉한 악의 물질주의에 맞서 아우구스티누스는 독약, 불, 맹수 등등 물질성 자체가 악한 성질을 가지는 것은 아니며, 모든 물질적 존재는 선하다고 주장한다. 약재나 독이 과하게 사용되면 죽음을 가져오지만, 적절히 사용되면 오히려 약의 기능을 하기도 한다. 마찬가지로 동물들에서 기인하는 자연적 악도 없다. 쥐, 개구리, 파리, 벌레 등등 인간에게 필요가 없어 보이고, 오히려 해롭고 무섭게 보이는 동물들도 '전능한 예술가' 하나님의 눈에는 각각의 고유한 아름다움을 가질 뿐 아니라, 우주 전체의 아름다움에 기여하고 있는 것이다.[15] 아우구스티누스는 『고백

---

14 Augustine, *De Genesi adversus Manicheos*, 2.29.43. 손호현, 『아름다움과 악: 2권, 아우구스티누스의 미학과 신정론』 (서울: 한들출판사, 2009), 55.

록』에서도 이렇게 말한다.

> 당신이 명하신 대로 따르는 땅의 용들과 모든 심연들, 불과 우박, 눈과
> 서리, 세찬 바람과 폭풍우, 모든 산과 언덕들, 모든 과일나무와 백향목들,
> 모든 들짐승과 가축들, 기어다니는 것과 날아다니는 새들, 세상의 모든
> 임금과 백성들, 세상의 모든 고관과 재판관들, 총각과 처녀, 노인과 아이
> 들이 모두 당신이 찬양받아야 함을 보여주고 있으며 당신의 이름을 찬송
> 합니다.16

물질 자체도 악한 것이 아니며, 하나님과 동일하게 영원한 악의
원리로서의 악마도 존재하지 않는다. 악한 자연 혹은 자연적 악이란
단지 마니교도들의 상상일 뿐이라는 것이다.

> 악한 자연(*natura mali*, an evil nature)이 존재하며, 하나님조차도
> 자신의 본성(*natura*) 가운데 일부분을 고통당하도록 악한 자연에 넘겨
> 주도록 강요받는다고 마니교도들은 말한다. 반면 자연적 악은 없다고
> 우리는 말한다. 모든 자연은 선하고, 하나님은 가장 최고의 자연(*summa*
> *esse natura*)이다. 다른 모든 자연은 하나님에게서 오는 것이며, 다른
> 모든 자연이 존재하는 한에 있어서, 그것들은 선하다고 우리는 말한다.17

---

15 Augustine, *De Genesi adversus Manicheos*, 1.16.25-26. 손호현, 『아름다움과 악: 2권』,
   71-72 참조. 터셀은 이 부분에서 아우구스티누스가 자연적 악이란 존재하지 않으며,
   오직 일하는 자연의 순리와 질서만이 있을 뿐이라고 보았다고 해석한다. Eugene
   TeSelle, *Augustine the Theologian* (New York: Herder and Herder, 1970), 216.
16 Augustine, *Confessiones*, 7.13.19. 손호현, 『아름다움과 악: 2권』, 116에 인용된다.
17 Augustine, *De Genesi adversus Manicheos*, 2.29.43. 나중에 『재논고』에서 아우구스티
   누스는 "자연적 악은 없다"(*nullum esse malum naturale*)라는 자신의 주장이 인류의

반면 아우구스티누스는 '인간이 행한 악'과 '그 악인이 징벌로 고통 받는 악'을 구분한다.[18] 전자가 도덕적 악(moral evil)이라면, 후자는 물리적 악(physical evil) 혹은 형이상학적 악(metaphysical evil)에 해당한다.[19] 따라서 이 두 경우에 있어 그것의 원인, 곧 악의 저자는 다르다. 도덕적 악, 곧 '인간이 행한 악'의 저자는 악행을 저지르는 사람들이지만, 고통과 죽음의 물리적/형이상학적 악, 곧 '그 악인이 징벌로 고통받는 악'의 저자는 다름 아닌 심판하시는 하나님이다.

3. 원죄론

원죄론은 자유의지 신정론이 시원적 시간에 놓인 것이다. 최초의 인간인 아담과 이브는 죽지 않을 자유도 가졌지만, 타락으로 인해 죽음이라는 정당한 형벌을 받게 되었다. "첫 번째 혼인(*primum coniugium*)으로 인하여 우리는 무지와 수고와 가사성可死性(*mortalitas*)을 가지고 태어났다. 그들이 범죄하며 실수와 비참과 죽음(*mortem*)의 상태로 떨어졌기 때문이다."[20] 하지만 우리가 원죄의 주체는 아니지

타락 전 본래의 피조된 상태를 가리키는 것이며, 타락 후에는 죽음 등과 같은 자연적 악이 징벌의 결과로 발생하게 되었다는 것을 분명하게 한다(*Retractationes*, 1.10.3). 아우구스띠누스, 『자유의지론』, 381 각주 152.

18 Augustine, *De libero arbitrio*, 1.1.1. 손호현, 『아름다움과 악: 2권』, 91.

19 아우구스티누스는 고통과 죽음을 일종의 물리적 악, 곧 하나님의 정의로운 심판이라고 본다. 라이프니츠의 형이상학적 악 개념은 인간의 유한성과 죽음을 가리키기에 우리는 여기서 물리적 악과 형이상학적 악을 함께 다룰 수 있다고 생각한다.

20 Augustine, *De libero arbitrio*, 3.20.55. 아우구스띠누스, 『자유의지론』, 383. 하지만 모든 성서적 전통이 항상 죽음을 하나님의 능동적 징벌 혹은 심판이라고 보지는 않는다. 예를 들어 지혜서에 따르면 "하느님은 죽음을 만들지 않으셨고"(1:13), "죽음이 이 세상에 들어온 것은 악마의 시기 때문이니 악마에게 편드는 자들이 죽음을 맛볼 것이다"(2:24).

않은가? 왜 우리도 죽어야 하는가? 최초의 죄는 우리가 태어나기 이전에 이미 완료된 상태였다. 그런데도 우리 개개인들은 어떤 자유의 행동도 하기 이전에 이미 태어나는 그 순간부터 죽음이라는 존재의 조건에 직면해야 하는 이유는 무엇인가? 왜 인간은 죽음이라는 형이상학적 처벌의 상태에 태어나야만 하는 것인가? 왜 우리는 생명과 죽음을 함께 선물로 받아야 하는가?

아우구스티누스의 원죄론은 이러한 질문에 대한 대답의 시도이다. 원죄론은 아우구스티누스의 자유의지 신정론의 형이상학적 귀결이다. 인간의 유한성과 가사성이라는 형이상학적 악은 이미 자유로운 영혼의 과거 범죄라는 도덕적 악에 대한 하나님의 징벌이라고 아우구스티누스는 생각했다. 이런 사유의 근거는 다름 아닌 사도 바울이었다. 바울에 따르면, 이방인이든 유대인이든 혹은 유대계 기독교이든 상관없이 모든 인간은 "본질(φύσις, nature)상 진노의 자녀"이다(엡 2:3).[21] 바울의 이 구절에 기초하여 아우구스티누스는 모든 인간은 '아담의 자손'이며 아담의 최초의 죄를 이미 유산으로 물려받았다는 이른바 원죄론을 발전시킨다.

사람들이 모르고 잘못되게 행동하는 모든 것과 원하면서도 올바르게 행동하지 못한 모든 것을 우리는 죄라고 부른다. 왜냐하면 그 모든 것이

---

21 여기서 사용된 피시스(φύσις)라는 용어는 가끔 '습관적'(habitual)이고 '습득된' (developed) 성격을 가리킬 수도 있지만, 본래 가장 일반적인 의미에서는 '사람이 자신 안에 선천적(innate)으로 타고난(implanted) 어떤 것'을 가리킨다. 따라서 "바로 여기에 원죄(original sin)론의 본질적 의미가 놓여 있는 것이다." W. Robertson Nicoll ed., *The Expositor's Greek Testament*, vol. 3 (New York: George H. Doran Company, 1897-1910), 286-287.

처음에는 자유로운 상태였던 의지의 최초의 원죄^{原罪}(*peccatum originale*)에 자신들의 기원을 가지기 때문이다. … 따라서 우리는 죄라는 말을 통해서 단지 사람들이 의식적으로 알면서 자유의지를 가지고 잘못 행동한 일만을 가리키는 것이 아니라, 그 최초의 죄로 인해 필연적으로 따라오는 모든 징벌도 또한 가리키는 것이다.[22]

마치 '린구아^{*lingua*}'라는 라틴어가 혀라는 의미와 언어라는 의미를 둘 다 가지는 것처럼 '죄'라는 말도 마찬가지로 후기 신학의 표현을 빌리면 본죄^{本罪}(*peccatum proprium*)와 원죄^{原罪}(*peccatum originale*)라는 두 의미를 모두 가진다고 아우구스티누스는 본다.[23] 아우구스티누스의 원죄의 논리를 이해하려면 그의 영혼의 기원에 대한 4가지 이론을 먼저 이해해야 한다.

4. 영혼의 4가지 기원설

자유의지론과 원죄론의 관계를 이해하기 위해 그의 영혼의 기원설을 살펴보도록 하자. 아우구스티누스는 영혼의 기원에 대한 4가지 당시의 이론들이 모두 가능하리라고 생각했다. 그것들은 (1) 단일 영혼설, (2) 책임 계승설, (3) 신적 임무설, (4) 자유 추락설이다.[24]

---

22 Augustine, *De libero arbitrio*, 3.19.54.

23 각각의 개인들이 저지른 '본죄'와 최초의 인류가 저지른 '원죄'의 구분에 대해서는 아우구스띠누스, 『자유의지론』, 380 각주 151 참조.

24 이것은 본인의 용어로서 (1) 단일 영혼설은 전통적으로 '영혼 유전설'이라 불리고, (2) 책임 계승설은 '영혼 창조설'이란 이름을 가진다. (3) 신적 임무설과 (4) 자유 추락설은 모두 '영혼 선재설'의 일종이다. 전자가 영혼 선재설의 긍정적 형태지만, 후자는 부정적 형태라고 볼 수 있다. 본인의 용어는 영혼의 기원과 더불어 범죄의 책임에 대한 강조

먼저 (1) 단일 영혼설 혹은 영혼 유전설遺傳說(traductionismus)에 따르면, "영혼은 생식을 통한 유전(propago, propagation)을 통해 생겨난다." 하나님이 태초에 "하나의 영혼"(una anima)만을 창조하셨고 다른 영혼들은 모두 아담의 단일한 영혼에서 생식과 출산을 통해 유전적으로 나누어진 것이라면, 아담의 영혼이 자발적으로 범죄할 때 다른 모든 영혼들도 이미 아담의 영혼 안에서 함께 범죄한 것이다. 나중에 『신국론』에서 아우구스티누스는 모든 영혼들이 아담의 고환 안에 이미 "정자의 형태로(seminalis) 포함되어 있었다"라고 주장한다.25

(2) 책임 계승설 혹은 영혼 창조설創造說(creationismus)에 따르면, "영혼은 개인이 태어날 때 각각 새롭게 창조된다." 이럴 때 "이전의 한 영혼의 과실이 그 이후에 만들어지는 영혼들의 본성을 결정하게 된다"라는 주장은 전혀 불합리하지 않고, 최초의 영혼의 책임을 나중에 창조된 모든 영혼이 집단적으로 계승해야 한다고 아우구스티누스는 생각한다.

(3) 신적 임무설은 "영혼은 어딘가에 미리 존재하다가 새롭게 태어나는 사람의 몸속으로 들어오게 된다"고 보는 영혼 선재설先在說(praeexistentia)의 일종으로, 이러한 몸과의 결합이 '하나님의 보내심'으로 인한 긍정적 결과라고 보는 견해다. 하나님이 영혼으로 하여금 죽음의 조건 아래 놓인 썩어질 육체를 질서 있게 잘 다스리고 덕으로

를 염두에 둔 표현이다.

25 Augustine, *De Civitate Dei*, 13.14. 한글 번역은 이것을 '배종(胚種, *spermata*)적 본성'이라고 번역하였다. 아우구스티누스 지음/성염 역주, 『신국론: 제11-18권』(왜관: 분도출판사, 2004), 1371.

훈련시키는 과제를 주었다면, 영혼은 육체를 다시 복된 천상의 상태로 회복시킬 임무를 부여받은 것이다.

(4) 자유 추락설도 동일하게 영혼 선재설의 일종이지만, 신적 임무설과는 달리 영혼의 육체와의 결합이 "주 하나님께 보냄을 받은 것이 아니라 자기 마음대로" 타락한 부정적 죄의 결과라고 본다. 따라서 육체의 고통과 죽음은 결국 이미 선재하던 영혼 스스로가 자유의지로 타락한 결과가 되는 것이다.[26]

이러한 영혼의 기원에 대한 네 이론은 아우구스티누스의 원죄론이 지닌 신학적 관심이 무엇인지를 보여준다. 신적 임무설을 제외한다면 나머지 세 이론은 영혼이 자유의지의 선택을 통해 스스로 타락하게 된 것이 죽음이라는 징벌의 악을 가져오게 되었다고 주장할 근거를 제공한다. 신적 임무설의 경우 삶과 죽음은 징벌이라기보다는 임무이기에 신정론의 논의에서 제외된다. 물론 세 이론 안에서 아우구스티누스의 원죄론과 가장 조화로운 것은 첫 번째의 단일 기원설 혹은 영혼 유전설일 것이다.[27] 아우구스티누스 자신은 4가지 영혼 기원설 모두가 기독교적 입장으로서의 가능성을 가지기에 어느 하나를 성급하게 선택할 필요는 없으며, 모두가 영혼의 자유로운 범죄의 결과가 죽음의 심판이라는 것을 보여준다고 생각한다. 이처럼 아우구스티누스의 원죄론 혹은 4가지 영혼 기원설은 모두 그의 자유의지 신정론을 보조하는 조력적 이론들이라고 본인은 본다. 또한 그의 자유의지 신정론에

---

26 Augustine, *De libero arbitrio*, 3.20.56-3.21.59; 아우구스띠누스, 『자유의지론』, 382-391. 손호현, 『아름다움과 악: 2권』, 97-99.

27 번즈의 분석에 따르면, 첫 번째 이론이 아우구스티누스의 신정론에 가장 적합한 논리이다. J. Patout Burns, "Augustine on the origin and progress of evil," William S. Babcock ed., *The Ethics of St. Augustine* (Atlanta: Scholars Press, 1991), 22.

따르면 인간은 도덕적 악의 저자인 반면, 하나님은 징벌이라는 물리적/형이상학적 악의 저자이다. 그렇다면 더욱 좁고 엄밀한 의미에서 악의 유일한 기원 혹은 저자는 피조물 자신일 것이다.

> 하나님은 인간의 악의 저자著者(*auctor*)가 아니시며, 인간이 겪게 되는 악의 저자가 되신다. … [따라서 이 모든 악에 대한] 유일한 저자는 없으며, 모든 악인은 자기 악행의 저자이다. 그것이 의심스럽다면 위에서 언급했듯이 악행은 하나님의 정의에 의해서 처벌받는다는 사실을 염두에 두기 바란다.[28]

5. 악의 구조

앞에서 본 것처럼 아우구스티누스는 자연적 악은 존재하지 않는다고 보았지만, 물리적/형이상학적 악은 도덕적 악이 가져온 파생적 결과라고 보았다. 아우구스티누스가 모든 악의 도덕론적 환원을 한 것이다. 하지만 여전히 질문은 남는다. 왜 인간의 의지는 자유롭게 항상 선만을 행하지 않고, 악도 선택하는가? 악이란 도대체 어떤 선택을 가리키는 것인가? 아우구스티누스는 선과 악을 사랑과 잘못된 사랑의 방향성이라는 구조를 통해 설명한다. 자유의지의 가장 본래적인 방향성은 사랑의 상향성上向性, 곧 하나님을 지향하는 것인데, 이러한 사랑이 다른 방향을 향하는 것이 악이라고 그는 보았다. 아우구스티누스는 세 가지 잘못된 사랑의 방향, 곧 의지의 내향성內向性으로서의

---

28 Augustine, *De libero arbitrio*, 1.1.1. 손호현, 『아름다움과 악: 2권』, 91, 97.

'교만'(superbia), 의지의 외향성外向性으로서의 '호기심'(curiositas) 그리고 의지의 하향성下向性으로서의 '욕정'(libido 혹은 concupiscentia)을 악의 구조라고 분석한다.[29] 하나님에 대한 사랑이 자신에 대한 교만, 타인에 대한 호기심, 물질에 대한 욕정으로 가려질 때 악이 탄생하는 것이다.

그렇지만 아직도 여전히 질문은 남는다. 악이 잘못된 사랑의 방향을 자유의지가 선택하는 것이라면, 자유의지가 이런 선택을 하는 이유는 무엇인가? 곧 의지의 이유는 무엇인가? 여기에서 아우구스티누스는 자유의지론이라는 칼을 가지고 고르디우스의 매듭을 자른다. 자유의지의 이유는 존재하지 않는다는 것이다. 자유의지보다 더 선행하는 추가적 이유는 없다고 아우구스티누스는 선언한다. 도덕적 악의 궁극적 저자는 자유의지를 지닌 영혼이며, 이보다 더 선행하는 어떤 물질이나 악마나 하나님이 악의 궁극적 원인은 아니라는 것이다.

그렇다면 의지에 앞서 의지의 어떤 원인이 있을 수 있겠는가? 그 원인이라는 것이 곧 의지 자체이며 따라서 의지의 뿌리에서 더 이상 소급할 필요가 없거나, 그렇지 않으면 의지가 아니어서 [의지만이 죄를 지을 수 있기에] 아무 죄가 없거나 둘 중의 하나일 것이다.[30]

아우구스티누스 자신보다 앞서 플라톤이 말했듯, "비난은 선택하

---

29 "따라서 세 가지 부류의 사람들이 나누어짐을 볼 수 있다: 육체의 욕정은 저등한 즐거움을 사랑하는 자들을, 눈의 욕정은 호기심 많은 자들을, 이 세상에 대한 야망은 교만한 자들을 의미한다"(De vera religione, 38.70). 손호현, 『아름다움과 악: 2권』, 92-93에 인용된다.

30 Augustine, De libero arbitrio, 3.17.49. 손호현, 『아름다움과 악: 2권』, 96에 인용된다.

는 자가 받아야 한다. 신은 책임이 없다"(Rep., 617e).

6. 자유와 섭리의 병행주의

자유의지의 잘못된 선택으로 인한 타락이 아우구스티누스의 악에 대한 가장 중요한 설명이지만, 그것만이 그의 유일한 설명은 아니다. 마니교도의 물질주의에 대한 논쟁보다 펠라기우스주의자들(Pelagians)과의 논쟁이 더욱 격화되면서 아우구스티누스는 섭리와 예정을 점증적으로 강조하는 경향성을 보인다. 하지만 아우구스티누스가 자유의지론을 포기한 것은 아니다. 독과 약을 나누어 생각한다면 자유의지론은 독을 설명하는 반면, 섭리론은 약을 설명하기 때문이다. 자유의지론은 악의 원인론이며, 섭리론은 악의 극복론이다.

깊은 우물이 있다고 가정하자. 우리는 스스로 우물 속으로 떨어질수 있다. 하지만 우리는 스스로 우물 밖으로 나올 수는 없는 것이다. 마찬가지로 아우구스티누스는 영혼이 자발적인 하강 운동을 할 수있는 반면에 이러한 타락 이후에는 오직 하나님의 도우심을 통해서만 회복의 상승 운동이 가능하다고 보았다.[31] 곧 영혼의 추락을 아우구스티누스의 자유의지론이 설명한다면, 그의 예정론과 은총론은 영혼의 회복을 설명하는 것이다.

아우구스티누스는 자유와 섭리, 자유와 선지(先知)가 서로 다른 질서의 차원에서 함께 공존한다고 본다. 인간의 운명에 대해 미리 아는 하나님의 선지가 바로 신성의 특징 중 하나라는 것이다. "하나님은

---

31 Augustine, *De libero arbitrio*, 2.20.54; 3.20.55. *Retractationes*, 1.9.6. 손호현, 『아름다움과 악: 2권』, 96 참조.

미래의 모든 일들을 미리 아신다."32 바꾸어 말하면 미래의 모든 일을 미리 모른다면, 그런 존재는 하나님이 아니라는 것이다. 이처럼 인간의 자유와 하나님의 선지가 공존할 수 있다는 아우구스티누스의 입장은 이른바 병행주의(compatibilism)라고 불린다.

하나님의 선지는 인간의 범죄를 필연적으로 발생시키게 만드는가? 곧 선지와 범죄의 적극적 예정은 동일한 것인가? 아우구스티누스는 그렇게 보지는 않는다. "하나님은 사람들이 자신들의 의지를 따라 죄를 짓게 될 것을 미리 아시지만, 하나님이 인간에게 죄를 짓도록 강요하는 것은 아니다."33 인간의 자유의지가 자발적으로 선택하는 것을 하나님이 미리 아신다고 해서 인간 행동의 자발성이 없어지지는 않는다는 것이다. 후대 저작인『신국론』에서도 아우구스티누스는 자유의지의 궁극성을 인간 행동의 유일한 인과론적 원인으로 강조한다. 모든 "사건들의 유일한 작용인作用因(efficient causes)들은 자발적인 의지적 원인들이다."34 하지만 다른 한편으로 '유일한 작용인'으로서의 인간의 자유의지는 하나님의 선지와 섭리의 질서 안에 위치하며, 하나님은 우리의 의지들을 미리 선지하신다. "우리의 의지들 그 자체는 원인들의 질서 안에 존재하며, 그러한 원인들의 질서는 하나님에게는 고정된 것으로 그의 선지식先知識(praescientia) 안에 담겨 있다."35 요컨대 인간은 자신의 자유로운 의지로 선택하지만, 하나님은 보다 높은 질서, 곧 시간의 질서를 넘어선 영원의 질서에서 시간적 사건들의

---

32 Augustine, *De libero arbitrio*, 3.3.6. 손호현,『아름다움과 악: 2권』, 96에 인용된다.

33 Augustine, *De libero arbitrio*, 3.4.10. 손호현,『아름다움과 악: 2권』, 97에 인용된다.

34 Augustine, *De Civitate Dei*, 5.9.4. 손호현,『아름다움과 악: 2권』, 126에 인용된다.

35 Augustine, *De Civitate Dei*, 5.9.3. 손호현,『아름다움과 악: 2권』, 126에 인용된다.

질서를 (이런 표현이 하나님의 앎에 적용될 수 있다면) '미리' 아신다는 것이다. 자유와 선지의 질서가 서로 다르기 때문에 이 둘은 함께 공존할 수 있는 것이다.

> 우리는 신성모독적이고 불경건한 주장들에 맞서서 하나님은 모든 것들
> 이 일어나기 이전에 아신다는 것을 단언하는 바이며, 동시에 우리가 원하
> 지 않으면 일어나지 않을 것이라고 우리가 느끼고 알고 있는 모든 것들을
> 우리는 스스로 자유로운 의지로 한다는 것도 단언하는 바이다.[36]

IV. 자유의지 신정론이 남겨둔 자유의 의미?

모든 신학자가 그렇듯 아우구스티누스는 말을 마친 후에 오히려 자신의 말이 가려버린 침묵으로 끝없이 되돌아간다. 의지의 자유와 선지하는 섭리와 영혼의 기원을 모두 말한 후에도 그는 여전히 말이 만들어 낸 마음의 침묵을 조용히 다시 듣는다. 그에게 그것은 성서에 나오는 에서와 야곱의 이야기였던 듯하다. 에서와 야곱이 태어나서 어떤 의지의 선택을 하기도 전에 이미 태중에서 하나님은 한 사람은 버리시고 다른 사람은 선택하셨다. "같은 하나의 덩어리에서 한 사람은 버리시고 다른 사람은 의롭다 하시는 주님의 행사에 누가 반문할

---

36 Augustine, *De Civitate Dei*, 5.9.3. 손호현, 『아름다움과 악: 2권』, 125에 인용된다. 데이 빗 그리핀은 아우구스티누스의 자유와 섭리의 '병행주의'(compatibilism)를 과정신학 의 '자유주의적'(libertarian) 자유 개념과 대조시키며 비판한다. David R. Griffin, "Critique," Stephen T. Davis ed., *Encountering Evil: Live Options in Theodicy* (new ed., Louisville: Westerminster, 2001), 94.

수 있단 말인가? 자유의지는 가장 중요하다. 그건 정말 존재한다. 하지만 죄 아래 팔린 자들에게 있어서 그것이 무슨 가치가 있단 말인가?"[37]

인간의 자유로운 선택 이전에 이미 하나님이 인간의 의지를 일정한 방향으로 예정하신다는 생각도 성서에서 발견된다. 모세를 보낸 "여호와께서 바로의 마음을 완악하게 하셨으므로" 바로는 모세의 말에 설득되지 않았던 예도 있다(출 9:12). 인간의 자유의지가 선택하기 이전에 인간의 자유의지가 그런 선택을 하도록 예정하신 것이다. 그렇다면 과연 자유로운 의지가 악의 기원에 대한 궁극적 설명이 될 수 있을까? 본인은 아우구스티누스가 여기에 대해 최종적인 선택을 하지 않았다고 믿는다. 모든 신학자는 그런 선택을 할 수도 없다. 우리는 하나님의 마음을 확정적으로 이해할 수 없기 때문이다. 다만 아우구스티누스는 자유의지론 외에도 다른 가능성이 존재할 수 있다는 생각도 하였다. 본인은 그것이 아우구스티누스의 미학적 신정론이라고 본다. 아우구스티누스가 마니교의 신정론을 극복할 수 있었던 중요한 직관도 플로티누스의 미학 사상에서 발견한 듯하다. 마니교도들은 어둠과 악의 침입에 선하지만 다소 무력한 하나님을 주장하고, 플로티누스는 하나님이 능동적으로 악을 미학적 아름다움의 목적을 위해 선용하신다고 주장한다. 아우구스티누스의 섭리론과 그의 미학적 신정론은 매우 밀접하게 관련이 있다. 플로티누스가 하나님의 섭리와 아름다움에 대해 말하는 아래의 인용문은 마치 아우구스티누스 자신의 글을 읽는 듯한 착각을 하게 만든다.

---

37 Augustine, *Ad Simplicianum*, 1.21. 손호현, 『아름다움과 악: 2권』, 101에 인용된다.

우리는 마치 그림에 대해 무지하여 그림 전체에서 색깔들이 아름답지 않다고 불평하는 사람들과도 같다. 하지만 예술가는 모든 부분에 있어 적절한 빛깔을 사용한 것이다. 그리고 또한 아무리 잘 통치되는 도시에서도 모든 시민이 전부 동등하지는 않다는 사실을 주목하라. 혹은 우리는 등장인물이 전부 주인공이 아니라 하인, 시골뜨기 그리고 상스럽게 말하는 광대도 포함된다고 불평하며 드라마를 검열하려고 하는 것과 마찬가지다. 하지만 만약 이렇게 천박한 인물들을 없애버린다면, 드라마의 감동도 동시에 사라질 것이다. 그들 모두가 드라마의 부분이며 구성 요소이다 (『에네아데스』 3.2.11).[38]

아우구스티누스는 『영혼의 위대함에 관하여』(De quantitate ani-mae)에서 자유의지 신정론과 미학적 신정론의 공존 가능성을 제안한다. 도덕적 악의 기원은 인간의 자유의지 때문이지만, 그러한 자유의지의 오용조차도 하나님의 섭리라는 '아름다운 정의'(justa pulchritudo)의 질서를 벗어날 수 없음을 그는 여기서 강조한다. "영혼에는 진정 자유의지가 주어졌다. … 자기 피조물이 어떤 의지의 태도를 가지든지 상관없이 하나님은 만물을 정의롭게, 지혜롭게, 그리고 아름답게 이루신다"(quant., 36.80).[39] 터셀의 관찰처럼 아우구스티누스에게 "하나님의 의지는 항상 무엇이 일어날 것인지에 대한 궁극적인 척도이다. … 인간의 결정들이 고려되고 자유가 폭력적으로 파괴되지 않는다는 사실이 곧 인간과 인간의 자유가 가장 중요한 역할을 한다는 것을

---

38 손호현, 『아름다움과 악: 2권』, 36-37에 인용된다.

39 Augustine, De quantitate animae, 36.80. 손호현, 『아름다움과 악: 2권』, 59-60에 인용된다.

의미하지는 않는다."40 아우구스티누스는 모든 설명의 끝에 하나님을 위한 침묵의 공간을 남겨둔 것이다.

인간은 자유롭다. 하지만 인간의 자유는 '균등한 확률의 자유'(free-dom of equal probability) 혹은 '타락 이전의 아담'의 자유는 아니다. 완벽하게 균등한 확률의 자유란 선택할 수 있는 복수의 가능한 행동들 사이의 확률이 완벽하게 동일한 것을 의미한다고 하자. 예를 들어 한 사람이 아침에 빨간색 티셔츠와 파란색 티셔츠를 선택하는 50%의 균등한 확률적 상황에 놓일 때 우리는 그 사람의 선택이 진정 자유롭다고 말할 수 있을 것이다. 태초에 에덴동산의 아담이 이런 균등한 확률의 자유를 가졌을 것이다.

하지만 만약 그 사람이 이전의 질병으로 인해 모든 빨간 물체들을 사실상 회색으로 인지한다고 가정해보자. 그렇다면 빨간색 티셔츠를 선택할 확률은 50%보다 더 낮을 수 있다. 이 경우 파란색 티셔츠를 고른 그의 선택은 전적으로 자유의지 때문인가 혹은 색맹이라는 질병의 상황에도 이미 영향을 받은 것인가? 이처럼 인간의 자유는 유전적, 사회구조적, 이데올로기적, 문화적 영향 등에 의해 항상 이미 비*균등한 선험적 가능성에 처하여 있지는 않은가? 그렇기에 하이데거는 인간이란 결코 세계 안이라는 상황으로부터 자유로운 존재가 아니라 세계-안의-존재라고 한다. "결코 현존재는 '우선적으로' 마치 안의-존재로부터-자유로운 존재자(*in-sein-freies Seiendes*)가 아니며, 때때로 세계를 향한 '관계'에 참여하려는 기분(*Laune*)을 가지고 있다."41 인간

---

40 TeSelle, *Augustine the Theologian,* 326-327; 손호현, 『아름다움과 악: 2권』, 66.

41 "Dasein is never 'proximally' an entity which is, so to speak, free from Being-in, but

의 구체적 범죄들은 "처음에는 자유로운 상태였던 의지의 최초의 원죄^原^罪(peccatum orignale)에 자신들의 기원"을 가진다는 아우구스티누스의 원죄론도 이러한 구체적인 실존의 현실을 드러내려는 신학적 시도인 것이다.[42] 실존하는 인간은 태초의 아담이 아니다. 혹은 아담이라고 하더라도 우리의 원죄 이후의 상황은 원죄 이전의 상황은 아니다. 우리의 자유는 이미 항상 세계 안의 자유, 타락 이후의 자유이다.

완벽하게 균등한 확률로서의 자유라는 개념은 두 가지 추가적인 질문을 가져온다. 첫째로 인간 행동의 최종적 원인은 '균등한 확률의 자유' 그 자체인가? 행동은 자유의지의 결과이며, 더 이상의 어떤 추가적인 원인을 가지지 않을 수도 있다. 아우구스티누스에 따르면, "우리가 원하지 않으면 일어나지 않을 것이라고 우리가 느끼고 알고 있는 모든 것들을 우리는 자신의 자유로운 의지로 한다는 것을 단언하는 바이다."[43] 우리의 의지가 원하기에 우리는 행동한다는 것이다. 하지만 우리의 의지가 완벽하게 자유롭다면, 다시 말해 A와 B라는 두 가지 가능성 사이에서 어떠한 경향성이나 외부적 압력도 가지지 않고 균등한 선택의 자유를 가진다면 우리는 과연 행동할 수 있을까? 나중에 무악론^{無惡論}에서 살펴보게 될 것처럼 스피노자는 『에티카』에서 인간이 행동하는 원인은 완벽하게 균등한 확률 사이에 놓인 인간의 자유의지가 존재하기 때문이 아니라 신적 결정 때문이라고 주장한다.

---

which sometimes has the inclination to take up a 'relationship' towards the world." Martin Heidegger, *Being and Time*, trans. John Macquarrie and Edward Robinson (New York: Harper & Row, 1962), 84 (독일어판 57).

42 Augustine, *De libero arbitrio*, 3.19.54.

43 Augustine, *De Civitate Dei*, 5.9.3. 손호현, 『아름다움과 악: 2권』, 125에 인용된다.

뷔르당^{Jean Buridan}의 당나귀를 예로 들면서 어떤 이가 이렇게 스피노자에게 이렇게 묻는다고 가정하자: "만약 인간이 자유의지를 통해 행동하지 않는다면, 뷔르당의 당나귀처럼 그러한 균형(equilibrium)의 상태에 놓인 인간은 어떻게 될까? 배고픔과 목마름으로 죽게 될까?"[44] 스피노자의 대답은 '그렇다'는 것이다. 만약 당나귀처럼 인간도 동일한 거리에 놓인 동일한 크기의 음식이라는 '균형의 상태'에 위치한다면, 그는 행동하지 못할 수도 있다. 스피노자는 의지 자체가 행동의 궁극적 원인이 아니며, 의지의 추가적인 원인이 존재해야 행동이 발생할 가능성이 있다고 본 것이다. 따라서 우리는 자유의 의미를 지금보다는 더 깊이 성찰해야만 할 것이다.

둘째로 인간은 자유의지로 항상 선만을 선택할 수는 없었는가? 태초에 항상 선을 선택하고 악을 피하는 아담 혹은 인간을 창조하는 것은 하나님에게도 불가능했는가? 토마스 아퀴나스에 따르면, 하나님의 전능성 개념은 논리적 모순을 제외한 가능성을 모두 실현할 수 있는 능력을 가리킨다: "모순을 의미하지 않는 어떤 것도 가능성의 영역에 있는 것이며, 하나님은 이런 것들에 대하여 전능하다."[45] 자유의지 신정론의 핵심 논리는 "자유의지를 가진 피조물은 자발적으로 항상 선만을 선택할 수 없다"라는 주장에 기초한다. 곧 전능한 하나님조차도 네모난 원, 하얀 검은색 등등 모순적 사태를 가져올 수 없는 것처럼 자발적으로 선만을 선택하는 자유로운 의지를 가진 피조물을

---

44 Edwin Curley ed., *The Collected Works of Spinoza*, volume 1 (Princeton, New Jersey: Princeton University Press, 1985), 487.

45 "Whatever does not involve a contradiction is in that realm of the possible with respect to which God is called omnipotent." Thomas Aquinas, *Summa Theologiae*, Ia. 25, 3, responsio.

창조하는 것도 마찬가지로 논리적으로 불가능하다는 것이다.

플랜팅가[Alvin C. Plantinga]는 자유의지를 가지고 항상 선만을 선택하는 인간은 논리적으로 혹은 모든 가능한 우주 안에서 불가능하다고 생각한다. 인간은 하나님이 창조하실 수 있는 어떤 세계 안에서도 '최소한 한 번'은 범죄를 하기 때문이며, 이것을 그는 칼뱅주의의 '전적 타락성' 개념과 유사하게 '초세계적 타락성'이라고 부른다.[46]

> 초세계적 타락성[超世界的 墮落性](transworld depravity) 개념에서 중요한 것은 만일 인간이 그것을 겪고 있다면, 인간이 중요하게 자유롭지만 전혀 범죄하지 않는 어떤 세계, 곧 인간이 도덕적 선만을 행하며 도덕적 악은 전혀 행하지 않는 어떤 세계를 실현시키는 것은 하나님의 능력 안에서도 불가능하다는 것이다.[47]

우리는 플랜팅가의 초세계적 타락성이라는 흥미로운 개념이 인간에게만 해당하는 것인지 혹은 피조물 모두에게 해당하는지 혹은 하나님의 존재에게도 해당하는지 물을 수 있을 것이다. 곧 자유의지를 가지며 항상 도덕적 선만을 행하는 사태가 논리적으로 불가능하기에 인간에게 적용될 수 없는 것인지 혹은 논리적으로 불가능한 것은 아니지만 인간의 본질에 해당하지 않는 것인지 생각해볼 수 있다.

자유의지를 통해 오직 도덕적 선만을 항상 선택하는 것은 논리적 모순인가? 최소한 토마스 아퀴나스는 그렇지 않다고 보았다. 예를

---

46 Alvin C. Plantinga, *God, Freedom, and Evil* (Grand Rapids, Michigan: William B. Eerdmans, 1977), 48-49.

47 Plantinga, *God, Freedom, and Evil*, 48.

들어 하나님의 경우 자유의지를 가지고 항상 선만을 선택하며 오히려 도덕적 악, 곧 '범죄'(peccare)가 그의 '전능성'(omnipotentia)과 논리적으로 공존할 수 없는 불가능한 모순이다.[48] 이 경우 아퀴나스는 "하나님이 그것을 못 한다"고 표현하는 것이 아니라 "그것은 일어날 수 없다"라고 표현해야 옳다고 본다.[49] 그럼 천사들은 어떠한가? 오리게네스(Origenes)에 따르면, 천사들은 태초에 모두 평등하게 창조되었지만 "그들의 자유의지로부터(ex libero arbitrio) 불평등이 생겨난 것이다."[50] 반면 아퀴나스는 타락한 천사들과 그렇지 않은 천사들 사이의 이러한 차이는 우주의 완벽한 아름다움을 추구하는 하나님의 '예술 활동'(operibus artis) 때문에 생겨난다고 보았다.[51] 오리게네스 혹은 아퀴나스의 입장 중 어떤 경우에도 우리는 타락하지 않은 천사들의 경우에서처럼 피조물에게도 자유의지를 통해 선만을 선택하는 것이 논리적 모순이 아니라는 것을 발견한다. 따라서 플랜팅가의 '초세계적 타락성'은 오직 인간 존재에만 해당하는 개념일 것이다. 나아가 자유의지로 항상 도덕적 선만을 선택하고 도덕적 악을 피하는 인간 혹은 아담의 창조는 논리적/형이상학적으로 하나님의 전능성 안에서 불가능한 사태도 아니다. 다만 인간에게는 악을 행하는 경향성 자체를 제거한 완벽한 자유의지를 부여하지는 않은 것이다. 하나님은 자유롭지만 범죄하지 않는 아담을 창조하지는 않았고, 우리는 이러한 선택에 아무런 역할도 하지 않았다.

---

48 Aquinas, *Summa Theologiae*, Ia. 25, 3, ad 2.

49 *Ibid*., Ia. 25, 3, responsio.

50 Origen, *Peri Archon* I, 6& 8; II, 9; Aquinas, *Summa Theologiae*, Ia. 47, 2.

51 Aquinas, *Summa Theologiae*, Ia. 47, 2. Augustine, *Enchiridion* 10 참조.

결론적으로 자유의지 신정론은 인간의 자유가 가져온 도덕적 악과 그 고통의 이유를 분명히 한다는 기능을 가진다. 하지만 그 이상의 현상들에 대한 설명으로는 한계도 동시에 가진다. 자연재해의 경우 악마의 자유의지를 상정한 플랜팅가와 같이 예외적 경우를 제외한다면, 자유의지 신정론은 이른바 자연적 악自然的 惡을 설명하기 어렵다. 또한 아우구스티누스는 모든 악을 인간의 도덕적 악과 거기에 대한 하나님의 응보의 심판으로 환원하지만, 어떤 한 개인의 인생이라는 단위에서 이 둘의 상응 혹은 일치가 모든 경우에 항상 존재하느냐는 의문이 신정론의 질문을 처음부터 생겨나게 만든 것이다. 다시 말해 하나님의 심판이 아닌 고통은 없는 것인가? 반대로 도덕적 악은 자동적으로 하나님의 심판을 수반하는가? 여기서 자유의지 신정론은 그 자체로 완결적이지 않고, 다른 신정론의 성찰들과 대화해야 하는 이유가 분명 존재하는 듯하다. 그렇지 않은 신정론이 있던가?

8 장

———

교육적 신정론

"하나님은 죄^罪의 저자(*der Urheber*)이지만, 또한 오직 구원과 관련되는 죄의 저자이다"라고 19세기의 신학자 슐라이어마허는 말했다.[1] 이 진술을 인용하며 존 힉(John Hick)은 기독교의 유일신론과 마니교의 이원론이라는 신학적 선택을 대조한다. "하나님의 전적 주권(omni-sovereignty) 그리고 따라서 하나님의 전적 책임(omni-responsibility)을 부정하는 것은 마니교의 이원론을 향해 결정적으로 첫걸음을 떼는 것이다."[2] 아우구스티누스의 자유의지 신정론이 고통과 악을 하나님의 정의로운 심판이라고 보는 데 반해 존 힉이 제안하는 교육적 신정론^{敎育的 神正論}(educative theodicy)은 악의 골짜기가 존재하는 이유는 영혼을 성장시키는 하나님의 교육적 방법 때문이라고 해석한다.[3] 악의 기원에 대해 전자가 하나님의 책임 없음을 강조하려 했다면, 후자는 오히려 하나님의 최종적인 책임 있음을 강조한 것이다. 힉에 따르면,

---

1 Friedrich Schleiermacher, *The Christian Faith* (Edinburgh: T. & T. Clark, 1989), 328 (para. 80, 2).

2 John Hick, *Evil and the God of Love,* revised edition (New York: Harper & Row, 1977), 228-229. 존 힉 지음/김장생 옮김, 『신과 인간 그리고 악의 종교철학적 이해: 아우구스티누스에서 플란팅가까지 신정론의 역사』 (파주: 열린책들, 2007) 참조.

3 Hick, *Evil and the God of Love,* 236.

8장 _ 교육적 신정론 ㅣ 265

범죄하는 피조물들과 그런 피조물들이 범하는 혹은 겪게 되는 악들이 존재하는 '궁극적인'(ultimate) 책임은 하나님 자신에게 있다는 피할 수 없는 결론을 우리는 직면하게 된다. 유일신론적(monotheistic) 신앙에 있어 그러한 최종적 책임을 나누어서 질 다른 존재는 없기 때문이다.[4]

마치 세계世界의 '무로부터의 창조'(creatio ex nihilo)가 세계의 '하나님으로부터의 창조'(creatio ex Deo)로 해석될 수 있는 것처럼, 마찬가지로 악惡의 '무로부터의 창조'가 악의 '하나님으로부터의 창조'라고 힉은 해석하는 것이다. 힉의 신정론적 선택은 하나님을 궁극적 책임에서 면제하기보다는 오히려 그것을 강조하면서도 그러한 선택의 이유를 옹호하는 것이다. 곧 악은 우리의 '영혼 만들기'(soul-making)를 위해 필요했다고 힉은 본다.[5] 특히 성서가 현생에서의 영혼의 성장을 주로 강조하는 경향성을 보이지만, 힉은 불교와 피타고라스 등이 주장한 사후의 영혼 윤회설이 지닌 훈육론적 가능성도 제안한다.

I. 성서의 교육적 신정론

성서는 훈육하시는 하나님이 사용하시는 교육 방법론으로 인생의

---

4 Hick, *Evil and the God of Love*, 228. 물론 힉은 하나님의 궁극적인 책임을 주장하는 것이 인간은 전적으로 비난에서 벗어난다는 것은 아니라는 것을 분명히 한다. 하나님과 인간은 다른 차원에서 다른 책임을 진다. "이렇게 말하는 것이 인간 자신의 죄에 대해 인간의 비난받을만함(man's blameworthiness)을 부인하는 것은 아니다. 하나님의 궁극적 책임 (ultimate divine responsibility)의 차원과는 다른 차원에서 우리 인간 개개인의 책임도 존재하기 때문이다." *Ibid.*, 228.

5 Hick, *Evil and the God of Love*, 253ff.

고통과 악의 경험을 제시하기도 한다. 크랜쇼는 이사야 30:20, 아모스 4:6-11, 호세아 11:1-7 등을 '하나님의 훈육론'(divine pedagogy)의 예로 제시한다: "여기서 하나님은 도덕적 성숙이라는 목적을 위해서, 혹은 기독교 신학자 이레니우스의 용어로 표현한다면 '영혼 만들기'(soul building)를 위해서 인간들이 엄한 시험을 당하도록 만든다."[6] 예를 들어 이사야 30:20은 고난의 역사라는 훈육을 통해 이스라엘이라는 집단 전체를 교육하는 민족의 스승으로 하나님을 표현한다. 곧 "주께서 너희에게 환난의 `떡과 고생의 물을 주시나 네 스승(your Teacher)은 다시 숨기지 아니하시리니 네 눈이 네 스승을 볼 것"이라는 것이다. 이스라엘 민족의 수난사가 '스승' 하나님의 교육의 역사라고 한다면, 한국 민족의 수난사도 동일한 하나님의 교육의 역사라고 함석헌은 보았다. 1970년 5월 「씨올의 소리」 제2호에서 그는 이렇게 말한다:

> 진화는 곧 생명의 자기 키움이요 자기 고쳐감입니다. 정신을 곧 생명의 저 돌아봄이란다면 하나님은 자기 교육을 영원히 하시는 이라 할 수 있습니다. … 교육이야말로 하나님의 발길질입니다."[7]

또한 성서는 하나님을 교육하시는 스승뿐만 아니라 훈육하시는 부모로 표현하기도 한다. 히브리서 12장은 생물학적 아버지가 채찍질

---

6 James L. Crenshaw, *Defending God: Biblical Responses to the Problem of Evil* (Oxford: Oxford University Press, 2005), 99. 잠언 3:11, 로마서 5:3-5, 히브리서 12:4-10, 고린도전서 10:13 등도 참조하라.

7 함석헌, 『함석헌 저작집』 7권 (파주: 한길사, 2009), 46.

같은 체벌을 통해 아들을 교육하는 것은 아들이 사생아가 아니라 친아들이라는 증거라고 한다. 마찬가지로 '영적인 아버지' 하나님도 자녀들인 우리의 유익을 위해 징계하신다는 것이다.

주님께서는 사랑하시는 자를 견책하시고 아들로 여기시는 자에게 매를 드신다. 하느님께서 여러분을 견책하신다면 그것은 여러분을 당신의 자녀로 여기고 하시는 것이니 잘 참아내십시오. 자기 아들을 견책하지 않는 아버지(πατέρας, father)가 어디 있겠습니까? 자녀는 누구나 다 아버지의 견책을 받게 마련입니다. 그러므로 여러분이 이런 견책을 받지 못한다면 여러분은 서자이지 참 아들이 아닙니다. 우리를 낳아준 아버지가 견책해도 우리가 그를 존경한다면 영적인 아버지께 복종하여 살아야 한다는 것은 더욱 당연한 일이 아니겠습니까? 우리를 낳아준 아버지는 잠시 동안 자기 판단대로 우리를 견책하지만 하느님께서는 우리에게 이익을 주며 우리를 당신처럼 거룩하게 만드시려고 견책하시는 것입니다 (히 12:6-10).

특히 12:9의 '육신(σάρξ, flesh)의 아버지'와 '영(πνεῦμα, spirit)의 아버지'라는 병행 구조는 영혼의 기원설 가운데 '영혼 창조설'(creationism)을 전제하고 있는 것으로 해석될 수 있다.[8] 생물학적 육신의 아버지가 매와 채찍질로 아들을 훈육하는 권리를 가지는 것처럼 영혼을 창조하신 영의 아버지도 더한 정도로 훈육의 권리를 가진다는 것이다. 하나님

---

8 Augustine, *De libero arbitrio*, 3.20.56-3.21.59; 아우구스띠누스 지음/성염 역주, 『자유의지론』 (왜관: 분도출판사, 1998), 382-391; 손호현, 『아름다움과 악: 2권, 아우구스티누스의 미학과 신정론』 (서울: 한들출판사, 2009), 97-99.

의 매와 훈육은 인간 안에 덕과 인격이 성장하도록 자극하는 역할을 한다. 훈육 혹은 체벌은 지나치면 오히려 부정적인 결과를 가져오게 되며, 따라서 하나님은 '사람이 감당할 시험'만을 부여하고 '감당치 못할 시험당함'을 허락하지 않을 뿐 아니라 시험을 직면하였을 때 '피할 길'을 제공하신다는 것이다(고전 10:13). 이처럼 교사 혹은 부모로서의 하나님은 자신의 교육적 목적을 위해 고통과 악을 허용할 수 있으며, 이런 경우 하나님이 비록 물리적 혹은 정신적 고통을 가할 수도 있지만, 그런 행동은 넬슨 파이크(Nelson Pike)가 '도덕적으로 충분한 이유'(morally sufficient reason)라고 부른 것을 가지기에 비난할 수는 없는 것이다.9 하나님의 훈육은 인격과 영혼의 성장을 위해 고통을 허락하기 때문이다. 이러한 교육적 신정론을 대변하는 기독교 사상가들로 이레니우스, 락탄티누스 그리고 특히 존 힉 등을 들 수 있다.10

---

9 Nelson Pike, "Hume on Evil," *The Problem of Evil*, 40. 원래 이 글은 *Philosophical Review* 72 (1963): 180-197에 실렸었다.

10 락탄티우스는 신정론의 문제를 제기한 그리스 철학자 에피쿠로스가 고통과 악을 허용하는 하나님의 교육적 의도를 인식하지 못한 것이라고 비판한다. "만약 악이 제거된다면, 지혜도 마찬가지로 제거된다. 따라서 인간 안에는 덕의 흔적은 남지 않게 될 것이다. 덕이란 악의 쓰디씀을 견디고 극복하는 것으로 생겨나기 때문이다. 에피쿠로스와 또한 다른 이들은 이것을 보지 못한 것이다." Lactantius, *On the Anger of God*, chap. 13, *The Writings of the Ante-Nicene Fathers*, trans. by William Fletcher (Grand Rapids, Michigan: Wm. B. Eerdman, 1951), vol. 7.

II. 존 힉의 '영혼 만들기' 신정론

1. 아우구스티누스 비판

존 힉은 자신의 교육적 신정론을 아우구스티누스의 신정론과 의식적으로 대조시킨다. 특히 그는 네 가지 측면에서 아우구스티누스를 분석한다.[11] 첫째는 악은 무엇인가라는 물음이다. 아우구스티누스가 악의 본질을 '선의 결핍'(*privatio boni*)이라고 대답한 것은 신플라톤주의의 직접적인 수용이라고 힉은 평가한다.[12] 창조주 하나님은 절대적으로 선하시기에 "모든 자연은 선하다"(*omnis natura bonum est*)라는 것이다.[13] 따라서 악의 기원은 "그 자체로는 선한 어떤 것의 오작동"일 수밖에 없다.[14] 이처럼 악은 어떤 적극적인 존재라기보다는 선한 존재의 수동적 결핍 혹은 오작동으로 보는 아우구스티누스의 견해를 힉은 세계에 존재하는 실제적 악을 분석하기보다는 다소 '낙관적인' 세계관과 언어를 제안하는 것에 불과하다고 부정적으로 평가한다.[15]

둘째는 악은 어디에서 오느냐는 물음이다. 악의 본질이 선의 결핍이라면, 이러한 선의 결핍으로서의 악의 기원은 무엇인가? 악은 자유의 오작동에서 기인한다고 아우구스티누스는 대답하지만, 완벽하게 선한 피조물이 왜 자유를 오용하려는 생각을 처음에 하게 된 것인지

---

11 Hick, *Evil and the God of Love*, 37-38.

12 *Ibid*., 37-38, 48.

13 Augustine, *Enchiridion ad Laurentium de fide spe et caritate*, 4.13. Hick, *Evil and the God of Love*, 46에 인용된다.

14 Hick, *Evil and the God of Love*, 46.

15 *Ibid*., 54.

분명하지 않다. 자유의지론은 타락의 가능성을 설명하는 것이지, 실제적 타락의 이유를 설명한 것은 아니라는 것이다. 따라서 자유의지 신정론은 마치 '악의 무無로부터의 자기 창조'라는 신비한 가설을 주장하는 것과도 같다고 그는 비판한다.16 원래 선하게 창조된 천사와 인간이 나중에 악으로 타락한다는 것은 지나치게 비일관적인 주장이라는 것이다. "무조건적으로 선한 피조물이 범죄를 저지르게 된다는 생각은 자기 모순적이고 이해할 수 없는 것이라는 기본적인 비판은 불가피하다."17 힉의 이런 비판은 슐라이어마허를 계승한 것이다. 슐라이어마허에 따르면, "선한 천사들이 더더욱 완전하다고 여겨지면 질수록 어떤 이유를 찾기는 더더욱 불가능해진다. 자만심 혹은 질투 등등 이미 타락을 전제한 이유만을 찾을 수 있을 뿐이기 때문이다."18 슐라이어마허의 비판에 힉은 예정론의 교리를 추가하며 자신의 비판을 더욱 날카롭게 만든다.

> 아무런 결함이 없는 존재가 죄를 짓게 된다는 주장은 악의 무로부터의 자기 창조(the self-creation of evil *ex nihilo*)라는 부조리한 입장일 뿐이라는 것은 아우구스티누스의 신학에서 그리고 나중에는 칼뱅의 신학에서 암시적으로 인정되었다. 하나님의 절대적 예정론이 바로 그것이다. 예정론은 사실상 악의 기원을 만물에 대한 하나님의 뜻 안에 존재하는 것으로 보며, 따라서 악의 존재에 대한 궁극적 책임을 오직 그것을 감당할 수 있는 유일한 존재인 하나님에게 돌리는 것이다.19

---

16 *Ibid.*, 62-63, 250.

17 *Ibid.*, 62-63.

18 Schleiermacher, *The Christian Faith*, 161, 293-304.

자유의지론과 예정론은 논리적으로 충돌한다. 그럼에도 불구하고 아우구스티누스는 '악의 무로부터의 자기 창조'라는 신비뿐 아니라 추가적으로 '구원으로의 자의적·선택적 예정론'이라는 또 다른 신비를 동시에 주장함으로 이 둘이 서로를 파괴하는 부정적 결과를 가져온다고 힉은 비판한다.[20] 아우구스티누스가 하나님의 책임 없음을 말로는 주장하지만, 암시적으로 그리고 논리적으로는 하나님의 궁극적 책임 있음을 주장하고 있다는 것이다. 반면 힉은 명시적이고 공개적으로 악의 기원은 하나님에게 있다는 것을 분명히 하면서 그의 교육적 신정론을 시작하고자 한다.

셋째는 이른바 형이상학적 악에 대한 문제이다. 천사들처럼 죽지 않는 피조물도 존재하는데, 하나님은 인간을 왜 죽어야만 하는 운명으로 창조한 것인가? 유한성이라는 형이상학적 악에 대한 대답으로 플로티누스, 아우구스티누스 그리고 중세와 근대의 기독교 사상은 또 다른 신플라톤주의적 사유인 '풍성함(plenitude)의 원칙'을 제시한다고 힉은 해석한다.[21] 하나님은 절대적으로 선하시기에 선한 하나님은 모든 만물이 존재하기를 원하신다는 것이 풍성함의 원칙이다. "만약 만물이 평등하다면, 만물은 존재하지 않을 것이다"(*non essent omnia, si essent aequalia*)라는 플로티누스의 격언처럼, 우주라는 거대한 존재의 사슬은 불평등에 기초한 만물의 풍성함을 보여준다는 것이다.[22] 마찬가지로 아우구스티누스도 죽음이라는 형이상학적 악

---

19 Hick, *Evil and the God of Love*, 63.

20 *Ibid.*, 66, 250.

21 *Ibid.*, 74.

22 *Ibid.*, 75.

은 우주의 풍성함을 위해서 필요하다고 주장한다는 것이다. 힉은 『신국론』의 진술을 인용한다: "지상의 존재들에서 천상의 존재들까지, 가시적 존재들에서 비가시적 존재들까지, 어떤 존재들보다 더 나은 어떤 존재들도 있는 것이다. 그것들 모두가 존재하게 하려는 목적을 위해서 그것들이 불평등한 것이다."[23] 요컨대 인간이 죽을 수밖에 없는 열등한 존재로 창조된 것은 이미 죽지 않는 우등한 존재인 천사가 있기 때문이라는 논리이다. 이처럼 우주 전체의 풍성함이라는 미학적 아름다움을 위해 하나님은 존재들 모두를, 하지만 불평등하게, 창조하셨다는 것이다.

마지막 넷째로 힉은 아우구스티누스의 신학이 지닌 지나친 미학적 성격을 비판한다. 아우구스티누스의 하나님은 마치 예술가처럼 우주의 아름다움에만 관심을 가지며, 피조물과의 인격적 혹은 도덕적 관계에는 무관심해 보인다는 것이다. 힉에 따르면 악의 본질과 악의 기원과 형이상학적 악이라는 "이러한 세 가지 측면들을 모두 포괄하고 있는 것이 아우구스티누스의 신정론이 지닌 '미학적'(aesthetic) 주제이다. 하나님의 관점에서는 죄와 그것에 대한 징벌을 포함해서 만물이 함께 놀라운 조화를 만들어 내며, 그것은 단지 좋을 뿐 아니라 매우 좋다고 아우구스티누스는 믿은 것이다."[24] 이러한 그의 미학적 존재론이 죄와 악이라는 도덕적 문제에도 영향을 주는 것은 문제라고 힉은 본다. "아우구스티누스는 죄인들의 타락과 영원한 심판을 자신의 미학적 신정론(aesthetic theodicy) 안에 대담하게 포함시킨다."[25] 구체

---

23 Augustine, *De Civitate Dei*, 11.22; Hick, *Evil and the God of Love*, 74.

24 Hick, *Evil and the God of Love*, 38, 82.

25 *Ibid.*, 87.

적으로 힉은 아우구스티누스가 '하나님의 창조 세계의 얼룩'이라는 미학적 대조의 효과를 위해 영원한 '지옥'이 천국과 함께 영속적으로 남게 된다고 본 것은 신학적 실수라고 평가한다.[26] 그럼에도 중세 기독교 신학의 주류를 대변하는 토마스 아퀴나스가 이러한 미학적 신정론을 이른바 '복된 범죄'(*felix culpa*)의 사상으로 계승하였다는 것이다. "따라서 우리는 부활절의 초를 밝히며 이렇게 축복한다: '오, 복된 범죄여, 우리에게 그렇게 위대한 구원자를 가져왔도다.'"[27] 결론적으로 힉은 아우구스티누스 유형의 미학적·비인격적 신정론과 자신의 이레니우스 유형의 도덕적·인격적 영혼 만들기 신정론을 다음과 같이 비교한다:

우주의 완성에 대한 모든 미학적(aesthetic) 혹은 유사-미학적(quasi-aesthetic) 이해는 인격 비하적(sub-personal) 특성을 가진다. 우주와 그 속의 유한한 인생은 일종의 복잡한 회화, 심포니 혹은 유기체로 이해된다.[28]

그렇다면 사람의 인격이 지닌 기원과 운명을 단지 전체라는 미학적 가치의 한 기능으로 생각하는 대신에 우리는 자연이라는 거대한 틀과 그 안의 모든 악의 재료들을 사람의 유한한 인생을 위한 의도적으로 신비한 환경 (deliberately mysterious environment)으로 보아야만 할 것이다. …

---

26 *Ibid.*, 89.

27 "*O felix culpa, quae talem ac tantum meruit habere redemptorem.*" (O fortunate crime which merited such and so great a redeemer.) Thomas Aquinas, *Summa Theologiae*, Part 3, q.1, art. 3. Hick, *Evil and the God of Love*, 97 n. 5에 인용된다.

28 Hick, *Evil and the God of Love*, 195.

기독교 신정론은 전체로서의 자연보다는 도덕적 인격에 중심을 두어야만 한다. 그리고 기독교 신정론의 지배적인 원리는 미학적이라기보다는 윤리적이어야만 한다.[29]

2. 다중윤회설

자연이란 단지 하나님의 미학적 캔버스가 아니라 우리의 성숙을 위해 준비된 영혼의 교실이라는 힉의 생각을 지금부터 살펴보도록 하자. 신학은 신플라톤주의에서 진화론을 향해 나아가야 한다고 그는 본다. 고대와 중세의 신플라톤주의가 '완전-타락-회복'의 세계관을 가진다면, 근대의 과학적 진화론은 생명의 '미성숙-성숙'의 진화 과정을 주장한다. 이런 점에서 신학은 성서의 아담 이야기를 새롭게 해석할 책무가 있다. 동산의 완벽한 인간은 한 번도 존재하지 않았기 때문이다.

근대 지식의 관점에서 볼 때 인류가 한때는 도덕적으로 영적으로 완벽하였지만, 결국 타락으로 상습적인 자기중심성의 상태에 빠지게 되었으며, 그것이 우리가 아는 인간의 조건이라고 오늘날 우리는 현실적으로 생각할 수 없게 되었다. 모든 증거가 인류는 매우 제한적인 도덕적 의식과 매우 조잡한 종교적 관념을 지닌 저등한 생명체에서 점진적으로 진화하였다는 것을 제안하기 때문이다.[30]

---

29 *Ibid.*, 197-198. 아우구스티누스에게 있어 '도덕적 악'과 '자연적 악'은 결국 '형이상학적 악'(특히 미학적 원리에 기초한 형이상학적 악)으로 환원된다고 힉은 해석한다. 하지만 본인은 오히려 모든 종류의 악이 아우구스티누스에게 있어서는 '도덕적 악'으로 환원된다고 본다. 아우구스티누스는 영혼의 기원에 대한 4가지 가설을 언급하며 유한성이라는 형이상학적 악의 상태로 인간이 태어나는 이유가 이미 선재하던 시기의 자신의 영혼의 도덕적 선택에서 기인하는 것이라고 해석하기 때문이다.

힉은 에덴동산의 최초의 인간을 하나님이 완벽하고 결코 타락할 가능성이 없는 상태로 창조하실 수 있었다고 본다. 다만 하나님은 그런 상태의 인간을 창조하시지 않기로 결정하셨다는 것이다. 미리 완벽하게 만들어진 인간, 따라서 결코 타락할 가능성이 없는 인간은 자유로운 선택과 도덕적 성숙을 통해 완벽에 도달한 인간과는 같지 않기 때문이다. 따라서 힉은 이레니우스의 대안적 전통을 따라 하나님이 미성숙하고 불완전한 인간을 먼저 창조하시고, 그런 인간을 점진적으로 교육하고 훈육하신다고 주장한다.

이레니우스 유형의 대안적 신정론은 비록 하나님이 태초부터 유한자에게 가능한 한도 내에서 완벽한 존재들을 창조하실 수도 있었지만, 그렇게 하시지 않았다고 생각한다. 그러한 존재들은 자유롭고 책임 있는 하나님의 아들들과 딸들이 될 수는 결코 없기 때문이다.[31]

유일신론적 신앙의 관점에서 볼 때 하나님은 완벽한 인간을 태초부터 창조하실 수 있었지만, 대신 불완전한 인간을 창조하였다. 그것은 하나님에게 어떤 중요한 이유가 있었기 때문이라는 것이다. 힉이 "자유롭고 책임 있는 하나님의 아들들과 딸들"이라고 표현한 이유의 논리는 무엇인가? 그의 핵심 주장은 다음의 인용문에서 드러난다.

도덕적 노력이라는 개인의 삶의 역사들(personal histories)을 통해서 서서히 형성된 인간의 선함이 창조주 하나님의 눈에는 영혼 만들기 과정

---

30 John Hick, *Philosophy of Religion*, fourth edition (Englewood Cliffs, New Jersey: Prentice Hall, 1990), 43.

31 *Ibid.*, 43.

(soul-making process)이라는 긴 고뇌의 시간을 정당화할 만큼 가치를 가지기 때문이다. 나는 비록 이런 판단이 증거들을 통해 증명될 수 있는 것은 아니지만, 이렇게 생각하는 것이 윤리적으로 책임 있는 판단이라고 제안한다. 우리는 발전론적이고 목적론적인 그림을 가지고 사유하고 있다. 인간은 완성된(perfected) 존재가 되어가는 과정에 있는 것이며, 이것을 하나님은 창조하고자 하시는 것이다.[32]

우리는 위의 힉의 주장을 이해하기 위해서 두 가지 질문을 하고자 한다. 하나는 힉의 비교적 판단의 근거 혹은 논리이고, 다른 하나는 힉이 제안하는 일종의 영혼의 다중윤회설에 관한 것이다.

첫째로 우리는 아우구스티누스의 처음부터 완벽한(perfect) 인간과 힉의 종말에 완성되는(perfected) 인간이라는 두 대조적 인간론을 직면하고 있다. 왜 전자가 아니라 후자를 힉은 주장하는가? 먼저 힉의 이유가 아닌 것부터 언급하도록 하자. 분명한 것은 전능한 하나님이라고 하더라도 '처음부터 완벽한 인간'을 창조할 수 없었기에 점진적으로 '종말에 완성되는 인간'을 창조한 것이라고 힉은 주장하지 않는다는 점이다. 아우구스티누스는 완벽한 인간 아담의 자유는 타락하거나 혹은 타락하지 않을 수 있는 자유라고 보았다. 여기에 대해 무신론자 맥키[J. L. Mackie]는 하나님이 왜 처음부터 타락하지 않는 자유를 주실 수는 없었느냐는 반론을 제시한다. "하나님이 사실상 절대로 타락하지

---

32 Hick, *Evil and the God of Love*, 256. 11년 후 개정판에서 힉은 '영혼 만들기'(soul-making) 과정이라는 표현이 제시할 수도 있는 영육의 이원론을 피하고자 '인격 만들기'(person-making)라는 대안적 표현을 사용하기도 한다. *Ibid.*, 374. 이원론적 오해를 피할 수 있는 한, 본인은 '영혼 만들기'라는 표현을 여기서 사용할 것이다.

않을 자유로운 존재들을 창조하실 수 있었다는 것은 논리적으로 가능하였다"라는 맥키의 반론에 힉 자신도 동의한다.33 하나님은 태초부터 완벽한 인간을 창조하실 수 있었지만, 그렇게 하지 않은 것이다. 그리고 사실 아우구스티누스도 자유의지를 가지고 항상 선만을 선택하고 결코 악으로 타락하지 않는 인간의 창조가 가능하다는 것을 인정하였다고 본인은 생각한다. 왜냐하면 그는 타락 가능성을 지닌 아담의 첫 번째 자유를 종말에 우리가 받게 될 타락 가능성이 제거된 두 번째 자유와 이렇게 대조하기 때문이다. "자유의지는 처음에는 죄를 짓지 않을 능력과 함께 주어졌지만, 마지막으로 주어지는 선물은 죄를 지을 수 없는 불가능성이 될 것이다."34 요컨대 아우구스티누스, 토마스 아퀴나스, 맥키, 힉 모두는 자유롭지만 실제로 전혀 타락하지 않는 완벽한 인간을 태초에 하나님이 창조하실 수도 있었다고 본 것이다. 그럼 하나님은 왜 그렇게 하시지 않은 것인가?

존 힉의 대답의 핵심은 전자보다 후자가 더 가치가 있다는 것이다. 곧 태초에 처음부터 완벽한(perfect) 인간보다는 점진적인 영혼 만들기 과정을 거쳐 종말에 완성되는(perfected) 인간이 더 가치가 있다는 주장이다. 하나님은 이 둘 다를 창조할 수 있었지만, 후자를 선택했다. 이러한 판단의 근거 혹은 논리를 보도록 하자. 힉에 따르면,

> 인간을 완벽하게 만들고자 하는 하나님의 목적이 실현되려면, 그것은
> 죽음의 순간 같은 때에 하나님의 명령으로 단숨에 즉각적 완성에 도달하
> 거나 혹은 하나님이 우리를 위해 준비한 어떤 추가적인 환경 안에서 계속

---

33 Hick, *Philosophy of Religion*, 43.
34 Augustine, *De Civitate Dei*, 22.30.

적인 발전을 통해서 달성될 수 있을 것이다. 첫 번째 대안이 지닌 어려움은 즉각적으로 완성된 한 개인이 실제로 살았고 죽은 한 연약하고 실수하는 개인과 어떤 도덕적으로 중요한 의미(any morally significant sense)에서 동일한 인간인지 전혀 분명하지 않다는 점이다.[35]

단숨에 완성된 인간과 고통스러운 교육의 과정을 거쳐 완성된 인간은 "도덕적으로 중요한 의미에서" 서로 차이가 난다고 힉은 판단하는 것이다. 2001년에 힉은 자신의 이러한 이전 신념을 재확인한다.

이에 대한 대답으로 도전과 유혹의 상황에서도 올바른 결정들을 통해 행위자 안에서 어렵게 얻어진(hard-won) 미덕들이 그 행위자의 어떠한 노력도 없이 그에게 미리 만들어져 주어진(ready-made) 미덕들보다 본질적으로 보다 더 가치가 있기 때문이라고 난 제안한다. 이러한 원칙은 논증을 통해 증명될 수는 없지만, 자신에게처럼 다른 이들에게도 도덕적으로 적합하다고 여겨지며 설득력이 있으리라는 희망 아래 단지 제시할 수 있는 어떤 근본적인 가치 판단과도 같은 것이다. 반복하지만 그것은 반대되는 유혹에 직면하여 한 번도 선택할 필요가 없이 단지 행위자에게 원초적으로 주어진 본성으로서의 도덕적 선은 다른 여러 가능성들을 직면하면서도 행위자 자신의 책임 있는 선택을 통해서 오랜 시간 동안 쌓이고 만들어진 도덕적 선보다 본질적으로 보다 덜 가치가 있다고 판단하는 것이다.[36]

---

35 Hick, *Evil and the God of Love*, 347.

36 Hick, "An Irenaean Theodicy," Stephen T. Davis, *Encountering Evil: Live Options in Theodicy, A New Edition* (Louisville: Westminster John Knox Press, 2001), 43. 본인은 힉의 비교 판단 자체에 대해서는 온건하게 우호적이지만, 그럼에도 힉이 그것을 '미학적' 판단과 대조되는 일종의 순수한 '도덕적' 판단이라고 묘사한 것에는 다음과 같은

다음으로 우리는 힉의 다중윤회설^{多重輪廻說}을 살펴보고자 한다. 태초부터 완벽한 인간보다 영혼 만들기 과정을 거쳐 종말에 완성되는 인간이 더욱 가치가 있는 것이라면, 하나님은 이러한 인간의 점진적 완성을 위해서 창조 때에는 하나님 자신으로부터 거리가 있는 곳에 인간을 두어야만 한다. 미성숙에서 성숙으로의 길은 하나님에게 다가서는 길이기 때문이다. 힉에 따르면 인간은 하나님으로부터 '인식론적 거리'(epistemic distance)를 두고 창조된 것이다.[37] "인간은 인간을 위한 하나님의 목표에서 거리를 두고 존재한다. 인간이 그러한 목표에서 타락했기 때문이 아니라, 그러한 목표에 아직 도달하지 못했기 때문이다."[38] 이처럼 미성숙과 성숙 사이의 거리, 곧 영혼 만들기 과정을 위해 필요한 인식론적 거리는 단지 신플라톤주의의 유출설로

추가적 관심을 표현하였다: "윤리적 신정론과 미학적 신정론이라는 그의 선명한 대조와 관련하여 필자는 힉이 자신의 영혼-만들기라는 이레니우스적 신정론을 '윤리적' 신정론이라고 잘못 이름을 붙였다고 도전한다. 둘의 내용이 같다고 한다면 어렵게 얻어진 도덕적 미덕이 미리 만들어져 주어진 도덕적 미덕보다 '본질적으로 보다 더 가치'가 있다는 힉의 주장은 순수하게 윤리학의 영역에서는 적용되어지지 않는 판단이라고 필자는 생각한다. 그러한 판단은 윤리적(倫理的, ethical) 판단이 아니라 가치론적(價値論的, axiological) 판단이다. 두 사람이 서로 다른 삶의 상황에서 동일한 윤리적 판단을 내렸다고 가정해보자. 예를 들어 히틀러가 실제로 6백만 명의 유태인들을 학살한 후에 여러 윤회의 세계들을 통한 영혼의 정화를 거쳐 살인하지 않는 윤리적 결정을 내렸다면 그것은 천국에서의 히틀러의 도덕적 성숙일 수는 있겠지만, 그것이 단 한 번도 살인하는 것을 꿈꿔보지도 않은 성자들의 동일한 윤리적 결정보다 본질적으로 보다 더 가치가 있다는 주장은 윤리학에서 성립하지 않는다. 윤리학적 이론들은 도덕적 공리의 진리 여부(예를 들어 '살인하지 말라')를 다루는 것이지 그것을 습득하게 되는 과정을 다루는 것은 아니라고 필자는 생각한다. 이러한 맥락에서 힉의 주장에 대한 필립스(D. Z. Phillips)의 논평은 시사하는 바가 크다. '난 단 한 순간도 힉의 성숙이라는 개념을 수용할 수 없다. 우리가 빠지기 쉬운 보다 저등한 선택들을 생각하지도 않는 사람들을 바로 그러한 사실 때문에 우리가 종종 칭송하기 때문이다.'" 손호현, 『아름다움과 악: 2권』, 156-157.

37 Hick, *Evil and the God of Love*, 282.

38 *Ibid.*, 283.

설명될 수 없는 인격적 성장의 자유 공간이라고 힉은 본다. 인간의 미성숙은 파괴된 완성이 아니라 아직 도달하지 못한 완성의 징후라는 것이다. "하나님으로부터 인간의 인식론적 거리는 세계와의 관계 안에서 그리고 하나님과의 구분 안에서 인간의 자기실현을 가능하게 하고, 가능한 것 이상이 되게 한다."[39]

아우구스티누스의 '완전-타락-회복'이라는 신플라톤주의적 과정 이 어느 정도의 시간을 필요로 하는지 확실하지는 않은 것처럼 힉의 '미성숙-성숙'의 영혼 만들기 신정론도 여러 번의 영혼의 윤회가 필요 할 수 있다. 한 번의 인생이 영혼의 성숙을 완성하지 못했다면, 다시 기회가 필요한 것이다. "지상의 역사 안에서 진행되고 있는 영혼 만들기라는 하나님의 목적은 단지 부분적이고 파편적인 성공 이상이 되기 위해서는 이번 생을 넘어서 계속돼야만 한다."[40] 어쩌면 마하트마 간디는 한 번의 생만 필요할지 모르지만, 아돌프 히틀러의 영혼은 여러 번 윤회해야 할지도 모르는 것이다. 그럼에도 힉은 오래전 오리게 네스와 더욱 최근의 바르트를 따라 "모든 인간이 끝에는 궁극적으로 천국의 상태에 도달할 것이다"라고 희망한다.[41]

지옥은 악의 해결책이 아니라 악의 문제 자체이다. 아우구스티누스 와 힉 사이의 대결은 단지 '윤리倫理' 대 '미학美學'이라는 신학적 스타일의 차이를 넘어서는 근원적 의견의 불일치 때문이다. 힉은 "'영혼 만들기 의 골짜기' 신정론"이라는 제목을 붙인 장에서 자신의 목적론적 신정론 이 지닌 윤리적 성격을 분명히 하며, 아우구스티누스의 미학적 태도와

---

39 *Ibid.*, 285.
40 Hick, *Philosophy of Religion*, 47.
41 *Ibid.*, 48.

대조시킨다.⁴² 특히 '지옥의 영원한 징벌'이라는 아우구스티누스의
생각에 대해 힉은 이렇게 비판한다.

> 그러한 징벌은 결코 끝나지 않을 것이다. 따라서 그것은 어떠한 긍정적
> 목표에도 도움이 되지 않는다. 오히려 반대로 그것은 악의 문제에 대한
> 어떠한 해결책도 불가능하게 만들 것이다. 저주받은 자들의 죄악과 또한
> 그들의 고통이라는 비도덕적 악을, 영원한 징벌은 우주의 영속적 구조
> 안에 계속 차곡차곡 쌓아갈 것이기 때문이다.⁴³

아우구스티누스는 대조적 조화의 아름다움이라는 미학적 논리
때문에 결국 천국과 지옥, 천사와 악마, 구원받은 자와 버림받는 자가
우주에 나뉘어서 영원히 따로 존재하는 것으로 주장하게 된다고 힉은
비판하는 것이다. 반면 힉은 모든 존재를 구원하고 자신에게로 회복시
키는 하나님만이 진정한 만물의 창조자 하나님이라고 보았다. 지옥은
존재할 수 없고, 존재해서도 안 된다. 이러한 만유의 회복을 위해
하나님이 충분한 시간을 제공하신다는 것이 힉의 다중윤회설이다.
2001년에 힉은 여러 비평자와 대화하며 자신의 이전의 영혼 만들
기 신정론의 주장들을 중요하게 변경하거나 철회하지 않고 다음과
같은 네 가지 항목으로 요약하여 재확인하고 있다.

> (1) 우리의 가설에 따르면, 인류를 향한 하나님의 의도는 자신의 창조자
> 와 자녀로서의 관계를 가지는 완벽한 유한한 인격적 존재를 창조하는

---

42 Hick, *Evil and the God of Love*, 253ff.
43 Hick, *Philosophy of Religion*, 43-44.

것이다.

(2) 인간이 이러한 이미 완벽한 상태로 창조되는 것은 논리적으로 불가능
하다.[44] 영적인 측면에서 완성이란 인식론적 거리라는 상황에서 강요
되지 않고 자유롭게 하나님 의식을 가지는 것과 관련되기 때문이다.
도덕적 측면에서 그것은 선을 자유롭게 선택하는 것과 관련되기 때문
이다.

(3) 따라서 인간은 처음에는 영적으로 도덕적으로 미성숙한 피조물로
그리고 종교적으로 모호하고 윤리적으로 힘든 세상의 일부분으로,
진화의 과정을 통해서 창조된 것이다.

(4) 인간이 도덕적으로 불완전하다(곧 도덕적 악이 존재한다)는 것 그리
고 세상은 도전을 주며 심지어 위험하기까지 한 환경이다(곧 자연적
악이 존재한다)는 것은 현재 단계의 과정에서는 필연적인 측면들이
며, 이러한 과정을 통해 하나님은 점진적으로 완성되는 유한한 인격
들을 창조하는 것이다.[45]

III. "교육이야말로 하나님의 발길질입니다"?

앞서 살펴본 것처럼 함석헌은 "교육이야말로 하나님의 발길질입
니다"라고 말한다.[46] 옳은 목표를 위한 힘든 교육의 과정이 필요할

---

44 힉은 이전에 자신의 『종교철학』에서 "하나님이 사실상 절대로 타락하지 않을 자유로
운 존재들을 창조하실 수 있었다는 것은 논리적으로 가능하였다"라는 맥키의 견해에
부분적으로 동의하였다. Hick, *Philosophy of Religion*, 43.

45 Hick, "An Irenaean Theodicy," 48.

46 함석헌, 『함석헌 저작집』 7권, 46.

수 있다. 하지만 아무리 하나님의 선한 뜻에 기초한 훈육이라고 하더라도 지나치면 전혀 무익한 하나님의 징벌에 불과할 수도 있다. 교육적 신정론이 성공하려면 악과 고통이라는 중간의 과정보다 최후의 교육적 결과가 훨씬 가치가 있어야만 한다. 힉의 표현을 빌리면, "과정에서 일어난 모든 것들을 정당화시킬 수 있을 만큼 충분히 큰 미래의 선만이 대답이 될 수 있다."[47]

우리는 이러한 과정과 결과의 충분/불충분의 관계를 어떻게 평가할 수 있을까? 과연 히틀러의 도덕적 성숙을 위해서 6백만 명이 넘는 유태인들이 학살당하고, 그 가족들이 말할 수 없는 고통을 겪어야만 했던 것일까? 태초에 하나님은 히틀러에게 타락하지 않을 자유를 주실 수도 있었을 것이다. 아무리 히틀러가 어렵게 획득한 도덕적 성숙이 가치가 있더라도 그리고 히틀러가 하나님과 가지는 인격적 관계가 소중하더라도, 왜 그것을 위한 과정에서 다른 사람들이 고통의 장작불로 이용되어야 하는가? 하나님의 히틀러 훈육은 다른 사람들에게는 그저 징벌의 불일 뿐이다. 우리는 이러한 교육의 과정과 결과라는 신학적 대차대조표를 구성할 수는 없다. 힉 자신의 물음처럼, "어떤 방식으로 혹은 어떤 시간의 단위에서 하나님이 현재의 악에서 미래의 선을 만들어 내는지 우리는 모른다. 하지만 하나님은 그렇게 하고 계신 것이다. … 죽음조차도 그 독침을 잃게 된다. … 하지만 타인들의 죄와 고통은 어떻게 해야 하는가? … 우리는 거의 불가피하게 유태인들을 멸종시키려 했던 나치의 프로그램을 생각하게 된다. 그것은 어떤 의미에서는 하나님의 뜻에 의해 이루어진 것인가? 대답은 분명히

---

47 Hick, *Philosophy of Religion*, 47.

'아니요'이다. … '원수 갚는 것이 내게 있으니 내가 갚으리라고 주께서 말씀하시니라'(롬 12:19)."[48]

하지만 이미 학살당한 자에게 복수가 무슨 필요가 있는가? 복수라는 결과가 학살이라는 과정보다 왜 더 큰 가치를 가지는가? 힉의 영혼 만들기 신정론의 대차대조표는 과정 대(對) 결과라는 대조와 더불어 아담스[Marilyn McCord Adams]의 수학적 '균형잡기'(balancing-off) 대 미학적 '승리'(defeat)라고 부른 대조와 '우주적'(global) 구원의 범위 대 '개인적'(individual) 구원의 범위라고 부른 대조의 측면을 또한 사용했어야만 했다.[49]

아쉽게도 힉은 자신의 도덕적 직관이 충분히 이러한 정교하고 엄밀한 논쟁이 제공하는 설득력을 동일하게 제공한다고 믿는 듯하다. 6백만 명의 유태인들의 죽음의 무게보다 히틀러의 천국에서의 도덕적 성숙이 수학적으로 혹은 질량적으로 훨씬 더 가치 있고 무겁거나 최소한 동일하다고 가정하자. 이것으로 하나님의 선하심이 변증되는가? 다른 방법은 없었는가? 전자 없이 후자를 성취할 하나님의 다른 승리의 전략은 논리적으로 불가능한가?

하나님의 관점 혹은 '우주적' 관점이 6백만 명의 희생된 '개인' 하나하나의 고통을 정당화하는 도구적 이유로 사용되어서는 안 되지 않는가? 악이 극복되려면 이러한 희생된 개인 하나하나의 삶과 죽음에서 극복되어야 하지 않는가? 따라서 힉은 영혼의 여러 번의 윤회, 곧 다중윤회설이 필요했다고 본인은 생각한다. 하나님의 징벌적 훈육이 정당화되기 위해서는 이러한 훈육의 결과적 수혜자가 바로 그러한 훈육을

48 Hick, *Evil and the God of Love*, 360-362.

49 손호현, 『아름다움과 악: 1권, 신학적 미학 서설』 (서울: 한들출판사, 2009), 92-95.

경험한 대상자인 개인과 일치하여야 한다. 하지만 현생에서 훈육의 대상자는 아무런 훈육의 결과적 수혜 혹은 보상을 받지 못하고 사망하는 경우도 많다. 따라서 교육적 신정론이 설득력을 가지려면 '내세론'이라는 추가적 가설을 필요로 하게 되는 것이다. 달리 말해 힉의 영혼 만들기 신정론 혹은 교육적 신정론은 그 자체의 독립적 논리만으로 성공하지는 못하는 것이다. 기독교 신학은 연옥 등과 같이 영혼의 내세적 교육을 위한 제한적 자원을 가지고 있을 뿐, 힉이 제안하듯 여러 번의 다중윤회설을 수용할 이론적 근거가 없는 것도 사실이다. 곧 교육적 신정론이 기독교 종교의 신정론으로 기능하기 위해서는 추가적인 역사적 발전이 필요로 된다. 이것도 이루어질 수 있다고 가정하자. 그렇지만 여전히 남는 질문은 하나님과의 인격적 관계는 왜 한 번에 주어지지 못하고, 여러 번의 내세와 윤회를 요구하는가이다. 과연 우리의 경험은 이런 판단을 지지하는가?

이러한 질문과 마음의 흔들림 속에서 본인은 2001년 힉의 가상의 대화를 인용하는 것으로 마무리하고자 한다.

데이비드 레이 그리핀[David Ray Griffin]: 어쨌든 이제 이레니우스적 신정론 자체에 대한 본격적 비판을 다루도록 하세. 왜 하나님은 완벽하게 선하고 완벽하게 행복한 존재들, 곧 자유의지가 가져올 복잡한 문제들과 아무 관계가 없는 피조물을 창조하시지 않은 것이지?

존 힉[John Hick]: 좋은 질문이야. 직접 창조자에게 우리가 물어야 하지 않을까?

데이비드 그리핀: 그렇게 하지. 오 주님, 왜 당신은 그런 존재들을 창조하

시지 않으셨는지 저희가 물어도 될까요?

주님(the Lord): 내가 그렇게 하지 않았다고 너희들이 어떻게 알지?

데이비드 그리핀: 그렇게 하셨다는 겁니까?

주님: 물론 그렇게 했지. 너희들은 수백만의 끝없는 천사들에 대해 듣지 못하였나? 천사들은 날개를 가진 재미있는 상상의 존재들이 아니라, 너희들이 방금 물어본 선하고 행복한 존재들이야.

데이비드 그리핀: 오, 하지만 우리는 천사가 아니라 인간입니다. 그러면 왜 당신께서는 우리도 창조하셨는지 물어봐도 될까요?

주님: 왜냐하면 선택받을 필요가 없고 완성될 필요가 없는 내 천사들의 선과 행복은 나의 우주에서 본질적으로 선한 것이지. 천사들은 아무리 많아도 여전히 더 있으면 좋아. 하지만 자유롭고 유한한 인간들이 자유롭게 선택한 선은 (내 신적인 견해에 따르면) 또 다른 본질적으로 선한 것이야. 이것은 끝에는 다르지만 더 높은 행복으로 이어지게 된다고 봐. 그래서 난 천사들과 인간들 둘 다를 내 우주에서 가지도록 선택한 거야. 오케이?[50]

…

스티븐 데이비스[Stephen T. Davis]: 오케이. 그럼 다른 비판으로 넘어가세.

---

50 본인은 힉이 여기에서 자신이 비판한 아우구스티누스의 미학적 신정론, 곧 풍성함의 미학적 원리를 긍정적으로 사용하고 있다고 본다.

이레니우스적 신정론의 비용-혜택(cost-benefit)과 관련된 거야. 세상의 악의 양 자체가 너무 엄청나게 많아서 어떠한 자유롭고 덕스러운 존재의 창조로도 정당화될 수 없지 않을까?

존 힉: 그래, 그건 문제야. 그것은 나의 신정론만큼이나 너의 신정론에서도 동일한 문제이지 않아? 그리고 이 지점에서 너도 본질적으로 같은 접근을 하잖아? 네가 쓴 장에서 올바른 대답을 제공했다고 생각해: "자유의지 옹호자(free-will defender)가 반드시 주장해야 할 것은 다음과 같다. 첫째로 마지막에 존재하게 될 악의 양은 마지막에 존재하게 될 선의 양에 의해 능가 될 것이다. 그리고 둘째로 이러한 악에 대한 선의 바람직한 균형은 하나님이 다른 방법으로는 이룰 수 없는 것이다." 여기에 나는 이것 하나를 더 추가하고 싶어. (내가 쓴 장에서 제시했듯이) 세계의 과정에서 존재하게 되는 악의 크기가 점진적으로 성취되는 끝없는 선에 의해 어떻게 삼켜지게 될 것인지 우리가 볼 수 없다는 사실 바로 그 자체가 하나님과의 관계에서 우리의 자유를 창조하는 인식적 거리(cognitive distance)의 필연적 측면이라는 점이야.[51]

이러한 하나님과 인간 사이의 '인식적 거리'로 인해 모든 신학자의 신정론은 사유의 최선을 다한 가설에 그칠 것이다. 그것이 자신이 도달한 최선의 결론이라는 진술로 힉은 『악과 사랑의 하나님』을 끝마친다.

난 신정론 문제의 심장에 놓여 있는 이 궁극적 질문을 함으로 끝마치고자 한다. 인간의 경험, 그것의 사악함과 고통, 그것의 신성함과 행복, 이

---

51 Hick, "An Irenaean Theodicy," 67-69.

모든 것들을 되돌아보았을 때 수용하고 받아들일 수 있는 것으로 만들어
줄 어떤 미래의 선은 존재할 수 있는가? 난 그런 것이 존재할 수 있으며
또한 존재한다고 생각한다.[52]

---

52 Hick, *Evil and the God of Love*, 386.

9 장

내세의 신정론

악으로서의 죽음에 대한 가장 직접적인 해결책은 내세적 신정론來世
的 神正論(afterlife theodicy)이다.1 영혼이 불멸한다면 그리고 불멸하는
영혼이 거주할 정의로운 내세가 있다면, 죽음이 가장 근원적인 악이라
는 견해는 오해일 뿐이다. 또한 현세의 지연된 정의가 내세에서는
올바로 실현될 것이라는 종말론적 희망은 우리가 불의한 현실을 견디
는 힘을 제공하기도 한다. 우리는 여기서 내세의 신정론과 관련하여
소크라테스, 성서, 오리게네스, 칸트 그리고 한국의 유학자들만을
살펴보도록 하자.

---

1 내세(afterlife)와 종말(eschaton)은 함께 사유 돼야 한다. 예수의 재림을 통한 임박한 '세계
(世界)의 끝'(종말)이 역사적으로 지연됨에 따라 기독교인들은 항상 발생하는 '개인(個人)
의 끝'(내세)에 집중하게 되었기 때문이다. 둘은 범위가 다르지만 동일한 극복의 논리이다.
불트만의 분석처럼, 신약성서의 '종말론적'(eschatological) 선포는 하나님의 '초월성'
(transcendence)이라는 케리그마를 표현한 일종의 '신화론적'(mythological) 세계관의
그릇일 수 있다. 종말과 내세는 동일한 초월성의 논리 혹은 케리그마를 다른 범위(세계
혹은 개인)에 적용한 것이다. Rudolf Bultmann, *Jesus Christ and Mythology* (New York:
Charles Scribner's Sons, 1958), 18. 종교사회학자 막스 베버의 초대교회 분석에 따르면,
"재림(*parousia*)이 지연됨에 따라 이 세계 안에서의(in) 미래적 종말은 이 세계 너머의
(beyond) 희망으로 변하는 독특한 경향성을 보였다. 따라서 강조점은 내세(afterlife)로
옮겨지게 된 것이다." Max Weber, *The Sociology of Religion* (Boston: Beacon Press, 1991),
139.

I. 소크라테스와 '영혼의 이주'

소크라테스는 국가의 신들을 믿지 않은 무신론자라는 죄명으로 독배를 마시고 죽음을 기다릴 때, 플라톤을 포함해서 그를 둘러싸고 슬퍼하는 벗들을 위해 함께 죽음에 대한 철학적 재평가를 하자고 제안한다. 소크라테스에 따르면, "사람들은 죽음을 두려워하며, 죽음이 가장 커다란 악이라고 확신한다."[2] 하지만 "진정한 철학자는 반은 이미 죽은 자이다"고 생각했던 소크라테스는 그러한 사람들의 상식이 전혀 확실하지 않다는 것을 점검하도록 권고한다.[3] "죽음이란 사실 인간에게 일어날 수 있는 가장 커다란 축복이 아닌지 아무도 죽음에 대해 모르기 때문이다."[4] 죽음은 둘 중의 하나일 것이라고 소크라테스는 제안한다. 죽은 자는 아무런 의식도 지니지 않게 되는 상태, 곧 '무화無化'(annihilation)의 상태가 되거나 아니면 '이곳에서 다른 곳으로의 영혼의 이주'(μετοίκησις τῇ ψυχῇ, a migration of the soul)를 경험할 것이다.[5] 소크라테스는 피타고라스주의자들과 관련하여 윤회를 통한 '영혼의 반복적 출생들'(πολλάκις γιγνομένην ψυχὴν, many rebirths of soul)을 언급하기도 했다.[6] 죽음이 단지 끝이 아니라면, 이 세상에서의 불의와 부정의는 다른 세상에서는 바로 잡힐 것이다. "이른바 우리의 정의라는 지배를 벗어나 다른 세계에 도착할 때, 그곳의 재판정을

---

2 Plato, *Apologia*, 29a.

3 Plato, *Phaedo*, 64b.

4 Plato, *Apologia*, 29a. "죽음이 악(an evil)이라고 가정하는 것은 우리가 실수한 것이다." *Ibid.*, 40c.

5 *Ibid.*, 40c.

6 Plato, *Phaedo*, 88a.

다스리는 참된 심판자들을 만나게 될 것이다."7 이것이 어쩌면 소크라테스의 신정론이다.

II. 구약성서와 부활

내세의 신정론이 지닌 논리는 현세의 늦어지고 지연되는 정의에도 불구하고 '무덤 너머의 삶'을 희망하고 거기에 의지하는 것이다.8 현세의 고통은 내세의 보상으로 극복될 수 있다는 것이다. 성서와 유대교 전통에는 이러한 내세에 대한 몇몇 생각들이 존재한다. 기독교가 성립될 당시에 유대교 내부에서 종교적 주류와는 다른 내세와 부활에 관한 생각이 강조된 것은 "주전 165년의 마카비 반란(Maccabean revolt) 도중 순교한 자들", 곧 의로운 순교자들의 운명에 대한 고려가 한 중요한 원인으로 작동한 결과인 듯하다.9 르낭Ernst Renan의 말처럼, "바로 순교자들의 피가 두 번째 생명이라는 믿음에 대한 진정한 창조자였다."10 에녹과 엘리야의 승천 이야기, 에스겔과 이사야와 다니엘의 환상, 지혜서 등이 관련하여 언급될 수 있을 것이다.

에녹과 엘리야의 승천 이야기는 죽음이 인간에게 불가피한 운명이 아니며, 몇몇 예외적 사람들은 죽음을 경험하지 않을 수도 있었다는 것을 보여준다: "에녹이 하나님과 동행하더니 하나님이 그를 데려가시

---

7 Plato, *Apologia*, 40e-41a.

8 James L. Crenshaw, *Defending God: Biblical Responses to the Problem of Evil* (Oxford: Oxford University Press, 2005), 149ff.

9 Crenshaw, *Defending God*, 20.

10 *Ibid.*, 151에 인용된다.

므로 세상에 있지 아니하였더라"(창 5:24). 엘리사는 스승 엘리야가 죽지 않고 수레를 타고 승천하는 것을 보았다: "여호와께서 오늘 당신의 선생을 당신의 머리 위로 데려가실 줄을 아시나이까"(왕하 2:3).

죽음을 피한 몇몇 예외적 개인들의 승천뿐 아니라 집단적인 부활과 이스라엘 민족의 회복에 대한 환상을 에스겔(37장)과 이사야는 보기도 한다. "이미 죽은 당신의 백성이 다시 살 것입니다. 그 시체들이 다시 일어나고 땅 속에 누워 있는 자들이 깨어나 기뻐 뛸 것입니다. 땅은 반짝이는 이슬에 흠뻑 젖어 죽은 넋들을 다시 솟아나게 할 것입니다"(사 26:19). 다니엘서는 부활 신앙의 구약성서에서의 정착을 보여준다.

> 그 때에 네 민족을 호위하는 큰 군주 미가엘이 일어날 것이요 또 환난이 있으리니 이는 개국 이래로 그 때까지 없던 환난일 것이며 그 때에 네 백성 중 책에 기록된 모든 자가 구원을 받을 것이라. 땅의 티끌 가운데에서 자는 자 중에서 많은 사람이 깨어나 영생을 받는 자도 있겠고 수치를 당하여서 영원히 부끄러움을 당할 자도 있을 것이며 지혜 있는 자는 궁창의 빛과 같이 빛날 것이요 많은 사람을 옳은 데로 돌아오게 한 자는 별과 같이 영원토록 빛나리라(단 12:1-3).

또한 지혜서는 "지상의 통치자들이여, 정의(δικαιοσύνη)를 사랑하라"는 말로 시작할 만큼 신정론의 문제를 정의와 직접 관련시킨다(1:1). 놀랍게도 저자는 하나님이 '죽음'을 창조하지 않으셨다고 한다.

> 하느님은 죽음을 만들지 않으셨고 산 자들의 멸망을 기뻐하시지 않는다. 하느님은 모든 것을 살라고 만드셨으며 세상의 모든 피조물은 원래가

살게 마련이다. 그래서 피조물 속에는 멸망의 독소가 없고 지옥은 지상에서 아무런 힘도 쓰지 못한다. 덕스러운 자들은 지옥을 모르며 의인은 죽지 않는다(지혜서 1:13-15).

하나님이 죽음의 저자가 아니라면, 저자는 누구인가? 지혜서는 죽음을 일종의 의인화가 가능한 악인들의 '벗'이라고 부른다(1:16). 나아가 죽음과 악마 사이의 관계도 제안한다: "죽음이 이 세상에 들어온 것은 악마의 시기 때문이니, 악마에게 편드는 자들이 죽음을 맛볼 것이다"(2:24). 어떤 경우든 지혜서는 짧은 인생과 영원한 죽음을 슬퍼하는 것은 어리석은 자의 표시라고 지적한다: "우리 인생은 짧고 슬프다. 수명이 다하면 별수 없이 죽는다. 지옥에서 돌아온 사람을 아무도 본 적이 없다. 우리가 이 세상에 태어난 것도 우연이었고 죽고 나면 태어나지 않았던 것이나 마찬가지다"(2:1-2). 반면에 의로운 자는 죽음과 지옥의 운명에서 벗어나 새로운 내세를 가질 것으로 지혜서는 희망한다.

의인들의 영혼은 하느님의 손에 있어서 아무런 고통도 받지 않을 것이다. 미련한 자들의 눈에는 그들이 죽은 것처럼 보이고 그들이 이 세상을 떠나는 것이 재앙으로 생각될 것이며 우리 곁을 떠나는 것이 아주 없어져 버리는 것으로 생각되겠지만, 의인들은 평화를 누리고 있다. 사람들 눈에 의인들이 벌을 받은 것처럼 보일지라도 그들은 불멸의 희망으로 가득 차 있다. 그들이 받는 고통은 후에 받을 큰 축복에 비하면 아무것도 아니다. 하느님께서 그들을 시험하시고 그들이 당신 뜻에 맞는 사람들임을 인정하신 것이다(3:1-5).

무엇보다도 지혜서에서 흥미로운 것은 의인의 때 이른 죽음이 하나님의 숨겨진 뜻 때문에 일어난 것이라고 해석한다는 점이다. 에녹이나 엘리야 같이 죽음을 겪지 않고 바로 하나님과 함께하는 축복을 얻은 사람들도 있지만, 반면에 자신의 수명을 다하지 못하고 일찍 죽는 의인도 있다. 여기에 대한 하나님의 이유는 미래의 범죄를 미리 예방하기 위함이라는 것이다.

> 의인은, 제 명을 다하지 못하고 죽더라도, 안식을 얻는다. … 하느님께서는 그가 악에 물들어서 바른 이성을 잃지 않도록, 또 그의 영혼이 간교에 넘어가지 않도록 그를 데려가신 것이다(4:7-11).

> 짧은 세월 동안 완성에 도달한 그는 오래 산 것과 다름이 없다. 그의 영혼이 주님의 뜻에 맞았기 때문에 주님은 그를 악의 소굴에서 미리 빼내신 것이다(4:13).

> 일찍 죽은 의인이 살아 남은 악인들을 단죄하며 젊은 나이에 죽은 의인이 오래 산 악인을 부끄럽게 만든다. 사람들은 현명한 사람이 죽는 것을 보고도, 그에 대한 주님의 계획을 깨닫지 못하고 주님이 그를 안전한 곳으로 데려간 이유를 모른다. 그들은 현명한 사람이 죽는 것을 보고 비웃겠지만, 오히려 그들이 주님의 조소를 받을 것이다(4:16-18).

이처럼 지혜서의 저자는 죽음이 절대적인 끝이 아니며, 장수하는 삶이 반드시 유익한 것도 아니라고 한다. 진정한 행복과 불멸은 하나님과 동행하는 지혜의 삶이기 때문이다. "의인들은 영원히 산다"(5:15).

"불멸은 하느님 곁에서 살게 한다. 그러므로 지혜를 원하는 사람은 하느님 나라로 인도된다"(6:19-20). 현세의 짧은 수명은 전혀 하나님의 의로우심에 대한 도전이 될 수 없으며, 따라서 저자에게 신정론의 프로젝트는 지극히 당연하기에 불필요한 노력으로 보이기까지 한다. "모든 사람을 보살피는 하느님은 주님 외에는 따로 없다. 그러므로 주님께서 사람을 불의하게 심판하시지 않았다는 것을 증명할 필요는 없다"(12:13).

III. 예수와 두 '아이온'

기독교의 내세관은 예수에 근거한다. 예수는 하나님의 나라를 하나님의 주권적 정의가 실현된 상태라고 가르쳤을 뿐 아니라, 다가오는 새로운 시대, 곧 현재의 세상을 넘어서는 미래의 시대로 보기도 하였다.

부활(ἀνάστασις, resurrection)이 없다고 주장하는 사두개인 중 어떤 이들이 와서 물어 이르되, 선생님이여 모세가 우리에게 써 주기를 만일 어떤 사람의 형이 아내를 두고 자식이 없이 죽으면 그 동생이 그 아내를 취하여 형을 위하여 상속자를 세울지니라 하였나이다. 그런데 칠 형제가 있었는데 맏이가 아내를 취하였다가 자식이 없이 죽고 그 둘째와 셋째가 그를 취하고 일곱이 다 그와 같이 자식이 없이 죽고 그 후에 여자도 죽었나이다. 일곱이 다 그를 아내로 취하였으니 부활 때에 그 중에 누구의 아내가 되리이까. 예수께서 이르시되, 이 세상(αἰὼν οὗτος, this aeon)의 자녀들은 장가도 가고 시집도 가되 저세상(αἰών ἐκεῖνος, that aeon)과 및 죽은 자 가운데서 부활함을 얻기에 합당히 여김을 받은 자들은 장가 가고 시집 가는 일이 없으며 그들은 다시 죽을 수도 없나니 이는 천사와 동등이요 부활의 자녀로서 하나님의 자녀임이라. 죽은 자가 살아난다는 것은 모세도 가시나무 떨기에 관한 글에서 주를 아브라함의 하나님이요 이삭의 하나님이요 야곱의 하나님이시라 칭하였나니 하나님은 죽은 자의 하나님이 아니요 살아있는 자의 하나님이시라. 하나님에게는 모든 사람이 살았느니라 하시니(눅 20:27-38).[11]

우리는 위의 본문에서 예수의 사후 세계, 곧 '저세상'에 대한 생각을 발견할 수 있다. "부활이 없다"고 주장하는 어떤 사두개인이 제시한 칠 형제와 아내의 논쟁은 부활이 일처다부제一妻多夫制를 정당화하는 것인가라는 물음을 예수에게 제시한 것이다. 여기에 대한 예수의 대답은 다가올 세계에는 부활도 있고 사후 세계도 있지만, 결혼과 죽음은 존재하지 않는다는 것이다. 저세상에서 결혼뿐 아니라 죽음도 없는 이유는 결혼, 출생, 죽음이 함께 발생하기 때문이다. 결혼이라는 이 세상의 제도는 저세상의 질서에서는 존재하지 않는다. 따라서 저세상에서 인간들은 천사들과 같아서 죽지도 결혼하지도 않는다고 예수는 대답한다.

예수의 사후관의 핵심을 이루고 있는 것이 '세상'으로 번역된 '아이온'(αἰών)이라는 용어이다. 이것은 일종의 시간 개념 혹은 더 적절하게는 시공간 개념으로 '한 존재의 기간'(a period of existence), '생애'(life-

---

11 마태복음 22:23-32; 마가복음 12:18-27.

time), '시대'(age) 혹은 '세대'(generation) 등을 가리킨다.[12] 예수는 부활이 지금의 아이온과 미래의 아이온, 이 세상과 저세상 사이를 이어주는 다리와 같다고 본 것이다. 당시 사람들이 '부활'과 '저세상'의 관계에 대해 어떻게 생각하였는지 살펴보도록 하자.

유대교의 전통적인 사후 세계관을 보면, 대다수가 부활을 부정하는 반면에 몇몇 소수는 부활을 긍정한다. 이미 위에서 언급했듯 사두개인들은 "부활이 없다"는 입장을 취할 뿐 아니라, 부활이 없기에 저세상도 없다고 보았다. 반면에 바리새인들은 부활이 있다고 보았고 또한 바리새파 출신의 기독교인 바울도 사후의 부활을 주장하였다.[13] 바울은 "주 예수를 다시 살리신 분이 예수와 함께 우리도 다시 살리시고 여러분과 함께 우리를 그분 곁에 앉히시리라"라고 말한다(고후 4:14). 바울의 부활 주장에 대해 사두개파 사람들이 매우 반대하였다고 사도행전은 보고한다.

그 의회에 사두가이파와 바리사이파 두 파가 있는 것을 알고 바울로는 거기에서 큰소리로 이렇게 외쳤다. "형제 여러분, 나는 바리사이파 사람이며 내 부모도 바리사이파 사람입니다. 내가 이렇게 재판을 받고 있는 것은 우리 바리사이파 사람들이 믿는 대로 나도 죽은 자들의 부활에 대한 희망을 가지고 있기 때문입니다." 바울로가 이런 말을 하자 바리사이파와 사두가이파 사이에 분쟁이 일어나 의회는 갈라지고 말았다. 사두가이

---

12 Liddell and Scott, *Greek-English Lexicon* (Oxford: Clarendon Press, 1995), 25, "αἰών".
13 주후 100년경에 집필된 것으로 추정되는 제2 바룩(2 Baruch)도 내세를 주장한다. "만일 모든 이가 소유한 이 세상만 유일하게 존재하는 것이라면, 이것보다 더 쓰디쓴 것도 없을 것이다"(21:13). Anti Laato and Johannes C. de Moor eds., *Theodicy in the World of the Bible* (Leiden and Boston: Brill, 2003), 494에 인용된다.

파는 부활도 천사도 영적 존재도 다 없다고 주장하는 사람들이고 바리사이파는 그런 것이 다 있다고 믿는 사람들이었던 것이다(행 23:6-8).

이처럼 우리는 당시 바리새인들과 기독교인들은 공통적으로 부활과 사후 세계를 믿었다는 것을 알 수 있다. 다만 차이들도 존재한다. 바리새인들은 부활을 믿었지만, 모든 사람의 일반적 부활이 아니라 오직 의인들의 부활만 가능할 것으로 생각한 듯하다. 이러한 선택적 부활 사상은 예를 들어 『미쉬나 산헤드린』(Mishnah Sanhedrin, c.190-c.230) 10장에 매우 구체적으로 표현되고 있다. 여기에 따르면, '모든 이스라엘 사람들'은 부활 후 '다가올 세상'에 참여할 것이다. 반면에 다가올 세상에서 배제되는 집단들은 다음과 같다: "죽은 자의 부활이 토라에 기초한 가르침이 아니라고 말하는 자", "토라가 하늘에서 온 것이 아니라고 말하는 자", "에피쿠로스주의자들", "이단적 책들을 읽는 자", "상처에 대고 '내가 애굽 사람에게 내린 모든 질병 중 하나도 너희에게 내리지 아니하리니 나는 너희를 치료하는 여호와임이라'(출 15:26)고 속삭이는 자", "하나님의 이름을 철자 그대로 발음하는 자", "여로보암, 아합, 므낫세의 세 왕들", "발람, 도엑, 아히도벨, 게하시의 네 평민들", "홍수의 세대", "지면에 흩어진 세대", "소돔의 사람들", "광야의 세대", "고라의 후손", 아시리아에 의해 유배당한 북이스라엘의 "열 개 부족".14

예수는 일반적 부활과 선택적 부활 중 어떤 것을 가르친 것일까? "저 세상과 및(καί, and) 죽은 자 가운데서 부활함을 얻기에 합당히

---

14 Laato and Moor eds., *Theodicy in the World of the Bible*, 721-724.

여김을 받은 자들"(20:35)이라는 예수의 표현 자체는 '부활'과 '저세상' 이라는 두 주제를 한꺼번에('및') 말하고 있기에 몇몇 경우들을 상정할 수 있다.

(1) 일부만 부활하여, 그 일부만 내세를 가지는 경우이다(selective resurrection, selective afterlife).

(2) 일부만 부활하여, 몇몇은 내세를 가지고 나머지는 심판받는 경우이다 (selective resurrection, selective afterlife & punishment).

(3) 모두가 부활하여, 몇몇은 내세를 가지고 나머지는 심판받은 경우이다 (general resurrection, selective afterlife & punishment)

(4) 모두가 부활하여, 모두가 내세를 가지는 경우이다(general resurrection, general afterlife).

첫 번째의 경우는 "죽은 자 가운데서 부활함을 얻기에 합당히 여김을 받은 자들"만 부활하여 그들만 복된 '저세상'에 참여하는 것이다. 부활하지 못한 자들은 흙으로 남게 된다. 두 번째의 경우는 합당한 자와 추가적으로 극히 흉악한 악인들만 부활하여 그중에서 합당한 자들은 내세에 참여하고, 나머지 악인들은 영원한 지옥의 심판을 받는 것이다. 여전히 부활하지 못한 자들은 흙으로 남게 된다. 세 번째 경우는 모두가 부활하여 일부만 내세에 참여하고, 나머지는 심판받는 것이다. 아무도 흙으로 남지 않게 된다. 마지막의 경우는 모두가 부활하여 일정 기간의 사후의 징벌과 정화의 시간을 거친 후 결국은 모두가 복된 내세에 참여하는 것이다.

마샬. Howard Marshall 은 예수가 여기서 첫 번째 입장을 가진 것으로,

곧 본문의 "죽은 자 가운데서 부활함"이 예수가 이미 앞에서 언급한 "의인들의 부활(14:14)을 뜻한다"라고 주장한다.15 하지만 본인은 이러한 증거만으로 부활과 내세에 대한 예수의 가르침을 확정할 수는 없을 뿐 아니라, 예수가 세상과 악인에 대해 "마지막 날에 저를 심판하리라"(요 12:48)고 한 것을 생각한다면 결론에 개방성을 두어야 한다고 본다. 마지막 날의 심판을 받으려면 죄인들도 부활해야 하기 때문이다. 어떤 경우든 예수는 '이 세상'(this aeon)에서, 죽음 다음에, 부활을 통해, '저세상'(that aeon)으로 삶이 시공간적으로 이어질 것이라고 가르쳤다고 결론을 내릴 수 있다. 사후 세계에 들어가는 길이 중간의 죽음과 부활이다.

IV. 오리게네스의 만유회복설

현세의 고통과 죽음은 내세로의 부활에 의해 교정된다. 혹은 앞에서 본 것처럼 에녹이나 엘리야 같은 몇몇 특수한 경우는 죽음을 겪지 않고 내세로 옮겨지는 축복을 얻는다. 어떤 경우든 그때는 더 이상 '악의 희생자'와 '악의 가해자'는 없을 것이라고 오리게네스는 생각했다.

오리게네스[Origen]는 마지막 종말에 악마까지 포함해서 모든 만물이 결국 하나님에게로 되돌아가게 될 것이라고 주장한다. 그는 자신의 만유회복설萬有回復說(apocatastasis)이 성서의 다음과 같은 텍스트들에 근거를 가진다고 보았다: 고린도전서 15:26-28, 로마서 5:17과

---

15 I. 하워드 마샬, 『루가복음 (2)』 (서울: 한국신학연구소, 1984), 505.

11:36, 빌립보서 2장, 요한1서 4:8 그리고 무엇보다도 결정적인 사도행전 3:21이 그것이다.16 여기에 근거해 오리게네스는 하나님이 종말, 곧 '만물을 회복'(ἀποκατάστᾰσις πάντων, restoration of all, 행 3:21) 하실 때 악마조차도 하나님의 피조물로서의 자신의 원래 모습을 회복하게 될 것이며, 만유는 하나님 안에 존재하게 될 것이라고 보았다. 악마에 대해 오리게네스는 이렇게 말한다:

> 최후의 원수를 파괴하는 것은 이런 방식으로 이해될 수 있다. 하나님이 만드신 그의 실체가 파괴되는 것이 아니라, 하나님이 아닌 자신에게서 유래하는 악의적인 목적과 의지가 종말에 이를 것이다. 따라서 그는 존재하기를 그친다는 의미에서 파괴되는 것이 아니라, 더 이상 원수와 죽음이 아니라는 뜻에서 파괴되는 것이다.17

종말의 때에 악마는 스스로 가지게 된 악마로서의 성격을 잃게 되고 다시 하나님이 원래 부여한 천사로서의 성격을 회복하게 될 것으로 오리게네스는 본다. 그의 만유회복설은 악마가 절대적으로 사악하고 구원받을 수 없는 존재라고 본 영지주의에 대한 논쟁을 통해서 발전되어진 것이다.

---

16 Jeffrey Burton Russel, *Satan: The Early Christian Tradition* (Ithaca: Cornell University Press, 1981), 144-145 각주 107.

17 Russel, *Satan*, 145에 인용된다.

V. 칸트와 영혼의 불멸성

임마누엘 칸트^{Immanuel Kant}는 '신정론'이라는 말을 "세계 안의 반^反목적
적인 것(das Zweckwidrige) 때문에 하나님의 지혜에 대해 제기하는
이성의 비난에 대항하여 창조주의 가장 높은 지혜를 옹호하는 것"이라
고 정의할 정도로 현세의 고통과 그 고통의 도덕적 함의를 깊게 성찰한
철학자이다.[18] 그의 『순수이성비판』은 인류의 역사가 가져온 세 가지
근원적 질문들에 대한 철학적 대답을 시도한 것이다.

    (1) 우리는 무엇을 알 수 있는가?

    (2) 우리는 무엇을 하여야 하는가?

    (3) 우리는 무엇을 희망할 수 있는가?[19]

"우리는 무엇을 알 수 있는가?" 첫 번째 질문에 대해 칸트는 별로
많지 않다고 대답한다. 특히 신의 존재와 영혼의 불멸성이라는 신학의
질문들과 관련해서 "우리는 그런 두 문제에 대한 지식에 결코 참여할
수는 없을 것이다"라고 그는 보았다.[20] 칸트에 따르면, "사변 신학은
(1) 존재 신학(ontotheology), (2) 우주 신학(cosmotheology) 그리고

---

18 Immanuel Kant, "On the miscarriage of all philosophical trials in theodicy," Kant,
    Religion and Rational Theology, trans. Allen W. Wood and George Di Giovanni
    (Cambridge: Cambridge UP, 1996), 24 (8:255).

19 Immanuel Kant, *Critique of Pure Reason*, trans. Werner S. Pluhar (Indianapolis and
    Cambridge: Hackett Publishing Company, Inc., 1996), 735 (A 805/B 833). "1. What can
    I know? 2. What ought I to do? 3. What may I hope?"라는 세 질문에 칸트는 『논리학』
    (*Logic*, Ak. IX, 25)에서 네 번째 질문 "인간은 무엇인가?"(What is the human being?)를
    추가한다.

20 Kant, *Critique of Pure Reason*, 736 (A 805/B 833).

(3) 물리 신학(physicotheology)으로 나누어진다."[21] 이러한 사변 신학들은 신의 존재를 이론적으로 증명하려 한다. 하지만 칸트는 그런 시도가 자신의 한계를 깨닫지 못하는 이성이 신앙의 영역을 침범하는 것이라고 비판한다. "따라서 나는 신앙(*Glaube*)의 공간을 만들기 위해 지식(*Erkenntnis*)을 지양止揚(*aufheben*)해야만 했다"고 칸트는 말한다.[22] 그는 숭엄한 하늘을 향한 지식이 아닌 다른 길을 택한 것이다. 칸트보다 앞서 루소는 『에밀』에서 한 사제가 젊은이에게 주는 충고에서 이렇게 말한 적이 있다:

> 하나님은 계셔야만 한다는 것, 그리고 그것을 당신이 결코 의심하지 않는다는 것을 항상 자신의 영혼이 바라도록 하시오. 어떤 결정을 하든, 종교의 진정한 의무는 인간의 제도와는 다른 것이라는 걸 기억하시오. 의로운 가슴만이 신성(Godhead)의 참된 성전입니다. … 우리의 도덕적 의무에서 우리를 떼어낼 종교는 없다는 것을 기억하시오. 그런 의무가 진정 본질적인 것이오.[23]

"의로운 가슴만이 신성의 참된 성전"이라는 이러한 루소의 도덕적 종교관은 칸트의 도덕 신학의 본질을 표현하는 것이기도 하다.

---

21 Immanuel Kant, "Lectures on the Philosophical Doctrine of Religion," *Religion and Rational Theology*, trans. by Allen W. Wood and Georgedi Giovanni (Cambridge: Cambridge University Press, 1996), 349 (28:1003).

22 Kant, *Critique of Pure Reason*, 31 (B xxx). 존재론적 신 존재 증명에 대해서는 *Ibid.*, 578(A 592/B 620) 이하, 우주론적 신 존재 증명에 대해서는 586(A 603/B 631) 이하, 설계로부터의 신 존재 증명에 대해서는 600(A 620/B 648) 이하를 참조하라.

23 James C. Livingston, *Modern Christian Thought*, vol. 1, second edition (Minneapolis: Fortress, 2006), 275-276에 인용된다.

"우리는 무엇을 하여야 하는가?" 칸트의 대답은 "당신이 행복하게 될 가치가 있게 만드는 행동을 하라"는 것이다.24 자유의 능력이 도덕성의 의무를 가지게 한다. 우리가 옳은 행동을 "할 수 있다"(can)는 자유의 능력은 우리가 그것을 "해야 한다"(ought)는 도덕적 의무를 필연적으로 수반하게 되는 것이다. 이처럼 자유의 능력과 도덕의 의무가 항상 온전히 일치한다면, 인간은 행복이라는 더없이 적합한 보상을 가질 것이다. 하지만 칸트조차도 '도덕의 체계'(the system of morality)가 '행복의 체계'(the system of happiness)와 불가분의 상응 관계를 가지지는 않는다는 것을 인정한다. 모든 인간이 항상 자신이 해야 할 도덕적 의무를 하지는 않기 때문이다.

> 감각적 세계 안에서의 우리 행동이 도덕적 세계라는 결과가 된다고 우리
> 는 가정해야만 한다. 하지만 감각적 세계는 그런 행복과 도덕성 사이의
> 연관관계를 지금 현재 제공하지는 않는다. 따라서 도덕적 세계가 우리에
> 게는 미래의 세계라고 가정해야만 한다. 이처럼 하나님(God)과 미래의
> 삶(future life)은… 우리에게 부여된 의무로부터 분리될 수 없는 두 전제
> 이다.25

"우리는 무엇을 희망할 수 있는가?" 미래의 삶, 곧 내세가 존재하기를 희망할 수 있다. 바로 도덕과 행복 사이의 현세적 불일치가 칸트의 세 번째 질문, 곧 신정론의 희망을 묻게 되는 이유이다. 우리는 도덕과 행복의 완벽한 일치를 희망한다. 우리는 이러한 일치를 실현할 주체로

---

24 Kant, *Critique of Pure Reason*, 738 (A 809/B 837).
25 *Ibid.*, 740 (A 811/B 839).

서 '하나님'을 희망한다. 우리는 이러한 일치가 이루어질 시간으로서 '미래의 삶'과 영혼의 불멸성을 희망한다. 요컨대 우리는 "하나님이 존재해야 하고, 미래의 세계도 존재해야 한다"고 희망한다.[26]

VI. 한국의 사상가들: 정약종과 신후담

한국의 유학자들은 기독교와 접하게 되면서 내세의 신정론에 대해서 상반된 태도를 보이게 된다. 가장 중요한 조선 최초의 기독교 지도자 중의 한 명이었던 정약종[丁若鍾](세례명 아우구스티노)은 내세에는 현세에 지연되고 있는 하나님의 정의가 온전히 완성될 것이라고 보았다. 곧 '세상에 상과 벌'이 아니라 '죽은 후를 기다려 상과 벌'을 하나님은 내리신다는 것이다.

> 천주 반드시 착한 이를 상 주시고, 악한 이를 벌하시니라. … 그러하면 어찌하여 이 세상에서 착한 자도 빈궁한 이 많고, 악한 자도 부귀한 이 많으냐? … 그런고로 세상에 상과 벌로는 사람의 선악을 갚을 길이 없나니라. … 이 세상에 착한 이도 혹 괴로움을 만나고 몹쓸 놈도 혹 즐거움을 얻음은 그 죽은 후를 기다려 상과 벌을 결단하시려 하심이니라.[27]

반면에 성호 이익의 문인이었던 신후담[慎後聃]은 기독교의 내세론과 천당 지옥설을 비판하였다. 그는 하나님이 의인을 상주고 악인을

---

26 *Ibid.*, 752-753 (A 828/B 856).
27 정약종, 『주교요지』, 하성래 감수 (서울: 성황석두루가서원, [1986] 2009), 39-42.

벌한다는 기독교의 인격주의를 유교의 우주적 원리주의에 비해 저등한 것이라고 평가한다. "'선행에 복을 주고 음란함에 화를 내린다(福善禍淫)는 설은 우리 유가의 책에도 있다. 그러나 이는 다만 '리理'를 가지고 말한 것이다."[28] 신후담이 여기서 말하는 출처는 『서경書經』, 「탕고湯誥」 3장이다. "하늘의 도(天道)는 선한 이에게 복을 주고 음란한 이에게 재앙을 내리시므로(福善禍淫) 하나라에 재앙을 내리시어 그 죄를 드러냈다"라는 것이다.[29]

신후담은 이러한 기독교의 인격주의에 기초한 보상론이 도교와 불교의 이기적인 종교심과 다르지 않다고 비판한다. 이에 반해 유교는 도덕적 행위 그 자체의 아름다움 외에 다른 보상을 기대하지 않는다는 것이다. "『시경詩經』에 '하늘이 뭇 백성을 내심에 사물이 있으면 반드시 그에 따른 법칙도 있게 하셨네. 백성은 떳떳한 성품을 가졌으니 아름다운 덕행을 좋아하네'라고 하였다. … (저들이 말하는) 영원히 살고자 하는 욕구에 이르러서는 비단 떳떳한 성품이 덕을 좋아하는 본성에 준거한 것이 아닐뿐더러 형기의 본성과 섞어 놓았으니, 역시 타당하지 않다. 그것은 다만 노장과 석가와 같이 후세에 사리사욕을 추구하는 무리로부터 나온 것으로 지금 그 나머지 이론을 주워 모아 사람의 본성이 오로지 영원한 삶과 진정한 복을 욕구하는 데 있다고 구구절절 견강부회한 것이다."[30]

마치 서양의 칸트주의가 주장한 정언명령(categorical imperative)처럼, 신후담은 옳음과 선의 추구는 나중의 보상에 대한 고려가 없는

---

28 신후담 지음/김선희 옮김, 『하빈 신후담의 돈와서학변』 (서울: 사람의무늬, 2014), 86.
29 같은 책, 86 각주 15.
30 같은 책, 121-122. 『시경』, 「대아」 "증민편" 참조.

절대적 명령이라고 보았다. 군자는 보상을 위해서 의로운 것이 아니다. 그는 의로움 자체를 위해서 의롭고, 선 자체를 위해서 선한 것이다. "이미 '지극한 즐거움이 있다'고 하고 또 '큰 이익이 있다'고 하며 또 '지극히 만족하다'고 하고 또 '지극히 편안하다'고 하며 또 '지극히 의롭다'고 하여 과장하고 펼치며 어지럽게 말해서 세상 사람의 마음을 속여 꾀어내고 있음을 감출 수 없다. 군자가 선을 행하는 것은 복을 받기 위함이 아니라는 것(君子爲善 非爲要福)은 앞에서 이미 논하였으니 지금 반드시 중첩하여 말할 필요가 없다."[31] 기독교인이 자신에게 주어질 보상 때문에 하나님을 섬긴다면, "그 공경은 진실한 마음誠心으로 공경하는 것이 아니라 하늘이 자기에게 복을 주기를 바라는 것일 따름이요, 그 사랑하는 것도 진실한 마음으로 사랑하는 것이 아니라 하늘이 자기에게 화를 내릴까 두려워해서일 뿐이다. 그 학문은 전적으로 이익을 바라는 마음利心에서 나온 것이므로 성현이 (상제를) 마주 대하듯 하는 일에 대해 더불어 논하기에 부족하다."[32]

따라서 신후담은 유교에서 인생의 고통이라는 문제는 내세의 보상으로 극복되는 것이 아니라, 군자로서의 삶의 태도를 잃지 않는 그 자체가 해결책이라고 본다. 그는 이탈리아 출신 예수회 선교사 마테오 리치Matteo Ricci의 『천주실의天主實義』가 불교와 마찬가지로 천당 지옥설과 영혼불멸설을 주장한 것이라고 해석한다. "(중국 선비의) 질문은 '이 세상의 일은 비록 나도 대략 알지만 죽음 후의 일은 어떠한지 아직 모른다'라고 하고, 그 (서양 선비의) 대답은 '현세의 고통과 수고로움을 마다하지 않고, 정신을 전념하여 도를 닦아 몸이 죽은 후의 영원한

---

31 신후담, 『돈와서학변』, 127-128 각주 98.
32 같은 책, 173.

안락을 도모한다'는 것이다. 이 한 구절에서 그 학문의 연원이 전적으로 이익을 바라는 마음[私心]에서 나왔으며, 불교의 왕생설과 더불어 탄망[誕妄]한 데로 귀착하고 있음을 알 수 있다."[33] "생각건대 이 편에서 불교의 윤회설을 배척한 것은 옳다. 그러나 불교가 전세[前世]에서 선악을 미루어 오는 것과 이들이 후세[後世]에서 화복을 지정하는 것은 현세[本世]를 떠나서 가공의 설을 만들었다는 점에서는 같다. 또한 이른바 후세의 화복이라는 것은 실제로는 불교의 천당 지옥설의 찌꺼기 이론을 사용한 것이니 이것으로써 윤회설을 배척한다면 아마도 불교의 웃음거리가 되지 않는 바가 거의 드물 것이다."[34]

이처럼 조선의 유학자 신후담은 가톨릭의 내세관을 도피주의와 이기주의로 보았다. 그러한 천주교의 천당 지옥설은 불교의 전생으로부터의 윤회설, 후생으로서의 천당 지옥설과 마찬가지로 허황한 것으로 유교의 현생에의 군자의 삶과 비교할 바가 못 된다는 것이다. 천주교가 불교를 극복하지 못하는 이유가 여기에 있다고 보았다. 반면 신유학자들은 유학의 이상을 고통에 일희일비하지 않는 군자의 상이라고 여겼다. 고통과 죽음을 영혼불멸설로 해결하려 하지 않고, 군자의 태도를 가지는 것으로 해결하려고 한 것이다. "유교 속에 스스로 낙지[樂地]가 있어 군자의 마음이 편안하여 때와 곳을 따라 일찍이 생사[生死]에 척척[戚戚]하지 않음을 모르는 것이라."[35] 유교에서 낙원은 군자의 마음속에 있는 것이다. 하지만 기독교 신앙이 형이상학적

---

33 같은 책, 140-141.

34 같은 책, 159.

35 박종홍, "서구사상의 도입 비판과 섭취," 아세아문제연구소 한국연구실 편집, 『실학사상의 탐구』 (서울: 현암사, 1979), 186. 신후담, 『돈와서학변』, 155 참조.

혹은 종교적 이기주의에 기초하고 있는지의 여부는 논외로 하더라도, 이기적 종교심의 여부가 그 종교가 주장하는 '사태에 대한 최종적 판단'의 기준이 되어서는 안 될 것이다. 또한 천주교의 사후관은 단지 종교적 '이심利心'으로만 볼 수는 없으며 또한 현세에서 실현되지 않은 정의正義에 대한 절박한 요구가 표현된 것이기도 하다. 내세는 누구에게 는 협박이지만, 또 누구에게는 희망이다.

VII. 시간의 너머에서?

내세가 있다고 가정하자. 마치 블랙홀의 내부를 우리가 탐사할 수 없는 것처럼, 내세에 대한 지식은 우리에게 허락되지 않기 때문이다. 그것이 신정론의 문제를 해결하는가? 행복한 결과는 고통스러운 과정 을 정당화하는가? 요컨대 내세가 현세를 정당화하는가?

러시아 민족의 영혼을 문학으로 표현한 도스토옙스키는 사후의 보상/징벌이 현세의 고통/범죄를 정당화할 수 있느냐는 질문을 이반 까라마조프의 입을 통해 이렇게 제기한다.

내겐 응보가 필요해, 그렇지 않으면 난 자멸하게 될 테니. 응보는 무한 속의 언제 어디선가가 아니라, 내가 직접 확인하기 위해서라도 지금 이 땅 위에 필요한 거야. 나는 그렇게 믿고 있고 또 보고 싶지만, 그 시간에 내가 죽고 없다면 나를 소생시켜주어야 할 거야. 만일 내가 없는 가운데 그것이 일어난다면 너무나 모욕적이기 때문이지. 나 자신의 악행과 고통 을 통해 누군가에게 미래의 조화를 안겨 주기 위해서 내가 고통을 겪었던 것은 아니니까. 난 사슴이 사자 곁에 누워 있고 피살된 자가 벌떡 일어나서 자신을 살해한 자와 포옹하는 장면을 내 눈으로 직접 목격하고 싶어. … 지상의 모든 종교는 그런 희망을 근거로 세워져 있는 것이고 나도 신앙을 가지고 있어. 하지만 그럴 경우 어린애들은, 그 애들을 어떻게 해야 좋을지 모르겠어. 그것이 내가 풀지 못하는 문제야. … 어째서 그 애들이 고통을 겪어야 하는지 전혀 이해할 수가 없어. 어째서 그 애들의 고통으로 조화의 대가를 치러야 하는 거냐? 어째서 그 애들이 밑거름이 되어서 누군가를 위한 미래의 조화를 이루어야 하는가 말이야? 인간들의 죄악 사이에 존재하는 연대성을 이해해. 응보의 연대성을 이해한다고. 하지만 아이들은 죄악과 아무 연관도 없어. 만일 진실로 그 애들이 자기 조상들의 악행과 연결되어 있다면, 물론 그런 진실은 이 세상의 것이 아니니 난 이해하지 못해. … 모든 사람이, 살아있는 자들과 이전에 살았던 자들이 천상과 지상 위에서 일제히 찬양의 목소리를 높여 "주여, 당신이 옳았나이다. 이는 당신의 길이 열렸기 때문입니다!"라고 할 때 우주가 얼마나 진동할 것인지 난 알고 있어. 그리고 그 어머니가 사냥개에게 자기 아들을 물려 죽게 한 가해자를 부둥켜안고 세 사람이 함께 눈물을 흘리며 "주여, 당신이 옳았나이다!"라고 절규할 때 이미 인식의 승리가 도래하고 모든 것이 해명될 수 있다는 것을 난 알고 있다고. 그러나 바로 여기에 장벽이 가로막고 있어서 난 그것을 용납할 수 없단 말이야. 내가 지상에 머무는 동안에 난 서둘러 나만의 조치를 취해야 하는 거야. … 그런 시간이 올지도 모르지만, 그때도 난 그렇게 외치고 싶지 않단 말이야. … 그리고 고상한 조화 따위는 완전히 포기하고 말겠어. 그런 것 따위는 자기 가슴을 주먹으로 두드리며 구린내 나는 화장실에서 보상받지 못할 눈물을 흘리며 '하느님 아버지'께 기도를 드린 그 고통받는 어린애의 눈물, 단지 그것 하나만의 가치도 없는 것 아니겠어! 정말 그럴 만한 가치가 없다고. 왜냐하면 그 애의 눈물은 보상받지 못한 채 버려졌기 때문이야. 그 애의 눈물은 보상받아야만 해. 그렇지 않으면 조화란 불가능할 테니. 하지만 너라면 무엇으로, 무엇으로 그걸 보상할 수 있겠니? 그게 정말 가능할까? 그 눈물에 대한 복수가 될 수 있을까? 내겐 그 눈물에 대한 복수도, 가해자들의 지옥도 아무 의미가 없어. 그들이 고통을 겪은 후에 지옥이 무엇을 고쳐 나갈 수 있겠니? 그리고 지옥이 있다면 조화란 있을 수 없는 거야. 난 용서하고 싶고 포용하고 싶어. 나는 더 이상 사람들이 고통을 겪는 것을 원치 않아. 그리고 만일 어린애의 고통으로 진리를 구입하는 데 필요한 고통의 모든 금액을 보충해야 한다면, 나는 미리 단언해 두는 바이지만, 진리 전체도 그만한 가치가 없다는 거야. 그리고 그 어머니가 사냥개들을 풀어 자기 아들을 물려 죽게 한 그 가해자를 포용하지도 않았으면 좋겠어! 그 어머니도 그자를 용서할 수 없을 테니까! 만일 용서하고 싶으면 자기 몫만 용서하면 되고, 어머니로서의 끝없는 고통에 대해서만 가해자를 용서하면 되는 거야. 그러나 그녀는 갈가리 찢겨 죽은 아이의 고통에 대해서는 압제자를 용서할 권리도 없고, 감히 용서할 수도 없는 거야. 그 애 스스로가 그자를 용서한다고 치더라도 말이야! 그런데 만일 그렇다면, 만일 그들이 용서할 수 없다면 조화란 어느 곳에 있을까? 그렇다면 이 세상에 용서할 수 있고 용서할 권리를 가진 사람은 존재하는 걸까? 나는 조화를 원치 않아. 인류에 대한 사랑 때문에 원치 않는단 말이야. 난 차라리 보상받지 못한 고통과 함께 남고 싶어. <비록 내 생각이 틀렸다고 하더라도> 차라리 보상받지 못한 고통과 해소되지 못한 분노를 품은 채 남을 거야. 게다가 조화의 값이 너무 비싸서 내 주머니로는 입장료를 도저히 지불할 수 없단 말이야. 그래서 나는 서둘러 입장권을 되돌려보내 주는 거야. 만일 내가 정직한 사람이라면 가능하면 빨리 그걸 돌려보내야 한다구. 나는 그렇게 생각하고 있어. 신을 받아들이지 않는다는 것이 아니야, 알료샤. 난 그저 입장권을 정중히 돌려보내는 것뿐이야.[36]

신을 거부하는 것과 신이 만든 세상을 거부하는 것은 다를 것이다. 도스토옙스키의 이반은 무신론자라기보다는 "인류에 대한 사랑 때문에" 신이 만든 세상을 거부한다. 그리고 고통과 악의 이유들에 대한 여러 대답, 곧 자유의지론과 응보의 심판론, 원죄론, 미학적 조화론, 내세론 등이 거부된 것이다. 이반의 논리에는 천국의 약속보다는 현실의 세계에서 민중의 고통을 덜어주고 연대하는 투쟁의 의무를 신학자들에 짊어지게 한 민중신학의 목소리가 묻어 있다.[37]

독일의 조직신학자 판넨베르크^{Wolfhart Pannenberg}는 이반의 항거를 정면에서 직면하면서 대답하고자 시도한다. 그는 『까라마조프 씨네 형제들』의 앞에서 언급된 이반의 항거와 천국에 대한 반대의 장면, 곧 아들과 어머니와 사냥개에게 자기 아들을 물려 죽게 한 가해자 세 사람이 천국에서 서로 끌어안고 "주여, 당신이 옳았나이다!"라고 외치는 장면에 대한 이반의 비판을 인용한 후 이렇게 말한다.

---

36 도스또예프스끼/이대우 옮김, 『까라마조프 씨네 형제들 (상)』 (파주: 열린책들, 2007), 434-436.

37 또한 마스 베버에 따르면, 죽음 이후 피안의 세계가 신정론의 궁극적 대답이 될 수 있다는 희망은 사회적 엘리트와 민중 사이에는 다른 모습으로 나타날 수 있다. 기독교 국가들의 왕과 귀족의 경우처럼, 지배 계급은 현실의 신분 구조가 신적인 질서를 반영하는 것과 마찬가지로 내세의 세계에서도 이러한 사회질서가 그대로 유지되기를 기대한다. 반면 인도의 최하층민의 경우처럼, 피지배층은 현실의 고통과 불의가 어떤 식으로든 내세에는 보상받고 교정되기를 바란다. Weber, *Sociology of Religion*, 141-142.

오직 악과 고통의 실제적인 극복(a real overcoming of evil and suffer-ing)만이 반대를 극복할 수 있다. 바로 기독교의 종말론이 희망하는 죽은 자들의 부활(the resurrection of the dead)만이 반대를 극복할 수 있다. 순전히 이론적인 신정론은 카를 바르트가 라이프니츠와 그의 18세기 동료들에 대해 제기했던 비판에 노출될 수밖에 없기 때문이다. 곧 그들은 현실의 어두운 그림자를 사소한 것으로 취급함으로 현실을 재해석하고자 한 것이다. 고통, 죄악 그리고 눈물은 악의 실제적 극복을 고함치며 요구한다. … 라이프니츠가 만들어 낸 고전적 형태의 신정론에서처럼, 신정론 문제에 대한 전통적 접근이 지닌 가장 심각한 결함은 우주의 기원(origin)과 하나님의 창조 사역이 가져온 우주의 질서(order)라는 관점에서 배타적으로 피조물을 향한 하나님의 옳으심을 증명할 수 있다고 보는 것이다. 그러한 접근은 예수 그리스도 안에서 이미 시작된 하나님의 구원의 행동의 역사와 종말론적 성취를 고려하지 못한다.[38]

현세의 고통은 내세의 보상을 통해 극복될 수 있는가? 현재의 악과 고통을 미래의 실제적인 부활과 내세가 극복할 수 있다고 판넨베르크는 주장한다. 반면에 미래의 종말 혹은 내세의 삶에 대한 고려가 제외된 전적으로 현재의 세계에 대한 배타적 관심은 어떠한 신정론도 구성하지 못할 것이라고 그는 본다. 오직 죽은 자들의 실제적인 부활만이 참된 신정론이라는 것이다. 우리는 미래에 실제적인 부활이 일어날 것을 아는가? 루돌프 불트만과 달리 판넨베르크는 "부활절 메시지(Easter message)는 부활절 사건(Easter event) 뒤에 뒤따라온 것이며,

---

38 Wolfhart Pannenberg, *Systematic Theology*, vol. 2, trans. Geoffrey W. Bromiley (Grand Rapids, Michigan: William B. Eerdmans Publishing Company, 1994), 164-165.

전자가 후자를 구성하는 것은 아니다"라고 주장한다.[39] 요컨대 판넨베르크에게 있어서 '하나님을 정당화하기'로서의 신정론은 종말에 가서야 완결될 수 있고, 그 이전의 모든 역사의 가운데서는 항상 문제로서, 곧 그의 유명한 '논쟁 가능성'(debatability)을 지닌 문제로서 남게 된다는 것이다.[40] 그때는 하나님의 옳으심이 최종적이고 불가역적인 방식으로 증명될 것이라는 논지이다. 하지만 정말 종말 혹은 내세가 대답을 제공하는가?

본인은 판넨베르크가 도스토옙스키를 바로 읽지 못했다고 본다. 그리고 내세가 현세를 보상하고, 부활이 죽음을 보상한다는 산수법을 거부한 이반의 도스토옙스키에 본인은 더 큰 공감이 간다. 매우 불경한 가정이지만 만약 본인이 하나님이라면, 만약 피조물을 창조할 수 있는 위치에 있다면, 절대로 자녀들을 죽였다가 다시 부활시키지는 않을 것이다. 보상으로 치유되지 않는 눈물도 있다. 부활로 치유되지 못하는 죽음도 있는 것이다.

메럴린 아담스Marilyn Adams의 사유가 여기서 도움이 된다. 고통과 보상이라는 두 가지의 수학적 무게 혹은 가치가 동일하다고 가정하자. 혹은 전자보다 후자가 비교할 수 없을 만큼 더 크다고 가정하자.

---

39 Pannenberg, *Systematic Theology*, vol. 2, 288. 반면에 불트만에 따르면, "부활에 대한 신앙은 실제로 십자가의 구원의 능력에 대한 신앙과 동일한 것이다. … 그리스도는 선포 안에서, 십자가에서 죽임을 당하고 다시 부활하신 분으로 우리를 만나신다. 그는 다른 어느 곳에서가 아니라, 바로 선포의 말씀 안에서 우리를 만나신다. 부활절 신앙은 바로 그것, 곧 선포의 말씀에 대한 신앙인 것이다." Rudolf Bultmann, *Kerygma and Myth* (New York: Harper Torchbooks, 1961), 39-42.

40 Wolfhart Pannenberg, *Systematic Theology*, vol. 3, trans. Geoffrey W. Bromiley (Grand Rapids, Michigan: William B. Eerdmans Publishing Company, 1998), 630-631. 또한 Pannenberg, *Systematic Theology*, vol. 2, 361도 참조하라.

이렇게 선과 악, 고통과 보상, 현세와 내세 사이의 신정론적 대차대조표를 아담스는 수학적 '균형잡기'(balancing-off)라고 부른다: "균형잡기의 관계는 산수적(arithmetical)이고, 덧셈적(additive)이다." 반면에 그녀는 이러한 수학적 계산의 방법을 넘어서서 위대한 예술가 하나님이 악을 미학적으로 '패배'(defeat)시킬 것이라고 주장한다.[41]

결국 판넨베르크의 종말론적 신정론은 균형잡기의 논리에 기초한다. 현세의 모든 고통의 길이, 강도, 양보다 부활을 통한 내세에서의 보상의 길이, 강도, 양이 동일하거나 더 많을 때, 그러한 우주적 구조 전체를 만든 하나님은 정당화될 수 있다는 논리이다. 이러한 형이상학적 수학이 조금이라도 가능하다고 가정한다면, 본인은 판넨베르크가 선하신 하나님을 논증하는 데 실패했다고 본다. 형이상학적 수학에서 부정적 경험은 항상 부정적 역할만을 하기 때문이다. 예를 들어 고통과 악이 '겨자씨 하나'만큼이라도 포함된 우주 A는 모든 조건이 같을 때 그것이 없는 우주 B보다 완전하지 못하다. 최소한 형이상학적 수학의 관점에서 우주 A는 선하신 하나님이 창조하실 수 있는 가능한 세계들 중 최상의 세계는 아니다.

이것은 인간의 인생과 운명이 수치화될 수 있고, 계량화될 수 있다는 전제에 기초한다. 그렇게 우리는 하나님의 바둑알 혹은 주판알처럼 계산될 수 있을까? 욥기에도 비슷한 균형잡기의 논리가 등장한다. 하나님이 사탄과 내기한다. 욥이 고난의 시험을 통해 잃어버린 모든 가축과 재산들과 자녀들에 대한 보상으로 하나님은 이전보다 더 많은 가축, 재산들, 자녀들을 욥에게 준다. 이것으로 문제가 해결되었는가?

---

41 Marilyn McCord Adams, *Horrendous Evils and the Goodness of God* (Ithaca and London: Cornell University Press, 1999), 21ff.

도스토옙스키가 묻고자 한 질문이 바로 이러한 해결책이 지닌 문제가 아니었을까? 공리주의자들의 '최대 다수의 최대 행복'이라는 논리를 뒤집어버리고, 99마리의 양보다 1마리의 잃은 양이 더 소중하다는 도무지 수학적으로 불가능한 계산법을 제시한 분이 바로 판넨베르크가 언급한 예수가 아닌가? 그렇다면 형이상학적 수학을 넘어서는 새로운 대안이 필요하다.

본인은 내세의 신정론 자체를 거부하려는 것이 아니라 그것에 대한 수학적 접근을 거부하고자 한다. 아담스를 따라 그리고 그녀 앞의 수많은 신학의 거인들을 따라 본인도 하나님의 아름다움의 창조가 악을 패배시키리라고 믿는다. 우주와 존재의 이야기를 써가며 하나님은 어두운 과정과 아름다운 결말을 집필해 나가고 있는 것이다. 그런 이야기를 우리는 배역들로서 나름대로 최선을 다해 연기하고 있다. 이러한 절대적 아름다움 자체의 아름다운 우주 만들기의 이야기를 아담스는 악을 포용하는 선의 승리, 곧 악의 '패배'(defeat)라고 부른다: "진정 부당하고 정의롭지 못한 공포(horror)는 결국 그것이 정의로 바뀜으로 패배하는 것이 아니라, 충분히 큰 선과의 관계 안으로 적합하게 x가 통합됨으로 패배하는 것이다. … 악의 부정적 가치가 명백하다는 우리 자신의 인식론적 확신을 존중하는 것이 악의 심각성을 우리가 올바로 평가하는 길이다."[42] 악은 생략되는 것이 아니라 극복되어야 패배에 이르는 것이다. 악마조차도 하나님의 자녀이다. 악이 패배하는 길은 아름다움이다.

---

42 Adams, *Horrendous Evils*, 29.

10 장

역사의 신정론

I. "세계의 역사가 세계의 재판정이다"

헤겔에 따르면, "세계의 역사가 세계의 재판정裁判廷이다"(*Die Weltge-schichte ist das Weltgericht*).[1] 물론 헤겔 이전에 셸링도 "역사가 신정론이다"고 말하였다.[2] 또한 그 앞에는 스피노자, 라이프니츠, 아우구스티누스 그리고 사도 바울도 하나님이 인류의 역사를 섭리하신다고 보았다. 하지만 헤겔의 역사적 신정론歷史的 神正論(theodicy of history)이 지닌 차별성은 내세적 신정론(afterlife theodicy)의 분명한 거부 그리고 이른바 '구체적 보편성'(concrete universal), 곧 섭리의 역사적 구체성에 대한 분석이라고 할 수 있을 것이다.[3] 우선 내세적 신정론에 대한 헤겔의 비판을 보도록 하자.

하나님은 역사를 합리적으로 섭리하신다. 역사 안의 섭리를 인식하는 것이 신정론으로서의 신학 · 학문 · 철학의 과제라고 헤겔은 보았다. 예나에서 자기 학생이었던 젤만Christian Gotthold Zellman에게 1807년 1월

---

1 헤겔은 쉴러(Schiller)의 시 <체념>에 나오는 이 구절을 G. W. F. Hegel, *Encyclopedia of Philosophy*, trans. G. E. Mueller (New York: Philosophical Library, 1959), 256 (*Heidelberg Encyclopaedia*, 448절); *Hegel's Philosophy of Mind, Being Part Three of the Encyclopaedia of the Philosophical Sciences*, trans. William Wallace (Oxford: Clarendon Press, 1971), 277 (548절); *Hegel's Philosophy of Right*, trans. T. M. Knox (Oxford: Clarendon Press, 1952), 216 (340절) 등에서 인용한다. 또한 G. W. F. Hegel, *Lectures on the Philosophy of World History, Introduction: Reason in History*, trans. H. B. Nisbet (Cambridge: Cambridge University Press, 1975), 66을 보라. Cf. Walter Kaufmann, *Hegel: Reinterpretation, Texts, and Commentary* (London: Weidenfeld and Nicholson, 1966), 265.

2 "History is a theodicy." Jean Hyppolite, *Genesis and Structure of Hegel's Phenomenology of Spirit*, trans. Samuel Cherniak and John Heckman (Evanstn: Northwestern University Press, 1974), 28에 인용된다.

3 이하는 손호현, 『아름다움과 악: 4권, 헤겔의 미학과 신정론』 (서울: 한들출판사, 2009), 70-82, "역사로서의 신정론"을 참고하라. '구체적 보편성'과 관련해서는 Hegel, *Lectures on the Philosophy of World History*, xi-xii 참조.

23일 쓴 편지에서 헤겔은 프랑스혁명을 성찰하며 그의 가장 초기의 그리고 어쩌면 가장 핵심적인 신정론에 관한 다음과 같은 진술을 한다.

오직 학문만이 신정론이다(*Die Wissenschaft ist allein die Theodizee*). 마치 제국의 운명이 언덕 하나를 점령하거나 점령하지 못한 것에 달려 있다는 듯이, 학문은 우리로 하여금 그렇게 동물 같은 우매한 경이로움으로 사건들을 보지는 않도록 만들며, 좀 더 영리하게 사건들을 순간의 우연이나 한 개인의 재능으로 돌리지도 않게 만든다. 학문은 부정의가 승리하거나 정의가 패배하였다고 슬퍼하지 않도록 만든다.[4]

나중에 헤겔은 『역사철학』 강의에서 세계의 역사 자체가 신정론이라는 주제로 다시 돌아온다. 여기서도 그는 세계사에 대한 철학적 해석, 곧 역사철학이 '신정론'이라고 말한다.

세계사는 그 연대기가 보여주는 모든 변화하는 사건들과 함께, 이러한 정신/영(*Geist*)의 발전 과정이며 실현이다. 이것이 참된 신정론(*Theodicaea*), 곧 역사 안에서의 하나님의 옹호(*die Rechtfertigung Gottes in der Geschichte*)이다. 오직 '이러한' 통찰만이 정신 혹은 영을 세계의 역사와 화해시킬 수 있다. 곧 이미 일어난 것과 오늘날 일어나는 것은 '하나님 없이' 된 것이 아닐 뿐만 아니라, 본질적으로 하나님 자신의 사역이다.[5]

---

4 Kaufmann, *Hegel*, 318. 전체 편지의 영문 번역으로는 Clark Butler and Christiane Seiler trans., *Hegel: The Letters*(Bloomington: Indiana University Press, 1984), 122-123을 참조하라. 독일어 원문으로는 Johannes Hoffmeister ed., *Briefe: Von und An Hegel*, vol. 1 (Hamburg: Meiner, 1952), 137-138을 보라.

5 G. W. F. Hegel, *Philosophy of History*, trans. J. Sibree (New York: P. F. Collier and Son,

우리는 이미 앞에서 사도 바울의 신정론 등을 통해서 하나님이 인류의 역사를 섭리하신다는 기독교 신앙을 살펴보았다. 그렇다면 바울과 헤겔은 어떻게 다른가? 바울은 하나님과 세계 사이 일종의 재판 상황을 제시한다(롬 3:4-5). "진노의 날(ἡμέρα ὀργῆς), 곧 하나님의 의로우신 심판이 나타나는 그 날"(롬 2:5)에 세계의 악함과 부정의는 온전히 극복될 것이며, 하나님의 궁극적인 정의가 실현될 것으로 그는 보았다. 바울에게 '진노의 날'은 종말론적 최후 심판의 날, 곧 일종의 미래적 희망이다.

반면 헤겔의 역사적 신정론은 단순한 의미에서의 종말론적 신정론을 거부한다. 위에서 인용했듯 '신정론'이란 역사 너머가 아닌 '역사 안에서의 하나님의 옹호'라고 그가 생각했기 때문이다. 하나님의 정의가 드러나야 하는 시공간은 내세가 아닌 현세이며, 천국이 아닌 인류의 역사라는 것이다. 세계사는 다양한 국가들 혹은 민족들의 흥망성쇠로 이루어진다. 그들은 자신들만의 방식으로 보편사普遍史에 공헌하면서 동시에 보편사에 의해 초월된다. 헤겔은 이러한 시간의 변증법, 곧 역사의 과정 전체를 하나님의 정의가 실현되는 보편적 현상이라고 해석한다.

> 어떤 단일한 민족도 인류 역사의 의미를 표현할 수는 없다. 보편적으로 이해된 역사는 개별적으로 이해된 역사에 대한 심판이기 때문이다. ("세계의 역사가 세계의 재판정이다.")[6]

1905), 569.
6 Hegel, *Encyclopedia of Philosophy*, 256.

역사를 제외하고 또 다른 어떤 추가적인 신정론의 재판정은 존재하지 않는다. 카우프만의 표현에 따르면, "이것이 유일하게 존재할 세계의 재판정(Weltgericht)이며, 이것 너머의 또 다른 심판은 없다."[7] 악에 대한 승리는 현재를 이탈하여 '먼 과거'의 에덴동산으로 소급되거나 혹은 반대로 '먼 미래'의 종말론적 심판으로 연기되어서는 안 된다고 헤겔은 생각한다.[8] 세계의 시공간적 탈신성화(脫神性化), 곧 '이 세계 안에 존재하는 유한자'와 '저 세계 안에 존재하는 무한자'라는 무한한 질적 차이의 이원론은 헤겔에 따르면 '오성의 가장 천박한 형이상학'일 뿐이다.[9] 세계 안에 무한자의 목적이 아직 성취되지 않았다는 이러한 이원론적 주장은 단지 '환상'에 불과하며, 그러한 환상 자체도 세계에 대한 우리의 관심을 일으키는 데 필요한 진리의 필연적이지만 제한된 한 단계이다.[10]

헤겔의 역사적 신정론은 내세의 신정론을 거부할 뿐 아니라, 이른바 동양적인 자연의 신정론도 거부한다. 그는 서양과 동양이 역사와 자연이라는 상이한 근본 가치를 주목한다고 생각했다. 물론 동물과 식물 안에 신성한 하나님이 완전히 부재하지는 않다. 하지만 그러한 자연의 신학은 역사의 신학에 비교할 때 중요성이 덜 하다는 것이다.

---

7 Kaufmann, *Hegel*, 265 (*Heidelberg Encyclopaedia*, 448절).

8 G. W. F. Hegel, *Phenomenology of Spirit*, trans. A. V. Miller (Oxford: Oxford University Press, 1977), 478 (787절).

9 G. W. F. Hegel, *The Encyclopaedia Logic: Part I of the Encyclopaedia of Philosophical Sciences with the Zusätze*, trans. T. F. Geraets, W. A. Suchting, and H. S. Harris (Indianapolis and Cambridge: Hackett Publishing Company, Inc., 1991), 151 (95절 진술 부분).

10 Hegel, *The Encyclopaedia Logic*, 286 (212절 추가 부분).

자연^{自然}(nature)은 세계사^{世界史}(world history)와 비교할 때, 단지 이차적인 중요성의 무대이다. 자연은 하나님의 생각(divine Idea)이 비^非개념적인 매개물 안에서 활동하는 장소인 반면에 영적인 영역이 그것의 온전하고 적절한 섭리이다. 다른 어떤 곳이 아니라 바로 세계사 안에서 그것이 가시적으로 드러나야 하는 것이다.[11]

동양의 '윤회'(metempsychosis) 사상에 따르면, "자연의 다시 깨어남은 단지 하나의 똑같은 과정의 반복이며, 동일한 순환이 끝없이 반복되는 지루한 연대기일 뿐이다."[12] 반면 서양은 세계사의 진보라는 변증법을 발견하였다. 헤겔의 역사 신학에 따르면, "지양^{止揚}(*Aufheben*)이란 사유의 활동으로서, 보존과 변화를 동시에 가리킨다."[13] 이런 이유에서 카를 뢰비트^{Karl Löwith}는 괴테의 이방적 · 자연주의적인 역사관과 헤겔의 서양적 · 기독교적인 역사관을 대조시킨다. 괴테는 역사의 경험적 과정에서 단지 일하고 있는 자연만을 볼 뿐이다.

왜 여기서 멈추지 않고, 헤겔은 다음과 같은 질문을 하는가: "어떤 궁극적 목적을 위해 이러한 엄청난 희생들이 다시 그리고 또다시 일어나야 한단 말인가?" 헤겔은 이러한 질문이 우리 사유 안에서 '필연적으로' 생겨날 수밖에 없다고 말한다. 하지만 운명에 대한 이교도적인 수용에 만족할

---

11 Hegel, *Lectures on the Philosophy of World History*, 38. '자연'과 '역사'에 대한 헤겔의 이러한 평가는 그의 『미학』에서의 '자연미'(自然美)와 '예술미'(藝術美)의 대조에서도 동일하게 발견된다: "예술의 아름다움은 자연보다 더 '고차원적인' 것이다. 예술의 아름다움은 '영에서 태어난, 그리고 다시 태어난' 아름다움이기 때문이다." G. W. F. Hegel, *Aesthetics: Lectures on Fine Arts*, trans. T. M. Knox (Oxford: Clarendon, 1975), 2.

12 Hegel, *Lectures on the Philosophy of World History*, 32-33.

13 *Ibid.*, 61.

수 없는 우리의 서양적 사유 안에서만 그러한 질문은 생겨나는 것이다.[14]

역사의 상처는 다른 곳에서 치유될 수는 없는 것이다. 역사가 준 상처는 내세 혹은 자연이 아니라 역사 안에서 치유되어야 하는 이유가 여기에 있다. 내세의 신정론에 대한 기독교적 희망에 대해 헤겔은 이렇게 말한다:

> 구원이란 또 다른 세계에서 이루어지는 미래적 목표이기에 이러한 [헤겔의] 구원의 개념은 자신들의 관심이 아니라며 반대할 수 있을 것이다. 하지만 그렇다고 하더라도 그러한 미래의 상황을 위한 준비를 위해서도, 여전히 우리는 이 세계 안에 남는 것이다.[15]

오히려 헤겔은 미래적 천국을 위해 현재적 역사를 버리는 것은 기독교의 성육신의 진리를 배신하는 것이라고 보았다. 세계사가 가져온 끔찍한 파괴와 눈물을 정당화할 수 있는 궁극적 목적이 무엇이든 그것은 역사 안의 목적이어야 한다. 세계의 역사는 다른 어떤 것으로 대체될 수 없는 하나님의 성육화 과정 그 자체이다.

14 Karl Löwith, *Meaning in History* (Chicago: The University of Chicago Press, 1949), 53. Cf. Hegel, *Lectures on the Philosophy of World History*, 69.

15 Hegel, *Lectures on the Philosophy of World History*, 149.

II. 아이와 노인

"하나님이 이성으로서 세계를 다스리신다"(*Gott die Welt als Vernunft regiert*)고 헤겔은 말한다.[16] 라이프니츠도 거의 동일한 진술을 한다: "사물들의 궁극적인 이성(*ultima ratio rerum*)이 '하나님'이라고 불린다."[17] 그렇다면 헤겔의 신정론과 라이프니츠의 신정론은 사실상 동일한 이론인가? 헤겔은 그렇지 않다고 생각한다. 역사 안의 이성 혹은 하나님의 섭리에 대한 신념은 이전에도 라이프니츠뿐만 아니라 스피노자, 쉴러, 셸링 등에서도 발견된다.[18] 하지만 이들의 신정론은 섭리

---

16 G. W. F. Hegel, *Lectures on the Philosophy of Religion, Volume 1: Introduction and The Concept of Religion*, ed. Peter C. Hodgson (Berkeley: University of California Press, 1984), 130-131: "The expression "God rules the world as reason" would be irrational if we did not concede that among the peoples nothing is higher than religion [and that it is] the divine spirit that has accomplished everything in them." 그의 유사한 진술들도 참조하라. Hegel, *Lectures on the Philosophy of World History*, 27: "reason governs the world, and ... world history is therefore a rational process"; Hegel, *Lectures on the Philosophy of World History*, 35: "I refer, of course, to the religious truth that the world is not a prey to chance and external, contingent causes, but is governed by providence. ... For divine providence is wisdom, coupled with infinite power, which realises its ends, i.e. the absolute and rational design of the world; and reason is freely self- determining thought, or what the Greeks called 'nous.'" *The Encyclopaedia Logic*, 56 (24절 추가 부분 1).

17 G. W. Leibniz, "Principles of Nature and Grace, Based on Reason" (1714), § 8, *G. W. Leibniz: Philosophical Essays*, trans. Roger Ariew and Daniel Garber (Indianapolis and Cambridge: Hackett Publishing Company, 1989). 라이프니츠의 이른바 '가능한 세계들 가운데 최고의 세계'(the best of all possible worlds)의 신정론, 곧 하나님이 지닌 '최고 의 규칙'(the rule of the best) 때문에 하나님은 '악조차 허용한다는 생각에 대해서는 G. W. Leibniz, *Theodicy: Essays on the Goodness of God, the Freedom of Man and the Origin of Evil* (Chicago and La Salle: Open Court, 1990), 138을 참조하라.

18 라이프니츠에 대해서는 Hegel, *Lectures on the Philosophy of World History*, 42-43, 셸 링과 스피노자에 대해서는 Hyppolite, *Genesis and Structure of Hegel's Phenomenology of Spirit*, 29를 참조하라.

의 보편성을 세계의 구체적인 역사적 사건들에 대한 분석으로 발전시키지 못한 추상적인 형이상학적 일반론에 머무른다고 헤겔은 비판한다. "이러한 섭리에 대한 일반적인 신앙은 구체적이지 못하고, 전체, 곧 세계의 사건들의 전체 과정에 대한 구체적인 적용을 결핍한다."[19] 우리는 추상적 보편성과 구체적 보편성 사이의 이러한 헤겔의 구분을 '아이'와 '노인'에 대한 그의 다음의 진술을 통해 이해할 수 있을 것이다.

> 절대 이념(absolute Idea)은 아이였을 때 고백했던 동일한 종교적 진술들을 다시 나이가 들어서 고백하는 노인에 비교될 수 있다. 하지만 노인은 그 진술들 안에 자신의 전체 삶의 무게와 중요성을 담고 있다. 비록 아이가 그 종교적 내용을 이해하였다고 하더라도, 그것은 아직 자신의 전체 인생과 전체 세계의 바깥에 놓여 있는 어떤 것으로 그 아이는 여길 수 있을 뿐이다.[20]

다시 말해 라이프니츠와 이전의 신정론자들은 마치 하나님의 섭리에 대한 구체적이고 명확한 지식 없이 단지 "알지 못하는 신에게 제단을 쌓은 아테네인들"과 같은 입장일 뿐이다.[21] 그들에게 하나님의 세계 섭리는 아직 증명되어야 하는 '전제前提'에 불과하지만, 헤겔은 모든 자연적 생명의 자연사와 정신적인 생명의 세계사에 대한 학문적 인식을 통해 그러한 전제를 '증명證明'하려고 한다.[22] 이러한 사유의

---

19 Hegel, *Lectures on the Philosophy of World History*, 35.
20 Hegel, *The Encyclopaedia Logic*, 304 (237절 추가 부분). 또한 *Science of Logic*, 58을 참조하라.
21 Hegel, *Lectures on the Philosophy of World History*, 212.
22 *Ibid.*, 27.

과제라는 관점에서 볼 때 '신앙과 지식의 이분법'은 공허한 것이라고 헤겔은 본다. 왜냐하면 인식은 "오직 그것이 지니는 구체적인 것들에 대한 보다 상세한 지식의 측면에서만 신앙과 다를 뿐이다."[23] 비록 아쉽게도 몇몇 신학자들은 역사 안의 하나님에 대한 학문적 앎의 추구라는 과제를 포기하였지만, 이러한 경향성에 대항하여 헤겔은 자신이 기독교 종교의 내용을 철학적으로 방어하고 있다고 생각했다. 헤겔에 따르면, "단지 하나님을 사랑하는 것뿐만 아니라, 하나님을 아는 것이 우리의 지고한 의무이다."[24]

최근 우리는 어떤 유형의 신학들에 대항하여 철학이 종교의 내용을 방어해야만 하는 시점에까지 도달하였다. 앞에서 말했듯이 섭리의 계획을 헤아리려고 시도하는 것은 교만한 일이라는 말을 우리는 종종 듣는다. 그것은 하나님에 대한 지식을 획득하는 것이 불가능하다는 생각, 이제는 거의 보편적으로 받아들여져서 공리가 되어버린 생각의 직접적인 결과이다. 신학 자체가 그렇게 절망적인 상황에 놓여 있을 때, 우리는 하나님에 대해 배우고자 한다면 철학 안에서 피난처를 찾아야 한다. 이성이 그러한 지식을 획득해야 한다고 주장하는 것은 오만하다는 비난을 종종 받는다. 하지만 참된 겸손은 모든 것 안에서, 특히 세계사世界史의 극장에서 하나님을 인식하고 경배하는 바로 그것이라고 말하는 것이 더 정확할 것이다.[25]

---

23 Ibid., 42.

24 Ibid., 36.

25 Ibid., 37. 또한 G. W. F. Hegel, Lectures on the Philosophy of Religion, Volume 3: The Consummate Religion, ed. Peter C. Hodgson (Berkeley: University of California Press, 1985), 162 참조. 카우프만은 베를린대학에서 헤겔이 슐라이에르마허 등의 신학자들

III. 자유의 진보를 바라보는 부엉이

행복이 아니라 자유가 성장하는 땅이 역사다. "세계사는 자유의 의식이 진보하는 것이며, 그 진보의 필연성을 이해하는 것이 우리의 과제다"라고 헤겔은 말한다.26 또한 정치적 자유에 대한 의식이 동양, 그리스와 로마 그리고 마침내 독일에 와서 점차적으로 확장되었다는 그의 주장은 잘 알려져 있다. 동양인들은 "한 명만 자유롭다"라고 여겼고, 그리스와 로마 사람들은 "몇몇이 자유롭다"라고 생각했지만, 독일 개신교인들은 "모두가 자유롭다"라는 것을 안다고 헤겔은 말한다.27

헤겔이 의미하는 자유는 형식적인 선택의 자유 그 이상의 것이다. 두 반대되는 경우들 사이의 선택 가능성으로서의 자유는 사실 위장된 경험적 필연성일 뿐이다. 우리는 이것이냐 저것이냐 하는 필연성에 의해 절대적으로 구속되기 때문이다. 이러한 형식적 자유는 진정한 자유에 아직 도달하지 못했다. 어떤 반대도 단지 서로에게 외재적인 것으로 남지 않도록 그러한 반대 자체를 극복하는 것이 참된 자유이기 때문이다.

> 자유는 이른바 두 반대 사이에서의 선택이라는 자유론을 우리는 완전히
> 거부해야만 한다. 만약 +A와 -A가 주어질 때 +A '혹은' -A를 선택하는
> 것이 자유라면, 그것은 이러한 '이것이냐 혹은 저것이냐'에 절대적으로

에 대항하여 하나님의 섭리를 옹호해야 한다고 생각하였다고 해석한다. Kaufmann, *Hegel*, 265. 계몽주의가 신앙을 세속으로부터 분리하는 바로 그때, 오히려 헤겔은 '기독교 신앙의 세속화'로서 자신의 종교철학을 시도하였다고 칼 뢰비트는 분석한다. Löwith, *Meaning in History*, 57.

26 Hegel, *Lectures on the Philosophy of World History*, 54.

27 *Ibid.*, 54-55.

종속되기 때문이다. 이러한 선택의 가능성과 같은 것은 단지 경험적 자유 (empirical freedom)에 불과하다. 경험적 자유는 거기에 공통적인 경험 적 필연성과 사실 동일한 것으로, 거기에서 완전히 분리될 수는 없다. 오히려 자유란 +A 혹은 -A라는 반대의 부정 혹은 반대의 이상성(die Negation oder Idealität der Entgegengesetzten)이다. 둘 중 어느 것도 "존재하지 않는다"는 가능성의 추상이다.[28]

세계사 안의 정치적 자유의 확장에서 헤겔은 더 깊은 의미의 자유, 곧 경험적 자유를 넘어선 절대적 자유가 확장되는 것을 본다. 진정한 자유는 거울의 변증법, 곧 이성 자체이다. 자유의 가장 깊은 의미는 헤겔에게 이성의 의미와 상통한다. "자유는 어떤 객관적 존재를 단지 외재적인 것으로 소외시킴이 없이 그것을 자기 자신에게 관계시키는 것을 의미하기 때문이다."[29] 헤겔은 자신의 자유론을 앞의 형식적 자유론과 이렇게 대조시킨다.

자유가 자신을 단지 +A로만 구체화하지 않고 (긍정적으로 혹은 부정적 으로) -A와 +A를 함께 통합할 때, 자유는 비로소 자유이다. 이러한 두 구체적인 입장의 통합을 통해 두 입장은 파괴된다: +A -A = 0. ⋯ 절대 자유(absolute freedom)는 이러한 대립 너머에 존재하는 것이다. 그것 은 어떠한 고정된 입장, 어떠한 외부성 너머에 존재하는 것이다. 그렇기에 절대 자유는 어떤 강요에도 종속될 수 없다. 강요란 어떤 실재성도 가지지

28 G. W. F. Hegel, *Natural Law: The Scientific Ways of Treating Natural Law, Its Place in Moral Philosophy, and Its Relation to the Positive Sciences of Law*, trans. T. M. Knox (Philadelphia: University of Pennsylvania Press, 1975), 89.

29 Hegel, *Lectures on the Philosophy of Religion*, Vol. 3, 171.

않게 된다.[30]

헤겔에게 있어서 세계사의 궁극적 목적은 이러한 대립 너머의 자유를 인식하는 역사 내 이성의 성장이다.[31] 이러한 헤겔의 자유론을 본인은 사변적 자유(speculative freedom)의 이론이라고 부른다.

하지슨[Peter C. Hodgson]은 헤겔의 '절대'(absolute)라는 말의 사용법이 '사면하다, 해방하다, 산포하다'(absolve) 등을 의미하는 라틴어 동사 '아브솔베레'(absolvere)에서 기인한다고 해석한다. 곧 헤겔에게 절대적 하나님이란 해방하는 관계적 하나님이라는 것이다.

> 형용사와 명사 '절대'(absolute)는 라틴어 동사 '아브솔베레[absolvere]'에서 유래한다. 그것은 '~으로부터 풀어주다' 혹은 '해방하다'를 의미한다. 일반적으로 헤겔은 '절대'라는 용어를 (모든 한계 혹은 관계로부터 '해방된'[absolved] 절대성이라는) 자동사적(intransitive) 용례가 아니라, 그것과 반대되는 ('해방하는'[absolving] 절대자라는) 일종의 타동사적(transitive) 용례를 따라서 사용한다. 예를 들어 『종교철학강의』(3: 292)에서 헤겔은 '절대'를 '풀어줌'(*entlassen*; releasing)의 행동과 관련시킨다. 실존하는(existing) 존재들은 절대자의 바깥에 서는 것(*existere*; stand out)이며, 절대자 자신은 '바깥에 서는'(exist) 것이 아니라, 실존을 바깥에 풀어줌, 곧 실존함의 힘을 수여하는 것이다. 따라서 헤겔에게 있어서 절대자는 근원적으로 관계적 개념이며, 영/정신도 본질적으로 사회적 개념이다.[32]

---

30 Hegel, *Natural Law*, 90.

31 Hegel, *Lectures on the Philosophy of World History*, 55.

헤겔의 사변 철학은 일종의 거울 철학이다. 하나님은 자신의 타동사적 절대성을 역사 안에서 행동으로 실현시키는 근원적으로 관계적 존재, 곧 거울적 존재이기 때문이다. 여기서 거울을 뜻하는 라틴어 '스페쿨룸*speculum*'의 어근에서 파생한 사변思辨(speculation)이란 말도 역사라는 외부적 거울 속에서 하나님 자신을 드러내는 과정, 곧 타자 속에서 자아를 발견함으로써 주체와 객체의 대립적 소외 혹은 부정을 다시 부정하는 이성의 해방하는 힘을 뜻한다. 타자 속에서 자신을 재인식하는 정신 혹은 영이 바로 사변적 의미에서의 자유인 것이다. 이처럼 자유란 부정의 부정, 곧 이중 부정으로서의 사변적 이성을 의미한다. 주체는 실체 속에서 자신을 다시 발견하게 되고, 따라서 종래의 자유와 필연성이라는 저급한 반명제는 자신의 대립적 고정성을 상실하게 된다. 이러한 이성의 진리에 대한 인식이 곧 자유의 본질이다.33

종교적 언어로 말해서 사변적 자유는 세계가 하나님과 화해된다는 것을 가리키며, 그러한 화해는 신성한 하나님의 존재의 한 단계 혹은 순간으로서의 정신/영의 자유의 공동체를 통해서 이루어진다. 종교적 위안이 사변적 인식으로 발전할 때, 기독교는 절대적 위안의 종교가 되는 것이다.

우리가 이런 방식으로 해석할 때, 위안의 관점은 또 다른 보다 고차원의 의미를 획득하게 된다. 그리고 이런 의미에서 기독교 종교는 '위안의

---

32 Peter C. Hodgson, *God in History: Shapes of Freedom* (Nashville: Abingdon Press, 1989), 62.

33 "따라서 바로 이 필연성의 진리가 자유이며, 실체의 자유가 개념이다." Hegel, *The Encyclopaedia Logic*, 232 (158절).

종교', 나아가 '절대적 위안의 종교'로서 이해되어야 하는 것이다. 우리 모두가 알고 있듯이, 하나님이 모든 사람이 구원받도록 원하신다는 교리를 기독교는 가지고 있다[딤전 2:4]. 그것은 주체성이 절대적 가치를 가진다는 뜻이다. 더 정확하게 말해서 기독교 종교의 위로하는 힘은 하나님 자신이 절대적 주체성으로 알려진다는 사실에 있다. 그리고 이러한 절대적 주체성은 그 자신 안에 개체성의 단계를 포함한다는 사실에 있다. 따라서 '우리의' 개체성도 단지 추상적으로 부정되는 것이 아니라 또한 동시에 보존되는 어떤 것으로 인식될 수 있다.[34]

낙원과 역사의 도구적인 분리와 상호적 소외의 상처는 하나님의 세계 안으로의 성육화를 통해서만 치유될 수 있다. 하나님은 성육화를 통해 세계와 그 속의 개별적 존재들을 자신의 신성한 존재의 한 구체적 단계로서 삼는다. 다시 말해 이러한 하나님의 성육화 · 구체화 · 개체화를 통해 우리 인간의 개체성은 일종의 보편성을 획득하게 되는 것이다. 기독교의 진리는 인간이 주인이든 노예이든 자신 속에서 하나님의 형상, 곧 구체적 보편성의 존재를 발견하는 것이다. 기독교가 자유의 종교라고 말하는 뜻이 여기에 있다. "기독교 종교는 절대적 자유의 종교이며, 오직 기독교인들에 의해서만 인간은 그 자신의 무한성과 보편성 안에서 중요하게 인식된다."[35] 신성한 주체와 인간 주체의 상호 인식은 거울 철학의 핵심을 이루며 또한 기독교가 절대적 자유의 종교인 이유이기도 하다.

요컨대 오직 철학이 주는 위안은 자유라는 거울이다. 고난과 악의

---

34 *Ibid.*, 223 (147절 추가 부분).
35 *Ibid.*, 240-241 (163절 추가 부분1).

존재 한가운데서 위안이란 역사 안에서의 자유의 인식을 가리킨다. 그것은 즉자적 위로라기보다는 삶의 황혼이라는 거울 앞에 선 노인의 자유에 가깝다.

> 철학이 회색빛 위에 회색빛을 덧칠할 때, 비로소 철학은 자신의 늙은 모습을 가지게 된다. 회색빛 위에 회색빛을 덧칠하는 것을 통해서 철학은 다시 젊어질 수는 없으며 단지 이해할 수 있게 되는 것이다. (미네르바의 부엉이는 황혼이 저물어야 그 날개를 편다.)[36]

IV. 십자가와 장미

헤겔의 역사적 신정론은 역사의 십자가 안에 핀 이성의 장미를 꺾는 일이다. 십자가에서 장미를 꺾는다는 것은 세계의 고통 안에서 이성으로서의 하나님의 섭리를 발견하는 인식이다. 헤겔의 이러한 세계사에 대한 신학적 변증은 맹렬한 논란을 불러일으켰다.

> "이성적인 것은 현실적이며, 현실적인 것은 이성적이다"(*Was vernünftig ist, das ist wirklich; und was wirklich ist, das ist vernünftig*). … 만약 성찰, 느낌, 혹은 주관적 의식의 어떤 형태이든 현재를 단지 공허한 어떤 것으로 보고 이른바 보다 우월한 지혜의 눈을 가지고 현재

---

36 Hegel, *Philosophy of Right*, 13. 이것은 괴테의 『파우스트』에 나오는 메피스토펠레스의 말을 암시한다: "My worthy friend, grey are all theories / And green alone life's golden tree." *Faust*, trans. Bayard Taylor, I. iv. 509-14.

너머를 바라보려 한다면, 그러한 주관적 의식은 단지 자기 자신을 공허 (허영, *Eitelkeit*) 속에서 발견할 뿐이다. … 일단 그것이 인정된다면, 위대한 과제는 시간적이고 순간적인 것의 드러남 속에 내재하고 있는 실체를 이해하는 것이고 현존하는 영원성을 이해하는 것이다. (사유와 동일한 의미를 지닌) 합리성이란 그 자신의 현실화 과정과 함께 동시에 외재적 존재 안으로 들어오기 때문에 합리성은 무한하게 풍부한 형태, 모양, 양상을 가지고 등장하게 된다.[37]

『엔치클로페디』에서 분명하게 밝히듯 헤겔은 역사 속에서 일어나는 무엇이든지 '현실적'이라고 여기지는 않는다. 우리가 일반적으로 현실적 세계라고 여기는 것은 더 엄밀한 헤겔의 논리적 표현을 따른다면 "오직 부분적으로 양상(appearance)이며, 부분적으로 현실성(actuality)"이다.[38] 달리 말해 헤겔이 합리적인 것과 현실적인 것의 동일성을 주장할 때, 일반적으로 사람들이 현실적이라고 여기는 "모든 뇌파의 생각, 실수, 악(*das Böse*) 등등"을 합리적이고 현실적인 것이라고 옹호하는 것은 아니다.[39] 모순어법처럼 보이지만 헤겔에 따르면, 악은 분명 존재하지만 현실적인 것이 아니다. 비이성적인 악은 객관적

---

37 Hegel, *Philosophy of Right*, 10 (서론). 또한 *The Encyclopaedia Logic*, 29 (6절 진술 부분)에도 첫 줄이 인용되고 있다. 공허 혹은 허영을 가리키는 동일한 말 '*Eitelkeit*'가 또한 헤겔에 의해 도덕적 악의 뿌리로서 묘사되었던 점을 주목하라. 예를 들어 *Philosophy of Right*, 92-103 (139-140절); *Philosophy of Mind*, 23 (386절). 공허 혹은 허영이란 아름다운 영혼의 불행한 의식을 가리키는 것이다. 역사 너머에 대한 자신의 단순한 염원에 머물며 아름다운 영혼은 역사 속으로 '자신을 외화시킬 힘'을 결핍하고 있다. Hegel, *Phenomenology of Spirit*, 399-400 (658절).

38 Hegel, *The Encyclopaedia Logic*, 29 (6절).

39 *Ibid.*

사실로 분명 존재하면서도 그 진정한 사변 철학적 의미에서는 현실적이라고 말할 수 없다는 것이다. 유일한 현실성은 하나님, 곧 역사 내 이성이다.

다시 말해 현실성은 십자가 안의 장미, 곧 역사 내 이성을 가리킨다. 하나님은 역사를 십자가로 짊어짐으로써 그 안에서 이성의 장미를 꽃 피운다. 신정론, 곧 학문의 과제는 하나님의 세계와의 이러한 존재론적 연대성의 진리를 논증하는 것이다. 학문의 가장 지고하고 궁극적인 목적은 "한편으로 자기 자신을 의식하는 이성(*selbstbewußten Vernunft*)과 다른 한편으로 존재하는 이성(*seienden Vernunft*) 혹은 현실성(*Wirklichkeit*) 사이의 화해를 가져오는 것"이다.[40] 하지만 "이성, 곧 현재의 십자가十字架 한가운데의 장미薔薇를 꺾기 위해서는 누구도 먼저 그 십자가 자체를 짊어져야 한다."[41] 이처럼 현실성과 비본질적 양상이 공존하는 역사의 갈보리 언덕 위에서 이성의 장미를 꺾는 것은 사유하는 노동의 부정성, 곧 '세계 역사의 엄청난 노동'을 우리에게 요구하게 된다.[42]

---

40 *Ibid.*

41 Hegel, *Lectures on the Philosophy of Religion, Volume 2: Determinate Religion*, ed. Peter C. Hodgson (Berkeley: University of California Press, 1987), 248 n. 45. 이 부분의 각주에서 헤겔의 '십자가와 장미'의 이미지에 대해 하지슨은 다음과 같은 설명을 제공한다. "이 유명한 메타포는 한가운데 검은 십자가가 있고 그것을 붉은 심장이 품고 있으며 다시 그것을 하얀 장미가 감싸고 있는 루터의 문장(紋章)과 또한 성 안드레의 십자가와 네 개의 장미를 자신들의 문장으로 사용한 17세기의 비밀 조직이었던 장미십자회(Rosicrucians)에 의해 헤겔에게 제시된 것이 분명하다(cf. Hegel, *Werke* 17:277, 403). 이성은 현재의 십자가 가운데 있는 장미이다. 이성이 현실적이고 얼핏 보기에 비이성적인 것의 한가운데 존재하는 이상적이고 합리적인 것을 드러내기 때문이다. 이성을 '꺾기' 위해서는 우리는 현실적인 것을 짊어지고, '지금 현재'에 세계 안에 주어진 것에 대해 주목해야만 한다. 하지만 그렇게 하는 데 있어서의 어려움과 고통 때문에 이상적인 것을 과거나 혹은 미래로 옮기려는 유혹이 항상 존재한다"(*ibid.*).

이성이 현재의 십자가 안에 있는 장미라는 것을 인식하는 것 그리고 그렇게 함으로 현재를 즐거워하는 것, 바로 이것이 우리를 현실적인 것과 화해시키는 이성적인 통찰이다. 내면의 목소리가 일어나서 이해하도록 명령하고, 주체적인 자유를 유지하면서도 실체적인 것 안에 거주하도록 명령할 뿐만 아니라 또한 어떤 구체적이고 우연적인 것 안에만이 아니라 절대적으로 존재하는 것 안에 머무르면서도 동시에 또한 주체적인 자유를 소유하도록 명령하는 바로 그 사람들에게 철학은 이러한 화해를 선물한다.[43]

그것이 가능한 이유는 노동과 죽음의 부정성을 하나님이 먼저 피하지 않으셨기 때문이다. "우리의 하나님은 우주의 빈 공간에서 완전히 초탈하게 살아가는 에피쿠로스주의자의 하나님이 아니기 때문이다."[44] 그렇기에 역사의 보다 고요한 자리로 자신을 피신시키기보다 헤겔도 무시무시한 사형 교수대와도 같은 역사의 한복판에서 정신과 영의 희망 없는 슬픔과 항거를 직시하고자 한다.[45] 수사학적 과장 없이 정직하게 바라보는 어떠한 관찰자도 "역사란 행복이 성장하는 땅은 아니다"라는 것을 우리에게 말해줄 것이다.[46]

이러한 상황에서 우리는 두 가지 선택에 직면하게 된다. 한편으로 우리는 역사란 전적으로 무의미하고 불행하다고 여길 수 있다. 이것도 하나의 길이다. 역사의 의미 없음에 대한 이러한 인식이 우리에게

---

42 Hegel, *Phenomenology of Spirit*, 17 (29절).

43 Hegel, *Philosophy of Right*, 12 (서문).

44 Hegel, *Lectures on the Philosophy of World History*, 210.

45 *Ibid.*, 69.

46 *Ibid.*, 79.

일종의 항거로서의 위안을 주기도 한다. 그것은 바로 우리 시대의 많은 이들이 선택한 반신정론反神正論(anti-theodicies)의 길이다. 의미를 구성함으로 의미 없는 슬픔을 기만하지 않으려는 의미의 거부이다. 하지만 어쩌면 우리는 반신정론의 길을 걸으며 동시에 저 너머로부터 도래하는 어떤 의미를 암묵적으로 기다리는 것은 아닐까? 그렇다면 다른 한편으로 우리는 역사 안에서 악의 존재에 대한 해석학적 의미 구성을 보다 적극적으로 수행하도록 선택할 수도 있을 것이다. 헤겔은 이러한 두 길의 선택을 각각 '위안慰安의 길'과 '철학哲學의 길'이라고 대조한다.

> 과거의 사건들이 전적으로 몹시 불행한 일이며 어떠한 의미도 없다는 인상을 우리가 가진다면, 우리는 이러한 생각 속에서 말하자면 일종의 위안을 발견할 수 있다. 하지만 위안이라는 것은 단지 처음부터 일어나지 말았어야 할 불행에 대한 보상으로 받게 되는 어떤 것일 뿐이다. 그러한 위안은 유한한 사물들의 세계에 속하는 것이다. 반면 철학은 위안의 수단은 아니다. 그것은 그 이상의 것이다. 왜냐하면 철학은 모든 분명한 부정의한 것들로 가득한 현실을 변모시켜서 현실을 합리적인 것과 화해시키는 것이기 때문이다. 철학은 현실이 사유 자체에 기초하고 있으며, 그러한 현실 속에서 이성이 성취된다는 것을 보여준다. 이성 안에 바로 신성함이 존재하기 때문이다. 이성의 근본적인 내용은 신성한 사유이며, 이성의 본질은 하나님의 계획이다.[47]

우리가 역사를 이해하기를 거부하거나 혹은 미래에 그 의미가

---

47 *Ibid,* 67; Hegel, *The Encyclopaedia Logic,* 221-224 (147절 추가 부분).

확연히 드러나기를 수동적으로 기다린다면, 지금의 현재는 단지 인식불가능한 것으로 남게 될 뿐이다. 미래의 천국이 현재의 역사와 분리되어 존재할 때, 그러한 천국은 역사의 상처를 지울 수는 없다. 헤겔은 그러한 세계의 궁극적인 도구화를 거부한다. 역사는 결코 천국의 도구가 되어서는 안 된다. 이런 의미에서 "자신이 위안받도록 버려두어서는 안 되는 형태의 고난들도 존재하며", 정신과 영은 개인들과 역사의 '유용성'이라는 이러한 도구적 관점에 대항하여 스스로 항거하여야 한다고 헤겔은 보았다.[48] 이러한 위안 대신 "철학은 우리가 현실의 세계가 당위적인 것이라는 사실을 이해하도록 도와야 한다."[49] 단지 외적이고 우연적인 역사라는 생각에 대한 헤겔의 비판은 신성한 하나님의 삶의 순간들 혹은 단계들이 지닌 역사적 필연성에 대한 헤겔의 강조라는 맥락에서 이해되어야 할 것이다.[50] 역사의 상처는 오직 역사 안에서 영/정신의 자유를 통해 지워지는 것이다.

V. "하나님의 섭리는 절대적인 교활함을 가지고 일한다"

헤겔은 역사 안의 개인들이 종종 섭리의 수단 혹은 이성의 도구로서 희생된다고 본다. 교활한 이성이라는 헤겔의 이런 생각이 역사 바깥에 남아 있으며, 자신은 전혀 상처받지 않은 채 역사를 인형극처럼 조종하는 하나님이라는 신학적 견해를 옹호하는 것처럼 보이기도 한다.[51]

---

48 Hegel, *Lectures on the Philosophy of Religion*, Vol. 1, 202 n 48.

49 Hegel, *Lectures on the Philosophy of World History*, 66.

50 Hegel, *Lectures on the Philosophy of Religion*, Vol. 1, 199, 202-203.

헤겔은 '이성의 교활함'을 이렇게 설명하고 있다:

> 이성은 강력한 힘을 지녔을 뿐만 아니라 교활하다. 이성의 교활함(*die List der Vernunft*)은 일반적으로 중재의 활동에 있다. 이성은 그 자신의 대상들이 그것들의 고유한 본질에 따라 서로가 서로에게 행동하고 서로가 서로를 소진하도록 내버려 두면서도 이러한 과정에 그 자신을 섞음이 없이 오직 '이성' 자신의 목적만이 실행되도록 한다. 이런 의미에서 우리는 세계와 세계의 과정에 관련하여 하나님의 섭리는 절대적인 교활함을 가지고 일한다고 말할 수 있다. 하나님은 인간들로 하여금 자신들의 고유한 열정과 관심에 따라 자의적으로 행동하도록 하지만, 그 결과는 '하나님' 자신의 의도가 성취되는 것이며 하나님이 사용한 개인들이 직접적으로 관심했던 것과는 다른 어떤 것이 성취되는 것이다.[52]

마치 세계사는 하나님의 거대한 신학적 인형극에 불과한 듯한 인상을 준다. 그렇기에 카우프만은 헤겔의 교활한 이성 개념을 미국 프린스턴대학교의 파인 홀Fine Hall 벽난로에 새겨져 있는 아인슈타인의 진술에 비교하기도 한다: "주님 하나님은 교활하지만, 비열하지는 않다"(*Raffiniert ist der Herr Gott, aber boshaft ist er nicht*; God's sly, but he ain't mean).[53] 여기서 우리는 역사와 인형극의 유비가 지니는 부정적 함의들을 인정해야 한다. 교활한 이성의 인형극에서 개인은

---

51 Hegel, *Lectures on the Philosophy of World History*, 89.

52 Hegel, *The Encyclopaedia Logic*, 284 (209절 추가 부분); idem, *Science of Logic*, 746-747. 하지슨은 하나님의 섭리의 '교활성'이라는 헤겔의 생각이 이미 아우구스티누스에게서도 잠재적으로 발견된다고 평가한다. Hodgson, *God in History*, 51.

53 Kaufmann, *Hegel*, 265.

전체를 위해 희생되는 듯하다. "개인들이 받는 상처를 되돌아보기 위해 이성이 멈출 수는 없으며, 구체적인 목적들은 보편적 목적 속으로 침몰해야만 하는 것이다."[54]

그럼에도 불구하고 본인은 단지 손쉬운 헤겔 비판도 피해야 하는 두 가지 이유를 동시에 분명히 하고자 한다. 첫째로 헤겔은 결코 하나님의 섭리를 역사의 외부적 통제로 묘사한 적이 없다. 섭리는 항상 역사 내적으로 활동한다. 하나님은 역사 바깥에서 개인들이라는 인형에 묶인 실을 당기며 조종하는 것이 아니라는 뜻이다. 오히려 하나님은 항상 역사의 십자가 안에서 활동하며, 인간의 열정과 그것을 이용하는 신성한 섭리를 '세계 역사라는 직물을 이루는 날실과 씨실'이라고 헤겔은 부른다.[55] 또한 『정신현상학』에서 헤겔은 이성의 교활함을 '바쿠스의 축제'에 비유하기도 한다.[56] 여기서 참가자들 하나하나는 술에 취해 잠이 들지만, 축제의 술자리 그 자체는 평온하게 남게 된다는 것이다. 하지만 축제 자체라는 것도 참석자들의 존재 없이는 애당초 불가능하다. 이처럼 이성도 역사 너머의 존재라기보다는 역사로부터 분리될 수 없는 존재, 곧 역사 속의 '조용하고도 신비로운 내적 과정'이다.[57]

둘째로 하나님의 섭리는 결코 기계적인 예정이 아니라고 헤겔은 보았다. 기계적인 예정은 인간의 자유를 거스르며 잔혹하게 활동하지만, 하나님은 인간의 자유의 내적 필연성을 통해서 유기적으로 활동하

---

54 Hegel, *Lectures on the Philosophy of World History*, 43.

55 *Ibid*, 71.

56 Hegel, *Phenomenology of Spirit*, 27-28 (47절), 33 (54절).

57 Hegel, *Lectures on the Philosophy of World History*, 33.

기 때문이다. 이런 맥락에서 위에서 인용된 헤겔의 『엔치클로페디』 209절의 추가 부분을 해석하며, 루카스^{George R. Lucas}는 이성의 교활함이라는 헤겔의 생각과 하나님의 설득 혹은 유혹이라는 화이트헤드의 생각이 지닌 유사성을 비교한다.

하나님의 '원초적 본성'에 있는 최초의 주체적 목표의 근원이 화이트헤드에게 있어서 철저한 궁극 원인론이나 영적인 기계론을 반드시 의미하는 것은 아닌 것처럼, 이성의 필연성이 모든 과정의 결과를 미리 결정하는 어떤 필연성도 아니다. 오히려 화이트헤드와 헤겔 둘 다에 있어서 하나님의 힘이란 세계의 과정이 지닌 가능성들을 합리적으로 평가함으로써 세계의 과정 속에서 설득의 활동을 하는 것이다. 헤겔의 이성의 교활함이란 '속임수'가 아니다. 오히려 그것은 더 큰 질서, 조화, 통일성을 향해 나아가도록 항상 현존하는 내적 로고스의 유혹이며, 합리적 원칙의 유혹이다. 따라서 절대정신 혹은 영으로서의 하나님은 바로 자율적인 인간 행위자라는 매개를 통해서 세계 속에 활동하는 이성적 목적 실현을 향한 유혹으로서 기능한다.[58]

---

58 George R. Lucas, *Two Views of Freedom in Process Thought: A Study of Hegel and Whitehead* (Missoula, Montana: Scholars Press, 1979), 125. 이러한 비교는 헤겔과 화이트헤드 둘 다 하나님이 역사 내재적이고 비기계론적인 방식으로 활동한다고 보았다는 사실을 드러내는 뛰어난 해석이다. 하지만 화이트헤드와 헤겔의 유사성이 지나치게 무리하게 확장되어서 해석되어서는 안 될 것이다. 화이트헤드의 유혹 혹은 설득은 하나님의 최초의 목표와 그것의 현실적 실현 사이에는 반드시 일정 정도는 비극적인 차이가 형이상학적으로 존재하게 된다는 것을 전제하는 데 반해, 헤겔의 이성의 교활함은 이 둘 사이의 철학적 일치에 더 관심하였기 때문이다. 이러한 근본적 차이는 화이트헤드의 하나님이 현실적 존재들의 외부에 위치한 한 비시간적인 존재인 반면, 헤겔의 하나님은 다른 현실적 존재들을 그 자신의 역사적 존재 안의 필연적 단계 혹은 순간으로 포괄한다는 사실에 기인하는 것으로 보인다.

VI. 인류가 멸종한다면?

헤겔의 비판자들은 여러 관심들을 드러낸다.59 폰 발타자[Hans Urs von Balthasar]는 헤겔이 옹호한 것은 기독교의 하나님이 아니라 그리스 철학의 이성, 곧 누스[nous]일 뿐이며, 결국 헤겔의 사상은 '신정론'(theodicy)이 아니라 '이정론理正論'(noödicy)이라고 비판한다.60 뢰비트[Karl Löwith]도 헤겔의 역사적 신정론의 비기독교성을 강조한다.61 데즈몬드[William Desmond]는 악의 문제에 대한 접근법을 실존적 · 논리적 · 세계사적 관점으로 구분하며, 헤겔의 접근법이 악의 '실존적인' 긴장감을 '논리적인' 그리고 '세계사적인' 관점 안에서 집어삼켜 버린다고 비판한다.62 이폴리트[Jean Hyppolite]는 헤겔에게 있어 역사의 '범비극주의'(pantragedism)와 논리학의 '범논리주의'(panlogism)는 동일한 것이라고 해석한다.63 그리고 카우프만[Walter Kaufmann]도 헤겔의 역사적 신정론은 철학에서의 "'현실성'의 재정의"에 기초한 "일종의 말 속임수"와도 같다고 혹평한다.64

본인이 헤겔의 신정론에 대한 비판적 태도를 가지는 이유는 그것의 비기독교성, 논리주의, 말 속임수 때문이라기보다는 헤겔이 인류의 멸종 가능성 자체를 이론적으로 생각하지 않았다고 보기 때문이다.

---

59 손호현, 『아름다움과 악: 4권, 헤겔의 미학과 신정론』, "4장 헤겔의 비평가들", 155 이하.

60 Hans Urs von Balthasar, *Glory of the Lord: A Theological Aesthetics, Volume V: The Realm of Metaphysics in the Modern Age* (San Francisco: Ignatius Press, 1991), 573-574.

61 Löwith, *Meaning in History*, 58-59.

62 William Desmond, "Evil and Dialectic," David Kolb ed., *New Perspectives on Hegel's Philosophy of Religion* (Albany: SUNY Press, 1992), 195-196.

63 Hyppolite, *Genesis and Structure of Hegel's Phenomenology of Spirit*, 19 n. 19.

64 Kaufmann, *Hegel*, 261-262.

헤겔의 역사적 신정론이 성공하려면, 인류는 항상 존재해야 한다. 헤겔이 말했듯, 한편으로 '자기 자신을 의식하는 이성'(*selbstbewußten Vernunft*)으로서의 인간과 다른 한편으로 '존재하는 이성(*seienden Vernunft*) 혹은 현실성(*Wirklichkeit*)'으로서의 역사 사이의 화해를 가져오는 것이 신정론의 역할이기 때문이다.65 혹은 루카스가 화이트헤드의 사상과 비교하며, 헤겔의 사상이 "자율적인 인간 행위자라는 매개를 통해서 세계 속에 활동하는 이성적 목적 실현"을 옹호하는 것이라고 평가한 것도 마찬가지다.66 하지만 이러한 인간이 멸종한다면, 역사 내 이성과 그 의미도 함께 종말에 이르는가? 헤겔의 신정론은 "역사 안에서의 하나님의 옹호"이기에 역사 너머의 가능성은 결핍한다.67 하지만 오늘날 환경파괴가 가져온 지구적 기후변화, 강대국들 사이의 핵전쟁 위협, 인간의 예측과 통제를 넘어서는 기술 문명의 위험성 등은 어느 때보다도 더 인류의 종말을 실제적인 가능성으로 보여준다. 하지만 헤겔은 개인적^{個人的} 불멸성을 일종의 '사회적^{社會的}' 불멸성으로 해석한다.68 헤리스의 표현에 따르면, 헤겔에게 "'하늘 나라'는 여기 그리고 지금, 예술과 종교와 사변 안에 존재한다. ─ 그것은 절대 문화^{絶對文化}(Absolute Culture)의 세계이다."69 인류가 멸종 한다고 하더라도 헤겔이 역사 내 이성의 담지체라고 본 예술, 종교, 철학 등의 이른바 '절대 문화의 세계'는 여전히 생존할 것인가? 헤겔의

65 Hegel, *The Encyclopaedia Logic*, 29 (6절).

66 Lucas, *Two Views of Freedom in Process Thought*, 125.

67 Hegel, *Philosophy of History*, 569.

68 Hodgson, *God in History*, 62.

69 H. S. Harris, *Hegel's Development: Night Thoughts* (Jena 1801-1806)(Oxford: Clarendon Press, 1983), 150.

구원이 사유로서의 구원이라면, 사유할 주체로서의 인류가 멸종해도 그것이 가능할까? 혹은 신학은 '인류 이후'(after humanity)를 사유할 의무는 없는 것일까?

11 장

교제의 신정론 혹은 대속의 신정론

세계의 고통으로 하나님은 세계에 임재한다. 그린^{Ronald M. Green}이
이른바 '교제의 신정론^{交際的 神正論}'(communion theodicies)이라고 부른 것
은 고통의 긍정적 가치를 강조하며, 고난 자체가 "하나님과의 직접적
관계, 하나님과의 협력, 나아가 하나님과의 합일적 교제의 계기"가
된다고 보는 종교적 견해를 가리킨다.[1] 이러한 입장은 신정론 안의
다른 입장들, 특히 고통당할 수 없는 하나님 혹은 세계의 고통과는
무관하게 떨어져 있는 무감각한 초월적 하나님이라는 신관에 대한
비판으로 등장한 것이다. 오히려 교제의 신정론에 따르면, "하나님은
함께 고통받는(compassionate) 하나님으로, 그는 자기 피조물과 함께
고통당하고, 그가 가장 멀리 떨어져 있는 듯 보일 때 그는 가장 강렬하게
현존한다."[2] 이것은 그 자체로 고통의 이유 혹은 원인에 대한 기원론적
설명은 아니지만, 고통 가운데 있는 인간들에게 신적 고통의 연대성을
제시함으로 일종의 종교적 위안을 제공하는 기능을 한다. 인간을
하나님에게 더 가깝게 만드는 길이 고통을 통한 그와의 교제라고

---

1 Ronald M. Green, "Theodicy," Mircea Eliade ed., *The Encyclopaedia of Religion*, vol. 14
   (New York: MacMillan, 1987), 434.

2 *Ibid*.

보기 때문이다. 그린은 교제의 신정론을 이렇게 설명한다:

> 교제의 신정론은 도대체 왜 처음부터 하나님이 고난을 허락하였는지를
> 설명할 수는 없어 보이지만, 시련의 순간에 놓인 신앙인을 위로하고 지탱
> 한다. 나아가 하나님은 고난받는 하나님이시기에 고난이란 신앙인에게
> 자신의 창조주를 모방하고 그에게 순종하는 독특한 기회를 제공하는
> 것이기도 하다. 의로운 목적을 위해 고난받는 사람들은 하나님의 뜻을
> 실천하는 것이며, 세계 안의 하나님의 임재를 알게 만드는 것이다. 따라서
> 고난은 하나님과 인간 사이의 협력과 교제를 위한 가장 강렬한 기회를
> 제공한다.[3]

이러한 고통을 통한 하나님과의 교제라는 생각에 더 구체적인
방법론적 설명을 부여한 것이 메릴린 아담스$^{\text{Marilyn McCord Adams}}$의 칼케돈
신조에 기초한 기독론적 신정론이라고 볼 수 있다.[4] 나아가 우리는
교제의 신정론과 본인이 대속적 신정론$^{\text{代贖的 神正論}}$(theodicy of substitu-
tionary atonement)이라고 부르는 입장을 세부적으로 더 구분할 수도
있을 것이다. 교제의 신정론이 '고난' 자체에 대한 신학적 성찰이라면,
대속의 신정론은 고난이 지닌 추가적 의미, 곧 '타자를 위한 대속적
고난'에 대한 성찰이기 때문이다. 메릴린 아담스와 함석헌이 전자와
후자를 각각 대변한다. 우리는 아래에서 성서, 헤셸, 몰트만, 아담스
그리고 함석헌의 대속의 신정론을 살펴보고자 한다.

---

3 *Ibid.*

4 Marilyn McCord Adams, *Horrendous Evils and the Goodness of God* (Ithaca: Cornell
  University Press, 1990).

I. 하나님의 파토스

성서는 고통 혹은 고난이 단지 하나님의 징벌적 심판과 버리심의 부정적인 표식이 아니라, 오히려 하나님의 선택하심과 사랑의 긍정적인 표식일 수도 있다고 본다. 앞에서 교육적 신정론과 관련하여 언급한 히브리서 12:6-10에서처럼 "자기 아들을 견책하지 않는 아버지"가 없듯이, 우리가 고난을 받는다면 그것은 오히려 하나님이 우리를 선택하신 표식일 수도 있다. 혹은 욥의 이야기에서처럼 고통은 하나님께 가깝게 다가서게 만든다. 하지만 가장 적극적인 성서적 고난관은 하나님 자신이 고난을 받으신다는 생각이다.

폴란드 태생 미국인 철학자이자 랍비인 헤셸^{Abraham Joshua Heschel}은 1936년 구약의 예언서 연구를 통해 '하나님의 파토스'라는 생각을 제시하였다. 그것은 "하나님이 실제로 고통당하신다"라는 사실을 드러내는 표현이다.5 특히 헤셸은 고통당할 수 없고 단지 윤리적이기만 한 하나님이 아니라, 개인들의 고통과 이스라엘의 역사 안에서 함께 고통당하는 파토스의 하나님이 바로 유대인들의 신관임을 강조한다.

> 단지 전적으로 윤리적인 유일신론(ethical monotheism)은 하나님이 도덕적 질서의 수호자이며, 세계를 이러한 율법을 통해 통치한다고 본다. 이 입장은 하나님의 지식과 관심을 오로지 도덕적 중요성을 지닌 것에만 제한시킨다. 여기서 하나님의 인간과의 관계는 일반적으로 보편적 원칙들을 통해서만 형성된다. 오직 하나님의 파토스(divine pathos)만이

---

5 Antti Laato and Johannes C. de Moor eds, *Theodicy in the World of the Bible* (Leiden and Boston: Brill, 2003), xlix.

이러한 경직성을 깨뜨릴 수 있고, 독특하고 상황적이고 구체적인 것들에 대한 새로운 차원들을 창조할 수 있다.6

이러한 신적 고난이라는 생각은 포로기 이후 이스라엘의 순교자들과 죄 없는 아이들의 고통을 가장 설득력 있게 설명하였고, 신약 시대에 와서 예수의 대속적 고난을 해석하는 선이해의 지평이 되었다.

하나님의 파토스가 고난받는 인류와 함께 고난받는 하나님을 드러낸다면, 예수의 대속적 죽음은 인류 대신에 고난받는 하나님을 지시한다. 죄 없는 이가 죄인을 대신해서 고난을 받으면 하나님의 용서를 가져올 수 있다는 대속의 논리는 고대의 근동 세계에서 널리 받아들여지던 생각이었다. 특히 이사야 52:13-53:12의 고난받는 종을 기독교인들은 그리스도의 십자가 위에서의 대속적 죽음에 대한 예언으로 보았다. 고통당하는 세상과 함께 고통당하는 하나님의 파토스의 궁극적 표현이 예수 그리스도의 죽음이다. 톰 홀멘[Tom Holmén]은 이것을 '하나님의 고난의 신정론'(the suffering of God theodicy)이라고 부른다. 신약성서에서 '예수의 죽음'에 대한 성찰이 가장 중요한 신정론의 주제였으며, 예를 들어 몰트만의 『십자가에 달린 하나님』과 같은 성찰을 가져왔다고 본다.7

하나님의 고통이 세계의 고통에 대한 대답인가? 위르겐 몰트만[Jürgen Moltmann]은 제2차 세계대전 중에 여기에 대한 긍정적 대답을 발견하였다.

---

6 *Ibid.*, xlix에 인용된다.

7 Tom Holmén, "Theodicean Motifs in the New Testament Response to the Death of God," Antti Laato and Johannes C. de Moor eds., *Theodicy in the World of the Bible* (Leiden: Brill, 2003), 605.

비기독교 가정에서 자라온 몰트만은 1945년 영국의 포로수용소 안에서 처음으로 성서를 읽을 기회를 가졌다. 그는 십자가에 달린 예수의 모습에서 자신의 고통을 동일하게 겪고 있는 하나님의 모습을 발견하게 된다.

> 나중에 마가복음을 읽게 되었다. 수난 이야기와 특히 "나의 하나님, 어찌하여 나를 버리시나이까"라는 예수의 죽음 직전 절규를 읽게 되었을 때, 나는 확실히 알게 되었다. "그가 날 이해하는 분이구나." 괴로움을 당하는 예수를 나는 이해하기 시작했고, 나의 하나님으로부터 버림받음을 그가 이해한다고 느꼈다. 그는 함께 괴로움을 당하는 형제 하나님이었다. 그는 모든 죄수를 부활과 생명의 길로 자신과 함께 데려간 것이다.[8]

그리스도 안에서 고난당하는 하나님과의 만남은 몰트만에게 이런 확신을 가져왔다고 한다: "고통당하는 하나님이 나의 고통 안에서 나를 구원하였구나." 몰트만은 유사한 신념을 화이트헤드와 본회퍼에서 나중에 발견하게 된다. 사고로 아들을 잃은 화이트헤드였기에 『과정과 실재』에서 "하나님은 함께 고난받고 이해하는 동료이다"라는 것을 알 수 있었다.[9] 히틀러에 대항하는 저항 운동을 한 본회퍼는 게슈타포에 의해 베를린에서 체포된 후 하나님과의 유사한 만남을 『옥중서신』에서 전하고 있다고 몰트만은 생각했다: "오직 고통당하는

---

8 Jürgen Moltmann, "Only the Suffering God Can Help," *The Cry for Simplicity*, vol. 7, no. 4 by WMF US & Global (May 6, 2009).

9 Alfred North Whitehead, *Process and Reality* (New York: Macmillan, and Cambridge, U.K.: Cambridge University Press, 1929), 533; cf. 화이트헤드 지음/오영환 옮김, 『과정과 실재』 (서울: 민음사, 1991), 603.

하나님만이 도울 수 있다."10 오히려 고통당할 수 없는 하나님은 사랑할 수도 없는 하나님이다. 그런 이유에서 몰트만은 아우슈비츠조차도 단지 하나님의 부재가 아니라 그리스도 안에서 함께 고통당하는 하나님의 현존과 사랑을 증언한다고 보게 하였다: "아우슈비츠조차도 하나님 자신 안에 있는 것이다. 아우슈비츠조차도 성부의 슬픔, 성자의 버려짐 그리고 성령의 능력 안으로 품어지는 것이다."11

II. 메럴린 아담스의 기독론적 신정론

교제의 신정론은 다양한 논리로 해석될 수 있다. 미국 철학자이자 성공회 사제인 메럴린 아담스^{Marilyn M. Adams}는 고난을 통한 하나님과의 교제라는 생각을 '기독론'과 '삼위일체론'이라는 기독교의 핵심적 교리들을 통해 재해석한다.12 우선 그녀는 '고난'에 대한 세 가지 이전의 접근법들을 설명한 후 자신의 "칼케돈 교리에 대한 신스콜라주의적 방식"(the Chalcedonian definition in a neoscholastic fashion)의 접근법과 구분한다.13

첫째, "하나님의 고난과 상징적 극복"이라는 입장은 하나님이 고통당할 수 있는 신적 능력을 가지며, 실제로 인류와 함께 고통받는다고 본다. 이러한 하나님의 세계와 '함께 고난받음'(compassion)을 강조하

---

10 Dietrich Bonhoeffer, *Letters and Papers from Prison* (London: SCM Press, 1967), 361.

11 Jürgen Moltmann, *The Crucified God* (Minneapolis: Fortress Press, 1993), 278.

12 Adams, *Horrendous Evils,* 164.

13 *Ibid.,* 176-177. 아담스는 이러한 신스콜라주의적 접근이 몰트만의 고통당하는 하나님의 신정론과 구분된다고 본다.

는 하트숀Charles Hartshorne의 과정 신정론은 성서의 하나님 이해에서 벗어나지는 않지만 충분하지는 않다고 아담스는 본다.14

둘째, "하나님의 내적 삶에 대한 비전vision으로서의 고난"이라는 입장은 고난 자체가 하나님의 존재에 대한 가장 내밀한 이해를 제공한다고 주장한다. 시몬 베유Simone Weil의 '고뇌'(affliction)가 여기에 해당한다. 하지만 아담스는 이러한 현재적 고통이 지닌 긍정적 측면만으로는 부족하고, 존 힉의 경우처럼 사후의 새로운 기회가 주어질 때만 모든 사람이 그러한 하나님과의 친밀성에 도달할 수 있다고 본다.15

셋째, 현재의 고난은 '천국의 지복'으로 보상받을 것이라는 입장이다. "시몬 베유가 우리의 죽음 이전(antemortem)의 경험에서 고뇌의 의미를 추구했다면, 노르위치의 줄리안Julian of Norwich은 죽음 이후 (postmortem)의 행복한 결말을 고대한다. 줄리안에 따르면, 하나님이 우리를 천국에서 환영하시며, '너의 고통, 너의 젊음의 고통, 고마워!'라고 인사하실 것이다."16

마지막 넷째로 아담스는 죽음 이전 하나님의 고난과의 연대 그리고 죽음 이후 하나님과의 복된 친밀함이 함께 고난을 의미 있게 만든다고 본다. 한편으로 그리스도의 십자가의 고난과 죽음을 통해 모든 고통받는 인간은 이미 무한한 신적 사건의 참여자가 된 것이다.

하나님의 사랑은 구체적인 한 인간이 됨을 통해서, 구체적인 인간의 본성

---

14 *Ibid.*, 161. 아담스는 여기에 C. K. Rolt의 입장도 해당한다고 해석한다.

15 *Ibid.*, 161-162.

16 Julian of Norwich, *Revelations of Divine Love*, trans. Clifton Wolters, ch. 14, 85; Adams, *Horrendous Evils*, 162-163에 인용된다.

을 가짐을 통해 물질적 피조물과의 동일화를 선택했다. 인간의 본성 안에서 영의 물질과의 결합, 곧 인격성의 동물성과의 결합이 가져오는 대가는 (가장 자기 의식적이기에) 가장 날카롭게 느껴졌으며, 끔찍한 공포에 대한 인간의 상처받기 쉬운 속성이 가장 뚜렷하게 드러났다. … 하나님은 실제적 공포들을 겪고 있는 모든 인간과 자신을 십자가 위에서 동일화한 것이다. 단지 희생자뿐 아니라(하나님도 한 희생자였다), 가해자들과도 그렇게 하셨다.[17]

다른 한편으로 이 땅에서의 고난은 하나님의 신적 연대성을 통해 무한한 의미를 부여받을 뿐 아니라 천국에서의 지복을 통해서 더욱 보상받게 된다고 아담스는 본다. 아담스는 현재의 고난이 지닌 의미에만 주목한 시몬 베유와 내세의 고난의 보상에만 집중한 노르위치의 줄리안은 모두 일면적인 한계를 가진다고 본다. 공포스러운 고통은 이미 충분히 의미가 있어야 할 뿐 아니라 사후의 지복이라는 관점을 통해 추가적으로 해석되어야 한다는 것이다.

천국의 지복 상태의 관점에서 되돌아볼 때, 공포의 희생자들은 자신의 그러한 경험이 십자가에 매달린 하나님과의 동일화의 경험이었다는 것을 이해하게 될 것이며, 자기 삶의 이야기에서 그것을 삭제하기를 원치 않게 될 것이다.[18]

이처럼 인간의 고난은 죽음 이전의 '하나님의 동일화'(Divine identi-

---

17 Adams, *Horrendous Evils*, 166.
18 *Ibid.*, 167.

fication)와 죽음 이후의 '복된 관계'(beatific relationship)를 가능케 하기에 섭리의 계획에 포함될 수 있다는 것이다.[19] 분명 고난은 부정적인 경험이지만, 동시에 그것은 현재와 내세에 무한한 선으로서의 하나님과의 교제를 가능케 한다.

요컨대 아담스는 교제의 신정론이 성공할 수 있는 유일한 방법은 칼케돈 공의회의 기독론과 삼위일체의 교리 위에 기초하는 것이라고 보았다. 예수의 고통과 죽음이 지닌 무한한 가치를 이를 통해서 깨닫게 되기 때문이다. "이 저서에서 본인의 중심 주장은 공포스러운 악들(horrendous evils)은 어떤 다른 무엇보다도 하나님의 선하심(the goodness of God)을 통한 패배를 요구한다는 점이다."[20] 고난에 대한 앞의 세 접근법은 그 자체로 독특하게 기독교적 요소를 가지지 않는 반면에 칼케돈 신경만이 예수 그리스도를 참 하나님이며 참 인간으로 고백한다. 예수의 고난이 무한한 '하나님의 선하심'이라는 가치를 지닌다는 칼케돈의 교리적 입장에 기초할 때만 우리는 현재의 고난을 하나님의 고난에 참여하는 교제의 방법으로 이해할 수 있다는 것이다. 451년 칼케돈 공의회의 신경은 이러한 예수 그리스도의 기독론적 그리고 삼위일체론적 지위를 명확하게 한다. 신경에 따르면,

바로 그분께서는 신성에서 완전하시고 같은 분이 인성에서 완전하시며, 같은 분이 참으로 하느님이시고 이성적 영혼과 육체로 이루어진 참으로 인간이시다. 같은 분이 신성에 따라서는 성부와 본질이 같으시고 인성에 따라서는 우리와 본질이 같으시며, 죄 말고는 모든 면에서 우리와 똑같으

---

19 *Ibid.*, 167.
20 *Ibid.*, 155.

시다.[21]

요컨대 교제의 신정론은 하나님의 고통이 세계의 고통에 대한 대답이라고 본다. 고통 가운데서 우리를 사랑하시는 하나님이 자신을 보여준다는 것이다. 본회퍼와 몰트만의 주장처럼, 오직 이런 고통당하는 신만이 우리를 위로할 수 있을지도 모른다. 하지만 교제의 신정론은 위안을 줄 수는 있지만 악의 이유에 대한 설명을 애초에 제공하지는 않는다. 신정론의 기능이 생존과 위안의 가능성을 제공하는 것이기도 하지만 또한 고통의 이유에 대한 가능한 설명이어야 할 때도 있는 것이다. 물론 몰트만의 입장과 달리 아담스의 '칼케돈 교리에 대한 신스콜라주의적 방식'은 일종의 신정론적 설명의 기능을 수행한다.[22] 하지만 그런 교제의 신정론이 제시하는 설명은 오직 그러한 교리적 패러다임 안에 이미 존재하는 자들에게만 설명의 가능성을 제공한다.

III. 함석헌과 민족적 대속의 신정론

교제의 신정론이 주목한 '고난'을 '타자他者'를 위한 고난'으로 확장한 것이 대속의 신정론이다. 메릴린 아담스가 개인의 '고난'이 지닌 무한하고 초월적인 교리적 의미를 강조하였다면, 함석헌咸錫憲의 역사 신학은 조선 민족의 집단적 고난이 세계를 위한 '대속적 고난'이라고 해석한다.

---

21 하인리히 덴칭거, 『신경, 신앙과 도덕에 관한 규정·선언 편람』(서울: 한국천주교주교회의, 2017), 111 (Denzinger, 301).

22 Adams, *Horrendous Evils*, 176-177.

우리 민족은 세계의 죄를 대신 짊어진 고난의 역사를 겪었으며, 그렇기에 조선 민족은 일종의 집단적 예수로서 대속적 고난의 담지자이다.

헤겔에게 역사가 자유가 성장하는 곳이었다면, 함석헌에게 그것은 뜻이 자라나는 곳이다. 함석헌의 신정론은 1927년 7월 발간된 「성서조선」 창간호로 거슬러 올라갈 수 있다. 여기서 그는 역사를 움직이고 있는 것은 단지 '생물진화의 법칙'이나 '경제적 생산 관계'나 '문화 이상'이 아니라 '우주를 창조하고 일관하여 다스리는 하나님의 의의 법칙'이라고 쓴다.[23] 나중에 그는 「성서조선」에 연재한 자신의 이런 생각들을 정리하여 1950년 3월에 『聖書的 立場에서 본 朝鮮歷史』라는 단행본으로 출판한다.[24] 이 책의 "序文"에서 함석헌은 자신의 역사 신학, 곧 '성서적 관점'을 이렇게 설명한다.

> "聖書的 立場에서 본"이라는 말이 一般讀者에게 걸림이 될 듯하니 빼면 어떨까 하는 意見이 잠깐 나왔으나 그것은 사슴에게서 뿔을 除하는 일과 같아서 그대로 두기로 하였다. 이 글의 이 글된 所以는 聖書的 立場인데 있다. 著者의 생각으로는 聖書 立場에서도 역사를 쓸 수 있는 것 아니라, 聖書 立場에서야만 歷史는 쓸 수 있다. 嚴政한 意味의 歷史哲學은 聖書以外에는 없기 때문이다. 希臘에도 없고 東洋에도 없다. 歷史는 時間을 人格的으로 보는 이 聖書의 立場에서만 成立이 된다.[25]

---

23 함석헌, 『함석헌 저작집』 (파주: 한길사, 2009), 18:23. 함석헌의 신정론은 자유의지 신정론(응보의 신정론), 교육적 신정론, 역사적 신정론, 교제의 신정론(대속의 신정론) 등을 혼종적/절충적으로 포함한다. 본인은 여기서 대속의 신정론을 집중적으로 성찰하고자 한다.

24 함석헌, 『聖書的 立場에서 본 朝鮮歷史』 (서울: 星光文化社, 1950).

25 같은 책, 3. 함석헌, 『함석헌 저작집 30: 뜻으로 본 한국역사』, 15 참조. "歷史哲學은 聖書以外에는 없기 때문이다"는 이러한 함석헌의 입장은 우치무라 간조의 제자 후지이

나중에 함석헌은 1962년 2월 30일 출판된 3판의 제목을 『뜻으로
본 韓國歷史』로 수정하였다.26 그의 변화된 관점에 따르면, "기독교가
결코 유일한 진리도 아니요, 참 사관이 성경에만 있는 것이 아니다. 같은
진리가 기독교에서는 기독교식으로 나타났을 뿐이다."27 본인은 아래
에서 함석헌의 초기와 후기의 역사 신학을 비교하면서 살펴보고자 한다.

함석헌의 초기 역사 신학은 『성서적 입장에서 본 조선역사』, 『성서
적 입장에서 본 세계역사』 등에 드러난다. 여기서 그는 인격적 하나님
의 뜻이 필연적으로 실현되는 정신의 진화 과정이 세계사 혹은 우주사
라고 보았다. "진정한 의미에서 생명사극生命史劇의 각본을 쓴 것도 신이
요, 무대를 꾸민 것도 신이요, 그것을 놀아내는 것도 그 자신이다."28
이러한 그의 초기 역사 신학에는 한편으로 우리 민족의 고난은 세계를
위한 '대속적 고난'(substitutional suffering)이라는 적극적 해석과 더불
어 우리 민족의 조상들이 지은 죄에 대한 죄 갚음, 곧 '응보적 고난'(retri-
butional suffering)이라는 소극적 해석이 대표적으로 공존한다. 우리는
아래에서 그의 신정론이 지닌 서로 다른 논리들을 나누어 살펴보고자
한다.

다케시(藤井武)에 영향을 받은 것이다.

26 함석헌, 『뜻으로 본 韓國歷史』 (서울: 一字社, 1962). 그것은 구체적으로 일본 무교회주
의자 후지이 다케시의 역사관과의 결별이었다. 함석헌에 따르면, "우치무라의 제자가
되는 후지이 다케시(藤井武)라는 사람은 참 의미의 역사철학은 성경에만 있다는 것을
강조했습니다. 그때는 그냥 받아들였지만, 후에 생각하면 그것이 기독교에만 있다면
너무 좁은 생각이 아닌가 해서 범위를 넓히고, 제목도 『뜻으로 본 한국역사』라고 하게
된 것입니다." 『함석헌 저작집』, 25:113.

27 『함석헌 저작집』, 30:52.

28 같은 책, 18:76.

1. 고난은 하나님의 심판이다

함석헌은 1950년『聖書的 立場에서 본 朝鮮歷史』초판에서
이렇게 말한다. "고로 나는… 다음과 같이 단언한다. ― 조선 역사는
고난의 역사라고. 고난의 역사다. 조선 역사의 밑에 숨어 있는 기조는
고난이다."29 우리 민족의 역사는 죄를 씻어내기 위한 고난의 과정이라
는 것이다. "고난은 죄를 씻는다. 가성쏘다가 때를 씻는 것 같이 고난은
인생을 씻어 정화한다. 불의로 인하여 상한 영혼의 상처는 고난의
고즙苦汁으로 씻어서만 회복이 된다."30

함석헌은 고난의 이유를 인류의 연대성으로 생각하기도 한다.
곧 그는 이스라엘의 역사(애 1:4-6)와 조선의 역사를 병행적으로 관련시
키며 이렇게 말한다: "오늘날 당하는 [우리의] 비참이 그들[이스라엘의]
부로父老와 그들 자신이 지은바 죄악의 값임을 깨닫게 가르쳐주어
회개시키기를 절망切望한다."31 결국 역사의 고난이란 하나님이 아담의
후손인 인류 전체를 심판하시는 징벌의 현상이다. "인류의 역사란
결국 눈물의 역사요 피의 역사가 아닌가. 고난을 당하는 것은 조선
사람만이 아니고 온 아담의 아들이 다 그렇다."32 "고난을 받아야
한다. 우리 지은 죄를 인하여 받아야 한다. … 이 백성에게 참 종교를
주기 위하여, 저희가 참 신앙으로 돌아오기 위하여 고난의 역사가
필요하다."33

---

29 함석헌,『聖書的 立場에서 본 朝鮮歷史』, 50.
30 같은 책, 257.
31『함석헌 저작집』, 18:50.
32 함석헌,『聖書的 立場에서 본 朝鮮歷史』, 256.
33 같은 책, 258-259.

특히 함석헌은 사육신死六臣을 우리 민족의 역사의 제단 위에 바쳐진 희생양이라고 해석한다: "그들은 처음부터 이기기 위하여서가 아니요, 죽기 위하여 뽑힌 것이었다. … 모든 것은 하나님의 허許하시는 데서 된 것이다. 하나님은 육신을 제물로 작정하였던 것이다. 조선을 위하여 죽을 제물로 요구하였던 것이다. 그런 고로 그들은 죽어서 일一에는 조선을 위하여 불의不義의 대가代價를 청장淸帳하여야 하였고, 이二로는 의義의 씨를 살리어야 하였다. 과연 그들은 조선을 위하여 신 앞에 불의의 대가를 낸 사람들이다."34 요컨대 고난은 민족에게 내리는 하나님의 심판이다. 이것이 이스라엘 민족과 조선 민족의 운명을 설명하는 성서의 역사관이라고 초기 함석헌은 보았다.

2. 고난은 하나님의 교육이다

함석헌에 따르면, "교육이야말로 하나님의 발길질"이다.35 고난이 죄에 대한 하나님의 심판의 결과라는 생각과 더불어 징벌에도 은총이 존재하며, 고난도 교육적인 선용의 가능성을 지닌다는 점을 함석헌은 추가적으로 사유한다. 곧 고난은 인생의 평면성을 일으켜 세워 수직성垂直性으로 심화시키는 도구이다. 하나님은 자연재해뿐만 아니라 역사의 고난을 통해서도 우리 영혼에 깊이와 높이를 가져온다. "고난은 인생을 심화한다. 생명의 깊은 뜻은 피로 쓰는 글자에 의하여서만, 눈물로 그리는 그림에 의하여서만, 한숨으로 부르는 소리에 의하여서만 체험할 수가 있다. 평면적 세속적 인생관을 가지는 자는 저가

---

34 같은 책, 167.

35 함석헌, 『함석헌 저작집』 7:46.

고난의 잔盞을 마셔 보지 못하였기 때문이다."36 "개인에 있어서나
민족에 있어서나 고난 없이 고상한 품격을 얻을 수 없다."37

함석헌에게 고난은 하나님의 발길질, 곧 하나님의 교육방법론이
다. 1966년 영국의 신학자 존 힉John Hick이 '영혼 만들기'(soul-making)라
는 교육적 신정론을 주장하기 수십 년 전에 함석헌은 한국사의 고난을
통한 민족의 영혼 만들기를 제시하였다.38 고난은 하나님께 다가서는
길이기에 참된 생명은 그것을 피해서는 안 된다. "고난은 인생에게
하나님을 가르친다. 곤궁에 주려 본 후에야 아버지를 찾는 탕자 같이
인생은 고난을 통하여서만 생명의 근원인 하나님을 찾는다. 이스라엘
의 종교는 애굽의 압박과 광야의 고생 중에서만 자라났고, 동양 사상의
진수가 되는 인도의 종교도 고난 중에서 정련되어 나온 것이다. 안일安逸
과 신悅은 서로 반대의 극에 선다. 생명의 세계는 눈물을 렌즈로 삼고야
만 보인다."39

3. 고난은 조선 민족의 세계를 위한 대속이다

함석헌 이전에 그의 스승이었던 다석 류영모多夕 柳永模가 먼저 대속적
고난을 주목하였다. 그에 따르면 우리 민족의 어머니들과 아버지들,

---

36 함석헌,『聖書的 立場에서 본 朝鮮歷史』, 257.

37 같은 책, 257.

38 힉에 따르면, "도덕적 노력이라는 개인사(個人史)를 통해 서서히 느리게 만들어지는
   인간의 선함이란 창조주의 눈에는 가치를 가지는 것이다. 그렇기에 영혼 만들기
   (soul-making) 과정의 기나긴 고통조차도 정당화될 수 있는 것이다." John Hick, *Evil
   and the God of Love*, revised edition (New York: Harper & Row, 1977), 256(초판은 1966
   년 출판되었다).

39 함석헌,『聖書的 立場에서 본 朝鮮歷史』, 257-258.

힘없는 사람들, 농민들, 노동자들, 고생하는 민중들과 씨알들 모두가 사실 예수 그리스도의 대속적 고난을 조선의 역사 안에서 짊어지고 재현하는 대속자들, 곧 "우리를 대신해서 짐을 지는 예수들"이다.40 성서의 이사야 53장의 고난받는 하나님의 종이란 단지 이스라엘의 예수에 국한되는 것이 아니라, 보편적이고 민주적인 신학을 통해 '모두의 모두를 위한 대속'으로 해석해야 한다고 그는 본다: "혹 이 구절을 예수에게만 국한시켜 예수가 당한 고난이나 핍박으로 해석하는 사람이 있을지 모르겠습니다. 예수도 다 앞에서부터 의를 위하여 핍박을 받는 전통이 내려오고 내려온 것 때문에 고생한 것이지 예수 혼자만의 공생은 아니라고 봅니다. … 힘없는 사람이 우리를 대신하여 짐을 잔뜩 집니다. 우리는 이 사실을 잘 알아야 합니다."41

또한 다석 류영모는 대속이 단지 인간을 통해서만이 아니라 우리의 음식물이 되어주는 동물과 식물을 통해서도 이루어진다고 본다: "세상에는 우리 대신 고생하는 사람이 얼마나 많은가. 무식하고 가난하고 고생하는 동포 그들 가운데는 하나님의 종이 얼마나 많은가. 서울 구경 한 번 못한 촌띠기들 가운데 얼마나 많은 예수가 섞여 있을까. 특히 무식한 어머니들 우리들의 더러움을 대신 지는 어머니들 농민들 노동자들 이들은 모두 우리를 대신해서 짐을 지는 예수들이다. … 일체가 대속이다. 야채, 고기, 다 말 못하고 죽는 대속물이다. 예수는 아무런 불평도 없이 죽어갔다. … 천국에 속한 사람만이 짐을 질 수가 있다. 그들이야말로 힘 있는 사람이요, 건강한 사람이다."42

---

40 박영호, 『다석 전기: 류영모와 그의 시대』(서울: 교양인, 2012), 265.
41 다석학회 엮음, 『다석강의』(서울: 현암사, 2006), 564-565.
42 김흥호, 『제소리: 유영모 선생님 말씀』(서울: 풍만, 1983), 240-241.

다시 말해 대속이란 말 자체가 대신 값을 치르고 자신을 살려준다는 뜻이다. 우리가 음식을 먹는 매 순간 우리는 음식이 되어준 다른 생명의 대속을 경험하는 것이다: "언뜻 보면 그리스도가 십자가에 못 박혀 흘린 피로써 죄 씻음을 입었다고 해석하고 싶겠지만, 속(贖)바침의 전후 상관관계를 볼 줄 알아야 합니다. 속(贖)된 우리네는 밥을 먹지 않으면 정신을 못 차립니다. … 먹는 것과 힘은 서로 희생하여 살리는 대속(代贖) 관계입니다. 대속하지 않은 '나'는 정신을 차릴 수가 없습니다. 물질은 서로 대속을 합니다. '속(贖)'은 내가 대신 값을 치르고 사는 것을 말합니다. 내가 먹는 낱알과 채소가 나의 생명을 위해 '나'를 대신하여 희생되어 힘을 내게 대속합니다. 대속 아닌 것이 없습니다."[43]

다석 류영모의 대속 신학을 이어받은 함석헌은 이런 대속적 고난이 지닌 집단성과 역사성에 집중하는 역사 신학으로 발전시킨다. 우리 민족의 집단적 고난은 단순히 하나님의 징벌일 수 없으며, 예수의 대속적 고난처럼 세계를 위한 역사적 대속성(代贖性)을 지닌다고 그는 보았다. 이것은 기독교 신학에서 유래를 찾기 힘든 독창적인 신학으로 굳이 유사한 예를 찾는다면 유태인들의 선민적 역사의식과도 비슷하다고 할 수 있다.

우선 함석헌은 고난을 생명의 원리라고 본다. 개체와 민족이 지닌 생명은 고난을 통해서 자기를 실현한다는 것이다. 간디의 견해에 기대에 함석헌은 이렇게 말한다: "인도의 혼이 성스러이도 말한 것 같이 [고난은] '생명의 원리다(간디·청년인도). 우리는 고난 없는 생명을 상상할 수 없다. 십자가의 도가 생명의 도다."[44] "과연 고난은 '우리

---

43 다석학회 엮음, 『다석강의』, 567.
44 함석헌, 『聖書的 立場에서 본 朝鮮歷史』, 257.

생명의 불가피한 일 '조건'이다. … 간디는 '고난을 통하여 정화됨'은 영원의 법칙이라 하여 어떤 나라도 이 사실 없이는 일어난 것이 없고 인도도 그 노예 생활에서 벗어나오려면 이 영원의 법칙을 지키지 않고는 안 된다고 한다. … 조선 역사가 고난의 역사가 된 것은 이 때문이다."[45]

모든 존재는 생명의 원리로서 고난의 담지자이며, 특별히 우리 민족은 예수의 대속적 고난을 이어받아 세계를 위한 대속적 고난의 사명을 하나님으로부터 부여받았다고 함석헌은 본다. 그는 성서가 증언하는 예수의 개인적 고난에서 우리 민족의 집단적 고난의 이유가 지닌 뜻을 발견하는 것이다. 예수의 운명을 우리 민족의 집단적 고난으로 이어가는 것이 우리 민족의 존재 이유이다. "조선 사람이 선천적으로 가지고 있는 이 '착한 성질'이 미래의 세계사에 있어 위대한 사명을 다할 수 있다고 우리는 믿는다. … 가만히 손을 대어 보면 이 상한 가슴에서는 오히려 '인仁'의 일맥이 할딱이고 있음을 느낄 수 있다."[46] 그렇기에 고난은 예수의 신적 존재와 하나가 되는 신비의 경험이기도 한 것이다. 1954년 글에서 고통과 죽음을 통한 예수의 대속을 함석헌은 '하나됨', 곧 'at-one-ment'로 파악한다.[47] 예수와 하나됨을 위해 우리 민족은 고난당해야 하는 것이다.

이러한 함석헌의 섭리적 고난 사관은 자유로운 의지로 범죄한 죄인들에 대한 하나님의 권선징악적 처벌, 곧 이른바 응보적 신정론으

---

45 같은 책, 258.

46 같은 책, 264.

47 『함석헌 저작집』, 2:276. 여기서 함석헌은 '대속' 혹은 '속죄'(atonement)를 예수의 고난과 '하나됨'(at-one-ment)으로 해석하고 있다.

로 다 설명될 수 없으며, 단지 이레니우스와 힉의 교육적 신정론의 설명만으로도 부족하다. 함석헌의 역사 신학은 세계의 구원을 위한 예수의 대속을 우리 민족이 집단적 사명으로 이어가고 있다고 본 일종의 '민족적 대속民族的 代贖의 신정론'이다.

종래의 모든 종교가 죄와 싸운 방법은 한마디로 하면 '권선징악'입니다. 선한 것은 될수록 상 주고, 악한 것은 될수록 벌하여서 세상에서 죄를 몰아내잔 것입니다. 그리하여 현세를 위하여는 부귀와 감옥을 두었고 내세를 위하여는 천당과 지옥을 두었습니다. … 권선징악은 가장 유치한 방법입니다. 살 우리가 존재하는 한 맹수도 존재할 것이요, 지옥이 없어지지 않는 한 죄도 아니 없어질 것입니다. 거기 먼저 착목한 이가 예수였습니다. 고래의 모든 성현이 하지 못하던 것을 한 것은 그가 참사랑이었기 때문입니다. … 인심을 개조하는 것은 권선징악의 율법이 아니고 '알아주는 맘'입니다. … 이날까지의 인류의 처세 철학은 될수록 고난의 짐을 떠넘기는 것이었습니다. 문명국이란 다른 것 아니고, 결국 자기 생을 위해 정신적·물질적 모든 고통의 짐을 교묘하게 떠넘긴 나라입니다. … 그런데 오직 한 사람이 있어서 "다 내게로 보내라. 내가 지마. 내가 지고 죽을 터이니 살기는 너희가 살아라" 합니다. 그것이 예수입니다. 인류의 구원은 거기에만 있을 것입니다. 하나님이 우리에게 요구하는 것은 그것입니다. 우리를 세기의 그리스도로 뽑으신 것입니다.[48]

하나님이 예수처럼 우리 민족을 세계를 위한 역사의 대속 제물,

---

48 『함석헌 저작집』, 17:277-279. 강조점은 필자가 추가하였다.

곧 '세기의 그리스도'로 선택하셨다고 함석헌은 본 것이다.

함석헌은 생각이 깊어질수록 고난의 뜻에 대한 그의 이해도 넓어진 듯하다. 그는 고전적인 '응보적 신정론'을 비판하고 '민족적 대속의 신정론'을 제안하면서 동시에 이 둘이 공존할 가능성도 성찰한다. 곧 우리 민족의 역사적·민족적 고난은 권선징악의 징벌적 고난인 동시에 세계를 위한 대속적 고난은 아닐까? 함석헌은 자신의 신정론 논리가 지닌 이론적 긴장과 모순적 성격을 1950년의 초판에서 솔직히 인정하며 어느 한쪽만 강조하면 미신 혹은 비과학적 독단으로 빠지게 된다고 보았다.

> 고난의 짐을 지는 것은 조선 사람이 잘못하여서냐, 하나님이 그렇게 만든 것이냐 하고 묻는 이가 있을는지 모르겠다. 나는 이때가지 혹은 신의 뜻이라 하고 혹은 우리의 죄값이라 하였다. 모순이라 할 것이다. 그러나 나는 그 이상을 말할 수 없다. 어떻게 말하면 그 모순이 풀리겠는지를 모른다. 그러나 설명을 못할지라도 이 역사에 위대한 세계사적 의미가 들어 있다는 감感은 금할 수 없다. 우리는 불의의 값을 지는 자다. 우리의 행한 일에 대하여서만 아니라 세계의 죄값을 진다.49

이처럼 우리는 함석헌의 초기 역사 신학에서 다양한 사유들이 공존하는 것을 보게 된다. 고난은 하나님의 심판이라는 '응보적 신정론'과 하나님의 교육방법론이라는 '교육적 신정론'이 과거의 고전적인 신학의 논리인 반면, 예수 그리스도의 고난을 우리 민족의 대속적

---

49 함석헌, 『聖書的 立場에서 본 朝鮮歷史』, 266.

고난을 통해 다시 집단적으로 재현한다는 함석헌의 '민족적 대속의 신정론'은 그의 독창적이고 자생적인 신학적 사유의 결과물이다. 세계를 위한 메시아 예수처럼 우리 민족도 착한 심성으로 세계를 위한 대속적 고난을 짊어진다는 것이다.

> 동양문명의 폐弊는 퇴영적이요 보수적이요 형식적인데 있는데 그 고즙苦汁은 우리가 혼자 받은 듯하고, 서양 문명의 폐는 물욕적이요 약탈적이요 외면적인데 그 독아毒牙는 우리가 혼자 만난 듯하다. … 세계사의 하수구가 되었다. 그러나 세계 사람들이여 이 하수구에 감사하라.[50]

> 우리는 세계의 불의의 결과를 대표代表하는 자다. 우리로서 만일 그것을 정화하지 못한다면 다른 자는 할 자가 없다. 영국도… 미국도 그것은 할 수 없다. … 그것은 세계의 하수구下水口요 세계의 공창가公娼街인 우리가 아니고는 할 수 없다. … 십자가로써 사단의 세력을 이기고 그 당하는 고난으로 인류를 구원한다는 그리스도의 말이 거짓 아님도 우리에 의하여 천하에 명시되어야 한다. 전 인류의 운명이 우리에게 달렸다는 것은 이 때문이다.[51]

> 그러나 성경은 그 가운데서 진리를 보여 주었다. 이 고난이야말로 조선이 쓰는 가시면류관이라고 했다. 그리고 세계의 역사는 요컨대 고난의 역사라고 깨달을 때 입때것 학대받는 비녀婢女로만 알았던 것이 피녀彼女야말로 가시면류관의 여주인공임을 알았다.[52]

---

50 같은 책, 267.
51 같은 책, 270-271.

1962년『뜻으로 본 韓國歷史』로 제목이 변경된 함석헌의 후기 역사 신학에는 이전의 견해가 그대로 유지된 것들도 있고, 추가된 생각들도 있다. 하나님이 역사를 섭리하기에 민족적 비극을 포함한 모든 역사의 진행 과정에 대한 절대적 믿음을 가져야 한다는 함석헌의 근원적 생각은 동일하다. 하지만 성서적 입장이 아니라 뜻의 정당화 그리고 고난이란 하나님의 자기 징벌이라는 생각이 새롭게 등장한다. 여기서는 그것들만 중심적으로 살펴보도록 하자.53

---

52 같은 책, 52. 나중에『뜻으로 본 韓國歷史』로 개명된 함석헌의 저서 표지에 로댕의 작품 <갈보이었던 계집> 사진이 실려 있다. Auguste Rodin, *The Old Courtesan* (*La Belle qui fut beaulmière*), modeled ca. 1885, cast 1910.

53 초기 역사 신학과의 연속성은 다음과 같은 진술들에서 드러난다.

　1) 고난은 하나님의 심판이다: 1964년 굴욕적인 한일협정을 반대하며 함석헌은 그것이 선조의 죄에 대한 징벌이라고 생각했다. 김춘추의 죄, 김부식의 죄, 이성계의 죄, 일본제국에 굴복한 죄, 굴욕적 한일협정을 하는 죄 등은 반드시 고난의 대가를 치르게 된다. "역사는 엄혹한 고리대금업자다."『함석헌 저작집』, 4:54.

　2) 고난은 하나님의 교육이다: "중국 옛날 큰 스승의 하나였던 맹자는 '역사가 누구에게 큰 사명을 맡기려 할 때는 그 사람을 몸과 마음을 괴롭게 하고 그 하는 일마다를 방해해서, 그렇게 하여서 그 능히 하지 못하는 것을 할 수 있도록 길러준다'고 했습니다. … 우리는 이때에 욥의 자리에 섭니다."『함석헌 저작집』, 9:94-95. "무엇 때문에 고난인가. 다른 것 아니고 국민적 성격을 닦아내기 위해서다. … 역사가 있은 지 5천 년 이래 우리 민족의 가장 부족한 결점은 주체성이 굳게 서지 못한 것이다. 그러므로 고난이다."『함석헌 저작집』, 4:28. "진화는 곧 생명의 자기 키움이요 자기 고쳐감입니다. 정신을 곧 생명의 저 돌아봄이란다면 하나님은 자기 교육을 영원히 하시는 이라 할 수 있습니다. … 교육이야말로 하나님의 발길질입니다."『함석헌 저작집』, 7:46.

　3) 고난은 조선 민족의 세계를 위한 대속이다: "왜 세계의 많은 나라 중에 하필 이 나라만이 고난이 심하며 기독인만이 고난을 겪어야 하나. 맹자의 말대로 그 겨야 하는 특별한 사명 때문일 것이다. 전체가 다 몸이로되 잘못되는 것이 있다면 고통당하는 것은 심장이다. 기독인이 고통당하는 것도 이 시대 이 나라의 심장이기 때문일 것이다."『함석헌 저작집』, 20:297. "퀘이커에서 그걸[『뜻으로 본 한국역사』] 영문판으로 내준다는 거예요. 그래 제목을『수난의 여왕』(*Queen of Suffering*)이라고 했는데, 그저 장난으로 붙인 건 아닙니다. … 수난이란 다른 거 아니고, 내 잘못에 걸릴 것이 아니라, 하나님이 무슨 까닭으로 내게는 이것을 주셨나 하는 겁니다."『함석헌 저작집』, 14:207. "씨올 여러분, 부끄러워 마십시오. 우리는 인류의 죄를 지는 역사의 속죄양입니다. 유교의 찌꺼기도 우리가 받았고, 불교의 찌꺼기도 우리가 받았습니다. … 민주주의도 우리에게

4. 고난은 신정론神正論(theodicy)이 아니라 지정론志正論(noodicy)을 드러낸다

1970년 미국의 펜들 힐Pendle Hill에 위치한 퀘이커 학교에서 함석헌은 어떤 체험을 하였다: "11월 어느 저녁 나는 펜들힐에서 이상한 체험을 했습니다. … 문득 '가룟 유다'일까 하는 생각이 내 머리를 스쳤습니다. 나는 돌아와 앉아 명상에 잠겼습니다."[54] 가룟 유다는 죄인이지만, 죄인으로서 가룟 유다에게도 무언가 할 말이 있었지 않았을까 함석헌은 추측한다.

함석헌의 가룟 유다 체험이 흥미로운 이유는 우리 민족을 오직 죄 없는 희생양, 수난의 여왕으로만 보는 '신학적 민족주의'의 위험성이 여기에서는 희생양이면서 죄인인 조선 민족, 가룟 유다로서의 우리 민족의 대속적 역할에 대한 생각으로 깊어지고 있기 때문이다.

이날까지 나는 유다를 배반자로만 알고 저주받아 마땅하다 생각했습니다. 그러나 이제는 좀 달리 생각하게 됐습니다. … 유다는 사실 전 인류의 짐을 맡아 진 것입니다. … 지금까지 우리는 선한 사람은 상을 주고 악한 사람은 벌을 줌으로써 이 세상을 이끌어갈 수가 있었습니다. 종교에서도, 정치에서도 마찬가지입니다. 이제는 그런 방법으로는 이 세상을 다스려

병이 될 법이 어디 있으며 공산주의인들 우리에게 악독한 것이 될 법이 어디 있습니까. 그러니 이것이 역사의 속죄양 아닙니까. 반드시 우리가 못나서만 아닙니다. 아니요, 병이 곧 사람의 삶이듯이, 우리 고난이 곧 우리의 보람이 있는 곳입니다. 이 비밀을 누가 압니까? 내가 보기에는 미래의 역사의 약속은 여기 놓여 있는 듯합니다." 『함석헌 저작집』, 5:166.

54 『함석헌 저작집』, 15:24-25.

갈 수가 없어졌습니다. … 선은 한 개인의 선이 아니라 전체의 선이요, 악도 한 개인의 악이 아니라 전체의 악입니다. 선악이 개인의 것이라면 문제는 간단합니다. 그러나 아닙니다. 전체의 것입니다. 성냥개비 하나를 훔쳤어도 인간 전체가 들러붙어서 한 일입니다. 전체를 동원하지 않고 악을 이길 수는 없습니다. 이제는 전체로 생각을 해야 합니다. 전체로 생각을 해야 하기 때문에 서로서로의 대화, 더구나 실패한 사람과의 대화가 필요합니다. … 나는 사마리아 여인입니다. 내 임이 다섯입니다. 고유 종교, 유교, 불교, 장로교 또 무교회교, 그러나 그 어느 것도 내 영혼의 주인일 수는 없습니다. 지금 내가 같이 있는 퀘이커도 내 영혼의 주는 아닙니다. 나는 현장에서 잡힌 갈보입니다. 도덕과 종교로 비판을 받을 때 나는 한마디의 변명도 있을 수 없습니다. … 나는 온 역사의 압력을 내 약한 등뼈 위에 느낍니다. 한국도 하나의 사마리아 계집이요 갈보요 마리아요 유다입니다.[55]

수난의 여왕은 또한 "사마리아 계집이요 갈보요 마리아요 유다"이다. 우리 민족의 고난은 죄와 벌 사이의 비례적 응보만으로 설명될 수는 없다. 하지만 동시에 우리 민족이 죄 없다고 말하는 것도 거짓말이다. 우리는 죄인이면서 동시에 희생양, 곧 죄 있는 민족이면서 대속적 고난의 담지자이다.[56]

우리는 함석헌의 후기 역사 신학에서 가룟 유다의 경우처럼 '도구적 죄인론'을 넘어서 또한 일종의 '도구적 악마론'까지도 볼 수 있다. 고통의 생명을 위한 도구론적 혹은 교육적 가치라는 초기의 생각은

55 같은 책, 15:27-29.
56 같은 책, 9:95-96.

함석헌의 후기 사상에서도 그대로 이어지고 있지만, 그 도구적 대상이 악마에게까지 확장되어진 것은 흥미로운 점이다: "악마는 미운 것입니다. 그러나 악마의 끊임없는 유혹이 아니었더라면 인간의 정신은 닦이어 나올 수 없었을 것입니다. 생명을 영원에 향한 운동으로 발달시킨 것은 악마입니다."[57] 악마조차도 섭리 안의 자리를 가진다. 섭리가 절대적인 이유는 죄인뿐 아니라 악마까지도 생명의 도구로 사용하기 때문이다.

초기처럼 함석헌의 후기 역사 신학도 예수의 개인사와 한국의 민족사를 병행 구조로 풀이한다. 1973년 함석헌은 역사학자 김동길과의 대담에서 자신의 역사 신학이 예수의 개인사를 우리 민족의 역사라는 집단 인격에 비추어 해석한 것이라고 밝힌다: "고난이란 말은 위에서 말한 대로 기독교에서 나왔습니다. 성경의 입장에 서서 마치 예수라고 하는 하나의 개인이 인격으로 나타낸 것을 역사에서 하나의 민족에다가 적용해보자는 것입니다."[58] 함석헌의 "메시아를 민족에도 적용"한 역사 신학은 민중신학에서 성서를 예수라는 민중의 집단적 인격에 대한 사회 전기(김용복, 안병무)로 보는 관점에 깊은 영향을 남겼다.[59]

---

57 같은 책, 8:123.

58 같은 책, 25:297-298.

59 같은 책, 25:367. 김경재는 한국 사상계에 끼친 함석헌의 영향력이 방대함을 꼼꼼히 제시하여 준다. "함석헌의 역사철학과 씨올 사상은 한국의 민중신학자 안병무, 서남동, 문동환, 문익환 등에게 큰 영향을 끼쳤고, 사학자 노명식, 이만열, 서굉일 교수를 비롯해 유동식, 지명관, 김동길, 조형균, 김용준, 이문영, 한승헌, 김영호, 김조년, 박재순, 한명숙 등에게 큰 영향을 미쳤다. 젊은 소장학자 김성수는 함석헌 연구로 영국에서 학위를 받았고, 『함석헌 평전』을 비롯해 그의 작품을 영어로 펴내는 일에 공헌하고 있다. 민권운동가로서 함석헌은 계훈제, 송건호, 장준하, 서영훈, 김찬국, 김지하, 박성준, 윤영규, 박노해 등에게 영향을 주었다. 그리고 현재 시민운동, 노동운동, 생명 운동, 평화

하지만 함석헌의 후기 역사 신학의 새로운 점은 기독교의 인격주의
적 신관에서의 탈피하는 경향성이다. 후기 함석헌이 역사의 고난을
통해 옹호하고자 하는 대상의 이름은 더는 성서의 신(God)이 아니라
만인을 위한 뜻(nous, meaning)이다. 오직 뜻만이 의인과 죄인, 문명인
과 야만인, 유신론자와 무신론자를 구원할 수 있는 모두의 종교가
될 수 있다. 혼자만 천당에 가자는 기독교는 미완성의 종교에 머물
수밖에 없다. 함석헌은 그것을 모두 함께 천당에 가자는 보편적 뜻의
종교로 발전시키고자 했다.

> 유신론자, 무신론자가 다 같이 믿으며 살고 있는 종교는 무엇일까? 그래
> 서 한 소리가 '뜻'이다. 하나님은 못 믿겠다면 아니 믿어도 좋지만 '뜻'도
> 아니 믿을 수는 없지 않느냐. 긍정해도 뜻은 살아있고 부정해도 뜻은
> 살아있다. 져서도 뜻만 있으면 되고, 이겨서도 뜻이 없으면 아니 된다.
> 그래서 뜻이라고 한 것이다. 이야말로 만인의 종교다. 뜻이라면 뜻이고
> 하나님이라면 하나님이고 생명이라 해도 좋고 역사라 해도 좋고 그저
> 하나라 해도 좋다. 그 자리에서 우리 역사를 보자는 말이다.[60]

1975년에 함석헌은 이러한 '뜻'이 서구 문명과 기독교의 가장
근원적인 개념 중 하나인 '로고스'(λόγος)에 해당한다고 밝힌다: "오스
트리아의 유명한 심리학자 빅터 프랭클[Viktor E. Frankle]은 제2차 세계대전

운동을 펴고 있는 수많은 지도자 모두 함석헌의 사상적 영향을 직간접적으로 받았다
고 말할 수 있다." 김경재, "함석헌의 '씨올'의 역사철학", 교수신문 엮음, 『오늘의 우리 이
론 어디로 가는가: 현대 한국의 자생이론 20』 (서울: 생각의 나무, 2003), 311.
60 『함석헌 저작집』, 30:23.

때 나치스의 포로수용소에 갇혀서 갖은 고통을 겪으며 몇 번을 죽었다 살아나와 그 체험을 근거로 삼은 '로고테라피Logotherapy'라는 하나의 학설을 세웠다. 그 요점을 한마디로 말하면 사람은 보람에 산다는 것이다. … '로고테라피'의 '로고'란 물론 성경에 나오는 로고스, 곧 말씀이다."[61] 고난에도 불구하고 혹은 오히려 고난을 통해서 옹호돼야 할 대상은 이제 신神이라기보다는 뜻(志, λόγος)이며, 신정론神正論이라기보다는 지정론志正論이다.

5. 고난은 하나님의 자기 징벌이다

1977년 「씨올의 소리」 제64호에 실린 "씨올아 나오너라"라는 글은 흥미로운 부분을 담고 있다. 이 글 중에서 소제목 "인간의 죄에 스스로를 벌하는 하나님"이라는 부분은 이전에는 보지 못한 혹은 제시되기는 했지만 그리 강조되지 못한 '하나님의 자기 징벌론'을 제시한다.

> 이 우주의 근본원리는 '스스로 함'입니다. 생명은 스스로 하는 것입니다. … 우리는 말하기를 세상이 이렇게 악하고, 역사가 이렇게 그릇된 길에 빠져들고 있는데 왜 하나님이 가만 계시냐 하지만, 모르는 말입니다. 벌함까지 사랑으로 할 수밖에 없으신 하나님은 잘못된 인간이 스스로 자기를 벌하게 하기 위해, 스스로 자기를 벌함으로써 다시 옳음에 스스로 돌아올 수 있게 하기 위해, 지금 자기를 벌하고 계시는 것입니다. 하나님

---

61 같은 책, 7:166.

이 스스로를 벌한다는 것이 무엇입니까? 이 세상에 의로운 사람이 고난을 당하고 애매한 자연이 해를 입는 것이 곧 그것입니다. 하늘에서 불이 내려와 모든 악한 것들을 당장 벌하여 시원히 해결해주기를 기다리는 한 우리는 아직 우리 잘못을 채 모른 것이고 하나님의 뜻을 진정으로 깨닫지 못한 것입니다.[62]

함석헌이 제시하는 논리는 다음과 같이 요약될 수도 있을 것이다. 첫째, 죄와 벌은 공정한 비례 원칙(principle of proportion)에 의해 대속代贖이 아니라 자속自贖되어져야 한다. 둘째, 인간은 분명 죄를 짓는다. 셋째, 하나님과 사람은 둘이 아니라 전체의 하나이다. 따라서 인간이 지은 죄 때문에 하나님이 스스로 자신을 벌하시는 것은 보복적 정의로서의 징벌의 원칙(비례원칙)에 어긋나지 않으며, 동시에 자신의 죄는 스스로 짊어져야 한다는 자속론(자속의 원칙)에 어긋나지도 않는다. 넷째, 예수 그리스도의 성육신이 바로 그러한 하나님의 자기 징벌이다.

6. 함석헌 해석자들

김경재는 우리 민족이 일종의 메시아적 역할을 할 수 있다는 함석헌의 입장은 유대인 역사가들이 지닌 이스라엘의 선민의식 혹은 문선명류의 한국 민족의 선민의식과 유사성을 보임에도 불구하고 그 결정적차이는 후자들의 도덕주의적 인과응보 사상을 함석헌이 뛰어넘어

---

62 같은 책, 9:135-136.

고난의 긍정적 역할을 강조한 점이라고 평가한다. "'민족으로서의 메시아적 자각'은 모든 민족주의자, 사이비 정치적, 종교적 메시아니즘의 공통된 특징이다. 히틀러나 일본 군국주의나 문선명류의 사이비 민족 메시아니즘으로부터 함석헌의 사관을 확실히 구별해 주는 요소가 '고난'이라는 사상이다."[63] 김경재는 이러한 민족의 집단적 고난에 대한 긍정적 평가가 떼이야르 샤르뎅이나 화이트헤드의 과정 사상과도 유사하며, 특히 떼이야르 샤르뎅의 영향은 직접적으로 분명하게 드러난다고 평가한다.[64]

유동식은 류영모와 함석헌의 사제지간에서 오히려 함석헌이 더 독창적인 제소리를 내었다고 평가하기도 한다. "씨ᄋᆞᆯ 신천옹은 '제소리꾼'이었다. 제도적 기성교회에서 기독교를 배웠다. 그러나 거기에 머물지 않았다. 그는 우치무라에게서 성서의 진수와 신앙을 배웠기 때문에 그를 항상 존경했다. 그러나 무교회주의라는 틀에 사로잡혀 있지를 아니했다. 그는 한인 그리스도인으로서의 제소리를 냈다. 다석 류영모는 신청옹의 존경하는 스승이었다. 그러나 그는 스승의 사상을 반복만 하는 충실한 제자가 아니었다. 그는 스승을 넘어서 제소리를 낸 씨ᄋᆞᆯ이었다."[65]

무엇보다도 우리는 함석헌과 민중신학 사이의 관계를 주목하고 연구해야 할 과제를 가진다. 특히 안병무는 이렇게 말한다: "함 선생님으로 인해서 나는 기독교를 탈기독교적 입장에서 볼 수 있었어요.

---

63 김경재, "함석헌 사관의 기독교적 요소", 「신학사상」 66집 (1989 가을), 529.
64 같은 글, 531.
65 소금 유동식전집편집위원회 편집, 『소금 유동식 전집 제4권: 신학사』 (서울: 한들출판사, 2009), 416-417.

그리고 내가 사상적으로 얼마나 좁은 틀 속에서 살고 있었나 깨우쳐 주셨지요. 함 선생님의 씨알 사상은 내가 민중과 민중신학을 발견하는 과정에 어떤 눈을 뜨게 해 줬어요. 함 선생님은 통찰력이 뛰어난 분입니다. 지금도 함 선생님의 영향이 내게 끊임없이 작용해요."[66]

또한 이정배, 박재순, 등과 같은 연구자들은 함석헌의 민중론 혹은 씨알 사상이 1세대 민중신학자들에게 중요한 영향을 끼쳤으며, 이 둘 사이의 생산적이고 창조적인 대화가 필요하다고 주장한다. 박재순에 따르면, "민중신학이 한국의 주체적인 신학 사상으로서 한국적 사상의 맥을 잇고 오늘의 변혁 운동에 동참하려면 씨알 사상과의 대화를 통해 민족의 신앙적, 사상적 뿌리를 되찾고 체계적 논리를 구성할 수 있어야 한다. 또한 씨알 사상이 살아남으려면 민중신학을 통해 구체적인 민중 현장과 만날 수 있어야 한다. 더 나아가서 씨알 사상과 민중신학은 민중 운동의 운동적 논리와 집단적 성격을 이해하고 민중 운동에 기여하기 위해서 사회과학적 언어와 관점을 포용해야 할 과제를 안고 있다."[67]

반면 이정배는 함석헌과 민중신학 사이의 공명과 동시에 간격에도 주목한다. "함석헌의 자속적 신앙이 후일 세상 죄를 지고 가는 민중을 예수로 본 민중신학의 기초가 된 것을 알기 때문이다."[68] "함석헌의 자속적 신앙이 하느님과 민중을 같이 본 민중신학의 기초가 된 것도

---

66 김성수, 『함석헌 평전: 신의 도시와 세속 도시 사이에서』 (서울: 삼인, 2011), 371- 372에 인용된다.

67 박재순, 『민중신학과 씨알사상』 (서울: 천지, 1990), 281; 정지석, "함석헌의 민중사상과 민중신학," 「신학사상」 134집 (2006 가을), 119 각주 36에 인용된다.

68 이정배, "함석헌의 탈민족, 탈기독교적 평화신학 연구: 『뜻으로 본 한국역사』를 중심으로," 한국문화신학회 엮음, 『한국신학, 이것이다』 (서울: 한들출판사, 2008), 110.

결코 우연이 아니다."[69] "물론 함석헌은 민중 자체를 신격화하거나 민중들을 과도하게 신뢰하지 않았다. 계급사관으로 민중을 바라보지 않았기 때문이다. 민중신학의 전개 과정에서 민중 예수론의 등장은 함석헌의 원뜻과 차이가 있다."[70]

보다 최근에 이정배는 한국의 자생적, 토발적 기독교 이해가 류영모, 함석헌, 김흥호로 이어지며, 다석 학파 혹은 다석 신학을 형성하였다고 본다. 특히 그는 류영모와 함석헌이 각각 소승적 기독교와 대승적 기독교라는 두 한국적 신학의 스타일로 보여주고 있다고 평가한다. "스승의 소승적 기독교를 대승적 방식으로 확대시킨 함석헌의 자속적自贖的 기독교의 정체성"을 한국 신학의 중요한 공헌으로 꼽는다.[71] "함석헌의 하느님이 개인의 차원을 넘어 역사의 범주로 이해된 것은 다석학파 기독교 이해의 진일보된 모습이다."[72]

하지만 함석헌의 사유에는 다소 불분명한 점들도 존재한다고 본인은 생각한다. 가장 근원적인 긴장은 한편으로 책임을 대신할 수 없는 것이 생명과 인격의 뜻이라는 그의 깊은 신념과 다른 한편으로 우리 민족의 고난은 세계의 짐을 대신 담당한 역사적 메시아의 역할을 한다는 그의 역사 신학 사이에 발생한다. 이것은 더욱 간결하게 자력 구원론自力救援論과 타력 구원론他力救援論의 문제라고 표현될 수도 있을 것이다.

둘 사이의 논리적 긴장을 분명하게 하기 위해 우리는 책임의 주체

---

69 이정배, "함석헌의 탈민족, 탈기독교적 평화신학 연구," 110.

70 같은 글, 111 각주 9.

71 이정배, 『없이 계신 하느님, 덜 없는 인간: 多夕신학의 얼과 틀 그리고 쓰임』(서울: 도서출판 모시는 사람들, 2009), 172.

72 같은 책, 189.

(subject) 혹은 범위(scope)라는 관점을 도입하도록 하자. 함석헌의 사유는 책임의 주체 혹은 범위가 바뀜에 따라, 곧 개인이냐 민족이냐는 여부에 따라 다른 판단을 하는 듯하다. 개인은 인격이기에 대속할 수 없고 자속할 수 있을 뿐이다. 반면 민족이라는 집단 인격은 자속뿐 아니라 대속할 수도 있다고 함석헌은 생각한 것인가?

나중에 「기독교사상」 1970년 8월호에 실린 함석헌의 글 "민족, 하나의 인격적 존재"라는 제목에서처럼 민족도 하나의 인격으로 생각될 수 있다.[73] 그렇다면 개인적 인격이든 민족적 인격이든, 인격은 다른 이가 대신할 수 없기에 자속으로서의 속죄만 가능할 뿐 대속은 불가능한 것이다. 물론 이 글에서 함석헌은 "현실에서는 자아와 환경이 대립하고 정신계에서는 자력이냐 타력이냐 하는 문제가 있지만, 그것은 결국 하나인 실재實在의 대극적對極的인 표현에 지나지 않는다. 나 없이 절대자도 없고, 세계 아니고는 나도 있을 수 없다"고 말한다.[74] 하지만 그의 말처럼 '자력'과 '타력'이라는 문제가 '하나인 실재의 대극적인 표현'이라고 본다면, 곧 자력 구원론과 타력 구원론이 결국 동일한 실재에 대한 서로 다른 '표현'의 문제라면, 함석헌이 과거 기독교 신학의 타력 구원론을 비판한 근거를 상실하는 것일 수도 있다. 그런데도 함석헌은 이 글에서도 자아의 책임성만을 올바른 것으로 강조한다. "인간의 모든 생각도 행동도 결국 나의 문제로 전적으로 스스로 책임을 지고 나서서만 비로소 될 수 있다."[75] 인간 개인이 스스로 책임져야 할 인격적 존재라면, 인간 개인의 집합체로서의 민족들도 동일하게

---

73 『함석헌 저작집』, 17:281 이하.
74 같은 책, 17:282.
75 같은 책, 17:282.

스스로 책임져야 할 인격적 존재이다. 우리 민족이 독일 민족, 일본 민족, 미국 민족, 러시아 민족 등등의 죄를 대신 짊어진 것은 하나님의 섭리적 선택이라는 함석헌의 역사 신학은 위로는 되지만, 민족이든 개인이든 대신 짐을 짊어지어서는 안 되는 것이 인격이다.

12 장

예정의 신정론

하나님이 만물을 예정하며, 인간의 운명은 이미 결정되어 있다. 예정의 신정론^{豫定的 神正論}(theodicy of predetermination)은 고통과 죽음과 악이 예정의 일부분이라고 본다. 『바가바드 기타』에 따르면, 신은 "마치 녹로대^{轆轤臺} 위에 놓인 옹기처럼 모든 존재들을 오가게 하고 있다."[1] 로마서 9:21에서 사도 바울도 하나님을 토기장이에게 비교하며 이렇게 묻는다: "토기장이가 진흙 한 덩이로 하나는 귀히 쓸 그릇을, 하나는 천히 쓸 그릇을 만들 권한이 없느냐?" 하지만 막스 베버^{Max Weber}는 "전능한 창조자 하나님이 그의 피조물들의 모든 윤리적 요구를 초월하는 것으로 이해될 때" 욥의 경우에서처럼 "신정론의 문제는 단지 완전히 소멸해버린다"라고 말한다.[2] 예정의 신정론을 통해 악의

---

1 슈리 상카라차리야 주석, 『바가바드 기타』 (창원: 슈리 크리슈나다스 아쉬람, 2003), 638(18장 61). 영역은 "causing all beings to turn around (as if) fixed in a machine, by his magic power"라고 표현하였다. 곧 만물의 존재는 마치 '인형극 속의 인형들'(puppets in a puppet-play)과도 같다는 것이다. Franklin Edgerton trans., *The Bhagavad Gita* (New York: Harper Touchbooks, 1964), 89 그리고 102 미주 9를 참조하라.

2 Max Weber, *The Sociology of Religion* (Boston: Beacon, 1963), 142-143. 베버는 과거 인류가 마술사의 주술적 예언을 신앙하였다면, 후대의 예정론 사상은 그것의 발전되고 합리화된 대체물이라고 보았다. "섭리에 대한 신앙은 마술적 예지(magical divination)의 일관성 있는 합리화이다." *Ibid.*, 143.

문제는 해결된 것이 아니라 해체된다는 것이다.

하나님의 예정은 정의로운가? 현대의 세속적 정의 개념은 공정성 (fairness)에 기초한다. 반면 알라가 하는 일이 곧 정의라는 이슬람 신학이 나 칼뱅의 예정설 등은 하나님의 뜻과 정의가 동일하다고 여긴다.

> 신정론 문제가 하나님의 정의를 부정하는 것을 통해서 제거될 수도 있다. 여기서 하나님의 정의가 모호한 개념이라고 주목하는 것이 중요하다. … '정의'(justice)의 개념은 종종 하나님의 뜻(the will of God)과 동일한 것으로 정의된다. 예를 들어 성서의 저자들은 이스라엘 사람들에게 성지 聖地를 부여하고, 이미 거기에 오랫동안 살아왔던 가나안 사람들을 살육하 는 것이 여호와의 권리라고 보았다. … 하나님의 정의가 인간이 생각하는 정의와 항상 부합하지는 않으며, 이것이 정의라는 주제에 대한 유대교와 기독교 사상의 주춧돌이다."[3]

예정의 신정론은 인간의 질문을 오히려 질문한다. 하나님의 정의가 공정하지 않다고 질문하는 것은 어쩌면 인간중심주의적 관점이 지닌 한계라는 것이다. 하나님의 주권은 결코 제한될 수 없다. 이러한 주권자 하나님의 뜻이 정의라는 생각은 성서의 여러 곳에서 발견된다. 데이비드 펜찬스키David Penchansky는 "(1) 창세기 3장의 불안정한 괴물- 하나님, (2) 사무엘하 2장의 비이성적인 하나님, (3) 사무엘하 24장의 보복적인 하나님, (4) 레위기 10장의 위험한 하나님, (5) 출애굽기 4:24-26의 악의에 찬 하나님, (6) 열왕기하 2:23-25의 학대하는

---

3 Antti Laato and Johannes C. de Moor eds, *Theodicy in the World of the Bible* (Leiden and Boston: Brill, 2003), xxiv.

하나님" 등을 예로 든다.4 우리는 여기서 칼뱅의 예정론만을 살펴보도록 하자.

I. 반신(半神)들이 만든 우상들의 공장

장 칼뱅John Calvin은 자신의 신학이 "하나님의 정의를 옹호하는 것", 곧 신정론이라고 이해하였다.5 하지만 그는 인간의 정의와 하나님의 정의를 구분해야 한다고 보았다. 선과 악에 대한 인간의 견해는 절대화되어서는 안 된다. 인간이 현생에서 획득한 자신의 정의관과 지혜에 만족하며 그 너머를 바라보지 않는다면, 그것은 마치 인간이 자신들을 '반신들'(demigods)이라고 공상하는 것과도 마찬가지다.6

오히려 인간의 마음은 미로와도 같고, 우상들의 공장과도 같다고 칼뱅은 말한다. 마음의 미로에서 길을 잃은 인간은 스스로 탈출구, 곧 우상들을 만들어 내는 것이다. "각자의 마음은 미로와도 같다."7 "거대하고 꽉 찬 연못에서 물이 솟아나듯이, 인간의 마음에서 엄청난 무리의 우상들이 솟아 나온다."8 "인간의 본성은 우상들의 영속적

---

4 David Penchansky, *What Rough Beast? Images of God in the Hebrew Bible* (Lousville: Westminster John Knox, 1999); quoted in James L. Crenshaw, *Defending God: Biblical Responses to the Problem of Evil* (Oxford and New York: Oxford University Press, 2005), 179.

5 John Calvin, *Institutes of the Christian Religion*, trans. Ford Lewis Battles (Philadelphia: Westminster, 1960), 183-184 (1.15.1).

6 *Ibid.*, 38 (1.1.2).

7 *Ibid.*, 64 (1.5.12).

8 *Ibid.*, 65 (1.5.12).

공장(a perpetual factory of idols)이다."9 따라서 인간은 하나님의 뜻이
아니라 자기 생각을 절대화하는 것에서 실수하게 된다. 로마의 키케로
Cicero가 하나님이 무엇인지에 대해 전한 다음의 일화를 칼뱅은 주목한다.

> 몇몇은 시모니데스Simonides의 대답이 옳다고 칭송한다. 폭군 히에로Hiero
> 가 신이 무엇인지 물었을 때, 그는 생각할 시간을 하루 달라고 간청하였
> 다. 다음날 폭군이 같은 질문을 다시 물었을 때, 그는 이틀을 더 달라고
> 간청한다. 이렇게 날짜의 두 배를 계속적으로 간청한 다음에 시모니데스
> 는 마침내 이렇게 대답하였다. "신의 문제를 더 오래 성찰할수록, 신의
> 문제는 더 알 수 없게 된다."10

성서의 권위와 자족성만이 미로와 우상들의 공장이라는 우리의
마음에서 벗어나게 한다고 칼뱅은 본다. 성서의 권위는 교회의 결정에
서 기인하는 것이 아니라 하나님 자신에서 기인한다. 성서의 진리는
다른 어떤 인간의 지혜나 이성의 증거에 의해 판단될 수 없는 것이다.
"성서는 진정 자기 인증적自己認證的(self-authenticated)이다."11 나아가
성서는 우리의 구원을 위한 모든 필요한 지식을 다 담고 있다. "성서는
성령의 학교이다. 성서 안에는 우리가 알아야 할 필수적이고 유용한
것은 어떤 것도 생략되지 않았으며, 우리가 알기에 쓸모 있는 것을
제외하고 어떤 것도 가르쳐지지 않는다."12 하나님의 정의를 알기

---

9 *Ibid.*, 108 (1.11.8).
10 이 일화는 원래 Cicero, *Nature of the Gods*, I. xxii. 60 (LCL edition, pp. 58-59)에 실려
   있다. Calvin, *Institutes*, 66 (1.5.12).
11 Calvin, *Institutes*, 80 (1.7.5).
12 *Ibid.*, 924 (3.21.3).

위해서 성서 밖의 지혜를 추구할 필요가 없는 이유가 여기에 있다는 것이다. 신을 두려워하는 것이 지혜의 근본이기 때문이다. 칼뱅은 순수한 종교의 핵심을 "신에 대한 진실한 공포가 신앙과 결합된 것"이라고 본다.[13] 곧 하나님의 뜻을 두려워하고 그것을 보편적 법칙으로 따르려는 것이 순수한 종교라는 것이다.

II. 하나님의 비밀스러운 목적

하나님의 뜻은 두 개의 거울을 통해 드러난다. 곧 '자연'과 '인간 사회'가 하나님의 섭리의 뜻을 거울처럼 드러내고 있는 것이다.[14] 자연과 인간 사회는 일단 하나님이 만드신 이후 독립적으로 운행되는 것이 아니라 모든 순간 하나님의 행동으로 그 운행이 성립되기 때문이다. 따라서 '창조'(creation)와 '섭리'(providence)는 서로에게서 떼어낼 수 없는 하나의 사건이다.

> 마치 하나님이 과거 한꺼번에 자신의 일을 마친 것처럼 하나님을 단지
> 순간적인 창조자(a momentary Creator)로 만드는 것은 냉혹한 불모의
> 사유이다. 세속적인 이들과 우리는 달라야 한다. 특히 우리는 우주의
> 탄생에서와 마찬가지로 우주의 계속적 상태에서도 하나님의 능력의 현
> 존이 비추고 있다는 것을 본다.[15]

---

13 *Ibid.*, 43 (1.3.2).

14 *Ibid.*, 60 (1.5.7).

15 *Ibid.*, 197 (1.16.1).

계몽주의적 이신론理神論이 하나님을 창조 후 세계에서 은퇴한 시계공 하나님이라고 보지만, 칼뱅은 하나님이 만물의 '창조자'인 동시에 지금도 항상 만물을 돌보시는 영원한 '통치자이자 보호자'라고 한다.[16] 자연과 인간 세계는 하나님의 섭리의 영역일 뿐만 아니라, 그러한 주권적 통치의 범위는 우리의 내세에까지 이어진다. '미래의 삶', 곧 "또 다른 삶이 존재할 것이며, 거기에서 사악한 범죄는 그 처벌을 받을 것이며 의로움은 그 보상이 주어질 것이다."[17] 이러한 섭리를 통해 실현되는 하나님의 뜻의 정의로움을 우리는 이해하지 못한다. 하나님이 감추신 뜻 혹은 목적을 인간이 알려고 하는 것은 올바르지 못하다고 칼뱅은 생각한다. 단지 '하나님의 비밀스러운 목적'과 비교할 때, 그보다 만물의 더 궁극적인 이유는 없다는 것을 받아들여야 하는 것이다.[18]

III. 예정된 원죄

악마는 하나님의 피조물이며, 하나님의 주권 아래에 있다. 조로아스터교, 마니교 등의 이원론적 신정론은 칼뱅의 사유에 아무런 자리도 가지지 못한다. "악마도 하나님에 의해 창조된 것이다", "마귀들은 하나님의 천사들로 처음에 창조되었으나 타락으로 인해 그들은 자신들을 황폐하게 만들었으며, 다른 이들을 황폐케 만드는 도구들이

---

16 *Ibid.*, 197 (1.16.1).
17 *Ibid.*, 62-63 (1.5.10).
18 *Ibid.*, 161 (1.14.1).

된 것이다."19 예를 들어 욥기 등은 사탄에 대한 하나님의 주권을 잘 드러낸다고 칼뱅은 본다: "하나님이 뜻하고 승낙하지 않으면, 사탄은 아무것도 할 수 없다."20

또한 칼뱅에 따르면 첫 번째 인류인 아담은 분명 자유의지를 가졌으나 아담의 원죄, 곧 '유전적 감염遺傳的 感染(a hereditary taint)으로 인해 모든 후손은 전혀 다른 상황에 놓이게 되었다.21 신학적 인간학은 이러한 두 가지 전혀 다른 인간의 상황을 구분해야 한다는 것이다. "우리 자신에 대한 이러한 지식은 이중적이다: 곧 우리가 처음에 창조되었을 때 우리가 어떠했는가를 아는 것과 아담의 타락 이후에 우리의 조건이 어떻게 되었는가를 아는 것."22

칼뱅은 자신의 원죄론이 펠라기우스Pelagius를 비판한 아우구스티누스Augustine를 따르고 있다고 보았다. 펠라기우스에 따르면, "아담은 자기 후손들에 해를 끼침이 없이, 자신만의 손해를 가져오는 죄를 지었다", "펠라기우스는 죄가 생식生殖(propagation)이 아닌 모방模倣(imitation)을 통해 전염된다고 둘러대었다." 반면 아우구스티누스에 따르면, "우리는 어머니의 자궁에서부터 유전적 결함을 가진다."23 "따라서 썩은 뿌리에서 썩은 가지들이 나오며, 거기서 나오는 다른 잔가지들에게 썩음이 전파되는 것이다. 자손들은 그 부모 안에서 타락하기 때문이며, 자손들이 자기 자손들의 자손들에게 질병을 가져오게 되는 것이다."24

---

19 *Ibid.*, 175 (1.14.16).

20 *Ibid.*, 175 (1.14.16).

21 *Ibid.*, 196 (1.15.8).

22 *Ibid.*, 183 (1.15.1).

23 *Ibid.*, 247 (2.1.5).

우연과 섭리는 화해될 수 없는 반대이다. 칼뱅의 입장에 따르면, 인간의 원죄는 우연히 일어난 것이 아니라 이미 하나님에 의해 예정되었다. "아담은 하나님의 예정에 의해서 타락하였고, 자신과 함께 자기 후손들을 곤두박이로 추락하게 만들었다."[25] 칼뱅의 예정론은 매우 강력한 결정주의적 경향성을 가진다. 우연은 존재하지 않으며, 오직 만물의 섭리만이 존재할 뿐이라고 주장하기 때문이다. "성서가 가르치듯, 하나님의 섭리는 우연과 우연적 발생에 반대되는 것이다."[26] 생명 없는 사물들과 생명 있는 존재들 모두가 하나님의 비밀스러운 계획을 통해서 통치되는 것이다.

> 어떤 사람이 도적 떼 혹은 야생의 짐승들 한가운데 떨어지거나, 바다에서 갑작스러운 폭풍에 의해 배가 난파되거나 혹은 떨어지는 집 혹은 나무에 맞아서 죽었다고 가정해보자. 또 다른 사람이 사막을 헤매는 곤경 후에 도움을 만나거나, 파도에 떠밀리다가 항구에 도달하거나, 손가락 하나의 차이로 기적적으로 죽음을 면하게 되었다고 가정해보자. … 이 모든 사건은 하나님의 비밀스러운 계획에 의한 것이다.[27]

---

24 *Ibid.*, 250 (2.1.7).

25 *Ibid.*, 951 (3.23.4).

26 *Ibid.*, 198 (1.16.2).

27 *Ibid.*, 198-199 (1.16.2).

IV. 인간의 계획과 동기

자연법칙과 인간사를 통제하는 하나님의 섭리에 대해 칼뱅은 이전의 입장들과 다른 이해를 한다. 먼저 칼뱅은 과거 중세의 스콜라 신학자들이 주장하듯 하나님의 섭리를 자연법칙으로 축소해서 이해하는 것을 반대한다. "하나님은 자연의 보편적 법칙에 따라 만물이 자유로운 운행 과정을 따르도록 허락하셨다"라고 스콜라 신학자들은 섭리를 협소하게 보지만, 칼뱅은 이러한 모든 자연법칙의 일들이 "각각에 대한 하나님의 구체적인 선하심"에 기초해서 발생한다고 주장한다.[28] 예를 들어 지구의 자전이란 단지 이미 자연법칙으로 고정된 섭리라기보다는 매일 매일 하나님의 구체적인 허락을 통해 재확인되는 섭리라고 보아야 한다는 것이다. 이처럼 자연법칙도 하나님의 계속적인 섭리의 개입 없이 자동적으로 작동하지는 않는다. "하나님이 우주를 통치하신다는 뜻은 하나님이 자신이 설정하신 자연의 질서를 지켜보신다는 것만이 아니라, 하나님이 자기 피조물 각각에 대한 특별한 보살피심을 실행하신다는 것이다."[29]

또한 스토아 철학자들의 운명론은 자연 세계 안의 필연성만을 주장하는 반면, 칼뱅은 자연법칙뿐만 아니라 인간 행동의 지성적 계획과 도덕적 동기까지도 섭리 안에 포함시킨다. 그들은 운명이 '하늘과 땅과 무생물의 피조물'을 필연적으로 결정하는 것이라 보았지만, 칼뱅은 이것들뿐만 아니라 '인간의 계획(plans)과 동기(intentions)'조차도 하나님의 섭리로 다스려진다고 주장한다.[30] 예를 들어 어떤

---

28 *Ibid.*, 200 (1.16.3).
29 *Ibid.*, 203 (1.16.4).

상인이 숲에서 일행과 멀어져 그만 강도를 만나서 죽었다고 해보자. 칼뱅에 따르면, "그의 죽음은 단지 하나님의 눈에 의해 미리 보였을 뿐 아니라, 하나님의 명령에 따라 결정된 것이다." 왜냐하면 "주님이 미리 보시지 않은 어떤 일도 일어나지 않는다."[31]

V. 하나님의 허용과 하나님의 행동

하나님의 허용이란 사실상 하나님의 행동이다. 곧 하나님의 섭리는 단지 소극적 의미에서의 하나님의 허용만이 아니라, 적극적 의미에서의 하나님의 행동을 의미한다. 칼뱅에 따르면, "섭리란 땅에서 일어나는 일을 하늘에서 하나님이 한가하게 지켜보시는 것을 의미하는 것이 아니라, 마치 열쇠의 파수꾼처럼 하나님이 모든 사건을 통제하신다는 것을 의미한다. … 섭리는 행동에 머무는 것이다."[32] 매해의 풍년이나 기근, 태풍이나 홍수, 임신이나 불임 등은 모두 하나님의 구체적인 뜻이 실현된 것이다. "빗방울 하나도 하나님의 분명한 명령 없이 떨어지지 않는다."[33] 이처럼 칼뱅이 보기에 하나님의 '행동'(doing)과 '허용'(permitting)은 구분될 수 없다.[34]

칼뱅은 이것이 아우구스티누스의 입장이라고 해석한다. 곧 아우구스티누스를 따라 그는 하나님의 뜻(예정)과 하나님의 허용 사이에는

---

30 *Ibid.*, 207 (1.16.8).
31 *Ibid.*, 209 (1.16.9).
32 *Ibid.*, 201-202 (1.16.4).
33 *Ibid.*, 204 (1.16.5).
34 *Ibid.*, 229 (1.18.1).

아무런 구분이 없다고 주장한다. 하나님이 원하지 않으신 어떤 일을 마지못해 하나님이 나중에 허용하시는 경우는 없기 때문이다.

그것이 하나님이 뜻하시기 때문이 아니라면, 왜 우리가 '허용'에 대해 말하는가? … 따라서 나는 아우구스티누스를 따라서 "하나님의 뜻이 사물들의 필연성이다"라고 단순하게 고백하기를 망설이지 않는다.[35]

비록 하나님의 섭리가 우리에게서 감추어지기는 하였지만, 동시에 우리를 위한 가장 최고의 선택이라고 칼뱅은 믿는다: "하나님은 자신의 계획에 대해 최고의 이유를 항상 가지신다." 이런 이유에서 우리는 각자의 행위에 따라 처벌을 요구하며 인간은 자신이 생각하는 정의를 요구하지만, 하나님의 비밀스럽고 숭엄한 섭리는 '보다 폭넓은 정의'(a

---

35 *Ibid.*, 956 (3.23.8). 엄밀하게 말해 아우구스티누스의 『자유의지론』에서 "하나님의 뜻이 나의 필연성이다"(God's will is my necessity)는 입장은 대화 가운데에서 아우구스티누스 자신의 견해가 아니며, 그의 고향 친구이자 제자였던 에보디우스(Evodius)의 견해이다(III, 7). 에보디우스는 "하나님이 미리 아시는 것은 반드시 필연적으로 일어난다"면, 이러한 하나님의 선지(先知)에도 불구하고 어떻게 인간의 '자유의지'가 존재할 수 있는가를 아우구스티누스에게 질문한 것이다(III, 4). 여기에 대해 아우구스티누스는 이른바 섭리와 자유의지의 '병행주의'(compatibilism)라고 불리는 견해를 제시한다: "Your trouble is this. You wonder how it can be that these two propositions are not contradictory and incompatible, namely that God has foreknowledge of all future events, and that we sin voluntarily and not by necessity. ... You are afraid that by that reasoning the conclusion may be reached either that God's foreknowledge of all future events must be impiously denied, or, if that cannot be denied, that sin is committed not voluntarily but by necessity"(III, 6). 아우구스티누스의 대답은 다음과 같다: "Therefore though God knows how we are going to will in the future, it is not proved that we do not voluntarily will anything"(III, 7). 하나님은 우리의 범죄를 미리 아시지만, 자유의지를 통해 우리는 '필연성' 때문이 아니라 '자발적으로' 범죄한다는 것이 아우구스티누스의 입장이다. 손호현, 『아름다움과 악: 2권, 아우구스티누스의 미학과 신정론』 (서울: 한들출판사, 2009), 96-97.

broader justice)를 실현한다.36 따라서 하나님의 힘과 하나님의 정의를 구분하는 것은 불경하다고 칼뱅은 본다.

하나님의 섭리가 지닌 정의를 인간이 항상 이해할 수는 없다. 인간의 정의 개념과 하나님의 정의 개념 사이에는 간격이 있기에, 이런 이유에서 칼뱅은 섭리의 벗은 형태와 섭리의 옷 입은 형태를 구분한다. "하나님의 섭리는 그 벗은(naked) 형태로 우리를 항상 만나는 것은 아니며, 하나님은 사용하시는 도구들을 가지고 섭리를 옷 입히신다(clothes)."37 다시 말해 하나님은 악인들이나 고통조차도 섭리의 옷으로 사용하신다. 하지만 인간은 자기 행동에 대한 책임이 있다. "도둑들과 살인자들과 다른 악인들은 하나님의 섭리의 도구들이다. 주님께서 이러한 도구들을 사용하시어 자신이 결정하신 심판을 실행하신다. 그러나 이러한 사실에서 악인들이 자신의 악행에 대해 변명을 할 수는 없는 것이다."38 하나님이 섭리를 입히시는 도구에는 악인들뿐 아니라 악마도 포함된다. "하나님은 충돌을 위해 악마와 악인들을 무장시키시며, 우리의 인내를 지켜보시기 위해 놀이의 심판으로 앉아 계신다."39

---

36 Calvin, *Institutes*, 211 (1.17.1).

37 *Ibid.*, 216 (1.17.4).

38 *Ibid.*, 217 (1.17.5).

39 *Ibid.*, 221 (1.17.8).

VI. 불평등한 이중 예정설

악인들과 악마의 도구화론은 하나님 안에 우리가 생각할 수 있는 악의 원인을 추적할 수밖에 없게 만든다. 칼뱅의 철저한 이중 예정론은 하나님을 결국 일종의 분열된 인격을 지닌 존재로 제시하는 듯 보인다. 그는 이사야 45:7을 인용한다: "나는 빛도 짓고 어둠도 창조하며, 나는 평안도 짓고 환난도 창조하나니, 나는 여호와라 이 모든 일들을 행하는 자니라."[40] 하나님의 이중적 행동은 인류의 이중적 운명을 가져온다. 칼뱅에 따르면, "인류라는 동일한 다수에서, 어떤 이들은 구원으로 예정되고 어떤 이들은 파괴로 예정된다."[41] 이러한 하나님의 예정은 이중적이기에 만인은 평등하게 창조된 것이 아니라, 불평등하게 창조된 것이다.

> 하나님께서 각각의 인간들에게 일어나길 원하시는 것을 하나님 자신과 스스로 계약을 맺는 하나님의 영원한 판결을 우리는 예정이라고 부른다. 따라서 만물은 평등한 조건으로 창조되지 않았다. 오히려 어떤 이들은 영원한 생명으로, 다른 이들은 영원한 죽음으로 미리 예정되었다.[42]

서로 다른 인류의 운명은 하나님이 주권적으로 자유롭다는 것을 보여주는 것이라고 칼뱅은 주장한다. "하나님의 은총의 불평등성 자체가 그것이 자유로운 것이라는 것을 증명한다."[43] 여기서 칼뱅은

---

40 *Ibid.*, 221 (1.17.8).
41 *Ibid.*, 921 (3.21.1).
42 *Ibid.*, 926 (3.21.5).

아우구스티누스의 사유에서와 마찬가지로 야곱과 에서의 불평등한 선택을 성서적 전거로 제시한다: "내가 야곱을 사랑하였고, 에서는 미워하였다"(말 1:2-3).[44] 야곱과 에서의 경우와 마찬가지로 "인류라는 동일한 다수에서 어떤 이들은 구원으로 예정되고, 어떤 이들은 파괴로 예정된다."[45] 이러한 하나님의 이중적 예정은 만인이 평등하게 창조된 것이 아니라, 불평등하게 창조된 사실을 보여준다.

VII. 자유의지론자의 반론과 칼뱅의 대답

칼뱅은 자신이 인간의 자유의지 자체를 부정하기보다는 그것을 새롭게 해석한다고 보았다. 자유의지란 선택의 결과가 달라질 수 있는가의 문제가 아니라, 그 선택의 판단이나 의도가 자유로운가의 문제라는 것이다. 다시 말해 "자유의지를 논함에 있어서 우리는 인간이 외부적 장애에도 불구하고 그가 행동하도록 결정한 것을 수행하고 완성할 수 있도록 허용되는가를 묻는 것이 아니다. 어떤 측면 혹은 의미에서든 그가 판단(judgment)과 기질(inclination)을 자유로운 의지로 선택했는가를 묻는 것이다."[46] 이런 이유에서 칼뱅은 자유의지론과 자신의 이중 예정설이 병립할 수 있다고 보며, 네 가지 자유의지론의 반론에 대한 자신의 대답을 다음과 같이 제공한다:

---

43 *Ibid.*, 929 (3.21.6).

44 *Ibid.*, 92 (3.21.6).

45 *Ibid.*, 921 (3.21.1).

46 *Ibid.*, 316 (2.4.8). 하지만 칼뱅은 '인간의 계획과 동기'(the plans and intentions of men) 까지 하나님의 섭리에 의해 통제받는다고 주장한다. *Ibid.*, 207 (1.16.8).

첫 번째 반론: "필연적인 죄는 죄가 아니며, 자발적인 죄는 피할 수 있다. 만약 죄가 필연성의 문제라고 한다면 그것은 죄가 아니며, 죄가 자발적이라면 그것은 피할 수 있다고 그들은 말한다."[47]

칼뱅의 대답: "죄가 단지 필연적이라고 해서, 그것이 덜 죄가 되는 것은 아니다. 죄가 자발적이기 때문에 피할 수 있다는 그들의 추론을 오히려 나는 부정한다."[48]

두 번째 반론: "보상과 징벌은 그 의미를 잃게 된다."[49]

칼뱅의 대답: "징벌과 관련하여, 범죄의 기원이 되는 우리에게 처벌은 정의롭게 가해진다고 나는 대답한다. … 의로움의 보상과 관련하여, 그것이 하나님의 친절하심이 아니라 우리 자신의 공로에 의존한다고 우리가 인정하는 것은 매우 부조리한 입장이다."[50]

세 번째 반론: "선과 악의 모든 구분이 사라질 것이다. 만약 선이나 악을 선택하는 것이 우리 의지의 능력이 아니라면, 동일한 본성을 공유하는 자들은 모두 나쁘거나 혹은 모두 좋을 것이다."[51]

칼뱅의 대답: "우리는 모두 본성에 있어 동일한 질병을 겪고 있지만, 주님

---

47 *Ibid.*, 316-317 (2.5.1).

48 *Ibid.*, 317 (2.5.1).

49 *Ibid.*, 318 (2.5.2).

50 *Ibid.*, 318 (2.5.2).

51 *Ibid.*, 320 (2.5.3).

이 자신의 치유하는 손으로 만지길 원한 자들만 낫게 될 것이다. 그가 의로운 심판을 통해 그냥 지나가는 다른 자들은 자신들의 부패함에 버려져서 사라져갈 것이다."52

네 번째 반론: "모든 권고가 무의미할 것이다."53

칼뱅의 대답: 권면은 선택받은 자들에게는 하나님의 은총이 작동하는 통로가 된다. 반면, 그것은 유기된 자들에게는 심판의 날에 그들이 변명할 수 없게 만든다.54

VIII. 야곱과 에서

아우구스티누스에게 '한 아버지, 한 어머니, 한 결혼, 한 창조주'에서 태어난 야곱과 에서의 다른 운명은 풀리지 않는 신학적 난제였다.55 야곱과 에서의 본성의 차이 혹은 나중에 생겨날 그들의 공로 혹은 신앙의 차이에 대한 하나님의 선*지식 등이 이런 다른 결과를 가져오지는 않았다고 그는 보았다. 그렇기에 아우구스티누스는 "그들이 모두 부름을 받았지만, 모두 선택을 받은 것은 아니다"고 말한다.56

---

52 *Ibid.*, 320 (2.5.3).

53 *Ibid.*, 320 (2.5.3).

54 *Ibid.*, 320-323 (2.5.5).

55 Augustine, *Ad Simplicianum*. In *Augustine: Earlier Writings*. trans. John H. S. Burleigh (Philadelphia: Westminster Press, 1953), 389.

56 *Ibid.*, 395.

칼뱅도 마찬가지로 하나님의 예정은 어떤 사람이 할 미래의 행실의 선함을 하나님이 미리 알고 내린 결과가 아니라고 본다. 오히려 예정되었기에 그 사람이 미래에 선한 행실을 하게 된다는 것이다. "따라서 비록 공로功勞에 있어 야곱은 에서와 다르지 않지만, 하나님의 예정豫定에 의해 야곱은 저주받은 에서로부터 구분되었고 선택된 것이다."[57] 따라서 하나님을 믿는 신앙도 개인의 종교적 공로라기보다는 예정의 결과인 것이다. 예정 다음에 신앙이 자리를 가지는 것이다. "신앙信仰이 두 번째 자리를 차지할 때, 진정 신앙은 선택選擇에 적합하게 연결되는 것이다."[58] 따라서 "인간의 의지가 하나님의 계획보다 우월하다"고 보는 것도 오류이며 또한 "선택이 신앙에 의존한다"고 보는 것도 오류이다.[59] 이처럼 칼뱅은 야곱과 에서에 대한 하나님의 예정豫定 (predetermination)과 하나님의 선지先知(foreknowledge)의 선후 관계를 설명할 때 하나님의 예정이 지닌 주권적 성격을 보다 강조한다.

이러한 이중 예정론의 부조리한 듯 보이는 성격에 대해 칼뱅 자신도 잘 인지하였으며, 그런 이유에서 5가지 가능한 비판들에 대해 스스로 대답을 제공하고자 한다.

첫 번째 반론: 선택의 교리는 하나님을 폭군으로 만든다. 하나님이 '판사의 합법적 결정'보다는 '폭군의 변덕'을 더 선호하는 것으로 제시하기 때문이다.[60]

---

57 Calvin, *Institutes*, 938 (3.22.6).

58 *Ibid.*, 946 (3.23.10).

59 *Ibid.*, 967 (3.24.3).

60 *Ibid.*, 949 (3.23.2).

칼뱅의 대답: 신학적 선후 관계에 볼 때 하나님이 뜻하는 것이 정의이며, 그것이 정의이기에 하나님이 뜻하는 것은 아니다. 여기서 우선순위가 바뀔 수는 없다. "하나님의 뜻이 정의의 가장 최고의 원칙이다. 하나님이 원하셨다는 바로 그 사실 때문에, 하나님이 뜻하는 것은 정의롭다고 여겨져야 한다."[61]

두 번째 반론: 선택의 교리는 인간으로부터 죄책과 책임을 없애 버린다. 어떤 이가 죄인으로 예정된다면, 그는 책임져야 할 어떤 것도 가지지 않는다. "죄인들은 그러한 악한 것들로 인해 공평한 심판을 받은 것은 아닐 것이다. 그것들의 가장 큰 이유가 하나님의 예정이기 때문이다."[62]

칼뱅의 대답: 하나님의 예정은 그 자신의 공평성을 가진다. 이전의 대답, 곧 "하나님의 선지식이 죄인으로서 인간이 책임지는 것을 방해하지는 않는다"라는 대답을 그는 여기서 피한다.[63] 칼뱅에게 하나님의 선지식은 하나님의 예정의 이유가 되지는 않기 때문이다. 하나님의 예정에는 하나님의 뜻 외에 추가적인 이유가 없다. 따라서 선지식이 인간의 자유를 파괴하지 않는다는 것을 칼뱅은 인정하면서도 동시에 모든 만물의 원인은 하나님의 예정과 명령에 있다고 그는 주장한다. 선지식과 예정의 우선순위는 칼뱅에게 있어 명확하다. "하나님은 미래의 사건들이 일어나도록 명령하였기 때문에 그것들을 또한 선지하는 것이다."[64] 칼뱅은 자신의

---

61 *Ibid.*, 949 (3.23.2).
62 *Ibid.*, 953 (3.23.6).
63 *Ibid.*, 953 (3.23.6).
64 *Ibid.*, 954 (3.23.6).

이중 예정설이 지닌 끔찍한 측면을 분명 인정한다. "하나님의 명령이 진정 공포스럽다(Decretum quidem horribile, fateor)고 나는 고백한다."[65] 하나님의 예정이 지닌 정의와 공평함은 인간에게 그 이유가 알려지지 않기에 공포스럽지만, 그럼에도 불구하고 그것은 공평하다. "하나님의 섭리에 의해 자신들이 파괴될 운명을 가진다고 불평하는 그 섭리는 그것 자체의 공평성을 가지며, 그러한 공평성은 우리에게 알려지지 않았지만 매우 분명하다."[66]

세 번째 반론: 선택의 교리는 하나님이 인간들에 대해 편파성을 보인다는 견해를 제시한다. 하나님이 인간들을 이중적으로 예정한다면, "성서가 모든 곳에서 부정하는 '사람들에 대한 편파성'이 하나님에게 있다"라고 주장하는 것이다. 그렇다면 "자신의 예정에서 하나님은 모두에게 동일한 태도를 유지하지 않기에" 하나님의 정의는 '편파적 정의'(biased justice)이다.[67]

칼뱅의 대답: 하나님의 정의는 의문시될 수 없다. 마치 빚쟁이를 앞에 둔 채무자처럼, 인간 모두는 죄의 빚이 있다. "우리는 공통된 죄악을 인정하지만, 하나님의 자비가 몇몇을 구조한다고 말한다."[68]

네 번째 반론: 선택의 교리는 경건한 삶에 대한 모든 열정을 파괴한다.

---

65 *Ibid.*, 955 (3.23.7).
66 *Ibid.*, 957 (3.23.9).
67 *Ibid.*, 959 (3.23.10-3.23.11).
68 *Ibid.*, 959 (3.23.11).

"인간이 어떻게 행동하든, 그것은 아무 차이도 없게 만든다."[69]

칼뱅의 대답: "분명 그들이 완전히 거짓말하는 것은 아니다. … 선택이 구원을 위해 충분하기 때문에 선행을 하기를 멈추는 것과 선택이 예정한 목표로서 선의 추구에 우리 자신을 바치는 것, 이 둘 사이에는 얼마나 큰 차이가 있는가!"[70]

다섯 번째 반론: 선택의 교리는 모든 훈계를 무의미하게 만든다. "그것은 경건한 삶에 대한 모든 훈계를 뒤집어버린다."[71]

칼뱅의 대답: 모든 것이 예정되었음에도, 그 진리를 훈계하는 의무가 없어지지는 않는다. 아우구스티누스가 말했듯, "진리를 감추는 이유와 진리를 말하는 필요성은 서로 다른 것이다."[72]

IX. 포스트모던 민주주의 신학?

우리가 하나님의 비밀스러운 목적을 알 수 없다는 것은 일종의 무지이기는 하지만, 동시에 그것은 '배운 무지'(docta ignorantia)라고 칼뱅은 보았다.[73] 그는 이 표현을 아우구스티누스에게서 가져온다.

---

69 Ibid., 960 (3.23.12).
70 Ibid., 960-961 (3.23.12).
71 Ibid., 962 (3.23.13).
72 Ibid., 962 (3.23.13).
73 Ibid., 923 (3.21.2).

아우구스티누스에 따르면, 우리 마음 안에는 '배운 무지'가 존재한다. "우리가 찾는 것이 무엇인지 정확하게 알지 못하지만, 그럼에도 우리는 이것이 아니라는 것은 알고 있다".74 칼뱅보다 한 세기 앞선 1440년 쿠자의 니콜라스에 따르면, '배운 무지'란 우리가 알지 못하는 것을 알고자 하는 열망에 기초한다. "자신이 알지 못한다는 것을 더 알면 알수록, 그 사람은 더 배운 자가 될 것이다."75 요컨대 칼뱅에 따르면, "무지는 배운 것이다."76 그럼에도 본인은 하나님의 비밀스러운 뜻을 칼뱅이 이중적으로 지나치게 확정하는 듯하다고 본다. 하나님의 뜻에 대한 진정한 배운 무지는 그것이 이중적인지 그렇지 않은지 자신이 안다고 주장하지는 않을 것이다.

칼뱅에 따르면 정치의 영역인 '인간 사회'와 과학의 영역인 '자연'은 하나님의 창조와 섭리를 통해 완벽하게 결정된다. 바로 그것들의 법칙들과 예외들을 결정하는 주권자가 하나님이시기 때문이다. 이런 섭리론에 기초하여 고통과 죽음의 예정을 옹호하는 칼뱅의 신정론은 과거의 정치신학에 기반한 것이다.

예를 들어 칼 슈미트Carl Schmitt는 정치신학을 주권자主權者 하나님의 이론이라고 보았다: "주권자란 예외를 결정하는 자를 뜻한다."77 우주의 유일한 주권자는 하나님이며, 그를 대리하는 정치적 세력으로서의

---

74 Augustine, *Letters II* (Washington, D. C.: The Catholic University of America Press, 1953), *The Fathers of Church*, vol. 18, 398 (*Letters* CXXX. 15. 28).

75 Jasper Hopkins, *Nicholas of Cusa on Learned Ignorance: A Translation and an Appraisal of De Docta Ignorantia* (Minneapolis: Arthur J. Banning Press, 1985), 51 (1.1.4).

76 Calvin, *Institutes*, 957 (3.23.8).

77 Carl Schmitt, *Political Theology: Four Chapters on the Concet of Sovereignity*, trans. George Schwab (Chicago: The University of Chicago Press, 2005), 5.

국가론은 일종의 세속화된 신학이라는 것이다.

> 근대 국가론의 모든 주요 개념들이란 세속화된 신학적 개념들이다. 예를
> 들어 전능한 하나님(the omnipotent God)이 전능한 입법자(the om-
> nipotent lawgiver)로 변화한 경우가 그러하다. 하지만 세속화란 개념들
> 이 신학에서 국가론으로 옮겨간 역사적 과정 때문만은 아니다. 또한 이러
> 한 개념들에 대한 사회학적 성찰을 위해서 필수적인 인식, 곧 개념들의
> 조직적 구조에 있어서도 그러하다는 뜻이다. 법체계의 예외(exception)
> 란 신학의 기적(miracle)에 유비적으로 해당한다.[78]

이처럼 슈미트에게 정치신학이란 정치와 신학의 유비적 성찰이다.
그런데 칼뱅과 슈미트에게 하나님은 전능한 주권적 힘을 지닌 존재이
기에 여기에 해당하는 유비는 권위주의 정치체계이다. 슈미트가 민주
주의에 대한 부정적 견해를 드러내는 이유도 여기에 있다. 그에 따르면,
"민주주의(democracy)는 정치적 상대주의의 표현이며, 동시에 인간의
이해와 비판적 의심에 기반해서 기적들과 교리들로부터 해방된 자연
과학적 지향성이 표현된 것이다."[79]

오늘날 우리가 직면한 정치신학의 과제는 과거의 '군주주의 신학'
(monarchic theology)을 현대의 '민주주의 신학'(democratic theology)
으로 개정하는 일이라고 본인은 생각한다. 오늘날의 정치적 주권자는
더 이상 군주가 아닌 시민이다. '17세기' 교리학 교과서들은 19세기에
는 더 이상 타당하지 않은 과거의 역사 신학^{歷史神學}의 결과물이라고

---

78 Schmitt, *Political Theology*, 36.
79 *Ibid.*, 42.

슐라이에르마허가 비판했듯, "만물은 평등한 조건으로 창조되지 않았다"라는 칼뱅의 16세기의 진술도 "모든 사람은 평등하게 창조되었다"라는 토머스 제퍼슨의 〈독립선언문〉의 민주적인 정치신학에 기초하여 교정되어야 한다.[80]

특히 과거의 전능한 주권자 하나님 개념은 몰트만의 고통받는 하나님이나 과정신학의 설득하는 하나님의 경우처럼 새로운 신학적 상상력에 기초한 이론을 필요로 한다. 칼 슈미트의 '과거 정치신학'을 비판하며 몰트만은 '새로운 정치신학'을 통해 주권자 하나님을 해방자 하나님으로 제시한다. "정치신학은 예언적 신학으로서 해방신학이며, 해방신학이 바로 정치신학이다."[81]

인간 사회를 위한 정치신학처럼 자연법칙의 경우도 새로운 신학적 해석을 필요로 하기는 마찬가지다. 칼뱅의 예정의 신정론이 기반하고 있는 것은 일종의 결정론적 우주관이다. 이런 우주에서는 "빗방울 하나도 하나님의 분명한 명령 없이 떨어지지 않는다."[82] 하지만 오늘날 우리는 확률과 상호관계성의 관점에서 우주를 이해한다. 일례로 하이젠베르크는 기계적 결정주의에 기초한 과거의 자연관을 비판하며, 사실 '원자물리학'(atomic physics)은 '결정주의'(determinism)와는 매우 다른 법칙들을 따른다고 주장한다.[83] 자연 자체가 불확정성과

---

80 F. Schleiermacher, *The Christian Faith* (Edinburgh: T. & T. Clark, 1989), 88-89. Calvin, *Institutes*, 926 (3.21.5).

81 이런 맥락에서 몰트만은 '민중신학'(Minjung theology)도 새로운 정치신학에 해당한다고 본다. Jürgen Moltmann, "Political Theology in Ecumenical Contexts," Francis Schüssler Fiorenza, Klaus Tanner, Michael Welker eds., *Political Theology: Contemporary Challenges and Future Directions* (Louisville, Kentucky: Westminster John Knox Press, 2013).

82 Calvin, *Institutes*, 204 (1.16.5).

통계적 확률들에 기초하기 때문이다. "모든 자연의 법칙들은 단지 통계적 법칙들(statistical laws)이라고 여겨질 수 있다."[84] 오늘날 포스트모던 과학 이론과 민주주의 정치철학 그리고 기독교 신학 사이의 창조적 대화가 매우 필요해 보인다.

---

83 Werner Heisenberg, *The Physicist's Conception of Nature* (London: Hutchinson & Co., 1958), 34-35.

84 Heisenberg, *Physicist's Conception of Nature*, 36.

13 장

과정 신정론

I. 화이트헤드의 과정 신정론[1]

악의 문제는 어떻게 보면 일종의 기술적 형이상학^{記述的 形而上學}(des-criptive metaphysics)의 문제이다. 우리의 형이상학적 상황이 부적절하게 기술될 때 실재는 그 투명성을 잃게 되고, 하나님 존재의 이해 가능성은 심각하게 위협받게 된다.『과학과 근대세계』,『종교론』,『과정과 실재』그리고『관념의 모험』과 같은 저작들에서 알프레드 노스 화이트헤드^{Alfred North Whitehead}는 이러한 기술적 형이상학으로서의 과정 신정론^{過程神正論}(process theodicy)을 구성하려 시도하고 있다. 본인은 그의 신정론이 현실적 존재들의 하나님 만들기라는 생각에 기초하고 있다고 본다. 우리의 모든 비극과 슬픔이 비록 지금은 끔찍하지만, 하나님의 감정 혹은 느낌을 만들어 가고 그 강도를 획득하게 하는 데 공헌하기 때문에 궁극적으로 의미를 가진다는 주장이다. 시간 속에서의 우리의 경험과 모험은 영원히 불멸하는 가치로 전환되어 하나님의 존재 속으로 모이고, 이 실현된 가치의 영원불멸성이 바로 하나님의 진화적 팽창을 가능케 하는 것이다. 본인은 이러한 화이트헤드의 생각을 다음과 같은 세 가지 형태의 논리 혹은 신정론으로 나누어 분석하고자 한다: 신정론 I 혹은 형이상학적 일원론^{一元論}(monism)에 대한 화이트헤드의 거부, 신정론 II 혹은 전통적인 자유의지^{自由意志}(free will) 신정론의 재구성, 신정론 III 혹은 화이트헤드의 소위 '객체적 불멸성^{客體的 不滅性}'(objective immortality)의 이론.[2]

---

1 이 글은 원래 손호현, "아름다움의 모험: 화이트헤드의 세 가지 신정론 분석,"「한국기독교 신학논총」43(1): 197-221로 출판되었던 것을 여기서 수정하였다.

2 Alfred North Whitehead, *Process and Reality*, viii-ix; cf.『과정과 실재』, 43-44. 영어판의

이러한 세 형태의 신정론은 서로 대립하기보다는 세 독특한 논리적 단계를 거치는 하나의 거대한 신정론을 이루고 있다. 이 셋은 화이트헤드의 과정 존재론에서 대략적으로 데이터 혹은 여건, 결정의 과정 그리고 결과로서의 만족이라는 우주에 대한 그의 삼중적 해석과 일치한다. 첫 번째 단계인 우주의 데이터 혹은 여건은 우리의 형이상학적 상황이 다원적인 요소들로 이루어지고 있고, 거기서 하나님의 원초적 본성도 한 요소로 작용한다는 것을 보여준다. 두 번째 결정 혹은 자유의 단계는 가장 궁극적으로 존재하는 것은 현실적 존재들 혹은 현실적 경우들에 내재하는 창조적 자유로서, 그 어떠한 작용인作用因 (efficient cause)에 대한 분석으로도 환원될 수 없다는 것을 보여준다. 마지막 만족의 단계는 우주의 창조적 모험이 산출하는 결과로서, 이렇게 성취된 진보는 하나님의 결과적 본성 속에 영구히 보존되는 것이다.

II. 신정론 I 혹은 형이상학적 일원론의 거부

화이트헤드는 종래의 일원론 혹은 유일신론적 결정주의를 신정론의 맥락에서 반대한다. 만약 하나님이 유일무이하고 단일한 형이상학의 궁극적 원리라고 한다면, 우리는 모든 선뿐만 아니라 모든 악도

페이지 번호는 초판(New York: Macmillan, 1929)을 따랐으며, 후에 나온 영어 교정판 (New York: Free Press, 1978)에서도 쉽게 초판의 페이지 번호를 확인할 수 있다. 이하 *PR* 번역본으로는 오영환, 『과정과 실재: 유기체적 세계관의 구상』(서울: 민음사, 1991)을 사용하였다.

하나님에게 그 책임을 돌릴 수밖에 없다고 그는 생각한다. 사실 이것은 하나님을 악의 창조자 혹은 저자로 만드는 것과 별로 차이가 없다는 것이다. 이미 초기 저작인 『과학과 근대세계』에서 화이트헤드는 이렇게 말하고 있다.

> 중세와 근대의 철학자들 사이에는 하나님이 가지는 종교적 중요성을 확립하고자 애쓴 나머지, 하나님에게 [공허한] 형이상학적 칭송을 바치는 유감스러운 습관이 널리 퍼져 있었다. 그 철학자들은 우리의 '형이상학적 상황의 토대'(the foundation of the metaphysical situation)로서 하나님만이 궁극적으로 활동하신다고 여긴 것이다. 만약 이런 생각을 고수한다면, 우리는 모든 선의 근원뿐만 아니라 모든 악의 근원도 하나님 안에서 찾을 수밖에는 없는 것이다. 그때 하나님은 [우주의] 최종적 극작가로서, 그러한 극劇의 성공뿐 아니라 그 모든 결함까지도 하나님의 책임으로 돌려져야 한다.3

여기서 화이트헤드는 하나님이 우리의 '형이상학적 상황의 토대'는 아니라고 주장함으로써 악의 문제를 해결하고자 시도하고 있는 것이다. 우리의 형이상학적 상황은 궁극적으로 볼 때 주어진 것이지, 어떤 단일한 지성적 존재에 의해 설립된 것은 아니라는 것이다. 따라서 하나님이 이러한 상황을 독단적으로 설정하지도 않았는데, 그 상황이 초래하는 여러 악으로 인해 하나님을 비난하는 것은 의미가 없다고 화이트헤드는 본다.

---

3 Whitehead, *Science and the Modern World* (New York: Macmillan Company, 1925), 250-251. 이하 *SMW*. Cf. 오영환, 『과학과 근대세계』(서울: 서광사, 1989), 261.

성서에 나오는 욥의 고난이 우리에게 주는 어려운 문제는 단순히 힘의 숭배, 곧 하나님을 일종의 우주적 군주#主로서 보는 형이상학적 견해에 의해 해결될 수 있는 것은 아니다. 만약 우리가 이러한 군주적 하나님 관념을 그 논리의 귀결까지 따라간다면, 결국에는 세계 내 존재하는 악도 '하나님의 본성에 부합하는 것'으로 보아야 하는 '완전한 결정론'을 주장할 수밖에는 없다.[4] 물론 하나님이 어떤 의미에선 우주의 전체 과정을 결정하신다. 왜냐하면 "하나님은 모든 [우주의] 창조적 과정 하나하나에 고려돼야 하는 비非시간적인 현실적 존재"이고, 모든 피조물은 그 자신 안에 "하나님을 포함"하고 있기 때문이다.[5] 달리 말해 하나님이 모두(all) 결정하신다는 것은 이렇게 하나님이 세계 내에 있는 현실적 존재의 모든 경우(all occasions)에 관여하신다는 것으로 이해되어야 한다. 만약 우리가 이 근본적 사실을 부정한다면 단지 무신론으로 나아갈 수밖에는 없는 것이다. 하지만 만약 하나님이 모두 결정하신다는 것을 하나님이 일방적으로(unilaterally) 결정하시는 것으로 이해한다면, 우리는 단지 신학적 편의주의로 나아갈 수밖에는 없는 것이다. 이 경우 우리는 신학이 지니는 형이상학적 설명의 과제를 회피하고, "곤란하고 이해하기 어려운 일들은 모두 하나님의 명령이나 섭리로 돌려질 수 있다"라고 보는 일종의 도구적 하나님(道具的 神, deus ex machina) 관념을 암묵적으로 옹호하는 것과 별로 다르지 않다.[6] 신학적 설명의 의무가 단지 설명의 편의성으로 대체돼서는

---

4 Whitehead, *Religion in the Making* (New York: Macmillan Company, 1926), 95. 이하 *RM*. 류기종, 『宗教論』 (서울: 종로서적, 1986), 74.

5 *RM* 94; cf. 『종교론』, 73.

6 *RM* 70; cf. 『종교론』, 53. 비록 화이트헤드 자신이 이러한 표현을 사용하고 있지는 않지만, 완전한 기계론적 혹은 결정론적 세계관에 대한 그의 신학적 비판은 "데우스 엑스 마키

안 된다. 모든 건 하나님의 뜻에 따라 결정되었다고 하는 손쉬운 교리적 대답이 신정론의 어려움을 해결하고 있지는 못하다고 화이트헤드는 본다: "종교적 교리의 모든 단순화 작업들은 악^惡의 문제의 암초에 걸려 좌초하고 마는 것이다."[7]

　　요컨대 악의 존재에도 불구하고 하나님을 옹호하는 가장 직접적인 방법은 하나님이 우주에서 일어나는 모든 일들에 대해 일일이 책임을 가지는 유일무이한 형이상학적 결정자라는 생각을 거부하는 것이다. 이것이 바로 화이트헤드가 『과정과 실재』에서 하나님, 창조성 그리고 영원적 객체들이라는 하나가 아닌 다수의 형이상학적 궁극자들을 제안함으로써 시도하고 있는 것이다. "스피노자의 철학이나 절대적 관념론 등의 일원론적 철학에서는 이런 궁극자가 신이며", 이런 생각은 우주 내에 일어나는 모든 개별적 사건들에 대해 하나님이 전적인 책임을 가지게 만든다.[8] 이와는 대조적으로 과정 사상의 하나님은

나'(*deus ex machina*) 혹은 "도구적 하나님" 관념으로 적절하게 표현되는 것 같다. 문자적으로 "기계 장치에서 튀어나온 하나님"(god from the machine)을 가리키는 표현으로, 고대 그리스 종교극에서 종종 인물들과 사건들이 복잡하게 얽혀서 오직 신적인 개입만이 문제를 해결할 수 있는 상황에서 이야기의 종국에 가서 무대 위쪽에 설치된 기계 장치에서 하나님이 내려와 모든 일을 해결하고 악을 심판하였던 것에서 유래하였다. 하나님을 단지 우리의 이론적 혹은 현실적 어려움을 해결하는 데 유용한 도구적 존재로만 여기는 이러한 신학적 습성은 19세기에 헤겔에 의해서도 비판됐다. 헤겔은 자신의 철학사 강의에서 라이프니츠의 신정론 사상을 가리켜 하나님을 "모든 모순을 쏟아붓는 하수구"(*die Gosse, worin alle die Widersprüche zusammenlaufen*; the waste channel into which all contradictions flow)같이 만든다고 비판한다. G. W. F. Hegel, *Werke in zwanzig Bänden*, edited by E. Moldenhauer and K.M. Michel, 20 vols and index (Frankfurt: Suhrkamp Verlag, 1969ff.), 20: 255. 영어판으로는 *Lectures on the History of Philosophy, vol. 3: Medieval and Modern Philosophy*, trans. by E. S. Haldane and F H. Simson (Lincoln and London: University of Nebraska Press, 1995), 348을 보라.

7 *RM* 77; 『종교론』, 58.

8 *PR* 11; 『과정과 실재』, 56.

이러한 공허한 형이상학적 칭송을 필요로 하지 않는다. 오히려 여기서 가장 궁극적인 것으로 드러나는 것은 다름 아닌 창조성이다. 우리가 우주에서 가장 일반적이고 보편적으로 발견하는 것은 창조의 충동이 라는 것이다. "유기체의 철학에서는 이런 궁극자를 가리켜 창조성創造性 (creativity) 혹은 과정過程(process)"이라고 부르며, "신은 그것의 원초적 인 비시간적 우유성偶有性(accident)"이라고 본다.9 반면 창조성은 스스 로 독특한 '그 자신의 성격'을 가질 수는 없으며, 하나님과 다른 현실적 존재들에 의해 주어지는 성격을 가지게 된다.10 화이트헤드의 존재론 적 원리에 따르면, 창조성은 현실적 존재들에 내재함을 떠나서는 존재할 수 없으며, 바로 이러한 사실이 과정철학의 우주를 다원주의적 으로 만드는 것이다. 어떤 단일한 존재도 우주 전체의 역사적 과정을 홀로 결정할 수는 없다. 이렇게 화이트헤드는 '일원론적 우주'와 '다원 론적 우주'라고 하는 철학적 선택을 제시하며, 자신은 후자의 입장을 받아들인다.11 과정철학의 다원론적 우주에서는 하나님이 다른 형이 상학적 원리들을 그 철학적 아포리아에로의 붕괴에서 구출하는 도구 적 하나님으로 요청되기보다는 그러한 형이상학적 원리들을 구체적으 로 드러내는 가장 중요한 '예例'(exemplification)로서 사유된다.12

또한 일원론적 형이상학에 대한 화이트헤드의 거부는 우주가 미리 결정된 하나님의 뜻을 목적론적目的論的(teleological)으로 실현해가는 장소라고 보는 전통적 견해를 수정하는 결과를 가져온다. 우주 내에는

---

9 *PR* 11; 『과정과 실재』, 56.
10 *PR* 47; 『과정과 실재』, 96.
11 *PR* 122-123; 『과정과 실재』, 177.
12 *PR* 521; cf. 『과정과 실재』, 591.

단일한 형이상학적 결정자가 없듯이 또한 거기에는 "유일한 이상적 '질서'"도 없는 것이다. 하나의 단일한 목적론적 질서라는 생각은 단지 사유의 추상일 뿐이며, 실제는 오직 구체적인 질서들과 구체적인 이상들만이 순간순간 존재한다. 단일한 우주적 질서를 요구하는 것은 "사유의 바람직하지 못한 과도한 도덕화"이다.13 화이트헤드의 견해에 따르면, "… 머나먼 저편에 있는 하나의 신적神的인 사건, 창조물 전체가 그것을 향해 나아가네"라는 테니슨의 시구는 시적詩的으로는 매우 감동적이나 형이상학적 관점에서 볼 때는 일종의 '잘못된 우주관'을 표현하고 있다.14 왜냐하면 우주에는 실현돼야 하는 '하나의' 고정된 혹은 미리 계획된 질서란 없기 때문이다.

우주에는 하나의 고정된 계획이 없다면, 우리는 모든 현실적 존재들에 유연하게 적용될 수 있는 하나님의 보편적 목적을 어떻게 사유해야 하는 것인가? 아니면 하나님은 우주에 대해 아무 계획도 없다는 말인가? 화이트헤드는 인간과 인간이 아닌 존재들을 포함한 모든 현실적 존재들에게 적용될 수 있는 어떤 보편적이고 포괄적이면서도 동시에 유동성 있는 하나님의 목적을 이론적으로 설명하고자 시도한다. 그는 생명 혹은 삶에 대한 하나님의 궁극적인 목적이 다름 아닌 존재론적-미학적 가치로서의 느낌의 강도를 획득하고 확장하는 데 있다고 제안한다. 이것은 현실태의 진리로 환원될 수 없는 일종의 이상 혹은 가치의 모험이다.

하나님이 원초적으로 욕구하고 추구하는 목적은 강도強度(intensity)의

---

13 *PR* 128; cf.『과정과 실재』, 183-184.
14 *PR* 169;『과정과 실재』, 226-227.

획득이지, 보존保存(preservation)이 아니다. … [현실적 존재 속에서] 하나님이 목표하는 것은 만족의 깊이로서, 이것이 하나님 존재의 완성을 향한 중간 단계로서 역할을 하는 것이다. 하나님은 현실적 경우가 생겨날 때마다, 거기에 그의 자상한 애정을 쏟는다. 따라서 창조적 진보에 있어서 하나님의 목적은 [경험 혹은 느낌의] '강도들을 유발'하는 데에 있다. … 반복이라는 과거의 사슬에서 자유로울 때, 강도 있는 경험이 존재할 수 있는 것이다.15

　　화이트헤드는 보존이라는 미학적 가치보다 모험 혹은 새로운 느낌의 강도라는 미학적 가치를 선호한다. 이러한 미학관이 또한 역사 과정의 이해에도 투사되고 있다. 강도 높은 새로운 가치 혹은 문명의 창조가 역사 내 하나님의 목적이라고 보는 것이다. "하나님은 강도의 획득을 지향하는 새로움의 기관(the organ of novelty)이다."16 하지만 하나님은 역사의 진로를 직접적으로 결정하는 것이 아니라, 개개 현실적 존재에게 영원적 객체들 혹은 행동의 가능성이라는 일종의 '느낌에로의 유혹'(the lure for feeling)을 간접적으로 제공함으로 문명의 모험을 설득하고 권고하는 것이다.17 요컨대 문명 혹은 세계에

---

15 *PR* 160-161; cf. 『과정과 실재』, 217-218.

16 *PR* 104; cf. 『과정과 실재』, 157. 신우진은 화이트헤드의 신정론을 분석하며, 하나님이 세계의 실현된 가치를 보존하면서 영원히 계속 성장하고 전진하지는 않을 가능성을 제시한다. 세계의 유한성은 오직 유한한 종류의 새로운 가치만을 가져올 것이기 때문이다: "시간이 지날수록 유한성 속에서 새로움을 분류하였을 때, 사소한 차이가 무시되어 하나님 안에서 동일하고 유한한 유형의 가치로 분류되어 수렴될 수 있는 확률이 크다." 신우진, "고난받는 자를 위한 신정론: 다석 유영모와 화이트헤드의 신정론의 대화를 중심으로" (연세대학교 대학원 신학과 석사학위논문, 2023년), 156.

17 *PR* 287; cf. 『과정과 실재』, 353.

대한 하나님의 목적은 아름다움에로의 유혹인 것이다.

III. 신정론 II 혹은 자유의지 신정론의 재구성

신정론 I과 신정론 II는 마치 동전의 양면과도 같다. 신정론 I이 하나님의 책임 없음을 강조하는 반면, 신정론 II는 하나님이 아닌 다른 현실적 존재들의 책임을 강조하기 때문이다. 신정론 II는 종래의 자유의지 신정론을 단지 인간만이 아니라 인간이 아닌 자연적 존재들에도 적용될 수 있도록 보다 근본적으로 확장하고 존재론화시킨 것이다. 전통적 형태의 자유의지 신정론은 도덕적 악은 설명할 수 있었으나 자연적 악은 설명하기는 힘든 한계를 가졌다. 이에 반해 화이트헤드의 유기체적 세계관은 도덕적 악과 자연적 악을 보편적 자유普遍的 自由(the universal freedom)라는 단일한 원리로서 설명할 수 있는 장점을 지닌다.[18]

화이트헤드의 『과정과 실재』에 나오는 '자유와 결정성'이라는 아홉 번째 범주에 따르면, 우주가 보여주는 창조적 진보는 항상 두 측면에서 고려돼야 한다. 한 현실적 존재 혹은 경우에 있어서 다른 현실적 존재들은 일종의 주변 환경 혹은 작용인으로서 결정의 여건 혹은 데이터를 제공하지만, 궁극적인 결정은 바로 그 현실적 존재의 자유에

---

18 유사하게 플랜팅가는 논리적 신정론의 입장에서 '자연적 악'을 악마의 자유의지와 관련시킨다. 하지만 그는 화이트헤드와 달리 자유의지라는 단일한 대답에 관한 어떤 형이상학적 제안을 하지는 않는다: "사탄은 하나님에게 반역하였고 그때부터 계속해서 대혼란을 가져왔다. 그 결과가 바로 자연적 악(natural evil)이다. 따라서 우리가 경험하는 자연적 악은 비인간적 영의 자유로운 행동들 때문이다." Alvin Plantinga, *God and Other Minds* (Ithaca, N.Y.: Cornell University Press, 1967), 151-152. 앞의 5장, "악마론 혹은 이원론적 신정론"을 참고하라.

달려 있다는 것이다.

개개 현실적 존재의 합생^{合生}(concrescence)은 내적으로 결정되며(in-ternally determined), 외적으로 자유롭다(externally free). 이러한 범주는 다음과 같은 공식으로 요약될 수 있다. 개개의 합생에 있어서 [미리] 결정되어질 수 있는 무엇이든지 결정되어져 [전해지지만], 거기에는 항상 그 합생 과정의 주체-자기 초월체(the subject-superject)가 결정해야 할 어떤 것이 남아 있는 것이다.[19]

합생의 여건 혹은 데이터는 이미 결정된 것으로 현실적 존재에 전달된다. 이것이 바로 다른 현실적 존재들이 만든 과거의 결정이 가지는 자기 초월체적 특성, 곧 화이트헤드가 '세계의 공공성'이라고 부르는 것이다.[20] 과거 세계는 공공적 여건 혹은 데이터로 주어지며, 여기에 대해 현실적 존재는 "외적으로 자유롭다." 왜냐하면 그 현실적 존재는 밖으로부터 주어지는 여건을 긍정적으로 받아들일 수도 혹은 부정적으로 배제할 수도 있는 자유를 가지기 때문이다. 결정은 궁극적으로 그 현실적 존재에 달려 있는데, 이것이 주어진 여건 혹은 데이터에 대한 반응이 지니는 '즉각적, 사적^{私的}, 개인적 정체성'을 표현하고 있다.[21] 그래서 반응은 항상 "내적으로 결정되며", 일종의 프라이버시를 지니는 것이다. 결정에 있어서 "개인의 사적 자유 혹은 프라이버시"가 없다면, 우주는 과거의 반복이라는 사슬에 의해 서서히 권태 속으로

---

19 *PR* 41; cf. 『과정과 실재』, 88-89.
20 *PR* 443; 『과정과 실재』, 509.
21 *PR* 443; cf. 『과정과 실재』, 509.

붕괴할 뿐이다. 이러한 결정의 사적 자유 혹은 프라이버시는 다름 아닌 창조성의 신비로서, 이것은 더 이상 어떻게 설명될 수 없는 것이다. 왜냐하면 창조성의 신비가 모든 설명의 궁극적 틀을 제공하며, 설명의 시작은 더 이상 설명될 수는 없기 때문이다.

　존재는 결정이고, 결정이 존재이다. 결정은 현실적 존재가 지니는 단순히 '일시적인 부속물'과 같이 이해돼서는 안 된다.[22] 현실태라는 의미 자체가 이러한 자신과 미래의 다른 현실적 존재들을 위한 자유로운 결정에 놓여 있다. 현실적 존재는 결정으로 생성되기 때문이다. "'현실태'는 '가능태'의 한복판에서의 결단이다."[23] 따라서 악이 결정과 관계되는 한에 있어서 악의 존재는 이런 혹은 저런 현실적 존재에게 돌려져야 하는 것이다.

> 존재론적 원리^{存在論的 原理}(ontological principle)는 모든 결정이 하나의 혹은 그 이상의 현실적 존재들에 돌려질 수 있다고 선언하는 것이다. 왜냐하면 현실적 존재들을 떠나서는 아무것도 없고, 단지 비존재 (non-entity)만이 있을 뿐이다. ― '나머지는 단지 침묵일 뿐이다.'[24]

　공공적인 가능성들 한복판에서 하나의 가능성을 자유롭지만 잘못되게 선택하여 현실화시킨 것이 악이며, 이것은 하나님에게 돌려질 수는 없는 것이다. 만약 그렇지 않다고 한다면, 모든 신학의 문법은 파괴될 것이다. 화이트헤드는 라이프니츠의 '가능한 세계들 중 최고의

---

22 *PR* 68; 『과정과 실재』, 116.
23 *PR* 68; 『과정과 실재』, 117.
24 *PR* 68; cf. 『과정과 실재』, 116.

세계'라는 이론에 대해 비판적인 태도를 보인다. 왜냐하면 그러한 견해는 세계가 가지는 불완전성에 대한 '우리의 책임의 경험'을 제대로 표현하거나 전달하지 못하고 있기 때문이다.[25] 이러한 책임의 경험이 우리의 삶 전체에 근본 색조로 퍼져 있는 것이다. 밖에서 주어지는 여건, 느낌, 목적이라는 세계의 공공성만으로는 합생의 전체 과정이 결코 설명될 수 없다. 이러한 요소들이 우리의 결정에 가지는 작용력을 넘어서서, 거기에는 항상 주어진 데이터나 여건에 대한 우리의 자유로운 반응 혹은 사적인 느낌이라는 궁극적인 측면이 남아 있기 때문이다. "이러한 궁극적인 반응은 작용인이 전달하는 이미 결정된 것들 위에다가 창조적 강조創造的 强調(creative emphasis)라는 자신의 결정적인 마지막 도장을 찍음으로써 자기-창조적 활동을 완결짓는다."[26]

화이트헤드의 다원론적 우주론은 전통적으로 오직 하나님에게만 돌려졌던 '자기 원인自己 原因(causa sui)이라는 사상을 어떻게 보면 보편화, 민주화시키고 있는 것이다. 하나님만이 아니라 모든 존재가 자기 원인자이다. 따라서 과정 사상의 우주에서는 완전한 결정론이란 형이상학적으로 불가능하다. 하나님을 포함한 모든 현실적 존재들은 우주의 보편적 창조라는 하나의 거대한 공동작업에 참여하는 것이고, 거기서 발생하는 의미 혹은 중요성은 나중에 우주에 대한 하나님의 영원한 기억 속으로 저장되는 것이다. "세계는 자기 창조적이다. 그리고 자기 창조적인 피조물이라는 현실적 존재는[다시] 초월적 [관념]세계의 부분적 창조자(part-creator of the transcendental world)라는 불멸의 기능으로 바뀌는 것이다."[27] 바로 이것이 어떻게 우주에서 아름다움이

---

25 PR 74; cf. 『과정과 실재』, 124.
26 PR 75; cf. 『과정과 실재』, 125.

전진하는지 보여주는 것이다. 하나님이 아닌 다른 현실적 존재들이 가지고 오는 새로움과 놀라움이라는 차원 없이는 하나님의 지식은 무한한 반복의 지루함 혹은 권태 속으로 붕괴될 것이다. 모든 현실적 존재는 그 자신의 결정 이유이다. 또한 바로 여기에 새로운 아름다움에 대한 희망이 있는 것이다. "다자多者는 일자一者 속으로 들어오며, 다시 그 일자에 의해 증가되는 것이다."28 이러한 방식으로 우주는 긴, 어쩌면 영구한 호흡을 하는 것이다. 우주 전체가 한 단일한 존재 속으로 모이고, 다시 우주 전체는 그 존재가 가지고 오는 느낌의 사적인 색조에 의해 보다 더 시적으로 변화되는 것이다. 어쩌면 다음과 같은 미학적 화두話頭가 지금까지의 우리의 논의를 요약할 수 있을 것이다: "우주란 자유로운 아름다움의 진화적 팽창이다."

IV. 신정론 III 혹은 객체적 불멸성

"영원은 시간의 산물들을 사랑한다"라는 윌리엄 블레이크의 시적 진술을 어쩌면 가장 적절하게 형이상학적으로 표현하고 있는 것이 화이트헤드의 과정 사상이다.29 과정 사상의 신관념에 따르면, 세계에 대한 하나님의 사랑은 한편으로는 생성하는 시간적 존재들을 자신의 결과적 본성에서 보존(saving)하고 이상화(idealizing)하는 기능들에

---

27 PR 130; cf. 『과정과 실재』, 185.

28 PR 32; cf. 『과정과 실재』, 79.

29 "Eternity is in love with the productions of time." William Blake, *The Marriage of Heaven and Hell*, "Proverbs of Hell," ninth proverb.

서 드러나며 또한 다른 한편으로는 이렇게 불멸화된 존재들을 자신의 자기 초월체적 본성을 통해서 다시 세계 속으로 소생(vivifying)하게 만드는 기능에서도 표현된다. 앞의 두 신정론 사상이 하나님은 악과 관련이 없다는 일종의 수동적 변증이라고 한다면, 세 번째 객체적 불멸성의 신정론은 하나님이 어떻게 세계를 인격적으로 보살피는지 보여주는 능동적 변증이다.

소멸이라는 궁극적 악은 그 해결을 위해 인격적 지성을 요구한다. 화이트헤드는 여기서 악의 문제가 왜 불교나 아리스토텔레스의 철학에서 완전히 해결될 수는 없는지 그 이유를 본다. 우주가 가지는 일종의 형이상학적 필연성에 대한 절대적 강조는 비인격적 신관념이라는 결론을 피할 길이 없다. 이 경우 우리가 세계의 슬픔과 상처에 대해 대답할 수 있는 것이라고는 단지 '잠' 혹은 죽음으로서의 해결책뿐이다.[30] 이러한 형이상학적 무감동(metaphysical apathy)의 충고는 우리에게 과연 이것이 진리의 전부인가 의심하게 만든다. 세계의 슬픔과 상처를 해결하기 위해 요구되는 것은 형이상학적 필연성 이상의 그 어떤 것, 곧 인격적인 하나님이다. 철학적 신학이 초래한 가장 비극적인 실수 중 하나는 하나님을 아리스토텔레스 철학에서 말하는 '부동의 동자不動의 動者'(the unmoved mover), 세계의 기쁨이나 상처를 느낄 수도 없고 그것에 의해 조금도 움직여질 수 없는 초월적 신, 너머의 신, 감동 없는 신으로 생각한 데 있다.[31] 형이상학적으로 볼 때도 상처받을 수 없는 하나님은 아무도 설득하지 않는다.

하지만 동시에 우리는 인격적 하나님에 대한 모든 종교적 관념들이

---

30 *PR* 519; 『과정과 실재』, 588.
31 *PR* 519; 『과정과 실재』, 588.

똑같은 설득력을 가지는 것은 아니라는 점도 기억해야 한다. 우리는 하나님을 어떤 인격적 모습으로 사유해야 하는가? 우주를 '통치하는 시저'로서, '무자비한 도덕가'로서 아니면 '부동의 동자'로서 사유해야 만 하는 것인가?[32] 정치적, 도덕적 혹은 형이상학적 신관념은 하나님의 본성에 대한 보다 깊은 미학적 통찰, 곧 보편적 공감과 느낌의 느낌(the feeling of feelings)을 목표로 하는 사랑의 인격체로서의 하나님이라고 하는 일종의 미학적 신관념에 의해 극복되어야 한다. "사랑은 결코 지배하려 하지 않고, 움직여지지 않는 것도 아니며 또한 조금은 도덕을 잊어버리기도 한다."[33] 화이트헤드의 미학적 신학은 종래의 힘의 하나님, 필연성의 하나님 혹은 도덕의 하나님으로부터 아름다움의 하나님에로 나아가야 한다는 호소이다.

하나님은 자신 속에 시간의 산물들을 소중히 간직하는 세계의 연인戀人이다. 화이트헤드의 세 번째 신정론에서 우리는 이러한 하나님의 인격적 보살핌이 어떻게 객체적 불멸성이라는 선물을 가져다주는지 살펴보고자 한다.

모든 관계성은 현실적 존재들의 관계성에 기초하고 있다. 그리고 이러한 관계성은 산 자가 죽은 자를 자신의 일부로 만드는 것, 곧 산 자가 죽은 자를 전유專有하는 것(the appropriation of the dead by the living)에서 온전히 드러난다. 우리는 이것을 '객체적 불멸성'이라 부를 수 있다. 이에 의해 자신의 살아있는 직접성을 잃어버린 자가, 그럼에도 불구하고 살아 있는 직접성을 가진 다른 자들의 생성 속에서 한 실재적 구성 요소가

---

32 PR 520;『과정과 실재』, 590.

33 PR 520-521; cf.『과정과 실재』, 590.

될 수 있는 것이다. 이는 세계의 창조적 진보는 사물들의 생성生成(becoming), 소멸消滅(perishing), 객체적 불멸성客體的 不滅性(objective immortality)이라는 것 또한 이런 것들이 함께 굽힐 수 없는 엄연한 사실 (stubborn fact)을 구성한다는 학설이다.[34]

위의 중요한 인용문은 화이트헤드가 제시하는 객체적 불멸성의 신정론을 제대로 이해하기 위해서는 적어도 세 가지 문제를 다루어야 한다는 것을 보여주고 있다. 첫째로 자신의 살아있는 직접성을 잃어버린 '죽은 자'는 누구 혹은 무엇인가? 이것은 다름 아닌 과정철학에서의 개인의 정체성(personal identity)의 문제이다. 둘째로 죽은 자가 소멸함에도 불구하고 객체적 불멸성을 가질 수 있도록 자신의 일부로 만드는 작용을 하는 '산 자'는 누구 혹은 무엇인가? 이것은 다름 아닌 시간적인 현실적 존재들을 영원히 보존하고 이상화하는 하나님의 결과적 본성 (God's consequent nature)의 문제이다. 마지막으로 어떻게 하나님의 영원한 기억 속에서 객체적으로 불멸하게 된 자가 또다시 세계 내에서 다른 살아있는 자들의 '한 실재적 구성 요소'가 될 수 있는가? 이것은 다름 아닌 새로운 모험에로의 격려라고 하는 하나님의 자기 초월체적 본성(God's superjective nature)의 문제이다. 객체적 불멸성의 이러한 세 근본 문제를 차례로 살펴보도록 하자.

첫째로 화이트헤드는 종래의 데카르트 철학이 제시하는 형이상학적 존재론과 또한 이것이 수반하는 불변하는 영혼 혹은 실체라는 학설을 버릴 것을 우리에게 권고한다. 우리의 자기 정체성 혹은 자기됨

---

34 *PR* viii-ix; cf. 『과정과 실재』, 43-44.

은 단지 우리의 의식 이상의 어떤 것이다. 그것은 현실적 경우들 혹은 경험들이 순차적으로 조직화된 것이라는 독특한 학설을 화이트헤드는 제시한다: "결합체(nexus)는 (α) 그것이 한 '사회'(society)일 때 그리고 (β) 그 구성원들 간의 발생적 관계성이 그 구성원들을 '순차적으로'(serially) 질서 지을 때, '개인적 혹은 인격적 질서'를 향유하게 된다."35 다소 난해하고 기술적인 해석을 요구하는 이 인용문을 이해하기 위해서 먼저 화이트헤드가 제시하고 있는 데카르트의 예를 살펴보는 것이 그의 견해의 독특성을 가장 손쉽게 전달하는 것 같다.

"나는 있다, 나는 존재한다라는 명제는 내가 그것을 말할 때마다 혹은 내가 그것을 마음속에서 생각할 때마다 필연적으로 참이 된다"라는 『성찰』II의 부분에서 데카르트는 경험의 행동 혹은 행위가 현실적 경우의 주된 형태라는 입장을 받아들이고 있다. 그러나 이러한 생각을 나중에 발전시켜가는 과정에서 데카르트는 자신의 정신적 실체들이 변화를 견뎌내며 지속되는 것으로 가정하게 된다. 하지만 이러한 가정은 자신의 원래 논의의 범위를 넘어서는 주장이다. 왜냐하면 그가 "나는 있다, 나는 존재한다"라고 매번 말할 때마다, 현실적 경우 혹은 자아(the ego)가 달라지기 때문이다. 이러한 두 자아(the two egos) 사이에 공통적인 '그'(he)란 하나의 영원적 객체이거나 아니면 순차적 경우들의 결합체이다.36

위의 인용문에서 화이트헤드는 영혼의 단일성과 불멸성이라는

---

35 PR 51; cf. 『과정과 실재』, 101.
36 PR 116; cf. 『과정과 실재』, 170-171.

개인에 대한 종래의 견해를 근본적으로 다시 새롭게 사유할 것을 촉구하고 있는 것은 분명하다. "나는 생각한다, 고로 존재한다"(cogito, ergo sum)라는 데카르트의 견해를 화이트헤드는 존재란 다름 아닌 행동이고 사건이라는 근본 사실에 대한 올바른 통찰이라고 높이 평가한다. 그러나 아쉽게도 데카르트는 정신적 행동 혹은 작용을 일종의 어떤 지속적이고 변하지 않는 실체로 고정하고 말았다고 그는 비판한다. 달리 말해 이 둘은 개인의 정체성에 대해 다음과 같이 다른 견해를 가지고 있다. 데카르트의 견해에 따르면, "나는 생각한다, 고로 존재한다"라고 말할 때마다 그 화자는 동일한 데카르트이다. 반면에 화이트헤드의 견해에 따르면, "나는 생각한다, 고로 존재한다"라고 말할 때마다 그러한 진술을 하는 화자는 한 명의 데카르트가 아니라 (이런 표현이 가능하다면) 여러 명의 데카르트들이라는 것이다. 데카르트 개인의 정체성은 하나의 단일한 영혼 혹은 불변하는 실체로 이해될 수는 없고, 데카르트가 순차적으로 하는 여러 경험들, 여러 현실적 경우들 혹은 여러 데카르트들 사이의 어떤 연속성으로 이해돼야 한다는 것이다.

개인적 정체성이란 여러 현실적 경험들이 모여서 하나의 단위, 곧 사회를 구성하는 것을 가리킨다. 하지만 그러한 경험들을 단지 합친 것이 개인적 정체성을 바로 가져오는 것은 아니다. 거기에는 경험들을 하나의 독특한 속성으로 조직하는 순차성(seriality)의 원리가 또한 필요하다. 순차성이 중요한 이유는 바로 그것이 가치들 혹은 경험들이 가지는 색조적 측면에 중요한 영향을 끼치기 때문이다. 예를 들어 당신이 식사를 즐길 때 "식사가 지니는 선행적 특성 그리고 당신의 초기의 배고픔"이 당신의 식사 경험을 결정하게 된다.37 만약 선행적 특성이 동일한 식사라도 당신의 초기의 배고픔이 아니라 당신의 초기의 포만감 상태와 결합된다면, 당신의 식사 경험은 새로운 색조色調(tone)를 가지고 당신의 정체성 속에 포함되게 되는 것이다. 바로 이 때문에 우리의 정체성은 우리의 현실적 경우들 혹은 경험들이 단순히 모인 것이라기보다는 순차적으로 모인 것, 곧 우리가 살아간 경험들의 일종의 역사적 경로歷史的 經路(a historical route)인 것이다. 화이트헤드에 따르면, "한 개인이란 각자의 경험들이 하나의 통일된 흐름을 이루는 것으로, 그것이 내 삶의 줄거리(혹은 실타래, thread) 혹은 당신 삶의 줄거리이다."38

개인의 독특한 정체성 혹은 새로운 존재 스타일은 왜 전체 우주가 단지 과거를 반복하지는 않는지를 설명하여 준다. 가장 근본적인 의미에서 개인의 정체성이란 그 개인이 새로운 존재의 모험을 통해 발생시킨 독특한 느낌의 색조인 것이다. 바로 이 때문에 화이트헤드는 개인의 불멸성을 그 개인이 자기 경험의 역사적 경로에서 구체적으로 실현시킨 느낌 혹은 가치의 불멸성과 동일시한다. 개인의 불멸성이란 하나님과 세계 속에 존재하는 실현된 가치의 불멸성에 대한 단지 구체적인 한 예인 것이다.

> 따라서 '인간의 불멸성'(Immortality of Man)이라는 생각은 '실현된 가
> 치의 불멸성'(Immortality of Realized Value)이라는 보다 큰 맥락에서
> 는 단지 하나의 부수적 문제일 뿐이다. 실현된 가치의 불멸성이란, 시간성

---

37 Whitehead, "Immortality," Paul Arthur Schilpp ed., *The Philosophy of Alfred North Whitehead* (New York: Tudor Publishing Company, 1951 [second edition]) [Originally published in 1941], 686.

38 Whitehead, *Modes of Thought* (New York: Macmillan Company, 1938), 221-222. 이하 *MT*. Cf. 오영환과 문창옥, 『열린 사고와 철학』 (서울: 고려원, 1992), 185.

속에 존재하던 단순한 사실이 가치의 불멸성을 획득하게 되는 것을 가리 킨다.[39]

태어남에서 죽음까지 한 인간의 삶이 마감될 때, 하나님은 그 사람의 '시간적 개인성'(temporal personality)을 가치의 관념 세계, 곧 하나님의 마음속에서 그 사람의 '불멸하는 개인성'(immortal personality)으로 보존하시는 것이다.[40]

둘째로 죽은 자를 전유하는 '산 자'는 누구 혹은 무엇인가의 문제를 살펴보도록 하자. 위에서 간략하게 언급하였듯이 개인의 불멸성이란 그 사람의 개인적 정체성이 하나님의 결과적 본성에 의해 전유되는 것으로 화이트헤드는 본다. 이러한 전유는 하나님을 제외하고는 다른 현실적 존재들에 의해서는 직접적으로 그리고 완전하게 이루어질 수는 없는 과정이다. 왜냐하면 하나님을 제외한 어떤 단일한 현실적 존재 혹은 현실적 존재들의 사회도 그 죽은 자의 역사적 경로 전체를 조금도 상실함이 없이 보존하고 기억할 수는 없기 때문이다. 예를 들어 어떤 자식도 그 부모가 걸어온 삶의 경로 전체를 모조리 기억할 수는 없다. 자식이 없었던 때가 있었으며, 그때에도 부모는 존재하였기 때문이다. 나아가 하나님을 제외한 다른 현실적 존재들은 자신도 끊임없이 소멸하고 있다. 자식은 그 자신도 소멸하기 때문이다. 완전한 전유 혹은 기억은 소멸하지 않는 비시간적 존재로서의 하나님에 의해서만 오직 가능하다.

하나님의 태초의 혹은 원초적인 목표가 우주 내에서의 가치의

---

39 Whitehead, "Immortality," 688.
40 *Ibid.*, 698.

창조적 진보에 있듯이 이러한 목표에 대한 가장 심각한 위협은 실현된 가치가 완전히 잃어지는 것이다. 이것이 바로 악은 개개의 악한 행동들이라는 구체적인 모습뿐만 아니라 어떤 보다 근본적인 위협이라는 형이상학적 특성을 가진다고 화이트헤드가 본 이유이다.

> 시간적 세계에 있어서, 궁극적 악은 어떤 구체적인 악보다도 그 뿌리가 더 깊다. 그것은 과거가 사라져 간다는 사실, 시간時間은 '끊임없는 소멸'(perpetual perishing)이라는 사실에 있다.[41]

궁극적 악 혹은 '끊임없는 소멸'로서의 시간은 일종의 궁극적 사실로서, 사물들 사이의 파괴적 간섭 혹은 배제라고 하는 우발적이고 구체적인 악과는 차원이 다른 형이상학적 위상을 지닌다. 현실적 존재 내에서 혹은 현실적 존재들의 사회 내에서 논리적으로 서로 양립될 수 없는 것들이 우주의 영속적인 진행 과정 속에서는 어쩌면 양립될 수도 있다. 왜냐하면 "과정이란 우주가 양립 불가능한 예들의 배제에서 탈출하는 방법"이기 때문이다.[42] 양립 불가능한 가치들을 잠시 시간적으로 배제하는 것은 완전한 상실喪失이라기보다는 미래의 실현을 위한 일종의 연기延期이다. 반면에 우리를 궁극적으로 위협하는 것은 다름 아닌 모든 실현된 가치들을 무자비하게 파괴하고 부정하는 시간 자체인 것이다. 바로 이 때문에 화이트헤드는 시간의 절대적인 부정성을 부정하는 궁극 원리로서 하나님의 결과적 본성 혹은 하나님의 기억이라는 생각을 도입하게 되는 것이다. 현실태 혹은 현실적

---

41 *PR* 517; cf. 『과정과 실재』, 585.
42 *MT* 75; cf. 『열린 사고와 철학』, 70.

존재는 시간적 소멸에서 '주체적 즉각성 혹은 직접성'을 상실하게 되지만, 반면 하나님의 기억 속에서 '객체성'을 획득하게 된다.[43] 우리의 시간 속에서의 쉼 없는 창조적 수고는 하나님 안에서의 쉼을 획득하게 되는 것이고, 우리가 이룬 가치는 하나님의 영원한 기억 속으로 추수되는 것이다. 화이트헤드의 객체적 불멸성의 학설을 하트숀은 다음과 같이 간략하게 요약하고 있다: "우리는 하나님의 집 벽에 영원히 걸리게 될 그림을 만드는 것이다."[44]

하나님의 결과적 본성은 이러한 '보존'(saving)의 기능 이외에도 '이상화'(idealizing)의 기능을 통해서 개개 존재를 객체적으로 불멸하게 만든다.[45] 하나님의 기억에서 개인의 악의 경우들은 사소함 속으로 잊혀지지만, 그 개인이 실현시킨 가치들은 영구하게 기억되는 것이다. 하지만 악의 경우들이 단지 잊힐 수 있을 정도로 사소하지 않을 때는 하나님은 이상화의 기능을 통해 그 경우들을 '완성된 체계' 속으로 통합시킨다.[46] 이런 가능태와 현실태의 통합체로서의 한 완성된 체계 속에서는 현실적 존재가 가져온 황폐와 악이 그것의 이상적 가능성과 함께 대조적으로 통합되는 것이다.

하나님의 결과적 본성은 세계에 대한 하나님의 심판이다. 하나님은 세계

---

43 PR 44; cf. 『과정과 실재』, 92.

44 Charles Hartshorne, *The Logic of Perfection and Other Essays in Neoclassical Metaphysics* (La Salle, Illinois: Open Court Publishing Company, 1962), 259.

45 이러한 구분은 엘리에 의해 제시된다. Stephen Lee Ely, *The Religious Availability of Whitehead's God: A Critical Analysis* (Madison: The University of Wisconsin Press, 1942), 39-40.

46 PR 525; 『과정과 실재』, 594-595.

가 하나님 자신의 삶의 즉각성 혹은 직접성 속으로 들어올 때, 그 세계를 보존하신다. 하나님의 결과적 본성은 보존될 수 있는 어떤 것도 잃어버리지 않는 자상함의 심판이다. 그것은 또한 시간의 세계 속에서는 단지 황폐일 뿐인 것을 선용하시는 지혜의 심판이다.[47]

자상함과 지혜를 통한 하나님의 보존-이상화의 기능을 화이트헤드는 '변환'(transmutation)이라고 부른다. 현실적인 경험들 혹은 '경우들의 경로'로서 지속되던 시간적 개인성은 이러한 하나님의 기억 혹은 결과적 본성에 포함되는 변환 과정을 통해서 '보다 온전한 삶의 통일성'을 가지게 되는 것이다.[48] 개인의 즉각적이고 직접적이던 슬픔과 고통은 승리의 모습으로 변환되는 것이다. 요컨대 하나님은 가장 근본적인 의미에서 우리를 기억(remember)하시는 분이다. 곧 하나님은 현실 세계에서의 우리의 악惡한 가치 실현을 하나님 자신의 관념 세계 혹은 결과적 본성 속에 보존되어있는 실현되지 않은 대안적 가능성에 재결합(re-join)시키고 다시 한 몸으로 만드는(re-member) 치유자이다. 어쩌면 이것은 종교에서 말하는 하나님의 용서를 화이트헤드가 형이상학적으로 표현하고 있는 것이다.

마지막으로 우리는 어떻게 하나님 안에서 객체적 영원성을 획득하여 고정된 한 존재가 다시 세상에 관계될 수 있는지의 문제를 다루고자 한다. 죽은 자에 대한 산 자의 전유는 단지 하나님에 의한 전유에만 그치는 것은 아니다. 우주의 모험은 계속 진행돼야 하는 것이다. 하나님의 자기 초월체적(superjective) 본성은 자신의 결과적 본성

---

47 *PR* 525; cf. 『과정과 실재』, 595.
48 *PR* 531; cf. 『과정과 실재』, 602.

속에서 완성되고 완결된 개개의 가치들을 다른 살아있는 현실적 존재
들을 위한 새로운 공적^{公的}인 가능성으로 다시 제시하는 기능을 한다.
이것이 객체적 불멸성이 가지는 다른 측면이다. 우주의 움직임은
일종의 순환으로서 화이트헤드는 여기서 불교와 자신의 사상의 유사
점을 발견한다. 그는 우주의 모험이 가지는 네 순환적 단계들을 다음과
같이 제시하고 있다: (1) '개념적 발생의 단계'(the phase of conceptual
origination) 혹은 하나님의 원초적 본성, (2) '물리적 발생의 시간적
단계'(the temporal phase of physical origination) 혹은 활동^{活動}의 세계,
(3) '완성된 현실태의 단계'(the phase of perfected actuality) 혹은 하나
님의 결과적 본성 혹은 가치^{價値}의 세계, (4) '개별적인 경우들을 위한
개별적인 섭리'(the particular providence for particular occasions)의 단
계 혹은 하나님의 자기 초월체적 본성 혹은 다시 활동의 세계로 돌아
옴.[49] 이러한 순환적 모험의 과정을 통해서 하나님은 새로운 가치의
가능성을 가지고 활동의 세계 혹은 사실의 세계를 대면하는 것이다.
활동의 세계 혹은 사실의 세계는 명제들(propositions)을 통해 침투하
는 가치의 세계에 의해서 더욱 아름답게 시적으로 변화하게 된다.

---

49 *PR* 532; cf. 『과정과 실재』, 602-603. 화이트헤드가 한편으로 하나님의 원초적 본성과
  다른 한편으로 하나님의 결과적 그리고 자기 초월체적 본성이 가지는 관계를 어떻게
  보았는지 아주 분명하지는 않다. 본인의 순환론적 해석은 하나님의 원초적 본성이 가
  지는 최초의 목표 혹은 최초의 지향(initial aim)이 이미 하나님의 결과적 그리고 자기
  초월체적 본성에 의해 중재된다고 해석하는 캅과 바리뉴의 견해를 따른다. John B.
  Cobb, *A Christian Natural Theology: Based on the Thought of Alfred North Whitehead*
  (Philadelphia: The Westminster Press, 1965), 183-184; R. Maurice Barineau, *The Theodicy
  of Alfred North Whitehead: A Logical and Ethical Vindication* (Lanham and New York:
  University Press of America, Inc., 1991), 143. 또한 '활동의 세계'(the World of Activity)
  와 '가치의 세계'(the World of Value)라는 화이트헤드의 구분에 대해서는 그의 에세이
  "Immortality," 684ff. 참조.

그래서 화이트헤드는 하나님을 "진·선·미에 관한 자신의 비전을 통해서 자상하게 그리고 인내하며 세계를 이끌어 가는 세계의 시인"이라고 부른다.[50] 화이트헤드의 하나님은 자신 속에 보존-이상화된 개인을 전통적인 의미에서 몸으로 부활(resurrection)시키는 것이 아니라 그 개인을 통해 가능하게 된 새로운 존재의 이상 혹은 원형(原型)으로, 곧 가치로서 소생(vivification)시키는 것이다. 우주의 창조적 모험은 이러한 새로운 원형적 가치 형태를 가능하게 만든 바로 그 개인에게 빚지게 되는 것이다. 비록 그 개인은 미래에 자신의 원형적 가치를 직접적 혹은 즉각적으로 다시 경험할 수는 없게 되지만, 바로 이 가치로서의 소생이라는 사실 때문에 자신을 초월한 보다 큰 의미를 지금 느낄 수 있는 것이다. 개인의 불멸성이란 그 개인에 의해 실현된 가치의 불멸성으로, 이는 하나님과 세계 속에서 굽힐 수 없는 완고한 사실로 영원히 존재하게 되는 것이다.

결론적으로 화이트헤드의 모험의 신정론은 하나님이 우주의 진행 과정의 일방적 결정자라기보다는 우주와 함께 창조성의 여행을 하는 동반자라는 신정론 I, 이러한 모험에서 모든 개개 존재는 스스로 자기 원인자라는 신정론 II 그리고 이 과정에서 만들어진 우주의 느낌과 가치를 하나님은 자신의 존재 속으로 모아들이고 기억함으로써 영원 불멸성을 수여한다는 신정론 III이라는 세 가닥 혹은 논리로써 이론적으로 촘촘하게 짜인 하나의 거대한 세계관 혹은 세계 그림이다. 이 형이상학적 그림에서 우주가 과정 속에서 전진하여 감에 따라 하나님도 또한 전진하여 가는 것이다. 물리적 세계가 하나님의 결과적

---

50 *PR* 526; cf. 『과정과 실재』, 595.

본성 속에서 그 자신의 개념적 완성을 획득하게 되는 반면, 하나님의 원초적 혹은 개념적 본성은 세계로부터 물리적 느낌 혹은 미학적 색조를 받아들이게 되는 것이다. 세계는 물리적 축에서 개념적 축으로 전진하게 되는 것이고, 하나님은 개념적 축에서 물리적 축으로 전진하게 되는 것이다.[51] 세계가 객체적 불멸성을 지니도록 하나님이 자신의 마음속에서 세계를 보존하고 이상화하는 것을 화이트헤드는 신학에서 말하는 '세계의 신격화'(the Apotheosis of the World)로 본다.[52] 문자적으로 세계는 하나님 존재의 한 부분이 되는 것이다. 한편으로 세계는 하나님의 영속적인 기억을 통해 끊임없는 소멸에서 구출되며, 다른 한편으로 하나님은 "자신의 단지 개념적인 현실태가 가지는 결여성"을 세계의 물리적 느낌을 통해 보완하고 완성하게 되는 것이다.[53] 결과적으로 우리의 관점에서 볼 때, "존재할 수 없는 것임에도 여전히 존재한다"는 믿기지 않는 사실, 곧 불멸성의 기적을 경험하게 되는 것이다.[54] 하나님의 관점에서 볼 때, 우주 속에서 발생하는 삶의 고통, 실패 그리고 황폐뿐 아니라 또한 함께 발생하는 삶의 새로운 가치의 창조와 그 아름다움을 하나님은 물리적으로 느낄 수 있게 되는 것이다. 그래서 화이트헤드는 하나님을 "참 좋은 동반자 ─ 이해하며 함께 고통받는 분"(the great companion ─ the fellow-sufferer who understands)이라고 부른다.[55]

---

51 *PR* 523-524; cf. 『과정과 실재』, 593.

52 *PR* 529; cf. 『과정과 실재』, 599.

53 *PR* 530; cf. 『과정과 실재』, 600.

54 *PR* 531; cf. 『과정과 실재』, 601.

55 *PR* 533; cf. 『과정과 실재』, 603. 오영환은 보다 시적이고 깊게 "위대한 동반자 ─ 이해하는 일련탁생(一蓮托生)의 수난자"로 번역하고 있다.

V. 과정철학과 기독교

모든 비판은 그 비판이 지니는 역사성, 패러다임 구체성 혹은 공동체 구체성으로부터 자유로울 수는 없고 또 그래서도 안 된다. 형이상학적 패러다임이나 세계관이 변함에 따라 비판의 척도도 변하기 때문이다. 이 글을 마감하며 본인은 일종의 대조적 비평[對照的批評](contrastive criticism), 곧 악의 문제에 대한 전통적인 유신론적 대답과 과정신학적 대답 사이의 견해의 차이를 간략하게 제시하고자 한다.

신정론은 일원론의 문제인가 아니면 힘의 문제인가? 필립 헤프너[Philip Hefner]와 데이비드 그리핀[David Griffin] 사이의 대화는 악의 문제에 대한 다른 두 접근법을 살펴보는 데 매우 도움이 된다. 유대인과 기독교인은 근본적으로 볼 때 일원론자라는 사실이 존중되어야 한다고 헤프너는 본다.

> 유대인과 기독교인은 일원론자들이다. 그들은 모든 사물과 모든 사건이 궁극적으로는 한 단일한 실재에 뿌리를 내리고 있다고 확신한다. 하지만 악과 선의 대립을 직면하여, 어떻게 이 단일한 뿌리가 주장될 수 있는지 그들이 이해하지는 못한다. 이러한 뿌리의 단일성(this oneness in origin), 만물들은 하나님에게서 유래한다는 이러한 신념이 바로 악의 문제의 핵심이다.[56]

예를 들어 그리핀이 전통적인 '무에서의 창조'(creatio ex nihilo)의

---

56 Philip Hefner, "Is Theodicy a Question of Power?", *Journal of Religion* 59, no. 1 (January 1979), 89.

교리를 부정하는 사실에서 헤프너는 뿌리의 단일성이라는 이러한 일원론적 원리도 함께 부정된다고 본다.

반면 일원론적 세계관에 대한 화이트헤드의 비판적 거부는 존 캅의 표현을 빌리면 하나님의 '선하심'(goodness)을 옹호하기 위해 하나님의 '형이상학적 궁극성^{形而上學的 窮極性}'(metaphysical ultimacy)을 희생시키거나 제한하려 한 시도라는 데 많은 해석자가 동의한다.[57] 하나님은 전능하고 모든 것을 결정하는 존재라는 것을 받아들이는 것, 또한 하나님은 절대적 무로부터 만물을 만들었다는 것을 받아들이는 것은 일원론이 궁극적 진리라는 형이상학적 결정을 하는 것이라고 그리핀은 본다. 이에 반해 과정신학자들은 유일신론은 수용하면서도 일원론은 거부하는 또 다른 형이상학적 결정을 한다는 것이다.

> 본인의 해결책은 유일신론^{唯一神論}(monotheism)이 곧 일원론^{一元論}(monism)을 의미한다는 것을 분명하게 거부하는 데 있다. 절대적 무로부터의 창조를 부정하는 것, 그리고 하나님과 창조성을 구분하는 것은 이렇게 하나님과 세계 사이의 진정한 이원성을 허락하는 동시에 유일신론을 주장하는 입장의 일부분이다. 유한한 현실적 존재들의 영역도 그 자신의 내재적 힘을 지니는 것이다. 따라서 신정론은 힘의 문제이며, 우리 사이의 논쟁점은 우리가 '하나님'이라고 부르는 존재가 우주 내에서의 유일한 힘인지 그렇지 않은지의 여부이다.[58]

---

57 John B. Cobb, *A Christian Natural Theology*, 143. 또한 Lewis S. Ford, *The Emergence of Whitehead's Metaphysics 1925-1929* (Albany, N. Y.: State University of New York Press, 1984), 106을 참조하라.

58 David Ray Griffin, *Evil Revisited: Responses and Reconsiderations* (Albany: State University of New York Press, 1991), 183.

형이상학적 패러다임의 충돌 혹은 의사소통의 어긋남이라는 이러한 상황에서 과정신학자들은 하나님의 "만물들의 기원이 됨"보다 하나님의 "전적으로 선하심"이 신학적으로 더 중요하다고 하는 일종의 대조적 비평을 제시하는 것이다.[59] 그리핀에 따르면 "완전한 도덕적 선함"이 기독교의 하나님 관념의 핵심을 이루며, 이러한 신관념은 "일원론적 유일신론의 거부"를 요구한다.[60]

형이상학적 결단은 일종의 존재의 모험이다. 헤프너와 그리핀의 대화가 우리에게 가르쳐주고 있는 것은 근본적으로 다른 종류의 형이상학적 제안을 단지 외부에서 빌려온 어떤 개념이나 척도를 가지고 손쉽게 비판할 수는 없으며, 대조적 비평은 부분적(piecemeal)이 아니라 '총체적'(global)이어야만 한다는 사실이다.[61] 본인의 견해로는 유신론적 일원론의 틀 속에서 제기되어지는 악의 문제의 핵심은 다음과 같은 두 주장 사이의 역설적^{逆說的} 긴장으로 이해될 수 있다. 기독교 신학에 있어서 (1) 하나님은 만물들에 대한 궁극적인 설명의 끝이다. 하지만 (2) 하나님은 악의 근원이 될 수 없다. 전통적인 유신론적 일원론은 전자의 생각을 옹호하고자 후자를 보다 분명하게 설명치 못하는 한계를 지니는 반면, 과정신학은 후자의 생각을 옹호하고자 전자인 일원론, 곧 하나님의 형이상학적 궁극성을 희생시키는 한계를 지닌다. 어쩌면 우리는 제 삼의 길을 향한 사유의 모험을 시도해야 하는지도 모르겠다.

---

59 *Ibid.*, 185.

60 *Ibid.*, 184.

61 David Ray Griffin, *God, Power, and Evil: A Process Theodicy* (Philadelphia: The Westminster Press, 1976), 256. Cf. Charles Hartshorne, *Creative Synthesis & Philosophic Method* (La Salle, Illinois: The Open Court Publishing Co., 1970), 276.

모든 신정론의 궁극적 성공은 그것이 하나의 형이상학적 혹은 신학적 사유의 틀 속에서 악의 문제에 대한 일관성 있고 설득력 있는 대답을 제공하는가에 달려 있다. 그리고 이러한 형이상학적 사유의 틀 자체가 참인지 거짓인지의 진리 여부는 우리의 궁극적인 직관 혹은 실존론적 결정에 달려 있다고 본인은 생각한다. 그 형이상학적 우주는 정말 거주할 수 있는 곳인가? 그 형이상학적 우주에 기꺼이 거주하고자 우리는 정말 희망하는가? 이것은 몇몇 개별적 증명들과 반증들에 의해 결정되기보다는 우리의 살아온 경험 전체에 의해서만 결정될 수 있는 물음이다.

14 장

무악론 無惡論

르네 데카르트와 함께 근대의 시작점에 서 있는 베네딕투스 스피노자[Benedictus Spinoza]는 다양한 사상사적 의미를 가진다.[1] 그는 '철학자들의 그리스도',[2] '니힐리즘'의 꼭짓점,[3] 하버마스가 미완의 계몽주의 프로젝트라고 부른 '근대 비판이론의 기원',[4] 신학 자신의 무기를 사용하여 '신학의 안락사'를 가져온 이데올로기 비판의 정초자 등으로 여겨졌다.[5] 우리는 여기서 오직 자신의 사유를 신의 존재와 신의 의미에서

---

1 스피노자는 1632년에 포르투갈에 살다가 종교재판의 박해를 피해 네덜란드로 이주해 온 유대인 가정에서 태어났다. 그는 가업을 이어받아 상인으로 한동안 활동하며 회당의 교육에도 적극적으로 참여하였다. 하지만 자신의 신념, 곧 하나님은 자연 세계에 외부적으로 개입하는 것이 아니라 자연의 법칙을 통해 내부적으로 일한다는 생각과 성서에 대한 역사비평적 접근 방식 등으로 인해 스피노자는 '잘못된 이론'과 '끔찍한 이단'을 믿는다는 죄명으로 자신이 속한 유대인 공동체로부터 쫓겨난다. 이후에 스피노자는 자신의 포르투갈 이름 '벤토'(Bento)나 히브리 이름 '바룩'(Baruch)을 버리고, 거기에 해당하는 라틴어 '베네딕투스'(Benedictus)를 사용하였으며, 생계를 위해서 렌즈를 갈고 닦는 렌즈공이 된다. G. H. R. Parkinson, "Editor's Introduction," Spinoza, *Ethics,* trans. G. H. R. Parkinson (Oxford: Oxford University Press, 2000), 6.

2 G. Deleuze and F. Guattari, *What is Philosophy*, trans. G. Burchell and H. Tomlinson (London: Verso, 1994), 60.

3 Conor Cunningham, *Genealogy of Nihilism: Philosophies of nothing and the difference of theology* (London and New York: Routledge, 2002), 64.

4 Christopher Norris, *Spinoza & the Origins of Modern Critical Theory* (Oxford: Basil Blackwell, 1991), 274.

출발한 신학자 스피노자의 면모만을 주목하고자 한다. 그는 우주의 연속성을 깨뜨린 중세에 대항하여 신과 자연의 통일성을 추구하였고, 모든 목적론적 세계관을 거부하였으며, 성서 해석학의 역사에서 역사 비평 방법론을 정초하였고, 악의 비존재를 주장하였다. 스피노자가 없었다면 근대 신학은 불가능했을 것이다.

여기서 본인은 특히 스피노자의 무악론無惡論(non-existence of evil)으로서의 신정론 사유가 지닌 근대적 새로움을 과거 신정론의 여섯 가지 전통적 논리들과의 대조를 통해 살펴보려고 한다: 1) 무신론無神論은 신의 비존재를 통해 악의 문제를 해결하려 했다면, 스피노자는 오히려 오직 신만이 엄밀한 의미에서 존재한다고 주장한다. 2) 다신론多神論 혹은 다원론多元論은 선의 원인은 하나님이지만 악의 원인은 다른 원리들에서 찾아야 한다고 보았지만, 스피노자는 철저한 단일론을 견지한다. 3) 악마론惡魔論은 악의 기원을 설명하기 위해 악마의 존재를 가정하지만, 스피노자는 인간의 죄와 악행들을 설명하기 위해 악마의 가설은 불필요하다고 주장한다. 4) 자유의지론自由意志論은 인간의 자유로운 의지를 비극의 원인으로 지목하지만, 스피노자는 자유란 드러나지 않은 신적 필연성이라고 반박한다. 5) 대속적 신정론代贖的 神正論은 악과 고통의 경험들과는 비교될 수 없는 무한한 가치를 그리스도의 존재가 가져왔다고 주장하지만, 스피노자는 하나님이 인간의 본성을 가졌다는 교리적 주장은 마치 원이 사각형의 본성을 가졌다고 말하는 것만큼이나 이해할 수 없는 진술이라고 거부한다. 6) 목적론적 신정론目的論的 神正論은 악에는 어떤 숨겨진 이유와 목적이 있다고 보지만, 스피노

---

5 Frederick Pollock, *Spinoza: His Life and Philosophy*, 2nd edition (1899; New York: American Scholar Publications, Inc., 1966), 155.

자는 이러한 목적론적 사유의 습관 자체가 신학이 만든 신인동형론과 신인동감론의 심리적 부산물일 뿐이며, 하나님과 자연은 목적을 위해 일하지 않는다고 주장한다. 결과적으로 스피노자의 신정론은 악이 존재하지 않는다는 논리적 주장에 집중한다. 하지만 이전의 선의 결핍(privatio boni) 이론이 무악론無惡論과 범선론凡善論의 짝을 주장하였다면, 스피노자의 신정론은 무악론無惡論과 무선론無善論의 짝으로 구성된다. 인간은 악을 선의 결핍이라고 착각하지만, 하나님에게 악뿐만 아니라 선도 존재하지 않는 무라는 것이다.

하나님에 대한 스피노자의 지성적 사랑은 인간 욕망의 최고 형태인 코나투스conatus, 곧 자기 생존의 욕망조차도 넘어서는 관상적 사랑, 자신의 구원의 담보가 없는 종교적 사랑, 도덕이라는 이름으로 포장된 형이상학적 이기주의를 넘어서는 탈인간중심주의적 사랑을 가리킨다.6 그것은 마치 한 수학자가 필연적인 수학적 사실을 담담히 지켜보는 것처럼 인간의 근원적 운명을 조용하고 침착하게 주목하는 냉철한 사랑이다. "마치 삼각형의 본질로부터 삼각형의 세 내각의 합이 두 개의 직각의 합과 동일하다는 것이 뒤따라오는 것처럼 동일한 필연성을 가지고 만물이 하나님의 영원한 명령으로부터 뒤따라온다."7 그것은 고요한 마음으로 신적 운명의 얼굴들을 기다리고 받아들인다. 한국의 무교회주의자 김교신의 말처럼, "나중에 남는 것은 침착한 것, 영원한 것, 투철한 것이다."8 스피노자의 하나님에 대한 사랑은

---

6 Edwin Curley ed., *The Collected Works of Spinoza*, 2 volumes (Princeton, New Jersey: Princeton University Press, 1985 and 2016), I, 498. 이하 *CWS*로 표기.

7 *CWS*, I, 490.

8 노평구 엮음, 『김교신 전집 6: 일기 II』 (서울: 부키, 2002), 353.

신인동형론과 신인동감론에 기초한 인간 개체의 불멸성에 대한 이기적 욕망을 넘어서는 영원한 자연 전체의 불멸성에 대한 지성적 사랑이다.

I. 무신론

스피노자가 활동한 17세기에 무신론이란 비난은 신의 존재를 부정하는 태도를 가리킬 수도 있었지만, 기독교와 유대교에서 주장하는 신론을 받아들이지 않는 것을 의미하기도 했다.[9] 예를 들면 사르트르Jean-Paul Sartre의 실존주의 사상이 전자에 해당한다면, 스피노자는 후자에 해당한다. "만약 하나님이 존재하지 않았다면, 모든 것이 가능했을 것이다"라는 도스토옙스키의 진술을 자신의 실존주의의 출발점으로 인용하며 사르트르는 신의 존재와 인간의 자유가 양립 불가능하다고 주장한다.[10] 신의 결정이 없어야만 인간은 자유롭고, 신의 존재는 인간의 자유를 불가능하게 한다. 인간이 고독하게 혼자여야만 그는 자유와 책임을 가진다. 칸트의 도덕 신학이 인간의 도덕적 삶을 위해 신의 존재를 요청하였다면, 사르트르의 무신론적 실존주의는 동일한 이유에서 신의 비존재를 요청한 것이다.

반면 무신론자라는 혐의와 평생 싸워야 했던 스피노자는 『신학-정치 소고』(*Theological-Political Treatise*)를 집필한 이유 중 하나가 자신

---

9 *CWS*, II, 48.

10 Jean-Paul Sartre, *Existentialism,* trans. Bernard Frechtman (New York: Philosophical Library, 1947), 27.

을 향한 '무신론'의 비난을 논박하기 위해서라고 밝힌다.11 스피노자는 그의 세 가지 비전통적인 신학적 주장, 곧 "신은 물리적으로 존재한다는 것, 천사는 존재하지 않는다는 것 그리고 영혼이란 생명을 가리키는 것"이라는 의견 때문에 유대인 공동체에서 무신론자라고 쫓겨난 것으로 알려졌다.12 하지만 자신의 대표작 『에티카』(Ethics)를 신의 의미와 신의 존재에 대한 성찰로 시작하는 스피노자에게 단순한 의미에서의 무신론자라는 비난은 적용될 수 없을 것이다. 하나님과 자유 사이의 선택에서 사르트르가 하나님의 존재를 거부하였다면, 스피노자는 오히려 인간의 자유를 거부하였다. 또한 오래전 키케로처럼 스피노자는 하나님을 인간의 본유적 관념이라고 보았다.13 키케로, 안셀름, 데카르트, 스피노자로 이어지는 존재론적 신 존재 증명은 궁극적으로 이러한 심리적 근거, 곧 만인에게 내재하는 본유적인 신 관념의 확실성에 기초한 것이다.14 스피노자는 사유의 무한한 소급을 필요로 하지 않는 본유적 직관, 곧 '인간이 가지고 태어나는 도구', '선천적 능력', '지성의 도구', '선천적 도구' 중 하나가 바로 하나님이라는 생각이라고 한다.15 나아가 스피노자에게 이러한 하나님 관념의 본질은 이미 그 속에 존재를 포함하는 관념이다.

따라서 스피노자의 신정론이 어떤 의미에서 악의 문제에 접근하는 것으로 이해되든 신의 존재를 부정하는 무신론의 해결책과는 엄밀하

---

11 *CWS*, II, 15, 48.

12 Harry Austryn Wolfson, *The Philosophy of Spinoza: Unfolding the Latent Processes of His Reasoning*, volume 1 (Cambridge: Harvard University Press, 1934), 34.

13 Cicero, *De Natura Deorum*, I, 17, sec. 44; II, 4, sec. 12.

14 Wolfson, *Philosophy of Spinoza*, I, 158ff.

15 *CWS*, I, 16-19.

게 구분되어야 한다. 헤겔의 스피노자 해석이 보여주는 것처럼, "하나님이 존재한다고 주장하고 '오직' 하나님만이 존재한다고 주장하는 철학을 우리는 최소한 무신론^{無神論}(atheism)이라 부르지는 말아야 한다."[16] 하나님은 존재하지 않는다는 사르트르식의 무신론이 아니라, 헤겔의 표현을 빌리면 엄밀한 의미에서는 하나님을 제외하고는 아무것도 존재하지 않는다는 '무우주론^{無宇宙論}'(acosmism)을 스피노자는 주장한 것이다.[17] 그렇기에 스피노자는 악이 존재함에도 불구하고 하나님은 정의롭다고 옹호한 것이 아니라, 나중에 살펴보게 될 것처럼 사실 악은 실제적으로 존재하지 않기에 하나님의 정의를 질문할 필요가 없다는 무악론^{無惡論}을 펼친 것이다.

II. 다신론 혹은 다원론

플라톤은 『국가』에서 신학적 문법, 곧 신들에 대한 담론의 규칙 중 하나를 이렇게 제시한다: "선의 경우, 우리는 하나님 외에 다른 원인을 생각할 필요가 없다. 그러나 악의 원인의 경우, 우리는 하나님이 아니라 다른 것들에서 찾아야만 한다."[18] 선한 조물주가 이미 선재하는 카오스로부터 세계를 창조하였다는 『티마이오스』의 우주론은 이러한

---

16 G. W. F. Hegel, *The Encyclopaedia Logic: Part I of the Encyclopaedia of Philosophical Sciences with the Zusätze*, trans. T. F. Geraets, W. A. Suchting, and H. S. Harris (Indianapolis and Cambridge: Hackett Publishing Company, Inc., 1991), §50, Remark.

17 *Ibid.*

18 Plato, *Republic*, 379c. Cf. "하나님은 만물의 원인이 아니라, 오직 선한 것들의 원인이다"(*Republic*, 380c).

자신의 생각을 반영하고 있다.[19] 악의 원인은 하나님 바깥에서 찾아야 한다는 플라톤의 규칙은 이후 서양 지성사의 근원적 문법으로 작용하였다.

하지만 스피노자는 이러한 플라톤의 다원론적 규칙을 거절한다. 악의 원인이 무질서한 물질이 되었든 사악한 악마가 되었든 혹은 거역할 수 없는 운명이 되었든, 하나님 바깥에 하나님에게 의존하지 않는 무언가 존재한다고 가정하는 것은 최초의 그리고 유일한 원인자가 하나님이라는 스피노자의 철저한 단일론 혹은 유일신론과 맞지 않기 때문이다. "그것은 단순히 하나님을 운명에 종속시키는 것이다."[20]

하나님 바깥에는 어떤 다원론적 원리도 없다. 스피노자 이전에 사람들은 세계와 하나님을 엄격하게 분리하였고, 물리학이 세계를 탐구하는 반면 형이상학은 하나님을 탐구한다고 여겼다. 물리학 다음의 학문이 '물리학-다음'(meta-physics)의 형이상학이라면, 형이상학의 대상인 하나님은 물리학의 대상인 물리적 속성을 가질 수 없다고 전제된 것이다.[21] 반면 스피노자의 하나님은 물리학과 형이상학을 모두 포괄한다. "연장延長(extension)은 하나님의 속성이며, 하나님은 연장된 존재(an extended being)이다."[22] 전통 신학은 하나님의 비물질성을 주장하며 물리적 우주와 영적 하나님의 관계를 완전히 단절시킨

---

19 Plato, *Timaeus*, 30.

20 *CWS*, I, 438-439.

21 Aristotle, *Metaphysics*, VI, I, 1026a, 10-11, 31-32. 아리스토텔레스 이후 중세인들에게 실체(substance)란 물질, 형상, 이 둘의 결합으로서의 구체적 사물들 그리고 하나님이라는 네 가지를 일반적으로 가리켰다. 반면 스피노자에게 실체는 하나님이라는 단일한 존재만을 가리킨다.

22 *CWS*, I, 449.

이후에 인과성(창조와 통치)이라는 뒷문을 통해 그 관계를 어느 정도 허용하려 하였다. 그러나 "나는 하나님을 자연으로부터 분리하지 않는다"라고 말하는 스피노자에게 영성뿐 아니라 물질성까지도 하나님의 존재에 포함된다.[23] 물론 스피노자는 조악한 신인동형론의 의미에서 하나님이 일종의 물리적 몸을 가진다는 생각을 비판하지만, 동시에 일종의 "물리적 혹은 연장된 실체"를 하나님에게서 배제하고 그러한 물리적 속성은 하나님 바깥에서 창조된 것이라는 주장도 비판한다.[24]

이러한 스피노자의 신학에서 "진공眞空은 자연에 존재하지 않는다."[25] 스피노자에게 진공은 단지 공기의 부재를 뜻하기보다는 공간의 부재 혹은 연장의 부재를 의미한다. 곧 연장된 존재로서의 하나님이란 물리적 존재의 집이라는 일종의 공간적 규정이며, 이러한 하나님 내부에 어떤 것도 존재하지 않는 진공, 곧 철학적 의미에서의 공空 혹은 무無는 있을 수 없다. 물질의 연장된 속성은 세계의 집으로서의 하나님의 특성을 가리키며, 그러한 하나님에게는 외부적 무나 내부적 진공이 존재하지 않는다.[26] 따라서 하나님은 오직 선의 원인일 뿐이며, 악의 원인은 다른 선재하는 물질들 혹은 비존재 혹은 다른 신들에게 돌려야 한다는 플라톤의 철학적 다원론은 스피노자에 의해 근원적으로 의심된다. "존재하는 어떤 것도, 하나님 안에 존재하는 것이다."[27]

---

23 *CWS*, I, 188. Wolfson, *Philosophy of Spinoza*, I, 301ff.

24 *CWS*, I, 421.

25 *CWS*, I, 423.

26 이런 의미에서 스피노자의 사상은 하나님을 존재 자체(*esse ipsum*)로 보는 서양의 존재 신학(ontotheology) 전통의 꼭짓점이라고 볼 수 있다.

27 *CWS*, I, 420.

III. 악마론

스피노자에게 악마는 존재하지 않으며, 악의 원인도 아니다. 그의 초기 작품 『하나님, 인간, 그리고 행복에 관한 소고』(*Short Treatise on God, Man, and His Well-Being*)는 스피노자가 악마의 존재에 대해 직접적으로 논의하는 유일한 글이다. 그에 따르면 악마는 두 가지를 의미할 수 있다. 첫째는 무無(nothing)다. "만약 악마가 하나님과 완전히 반대되고, 하나님으로부터 아무것도 받지 않는다면, 악마는 정확하게 무와 일치한다."[28] 그러나 무는 존재하지 않는다. 존재와 무는 정반대이며, 하나님은 존재인 반면 악마는 무다. 따라서 죄와 악은 '긍정적인 어떤 것'으로 존재하는 것이 아니며, "어떤 것(Something)이 무(Nothing)에서 올 수는 없다"라는 서양의 존재론이 스피노자의 악마론에 드러난다.[29] 이처럼 서양인 스피노자에게 무는 악마적인 것이다.

둘째, 악마는 하나님에게 대적하는 어떤 지성적 존재를 가리킬 수 있다. 그러나 모든 존재는 그 연장이나 생각의 속성들에 있어 하나님에게 의존하기에 하나님에게 의존하면서 동시에 대적하는 존재란 이미 논리적 모순이다. 다시 말해 모든 지성적 존재들은 그 생각이 유지되기 위해서 하나님에게 의존하고 참여한다. 그런데 "이러한 경우의 정반대가 악마들이기 때문에 악마들은 존재할 수 없다."[30] 한순간도 악마는 존재할 수 없는 것이다.

마지막으로 스피노자는 인간의 죄와 악행들을 설명하기 위해 악마

---

28 *CWS*, I, 145.

29 *CWS*, I, 358, 67.

30 *CWS*, I, 145.

의 가설은 불필요하다고 생각한다. 이미 인간의 잘못된 감정들이 그 원인이라고 보기 때문이다. "미움, 질투, 분노 등과 같은 감정들의 원인을 발견하기 위해 우리는 다른 사람들이 하는 것처럼 악마라는 가설을 세울 필요가 없다. 그러한 가공적 상상물의 도움 없이도 우리는 충분히 그것들의 이유를 알기 때문이다."[31] 악마는 존재하지 않으며 죄의 원인은 인간의 내부에 있다는 점에서 스피노자는 자유의지 신정론자와 유사하지만, 그러한 심리적 원인이 자유로운 의지라기보다는 결정론적으로 해석된 인간의 감정들이라고 보는 점에서는 다르다.

IV. 자유의지론

인간의 자유로운 의지는 존재하지 않는다고 스피노자는 생각한다.[32] 모두가 소유했다고 착각하고 뽐내는 자유란 인간이 자신의 심리적 '욕구'(appetite)에 대해서는 알고 있지만, 그러한 욕구를 결정지은 '원인들'(causes)에 대해서는 무지하다는 사실 이상도 이하도 아니다.[33] 자유로운 의지로 유아들은 젖을 원하고, 화난 꼬마는 복수를 원하고, 겁쟁이는 도망가기를 원하고, 술꾼은 주정을 부리기를 원한다고 사람들은 오해한다.[34] 하지만 우발적으로 보이는 어떠한 결정도 다른 원인에서 기인하는 것이고, 그 원인은 또 다른 원인에서 기인하며,

---

31 *CWS*, I, 145.
32 *CWS*, I, 483.
33 *CWS*, I, 440.
34 *CWS*, II, 428.

이러한 알려지지 않은 인과성의 작용은 무한히 소급된다. 자유는 드러나지 않은 필연성인 것이다. 반면에 스피노자에게 의지란 욕구의 대상이나 행동에 대한 선택의 능력이 아니라 일종의 지성적 능력을 의미한다. 의지는 "어떤 것을 긍정하거나 부정하는 능력", 예를 들어 "삼각형의 세 각의 합은 두 직각의 합과 동일하다"라는 주장을 긍정하거나 부정하는 능력을 가리킨다. 따라서 스피노자에게 "의지(will)와 지성(intellect)은 하나이며 동일하다."[35]

자유의지가 존재하지 않는다면 어떻게 행동할 수 있을까? 그것은 신적 결정 때문이다. 스피노자는 뷔리당[Jean Buridan]의 당나귀 예를 든다: "만약 인간이 자유의지를 통해 행동하지 않는다면, 뷔리당의 당나귀처럼 그러한 균형의 상태에 놓인 인간은 어떻게 될까? 배고픔과 목마름으로 죽게 될까?"[36] 스피노자가 굶어 죽을 것이라고 하면 자유의지 옹호자들은 스피노자가 인간을 당나귀처럼 폄훼하였다고 비난할 것이고, 그렇지 않을 것이라고 하면 그들은 자유의지가 존재한다고 주장할 것이다. 스피노자의 대답은 하나님이 인간을 움직이지 않는다면 인간은 균형의 상태에서 죽을 때까지 행동하지 못할 것이라고 한다.[37] 마치 외부적 원인 없이는 멈춰있는 돌이 움직이지 않듯, 인간의 행동도

---

35 *CWS*, I, 484-485.

36 *CWS*, I, 487. 뷔리당의 당나귀(Buridan's ass)는 아리스토텔레스에게로 거슬러 올라간다. 아리스토텔레스는 천체들의 운동에 대해 논의하는 도중에 이런 예를 든다: "똑같은 정도로 매우 배고프고 목마른 사람이, 음식과 음료로부터 똑같은 거리에 놓여 있을 때, 그는 자신이 있던 자리에 계속 머물러 있게 될 것이다"(Aristotle, *On the Heavens*, 295b). 14세기 프랑스 철학자 장 뷔리당(Jean Buridan)은 동일한 조건을 지닌 두 행동의 가능성 사이에 놓인 사람도 외부적 조건들이 변하지 않는다면 아무런 행동을 할 수 없다고 주장한다. 후대의 비평가들은 이러한 그의 견해를 인간 대신 당나귀에 풍자하여 '뷔리당의 당나귀'라고 부르게 된 것이다.

37 *CWS*, I, 490.

그러하다. 인간은 자유의지 때문에 행동하는 것이 아니라, 하나님의 창조와 보존(계속적 창조) 때문에 행동하도록 결정된다.38 이런 이유에서 스피노자는 인간을 일종의 '영적 로봇'(spiritual automaton)이라고 보았다.39

인류의 조상 아담이 자유의지 때문에 타락한 것도 아니다. 하나님의 금지령에도 불구하고 아담이 자유의지로 타락하였고, 아담의 원죄가 인류를 죄악으로 물들였다는 전통적 해석을 받아들이는 대신 스피노자는 자신의 해석을 제공한다. 첫째, 아담이 자유의지 때문에 타락하였다는 견해는 미리 선재하는 악마의 존재를 무시한 것이다. 아담이 악마에게 자유롭게 속은 것이라면, 그런 악마는 또 누구에게 자유롭게 속은 것인지 스피노자는 반문한다.40 둘째, 아담과 우리는 질적으로 다르지 않다고 스피노자는 본다. "아담도 우리처럼 감정에 종속된 것이다."41 셋째, 에덴동산 이야기가 '아담의 의지'와 '하나님의 의지' 사이의 충돌이라고 보지 않는다.42 하나님의 의지에 반하는 어떤 것도 발생할 수 없다고 스피노자는 생각하기 때문이다. 넷째, 하나님의 금지령은 하나님의 의지를 관철할 목적이 아니라 다른 이유를 가진다는 것이다. 그것은 아담의 지식을 더욱 완벽하게 만들고, 열매를 먹는 행동이 가져올 비극을 미리 조언하고, 나아가 보상 때문에 선을

---

38 *CWS*, I, 335.

39 *CWS*, I, 37. 스피노자와 교류하였던 라이프니츠도 자신의 『신정론』에서 '뷔리당의 당나귀'와 '영적 로봇'에 대해 논의한다. G. W. Leibniz, *Theodicy: Essays on the Goodness of God, the Freedom of Man and the Origin of Evil*, ed. by Austin Farrer and trans. by E. M. Huggard (1710; Chicago and La Salle, Illinois: Open Court, 1990), 150-151.

40 *CWS*, II, 510.

41 *CWS*, II, 510.

42 *CWS*, I, 359.

행하거나 처벌 때문에 악을 피하는 것이 아니라 선과 악은 그 자체로서 보상이나 처벌이라는 것을 교육할 목적 등을 가질 수 있다고 스피노자는 해석한다.[43]

마지막으로 인간 사회가 필요로 하는 도덕이 자유의지와 '재판관으로서의 하나님'에 기초하는 것이 아니라 하나님의 예정과 '신성한 자연의 필연성'에 기초하고 있다고 해서 그것이 지닌 도덕적 구속력이 전혀 약해지지는 않는다고 스피노자는 생각한다.[44] 마치 유클리드의 기하학을 유클리드 자신에게서 직접 배우든 혹은 책을 통해 간접적으로 배우든, 그것의 진리가 지닌 구속력은 동일한 것과 마찬가지다. 다음 스피노자의 진술은 자유의지 신정론과의 의식적 대결, 곧 그의 선택을 분명하게 드러내고 있다: "난 하나님을 재판관으로 도입하지는 않는다."[45]

V. 대속론

바울에 따르면, 범죄가 많을수록 은혜도 더욱 넘친다(롬 5:20). 인류의 범죄는 그리스도의 성육신을 가져왔고, 십자가에서의 그리스도의 살해라는 가장 끔찍한 범죄는 그리스도의 부활이라는 가장 행복한 결과를 가져왔다. 이러한 변증법적 역설은 5~7세기부터 '펠릭스 쿨파felix culpa'의 신정론으로 등장하기 시작했으며 암브로시우스, 아우

---

43 *CWS*, I, 360; II, 131-132, 135.

44 *CWS*, II, 387.

45 *CWS*, I, 376. Cf., *CWS*, I, 360.

구스티누스, 그레고리우스 대제, 토마스 아퀴나스, 루터 등에로 돌려졌다: "오 진정 필요했던 아담의 죄여, 그리스도의 죽음으로 취소되었구나! 오 복된 범죄(fortunate crime)여, 그토록 위대한 구세주를 가져왔도다!"[46] 이러한 사유는 악에 대한 기원론보다는 일종의 기독론적 극복의 논리, 곧 "죄가 왜 생겼는가"라는 질문보다는 "죄가 무엇을 가져왔는가"라는 대속적 결과를 강조한다.

우리는 펠릭스 쿨파 신정론의 현대적 해석으로 아담스[Marilyn McCord Adams]의 신스콜라주의적 기독론을 들 수 있다. 어떤 개인이 불의하고 끔찍한 공포들을 겪었다고 하자. 그러한 고통의 경험들을 보상하고 극복할 수 있는 것은 또 다른 유한한 가치들이 아니다. 그러한 보상은 악과 고통의 경험들과는 비교될 수 없는 무한한 가치, 곧 '하나님이라는 형이상학적 선'(Divine metaphysical goodness)을 통해서만 가능하기 때문이다.[47] 아담스는 칼케돈 신조에 기초하여 성육신 사건을 그러한 무한한 형이상학적 선의 수여 사건이라고 해석한다. 따라서 존 힉의 '영혼-만들기 신정론' 혹은 내세의 추가적인 해결책들이 있어야 하는 다른 입장들과 달리 기독론적 대속론 자체가 고통에 놓인 자가 그러한 사실을 의식적으로 인지하든 그렇지 않든 "현재 겪는 고통을 '이미' 의미 있게 만든다"라고 그녀는 주장한 것이다.[48]

---

46 부활절 전날 저녁 미사 예식서의 한 구절이다. John Hick, *Evil and the God of Love*, revised edition (New York: Harper & Row, 1977), 244; 97-98. Cf., Thomas Aquinas, *Summa Theologiae*, pt. III, q. i, art. 3; G. W. F. Hegel, *Lectures on the Philosophy of Religion: Volume 3, The Consummate Religion*, ed. Peter C. Hodgson and trans. R. F. Brown, P. C. Hodgson, and J. M. Stewart (Berkeley, Los Angeles, London: University of California Press, 1985), 125 n. 163.

47 Marilyn McCord Adams, *Horrendous Evils and the Goodness of God* (Ithaca and London: Cornell University Press, 1999), 82.

스피노자는 이러한 식의 교리적 해결책을 수용하지 않는다. "하나님이 인간의 본성을 가졌다"라는 성육신의 교리는 마치 "원이 사각형의 본성을 가졌다"라고 말하는 것만큼이나 그에게는 이해할 수 없는 진술이다.[49] 그리스도의 부활에 대한 해석에서도 스피노자는 그것을 오직 일종의 '영적인' 부활로만 이해한다.[50] "그리스도의 수난, 죽음, 그리고 무덤에 묻히심을 나는 당신들처럼 문자적으로 받아들이지만, 그의 부활은 알레고리적으로 받아들인다."[51]

이러한 교리적 해결책에 대한 거부는 역사비평 방법론의 창시자로서의 스피노자의 성서 해석학에 기초하고 있다. 스피노자는 철학적 사유의 자유를 획득하기 위해 현대적 의미에서 성서의 역사비평 방법론을 정초한 최초의 한 명이다.[52] 그는 성서의 여러 '역사적 진술들'이 하나님에 대한 본질적 가르침과는 거리가 있다고 생각한다.[53] 또한 역사적 진술로 포장된 기적 이야기들은 하나님의 존재를 증명할 수 없을 뿐 아니라 오히려 그것의 신빙성을 훼손한다고 본다. 자연의 질서가 하나님의 의지의 표현인 동시에 그러한 질서의 파괴가 또한 동일한 하나님의 의지의 표현이라는 것은 일종의 논리적 모순이다.[54] 따라서 '기적'이라는 말은 자연 질서에 대한 인간의 부분적 무지의 표현일 뿐이다.[55] 분명 성서는 여러 사건을 기적이라고 표현하고

---

48 *Ibid.*, 167.

49 *CWS*, II, 468.

50 *CWS*, II, 472.

51 *CWS*, II, 481.

52 역사비평학파의 기원은 '레씽(Lessing)과 그의 추종자들'을 거쳐서 '스피노자'라는 직접적 기원으로까지 거슬러 올라갈 수 있다. Pollock, *Spinoza*, 30.

53 *CWS*, II, 150.

54 *CWS*, II, 156.

있지만, 그것은 시대의 제약 아래 놓인 성서 기록자들의 의견이 반영된 것이다. 스피노자의 역사비평 방법론에 따르면, "성서를 해석하는 방법은 자연을 해석하는 방법과 다르지 않다."[56] 또한 그것이 가르치는 것은 형이상학적인 사변이 아니라 순전한 양심의 명령이다.[57]

따라서 중세의 교리학 전통이 철학을 신학의 시녀라고 여긴 반면, 스피노자는 철학과 교리를 분리하고자 한다.[58] 철학과 신학, 이성과 교리는 서로에게 종속되는 것이 아니라 각각의 독립적 영역을 가지기 때문이다: "우리가 말했듯, 이성의 영역은 진리와 지혜인 반면에 신학의 영역은 경건과 복종이다."[59] 악의 문제와 해결책이 그리스도의 존재와 어떤 방식으로 관련이 있든 근대의 선구자 스피노자에게 그것은 형이상학적 교리와 칼케돈의 기독론이 될 수는 없는 것이다.

VI. 목적론적 신정론

악에는 이유와 목적이 있는가? 영혼의 교육이든, 내세의 보상이든, 우주의 아름다움이든 혹은 하나님의 숨은 뜻이든 세계의 비극에는 어떤 추가적 목적과 의미가 있어야 한다는 생각이 목적론적 신정론이다. 오래전 아리스토텔레스는 "마치 신발이 사용되지 않는다면 무의미한 것처럼, 하나님과 자연은 무의미한 어떤 것도 창조하지 않는다"라고

---

55 *CWS*, II, 155.
56 *CWS*, II, 171.
57 *CWS*, II, 257.
58 *CWS*, II, 264.
59 *CWS*, II, 277.

말하며, "자연은 목적 없이 어떤 것도 만들지 않는다"는 목적론적 우주관을 정초한다.[60] 이어지는 고대와 중세의 목적인目的因(final cause) 사상은 자연이 인간의 목적을 위해 존재하고, 또다시 인간은 하나님의 목적을 위해 존재한다는 위계론적 목적론으로 요약된다.[61]

반면 스피노자는 "자연은 목적을 위해 움직이지 않는다"라고 주장한다.[62] 고통과 악에도 어떤 숨은 신비한 이유가 없다고 보며 모든 목적론적 신정론을 그는 비판한다.[63] "이러한 교리는 하나님의 완벽성을 없애 버린다."[64] 스피노자의 목적론 비판의 가장 큰 이유는 하나님의 자족성 때문이다. 하나님은 부족을 느끼지 않으며, 반대로 부족이 채워지는 만족을 느끼지도 않는다. 하나님은 욕망하는 감정이 전혀 없다. 그러나 목적론자들은 자족적 하나님을 필요와 욕망을 지닌 결핍의 하나님으로 전락시킨다. "만약 하나님이 어떤 목적을 위해 행동한다면, 하나님은 그가 부족한 어떤 것을 필연적으로 욕망하는 것이 된다."[65] 하지만 실제로는 하나님은 어떤 것도 필요로 하지 않으며, 자연의 완전도 인간의 필요나 목적을 떠나서 그 자체로 평가되어야 한다고 스피노자는 주장한다.

자연은 목적을 위해 움직이지 않는다. 우리가 영원하고 무한한 존재라고 부르는 하나님 혹은 자연(*Deus, sive Natura*)은 스스로 존재하는 필연

---

60 Aristotle, *On the Heavens*, 271a, 30; *On the Soul*, 432b, 20.

61 *CWS*, I, 440.

62 *CWS*, I, 441, 544.

63 *CWS*, I, 441. Cf., Wolfson, *Philosophy of Spinoza*, I, 429.

64 *CWS*, I, 442.

65 *CWS*, I, 442.

성을 따라서만 움직일 뿐이다. ⋯ 그가 어떤 목적을 위해 존재하는 것은 아닌 것처럼, 그가 어떤 목적을 위해 행동하는 것도 아니다. ⋯ 목적인이라 불리는 것은 단지 인간의 욕구가 표현된 것일 뿐이다.[66]

인간이 목적론적 세계관을 가지게 된 근원적 이유는 자연과 하나님에 대한 신인동형론神人同形論(anthropomorphism) 혹은 신인동감론神人同感論(anthropopathism) 때문이라고 스피노자는 본다. 인간의 물리적 형태를 하나님에 투사하는 것이 신인동형론이라면, 인간의 내면적 감정을 하나님에 부여하는 것이 신인동감론이다. 이러한 심리적 의인화擬人化 과정으로서의 신인동감론은 두 가지 이유에서 발생한다. 하나는 인간에게 자유의지가 존재한다는 착각이고, 다른 하나는 비인격적 대상들에게도 마치 자유의지를 지니고 행동하는 인간의 경우처럼 동일한 목적론적 질문을 하는 습관이다. 다시 말해 사람들은 자신의 이익과 욕망을 자유의지로 추구한다고 오해하고 또한 자유로운 이익의 추구라는 목적에 유리한지 불리한지 대답을 들을 때만 더 이상의 원인을 질문하지 않고 '만족하는' 강박적 습관을 지니게 된 것이다.[67] 결과적으로 이러한 두 심리적 전제가 외부적으로 투사될 때, 자연 혹은 하나님도 동일한 심리적 동기와 방식으로 행동할 것이라는 목적론적 세계관이 발생하는 것이다.

예를 들어 목적론자들은 인간의 이익이라는 관점에서 자연을 설명할 때 비로소 만족한다. "눈은 보는 목적을 위해, 치아는 씹는 목적을 위해, 채소와 고기는 음식의 목적을 위해, 태양은 빛의 목적을 위해,

---

66 *CWS*, I, 544.

67 *CWS*, I, 440.

바다는 물고기를 키우는 목적을 위해" 창조되었다는 식으로, 자연물은 인간의 목적을 위한 '수단들'이라고 이해된다.[68] 또한 자연과 인간이 수단과 목적의 관계라고 한다면, 이러한 도구론적 사용 관계를 설정하고 정당화한 최초의 존재가 있어야만 한다. 그러한 자연의 설계자가 바로 하나님이라고 가정한 것이다.[69] 인간은 자신의 심리적 품성을 이러한 신적 설계자에게 투사하여 마치 자신처럼 하나님도 비슷하게 항상 목적을 위해 행동할 것이라 상상한다. 결국 이러한 목적론적 선입견은 '미신'으로 고착화되었고, 사람들의 마음속에 잔존하게 된 것이다.[70]

반면 스피노자의 신정론은 탈목적론적(de-teleological)이다. 폭풍, 지진, 질병 등이 인간의 도덕적 악행이나 종교적 제의의 실수로 "하나님이 화가 났기 때문에" 발생하였다고 목적론자들은 주장하지만, 선인이나 악인에게 무차별적으로 피해를 가져오는 그러한 파괴적 자연현상들이 이른바 하나님의 심판이라는 목적 때문에 발생한다는 견해는 '인간의 공상'에 불과하다고 스피노자는 비판한다.[71] 혹은 지붕으로부터 떨어진 돌멩이가 어떤 이의 머리에 맞아 죽게 된다면, 목적론자들은 하나님이 "그 사람을 죽이기 위해서" 돌을 떨어지게 했다고 볼 것이다. 반면 스피노자는 당시 "바람이 세게 불고 있었고, 그 사람이 거기를 걷고 있었다"라는 인과론적 혹은 수학적인 견해를 제시한다. 하나의 목적론적 설명이 부정되면, 목적론자들은 또 다른 추가적인 목적론적

---

68 *CWS*, I, 440.
69 *CWS*, I, 441.
70 *CWS*, I, 441.
71 *CWS*, I, 441-442.

설명을 요구한다. "하필 그때 왜 바람이 세게 불었고, 왜 그 사람이 거기를 걷고 있었는가?" 다시 여기에 목적이 배제된 자연적인 설명, 곧 "전날에 날씨는 고요했지만 바다에 파도가 치기 시작했고, 그 사람이 친구에게 초대받았다"라는 설명을 제공하면, 그들은 끝없이 질문을 이어갈 것이다. "하지만 왜 바다에 파도가 쳤으며, 왜 그 사람이 그때 초대를 받았는가?" 목적론자들은 돌, 바람, 중력 등이 지닌 필연적인 인과관계를 밝히는 대신 평소 목적을 묻는 신인동형론과 신인동감론의 습관을 따라 숨은 '하나님의 뜻, 곧 무지의 성소'로 도피하는 마지막 피난책을 택한다.[72]

스피노자는 이전의 목적론적目的論的 세계관과 자신의 수학적數學的 세계관을 대조시킨다. "목적과 관계없이 오직 사물들이 지닌 본질과 속성에만 관심하는 수학이 진리의 또 다른 척도를 보여주지 않았다면, 이러한 목적론적 세계관만은 진리를 인류로부터 영원히 감추었을 것이다."[73] 마치 수학자가 삼각형 도형에서 두 내각의 합이 두 직각의 합과 동일하다는 사실을 객관적으로 성찰하듯이 인간은 만물을 자신의 필요나 목적을 위해서가 아니라 오직 그 자체의 본질과 속성의 측면에서 바라보아야 하는 것이다.

또한 스피노자는 목적이 수단을 정당화한다는 악의 도구론적 해석의 여러 역사적 형태들을 직간접적으로 비판한다. 예를 들어 '고난의 신비론'(mystery of suffering)이란 고난에는 우리가 모르는 하나님의 숨은 뜻과 목적이 존재한다는 견해로 간략하게 이해될 수 있다.[74]

---

72 *CWS*, I, 443.

73 *CWS*, I, 441.

74 고난의 신비론은 하나님과 인간 사이의 인식론적 능력의 '크기 차이'(size gap)를 강조

그러나 "하나님의 판단은 인간의 이해를 훨씬 넘어선다"라는 이러한 손쉬운 해결책은 스피노자에게는 '무지의 성소'로 피신하는 것과 다름이 없다.75 또한 존 힉의 이레니우스적 훈육론이나 연기된 보상에 기초하는 내세론의 논리도 스피노자에게는 수용될 수 없다. 훈육론이나 내세론은 죽음 이후의 사후세계에서 개인 영혼의 존속을 필요로 하지만, 스피노자에게 '영혼의 불멸성'이란 그러한 사후세계에서 나중에 획득되는 것이 아니라 하나님과의 지성적 합일이라는 일종의 무시간적 혹은 영원성의 사건이기 때문이다.76 스피노자의 입장은 죽음에 대한 아우렐리우스의 성찰에 차라리 가깝다. "죽음은 자연에 따른 것이며, 자연에 따른 어떤 것도 악한 것이 아니다."77 마지막으로 미학적 신정론은 단순한 의미에서 하나님이 우주 전체의 아름다움을 위해서는 부분적인 악이나 추함을 도구적으로 허용할 수 있다는 입장

하며, 인간적 관점에서의 공정한 처벌과 보상이 왜 지켜지지 않는가에 대한 대답으로 인간 인식의 한계와 무지를 강조하는 태도다. 다시 말해 하나님의 정의가 인간의 정의와 본질적으로 다른 것이 아니지만, 현세에서는 아직 하나님의 정의를 인간이 자신의 부족한 인식론적 능력으로 알 수 없지만, 내세에서는 그것을 이해하게 될 것이라는 입장이다. Ronald M. Green, "Theodicy," Mircea Eliade ed., *The Encyclopaedia of Religion*, vol. 14 (New York: MacMillan, 1987), 432-434.

75 *CWS*, I, 441, 443.

76 *CWS*, I, 139-141.

77 Marcus Aurelius, *Meditations*, II, 17. 반면 존 힉은 스피노자의 무악론이 악을 일종의 환상에 불과한 것으로 평가절하할 위험성을 가진다고 비판한다. "고통, 잔인함, 그리고 슬픔은 여전히 실재적인 경험들이며 여전히 상처를 준다. 만일 그것들이 궁극적 관점에서 볼 때 환상이라면 그것들은 여전히 우리가 거대한 악으로 보아야만 하는 대단히 무시무시한 환상들인 것이다." 존 힉/김장생 옮김, 『신과 인간 그리고 악의 종교철학적 이해: 아우구스티누스에서 플란팅가까지 신정론의 역사』(파주: 열린책들, 2007), 37. 철학적 의미에서 신정론이 성립하기 위해서는 악이 '정의로운 결과'이거나 '선한 목적을 위한 수단'이라는 것을 보여주어야 하지만, 스피노자가 보여주는 것은 단지 '전적으로 결정된 우주'뿐이라고 힉은 비판한다. John Hick, *Evil and the God of Love* (New York: Harper &Row, 1977), 22-23.

을 가리킨다. 플로티니누스, 아우구스티누스, 라이프니츠 등에까지 이러한 미학적 변증은 이어진다. 1676년 가을 암스테르담에서 개인적으로 스피노자를 만날 만큼 라이프니츠는 그의 사유에 끌렸으나 "결국 스피노자의 사유에 대해 라이프니츠가 궁극적인 적대감을 가지게 된 가장 결정적 이유가 바로 스피노자의 목적인 거부였다."[78] 아름다움이라는 가치 자체가 인간의 상대적인 심리적 판단이기 때문에 하나님이 우주를 아름다움의 목적으로 창조하셨다는 신인동감론은 스피노자에게 성립하지 않는 것이다.

VII. 스피노자의 무악론

스피노자의 철학은 "내 두려움의 원인 혹은 대상이었던 모든 것들이 그 자체들로는 어떤 선하거나 나쁜 것들이 아니다"라는 것에 대한 깨달음에서 시작한다.[79] 악의 존재를 부정하는 무악론無惡論은 스피노자에게만 독특한 것이라기보다는 기독교 지성사에서 매우 일찍부터 발전되어온 전통이다. 마니교와 같은 선악의 이원론에 대항하여 오리게네스, 바실리우스, 위-디오니시오스, 아우구스티누스, 토마스 아퀴나스 같은 신학자들은 '선의 결핍'(privatio boni)으로서의 악이라는 교리적 전통을 발전시킨 것이다.[80] 하지만 이전의 무악론은 존재의

---

78 Pollock, *Spinoza*, 37-39, 330.

79 *CWS*, I. 7.

80 C. G. Jung, "Christ, a Symbol of the Self," *Aion: Researches into the Phenomenology of the Self*, second edition (*The Collected Works of C. G. Jung*, volume 9, Part II), trans. R. F. C. Hull (Princeton: Princeton University Press, 1970), 36-71.

범선론凡善論과 동전의 양면을 이룬다. 반면 스피노자가 가장 극단적인 전통을 대변하는 이유는 그의 무악론과 동전의 양면을 이루는 다른 측면이 범선론이 아니라 무선론無善論이기 때문이다. 이전의 '선의 결핍'의 전통이 악의 비존재와 선의 존재를 일종의 대조적인 형이상학적 진리라고 본 반면, 스피노자는 악(혹은 악마)뿐만 아니라 선조차 둘 다 실제로 존재하지 않는 일종의 형이상학적 상상이라고 본 때문이다. 이전의 '선의 결핍' 전통이 아퀴나스의 표현에 따르면 "악은 존재가 아닌 반면 선은 존재이다"고 주장한 반면, 스피노자는 악뿐만 아니라 선조차 엄밀한 의미에서는 존재하지 않는다고 본다.[81] 오직 엄밀한 의미에서 존재하는 것은 하나님뿐이기 때문이다.

하지만 인간의 습관적인 신인동형론과 신인동감론은 자신의 이익과 불이익을 사물의 세계에 심리적으로 투사하는 결과를 가져온다. 이러한 비교와 투사는 주관적 혹은 사회적으로는 유효할 수 있으나 존재론적으로는 잘못된 이원론적 구분을 발생시킨다. 미추美醜의 예를 들면 한 사물이 아름답거나 추하다는 심미적 판단은 대상으로부터 감상자의 시신경에 전달되는 자극이 몸의 건강에 도움이 되는지 그렇지 않은지의 상대적 판단일 뿐이다.[82] 또한 감상자의 상황에 따라 동일한 예술 작품도 좋은 것, 나쁜 것 혹은 관계없는 것으로 변할 수 있다. "예를 들어 음악은 우울증을 겪는 사람에게는 좋지만, 초상집의 조문객에게는 나쁘고, 청력을 잃은 사람에게는 좋지도 나쁘지도 않다."[83] 인간의 눈이 조금 더 길거나 짧았다면, 우리가 아름답다고

---

81 Thomas Aquinas, *ST*, I, q. 48, ad 3.

82 *CWS*, I, 445.

83 *CWS*, I, 545.

하는 것이 추하게 보였을 것이고 또한 그 반대일 것이다. 가장 아름다운 손도 현미경을 통해 관찰한다면 끔찍하게 보일 것이다. 혹은 멀리서 보면 아름답던 것도 가까이서 보면 추할 것이다. 요컨대 "사물들은, 그 자체로 판단되거나 하나님과의 관계에서 판단될 때는, 아름답지도 않고 추하지도 않다."[84] 자연 자체는 아름답지도 않고 추하지도 않고, 질서 있지도 않고 질서 없지도 않다. 이것들은 인간이 만들어 낸 상대적 평가일 뿐이다.[85]

마찬가지로 선악_{善惡}이라는 도덕적 판단도 인간 자신에게 유익한지 그렇지 않은지, 즐거움을 가져오는지 슬픔을 가져오는지를 비교하는 심리적 경향성에 기초한 것이다. "건강과 하나님의 경배에 도움이 되는 무엇이든 사람들은 선이라고 불렀고, 그 반대되는 것을 악이라 불렀다."[86] 선악이 객관적으로 존재하고, 다음에 여기에 대해 인간이 주관적으로 판단하는 것이 아니다. 오히려 순서를 거꾸로 뒤집는 것이 사실에 가깝다. 인간은 자신의 감정과 욕망이라는 주관성에 기초해서 어떤 사물이 좋은 혹은 나쁜 것으로 객관적으로 존재한다고 착각한다. 스피노자의 표현을 따르면, "우리는 어떤 것이 선하다고 판단하기 때문에 우리는 그것을 얻으려 애쓰고 바라고 욕망하는 것이 아니다. 오히려 반대로 우리가 어떤 것을 얻으려 애쓰고 바라고 욕망하기 때문에 우리가 그것을 선하다고 판단하는 것이다."[87] 요컨대 스피노자에게 선과 악은 욕망의 원인이 아니라 욕망의 결과이다.

---

84 *CWS*, II, 414-415.

85 *CWS*, II, 18.

86 *CWS*, I, 444.

87 *CWS*, I, 500.

스피노자는 인간의 가치들이 지닌 심리적 자기중심성을 냉철하게 직시한다. '선과 악', '질서와 혼동', '더위와 추위', '아름다움과 추함', '칭찬과 비난', '죄와 공로' 등의 비교는 일종의 심리적 이기주의의 산물이다.[88] 그리고 심리적 이기주의, 신인동형론, 신인동감론, 목적론적 존재론 등이 궁극적으로 지향하는 목적은 인간의 자기보존이다. 모든 존재는 자신을 보존하려고 한다. 그것은 어떤 구체적 목적을 넘어서는 존재와 행동의 유일한 원인이다. 존재의 근원적 자기보존 욕망을 『에티카』에서 스피노자는 코나투스^{conatus}(自存性)라고 한다. "각 사물은, 자기 능력으로 가능한 한에 있어서, 자신의 존재를 보존하고자 애쓴다(conatur)."[89] 인간의 경우 자존성에 도움이 되는 것을 선이라고 판단하고 해가 되는 것을 악이라 부른다. 플라톤주의에서 주장하듯 선과 악이 먼저 초월적으로 존재하고, 그것을 따라 우리가 자기를 보존하려 노력하는 것이 아니라, 자존성의 욕망 때문에 선악의 판단이 추가적으로 생겨나는 것이다. '선악에 대한 지식'이란 단지 '쾌락이나 슬픔의 감정'을 우리가 인지한다는 사실일 뿐이며, "우리 존재의 보존을 위해 도움이 되거나 방해가 되는 것을 우리는 선이나 악이라고 부른다."[90] 선악은 객관적 존재가 아니라, 인간 생존을 위한 심리적 기재인 것이다. 스피노자의 구분을 따르자면, 선과 악은 '실재의 존재들'(entia realia)이 아니라 단지 인간의 자존성이 만들어 낸 실체가 없는 '이름들', '이성의 존재들'(entia rationis) 혹은 '상상의 존재들'(entia imaginationis)일 뿐이다.[91] 스피노자는 신정론을 불가

---

88 *CWS*, I, 444.

89 *CWS*, I, 498.

90 *CWS*, I, 550.

능한 질문으로 해체한다. 엄밀한 의미에서 선악은 실제로 존재하지
않기 때문이다.

　요컨대 스피노자의 신정론의 심장은 비교적 판단比較的 判斷의 거부이
다. 비교적 판단이란 이른바 시간성 안에 존재하는 인간의 판단이
지닌 기본적인 심리적 특성이다. 앞을 보지 못하는 시각장애인이
있다고 가정해보자. 우리는 시각장애인이 앞을 볼 수 있는 상황을
쉽게 '상상'하게 된다. 시각장애인이 아닌 다른 사람들과 비교하거나
혹은 시각장애인이라는 현재 상황을 앞을 볼 수 있었던 그의 과거의
상황과 비교하기 때문이다. 이렇게 현재의 시각장애인을 과거의 자신
혹은 시각장애인이 아닌 타자들과 비교하게 될 때, 우리는 현재의
시각장애인이 일종의 불완전하고 결핍된 상태에 놓여 있다고 판단하
는 것이다. 하지만 스피노자의 하나님은 현재의 시각장애인을 마치
돌멩이와 마찬가지로 전혀 시각의 결핍 상태라고 판단하지 않는다.
존재는 비교되지 않을 때 그 자체로 아무것도 결핍하지 않는다. 하나님
은 현재의 시각장애인의 보지 못함 혹은 돌멩이의 보지 못함, 곧
'결핍'으로서의 악의 원인이 아니라 그 존재 자체의 원인이다.92 이처럼
하나님이 비교적 판단을 하지 않는 것은 하나님이 인간과 동일하거나
인간 이하가 아니라 인간 이상의 존재이기 때문이다. 요컨대 악을
결핍이라고 보는 것이 인간의 생각이라면, 그것을 무(존재하는 않는
것)라고 보는 것이 하나님의 생각이라고 스피노자는 결론짓는다.

---

91 *CWS*, I, 92, 446.
92 *CWS*, I, 377.

VIII. 지성적 사랑으로서의 종교

악이 존재하지 않는다면 해결할 문제도 없다. 스피노자의 신학은 이런 점에서 사뭇 동양적이다. 『도덕경』 5장은 "하늘과 땅이 어질지 않다"(天地不仁)라고 한다. 편벽하거나 한쪽으로 기울지 않는 자연은 무사 공평하다. 스피노자도 "엄밀하게 말해서 하나님은 아무도 사랑하지 않고 아무도 미워하지 않는다"라고 한다.[93] 선인이나 악인에게 비가 동일하게 내린다고 우리는 화를 내지는 않는다. 성서와 동양의 전통에는 이러한 인간 존재의 상대성에 대한 통찰이 존재한다. 비록 우리가 하나님에 대해서 사랑, 고통, 즐거움 등의 인간적 언어를 사용하지만, 동시에 그것들은 의미가 완전히 다른 동음이의어(homonym)이다. 이러한 감정적 언어는 동음이의어인 한에 있어서 완전히 아무것도 의미하지 않는다. 스피노자에게 이러한 감정을 하나님에게 적용하는 것은 반대로 이러한 감정을 하나님에게서 배제하는 것과 동일한 가치만을 가질 뿐이다. 우리는 신인동형론적 사유를 벗어나 하나님을 하나님이 되게 하여야 한다. 인간의 복종과 불복종 그리고 하나님의 보상과 처벌 사이의 호혜성에 기초한 종교는 인간의 경건성을 상품화할 위험이 있다. 종교인의 하나님에 대한 사랑은 이러한 이해관계를 초월한 지성적 사랑이어야 진정하다.

스피노자의 하나님 앞에서 인간은 무엇을 할 수 있는가? 마치 고대의 '운명에 대한 사랑'(amor fati)이란 격언처럼, 인간이 할 수 있는 일은 그리 많지 않은 듯하다. 스피노자의 하나님은 감정이 없다.

---

93 *CWS*, I, 604.

그의 하나님은 만물을 사랑하지도 미워하지도 않는다. 감정의 변화를 통해 하나님은 더 완벽해지거나 덜 완벽해질 수 없기 때문이다. 하나님의 완벽성은 이미 항상 하나님의 존재와 동일하기 때문이다. 따라서 하이데거가 말했듯 스피노자의 하나님은 철학자의 하나님이며, 그 앞에서 "인간은 무릎을 꿇을 수도 혹은 노래하고 춤출 수도 없다."[94] 세계는 지금 우리의 현재 세계와 조금도 다를 수 없는 필연성을 가진다. 하나님은 인간의 사랑이나 예배에 조금도 영향을 받지 않는다.

스피노자에 따르면, 하나님은 우리를 사랑하지 않지만, 우리는 하나님을 사랑할 수 있다. 물론 이때의 사랑은 감정적 사랑과는 다른 지고의 지성적 사랑이다. 지혜로운 자는 자신, 세계, 하나님의 진정한 정체성을 깨닫게 되고, 그렇기에 감정에 동요되지 않고 자신의 영원성을 직시하게 된다. 시몬 베유의 『우파니샤드』 해석 노트는 스피노자의 이러한 정신을 적절하게 드러내는 듯하다.

> 한 사람의 영혼 아트만[Atman]으로 하여금 우주 전체를 자기 몸으로 가지게 하라. … 우리는 자신을 우주 전체와 동일시해야 한다. 우주보다 작은 모든 것은 고통당할 수밖에 없다. 비록 내가 죽더라도, 우주는 지속된다. 내가 우주가 아닌 다른 어떤 것이라면, 그 사실이 나를 위로하지는 못할 것이다. 하지만 우주가 내 영혼의 또 다른 몸이라면, 나의 죽음은 낯선 사람의 죽음만큼이나 나에게 별로 중요하지 않게 될 것이다. 우주 전체와 나의 몸 사이의 관계가 마치 장님의 지팡이와 그의 손 사이의 관계처럼 되게 하라. 장님의 감각은 더 이상 그의 손이 아니라, 사실 그의 지팡이

---

94 Martin Heidegger, "The Onto-theo-logical nature of Metaphysics," Heidegger, *Essays in Metaphysics* (New York; Philosophical Library Inc., 1960), 65.

끝에서 오기 때문이다.95

우주보다 작은 모든 것은 고통당할 수밖에 없기에 스피노자의 눈도 유일한 실체인 하나님만을 바라본다. 또한 인간의 하나님에 대한 지성적 사랑이 사실은 역설적으로 인간을 통한 하나님의 자기에 대한 지성적 사랑이라고 그는 말한다. "마음의 하나님에 대한 지성적 사랑(amor dei intellectualis)은 하나님이 자신을 사랑하는 바로 그 사랑이다."96 지성적 사랑은 문법적 주어를 잊어버리게 만든다.

인격적 하나님보다 비인격적 하나님 관념이 인간 사회의 타자에 대한 보다 도움이 되는 종교적 태도를 가져온다고 스피노자는 생각한다. 지성적 사랑은 하나님뿐 아니라 악인조차 사랑하게 한다. 어떤 이를 악인으로 미워하는 대부분의 경우 우리는 그가 우리의 불행의 유일한 원인 혹은 자유로운 의지를 가진 원인이라 보기 때문이다. 사람들은 인간이 덕이나 악덕을 자유로이 선택할 수 있고, 그렇기에 존경받거나 비난을 받을 수 있다고 본다. 그러나 스피노자는 인간이 이러한 의미에서 자유롭지 않으며, 그렇기에 비난받을 필요가 없다고 생각했다. 악인은 악의 유일한 원인이나 자유로운 원인이 아니라, 무한하고 필연적인 원인들의 파편일 뿐이기 때문이다. 악인에 대한 미움의 감정은 더 크고 강력한 감정에 의해서만 잊을 수 있다. 감정은 또 다른 감정에 의해서만 치료될 수 있기 때문이다. 스피노자는 가장 크고 강력한 감정을 하나님에 대한 지성적 사랑이라고 한다. 그것이

---

95 Simone Weil, *The Notebooks of Simone Weil*, trans. Arthur Wills (London: Routledge, 2004), 19.

96 *CWS*, I, 612.

바로 종교의 존재 이유이다.

플라톤에 따르면, 모든 아름다운 것은 어렵다. 그리고 스피노자는 자신의 『에티카』를 다음의 진술로 매듭짓고 있다: "모든 훌륭한 것들은 드문 만큼이나 또한 어렵기 마련이다."[97] 그러한 드물고 어려운 것이 곧 정신의 불멸에 대한 사랑이라고 스피노자는 본다. 불멸이란 인간의 신체가 시간 속에 무한적으로 지속하는 것을 의미하지 않는다. 그것은 단지 실증적 인간의 불멸성이 아니라, 자연과 하나님이라는 영원의 관점에서 이해된 본질적 인간의 불멸성, 곧 정신의 지성적 사랑을 가리킨다.

우리는 우리의 몸 이전에 존재하였다는 것을 기억할 수 없다. 나아가 영원이란 시간에 의해 정의될 수도 없으며, 시간의 지속과 관계되지도 않는다. 그럼에도 불구하고 우리의 마음은… 영원하다는 것을 우리는 감지한다.[98]

---

97 *CWS*, I, 617.
98 *CWS*, I, 608.

15 장

신정론 없는 위안

I. 장미는 '왜'가 없다

1300년경 중세는 쌀쌀한 가을과도 같았다.[1] 교황과 정치권력 사이의 알력, 기근, 흑사병 등등 중세 자체가 나무에서 떨어지기 직전이었다. 중세의 가을에서 기독교인들은 정통신학의 합리주의보다는 비정통적인 신비주의에서 위안을 찾기도 하였다. 6세기 보에티우스의 『철학의 위안』으로부터 이어지는 '위안慰安'(consolation) 전통의 꼭짓점을 이루는 것이 마이스터 에크하르트Meister Eckhart의 『하나님의 위안』이다.[2] 그것은 신정론 없는 위안(consolation without theodicy)의 가능성을 보여준다.

존 카푸토John D. Caputo는 에크하르트의 신비 신학이 하이데거의 사유와 언어에 끼친 결정적 영향을 연구하였다.[3] 하이데거는 에크하르트를 평가하며, "진정한 그리고 위대한 신비주의는 사유의 가장 극단적인 날카로움과 깊이를 가진다"라고 한다.[4] 하이데거는 "어떤 것도 이유

---

1 이 글은 원래 손호현, "신정론과 위안: 에크하르트의 『하나님의 위안』 연구," 「신학연구」 72집 (2018): 63-90으로 출판되었다.

2 마이스터 에크하르트는 종교재판에서 이단으로 심판을 받은 거의 '유일한' 중세 신학자이다. 일반 신자들이 이단의 혐의를 받은 적은 많았고 또한 신학자들도 종종 그들의 신학적 견해가 지닌 오류 때문에 조사받은 일은 있었지만, 에크하르트처럼 저명한 신학자가 오류가 아니라 '이단'이라는 죄목으로 정죄된 것은 매우 이례적이고 유일무이한 사건이다. 1326년 에크하르트는 이단의 혐의에 맞서 자신을 변론해야 했으며, 이미 그가 사망한 1329년 3월 27일에 교황 요한 22세는 정죄문("In argo dominoco")을 발표하였다. 에크하르트의 독일어 저작 『하나님의 위안』은 헝가리의 여왕 아그네스(Queen Agnes of Hungary, c. 1280~1364)를 위해서 1318년경에 집필한 것이다. 저작 시기와 독자에 대해서는 James M. Clark and John V. Skinner trans., *Meister Eckhart: Selected Treatises and Sermons* (London: Fount, 1994), 22-23을 참조.

3 John D. Caputo, *The Mystical Element in Heidegger's Thought* (New York: Fordham University Press, 1986).

4 Martin Heidegger, *Der Satz vom Grund* (Pfullingen: Verlag Günther Neske, 1965), 71;

없이 존재하지 않는다"(*nihil est sine ratione*)는 라이프니츠의 합리주의가 대변하는 서양 형이상학의 역사 전체를 문제 삼으며 극복하고자 한다.5 그렇다면 본인이 가지는 의문은 라이프니츠의 형이상학뿐만이 아니라, 더 좁은 의미에서 라이프니츠의 신정론도 근대 신학이 잘못 들어선 우회로가 아닌가라는 물음이다. 우리의 제한적 목적은 에크하르트의 위안 전통이 라이프니츠 신정론 전통의 논리에 갇히지 않는 이유를 분석하는 것이다. 에크하르트는 왜(why)라는 '신정론'의 논리를 제공하기보다는 이유 없는(why-less) 삶, 곧 기독교 전통이 '위안'이라고 부른 것의 가능성을 보여주고자 했다. 에크하르트의 이유 없는 위안을 안겔루스 질레지우스^{Angelus Silesius}는 시적으로 이렇게 표현한다.

> 장미는 왜가 없다.
> 그저 꽃이 피기 때문에, 피어날 뿐이다.
> 장미는 스스로에 관심이 없으며,
> 남이 보는지도 묻지 않는다.6

'위안'이 근대의 '신정론'으로 번역된 것이 서양 기독교 신학의 피할 수 없는 역사적 운명이라면, 이제 우리는 신정론에 의해 가려진

Caputo, *Heidegger's Thought*, 6에 인용된다.

5 *Ibid.*, 9, 47. 이는 '충분한 이유의 원칙'(*principium sufficientis rationis*)이라고 불린다. G. W. Leibniz, *Theodicy: Essays on the Goodness of God, the Freedom of Man and the Origin of Evil*, ed. Austin Farrer and trans. E. M. Huggard (New Haven: Yale University Press, 1982), 334.

6 Caputo, *Heidegger's Thought*, 40에 인용; cf. Maurice O'C. Walshe trans. and ed., *The Complete Mystical Works of Meister Eckhart* (New York: A Herder & Herder Book, 2009), 242 n 6. 이하 *W*로 표기. 에크하르트의 '꽃'에 대한 언급으로는 *W*, 404.

위안의 길을 되돌아가서 다시 걸으며 신학의 전회^{轉回}를 스스로 만들어야만 하지 않을까? 본인은 에크하르트의 텍스트『하나님의 위안』을 그의 전체 신비 신학의 맥락 안에서 분석할 것이다. 또한 신정론 전통과 위안 전통의 차이를 언어 사용과 내적 논리를 통해서 대조하고, 위안 전통의 현대적 복구 가능성을 성찰하고자 한다.

II. 『하나님의 위안』

도미니크회 신학자였던 에크하르트에게 진정한 위안의 주체는 철학의 여신이 아니라 "우리 주 예수 그리스도의 하나님, 자비의 아버지, 모든 위로의 하나님"이다.[7]『하나님의 위안』은 세 부분으로 나누어진다. 첫째는 고통 가운데 있는 자에게 들려주는 위안의 세 진리이다. 진리만이 모든 인간의 슬픔을 잠재울 참된 위안을 준다. 둘째는 서른 가지 구체적 가르침으로, 각각 온전한 위로를 주는 데 충분하다. 셋째는 모범적 인물들이 환란 가운데 보여준 행동과 말이 주는 위안이다.

1. 위안의 진리들

위안의 시작은 이 세계가 유배지라는 것을 깨닫는 것이다.[8] 하나님이 이러한 영혼의 유배지에 직접 찾아오신 것이 성육신이다. 성육신의

---

7 *W*, 524. Cf. 고린도후서 1:3.

8 *W*, 524.

이유를 에크하르트는 영혼의 신격화, 곧 인간을 하나님으로 만들기 위해서라고 본다. 이레니우스에서 유래하는 신앙의 격언처럼, "하나님이 인간이 된 이유는 인간이 하나님이 되도록 하기 위해서이다."9 성육신 때문에 가능하게 된 신비적 합일을 『하나님의 위안』은 이렇게 표현한다: "선한 자는, 그가 선한 한에 있어서, 만들어지거나 피조된 것이 아니라 선의 자녀로서 태어난 것이다."10 성자 그리스도가 하나님의 자연적 아들이듯 선한 영혼도 하나님의 입양된 그러나 동일한 자녀라는 뜻이다. 어쩌면 다소 거칠고 이단적으로까지 들리는 에크하르트의 주장은 자신의 『변론』(1326)에서 강조하듯 엄밀한 의미에서 해석돼야 한다: "한에 있어서(inquantum)라는 말은 사용된 용어의 의미에 속하지 않는 모든 것을 배제한다는 뜻이다."11 선한 사람(the good)이 선한 '한에 있어서' 선(goodness) 자체의 자녀, 곧 예수 그리스도와 동일한 하나님의 입양된 성자聖子라고 할 때, 이러한 '한에 있어서'는 그 사람에게서 선의 본질적 의미에 속하지 않는 모든 우연적이고 실증적인 속성들을 배제한 상태를 가리키는 것이다. 곧 선과 선한 자, 지혜와 지혜로운 자, 참과 참된 자, 정의와 정의로운 자, 하나님과 영혼 사이의 관계는 거울의 관계와도 같다. 영혼이 하나님을 거울처럼 비추는 '한에 있어서' 영혼은 피조되지 않은 성자처럼 신성한 존재이다.

---

9 W, 126, 225. Cf. Irenaeus, *Adversus haereses* 3.18.7. "*Quare Filius Dei factus homo, nisi ut homines faciet filios Dei?*" (Why did the Son of God become man, except that he would make men the sons of God?) 에크하르트는 성육신을 '한 실증적 인간'이 된 하나님이 아니라 '본질적 인간', 곧 참된 인류가 된 하나님이라고 본다.

10 W, 524-525.

11 Raymond Bernard Blakney, *Meister Eckhart: A Modern Translation* (New York: HarperOne, 1941), 259.

이러한 '인쿠안툼'의 원칙을 이해하지 못하는 것은 에크하르트를 이해하지 못하는 것이라고 맥긴Bernard McGinn은 말한다.12 하지만 인쿠안툼의 원칙을 이해하려면 에크하르트의 신학 전부를 이해해야 하는 것이기도 하다.

에크하르트의 신비 신학은 신플라톤주의적 '유출'(exitus)과 '되돌아감'(reditus)의 구조를 가진다. 또한 유출과 되돌아감의 구조는 영혼과 하나님 모두에게 해당한다. 에크하르트의 간략하지만 강렬한 표현에 따르면, "하나님은 되고, 안-된다."13 유출의 관점에서 볼 때, 동일한 하나의 토대에서 창조주 하나님과 피조물 영혼이 동시적으로 태어난다: "모든 피조물이 '하나님'('God')이라고 할 때, 하나님이 된다. 곧 하나님은 존재하게 되는 것이다."14 되돌아감의 관점에서 볼 때, 하나님이 창조주이기를 그치고 영혼도 피조물이기를 그칠 때 모두는 토대로 되돌아간다: "내가 신성(Godhead)의 토대로 들어갈 때… 하나님도 안-된다."15 존 카푸토는 이러한 이중적 과정을 다음과 같은 그림으로 표현하고 있다.16

영혼이 존재하게 '되면', 하나님도 존재하게 '된다'. 영혼의 유출은 반대편에서 여기에 상응하는 하나님의 유출과 동시적으로 발생한다. 거꾸로 되돌아감의 과정은 이러한 유출의 여러 외피를 벗고 가장

---

12 Bernard McGinn, *The Mystical Thought of Meister Eckhart: The Man From Whom God Hid Nothing* (New York: A Herder and Herder Book, 2001), 16.

13 "God becomes and unbecomes."(*Got der wirt und entwirt.*) W, 294 n. 4.

14 *W*, 293.

15 *W*, 294.

16 Caputo, *Heidegger's Thought*, 131.

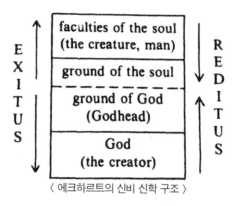

〈 에크하르트의 신비 신학 구조 〉

엄격하게 가난해지는 것, 곧 절대적인 의미에서 '안-되는' 것이다. 에크하르트는 하나님이 선이나 진리 등을 초월하는 존재일 뿐 아니라 존재조차도 초월하는 신성이라고 본다. 존재조차도 하나님의 '껍질', '하나님의 첫 번째 이름' 혹은 '하나님의 원주'로서 벗어버리고 안-되어야 한다.[17] 껍질이 알맹이는 아니고, 첫째 이름이 이름 없는 자는 아니며, 원주가 원의 중심점은 아니다.

유출의 됨과 되돌아감의 안-됨은 아직 토대가 아니다. 카푸토의 도표에서 가운데 점선은 됨과 안-됨 이전의 근원지, 우주의 가장 비밀스러운 고향, 근원적 침묵의 중간 지대를 가리킨다. "토대(ground)에는 침묵의 '중간'(the silent 'middle')만이 있다. 여기에는 아무것도 없고, 오직 쉼만이 있다."[18] 토대가 중간 지대인 이유는 한편에서 영혼이 피조물의 지위에서 나와야 하는 것처럼 역설적으로 하나님도 창조주의 지위에서 나와야 하기 때문이다. "하나님을 위해서 네가

---

17 *W*, 287과 404.

18 *W*, 31. '토대'(중세 고독일어의 *grunt*, 현대 독일어의 *grund*)가 가지는 중요성 때문에 맥긴은 에크하르트의 신학을 '토대의 신비주의'(mysticism of ground)라고 부를 것을 제안한다. McGinn, *Meister Eckhart*, 37.

너에게서 벗어나면, 너를 위해서 하나님도 하나님에게서 벗어날 것이다. 둘이 벗어났을 때, 거기에 남는 것은 단순한 하나이다."[19] 분별심分別心은 들어설 수 없는 고요한 어둠의 성소 가운데서 하나님과 영혼은 아무런 중재 없이 자신의 신성을 서로에게서 비추어 보게 된다. "여기서 하나님의 토대는 나의 토대이며, 나의 토대는 하나님의 토대이다."[20] 에크하르트는 이 토대가 신비 신학의 창시자 위-디오니시우스Pseudo-Dionysius Areopagita가 말한 '비밀스러운 고요한 어둠', 곧 '알려지지 않은 초超-신성적 하나님'이라고 본다.[21] 에크하르트를 따라 타울러(John Tauler)도 그것을 '한 하나의 하나'(ein einig ein)라고 표현한다.[22] 영혼은 하나님 너머의 하나님에게서 태어나서 거기로 되돌아가는 운명을 가졌다. 위로는 한 하나님과 하나가 되는 것, 곧 터전으로 돌아가는 것이다. 여기는 창조주 '하나님'도 피조물 '영혼'도 아직 집을 짓기 전의 빈 토대이다. 거기에는 시공간의 분리에서 오는 슬픔이, 아니 분리 자체가 없다. 유출과 되돌아감은 아직 과정이지만, 이러한 활동으로부터 자유로운 쉼이 토대이다. 모든 육체성, 시간성, 다수성의 세계 안의 활동을 그치고 일자의 쉼으로 돌아가는 '한에 있어서'(인쿠안툼) 영혼은 위로받을 것이다.

『하나님의 위로』의 또 다른 진리는 바로 '평정심平正心'(equanimity)이다.[23] 선하고 의로운 자는 옳은 행동 자체를 기뻐하고, 그 행동의

---

19 W, 110.

20 W, 109.

21 W, 34.

22 Bernard McGinn, *The Harvest of Mysticism in Medieval Germany* (New York: A Herder & Herder Book, 2005), 250.

23 W, 527.

결과가 가져오는 보상이나 손해에 대해서는 평정심을 유지한다. 에크하르트의 평정심은 단지 심리적 상태나 윤리적 당위를 넘어서는 형이상학적 성격을 가진다. "만약 네가 병을 앓는다면, 건강할 때만큼이나 기꺼이 앓아라. 네가 건강하다면, 병들어 앓을 때만큼이나 기꺼이 건강해라. 친구가 죽었다면, 그것도 '하나님의 이름으로!' 친구가 눈 하나를 잃었다면, 그것도 '하나님의 이름으로!'"[24] 평정심의 윤리는 평정심의 신학에 기초한다. 윤리는 만물에게서 동일한 거리를 유지하는 것이고, 만물을 동일하게 하나님처럼 사랑하는 것이기 때문이다. 에크하르트의 신학적 윤리학의 출처는 아우구스티누스와 저자 미상의 『24명의 철학자의 책』(*Liber XXIV philosophorum*)으로 보인다. "아무것도 하나님에게는 너무 멀거나 너무 오래가 아니다"는 아우구스티누스의 진술을 그는 『하나님의 위로』에서 인용한다.[25] 공간적 거리와 시간적 거리를 동시에 초월하는 평정심 때문에 하나님에게는 천국과 지옥이 동거리의 여기이고, 과거와 미래가 동시간의 지금이다. 또한 에크하르트는 『24명의 철학자의 책』에 나오는 24가지 신神 정의 중에서 유명한 2번째 정의가 아우구스티누스와 마찬가지로 평정심의 하나님을 증언한다고 본다: "모든 곳이 중심점이고, 어떤 곳도 원주가 아닌 무한한 원구圓球가 하나님이다."[26]

---

24 *W*, 97.

25 *W*, 526.

26 "*Deus est sphaera infinita cuius centrum est ubique, circumferentia nusquam*" (God is the infinite sphere [or, circle] whose center is everywhere, whose circumference nowhere). McGinn, *Meister Eckhart*, 38에 인용된다. 맥긴에 따르면, 에크하르트, 쿠자의 니콜라스, 브루노, 파스칼 등이 이러한 메타포를 사용하였다. 또한 칼 구스타프 융도 심층심리학적 관점에서 여기에 매우 관심을 가졌다. Carl Gustav Jung, "A Psychological Approach to the Dogma of the Trinity," *The Collected Works of C. G. Jung, vol. 11:*

하나님이 평정하다면, 영혼도 평정해져야 한다. 하나님이 '왜' 없이, 어떤 목적론적 가치에 대한 추가적 질문 없이 모든 존재를 동일하게 사랑한다면, 영혼도 그러한 무사 공평의 평정심으로 만물을 대해야 한다. 만물은 평등하고, 평등하게 아무것도 아니기 때문이다. 토대에서 바라본 존재의 평등한 무성無性은 '왜' 이것이고 저것이 아닌가라는 질문이 지닌 쓰라림을 없앤다. 평정심을 잃은 영혼은 세계를 자신 속으로 탐욕스럽게 더 소유하려고 하지만, 영혼과 세계가 합쳐진다고 영혼은 조금도 더 커지지는 않는다. 영혼은 자신의 공간이 없고, 세계는 결국 무이기 때문이다. 에크하르트는 '왜'가 없는 평정심의 영혼을 완벽하게 평평한 푸르른 들판을 이유 없이 신나게 질주하는 '말'에 비유하기도 한다.27 똑같은 조건의 두 풍성한 건초더미 사이에서 '왜' 이쪽이고 저쪽이 아닌지 합리적으로 결정하지 못해서 결국 고민하다 굶어 죽게 된 라이프니츠의 합리적인 '뷔리당의 당나귀'(Buridan's ass)와는 얼마나 다른가!28 평정심은 만물에 기계적 동일성을 부여하는 것은 아니다. 그것은 다른 것들의 다른 정도를 인정하면서도 항상 무사 공평의 동일한 마음으로 대하는 것이다. 위로의 하나님은 "만물의 어떤 것을 다른 것보다 더 사랑하지는 않는다. 각자의 받을 그릇의 넓이에 따라 하나님은 동일하게 부어주기 때문이다."29 에크하르트의

Psychology and Religion: West and East, trans. R. F. C. Hull (New York: Pantheon Books, 1958), 155 n. 6.

27 *W*, 294.

28 뷔리당의 당나귀(Buridan's ass)는 아리스토텔레스에게로 거슬러 올라간다. Aristotle, *On the Heavens*, 295b; *Leibniz, Theodicy*, 150-151.

29 *W*, 427-428. 에크하르트는 앞서 언급한 기하학적으로 불가능한 '무한한 원 혹은 원구'의 메타포를 여기서 사용하여 하나님의 평정심을 표현하기도 한다.

하나님은 의상의 『법성게法性偈』에 나오는 보배로운 비와도 유사하다: "중생을 이롭게 하는 보배로운 비가 허공에 가득하여도, 중생들은 그릇에 따라 이익을 얻는다"(雨寶益生滿虛空, 衆生隨器得利益). 마찬가지로 무사 공평하게 사랑하는 영혼마다 "탄쿠암tanquam, 곧 같이, 동일하게"라고 말한다.30 평정심은 어떤 것도 이유 없이는 선택하지 않는 것이 아니라, 어떤 것도 이유 없이 선택할 수 있는 마음이다.

마지막 셋째는 에크하르트의 차용 존재론(loan ontology), 곧 존재가 빌려온 것이라는 진리이다. 세계는 자체의 존재를 소유한 것이 아니라 하나님이 사랑으로 인해 세계에 존재를 빌려주었기 때문에 존재하는 것이다. 그러한 존재의 차용이 끝난다면 세계도 끝난다. 벽과 벽화, 얼굴과 거울, 목소리와 메아리 등의 예가 이러한 의존 관계를 드러낸다.31 벽에 그려진 벽화는 자신의 존재를 벽에 의존한다. 거울에 비친 얼굴이 사라질 때 거울의 본질적 존재도 사라진다. 산에서 외치는 목소리가 있을 때, 메아리도 따라서 존재하는 것이다. 이처럼 세계는 존재의 계속적 수여자로서 하나님에게 의존한다. 이러한 절대적 의존 관계를 에크하르트는 세계의 '무無'(중세 고독일어 niht)와 하나님의 '존재'(有, iht)의 대조로 설명한다. 엄밀한 의미에서 세계는 존재하지 않지만(is not; niht), 하나님은 존재한다(is; iht).32 세계의 존재는 존재의 수여자, 존재의 힘, 존재하기로서의 하나님에게서 빌려온 것이다. 존재 자체가 하나님의 정체성이다. 하나님은 존재자들의 있음, 곧 존재자들의 존재하기이다. 나중에 서른 가지 가르침에서

---

30 W, 377. Cf. 마가복음 12:31, "네 이웃을 네 몸과 같이(tanquam) 사랑하라."

31 W, 63, 115, 281.

32 W, 68-69. 중세 고독일어 niht는 '-아니다'(nicht)와 '무'(nichts) 둘 다를 의미할 수 있다.

에크하르트가 말하듯, "어떤 선한 것도 하나님이 그에게 빌려준 것이지 아주 준 것이 아니다."[33] 따라서 우리의 모든 슬픔이 무언가 잃어버렸기 때문이라면, 그러한 상실의 슬픔은 하나님에게 속한 것을 피조물에게 속한 것처럼 여기는 오해에 기초한 것이다. 설혹 세계 전체를 잃어버렸다고 하더라도 사실 우리는 아무것도 잃어버린 것이 아니다. 세계는 아무것도 아닌 것, 곧 무이기 때문이다.

에크하르트는 하나님과 세계 사이에 우리의 영혼이 놓여 있다고 한다. "영혼은 1과 2 사이에서 창조되었다."[34] 1은 숫자가 아니라 숫자의 토대, 곧 일자 하나님을 가리키는 반면, 2는 숫자의 세계, 곧 물질성, 다수성, 시간성의 세계를 가리킨다. 하나님만이 존재와 위안을 주는 유일한 근거인 반면, 하나님이 아닌 다른 모든 것은 "그 자체로 쓰라림이고 불쾌이고 불행"이며, 오히려 "하나님이 주는 위안과 기쁨과 달콤함을 경감시키고 어둡게 만들고 숨긴다."[35] 아우구스티누스의 경우처럼 여기서도 영혼의 방향이 모든 걸 결정한다. 1에서 멀어지고 2에 가까워지는 방향은 슬픔의 원인이 된다. 반면에 2에서 나와서 1에로 돌아가는 것을 에크하르트는 영혼 안의 성자의 탄생이라고 본다. "만약 너도 성자가 되고 싶다면, '아님'(niht)을 없애야 한다. '아님'은 분리에서 오기 때문이다."[36] 하나님과 영혼 사이의 분리가 없을 때 존재는 차용된 것이 아니게 되고, 신성도 빌려온 것이 아니게 된다. "너는 하나님에게서 빌려온 것으로 신성(Godhead)

---

33 *W*, 54.

34 *W*, 275.

35 *W*, 527.

36 *W*, 256.

을 가지지 않는다. 하나님(God)이 너의 것이기 때문이다."37 하나님과 나 사이의 불이죠 관계는 존재의 차용성을 극복한다. "여기서 하나님의 토대는 나의 토대이며, 나의 토대는 하나님의 토대이다."38

2. 서른 가지 위안의 가르침들: "나의 고통이 하나님이다"

『하나님의 위안』두 번째 부분은 서른 가지 위안의 가르침을 제공하며, 에크하르트는 이 중에서 어떤 하나도 곤경에 있는 자를 위안하기에 충분하다고 한다.39

  (1) 어떤 어려움이나 상실도 위로가 없지는 않고, 어떤 상실도 완전한
      상실은 아니다.40
  (2) 자신보다 나은 사람들은 잊고, 자신보다 못한 사람들을 기억하라.
  (3) 모든 고통은 애착과 집착에서 생긴다.
  (4) 하나님이 어떤 것을 뜻하셨다면, 바로 그것이 선한 것이고 최선이
      다.41

---

37 *W*, 256.

38 *W*, 109. 혹은 헤겔의 사변 철학(거울 철학)이 인용했던 에크하르트의 진술에 따르면, "내가 하나님을 바라보는 눈은 하나님이 나를 바라보는 눈과 동일한 눈이다. 나의 눈과 하나님의 눈은 하나의 눈이며, 하나의 바라봄이며, 하나의 앎이며, 하나의 사랑이다." *W*, 298. Cf. G. W. F. Hegel, *Lectures on the Philosophy of Religion*, vol. 1 (Berkeley: University of California Press, 1984), 347-348.

39 *W*, 528-551.

40 *W*, 528. 한 라틴어 설교는 네 가지 이유를 제시한다. 첫째는 하나님은 악과 관련된 선을 원하기 때문에 악과 함께 선이 존재한다. 둘째는 부패 이후에 탄생이 따르듯 악에 이어서 오는 선을 하나님이 원하기 때문이다. 셋째는 악은 어떤 존재 없이는 존재할 수 없다. 마지막 넷째는 어떤 이의 악은 다른 이의 선이기 때문이다. Clark and Skinner, *Meister Eckhart*, 169.

(5) 무엇이든 버린 자마다 백배나 받고 또 영생을 받을 것이다(마 19:29; 막 10:29-30).

(6) 영생을 위해서는 자신의 10년, 20년, 혹은 30년은 기꺼이 버릴 수 있다.

(7) 선한 이는 모든 피조된 '이것' 혹은 '저것'을 불쾌하고 쓰라리고 해롭게 여긴다.

(8) '너희 근심이 도리어 기쁨이 되리라'고 하나님은 말씀한다(렘 31:13; 요 16:20).

(9) 어떤 것도 너를 위로하지 못할 때, 그때 하나님이 너를 위로할 것이다.[42]

(10) 하나님으로부터 멀고 피조물로부터 자유롭지 않는 자, 그에게는 위로가 없다.

(11) 다른 길을 택했다면 이것이 결코 일어나지 않았을 것이라는 자에게는 위로가 없다. 다른 길을 택했다면 훨씬 더 큰 손해를 당했을 수도 있다는 자에게는 위로가 있다.

(12) 잃어버린 천 마르크를 슬퍼하기보다는 잃어버릴 천 마르크를 준 하나님께 감사하라.

(13) 어떤 선한 것도 하나님이 그에게 빌려준 것이지 아주 준 것이 아니다.[43]

---

41 자신이 범죄하는 것이 하나님의 뜻이라면, 그러한 범죄조차도 마다하지 않겠다는 에크하르트의 이런 생각은 나중에 교황의 1329년 교서 14항에서 정죄된다.

42 반비례의 원칙에 따라 세상의 위로를 부어버릴 때 하나님의 위로가 시작된다. 한 그릇에 두 음료를 담을 수는 없는 것이다. "피조물이 멈추는 곳에, 비로소 하나님은 존재하기 시작한다." W, 110.

43 에크하르트의 '차용 존재론'(借用存在論)이 표현되고 있다. 선, 정의, 지혜 그리고 존재 자체도 하나님이 빌려준 것이라는 생각을 그는 종종 태양과 빛의 관계에 비교한다: "태

(14) 의를 위하여 핍박받는 자는 복이 있다(마 5:10).[44]

(15) 마음이 가난한 자는 복이 있다(마 5:3).[45]

(16) 하나님은 자신 밖에 '왜' 혹은 '무엇을 위해서'를 가지지 않는다.
선한 이도 보상이나 다른 이유에서가 아니라 하나님만을 위해서
하나님을 사랑한다.[46]

(17) 선한 이는, 그가 선한 한에 있어서, 하나님의 본성을 가진다.[47]

양이 넘어가면, 대기는 빛을 잃게 된다." W, 538. 하나님이 빌려준 것을 하나님이 다시
가져간다면, 누가 불평할 수 있는가?

44 의인은 핍박과 고통 자체를 슬퍼하기보다는 하나님을 위해 자신의 핍박과 고통이 오
히려 너무 적지는 않은지를 슬퍼한다. "의인은 '고통당했다'(having suffered)는 것을
미워하는데, '고통당했다'는 것은 그가 사랑하는 고통당함(suffering)은 아니기 때문이
다. 또한 그는 '고통당할 것이다'(going to suffer)는 것도 미워하는데, 그것도 지금 고통
당함은 아니기 때문이다." W, 540.

45 한 설교에서 에크하르트는 마음의 삼중적 가난을 가르친다. 그것은 (1) 의지(will)의 가
난으로서의 무욕(無慾), (2) 지성(intellect)의 가난으로서의 무지(無知), (3) 존재
(being)의 가난으로서의 무소유(無所有)이다. "가난한 자는 아무것도 원하지 않고, 아
무것도 알지 않고, 아무것도 가지지 않는 자이다." W, 420. 그것은 "자신이 존재하지 않
았던 때"처럼 존재하는 것이다. W, 421. 자신이 없었던 때에는, 곧 태어나기 이전 신성
의 토대 안에 선재(先在)하던 때에는 영혼에게 분별심(分別心)이 없었다. 원하는 것과
원하지 않는 것, 아는 것과 모르는 것 그리고 피조물과 창조주 사이의 거리도 몰랐다.
자신이 존재하지 않았던 때에 "난 하나님을 갖지 않았고, … 하나님과 만물로부터 자유
로웠다. … 하지만 피조물이 존재하게 되고 피조물적 존재를 수여받게 된 때에 하나님
은 더 이상 자신 안의 '하나님'이 아니라 피조물 안의 '하나님'이 된 것이다." W, 421. 따
라서 역설적으로 내가 존재하지 않을 때, 내가 아무것도—욕망과 분별심과 나의 존재
조차도— 가지지 않았을 때, 나는 가장 복된 것이다. 에크하르트는 이러한 무존재(無存
在) 혹은 선존재(先存在) 상태를 '가장 높은 가난', '가장 순수한 가난', '가장 엄격한 가
난'이라고 한다. W, 423. 자신의 존재가 없다는 것은 자신의 존재 공간이 없다는 것, 곧
자신이 전혀 없어서 자신의 공간을 오직 하나님의 토대 혹은 심연 안에서만 가지는 것
을 뜻한다. 이러한 가장 엄격한 절대적 가난은 모든 이원론 중 가장 궁극적 이원론인
하나님과 피조물 사이의 구분조차도 탈소유한다. 공간이 없을 때, 구분도 없기 때문이
다. "공간을 가지는 것은 구분을 가지는 것이다. 따라서 나는 하나님으로부터 자유롭
게 되도록 하나님께 기도한다." W, 424.

46 W, 542-543. '왜'가 없이 하나님을 사랑하는 것은 목적론적 이유 없이 하나님을 사랑하
는 것이다.

(18) 고통의 십자가는 계명이라기보다는 그 자체가 보상이다.

(19) 지혜로운 의사가 몸 전체를 위해 손가락을 잘라내듯, 하나님은 더 나은 이익을 위해서가 아니라면 어떤 상실이나 결핍도 허용하지 않는다.

(20) 하나님의 자녀가 되길 원하면서 고통받기는 원하지 않는다면, 너는 틀렸다.[48]

(21) 하나님을 위해 고통 가운데 인내하는 것은 세상 어떤 것보다 더 고귀하다.[49]

(22) 하나님이 나의 고통 가운데 나와 함께 하시면, 무엇을 더 원할 것인가?[50]

(23) 하나님이 고통 가운데 함께 하신다는 것은 하나님 자신이 고통받으신다는 뜻이다.

(24) 친구의 공감이 고통을 경감시킨다면, 하나님의 공감은 얼마나 더

---

47 *W*, 543. 에크하르트의 신비적 합일(*unio mystica*)에 대한 가르침은 "-한에 있어서"(*inquantum*)의 원칙에 기초한다. 그의 제자 타울러(John Tauler)는 이렇게 경고한다: "어떤 사랑이 많은 마이스터[에크하르트]께서 당신들에게 이러한 것들을 말하고 가르쳤지만, 당신들은 그를 이해하지 못했다. 그는 영원에서 말하였지만, 당신들은 그것이 시간에 관한 것이라 생각했다." 영혼은 자신의 피조성과 자신됨을 가장 엄격한 가난으로 벗어버리는 한에 있어서, 영원한 신성에 도달하는 것이다. 타울러의 유명한 말처럼, "네가 하나님이 되기를 원한다면, 너는 너 자신이 되지-말아야(*entwerden*, unbecome) 한다." McGinn, *Harvest*, 247, 292에 각각 인용된다.

48 *W*, 547-548. "바울은 하나님이 자신의 자녀로 입양한 자들을 징계하신다고 한다(히 12:6). 자녀가 되는 것은 고통받는 것과 관련된다. 하나님의 성자가 신성 속에서, 곧 영원 속에서 고난받을 수 없었기 때문에 하늘 아버지께서 그를 시간 속으로 보내시어 인간이 되고 고난받게 한 것이다." *W*, 545. 하나님이 고통당하기 위해 인간이 되신 것처럼, 인간도 하나님이 되는 고통을 피하지 말아야 한다.

49 *W*, 546. 에크하르트는 이하의 (21)~(27)을 고난의 신학이 주는 '일곱 가지 위안'이라고 한다.

50 *W*, 547. 에크하르트는 성 버나드(St. Bernard)를 인용한다: "주님, 당신이 고통 가운데 우리와 함께 하신다면, 내가 항상 고통당하여 당신이 나와 항상 함께 하시며 내가 당신을 항상 가지게 하소서." *W*, 547.

큰 위안을 주는가!

(25) 친구를 위해 기꺼이 고통당할 수 있다면, 사랑 때문에 나와 함께 고통당하는 하나님을 위해 더 기꺼이 고통당할 수 있다.

(26) 내가 고통당하는 것보다 먼저 하나님이 고통당하셨다면, 내가 하나님을 위해 고통당하는 것은 오히려 위안이고 즐거움이다.

(27) 나의 고통이 하나님이다.[51]

(28) 이 세상은 많은 의인이 머물 만큼 그리 가치가 있는 곳이 아니다.[52]

(29) 이 세상은 무가치하지만, 의인들은 하나님만큼의 가치를 가진다.

(30) 이 세상에 애착하는 자는 하나님을 위해 고통과 환란을 겪을 자격이 없다.

---

51 *W*, 549. 에크하르트의 '고난의 신학'의 절정이다. 고난은 신비적 합일 자체의 성격, 하나님의 존재론적 성격으로 격상된다. 앞에서 에크하르트가 "자신이 존재하지 않았던 때" 영혼의 순수한 가난의 상태를 언급한 것에 기초하면 다음과 같은 공간적 논리가 성립한다. (1) 에크하르트의 신학적 존재론에 따르면, "하나님 안에(~ in God) 있는 모든 것은 하나님 자신(~ is God Himself)이다." *W*, 549. 따라서 영혼의 경우 "하나님 안에" 있는 한에 있어서, 영혼의 공간과 하나님의 공간이 겹치는 한에 있어서, 더 정확하게는 자신의 배타적 공간이 없이 하나님의 공간 속에 순수하게 존재하는 한에 있어서 영혼은 "하나님 자신이다." (2) 고통의 경우도 마찬가지다. 하나님을 위해 고통당하는 것은 하나님 안에서 고통당하는 것이다. 영혼의 고통은 하나님의 내부에 위치하면서 존재론적 전환을 갖게 된다. 나의 고통이 하나님의 존재 내부에 위치할 때, 나의 고통은 하나님이 된다. 이런 논리에서 에크하르트의 다음 진술은 이해될 수 있는 것이다. "나의 고통이 하나님 안에(in God) 있고 하나님이 나와 함께 고통당한다면, 나의 고통은 하나님 안에 있고 나의 고통이 하나님이다(my pain is God)." *W*, 549. 고통은 하나님과의 신비적 합일의 성격이다. 에크하르트는 '왜' 혹은 '무엇 때문에'라는 목적론적 물음이 없는 고통을 '순수한' 고통이라고 보았다. "하나님 안의 순수한 고통, 하나님을 위한 순수한 고통을 발견할 때마다 하나님, 곧 나의 고난(God, my suffering)을 발견하는 것이다." *W*, 549.

52 의인의 죽음에 대한 에크하르트의 가르침이 (28)~(30)이다. 어리석은 자는 의인이 자신의 숨은 죄로 인해 죽었다 생각하지만, 이러한 의인이 머물기에는 세상이 부족하고 가치가 없다는 것을 그는 세 가지 차원에서 성찰한다(cf. 히 11:36-38).

3. 위안의 모범들

에크하르트의 『하나님의 위안』은 위안의 모범들, 곧 다윗, 소크라테스, 마케베오서의 일곱 형제를 둔 어머니(마케베오하 7장), 아우구스티누스, 세네카, 익명의 성자들의 말과 행동에 관한 이야기로 마친다. 특히 치유의 기도를 거부한 환자의 모범은 에크하르트의 생각을 간결하게 요약하고 있다. 그 환자는 세 가지 이유에서 건강을 위해 기도하기를 거부한다. 첫째, "자신의 이익을 위해서가 아니었다면 사랑의 하나님이 자신의 질병을 결코 허용하지 않았을 것이다." 둘째, "자신이 원하는 것을 하나님이 원하는 것이 아니라, 하나님이 원하는 것을 자신이 원할 때 그런 사람이 선하다." 마지막 셋째로 우주 전체가 하나님에게는 콩같이 작은 것이다. 그런 작은 것을 위해 기도하는 것은 마치 머나먼 거리를 여행하여 마침내 교황을 만난 사람이 이렇게 말하는 격이다. "엄청난 고난과 비용을 들여서 이백 마일을 넘게 찾아왔습니다. 간청하건대 저에게 콩 하나를 주십시오."[53]

진정한 위안에는 이유가 없다. 그것은 이유 없이 하나님을 사랑하는 것이다. 반면 종교적 상인들은 '왜'라는 질문을 청원의 기도로 만들려 한다. 여기에 대한 에크하르트의 대답이 하나님에게는 목적론적 왜가 없다는 것이다. "만물은 왜(a Why)를 가지지만, 하나님에게는 왜가 없다(no Why). 어떤 이가 하나님이 아닌 어떤 것을 위해 기도한다면, 그는 '왜'를 하나님에게 적용하려는 것이다."[54] 청원의 기도는 영혼을

---

53 *W*, 551-552.
54 *W*, 363. 위-디오니시우스를 따라서 기도란 '하나님 안으로의 진정한 상승'이라고 에크하르트는 정의한다. *W*, 209.

하나님으로부터 벗어나 피조물을 향하게 하는 반면, 순수하게 가난한 기도는 하나님에만 집중하는 사랑, 곧 하나님 안으로의 상승이다. "아무것도 위하지 않는 기도를 할 때, 나는 올바르게 기도하는 것이며 그런 기도가 적합하고 강력하다. 다른 어떤 것을 위해 기도한다면, 그는 거짓된 하나님께 기도하는 것이고 바로 이것이 전적으로 이단異端이라고 할 수 있다."[55]

에크하르트의 신비주의는 일상생활의 영성에 기초한다. 우리가 하나님 자체보다는 특별한 종교적 수행 방법들 혹은 예전들에 집착할 때 우리는 하나님은 잊고 방법만 기억하게 된다. "특별한 방법으로 하나님을 찾는 자마다 방법은 얻겠지만, 그 속에 숨겨진 하나님을 놓치게 된다."[56] 교회나 수도원이 벽난로 옆 혹은 마구간 안에서보다 더 쉽게 하나님을 찾을 수 있다고 생각하는 것도 오해이다. 중세의 표준적 경건성과 달리 에크하르트는 외적 수행법들과 예전들이 궁극적인 의미를 가지지는 않는다고 본다. 교황과 주교가 요구하는 기도, 독서, 찬송, 철야, 금식, 회개 등은 외적인 인간을 단련시키기 위한 유용한 도구이지만, 수단과 형식이 목적이 될 때 오히려 그것들을 과감히 벗어버려야 한다. 요컨대 "우리는 하나님을 비영적非靈的(nonspiritual)으로 사랑해야 하며, 영적인 겉옷들을 벗어버리고 비영적으로 변해야 한다."[57] 에크하르트의 일상생활의 신비주의가 타울러를 거쳐 종교개혁자 루터에게서 다시 발견되는 것은 결코 우연이

---

55 W, 358. 여기서 에크하르트의 '이단'이라는 표현의 사용은 이른바 정통주의자들이 자신에게 가지는 혐의에 대한 반응으로 해석된다. 그는 주기도문이 왜 없는 삶에 대한 간청이라고 본다. W, 102.

56 W, 110.

57 W, 464.

아니다. 루터가 말하듯, "우리는 삶을 통해서, 아니 삶이 아니라 죽음을 통해서 그리고 지옥으로 자신을 포기함을 통해서 신학자가 되는 것이다. 우리는 이해와 독서와 사유를 통해서 신학자가 되는 것은 아니다."[58]

III. 신정론과 위안

우리는 신정론과 위안이라는 두 전통을 형식과 내용이라는 두 가지 관점에서 비교할 수 있다. 먼저 폴 리쾨르에 따르면, 신정론의 언어는 모호하지 않은 일의적一義的 명제들, 비모순율과 조직적 체계화, 합리적 변증의 목적이라는 세 형식적 조건들을 가진다. "이런 의미에서 신정론이란 일관성의 목적을 위해 싸우는 전투처럼 보인다."[59] 반면 위안의 언어는 이러한 언어적 낙관주의를 공유하기보다는 논리적 언어의 한계성을 드러내고자 한다. 에크하르트가 부정 신학의 출발점으로 여기는 플라톤에 따르면, 언어란 "삶의 바다를 건널 때 타는 뗏목"과도 같다(*Phaedo*, 85d). 그것은 영속적인 존재의 집이라기보다는 시간적인 존재의 뗏목, 곧 존재하기(is-ness) 위한 역동적 흔적에

---

58 Mark C. Mattes, *Martin Luther's Theology of Beauty: A Reappraisal* (Grand Rapids: Baker Academic, 2017), 34에 인용된다. 맥긴은 이런 루터의 신학관이 타울러의 다음 진술에 기초한다고 본다. "말과 생각을 통해 너는 이러한 선포를 할 수는 없다. 그것은 오직 그리스도의 죽음의 능력 안에서 너의 죽음과 너의 안-됨(unbecoming)을 통해 가능한 것이다." McGinn, *Harvest*, 275. "에크하르트가 하나님을 찾기 위해서 세계를 떠날 필요를 전혀 느끼지 않았다는 점에서 그는 종교개혁의 선구자이다"라고 카푸토는 평가한다. Caputo, *Heidegger's Thought*, 230.

59 Paul Ricoeur, "Evil, A Challenge to Philosophy and Theology," *Journal of the American Academy of Religion*, LIII/3 (Dec. 1985), 635, 640.

가깝다. 에크하르트는 오직 언어를 취소하기 위해 언어를 사용한다. 에크하르트의 부정 신학이 자주 사용하는 이러한 언어 전략들을 버나드 맥긴은 다음과 같이 요약한다.[60] '역설'(paradox)은 비모순율의 상식적 언어를 해체하는 가장 직접적인 방식이다.[61] '모순어법'(oxymoron)은 언어적 질서의 교란을 통해 숨겨진 더 깊은 진실을 드러내는 전략이다.[62] '범주적 대체'(paradigmatic substitution)는 한 범주의 진술을 다른 범주의 진술에도 교차적으로 적용함으로 두 범주 사이의 경계를 허물고 융합하는 전략이다.[63] '조건적 관계'(conditional relationships)는 어떤 진술에 대한 청자의 이해 여부를 청자의 실천적 참여라는 조건과 관련시키는 전략이다.[64] '신조어'(neologisms)는 이전까지 존재하지 않던 새로운 용어를 창조함으로 신비적 주제들에 대한 언어적 표현을 시도하는 전략이다.[65] '부정 접두사와 부정 접미사'(negative prepositions)는 어떤 단어에 부정적 표현(un-/ab-/ent-/

---

60 McGinn, *Meister Eckhart*, 31-33. 이러한 일곱 가지 외에 맥긴은 동일한 단어에 여러 혹은 상반된 의미를 부여하기, 한 단어의 의미를 급진적으로 확장하기, 과장법, 병행적 표현, 안티테제, 의미의 축적 등을 언급한다.

61 일곱 가지 언어적 전략들에 대한 에크하르트의 용례들은 본인이 선택한 것이다. 역설의 예를 들면 "하나님은 아무것도 아니면서 동시에 어떤 것이다. 어떤 것은 또한 아무것도 아니다." *W*, 140.

62 모순어법의 예로 하나님은 '존재 없는 존재', '토대가 없는 토대'이다. *W*, 317, 400.

63 범주적 대체의 예로 "내가 하나님을 바라보는 눈은 하나님이 나를 바라보는 눈과 동일하다. 나의 눈과 하나님의 눈은 하나의 눈, 하나의 시각, 하나의 앎, 하나의 사랑이다." *W*, 298.

64 조건적 관계의 예로 "네가 하나님을 위해서 네 자신으로부터 벗어나 탈출하면, 하나님도 너를 위해서 하나님 자신으로부터 벗어나 탈출할 것이다." *W*, 110.

65 신조어의 예로 에크하르트는 하나님의 정체성 혹은 존재를 '존재하기'(is-ness; Medieval High German '*Istikeit*')라고 새롭게 표현함으로 하나님의 역동성과 과정성을 강조한다. W, 263.

über-/-los 등등)을 구성적으로 도입함으로써 긍정 신학을 부정 신학의 언어적 토대로 사용하는 전략이다.[66] '교차 대구법'(chiasmus)은 어떤 둘 사이의 관계에 대한 표현(AB)을 한 다음에 그것을 거꾸로 놓아(BA) 교차시킴으로 이 둘의 상호의존성을 강조하는 전략이다.[67] 요컨대 신정론이 머물 수 있는 언어의 집을 제공하고자 한다면, 위안은 언어의 뗏목으로 삶을 건너고자 하는 것이다.

내용적 측면에서 신정론 전통의 '왜'는 위안 전통의 '왜가 없는 삶'과 대조된다.[68] 철학적 신정론의 창시자인 라이프니츠의 충분한 이유의 원칙(*principium sufficientis rationis*)에 따르면, 어떤 것도 이유 없이 존재할 수는 없다.[69] 인간의 자유, 우주의 아름다움 혹은 영혼의 교육 등과 같이 도덕적으로, 미학적으로 혹은 교육적으로 충분한 이유 없이는 악도 존재할 수 없는 것이다. 반면에 에크하르트가 대변하는 위안의 전통은 '왜'의 질문을 인간이 자기 이익을 위해 던지는 목적론적 질문이라고 비판한다. "네가 하나님을 가지고 무언가를

---

66 부정 접두사 'un-'의 예를 들면 하나님은 '비-신, 비-영, 비-인격, 비-이미지'이며, 부정 접두사 'über-'의 예로 하나님은 '알려지지 않은 초-신성적 하나님'이다. *W*, 465, 18.

67 교차 대구법이 성육신 교리에 사용된 예를 들면 "왜 하나님(A)은 인간(B)이 되었는가? 그래서 내(B)가 하나님(A)이 되기 위해서이다." *W*, 126. 또한 "인간(B)이 하나님(A)이 되었기 때문에 하나님(A)도 인간(B)이 되었다고 말하는 것도 참이다." *W*, 255.

68 버나드 맥긴에 따르면, '왜가 없이 사는 삶'이란 표현은 13세기 신비주의자들에 의해 처음 사용된다. 1215년에서 1235년 사이 집필된 나자렛의 베아트리스(Beatrice of Nazareth)의 『거룩한 사랑의 일곱 단계』에서 최초로 사용됐다. 여기에 따르면, 하나님에 대한 이해관계를 초월한 영혼은 "오직 사랑 때문에 그리고 왜가 없이(*sonder enich waerome*)" 행동하며 어떤 보상도 바라지 않는다. 또한 에크하르트가 알고 있었던 마르그리트 포레트(Marguerite Porete)의 『단순한 영혼의 거울』에서도 "왜가 없이"(*sans unl pourquoy/sine propter quid*)라는 표현이 여러 번 등장한다. 맥긴의 결론에 따르면, "'왜가 없이' 사는 삶이란 중세 말기의 새로운 신비주의, 특히 그 변증법적 부정 신학의 형태가 지닌 필연적 함의였다." McGinn, *Meister Eckhart*, 154.

69 Leibniz, *Theodicy*, 334.

찾는다면, 너는 무언가를 찾기 위한 수단인 촛불처럼 하나님을 취급하는 것이다."[70] 그러나 에크하르트에 따르면, "하나님은 그리고 결과적으로 신성한 인간은 왜(cur) 혹은 어떤 것 때문에(quare) 행동하지는 않는다."[71] 에크하르트의 서른 가지 위안의 가르침 중 16번째가 제시하듯, "하나님은 자신 밖에 '왜'를 가지지 않는다." 혹은 시인 안겔루스 질레지우스가 노래하듯, "장미는 왜가 없다."[72] 신정론이 "왜 A인가?" — "왜냐하면 B 때문이다"는 질문 구조를 가지는 반면, 위안은 "왜 A인가?" — "왜냐하면 A 때문이다"는 자기 지시적 반복 구조를 가진다.[73] 에크하르트의 하나님 너머의 하나님으로의 침투 그리고 하이데거의 존재 신학 전통의 비판 둘 다 '현존'의 의미가 아니라 현존의 '상실'의 의미를 사유한다. 곧 위안의 전통은 또한 카푸토가 '급진적 해석학'(radical hermeneutics)이라고 부른 사유의 전통이기도 하다.[74] 그것은 오늘날에도 하이데거와 리쾨르 같은 철학자 그리고 서린과 틸레이 같은 반신정론자들(anti-theodicists)을 통해 이어지고 있는 것이다.[75]

---

70 *W*, 226.

71 "*Deus et per consequens homo divinus non agit propter cur aut quare.*" *W*, 70 n. 1.

72 Caputo, *Heidegger's Thought*, 40에 인용된다.

73 에크하르트의 예를 따르면, 왜를 묻는 자는 '식사'와 '수면' 등등(A)이 '건강'(B)을 위해서라고 대답한다. 하지만 왜를 묻지 않는 자는 '하나님', '진리', '의로움', '삶' 그리고 '고통'(A)마저도 '하나님', '진리', '의로움', '삶' 그리고 '고통'(A) 때문이라고 대답한다. *W*, 96. 이러한 왜가 없는, 이유를 넘어선 고통을 가리켜 에크하르트의 고난의 신학은 "나의 고통이 하나님이다"고 한다. *W*, 549.

74 Caputo, *Heidegger's Thought*, xxiv.

75 리쾨르는 '존재 신학의 가장 빛나는 보석'으로서의 신정론 대신에 '애통하는 행동'을 촉구한다. Ricoeur, "Evil, A Challenge," 640-646. 서린은 신정론이 비역사성, 추상성, 합리성에 기초한 계몽주의 프로젝트라고 비판한다. Kenneth Surin, *Theology and the Problem of Evil*, (Oxford: Basil Blackwell Inc., 1986), 39-52. 틸레이는 "신정론이라는

신정론의 "하나님, 왜?"라는 표준적 질문 구조는 어쩌면 '하나님'을 찾는 것이 아니라 '왜'를 찾는 것이다. 하지만 이제까지 가려진 또 다른 길, 위로의 전통은 고통의 이유가 아니라 고통 가운데서 하나님을 찾고자 한다. 그때까지 "하나님은 행동해야 하며, 영혼은 고통당해야 한다."[76]

것은 악의 문제를 해결하기보다 오히려 악을 창조하기 때문에 신정론이라는 담론적 실천은 포기되어야만 한다"는 결론을 내린다. Terrence W. Tilley, *The Evils of Theodicy* (Washington, D.C.: Georgetown University Press, 1991), 5.

76 *W*, 44. 중세 고독일어 '*liden*'은 '고통'과 '수동성' 둘 다를 의미한다. 고통당한다는 것은 수동적이 되는 것, 곧 자신의 덜어냄 속으로 하나님의 채움이 들어오는 것이라면, 어떤 의미에서는 고통 자체가 왜가 없는 하나님의 위안이기도 하다. 이것이 에크하르트의 서른 가지 가르침 중 (21)~(27)에 걸친 고난의 신학의 결론, 곧 '나의 고통이 하나님'인 이유이다.

16 장

논리적 신정론

I. 하나님의 전능성과 논리적 필연성

논리적 신정론^{論理的 神正論}(logical theodicy)은 전통적 신정론의 여러 형태와 중첩되지만, 그럼에도 변증의 핵심에 논리적 모순이 없는 설득력이 자리하는 신정론을 선별하여 가리킨다. 종교적 신정론이 논리적 성격을 지닐 수도 있지만, 반대로 논리적 신정론이 반드시 종교적이지는 않다. 논리적 신정론이 성공적으로 수행되었을 때 어떤 '전능하고 전선한 신'이 악의 존재에도 불구하고 존재할 수 있다고 옹호될 수 있지만, 그러한 논리적 혹은 철학적 유신론이 곧바로 기독교, 유대교 혹은 이슬람 등의 종교적 하나님에 대한 변증으로 이어지는 것은 아닐 수 있다. 이런 이유에서 논리적 신정론이 그 중첩적 성격에도 불구하고 상대적인 독립성을 가지는 것이다.

몇몇 신학자는 신정론자의 논리성에 대한 지나친 집중을 경계하며, 논리적 신정론이 '하나님'을 옹호하는 신정론^{神正論}(theodicy)이라기보다는 '이성의 논리성'을 옹호하는 일종의 이정론^{理正論}(noödicy 혹은 logodicy)으로 변해버렸다고 비판하였다. 한스 우르스 폰 발타자^{Hans Urs von Balthasar}는 철학자 헤겔이 변증한 것은 기독교의 하나님이 아니라 독일 관념론의 이성이라고 한다. 그렇기에 그것은 신정론이 아니라 고대부터 '누스^{nous}', '로고스^{logos}' 혹은 '영지'(gnosis)라고 불리던 이성의 자기 변증이라는 것이다.

> 횔덜린과 마찬가지로 헤겔에게 있어서도 기독교는 이제 존재의 편재하는 케노시스 안으로 흡수되어버렸다. 따라서 헤겔은 하나님의 영광이 절대정신 자체의 총체성에서 가장 분명하게 드러난다고 본다. 헤겔의

절대관념은 마치 라이프니츠의 사유의 승리에 비견될 수 있는 승리의 광채를 비춘다. 그것은 더 이상 신정론(theodicy)이 아니라 이정론(noödicy)이다.[1]

악과 하나님의 공존 가능성은 논리적 관점에서 볼 때 크게 두 가지 입장으로 나누어질 수 있다. 첫째는 하나님은 어떤 합리적 이유에서 악을 허용하거나 행하실 수 있다는 논리주의(logicism)의 입장이다. 피조물이 악을 행하도록 하나님이 허용하셨든 혹은 하나님이 직접 악의 징벌을 하셨든, 악이라는 결과는 어떤 논리적 제한으로 인해 피해질 수 없었다고 변증하는 것이 이러한 유형의 설명이다. 둘째는 하나님이 논리성을 초월하는 주권적 자유를 가지고 악을 허용하거나 행하실 수 있다고 보는 초^超논리주의(translogicism)이다. 여기서 하나님의 자유는 논리에 의해 제한될 수 없는 절대적인 자유이다. 우리는 아래에서 대표적인 논리주의자로 토마스 아퀴나스^{Thomas Aquinas}, 조지 마브로드^{George I. Mavrodes}, 앨빈 플랜팅가^{Alvin Plantinga}, 넬슨 파이크^{Nelson Pike}, 메릴린 아담스^{Marilyn McCord Adams} 그리고 초논리주의자로는 아우구스티누스^{Augustine}, 마르틴 루터^{Martin Luther}, 데카르트^{Rene Descartes}, 해리 프랑크푸르트^{Harry Frankfurt} 등을 살펴볼 것이다.

---

1 Hans Urs von Balthasar, *The Glory of the Lord, vol. V: The Realm of Metaphysics in the Modern Age* (San Francisco: Ignatius Press, 1991), 573-574. 헤겔뿐만 아니라 라이프니츠의 신정론도 "이성의 합리성과 이성적 세계에 대한 변론이라는 점에서 이정론(理正論, Logodizee)"으로 이해될 수 있다는 해석에 대해서는 박영식, 『고난과 하나님의 전능』 (서울: 동연, 2012), 142 각주 8을 보라. 본인은 '이정론'으로서의 논리적 신정론을 성찰함에 있어서 이러한 생각이 지닌 부정성의 평가와는 별개로 논리적 신정론이 종교적 목적을 위해 선용될 제한적 가능성도 있다고 생각한다.

II. 논리적 도전자들: 에피쿠로스, 흄, 맥키

악의 존재와 전능하고 전선한 하나님의 존재는 논리적으로 공존 불가능하다는 도전은 일찍이 고대 그리스 철학자들에 의해 제기되어 졌다. 이러한 도전자들은 신의 성격이 그들이 믿는 그런 신의 성격이라 면, 악이 도무지 존재할 수 없었을 것이라고 주장한다. 이미 기독교 종교의 탄생 300년경 전에 철학자 에피쿠로스Epicurus는 이렇게 묻는다:

> 신은 악을 제거하고자 원하였으나 그렇게 할 힘이 없었을 것이다. 혹은 신은 악을 제거할 힘이 있었지만 그렇게 하고자 원하지 않았을 것이다. 혹은 신은 원하지도 않았고 힘도 없었을 것이다. 혹은 신은 원하였고 힘도 있었을 것이다. 만약 신이 악을 제거하고자 원하였으나 그렇게 할 힘이 없었다면, 신은 무기력할 뿐이다. 그러한 무기력은 신의 본성에 적합하지 않다. 만약 신이 악을 제거할 힘이 있었지만 그렇게 하고자 원하지 않았다면, 신은 질투하는 것이다. 그러한 질투도 신에 적합하지 않다. 만일 신이 원하지도 않았고 힘도 없었다면, 신은 무기력할 뿐만 아니라 질투하는 것이다. 따라서 그는 신이 아니다. 만약 신이 원하였고 힘도 있었다면, 그것만이 신에게 적합하다. 그렇다면 악의 기원은 무엇인 가? 왜 신은 악을 제거하지 않는가?[2]

---

2 Lactantius, *On the Anger of God*, chap. 13, *The Writings of the Ante-Nicene Fathers*, trans. by William Fletcher (Grand Rapids, Michigan: Wm. B. Eerdman, 1951), vol. 7. 손호현, 『아름 다움과 악: 1권, 신학적 미학 서설』 (서울: 한들출판사, 2009) 77-78에 번역이 제공된다. 또한 존 힉 지음/김장생 옮김, 『신과 인간 그리고 악의 종교철학적 이해: 아우구스티누스 에서 플란팅가까지 신정론의 역사』 (파주: 열린 책들, 2007), 28 각주 1을 참조하라.

이러한 에피쿠로스의 진술은 당시 그리스 세계의 '신의 성격性格'에 대한 유신론적 이해가 무기력이 아닌 전능성을, 질투가 아닌 전선성을 포함한다는 사실을 보여준다. 곧 신은 악을 제거할 수 있는 전능한 힘을 그리고 악을 제거한 후 피조물의 완전한 상태에 대해 시기하고 질투하지 않는 전선한 성격을 가지는 것으로 고대 그리스인들은 생각한 것이다. 기원후 4세기 기독교 신학자 락탄티우스Lucius Caecilius Firmianus Lactantius는 313년 저작 『하나님의 진노에 대하여』(De ira Dei)에서 이런 에피쿠로스의 도전을 소개하며 대답을 시도한다. 그에 따르면, 하나님은 악을 제거할 능력이 없는 것이 아니라 제거하지 않기로 결정하셨지만, 여전히 선하시다. 악이 없다면 인간은 선에 대한 지혜도 가지지 못했을 것이기 때문이라는 것이다. 곧 하나님은 선을 가르치기 위해 악을 허용하였다. 이러한 락탄티우스의 대답에도 불구하고 1400년경이 지난 후 스코틀랜드 철학자 데이비드 흄David Hume은 아직도 에피쿠로스의 질문에 대한 대답을 듣지 못했다고 생각한다.

> 에피쿠로스의 오랜 질문들은 아직 대답 되지 않았다. 신은 악을 막고자 하였으나, 그렇게 할 힘이 없었는가? 그렇다면 신은 무능력하다. 그렇게 할 수 있었지만, 그러지 않았는가? 그렇다면 신은 사악하다. 신은 그렇게 할 수 있었고, 그렇게 하고자 원했는가? 그렇다면 악은 도대체 어디에서 오는 것인가?3

---

3 David Hume, *Dialogues Concerning Natural Religion*, in *Principal Writings on Religion including Dialogues Concerning Natural Religion and The Natural History of Religion*, ed. J. C. A. Gaskin (Oxford and New York: Oxford University Press, 1993), 100(10부). 손호현, 『아름다움과 악: 1권』, 78에 인용된다.

흄이 아직 대답을 듣지 못했다고 말한 이유는 대답이 없었다기보다는 자신이 기대하는 신의 전지성과 전능성 그리고 악 사이의 공존 가능성을 논리적으로 보여주는 신정론이 아직 제공되지 않았다고 생각했기 때문일 것이다.

현대에 와서는 오스트레일리아의 철학자 맥키[J. L. Mackie]가 1955년 논문 "악과 전능성"에서 다음의 세 주장은 논리적으로 공존 불가능하다고 주장한다.

(1) "하나님은 전능하시다"(God is omnipotent).

(2) "하나님은 전선하시다"(God is wholly good).

(3) "하지만 악은 존재한다"(Yet evil exists).[4]

하지만 여기서 (1) 하나님의 전능성, (2) 하나님의 전선성 그리고 (3) 악의 존재가 직접적으로 서로에게 관련되지는 않기 때문에 맥키는 세 주장 사이의 명백한 모순을 드러내기 위해서 "선은 악에 반대된다"라는 추가 명제 이외에 다음과 같은 두 가지 추가 명제를 제안한다.

(P1) "선한 존재는 가능하다면 항상 악을 소멸시킨다."

(P2) "전능한 존재에는 못 할 일이 없다."[5]

---

4 J. L. Mackie, "Evil and Omnipotence," Marilyn McCord Adams and Robert Merrihew Adams ed., *The Problem of Evil* (Oxford: Oxford University Press, 1990), 25. 원래 이 글은 학술지 *Mind* 64 (1955): 200-212에 발표되었다. 손호현, 『아름다움과 악: 1권』, 86 이하에서 논의된다.

5 Mackie, "Evil and Omnipotence," 26. 따라서 맥키의 세 추가 명제 중에서 어느 하나가 필연적으로 참이지는 않다는 것을 보여주면 그의 무신론적 도전은 극복되는 것이다. 그의 (P1)과 (P2)는 여기서 논의되며, "선은 악에 반대된다"라는 명제는 무악론(無惡論)에서 다루어진다.

(P1)과 (P2)가 참이라면, 위의 세 주장을 동시에 받아들이는 종교적 유신론은 '확실히 비합리적'(positively irrational)이며 '비일관적'(inconsistent)인 태도라고 맥키는 평가한다.[6] 이러한 유신론이 전혀 합리적이거나 일관적이지 않은 것으로 드러났다는 그의 주장은 반대로 악의 존재로 인해서 신이 존재하지 않는다는 결론만이 논리적인 태도라는 철학적 무신론의 입장으로 이어지게 된다.

이처럼 악의 존재로 인한 하나님 존재의 불가능성에 대한 여러 도전 중에서 특히 에피쿠로스, 데이비드 흄, J. L. 맥키의 경우처럼 신의 성격(특히 전능성과 전선성)과 악의 현실이 공존 불가능하다는 논리적 도전이 한 중요한 흐름을 형성하여 왔다. 이러한 논리적 도전에는 일종의 논리적 신정론만이 대답을 제공할 수 있을 것이다. 다른 차원의 신정론들에 대해서는 그들은 여전히 "에피쿠로스의 오랜 질문들은 아직 대답 되지 않았다"라고 여길 것이기 때문이다.

III. 논리적 신정론

1. 토마스 아퀴나스

하나님은 전능하지만, 논리적으로 모순된 일을 하실 수는 없다. 곧 하나님의 전능성은 논리적으로 모순된 일을 하실 수 있는 능력을 포함하지 않는다. 이렇게 주장하는 논리주의(logicism)의 가장 대표적

---

6 Mackie, "Evil and Omnipotence," 26.

인 인물은 토마스 아퀴나스^{Thomas Aquinas}일 것이다. 그의 입장은 이후 하나님의 전능성에 대한 논의들에 있어서 고전적인 표준이 되었다. 우리는 『신학대전』에서의 "하나님은 전능^{全能}(omnipotent)하신가?"라는 그의 논의를 중심적으로 살펴보고자 한다(*ST* I q. 25 a. 3). 아퀴나스는 하나님은 '모든 일'을 하실 수 있다는 하나님의 전능성에 대한 통속적 이해를 하나님은 논리적으로 '가능한 모든 일'을 하실 수 있다는 보다 제한된 전능성 이해로 대체한다.

> 하나님은 모든 일을 하실 수 있다고 다들 고백하지만, 하나님의 전능성이 무엇인지 설명하는 것은 어려워 보인다. 하나님은 모든 일을 하실 수 있다고 우리가 말할 때, '모든'(all)이라는 말의 정확한 의미가 불분명하기 때문이다. … "하나님은 모든 일을 하실 수 있다"라는 표현은 하나님은 가능한(possible) 모든 일을 하실 수 있다는 의미로 올바르게 이해돼야 한다. … 하나님은 가능한 모든 일을 하실 수 있기 때문에 전능하시다(*ST* I q. 25 a. 3).

이러한 아퀴나스의 결론은 여러 신학적 도전에 대한 응답으로서 도출된 것이다. 그는 하나님의 전능성에 대한 네 가지 반대 의견을 고려한다. 반대 의견 (1)에 따르면, 하나님은 변할 수 없기에(immovable) 전능할 수 없다. 곧 하나님의 변함 없는 영원성은 시간성 안에서 변할 수 없기에 전능한 것은 아니다. 반대 의견 (2)에 따르면, 하나님은 죄(sin)의 행동을 할 수 없기에 전능한 것은 아니다. 반대 의견 (3)에 따르면, 하나님의 자비(mercy)가 이 세계의 죄인들은 버리시고 또 다른 세계를 창조하는 일 등을 하실 수 없게 만들기에 전능한 것은 아니다. 반대 의견 (4)에 따르면, "만약 하나님이 전능하시다면, 모든 일이 가능하고 불가능한 일이 없을 것이다". 따라서 하나님의 전능성을 제약할 필연적인(necessary) 것은 없다. 하지만 필연적으로 존재하는 것은 논리적으로 존재하지 않을 수 없다. 따라서 하나님은 전능한 것은 아니다(*ST* I q. 25 a. 3).

이러한 반대들에서 볼 수 있는 것처럼 토마스 아퀴나스는 하나님의 전능성이 단지 "하나님은 모든 일을 하실 수 있다"라는 뜻이라고 언어적으로 설명하는 것은 문제의 해결에 도움이 되지 않는다고 생각한다. 사실 이러한 설명은 개념을 정의해야 할 때 정의되어야 할 개념으로 다시 정의를 내리는 동어 반복(同語反復)적인 설명이다. 곧 하나님의 전능성을 정의해야 할 때 전능성이라는 언어적 표현을 풀어서 다시 진술한 것일 뿐이다. 이런 전능성의 통속적 정의는 논의에서 아무것도 내용상으로 보태지 않는 일종의 설명의 '악순환'(a vicious circle)이라고 아퀴나스는 본다. "하나님의 전능성은 하나님의 전능성이다" 혹은 "하나님은 모든 일을 하실 수 있다라는 것은 하나님은 모든 일을 하실 수 있다"라는 뜻이라고 두 번 동일한 내용을 반복하는 것은 공허한 설명이다. 나아가 그러한 공허한 설명은 전능성이 하나님의 변화 가능성, 범죄 가능성, 자비를 거두고 죄인을 버릴 능력 혹은 필연적 존재를 없앨 수 있는 능력 등을 포함하는지의 물음에 대답할 수 있는 적합한 방법을 가지지 않는다.

이러한 설명의 악순환을 벗어나는 길은 하나님의 전능성에 논리적 가능성/불가능성을 도입하는 것이라고 아퀴나스는 보았다. 특히 "만약 하나님이 전능하시다면, 모든 일이 가능하고 불가능한 일이 없을 것이다"라는 반대 의견 (4)의 통속적 전능성 개념에 반대하여 하나님의 전능성은 "필연적으로(necessarily) 존재하는 것은 존재하지 않는 것이 불가능하다"는 사실을 바꿀 수 있는 능력을 포함하지 않는다고 그는 주장한다. 이처럼 그는 하나님의 전능성에 대한 논의에 논리성의 차원을 추가한 것이다. 예를 들어 "소크라테스가 앉는다"는 것은 가능한 일이다. 하지만 "인간은 당나귀이다"는 것은 불가능한 일이다. 혹은 '존재'(being)와 '비존재'(non-being)는 서로 논리적으로 반대된다. 따라서 어떤 것이 동시에 존재하면서 존재하지 않게 만들 수 있는가 등의 모순적 사태는 하나님의 전능성의 대상이 될 수 없다. 논리성의 관점을 전제하고 하나님의 전능성을 이야기해야 한다는 것이다.

> 그러한 (논리적으로 모순된) 것이 하나님의 전능성 안에 포함될 수 없는 이유는 하나님의 능력에 어떤 결함이 있기 때문이 아니라 그것이 가능한 일이라는 성격을 가지지 못하기 때문이다. … 모순矛盾(contradiction)을 함의하는 어떤 것도 하나님의 전능성의 범위(the scope of divine omnipotence) 안에 들어올 수 없다(*ST* I q. 25 a. 3).

요컨대 하나님의 전능성은 논리적으로 모순되지 않고 가능한 모든 일을 하실 수 있다는 뜻이다. 이런 관점에서 토마스는 앞의 4가지 반대에 대해 답변한다. 반대 의견 (1)에 대한 그의 대답에 따르면, 하나님의 영원성과 변화는 논리적으로 공존이 가능한 것이 아니기에 하나님이 변할 수 없다고 하나님의 전능성이 훼손되는 것은 아니다. 반대 의견 (2)에 대한 대답에 따르면, 죄의 불완전성은 하나님의 완전성과 논리적으로 공존할 수 없기에 하나님이 죄를 지을 수 없다고 전능성이 훼손되는 것은 아니다. 반대 의견 (3)에 대한 대답에 따르면, 자비로운 하나님이 인간의 자유의지로 인한 죄를 오히려 용서하실 수 있는 능력을 가지기에 전능하신 것이다. 반대 의견 (4)에 대한 대답에 따르면, 하나님의 전능성이 사물들이 지닌 '저등한 원인'(in-ferior cause) 혹은 '근인近因'(proximate cause)으로서의 필연성을 파괴하지는 않는다. 다시 말해 하나님의 전능성이 세계가 지닌 논리적 필연성의 구조를 제거하지는 않는다. 따라서 토마스 아퀴나스의 결론에 따르면, "하나님의 전능성이 사물들로부터 그것들의 불가능성 (impossibility) 혹은 필연성(necessity)을 제거해버리지는 않는다는 것이 분명하다"(ST I q. 25 a. 3).

하나님의 전능성 개념에 대한 논리주의적 해석을 제공한 후 토마스는 구체적인 예시를 제공한다: "하나님은 과거를 일어나지 않았던 것으로 만드실 수 있는가?"(ST I q. 25 a. 4)[7] 과거를 없애는 일까지 하나님의 전능성에 포함되어야 한다는 반대 의견 (1)에 따르면, 눈먼 자를 고치거나 죽은 자를 살리는 등 하나님의 전능성은 불가능한 일을 하실 수 있기에 과거의 일도 일어나지 않은 것으로 만드실 수 있다. "소크라테스가 과거에 달리기를 했다"는 과거의 일조차 하나님은 없애실 수 있을 것이다. 반대 의견 (2)에 따르면, 하나님의 능력은

---

7 신학자와 철학자는 논리적 불가능성에 대한 수많은 자신의 질문들을 만들어왔다. 라이프니츠는 죽음 혹은 유한성 자체로서의 형이상학적 악이라는 개념을 주장하며, 이러한 악을 가지지 않는 피조물을 창조하는 것은 불가능한 것이었는가라는 질문을 한다. 곧 하나님은 '피조물'(creature)을 '또 다른 하나님'(a God)으로 창조할 수는 없었는가? 물론 하나님의 전능성은 그러한 논리적 불가능성을 하실 수 없었다는 것이 라이프니츠의 형이상학적 악이라는 개념의 논리이다. G. W. Leibniz, *Theodicy: Essays on the Goodness of God, the Freedom of Man and the Origin of Evil*, ed. Austin Farrer and trans. E. M. Huggard (New Haven: Yale University Press, 1982), 142(31절).

감소하지 않으며 불변하기에 하나님이 과거에 하실 수 있었던 일은 지금도 하실 수 있다. 과거에 소크라테스가 달리기를 하기 전에 하나님이 그것을 막으실 수 있었다면, 지금 소크라테스가 달리기를 한 후에도 하나님은 그것을 일어나지 않았던 일로 만드실 수 있다. 반대 의견 (3)에 따르면, 하나님은 상실한 성적 순결성을 다시 주실 수 있기에 과거의 타락한 일조차 타락하지 않았던 일로 만드실 수 있다.

논리주의자 토마스 아퀴나스는 이전의 위대한 신학자들을 인용하는 것으로 대답을 시작한다. 제롬에 따르면, "하나님은 모든 것을 하실 수 있지만, 타락한 것을 타락하지 않았던 것으로 만드실 수는 없다."8 또한 아우구스티누스에 따르면, "하나님이 전능하시다면, 일어난 일을 마치 일어나지 않은 일처럼 만드실 수 있다고 말하는 누구도 제대로 알지는 못한다. 그것은 마치 하나님이 전능하시다면, 그것이 참되기 때문에 진리인 것을 거짓으로 만드실 수 있다고 말하는 것과도 마찬가지다."9 또한 서양 지성사에서 형식논리의 창시자라고 할 수 있는 아리스토텔레스도 여기서 인용된다. 철학자에 따르면, "오직 이것 하나는 하나님이 가지고 있지 못하다. 곧 하나님은 이미 일어난 일들을 일어나지 않은 것처럼 만들 수는 없다."10 하나님의 전능성에 논리적 제한성을 둔 이들을 인용하며 아퀴나스도 "모순을 함의하는 어떤 것도 하나님의 전능성의 범주 안에 들어가지 않는다"라고 다시 확인한다. 하나님의 전능성이라고 하더라도 "소크라테스가 앉아 있으면서, 동시에 앉아 있지 않다"라는 논리적으로 불가능한 상태를 만들

---

8 Jerome, *Ep. 22 ad Eustoch.*

9 Augustine, *Contra Faust,* xxix, 5.

10 Aristotle, *Nicomachean Ethic,* vi, 2.

수는 없는 것이다.

따라서 아퀴나스의 반대 의견 (1)에 대한 대답에 따르면, 죽은 자를 다시 살리는 일보다 논리적으로 모순된 일을 하는 것이 더욱 불가능하다. 죽은 자를 다시 살리는 것은 그 자체로 모순되지는 않지만, 과거를 일어나지 않게 하는 것은 모순이기 때문이다. 반대 의견 (2)에 대한 대답에 따르면, 어떤 시점에 가능했던 일이 다른 시점에도 항상 논리적으로 가능한 것은 아니다. 따라서 그런 일이 불가능해졌다고 해서 하나님이 그것을 하실 수 없다고 말할 수는 없는 것이다. (논리성과 시간성이라는 두 지평 사이의 이러한 긴밀한 관계는 자유의지 신정론에서는 한 번 수여된 자유는 하나님조차도 통제할 수 없다는 주장으로, 과정 신정론에서는 시간이라는 영속적 지평이 악의 발생에서 가지는 형이상학적 필연성을 강조하는 전통으로 이어지고 있다.) 반대 의견 (3)에 대한 대답에 따르면, 하나님은 타락한 죄인으로부터 마음과 육체의 모든 타락의 흔적을 제거하실 수는 있지만, 죄인이 타락하였다는 과거의 사실 자체는 제거될 수 없는 것이다. 결론적으로 토마스 아퀴나스는 하나님의 전능성이 논리적 제한성을 가진다는 논리주의 입장을 재확인하는 것으로 대답을 마친다. "하나님은 모든 가능한 일을 절대적으로 하실 수 있기 때문에 하나님은 전능하다"(*ST* I q. 25 a. 4).

2. 조지 마브로드

하나님의 전능성에 대한 논리주의적 입장은 다수의 신학자들뿐만 아니라 철학자들에 의해서도 받아들여졌다. 미국의 철학자 조지 마브로드[George I. Mavrodes]는 토마스 아퀴나스의 논리주의적 전능성 개념을 계승하며, 하나님은 '어떤 일'이든 하실 수 있다는 주장에서 "'어떤 일'이 의미하는 것은 그것에 대한 설명이 자기 모순적(self-contradictory)이지는 않은 대상, 행동, 상황만을 가리키는 것으로 해석되어야 한다"라고 주장한다.[11] "하나님은 네모난 원을 그릴 수는 없다"는 등의 자기 모순적 행동으로 마브로드는 다음과 같은 흥미로운 상황을 제시한다.

> 하나님 자신이 들어 올리기에는 너무 무거운 돌을 하나님은 창조할 수 있을까? … 하나님이 그런 돌을 창조할 수 있다고 우리가 말한다면, 그런 돌이 실제로 있을 수도 있을 것이다. 일단 하나님 자신이 들어 올리기에는 너무 무거운 돌이 실제로 있다면, 하나님은 분명히 전능하지는 않다. 그리고 하나님이 그런 돌을 창조할 수는 없다고 우리가 말한다면, 우리는 이미 하나님의 전능성을 포기한 것처럼 보인다.[12]

이러한 딜레마가 발생하는 것은 하나님의 전능성에 아무런 논리적 제한을 부여하지 않았기 때문이다. 마브로드는 하나님 자신이 들어 올리기에는 너무 무거운 돌은 네모난 원의 경우처럼 자기 모순적인 상황이라고 본다. 다시 말해 "그러한 가짜 과제들(pseudo-tasks), 곧 가능성의 영역 안에 포함되지 않는 과제들은 능력의 대상이 전혀 되지 못한다."[13] 논리적으로 가능하지 않은 일을 하지 못한다고 전능성

---

11 George Mavrodes, "Some Puzzles Concerning Omnipotence," *The Philosophical Review*, vol. 72, no. 2 (April 1963), 221. 그는 자기 모순적 행동을 전능성의 영역에서 제거하는 근거로 우리가 살펴본 토마스 아퀴나스의 *ST* I q. 25 a. 3을 든다.

12 Mavrodes, "Some Puzzles Concerning Omnipotence," 221.

13 *Ibid.*, 223.

이 훼손되지는 않는다는 것이다. 그렇다면 논리주의자의 전능한 하나님은 하나님 자신이 들어 올리기에는 너무 무거운 돌을 창조하실수는 없다는 것일까? 마브로드는 토마스 아퀴나스의 대답을 대신 인용한다: "하나님이 그러한 일들을 하실 수 없었다고 말하기보다는 그러한 일들은 할 수 없는 것이라고 말하는 것이 더 적절하다."[14] 토마스 아퀴나스처럼 마브로드도 하나님의 전능성이 논리적 불가능성을 배제한다고 해서 전혀 훼손되지 않는다고 결론을 내린다: "딜레마는 하나님이 자기 모순적인 일을 할 수 있는지 묻는 것이기 때문에 실패한다. 그리고 하나님은 그런 일을 할 수 없다고 대답하는 것이 하나님의 전능성의 교리에 아무런 훼손도 가져오지 않는다."[15]

3. 논리주의와 자유의지 옹호론: 플랜팅가

미국의 분석철학자 앨빈 플랜팅가[Alvin C. Plantinga]는 유신론의 모순성을 주장하는 무신론적 도전에 대해 이른바 자유의지 옹호론으로 대답한다. 앞에서 우리는 하나님의 전선성, 하나님의 전능성 그리고 악의

---

14 *Ibid.*, 222에 인용된다. *ST* I q. 25 a. 3.

15 *Ibid.*, 221. 하지만 "하나님 자신이 들어 올리기에는 너무 무거운 돌"이 "네모난 원"의 경우처럼 확실하게 자기 모순적(self-contradictory)일까? 마브로드는 그렇지 않을 가능성도 있다고 인정한다. 인간의 경우에는 자신이 들어 올리기에는 너무 무거운 물건을 만들 수 있기 때문이다. 따라서 "물론 하나님은 그런 돌을 창조할 수 있다"는 견해가 어쩌면 '자기 일관적'(self-coherent)인 상황일 가능성도 있지만, 그런 결과도 하나님의 전능성에 아무런 훼손을 가져오지 못한다고 그는 본다. 다시 말해 그런 돌을 창조한 하나님은 결국 전능하시다는 것이 드러난다고 판단할 수 있기 때문이다. 그러나 일단 그런 돌이 창조된 이후에는 전능한 하나님이 그것을 들어 올릴 수 있을까? 여기에 대한 마브로드의 대답이 아주 분명하지는 않은 것 같다. "하나님의 들어 올리는 능력이 무한하다면, 이러한 하나님의 첫 번째 능력을 초과하거나 능가하지 않고도 하나님의 창조하는 능력도 무한할 수 있을 것이다." *Ibid.*, 223.

존재 사이의 명백한 모순이 존재한다는 것을 보여주기 위해서는 아래의 추가적인 두 가지 명제가 또한 필연적으로 참이어야 한다는 주장을 살펴보았다.

(P1) "선한 존재는 가능하다면 항상 악을 소멸시킨다."
(P2) "전능한 존재에는 못 할 일이 없다."[16]

하지만 플랜팅카는 특히 (P2)가 참이 아니라고 대답한다. 그는 하나님의 전능성에 대해 신학자들이 두 견해로 나누어진다는 것을 지적한다. 루터와 데카르트 등은 "하나님의 능력은 논리의 법칙에 의해서조차도 제한되지 않는다"고 주장한 반면, 대부분의 신학자는 "전능한 존재는 할 수 있는 일에 있어서 어떠한 비논리적인 제한도 가지지 않는다" 혹은 "전능한 존재조차도 논리적으로 불가능한 일을 하거나 필연적으로 거짓인 명제들을 참으로 만들 수는 없다"고 생각한다는 것이다.[17]

플랜팅가는 후자의 논리주의적 전능성 개념을 수용하며, (P2)의 주장이 필연적으로 참이지는 않다는 것을 보여주고자 한다. 칼뱅주의의 '전적 타락'(total depravity)과도 유사하게 플랜팅가는 '초세계적 타락성'(transworld depravity)이라는 자신의 개념을 반론의 이유로 제시한다.

---

16 Mackie, "Evil and Omnipotence," 26.

17 Alvin C. Plantinga, *God, Freedom, and Evil* (Grand Rapids, Michigan: William B. Eerdmans Publishing Company, 1977), 17. 손호현, 『아름다움과 악: 1권』, 88 이하 참고.

그것이 중요한 이유는 사람이 초세계적 타락성을 가진다면, 사람이 진정 자유롭게 어떠한 악도 하지 않는 세계는 하나님조차도 현실화시키지 못한다는 점이다. 사람이 단지 도덕적 선만 하고 도덕적 악은 전혀 하지 않는 세상을 현실화시키는 것은 하나님의 능력 안에 있지 않다.[18]

가능한 무한한 세계들을 하나님이 현실화시킬 수 있다고 해보자. 인간이 자유와 초세계적인 타락성을 가신다면, 실현된 어떤 세계에서도 인간이 항상 도덕적 선만 행하고 단 한 번의 도덕적 악도 행하지 않는 것은 논리적으로 불가능하다는 것이다. 초세계적 타락성을 지닌 "사람들은 어떤 세계에서든 최소한 한 번의 잘못된 행동은 하기 때문이다."[19] 따라서 맥키의 전능성에 대한 추가 명제 (P2)에 대해 플랜팅카는 다음과 같은 반론을 제시한다.

(P3) "하나님은 전능하지만, 도덕적 선만 있고 도덕적 악은 없는 세상을 창조하는 것은 하나님의 능력 안에 포함되지 않는다."[20]

---

18 Plantinga, *God, Freedom, and Evil*, 48.

19 *Ibid.* 초세계적 타락성은 초세계적 범죄와는 논리적으로 구분될 수 있을 것이다. 전자는 타락의 가능성인 데 반해 후자는 타락의 사실이다. 플랜팅가는 이러한 구분을 하지는 않는다. 따라서 초세계적 타락성을 지닌 인간이 도덕적 선만 행하고, '최소한 한 번의 잘못된 행동'도 하지 않는 사실적 상황이 왜 논리적으로 모순되는지 플랜팅가는 분명하게 설명하지는 않은 듯하다. 인간이 최소한 하루 동안 도덕적 악을 행하지 않은 경우도 있다. 그렇다면 인간이 평생 도덕적 악을 행하지 않는 것은 '필연적으로' 논리적 모순인가? 나아가 인간뿐 아니라 모든 피조물은 초세계적 타락성을 가지는 것일까? 다수의 고대와 중세의 신학자들은 그렇지는 않다고 보았다. 그들에 따르면, 천상의 영원히 타락하지 않는 선한 천사들 그리고 부활한 인간이 천국에서 가지게 될 결코 죄를 지을 수 없는 두 번째 자유의지가 존재한다는 것이다. 요컨대 플랜팅가의 의미에서 초세계적 타락성을 지니지 않은 피조물들도 존재하는 것이 가능하다.

20 Plantinga, *God, Freedom, and Evil*, 45.

이러한 플랜팅가의 대답은 전통적인 자유의지 신정론을 논리주의의 입장에서 보다 정교하게 발전시킨 것이다. 플랜팅가는 그것을 '신정론'이 아닌 '옹호론'이라고 부르고자 한다.[21]

> 자유의지 옹호론(Free Will Defense)의 핵심은 다음과 같은 사실이 '가능할' 수도 있다는 데 있다: 하나님은 도덕적 악을 동시에 포함한 세계를 창조함이 없이, 오직 도덕적 선만을 (혹은 우리 세계가 가진 만큼의 도덕적 선만을) 포함한 세계를 창조할 수는 없었다. 그리고 만약 정말 그러하다면, 하나님이 악을 포함한 세계를 창조할 충분한 이유를 가질 수 있는 것이다.[22]

4. 논리주의와 미학적 신정론: 파이크, 아담스

하나님의 전능성에 대한 논리주의적 해석에 기반하여 플랜팅가가 자유의지 신정론을 정교화했다면, 파이크와 아담스는 동일한 관점에서 미학적 신정론을 정교화하였다. 넬슨 파이크$^{Nelson\ Pike}$는 맥키의 (P1) "선한 존재는 가능하다면 항상 악을 소멸시킨다"라는 명제가 우리의 일상적인 도덕적 직관을 제대로 반영하지 못한다고 비판한다. 어떤 행동에 있어서 파이크가 '도덕적으로 충분한 이유'(morally sufficient reason)라고 부른 것이 존재할 때, 우리는 그러한 행동이 가져오는 부정적인 고통을 허락하거나 혹은 그것을 능동적으로 가하는 사람을 비난하지는 않기 때문이다.[23] 파이크는 아이에게 쓴 약숟가락을 억지

---

21 *Ibid.*, 27-28. '신정론'과 '옹호론'의 차이에 대한 설명으로는 1장 각주 11을 참조하라.
22 *Ibid.*, 31.

로 강요하는 부모의 예를 든다. 물리적 강요의 행위는 아이의 건강이라는 도덕적으로 충분한 이유를 가지는 것이다. 마찬가지로 하나님도 고통스러운 일을 예방하지 않고 허락하거나 혹은 그것이 일어나게 할 수도 있지만, 거기에는 우리가 알지 못하는 어떤 도덕적으로 충분한 이유가 있을 가능성이 있다는 것이다. 따라서 유신론의 논리적 비일관성을 증명하기 위해서는 (P1)이 아니라 다음과 같은 수정된 명제가 증명돼야 한다고 파이크는 본다.

> (P4) "전지하고 전능한 존재는 고통의 경우를 허락할 어떠한 도덕적으로 충분한 이유도 가지지 않는다."[24]

하지만 파이크는 바로 이 (P4)가 유신론자들에 의해 필연적 진리로 보편적으로 인정되지는 않는다는 사실을 지적한다. 유신론자들은 고통과 악의 경우에도 하나님에게는 어떤 도덕적으로 충분한 이유가 존재할 수 있다고 보기 때문이다. 그러한 도덕적으로 충분한 이유의 가능성으로서 파이크는 라이프니츠의 모든 가능한 세계들 가운데 최고의 세계 그리고 토마스 아퀴나스의 선과 악이 대조적으로 공존하는 질서에서 발생하는 우주적 조화의 아름다움이라는 미학적 신정론을 예로 제시한다. 하나님이 창조한 최고의 세계도 '미학적 가치'를 위해서 고통의 경우들을 논리적으로 필수불가결한 요소로서 포함할 수 있다는 것이다. 왜냐하면 "침묵의 순간이 송가에 달콤함을 더하

---

23 Nelson Pike, "Hume on Evil," *The Problem of Evil*, 40. 원래 이 글은 *Philosophical Review* 72 (1963): 180-197에 발표되었다.

24 Pike, "Hume on Evil," 41.

듯"(*Summa Contra Gentiles*, 3:71), 그러한 고통의 경우들이 어떤 선한 것들을 가져올 수도 있기 때문이다.[25] 비록 우리는 이러한 가능한 이유가 하나님의 진짜 이유인지 알지 못하지만, 파이크는 어느 누구도 이것이 거짓이라고 반증하지는 못하였다고 지적한다. 파이크는 하나님의 도덕적으로 충분한 진짜 이유가 무엇인지 유신론자가 증명할 필요는 없으며, 단지 그러한 이유의 논리적 존재 가능성이 반증의 짐을 무신론자의 어깨에 옮기게 되는 것이라고 본다. 따라서 맥키의 무신론적 도전은 자명하지도 않고, 결론이 나지도 않았다는 것이다.[26]

이처럼 파이크는 하나님에게는 악을 허용하는 어쩌면 도덕적道德的 (moral)으로 충분한 이유가 있었을 것이라고 보며, 그 가능한 예로 라이프니츠의 최고의 세계 등과 같은 미학적美學的(aesthetical) 가설을 제공하는 다소 흥미로운 입장을 제시한다. 메릴린 아담스Marilyn McCord Adams는 이러한 파이크의 역설적 대답이 이미 그의 '도덕적으로' 충분한 이유라는 접근이 지닌 한계를 명확하게 드러낸다고 지적한다. 그녀는 분석철학의 담론에서의 이러한 '도덕 가치 이론의 제국주의'에 대항하여 이제까지 논의에서 무시되어왔던 문화적(cultural), 미학적(aesthetic) 혹은 종교적(religious) 가치를 하나님이 악을 허용하는 이유들의 목록에 추가시켜야 한다고 제안한다.[27] 특히 악에 대한 분석철학적 담론의

---

25 Pike, "Hume on Evil," 45-46.

26 손호현, 『아름다움과 악: 1권』, 87-88.

27 Marilyn McCord Adams, *Horrendous Evils and the Goodness of God* (Ithaca and London: Cornell University Press, 1999), 4, 12. 이 저작에서 아담스는 악에 대한 단지 도덕적인 접근만을 하는 분석철학적 담론의 경향성을 비판적으로 극복하고자 사회인류학적 접근('순결과 더럽혀짐의 계산', '명예와 부끄러움') 그리고 신학적 미학의 접근 (삶의 유용한 요소로서 '우주적 질서, 생존 그리고 정신 건강'을 위해 필요한 '미학적 가치들')을 소개하고 있다. *Ibid.*, 86-151.

'미학적 선瞥'에 대한 망각(eclipse)'은 종결되어야 한다고 아담스는 본 것이다.[28] 신정론의 성공 가능성은 '감각의 즐거움'(자연의 아름다움이나 문화적 예술 작품의 아름다움, 창조성의 기쁨, 사랑의 인격적인 친밀함) 혹은 '초월적인 선'(플라톤주의의 선 혹은 기독교의 무한한 존재이며 가장 가치 있는 존재인 하나님) 등과 같이 단지 도덕적 차원만이 아니라 문화적, 미학적 혹은 종교적 차원에서의 가치들의 다원주의를 통해 더욱 증가되어질 수 있다는 것이다.[29] 요컨대 하나님은 어쩌면 우주의 아름다움이라는 '미학적으로 충분한 이유'에서 악을 허용하는 가능성도 있는 것이다.[30]

5. 논리주의와 과정 신정론: 그리핀

과정 신정론자 데이비드 그리핀David Ray Griffin은 논리주의자들처럼 하나님의 전능성에 어떤 필연적인 논리적 제한을 두어야 한다고 보았다. 나아가 그는 추가적으로 일종의 형이상학적 제한도 필요하다고 본다. 물론 그리핀은 하나님의 전능성 개념 자체를 수용하지는 않는다. 그는 독단적으로 결정하는 전능한 하나님 대신에 이상을 통해 설득하는 화이트헤드의 하나님을 주장한다.

우선 그리핀에 따르면 아무런 논리적 제약이 없는 초논리주의적

---

28 Adams, *Horrendous Evils*, 3-4, 129-151.

29 *Ibid.*, 12.

30 아담스는 하나님이 도덕적, 문화적, 미학적, 종교적으로 충분한 이유를 가질 가능성이 있을 뿐만 아니라, 하나님이 악을 극복하는 방식에는 논리적 혹은 수학적 '균형잡기'(balancing off)와는 다른 일종의 미학적 '승리'(defeat)의 방법도 있을 수 있다고 주장한다. 손호현, 『아름다움과 악: 1권』, 91 이하.

전능성 개념은 신정론의 맥락에서는 다음과 같은 견해를 초래하게
된다: "만약 하나님이 전능하다면, 하나님은 모든 악을 막을 수 있었을
것이다." 그러나 그리핀은 이러한 전능성 개념이 최소한의 어떤 의미를
가지려면 논리적으로 더욱 엄밀하게 다음과 같이 순화되어야 한다고
본다: "전능한 존재는 어떤 진정한 악(genuine evil)도 존재하지 않는
현실 세계를 일방적으로 실현시킬 수 있었다."[31]

　　그리핀의 논리적 순화의 핵심은 '진정한 악'에 있다. 그것은 인간의
진정한 자유라는 동일한 동전의 뒷면이다. 진정한 자유가 존재하고
그 불행한 결과로 발생한, 다시 말해 발생하지 않을 가능성도 참되게
있었지만 인간의 자유의 행동으로 결국 발생한, 따라서 하나님도
미리 그 결과를 결정할 수 없을 뿐만 아니라 알 수도 없었던 악만이
진정한 악이다. 그것은 하나님의 초논리주의적 전능성과는 공존 불가
능한 악이다. 반대로 진정한 악이 존재한다면, 하나님은 전능하지
않다.

　　그리핀의 목표는 진정한 악을 허용하는 신정론의 구성이다. 이런
이유에서 그리핀은 논리적으로 불가능한 일까지 포함해서 하나님이
모든 일을 할 수 있다는 초논리주의적 전능성 개념을 거부한다. 마치
토마스 아퀴나스의 앉아 있으면서 동시에 앉아 있지 않은 소크라테스
의 경우처럼 그리고 마브로드의 자신이 들어 올리기에는 너무 무거운
돌을 창조하는 하나님의 경우처럼, 그리핀에서 일방적 힘으로서의
하나님의 전능성과 진정한 악은 공존 불가능한 논리적 모순이다.

---

31 David Ray Griffin, *God, Power, and Evil: A Process Theodicy* (Philadelphia: The
　Westminster Press, 1976), 18-19. 데이빗 그리핀 지음/이세형 옮김, 『과정신정론: 하나
　님, 힘, 그리고 악에 대한 물음』(대구: 이문출판서, 2007), 16-17 참조.

그렇다면 자기 모순적 상황을 포함하지는 않는 논리주의적 전능성 개념은 그리핀이 받아들일까? 반드시 그렇지도 않다. 단지 논리주의적 전능성 개념이 하나님의 자발적(volunyary) 힘의 제한으로 해석된다면, 그리핀은 수용하지 않을 것이다. 하지만 그리핀이 생각하는 것처럼 하나님의 힘이 자발적인 제한이 아니라 어떤 형이상학적(metaphysical) 제한을 가진다면, 그것은 사실 전능성은 아닐 것이다. 두 가지 경우를 차례로 살펴보자.

초논리주의적 전능성이란 하나님이 "실제적으로 혹은 잠재적으로 존재하는 모든 힘을 가지는 것"이라고 주장하는 것이다.[32] 고전적 유신론은 하나님이 이러한 전능성을 현재 지금도 실제적으로 가지고 있다고 주장하거나 혹은 과거에는 가지고 있었지만, 인간의 창조 때에 자유를 주기 위해 자신의 전능성을 자발적으로 잠시 제한하였다고 주장하는 두 가지 형태로 나누어진다고 그리핀은 본다. 하지만 실제적 전능성이든 잠재적 전능성이든, 두 견해는 모두 하나님의 '힘의 독점권'이라는 신학적 결론에 있어서는 여전히 동일하다.

> 만약 하나님이 존재하는 모든 힘을 실제로(actually) 가지고 있다면, 이런 정의가 의미하듯 하나님은 발생하는 모든 일을 스스로 행하거나 일으키는 것이다. 왜냐하면 조그만 이오타^{iota}(티끌의 뜻)만큼의 힘이라도 지닌 다른 행동 주체들은 존재하지 않기 때문이다. 혹은 만약 하나님 외에도 실제로 힘을 가진 다른 존재들이 존재하고 그 이유가 하나님이 자유롭게 그런 존재들을 창조하여 자신의 힘 일부분을 주었기 때문이라

---

32 Griffin, *God, Power, and Evil*, 18. 그리핀, 『과정신정론』, 15 참조.

면, 이 경우에도 하나님은 잠재적으로는(potentially) 여전히 힘의 독점권을 가지는 것이다. 하나님이 과거에 힘의 독점권을 가졌던 것처럼, 다시 미래에 그렇게 할 수 있기 때문이다. 따라서 하나님의 전능성이 하나님이 실제로 혹은 잠재적으로 힘의 독점권을 소유한다는 것을 의미한다면, 그런 전능성의 입장은 모든 일이 하나님이 그것을 일어나게 만들기 때문에 혹은 최소한 그것을 허용하기 때문에 일어난다고 말하는 것과 마찬가지다. 물론 하나님은 항상 그것을 막을 힘도 가지고 있지만 말이다.[33]

하나님의 전능성이 하나님의 일방적인 힘의 독점권을 의미한다면, 역사는 '이오타' 하나도 바뀔 수 없을 것이다. 인간이 자유로운 결정에 따라 스스로 행동한 악이라고 생각하는 것도 사실은 하나님이 그렇게 행동하도록 결정한 것이거나 허용한 것이기 때문에 '진정한 악'은 아니다. 또한 언제나 하나님의 전능성은 개입 가능성과 자유의 몰수 가능성을 가지는 것으로 상정된다. 진정한 악처럼 '보이기는' 하지만, 사실 하나님이 자발적인 자기 힘의 제한으로 허용한 악이라면 실제로 진정한 악은 아니라는 것이다.

나아가 그리핀은 초논리주의적 전능성만이 아니라 논리주의적 전능성도 '전능성의 오류'(omnipotence fallacy)라고 명명한다.

(1) "한 존재가 일방적으로 만들 수 있는 논리적으로 가능한(logically possible) 어떠한 상황도, 전능한 존재는 일방적으로 만들 수 있다."
(2) "진정한 악이 없는 현실 세계는 논리적으로 가능한 상황이다."

33 Griffin, *God, Power, and Evil*, 18. 그리핀, 『과정신정론』, 15-16 참조.

(3) "따라서 진정한 악이 없는 현실 세계를 전능한 존재가 일방적으로
　　만들 수 있다."[34]

　　초논리주의자와 달리 논리주의자는 '논리적으로 가능한' 일만 하나
님의 전능성이 행할 수 있다고 본다. 그럼에도 과정 사상의 형이상학적
관점에서 볼 때, 이러한 논리적으로 제한된 하나님의 전능성조차도
'진정한 악'과 공존할 수는 없다고 그리핀은 본다. 논리주의적 전능성도
진정한 악이 아니라, 표면적으로는 진정한 악처럼 보이지만 사실은
어떤 논리적으로 필연적인 이유를 위해서 선용 되는 도구적 악만
허용하기 때문이다. 요컨대 그리핀의 전능성의 오류를 판별하는 시금
석은 그것이 논리주의든 초논리주의든 '진정한 악'을 허용하는가,
곧 하나님이 진정 실패할 수도 있는가의 여부이다.

　　그리핀이 신정론의 문제를 해결하는 가장 단순하지만 근본적인
방식은 하나님이 지닌 힘의 독점권을 형이상학적으로 부정하는 것이
다. 그리핀의 해결책은 과정신학의 '유일신론'(monotheism)을 하나님
의 전능한 힘의 독점권에 기초한 '일원론'(monism) 혹은 '무無우주
론'(acosmism)으로부터 구분하는 것이다.[35] "하나님이 모든 힘을 독점
한다"는 일원론 혹은 무우주론이 "하나님 한 분만이 전적으로 선하시
다"는 유일신론보다 더한 정도의 형이상학적 궁극성을 가질 수는
없다는 것이다. 여기서 그리핀은 화이트헤드의 형이상학적 제안을
도입한다.

---

34 Griffin, *God, Power, and Evil*, 263-264. 그리핀, 『과정신정론』, 331-332 참조.
35 Griffin, *God, Power, and Evil*, 270. 그리핀, 『과정신정론』, 340 참조.

과정 신정론의 가장 근원적인 사상은 진정한 악의 가능성이 세계의 형이
상학적(곧 필연적) 성격들 안에 뿌리내리고 있다고 주장하는 것이다.
화이트헤드의 말을 인용하자면, "사물들이 구체화되는 데 있어 그 과정
을 지배하는 범주들(the categories governing the determination of
things)이 바로 왜 악이 있어야만 하는가 하는 이유들이다."[36]

하나님, 창조성, 영원적 객체와 같은 궁극적 범주들은 '형이상학적'
이고 '필연적인' 성격을 지닌다. 따라서 하나님이 세계에 대해 가지는
힘도 자발적이고 일방적인 섭리를 통한 논리주의적 혹은 초논리주의
적 전능성이라기보다는 이러한 형이상학적 틀을 통해 작동하는 논리
주의적 설득력이다. 논리주의가 하나님의 전능성에 논리적 제약을
둔 것이라면, 과정 사상은 여기에 추가적인 형이상학적 제약을 두는
것이다. 그리핀에 따르면, "하나님의 힘은 통제적이 아니라 설득적이
다."[37] 인간의 창조적 책임성이 지닌 형이상학적 무게가 여기에 있는
것이다.

우리는 '완전한 설득의 힘'(perfect persuasive power)을 우리 지구의
종말 혹은 우리 인류의 멸종을 일방적으로 막을 수 있는 강압적 전능성
(coercive omnipotence)에 상응하는 기능을 하는 것처럼 말할 수 없
다.[38]

---

36 Griffin, *God, Power, and Evil*, 276. 그리핀, 『과정신정론』, 248 참조. 인용된 화이트헤
   드의 진술은 Alfred North Whitehead, *Process and Reality* (New York: Macmillan, and
   Cambridge, U.K.: Cambridge University Press, 1929), 341; 화이트헤드 지음/오영환 옮
   김, 『과정과 실재』 (서울: 민음사, 1991), 406-407 참조.
37 Griffin, *God, Power, and Evil*, 276. 그리핀, 『과정신정론』, 248 참조.
38 David Ray Griffin, *Evil Revisited: Responses and Reconsiderations* (Albany: State

IV. 초논리주의적 신정론

왜 하나님은 우주의 종말이나 인류의 멸종을 일방적으로 막을 수는 없는가? 하나님의 전능성은 논리적 필연성과 제한을 초월하는 혹은 논리에 반대되는 일은 하실 수는 없는가? 초^超논리주의(translogicism) 혹은 절대주의(absolutism)는 하나님의 전능성이 그렇게 할 수 있는 능력까지 포함한다고 보는 견해다. 하나님의 주권적 자유는 어떠한 논리적 혹은 형이상학적 한계도 지닐 수 없다. 논리라는 것 자체가 하나님의 창조물이다. 하나님과 논리가 영원부터 공존한 것이 아니라, 하나님이 논리를 시간의 시작점에 창조하셨다. 특히 루터에게 있어 '무로부터의 창조'(creatio ex nihilo) 교리는 하나님이 논리가 존재하지 않던 우주에서 홀로 무로부터 논리를 창조하셨다는 것을 의미한다. 시간과 공간 자체가 무로부터 창조된 것이기에 시간과 공간 안에 작용하는 원리로서 모든 논리적 한계들도 언제든 변경될 수 있는 것이다.

1. 아우구스티누스와 전능자의 의지

앞에서 우리가 보았듯 비록 토마스 아퀴나스는 자신의 논리주의

University of New York Press, 1991), 152. 그리핀의 '전능성의 오류' 비판은 진정한 악을 허용하지 않는 어떠한 전능성도 존재할 수 없다는 과정 사상의 형이상학적 전제에서 수행된 것이다. 과정 사상의 우주에서는 마치 앉아 있으면서 동시에 서 있는 소크라테스가 논리적 모순이듯 하나님의 전능성과 진정한 악도 논리적 모순을 구성한다. 따라서 그리핀의 '전능성의 오류' 비판의 설득력은 그러한 형이상학적 제안 자체가 얼마만큼의 설득력이 있는가에 달려 있다.

입장을 옹호하기 위해 아우구스티누스를 인용하였지만,[39] 극단의 신학적 모순들을 자신 안에서 끈질기게 견딜 수 있었던 신학의 거인 아우구스티누스St. Augustine는 일종의 절대주의 혹은 초논리주의에 기초한 전능성 개념을 주장하기도 한다.

> 시편 기자의 노래는 얼마나 참된가! "우리 하나님은 하늘에 계시어 원하시는 모든 일을 하실 수 있다." 하나님이 어떤 일을 하시길 원하셨지만, 실제로 하시지는 않으셨다고 말하는 것은 분명 참이 아니다. 전능자로 하여금 그가 하고자 원한 일을 인간의 의지(the will of man)가 방해하여 막았다고 말하는 것은 분명 더 끔찍하게 참이 아니다. 따라서 전능자의 의지(the will of the Omnipotent)에 의해서 어떤 일이 일어나도록 전능자가 허용하거나 혹은 전능자 자신이 그것을 하지 않고는 아무것도 일어날 수 없다.[40]

인간에게 자유의지를 주기 위해 하나님이 스스로 전능성에 일종의 자발적인 제한을 두었다고 하는 견해가 앞에서 언급되었다.[41] 하지만 아우구스티누스는 인용문에서 전능자의 의지를 인간의 의지가 방해하거나 막을 수 있다는 식의 주장을 "끔찍하게 참이 아니다"고 비판한다. 만물의 발생은 그것이 논리적이든 초논리적이든 하나님의 의지에

---

39 Augustine, *Contra Faust*, xxix, 5; Thomas Aquinas, *ST* I q. 25 a. 3.

40 Augustine, *Enchiridion ad Laurentium de fide spe etcaritate* (A Handbook on Faith, Hope, and Love), Roberts, Alexander and Donaldson, James eds, *Nicene and Post-Nicene Fathers, First Series: Volume III* (Oak Harbor, WA: Logos Research Systems, 1997), 95장. 인용된 성서 구절은 시편 115:3이다.

41 Griffin, *God, Power, and Evil*, 18. 그리핀, 『과정신정론』, 15-16 참조.

따른 것이며, 거기에서 논리는 아무런 제약도 가져오지 않는다. 인간의 의지는 항상 전능자의 의지에 의해 사용되는 도구적 지위를 가질 뿐이다. 따라서 그리핀이 진정한 악이라고 부른 것은 이런 아우구스티누스의 우주 안에서는 오히려 발생할 수 없는 모순이다. 기독교의 신조는 아무런 논리적 혹은 형이상학적 한계를 가지지 않는 하나님의 전능성을 고백한다고 아우구스티누스는 본다.

> 만약 우리가 하나님의 전능성을 믿지 않는다면, 우리의 신조의 바로 첫 문장을 위험에 빠뜨리는 것이 된다. 거기서 우리는 전능하신 아버지 하나님을 믿는다고 고백한다. 만약 하나님이 원하시는 무엇이든 하나님이 하실 수는 없다고 한다면 혹은 하나님의 전능한 의지가 다른 어떠한 피조물의 의지에 의해 방해받는다고 한다면, 하나님은 진정한 의미에서 전능하시지는 않을 것이다.[42]

아우구스티누스의 하나님은 '원하시는 무엇이든' 그것이 논리적으로 모순되든 그렇지 않든 하실 수 있는 전능성을 가진다. 사도신경과 같이 초대 기독교의 여러 신조들은 '전능하신' 하나님에 대한 고백으로 시작하는 경우가 많다. 이것은 성서의 "만군의 주님! 온 땅에 그의 영광이 가득하다"(사 6:3)라는 구절에서처럼 모든 권세와 능력이 하나님에게서 유래한다는 다분히 정치신학적인 맥락에 기초한 것이다. 하나님 한 분 외에는 진정한 의미에서 그 어떤 다른 통치자도 있을 수 없다는 뜻이다. 그래서 사도신경의 초기 그리스어 텍스트에서

---

42 Augustine, *Enchridion*, 96장.

이는 '판토크라토르'(παντοκράτωρ), 곧 '모든 것들을 다스리는'(all-ruling) 분으로 표현되었다. 이것이 후기 라틴어 텍스트에서는 '옴니포텐스 *omnipotens*', 곧 모든 것을 하실 수 있는 '전능하신'(omnipotent) 분으로 해석된 것이다.[43] 그리스어보다는 라틴어에 더욱 능숙했던 아우구스티누스도 정치신학적인 접근에 추가적으로 논리적인 접근을 자유의지와의 관계에서 강조하고 있는 것이다. 자유의지 신정론의 창시자인 아우구스티누스가 또한 인간의 자유의지를 뛰어넘는 하나님의 전능성이라는 초논리주의도 주장한 것이다.

2. 루터와 무로부터의 창조

마르틴 루터[Martin Luther]는 신정론의 걸림돌로 인해서 신학적 절망 속으로 떨어진 적도 있었다. "나 자신이 그 걸림돌에 한 번 이상 넘어졌고, 가장 깊은 절망의 구덩이로 떨어졌다. 난 차라리 인간으로 태어나지 않았더라면 좋았을 것으로 생각했다."[44] 신정론의 깊은 구덩이에서 루터가 만난 하나님은 절대적 자유의 하나님, 무로부터 창조한(*creatio ex nihilo*) 하나님, 드러난 동시에 숨겨진 하나님(*deus absconditus*)이었다.

---

43 손호현, 『사도신경: 믿음의 알짬』(서울: 동연, 2014), 38-39. 또한 박영식에 따르면, "신의 무한한 힘과 관련해서 가장 오래된 성서적 신명은 엘 샤다이(El shaddaj)로, 70인역에서는 pantokrator로 번역되었고 불가타에서는 omnipotens로 번역되었다." 박영식은 전능하신 하나님이라는 관념과 결별하는 선택 대신에 하나님의 전능을 새롭게 사유해야 한다고 제안한다. 박영식, 『고난과 하나님의 전능: 신정론의 물음과 신학적 답변』(서울: 동연, 2012), 42, 268, 369-372.

44 Martin Luther, *The Bondage of the Will*, trans. O. R. Johnston (Grand Rapids: Baker, 2003), 217.

하나님은 왜 아담이 타락하도록 내버려 두셨을까? 하나님은 왜 우리 모두를 동일한 죄에 물든 상태로 창조하신 걸까? 하나님은 아담을 안전하게 지킬 수도 있지 않았던가? 하나님은 우리를 다른 재료로 혹은 먼저 깨끗이 정화한 씨앗으로 창조하실 수도 있지 않았던가? 하나님의 의지에 대해서 어떠한 원인(cause)이나 근거(ground)도 그 의지의 법칙(rule)이나 척도(standard)로서 부과될 수는 없기에 그분이 바로 하나님이신 것이다. … 만약 하나님의 의지에 대해서 어떤 법칙이나 척도 혹은 원인이나 근거가 존재하였다면, 그것은 더 이상 하나님의 의지가 될 수 없었을 것이다.[45]

하나님의 의지는 창조의 능력과 파괴의 능력을 완벽한 자유로 행사한다. 루터에 따르면, 하나님의 전능성은 어떤 논리적 '원인'이나 '근거'나 '법칙'이나 '척도'로도 제한될 수 없다. 만약 그런 것들로 제약된다면 더 이상 하나님의 의지라고 불릴 자격이 없기 때문이다. 루터의 이러한 초논리주의적 전능성 개념은 그의 무로부터의 창조 신앙에서 기인한다.

'무로부터의 창조'(creatio ex nihilo) 교리는 1215년 제4차 라테란 공의회(the Fourth Lateran Council)의 결정에서 공식화되었다.[46] 우주의 보이는 것과 보이지 않는 것 모든 것을 창조하신 하나님은 "전능하신 능력으로(omnipotenti) 시간의 시작에서 영적이고 육체적인 피조물

---

45 *Ibid.*, 209.

46 '무로부터의 창조'는 이미 기원후 2세기 후반경부터 타티안(Tatian), 안디옥의 테오필리우스(Theophilius of Antioch), 이레니우스(Irenaeus) 등에 의해 본질적인 교리적 내용이 거의 완성되었다. Gerhard May, *Creaio Ex Nihilo: The Doctrine of 'Creation out of Nothing' in Early Christian Thought*, trans. by A. S. Worrall (London and New York: T & T Clark International, 2004), 148ff.

들, 곧 천사들과 지상의 피조물들 그리고 영과 육체를 함께 가진 인간들을 무無로부터(de nihilo) 창조하셨다."[47] 루터는 자신의 생애 후반부에 이러한 신앙이 얼마나 이해하기 어려운가를 진술한다: "무로부터의 사물들의 창조(creatio rerum ex nihilo)에 대한 신앙은 성육신(incarnation)에 대한 신앙보다도 더 믿기가 어렵다."[48] 루터에게 무로부터의 창조 교리는, 곧 하나님의 전능성의 교리이기 때문이다.[49] 성육신의 교리와 무로부터의 창조 교리가 이해하기 어려운 정도의 차이가 나는 이유는 '물질'과 같은 이차적인 원인의 부재 여부이다. 성육신은 물질이라는 세계의 현상과 관련되는 반면에 무로부터의 창조는 물질의 부재, 곧 무에서의 창조를 가리킨다. 아무런 세계나 물질이나 존재가 없는 절대무의 상태에서 하나님 홀로 창조하는 상황을 이해하기란 마치 현대 과학자가 빅뱅 이전의 우주를 이해하기 어려운 것과 마찬가지일 것이다.

루터는 무로부터의 창조 교리를 오컴의 윌리엄William of Ockham의 '전적 원인'이라는 생각에 기초해서 이해한다. 윌리엄에 따르면, "하나님과

---

47 Canon 1: "... : *qui sua omnipotenti virtute simul ab initio temporis utramque de nihilo condidit creaturam, spiritualem et corporalem, angelicam videlicet et mundanam: ac deinde humanam, quasi communem ex spiritu et corpore constitutam.*" Henricus Denzinger, ed., *Enchiridion symbolorum definitionum et declarationum de rebus fidei et morum*, 37th edn. (Freiburg i. B, Basel, Rome, Vienna 1991), 800.

48 Martin Luther, *Luthers Werke. Kritische Gesamtausgabe* (Weimar 1883ff.), vol. 39/II, 340, 21-22; quoted in Christine Helmer, "More Difficult to Believe? Luther on Divine Omnipotence," *International Journal of Systematic Theology*, vol. 3, no. 1 (March 2001), 2 n. 1.

49 크리스틴 헬머에 따르면, "무로부터(ex nihilo)에서 창조(creatio)로 이어지는 다리를 강화하기 위해 루터가 사용하는 것이 바로 하나님의 전능성 신앙이다." Helmer, "More Difficult to Believe?", 16.

피조물은 각각 동일한 결과에 대해서, 동시에 전적인 직접적 원인(a total immediate cause)이 될 수 있다."[50] 하지만 세계가 창조된 이후의 일상적 상황이 이렇다면, 창조 이전의 상황은 좀 더 단순할 것이다.

> 이러한 중세 말의 논의를 고려할 때, 루터가 창조(*creatio*)에서 무로부터의 창조(*creatio ex nihilo*)로 나아간 것은 이차적 원인의 참여가 없는 상황에서 창조의 직접적인 작용인作用因(immediate efficient cause)이 하나님의 전능성이라는 것을 설명하는 것이다. 부활과 무로부터의 창조 둘 다에 있어서, 전능한 농부께서는 직접적인 작용인으로 새로운 생명을 창조한 것이다.[51]

창조 이전에 하나님은 이차적 원인의 도움 없이 홀로 무로부터 세계를 창조하셨다. 그리고 하나님의 전능성은 감소할 수 없다. 따라서 창조 이후에도 하나님은 (오컴의 윌리엄의 표현처럼) 피조물과 함께 그리고 동시에 '전적인' 원인이 되시지만, 원하신다면 피조물이라는 이차적 물질 혹은 질료인質料因 없이도(혹은 논리의 제약이라는 틀 없이도) 홀로 전적인 '직접적인 작용인'이 되실 수 있는 것이다. 이런 맥락에서 우리는 하나님의 전능성에 대한 다음과 같은 루터의 정의를 이해할 수 있다:

> 하나님은 전능하시다. 다른 누구도 아니라, 오직 하나님의 능력만이 홀로 만물 안에서, 만물을 통해서, 만물 위에서 일하신다.[52]

---

50 Quoted in Helmer, "More Difficult to Believe?", 17.

51 Helmer, "More Difficult to Believe?", 21.

모든 피조물들은 하나님의 가면들이다. 하나님은 모든 종류의 창조적 활동에서 피조물들 없이 하실 수 있지만, 피조물들이 일하고 도울 수 있도록 허용하신다. 또한 하나님은 피조물들 없이 일하시기도 한다.[53]

루터의 전능한 하나님은 절대적 주권과 자유의 하나님이다. 하나님은 인간의 논리관이나 도덕적 선악관에 제약되지 않는다. 이 모든 것들은 창조 전에는 없었다. 또한 이 모든 것들은 다시 창조 전의 무로 되돌아갈 것이다. 우리도 창조 전에 계신 하나님에게로 되돌아가기 위해서는 이 모든 것을 버릴 수 있어야 한다. 루터가 말하듯, "우리는 모든 것들에 대해 죽어야 한다. 선과 악, 죽음과 생명, 지옥과 천국에 대해 죽어야 한다."[54]

루터에게 '무로부터의 창조' 교리는 하나님이 지닌 무의 얼굴과

---

52 *"Almechtig ist er, das in allen unnd durch allen unnd ubir allen nichts wirckt, denn allein seine macht."*(Almighty is He, so that no one works in all and through all and above all, except only his power alone.) Martin Luther, *Luthers Werke. Kritische Gesamtausgabe*(Weimar 1883ff.), 7, 574, 12-13, 27-31. Quoted in Helmer, "More Difficult to Believe?", 25 n. 112. 그녀는 하나님의 '전능성'과 '무로부터의 창조' 사이의 밀접한 관련성을 이렇게 주장한다. "전능성의 이중적 방향성, 곧 창조와 파괴는 무로부터의 창조 신앙의 가장 큰 어려움을 가져다준다. … 물질이 존재하지 않는 상황에서, 무로부터의 창조 신앙은 이차적인 질료인들(secondary, material causes)이 없이 행동하는 직접적인 작용인 (immediate efficient cause)으로서 하나님의 전능성이 지니는 성격을 드러낸다." *Ibid.*, 25-26.

53 *"Alle creaturen sind Gottes larven und mumereyen, die er will lassen mit yhm wircken und helffen allerley schaffen, das er doch sonst on yhr mitwircken thun kan und auch thut."*(All creatures are God's masks. God permits them to work and help in creative acts of all kinds, acts that he can perform without them and also does.) *WA* 17/II, 192, 28-30 (Fastenpostille, 1525, to Mt. 4); quoted in Helmer, "More Difficult to Believe?", 24.

54 *WA* 12, 439, 20-22; quoted in Helmer, "More Difficult to Believe?", 22.

창조의 얼굴, 전능한 창조성과 전능한 파괴성, 드러난 하나님과 감추어진 하나님이라는 두 방향을 모두 가리키는 것이다. 그가 신정론의 절망이라는 구덩이에서 만난 하나님은 바로 주시는 하나님이며 동시에 빼앗는 하나님, 무로부터 창조(*creatio*)하는 하나님이며 동시에 만물을 무에로 다시 파괴(*annibilatio*)하시는 하나님, 곧 '전능한'(*Almechtig*) 하나님이다. 루터의 신정론은 바로 이러한 성서의 대칭적 진술들이 표현한 하나님을 성찰한다: "나는 빛도 짓고 어둠도 창조하며, 나는 평안도 짓고 환난도 창조하나니, 나는 여호와라. 이 모든 일들을 행하는 자니라"(사 45:7).

3. 데카르트와 프랑크푸르트

"하나님은 하나님 자신이 들어 올리기에는 너무 무거운 돌을 창조할 수 있을까"라는 마브로드의 질문에 대해 왜 그것이 논리적으로 불가능한지 해리 프랑크푸르트[Harry G. Frankfurt]는 오히려 반문한다. 하나님의 전능성에 대한 논리주의 입장이 지닌 타당성을 인정하면서도 그는 초논리주의 입장도 나름의 혹은 동일한 만큼의 타당성을 지닌다고 보기 때문이다.

> 만약 전능한 존재가 논리적으로 불가능한 일을 할 수 있다면, 전능자는
> 자신이 제어할 수 없는 상황을 창조할 수 있을 뿐만 아니라 또한 전능자는
> 일관성의 한계들에 의해 제약받지 않기 때문에 전능자는 자신이 제어할
> 수 없는 상황을 제어할 수도 있을 것이다.[55]

초논리주의 입장에서 볼 때 전능한 하나님이 "하나님 자신이 들어 올리기에는 너무 무거운 돌"을 창조할 수 있을 뿐 아니라, 일단 그러한 돌이 존재하게 된다면 이러한 제어할 수 없는 상황도 제어하며, "하나님 자신이 들어 올리기에는 너무 무거운 돌"도 들어 올릴 수 있다. 논리적 일관성 혹은 수학적 법칙 등이 하나님의 전능성과 절대적 자유를 조금도 제어할 수 없다고 보는 것이 초논리주의다. 해리 프랑크푸르트는 초논리주의적 입장을 대표하는 철학자로 데카르트^{René Descartes}의 편지들을 인용한다:

> 수학의 진리들은… 하나님에 의해 설립된 것이며, 따라서 온전히 하나님에게 의존한다. 모든 다른 피조물들의 경우와 마찬가지다. 수학적 진리들이 하나님으로부터 독립되어 있다고 말하는 것은 마치 하나님을 주피터^{Jupiter}나 새턴^{Saturnus}처럼 만드는 것이며, 하나님을 스틱스^{Styx} 여신과 운명의 여신(the Fates)의 지배를 받는 것처럼 만드는 것이다. … 하나님이 수학적 진리들을 설립하셨다면, 하나님이 그것들을 변경하실 수 있다. 마치 왕이 자신의 법을 바꾸는 것과 마찬가지다. 여기에 대해 그것이 옳다고 반드시 대답해야 한다. … 우리가 이해할 수 있는 것이면 무엇이든지 하나님이 하실 수 있다는 것을 일반적으로 우리는 매우 확신한다. 하지만 우리가 이해할 수 없는 것은 하나님이 하실 수 없다는 뜻은 아니다. 우리의 상상력이 하나님의 능력만큼이나 비슷하다고 생각하는 것은 염치없이 건방지기 때문이다(1630년 4월 15일 마랭 메르센^{Marin Mersenne}에 보낸 편지).

---

55 Harry G. Frankfurt, "The Logic of Omnipotence," *The Philosophical Review*, vol. 73, no. 2 (April 1964), 263.

하나님이 세상을 창조하지 않기로 자유롭게 결정하실 수 있었던 것처럼, 원圓의 모든 반지름들은 그 길이가 동일하다는 것도 하나님은 자유롭게 거짓으로 만드실 수도 있었다(1630년 5월 27일 메르센에 보낸 편지).

하나님이 골짜기 없는 산을 만드실 수는 없다거나, 1+2=3이 되지 않도록 하실 수는 없었다고 나는 감히 말할 상상도 하지 못한다. 다만 하나님이 나에게 주신 마음으로 생각할 때, 골짜기 없는 산은 생각할 수 없고 1+2=3이 아닌 경우도 생각할 수 없다고 나는 말할 수 있을 뿐이다. 그러한 경우들이 내 생각에 있어 모순들을 의미하기 때문이다(1648년 7월 26일 앙투안 아르노Antoine Arnauld에 보낸 편지).

삼각형의 세 내각의 합은 두 직각의 합과 같다거나 혹은 보다 일반적으로 모순들은 함께 존재할 수 없다는 등등을 진리로 만드는 것은 하나님에게 있어서는 자유의 문제이자 무관심의 문제일 수 있다는 것을 이해하기는 어려울 것이다. 우리가 그런 어려움을 쉽게 제거할 수 있는 길은 하나님의 능력은 한계를 가질 수 없다는 것을 생각해보면 된다. … 모순들은 함께 존재할 수 없다는 것이 진리가 되도록 하나님이 결정을 강요받았다거나, 하나님이 정반대의 일을 하실 수 없었다는 것이 아니다(1644년 5월 2일 드니 메슬랑Denis Mesland에 보낸 편지).56

데카르트에게 있어서 "하나님의 능력은 한계를 가질 수 없다." 골짜기 없는 산이나 수학적 모순도 하나님의 절대적인 자유의 능력

---

56 *Ibid.*, 262-263에 인용된다.

안에 있다. 이른바 논리적 혹은 수학적 모순이란 인간의 생각 안에서 모순일 뿐이다. "하나님이 오직 논리적으로 일관된 방식으로만 행동하실 수 있다고 주장하는 것은 신성모독이다"라고 초논리주의자는 생각한다.[57] 어쩌면 논리주의자의 하나님은 기독교의 하나님이라기보다는 오히려 세계의 주도권을 두고 한때는 기독교와 다투었던 마니교의 하나님을 묘사한 모습에 가깝게 보인다는 것이다. "마니교도들에 따르면, 하나님은 전능하지도 않고 무로부터 세계를 창조하지도 않았다."[58] 반면 아우구스티누스와 루터와 데카르트의 하나님은 욥이 폭풍우 속에서 만난 어두운 숭엄의 하나님을 떠오르게 한다: "그 때에 여호와께서 폭풍우 가운데에서 욥에게 일러 말씀하시되, 너는 대장부처럼 허리를 묶고 내가 네게 묻겠으니 내게 대답할지니라. 네가 내 공의를 부인하려느냐. 네 의를 세우려고 나를 악하다 하겠느냐. 네가 하나님처럼 능력이 있느냐. 하나님처럼 천둥소리를 내겠느냐"(욥 40:6-9).

V. 논리의 기원

논리의 기원은 어디에서 유래하는 것일까? 그것은 하나님조차도 창조하거나 변경할 수 없는 우주의 영원한 형이상학적 구조 혹은 법칙으로부터 유래하는 것일 수도 있다. 예를 들어 중기 플라톤주의자들은 플라톤의 『티마이오스』(*Timaeus*)에 기초해 '하나님, 이데아들

---

57 *Ibid.*, 262.
58 Max Weber, *The Sociology of Religion* (Boston: Beacon Press, 1963), 144.

그리고 물질'이라는 세 원리가 각각 영원하게 존재한다고 생각하였다.[59] 보다 최근에는 화이트헤드[A. N. Whitehead]가 유사하게 하나님, 이데아들 그리고 창조성이 세계의 질서를 함께 결정한다고 제안한다: "우주는 무한한 자유를 지닌 창조성(creativity)과 무한한 가능성을 지닌 형상들의 영역(a realm of forms)을 드러내지만, 이러한 창조성과 형상들은 조화의 완성된 이상, 곧 하나님(God)을 떠나서는 그것들을 현실화시키는 네 전석으로 무기력하다."[60] 우주에 환원할 수 없는 다수의 궁극자들이 존재한다면, 이러한 영원한 존재들의 표현으로 논리가 이해될 수도 있다. 오랜 철학적 격언이 말하듯, "아무것도 무로부터 만들어질 수는 없다"(*ex nihilo nihil fit*).[61]

혹은 논리의 기원은 하나님의 우주 창조와 관련될 수도 있다. 중기 플라톤주의와 영지주의를 비판하며 최초의 기독교 신학자들은 2세기 후반에 '무로부터의 창조'(*creatio ex nihilo*) 교리를 정립하게 된다. 선재하는 혼돈의 물질과 형상들의 이데아 등등 하나님으로부터 독립된 영원한 원리들이라는 것은 존재할 수 없으며, 시공간과 이데아와 물질은 하나님으로부터 창조된 것들이라고 그들은 주장하였다. 특히 테오필리우스[Theophilius of Antioch]가 이러한 무로부터의 창조라는 교리를 처음으로 분명하게 표현하였다: "하나님은 만물을 무로부터 존재에로 창조하셨다."[62] 이러한 창조된 모든 것들에 논리도 포함될

---

59 May, *Creatio Ex Nihilo*, 3-4, 75.

60 Alfred North Whitehead, *Religion in the Making: Lowell Lectures, 1926* (New York: The Macmillan Company, 1926), 119-120.

61 May, *Creatio Ex Nihilo*, 8, 163.

62 Autol. I 4; "τὰ πάντα ὁ θεὸς ἐποίησεν ἐξ οὐκ ὄντων εἰς τὸ εἶναι"("God has created everything out of nothing into being"); May, *Creatio Ex Nihilo*, 156에 인용된다.

것이다. 하나님만이 오직 '유일한 원리'(μοναρχία; monarchy)이기 때문에 다른 논리가 하나님에게 어떤 제약을 가하는 것이 아니라 거꾸로 유일한 논리이신 하나님이 다른 모든 논리를 창조하셨다고 이들은 보았다.[63]

　본인의 견해로는 논리의 기원에 대한 두 입장 가운데 무엇을 선택하더라도 논리적 신정론의 대답은 유효할 수 있다고 생각한다. 먼저 논리의 형이상학적 궁극성을 인정하는 논리주의자의 견해를 따른다고 가정하자. 신정론이 단순히 신의 전지성, 신의 전능성, 악의 존재 사이의 어떤 논리적 모순의 문제라고 한다면, 그것은 해결될 수도 있다고 본다. 맥키의 무신론적 도전은 플랜팅가와 파이크의 논리주의적 대답에 의해 어느 정도 극복되는 것이다. 유신론이 확실히 비합리적이며 비일관적인 태도라는 맥키의 주장은 그의 추가 명제들의 확실성이 증명되지 않는 한 추가적인 대화가 가능한 하나의 의견으로 남기 때문이다.

　혹은 루터나 데카르트처럼 논리 자체의 기원에 대한 문제는 논리의 영역 안에서 해결될 수는 없다고 볼 수도 있다. 맥키의 논리적 원리들에 기초한 유신론의 비일관성에 대한 비난은 이러한 초논리주의자들에게는 단지 하나님이 모든 논리와 원리의 '주님', 곧 태초의 '유일한 원리'(μοναρχία)라는 사실을 이해하지 못한 것일 뿐이다. 앞의 데카르트의 경건한 겸손의 예처럼 주님 하나님이 "1+2=3이 되지 않도록 하실 수는 없었다"라고 그들은 감히 말할 상상도 하지 못한다.

　악의 이유 혹은 신정론이 단지 논리적 모순의 문제라면, 그것은

---

63 May, *Creatio Ex Nihilo*, 160.

어쩌면 우리가 해결할 수 있는 삶의 문제 중 하나일 것이다. 논리적
신정론이 악의 일시적 감옥이 될 수도 있을 것이다: "감옥들은 법칙의
돌들로 만들어진다."[64] 하지만 논리와 법칙의 돌들로 만든 감옥에
이렇게 말하는 악마를 가둘 수 있을까?

성경의 여호와는 타오르는 불꽃 가운데 거주하는 그 외에 다른 이가 아니다.
그리스도의 죽음 후에, 그가 여호와가 된 것이다.[65]

---

64 "Prisons are built with stones of Law." William Blake, *The Marriage of Heaven and Hell*,
"Proverbs of Hell"에서 인용된다.

65 "The Jehova of the Bible being no other than he who dwells in flaming fire. Know that
after Christ's death, he became Jehovah." William Blake, *The Marriage of Heaven and
Hell*, "The Voice of Devil."

17 장

미학적 신정론 혹은 예술의 신정론

아름다움이 악을 극복할 것이다.1 미학적 신정론^{美學的 神正論}(aesthetic theodicy)이란 미학적 가치를 통해서 악의 문제라는 교리적 난제를 해결하려는 시도이다. 이러한 시도는 인간의 예술적 창조의 경험에 기초한다고 볼 수 있다. 곧 예술의 신정론^{藝術的 神正論}(theodicy of art)은 예술가의 창조와 감상자의 향유 경험에 대한 성찰을 통해 악과 고통의 문제를 극복하려는 시도이다. 우리는 먼저 성서, 아우구스티누스, 아퀴나스, 라이프니츠, 헤겔, 화이트헤드의 미학적 신정론을 살펴보고, 이어서 빈센트 반 고흐와 윤동주의 예술의 신정론을 언급하고자 한다.

---

1 도스토옙스키(Fyodor Dostoevsky)는 소설 『백치』에서 "아름다움이 세상을 구할 것이다"라고 예언한다. Fyodor Dostoevsky, *The Idiot*, trans. Alan Myers (Oxford: Oxford University Press, 1992), 402 (3부, 5).

I. 미학적 신정론

1. 성서

성서의 창세기와 플라톤의 『티마이오스』는 우주의 창조 이전부터 조물주와 함께 '혼돈' 혹은 '물질'이 이미 존재하였다고 본다.[2] 또한 지혜서 11:17도 이미 존재하던 "무형의 물질로부터 우주"(κόσμος ἐξ ἀμόρφου ὕλης)를 만들어 내신 하나님의 전능한 손을 언급한다. 이처럼 선재先在하는 물질 혹은 혼돈에 대한 성서의 견해와 "무로부터 아무것도 만들어질 수 없다"(ex nihilo nihil fit)는 그리스철학의 신념 등에 기초하여 마르키온Marcion 같은 기독교 영지주의자들은 데미우르고스(δημιουργός)라는 조물주가 우주를 형태 없는 악한 물질로부터 만들었기 때문에 악이 존재한다며 신정론의 문제를 해결하였다.[3]

하지만 창세기는 또 다른 신정론, 곧 아름다운 우주를 창조한 하나님이 '최초의 예술가'이며 '최초의 시인'이라는 미학적 신정론의 가능성을 제시하였다.[4] 태초에 천지를 말씀으로 창조하시고 "이렇게

---

2 창세기 1:2-3이 '무로부터의 창조'가 아니라 물과 바다 괴물이라는 어두운 물질적 힘을 극복하는 고대 근동의 '창세 전쟁 신화'에 기반한 것이라는 해석에 대해서는 존 D. 레벤슨 지음/홍국평·오윤탁 옮김, 『창조와 악의 잔존: 하나님의 전지전능에 대한 유대교의 드라마』(서울: 새물결플러스, 2019), 특히 117 이하를 참조하라. 플라톤의 『티마이오스』에 기초해 플라톤주의자들은 근원적인 세 형이상학적 원리들, 곧 '하나님, 형상들, 물질'이 우주를 구성한다고 보았다. Gerhard May, *Creatio Ex Nihilo: The Doctrine of 'Creation out of Nothing' in Early Christian Thought*, trans. A. S. Worrall (London and New York: T & T International, 2004), 4.

3 May, *Creatio Ex Nihilo*, 8, 54 note 59, 56-57.

4 '최초의 예술가' 하나님에 대해서는 유동식, 『풍류도와 예술신학: 유동식 신학수첩』(서울: 한들출판사, 2006), 116을 참조하라. 예술신학자 유동식은 한글 '아름다움'의 어원을 분석하며, 그것이 종교적 실체의 미학적 표현이라는 점을 분명히 한다: "미의 본질을 설명해

만드신 모든 것을 하나님이 보시니 참 아름다웠다"(창 1:31).5 지혜서 11:20에 따르면, 예술가 하나님은 "모든 것을 잘 재고, 헤아리고, 달아서 처리하셨다"(*Omnia in mensura et numero et pondere dis-posuisti*).6 만물은 아름답다는 성서의 범미론凡美論(pancalism)이 바로 미학적 신정론의 기원이 되는 것이다.

주고 있는 것이 우리말의 '아름다움'일 것이다. '아름'이란 '아람'과 함께 '알'의 변음으로 생각된다. 알이란 속 알이요, 참 내용이다. 밤알이 무르익어 그 모습이 겉으로 불거졌을 때 우리는 이것을 '아람분다'고 한다. '다움'이란 알 답다, 곧 여실하다는 뜻이다. 그러므로 이것을 한자로 표기한다면, 여실(如實) 또는 진여(眞如)가 된다. 진여란 불변의 영원한 종교적 실체를 뜻한다. 이것이 표현되었을 때 우리는 아름답다고 한다." 유동식, 『풍류도와 예술신학』, 113. '최초의 시인, 만물의 창조주'에 대해서는 Jacques Maritain, *Creative Intuition in Art and Poetry* (New York: Pantheon Books, 1953), 82 n10, 112를 보라.

5 주전 3세기 알렉산드리아의 유대인들이 그리스어로 번역한 70인역은 '아름답다'(καλός)라는 표현을 사용하였으며, 나중에 라틴어 성경 불가타는 '좋다'(*bonum*)라는 번역을 아름답다(*pulchrum*)라는 표현 대신에 사용했다. Wladyslaw Tatarkiewicz, *History of Aesthetics. Vol. II: Medieval Aesthetics*, trans. R. M. Montgomery (The Hague: Mouton, 1970), 6.

6 이러한 최초의 예술가 하나님과 거룩한 아름다움에 대한 성서의 견해가 그리스철학의 "피타고라스주의적이고 플라톤주의적"인 미학과 가지는 유사성에 대해서는 Wladyslaw Tatarkiewicz, *History of Aesthetics*, Vol. II, 6-7, 13 등을 참조하라. 또한 지혜서의 이러한 섭리론이 아우구스티누스에 끼친 영향에 대해서는 손호현, 『아름다움과 악, 2권: 아우구스티누스의 미학과 신정론』(서울: 한들출판사, 2009), 67-69를 참조하라. 아우구스티누스에 따르면, "쥐들과 개구리들, 파리들과 애벌레들"이 비록 끔찍하고 추하게 보이지만 사실 이것들을 포함한 "만물은 그 종류에 따라 아름답다. 살아있는 동물들의 몸과 부분을 관찰할 때 그 몸의 조화로운 통일성을 가져오는 치수(*mensura*), 숫자(*numero*) 그리고 질서(*ordo*)가 발견되지 않는 동물들은 없기 때문이다. 이러한 모든 것들이 하나님의 불변하고 영원한 숭엄 안에 존재하는 가장 지고한 치수, 숫자, 질서에서 유래하지 않는다고 한다면 도대체 어디에서 오는지 우리는 이해할 수 없을 것이다." 아우구스티누스, 『마니교도에 반대하는 창세기』, 1.16.26; 손호현, 『아름다움과 악, 2권』, 71-72.

2. 아우구스티누스

우리는 7장에서 아우구스티누스의 자유의지 신정론을 살펴보았다. 여기서는 그의 자유의지 신정론을 포함하는 일종의 형이상학적인 전체적 틀로서 작동하는 아우구스티누스의 미학적 신정론을 살펴보고자 한다. 그에게 있어 자유의지 신정론의 핵심은 자유의지를 지닌 피조물은 항상 선만을 행할 수는 없고, 종종 악을 행하기도 한다는 어떤 논리적 필연성만은 아니다. 자유의지 신정론은 전혀 타락하지 않을 자유의지는 존재할 수 없다고 주장하는 것도 아니다. 오히려 그것은 그러한 종류의 타락하지 않는 자유의지가 인간에게는 허락되지는 않았다는 주장이다. 이미 타락하지 않는 자유의지는 일부 천사에게 허락되었기 때문이다.

따라서 아우구스티누스의 자유의지 신정론의 논증의 힘은 자유의지에도 다른 종류가 있다는 사실에 기초한다: "온전히 하나님에게 집중하고 헌신하여서 비록 자유의지를 가지지만 결코 죄를 짓지 않을 어떤 피조물이 존재한다는 것을 가장 참된 이성을 통해 보면서도 사람들은 인간들의 범죄들(peccata hominum)만을 바라보며 슬픔에 압도된다."[7] 마치 마음에 '완전한 원圓'을 생각할 수 있으면서도 손에 쥔 '동그란 호두'가 완전한 원은 아니라고 불평하여서는 안 되는 것처럼, 천사의 완벽한 자유의지 때문에 자신이 가진 인간의 자유의지를 비난해서는 안 된다는 것이다.[8] 왜냐하면 서로 다른 이 모든 것들이 함께

---

7 Augustine, *De Libero Arbitrio*, 3권 14 (3.5, 15.52); 아우구스띠누스 지음/성염 역주, 『자유의지론』 (왜관: 분도출판사, 1998), 299. "지금까지 결코 죄를 짓지 않았고, 앞으로도 결코 죄를 짓지 않을 몇몇 천사들도 실제로 존재한다." Augustine, *De Libero Arbitrio*, 3권 14 (3.5, 15.52); 아우구스띠누스, 『자유의지론』, 301.

우주 전체의 대조적인 조화, 곧 하나님의 '아름다운 정의'(*justa pulchri-tudo*)를 구성하기 때문이다.9 이처럼 아우구스티누스의 자유의지 신정론은 그의 미학적 신정론의 일부로 작동하는 것이다.

> 영혼에게는 진정 자유의지가 주어졌다. … 그리고 자신의 자유의지의 선물을 무슨 방식으로 사용하든지, 영혼은 하나님의 질서와 법의 어떤 부분도 혼란스럽게 만들 수 없다. … 자신의 피조물이 어떤 의지의 태도를 가지든지 상관없이 하나님은 이 모든 것을 정의롭게, 지혜롭게 그리고 아름답게 이루신다.10

『질서에 관하여』(*De ordine*, 386~387)는 그가 미학적 신정론을 시도한 가장 최초의 저작이다.11 여기서 그는 '대조의 원칙'(the principle of antithesis)과 '총체성의 원칙'(the principle of totality)이라는 미학적 사유에 기초하여, 아름다움은 악을 필요로 한다고 제시한다.12 하나님의 섭리는 악과 선이라는 대조를 통해 전체적으로 더욱 아름답다는 것이다.

---

8 Augustine, *De Libero Arbitrio*, 3권 14 (3.5, 15.52); 아우구스띠누스, 『자유의지론』, 299.

9 *De quantitate animae*, 36.80; 손호현, 『아름다움과 악, 2권』, 58-60.

10 *De quantitate animae*, 36.80; 손호현, 『아름다움과 악, 2권』, 58-60.

11 Augustine, *Divine Providence and the Problem of Evil: A Translation of St. Augustine's De Ordine* (New York: Cosmopolitan Science & Art Service Co., Inc., 1942)라는 제목으로 영어 번역이 된 사실에서도 알 수 있듯이, 하나님의 섭리와 악의 문제가 여기서 집중적으로 다루어진다.

12 Robert J. O'Connell, *Art and the Christian Intelligence in St. Augustine* (Cambridge, MA: Harvard University Press, 1978), 20-21; 손호현, 『아름다움과 악, 2권』, 46. 아우구스티누스에 끼친 플로티누스(Plotinus) 미학의 영향력에 대한 분석으로는 Eugene TeSelle, *Augustine the Theologian* (New York: Herder and Herder, 1970), 44-45를 참조하라.

비록 하나님이 악을 사랑하시지는 않지만, 그렇다고 악이 질서에서 벗어나 있는 것은 아니다. 하나님은 질서 자체를 사랑하신다. 선한 것들을 사랑하시고 악한 것들을 사랑하지 않는 일, 바로 이것을 하나님은 사랑하신다. 이러한 사랑 자체가 하나님의 위대한 질서와 섭리이다. 하나님의 질서 있는 섭리가 바로 이러한 다름(*distinctio*)을 통해 우주의 조화를 유지하기 때문에, 악한 것들도 반드시 필요하게 된다(*mala etiam esse necesse sit*). 마치 연설에서 우리를 기쁘게 하는 것이 이런 대조들(*antitheta*), 즉 모순들(*contraria*)이듯이, 마찬가지로 모든 아름다운 것들도 이런 방식으로 만들어진다.[13]

우리가 하나님 섭리의 전체 질서를 이해하지 못하는 이유는 다름 아니라 우리가 이미 항상 그러한 전체 질서 안의 일부분으로 존재하기 때문이다. 하나님의 섭리가 불완전한 것이 아니라, 거기에 대한 우리의 인식이 불완전한 것이다. 아우구스티누스는 모자이크 바닥이라는 예술적 유비를 제시한다.

만약 어떤 이가 벽돌로 무늬가 박힌 모자이크 바닥을 살펴볼 때, 그의 눈이 작은 벽돌 하나의 모양 이상을 볼 수 없다면 그는 건축자가 배열과 구성의 기술이 부족하다고 혹평할 것이다. 이런 이유로 그는 작은 벽돌들의 전체적 통일성을 오히려 무질서로 착각할지도 모른다. 왜냐하면 그가 여러 선이 조화롭게 모아져 하나의 통일적 형태의 아름다움을 이루는 것을 보지 못하고 전체를 한꺼번에 살피지 못했기 때문이다.[14]

---

13 『질서에 관하여』 1.7.18; 손호현, 『아름다움과 악, 2권』, 43에 인용된다.
14 『질서에 관하여』 1.1.2; 손호현, 『아름다움과 악, 2권』, 48-49에 인용된다.

『질서에 관하여』를 마치고 바로 시작한『음악에 관하여』(De musi-ca, 387~391)에서 아우구스티누스는 하나님의 섭리를 음악의 예술로 해석한다. 그는 "음악이란 치수를 잘 측정하는 것에 대한 학문이다"라고 정의를 내린다.15 노래의 각각의 소절들이 질서에 따라 소멸할 때 함께 이루어내는 음악이 아름다운 것처럼, 하나님의 섭리도 마찬가지다. 그는 자신의 음악론, 곧 섭리론을 다음과 같이 표현한다.

수많은 것들이 우리에게는 질서가 없고 혼란스러운 것처럼 보인다. 왜냐하면 우리의 잘잘못에 따라 존재의 질서 속으로 우리 자신이 [어떤 퀼트 그림의 일부분을 이루는 헝겊 조각처럼 바늘로] 꿰매어져서 하나님의 섭리가 우리를 위해 어떤 아름다운 일을 목적하는지 알지 못하기 때문이다. 마치 어떤 이가 가장 웅장하고 아름다운 건물의 한 모퉁이에 조각상으로 놓이게 된다면 자신이 일부가 된 그 건물 전체의 아름다움을 인식하지 못하는 것과도 같다. 또한 전열 속의 병사가 전체 군대의 질서를 볼 수도 없다. 또한 만약 시詩에서 개개의 음절들이 살아나 자신들이 낭송되는 동안만 인식할 수 있다면 온전히 연결된 작품의 조화와 아름다움이 그들을 즐겁게 할 수는 없을 것이다. 그들이 전체를 보고 찬성할 수는 없다. 왜냐하면 전체는 바로 그러한 개개 존재들이 스쳐 지나가는 소멸에 의해서만 이루어지고 완성되기 때문이다. 하나님의 질서는 죄인을 추악한 곳에 두지만 추악한 방식으로 그러한 것은 아니다. 왜냐하면 그는 하나님의 가르침에 복종하고 따른 이가 소유하고 있는 전체(universus)를 잃어버리면서 자신의 의지에 의해 추악해졌고 부분(pars)에 놓이게 되었기

---

15 『음악에 관하여』 1.2.2; 손호현, 『아름다움과 악, 2권』, 77에 인용된다.

때문이다. 따라서 [하나님의] 법을 실현하고자 원치 않은 자는 그 법에 의해 실현될 것이다.16

　하나님의 질서라는 '전체'를 보지 못하고 '부분'에 꿰매어져 있는 우리는 음악의 6단계라는 미학적 사다리를 통해 하나님에게로 지성적으로 상승해야 한다고 그는 보았다.17 하나님의 섭리가 창조한 '우주의 음악'(musica mundana)을 직접 들을 수 있는 능력은 우리에게 없지만, 그 부분을 이루는 '인간의 음악'(musica humana)이라는 유비를 통해서 섭리 전체를 상상하고 희망할 수는 있기 때문이다.18 음악이란 우주와 영혼의 궁극적 상징이다.

　아우구스티누스는 하나님이 연주하는 우주의 음악은 심지어 지옥이라는 불협화음의 음표조차도 아름답게 사용한다고 보았다: "사악한 자들을 고문하기 위한 영원한 불(ignis aeternus)조차도 그 자체로 악한 것이 아니다. 어떤 불공정에 의해서도 빼앗길 수 없는 그 자신의 치수, 형태, 질서를 영원한 불이 가지기 때문이다. 하지만 저주받은 자들에게 그것은 악한 고문이며 그들의 죄에 합당한 것이다."19

　『신국론』(De civitate Dei, 413~427)에서 아우구스티누스는 천국과

---

16 『음악에 관하여』 6.11.30; 손호현, 『아름다움과 악, 2권』, 78에 인용된다.

17 음악의 6단계 사다리는 (1) '소리' 숫자 혹은 '육체적' 숫자(sonans), (2) '반응적' 숫자(occursor), (3) '회상적' 숫자(recordabilis), (4) '발성적' 숫자(progressor), (5) '판단적' 숫자(judiciabilis) 그리고 (6) '이성'의 숫자(rationalis)로 구성된다. 손호현, 『아름다움과 악, 2권』, 85.

18 보에티우스(Boethius)는 '우주의 음악'(musica mundana), '인간의 음악'(musica humana), '악기의 음악'(musica instrumentalis)이라는 세 가지가 존재한다고 하였다. 손호현, 『아름다움과 악, 2권』, 75.

19 『선의 본질에 관하여』(De natura boni) 7.38; 손호현, 『아름다움과 악, 2권』, 118에 인용된다.

지옥, 천사와 악마, 현재의 몸과 부활의 몸, 괴물 민족과 정상 인간들 등이 상승과 하강의 단계들 혹은 음표들로서 하나의 웅장하고 아름다운 우주의 음악, 곧 이른바 '단계들의 노래'(canticuum graduum)를 만들어 낸다고 한다.[20] 존재의 다른 음표들이 모두 모여서 역사의 음악이라는 미학적 신정론을 구성하는 것이다.

> 하나님은 천사는 물론 인간도 미래에 행할 악을 미리 아시고 결코 그들을 창조하시지 않으셨을 것이다. 만약 하나님이 동시에 그러한 피조물들을 마치 음악의 아름다움을 돋보이게 하는 대조처럼 세계 역사의 질서를 위해서 어떻게 선용하실지 모르셨다면 말이다. '대조'(antitheta)는 웅변적 연설에 가장 매혹적인 장식물들을 제공한다. 라틴어 동의어는 '반대'(opposita) 혹은 보다 정확하게 말하자면 '정반대'(contraposita)이다. … 대조들의 대조 혹은 반대가 연설에 아름다움을 더하듯이 말들(verba)이 아니라 사건들(res)의 우아함에서도, 즉 세계 역사의 형성에 있어서도 대조들의 반대가 아름다움을 더하여 준다.[21]

우리는 그림, 음악, 시(詩)의 아름다움을 통해 우주의 아름다움을 향해 상승한다. 그리고 우주의 아름다움을 통해 아름다움 자체, 곧

---

20 『시편 주석』(Enarrationes in Psalmos) 119.1; 손호현, 『아름다움과 악, 2권』, 134에 인용된다.

21 『신국론』 11.18; 손호현, 『아름다움과 악, 2권』, 129에 인용된다. Cf. "한 그림에서 검은 색 물감이라도 그림 전체를 고려한다면 매우 아름다울 수 있다. 이처럼 인류의 삶 전체라는 경기에서도 하나님의 불변하는 섭리는 패자들과 승자들, 경기자들, 관객들 그리고 고요히 하나님만 성찰하는 자들이 각기 다른 적합한 역할을 하도록 배열한 것이다." 『참된 종교에 관하여』(De vera religione) 40.76; 손호현, 『아름다움과 악, 2권』, 89에 인용된다.

삼위일체 하나님의 아름다움 속으로 참여하는 것이다.

우리는 "피조물 안에서 이성적 성찰로써" 창조주를 인식하면서 삼위일체를 우러러보고 창조계에 그분의 자취가 어떻게 나타나 있는지 깨달을 필요가 있다. 왜냐하면 저 삼위일체 안에 만물의 궁극적 원천과 더할 나위 없이 완전한 아름다움(*perfectissima pulchritudo;* the most perfect beauty)과 지극히 행복한 희열이 있기 때문이다.[22]

3. 아퀴나스

존재하는 것들은 다양하기에 아름답다. 만물이 우연히 생겨났다는 견해를 비판하며 토마스 아퀴나스는 『신학대전』 Ia. 47의 "사물들의 구분과 다양성"에서 우주가 우연히 생긴 것이 아니라 그 전체에 있어 하나님의 지혜와 의지에 의해서 창조되었다고 강조한다. 빛과 어둠, 가시적인 것과 비가시적인 것, 선과 악, 영과 물질 등등 모든 구분되고 다양한 사물들이 함께 우주의 아름다움과 선함을 이룬다고 한다.

아퀴나스의 풍성함(plenitude)의 미학적 신정론이 기초한 성서적 근거는 창세기이다. 여기에 따르면 하나님은 어둠으로부터 빛을 구분하였고, 궁창 아래의 물과 궁창 위의 물을 나누었다(창 1:4-7). 곧 어둠도 하나님이 창조하신 것이며, "하나님으로부터"(*a Deo*) 오는 것이다(*ST,* 1a. 47, 1).[23] 만물이 다양성과 구분을 갖는 것은 하나님의

---

22 Augustine, *De Trinitate,* 6.10.12; 아우구스티누스/성염 역주, 『삼위일체론』 (왜관: 분도출판사, 2015), 593.

23 이사야 45:7: "나는 빛도 짓고 어둠도 창조하며, 나는 평안도 짓고 환난도 창조하나니,

선하심 때문이다. 우연히 만물이 존재한다는 견해를 아퀴나스는 이렇게 비판한다:

> 대신 우리는 최초의 작인作因 하나님이 사물들의 구분(*distinctio*)과 다양성(*multitudo*)을 의도했다고 말해야 한다. 하나님이 만물을 존재케 하신 이유는 그의 선하심이 피조물들에게 전달되고 피조물들을 통해서 드러나게 하시기 위해서이다. 하나의 단일한 피조물로는 충분하지 않기에 그는 다수의 다양한 피조물들을 만드셨다. 하나님의 선하심에 대한 하나의 단일한 표현이 결핍하는 것은 다른 표현을 통해 보충될 수도 있기 때문이다. 하나님 안에서는 단일하고(*simpliciter*) 동일한(*uniformiter*) 선하심은 피조물들 안에서는 다양하고(*multipliciter*) 나누어지기(*divisim*) 때문이다. 따라서 어느 하나의 피조물보다 전체 우주가 더욱 완벽하게 하나님의 선하심을 표현하고 거기에 참여할 수 있는 것이다 (*ST*, 1a. 47, 1).

피조되지 않은 유일한 하나님의 형상, 곧 예수 그리스도와 다른 피조된 다양한 형상들 사이의 차이가 바로 이러한 풍성함의 원리에 있다고 본다: "피조되지 않는 완벽한 형상은 오직 하나이다"(*Unde imago increata quae est perfect est una tantum, ST*, 1a. 47, 1). 반면 그리스도 외에는 어떤 피조물도 하나님의 선하심을 단독적으로 표현할 수는 없다. 하늘을 나는 능력은 공중의 새에게 주어졌지만, 바다의 물고기는 날 수는 없다. 비행과 수영이 구분될 수밖에 없는 것이다.

나는 여호와라. 이 모든 일들을 행하는 자니라."

요컨대 "사물들의 다양성(*pluralitati rerum*)은 하나님의 마음속 생각들의 다양성(*in mente divina pluralitas idearum*)에 상응한다"(*ST*, 1a. 47, 1). 풍성함의 원리는 선과 악이 함께 존재할 때 더 완벽한 선, 더 아름다운 우주를 완성한다고 본다. 우주 전체가 그리스도의 표현인 것이다.

만물은 평등한가, 불평등한가? 곧 만물은 태초에 평등하게 창조되었지만 자유의지를 통한 타락으로 불평등하게 된 것인가? 아니면 만물은 태초에 불평등하게 창조된 것인가? 전자가 오리게네스의 입장이라면, 후자는 아퀴나스 자신의 풍성함의 원리에 기초한 입장이다. 그는 오리게네스의 견해를 다음과 같이 요약한다:

사물들의 구분은 선과 악의 상반되는 원리들에서 유래한다고 주장하는 자들을 비판할 의도에서 오리게네스는 하나님께서 태초에 만물을 평등하게 창조하셨다고 한다. 곧 이성적 피조물들은 처음에 모두 평등하게 창조되었지만, 자신의 자유의지를 통해(*ex libero arbitrio*) 어떤 이들은 하나님을 향하게 되었고, 다른 이들은 하나님을 피하게 되면서 불평등 (*inaequalitas*)이 생겨났다는 것이다(*ST*, 1a. 47, 2).[24]

반면에 불평등과 다양성은 오리게네스의 주장처럼 타락의 우연한 결과가 아니라, 하나님의 선한 창조의 본래적 의도라고 아퀴나스는 보았다. "하나님의 지혜(*Sapientia Dei*)가 바로 사물들의 구분의 원인이자 사물들의 불평등의 원인이다"(*ST*, 1a. 47, 2). 다양한 여러 존재자가

---

24 Origen, *Peri Archon* I, 6 & 8; II, 9.

있으려면, 존재자들은 서로 같지 않아야 한다. 곧 만물의 다양성은 만물의 불평등성이다. 따라서 하나님의 선하심은 존재자들의 부분 부분이 아니라 존재자들의 전체, 곧 '전체 우주'에서 드러나는 것이다. 거미들은 혐오스러울 수도 있다. 하지만 그것이 만들어내는 거미줄의 아름다운 패턴은 경탄하게 만든다. 전체 우주가 하나님의 진정한 예술 작품이다.

불평등은 앞선 공로 혹은 이전의 물질적 구성과 같은 불평등 때문에 생겨 나는 것이 아니라, 전체의 완벽성을 성취하기 위해 생겨나는 것이다. 우리는 이런 경우를 예술 작품(*operibus artis*)에서 본다(*ST* 1a, 47, 2).

전체 우주를 하나님의 '예술 작품'에 비교하며 옹호하는 아퀴나스의 풍성함의 미학적 신정론은 아우구스티누스의 사상에 기초하고 있다: "우주의 경이로운 아름다움은 모든 것들을 통해서 이루어지는 것이다. 악(evil)이라고 불리는 것조차도 자신의 자리에서 균형 있게 위치할 때 선(good)을 확장하는 데 봉사한다"(*ST* 1a. 48, 1).25 아퀴나스는 철학자 아리스토텔레스의 견해도 그러했다고 본다. "형태의 구분은 항상 불평등을 요구하게 된다. 아리스토텔레스의 『형이상학』(*Metaphy-*

---

25 Augustine, *Enchiridion* 10. 아퀴나스를 뒤이어 마이스터 에크하르트(Meister Eckhart) 도 이렇게 말한다: "악의 존재는 우주의 완성을 위해 필요하다. 악 그 자체는 선한 것 속에만 존재할 수 있고, 전체 우주의 선을 위해 질서 지어진 것이다. 창조의 가장 중요 하고 필연적인 목적이 바로 이러한 전체 우주의 선이다." Edmund Colledge and Bernard McGinn (trans.), *Meister Eckhart: The Essential Sermons, Commentaries, Treatises, and Defense* (Mahwah, NJ: Paulist Press, 1981), 90. "모든 작품 속에, 악한 작품 속에도, 다시 반복하지만 범죄와 심판이라는 악한 작품 속에도 하나님의 영광은 계시되며 동일한 방식으로 비춘다." *Ibid.*, 44.

sics VII, 3. 1043b34)을 인용하면, 사물들의 형태들은 숫자들과 같아서 단위들의 덧셈 혹은 뺄셈에 의해 다양화된다"(*ST*, 1a. 47, 2). 요컨대 하나님의 선하심을 이해하려면 불평등한 부분 부분들이 아니라 부분들이 만드는 전체 아름다움을 보아야 한다는 것이다.

> 최고의 원인자가 최고의 결과를 만들어낸 것인가? 전체를 볼 때 그리고 전체에 관련될 때, '그렇다'. 고립된 부분을 볼 때, '그렇지 않다'. 만일 동물의 모든 신체 기관이 눈(eye)으로만 이루어진다면, 비록 그것이 매우 뛰어난 시력을 가진다고 해서 무슨 선이 나오겠는가? … 하나님은 전체 우주를 최고의 우주로 만들었다. 하지만 전체 안에서 각각의 개별 피조물이 최고일 수는 없다. 피조물들은 비교되는 상대적 존재들로서, 어떤 것이 다른 것보다 조금 더 낫기 때문이다. 따라서 각각의 개별적 피조물에 대해서 "빛이 하나님이 보시기에 좋았더라" 등과 같이 기록되어 있다. 우주 전체에 대해서는 "하나님이 지으신 그 모든 것을 보시니 보시기에 심히 좋았더라"라고 기록되어 있다(*ST*, 1a. 47, 2).

아퀴나스의 미학적 신정론은 우주 안의 다양한 불평등성이 가져오는 선함과 아름다움을 변증했다. 그렇다면 우리는 이러한 논리를 더욱 확장하여 하나의 우주 대신에 무한한 우주들의 다양성에도 적용할 수 있지 않을까? 단일한 우주가 아름답다면, 무한한 우주들은 숭엄하게 아름다울 것이다. 하지만 아퀴나스는 이러한 생각을 일종의 집착이라고 보며 미학적 신정론을 제한하는 경향성을 보인다. 하나님은 하나의 우주 안의 다양성을 의도하였고, 다수의 우주 안의 다양성을 의도하지는 않았다는 것이다. 아퀴나스의 이유는 두 가지인 듯하다.

첫째, 단순히 말해 다양한 우주들은 하나님의 의도가 아니다. 둘째, 다수의 우주는 항상 더 큰 다수의, 따라서 무한한 우주들을 요구하게 되는데 이것은 논리적으로 불가능하다. 존재하는 다양성은 결코 무한한 다양성이 될 수 없기 때문이다. 모든 존재하는 다양한 우주들은 구체적 숫자가 되어야 하며, 구체적 숫자의 우주들은 결코 무한하지 않기 때문이다.

> 다수의(many) 세계들이 하나의(one) 세계보다 더 낫다는 주장은 단순히 숫자들의 가치에 집착하는 것이다. 그러한 종류의 최고를 창조주 하나님이 의도하지는 않았다. 만일 우리가 사물들에 대한 이런 식의 견해를 받아들인다면, 하나님이 두 개의 세계들을 만들었다면 혹은 세 개의 세계들을 만들었다면 등등 무한정 주장하게 될 것이다(*ST*, 1a. 47, 3).

아퀴나스는 완벽하게 아름다운 우주 하나만으로도 충분히 하나님의 선하심을 미학적으로 드러낸다고 생각했다. 만물은 평등하지 않게 창조되었기에 우주는 완벽하게 아름답다. 그 안에는 천사들도 있어야 하지만, 악마들도 있어야 한다. 선한 인간들과 더불어 악한 죄인들도 전체 우주의 선함과 아름다움을 위해 존재해야 한다. 전체 우주의 아름다움이 하나님의 정의를 드러내는 신정론이다.

> 따라서 하나님이 악惡을 허용하지 않았다면, 다양한 선善도 사라졌을 것이다. 예를 들어 공기가 소모되지 않았다면, 불이 붙을 수 없었을 것이다. 당나귀가 살해되지 않았다면, 사자는 생존할 수 없었을 것이다. 사악함이 없었더라면, 정의의 입증(*justitia vindicans*)도 없었을 것이며 견뎌내

는 인내도 칭송될 수 없었을 것이다(*ST*, 1a. 48, 2).

4. 라이프니츠

라이프니츠^{G. W. Leibniz}는 '신정론'(*théodicée*)이라는 용어를 최초로
만든 사람으로 오랫동안 기억될 것이다. 1710년에 프랑스어로 쓴
자신의 『신정론: 하나님의 신함, 인간의 자유, 그리고 악의 기원에
대한 에세이』(*Essais de Théodicée sur la bonte de Dieu, la liberté de
l'homme et l'origine du mal*)에서 하나님이 자신의 선하심으로 인한
'최고의 원칙'(the rule of the best)을 따라서 악과 고통이 존재하는
우리의 현재 세계를 '모든 가능한 세계들 가운데서 최고의 세계'로서
선택하고 창조하셨다고 라이프니츠는 주장한다.[26] 하나님은 선하시
고 전능하시기에 그의 피조물에게 최고의 것만을 주신다. 따라서
"끝없이 많은 가능한 세계들 가운데서 최고의 세계가 존재하며, 만일
그렇지 않았다면 하나님은 전혀 창조하지 않았을 것이다"라는 것이
바로 라이프니츠의 최고의 원칙이다.[27]

최고의 원칙은 일종의 미학적 원칙이라고 라이프니츠는 본다.
무한한 가능한 세계들 가운데서 어떤 것이 최고의 세계인지 어떻게
판단할 수 있는가? 그것은 가능한 세계들을 구성하는 물질이라는
일종의 질료적^{質料的} 비교를 통해 가능하지 않다. 혹은 그것의 크기라는
일종의 질량적^{質量的} 비교를 통해서도 역시 가능하지 않다. 오직 그것은

---

26 G. W. Leibniz, *Theodicy: Essays on the Goodness of God, the Freedom of Man and the
Origin of Evil*, ed. Austin Farrer and trans. E. M. Huggard (New Haven: Yale University
Press, 1952), 138.

27 Leibniz, *Theodicy*, 372. Cf. *ibid.*, 209-210.

어떤 뛰어난 예술가가 자신이 만들 수 있는 최고의 아름다움을 실현하는 일종의 미학적美學的 판단에 기초할 수 있을 뿐이다. 최고의 세계는 최고로 아름다운 세계이다. "만일 선과 아름다움이 부피, 물질, 황금, 물 그리고 다른 물체 등등 동질적이거나 유사한 어떤 단일하고 절대적인 것이라면, 각 부분의 선 혹은 아름다움은 전체의 선 혹은 아름다움과 같을 것이다. 하지만 상호 관계성을 가지는 사물들의 경우 그렇지 않다."[28]

이러한 우주의 아름다움을 이해하기 위해서는 지성적 능력이 필요하다. 그것은 단순한 아름다움이 아니라, 지성적으로 미리 계획된 복합적 아름다움이기 때문이다. 예를 들어 유클리드 기하학의 명제들을 지성적으로 이해하게 될 때, 수학이 지닌 아름다움도 우리는 이해하게 된다. 정사각형 모양의 종이를 두 개의 직각 삼각형으로 잘라서 다시 붙이는 경우를 생각해보자. 이때 잘린 두 개의 직각 삼각형의 빗변이 서로 마주하도록 배열하는 경우에만 정사각형의 완벽한 모양이 다시 재구성될 것이다. 이처럼 "완벽한 배열은 우주 전체에 상응하며, 완벽한 배열에 동반되는 불완전한 배열은 만물의 저자가 허락한 우주의 부분 부분에 상응하는 것이다."[29] 부분 부분은 불완전하게 보이지만, 전체의 완벽한 배열은 아름답다. 이처럼 우주의 아름다움은 마치 음악과 같아서 그것 전체가 지닌 필연적인 법칙성을 발견한 이들에게만 자신을 드러내는 것이다. "이와 다른 견해를 주장하는 것은 마치 어떤 사람이 음악가들의 비례와 조화의 원칙들을 자의적이라고 말하는 것과도 같다."[30] 음악가들의 미학적 원칙들을 이해하지

---

28 *Ibid.*, 261.
29 *Ibid.*, 262.

못하고, 그들의 작품이 지닌 아름다움을 이해할 수는 없다. 마찬가지로 하나님의 완벽성과 최고의 원칙을 이해하지 못하고, 우주의 아름다움을 이해할 수도 없는 것이다. 요컨대 우리 세계가 모든 가능한 세계들 가운데에서 최고의 세계라는 판단은 "진리의 원천이신 만물의 저자가 지닌 아름다움"을 이해할 수 있어야만 가능한 일종의 미학적 판단이다.31

질서(order), 비례(proportion), 조화(harmony)가 우리에게 기쁨을 준다. 그림과 음악은 이러한 예들이다. 하나님은 만물의 질서이다. 하나님은 비례의 진리를 항상 유지한다. 하나님은 우주의 조화를 만드신다. 요컨대 만물의 아름다움은 하나님의 광채의 발현이다.32

흑사병, 리스본의 지진, 두 차례의 세계 대전과 홀로코스트 등등의 악과 고통을 포함한 우리의 현실 세계가 이런 것들이 전혀 없는 다른 세계들보다 어떻게 최고의 세계일 수 있는가? 오히려 끔찍한 악과 고통을 가진 우리의 세계가 그것들이 전혀 없는 어떤 가능한 세계보다 훨씬 덜 완벽하다는 도전에 대해 라이프니츠는 그렇지 않다고 부인한다: "세계 안에서 발생하는 가장 작은 악이라고 하더라도 그것이 생략된다면, 더 이상 우리의 이 세계는 아닐 것이다. 어떤 것도 생략되지 않고 모든 것이 허용된 우리의 이 세계가 바로 창조주가 선택한 최고의 세계이다."33

---

30 *Ibid.*, 240.

31 *Ibid.*, 92.

32 *Ibid.*, 51.

라이프니츠의 대답은 악과 선, 아름다움과 추함, 행복과 비극이 함께 가져오는 미학적 대조의 효과가 그런 것들이 부재한 경우들보다 훨씬 더 큰 아름다움을 결과적으로 가져올 수 있다는 논리에 기초한다. 악이 아름다움을 위한 미학적 도구로서의 가치를 지닌다는 것이다. "악이 존재하지 않았다면 우리가 달성할 수 없었을 선을 악은 종종 가져온다는 것을 우리는 안다."[34] 전혀 악이 없는 세계보다 도구적 악을 가진 세계가 더 나을 수 있다는 것을 논증하기 위해 라이프니츠는 여러 미학적 유비의 예들을 제시한다.

> 약간은 시거나, 톡 쏘거나, 쓴 것이 종종 설탕보다 더 맛있기도 하다. 그림자들이 색채들을 더 돋보이게 한다. 적절하게 배치된 불협화음이 협화음의 지루함을 경감시킨다. 떨어질 것 같은 줄타기 곡예를 보며 아슬 아슬함에 우리는 즐거워한다. 비극을 보며 우리는 울고 싶어 한다. 한 번도 아프지 않았던 인간이 건강을 기뻐하고 하나님께 감사하였을까? 그리고 거의 필연적이라고 할 정도로 약간의 악이 선을 더욱 두드러져 보이게 만들고, 심지어 선이 더 증가하도록 하지 않는가?[35]

음식, 그림, 음악, 곡예, 건강 등의 미학적 유비를 통해 라이프니츠는 부정적인 악이 긍정적인 선을 도구적으로 더욱 증가시킬 수도 있다고 제시하는 것이다. 풍성함의 원리는 악과 선의 다양한 존재들을 함께 요구한다는 것이다.

---

33 *Ibid.*, 128-129.
34 *Ibid.*, 129.
35 *Ibid.*, 130.

마이더스Midas 왕이 단지 황금만을 가졌을 때, 그는 보다 덜 부자가 된 것이다. 지혜는 다양성을 요구한다(*la sagesse doit varier*). 똑같은 하나의 사물만을 계속 증가시키는 것은 불필요한 잉여이며 오히려 가난함이다. 자신의 서재에 잘 만들어진 천 권의 버질Vergil 책만을 오직 소장하는 것, 오페라 중에서 카드무스와 헤르미오네Cardmus and Hermione만 항상 노래하는 것, 황금 잔만을 갖기 위해 다른 모든 도자기 잔은 다 부수어버리는 것, 다이아몬드 단추만을 가지는 것, 메추라기 고기 외에는 다른 어떤 것도 먹지 않는 것, 헝가리산 혹은 시라즈산 포도주만을 마시는 것, 이런 행동들을 누가 합리적이라고 하겠는가?36

라이프니츠는 하나님의 지혜와 정의를 비판하는 자들은 이런 전체의 풍성함의 미학적 원리를 이해하지 못하고 오직 부분 부분의 불완전성만을 비난하는 것과 같다고 여긴다. 이러한 부분만 보고 전체를 보지 못하는 무지함의 실수를 라이프니츠는 '유명한 알폰소Alfonso 왕자의 오류'라고 부른다. "이 왕자는 만일 하나님이 세계를 만들 때 자신에게 조언을 구했다면, 유용한 조언을 하나님께 드렸을 것이라고 말한 것으로 전해진다."37 이런 사람들에게 라이프니츠는 다음과 같이 조언한다: "세계에 대해 더 알게 될 때까지 기다려라. 그리고 (유기적으로 연결된 신체의 경우처럼) 완벽한 전체를 드러내고 있는 부분들에 대해 특히 성찰하라. 모든 상상력을 뛰어넘는 아름다움과 계획을 너는 거기서 발견할 것이다."38

---

36 *Ibid.*, 198.
37 *Ibid.*, 248.
38 *Ibid.*, 248.

무엇보다도 라이프니츠는 세계를 하나님의 연극에 비교한다. 비록 우리가 연극이 진행되는 가운데서 이야기의 끔찍함에 고개를 돌릴 수도 있겠지만, 그것이 종결되었을 때 극작가의 예술 전체를 비로소 이해하게 될 것이다. "플루타르크^{Plutarch}는 세계가 즐거움을 제공하는 연극은 아니라고 하였다. 하지만 그것은 결코 좋은 대답은 아니다. 세계와 연극을 비교하는 유일한 이유는 바로 다음과 같다: '한 나쁜 부분이 전체를 훨씬 더 낫게 만들 수 있다.'"[39] 하나님이 바로 세계라는 연극의 극작가이다. 우리는 그 연극에 등장하는 배우, 곧 일종의 '영적 로봇'이다.

> 영혼이란 매우 경이로운 일종의 영적 로봇(a spiritual automaton)이다. 하나님의 계획된 연출을 통해 영혼이 이런 아름다운 생각들을 실행하게 된다는 것, 여기서 우리의 의지는 아무런 역할을 하지 않으며 우리의 예술은 하나님의 연출을 전혀 이해할 수 없다는 것을 우리는 매우 쉽게 믿을 수 있을 것이다.[40]

하나님이 창조하실 수 있었던 무한히 가능한 세계들을 상상해보자. 어떤 세계에서는 '히틀러'가 없었을 것이다. 어떤 세계에서는 '아담의 타락'도 없고 오직 천사들과 성자들만 존재할지도 모른다. 또 어떤 세계에서는 사자가 어린 양을 음식으로 잡아먹을 필요가 없는 새로운 창조 질서가 존재할 수도 있을 것이다. 가능한 세계들을 다음과 같이 표현해보자.

---

39 *Ibid.*, 326.
40 *Ibid.*, 364-365.

세계 1: 아담의 범죄 → 에덴동산 추방 → 노아 홍수 → 예수 → 간디
　　　　→ 히틀러 …

세계 2: 아담의 죄짓지 않음 → 에덴동산 계속 거주…

세계 3: 아담의 범죄 → 하나님의 심판 → 지구 멸망 → 새로운 별의 창조…

　　무한히 가능한 세계들 가운데에서 왜 하필 우리의 세계, 곧 가능한 세계 1을 하나님은 창조하신 것인가? 바로 우리 세계가 무한한 세계들의 시나리오 중에서 최고의 시나리오, 최고로 아름다운 시나리오라는 것이다. 간디와 히틀러가 함께 존재할 수 있고, 성자와 죄인이 함께 이루어가는 이야기는 풍성함의 원리라는 하나님의 미학적 원칙에 따른 최고의 세계라는 것이다. 모든 시나리오에는 차이와 갈등이 있을 때 흥미롭다. 단순함은 하나님의 창조성에 대한 반역이다. 무엇보다도 우리 세계의 최고성이라는 미학적 판단을 가능케 하는 것은 이른바 '복된 범죄'(felix culpa) 사상이라고 라이프니츠는 본다. 아담의 악과 타락이 있었기에 하나님의 아들인 그리스도가 세계에 주어질 수 있었다는 것이다.

　　가끔 전쟁터에서 장군들은 행운의 실수를 하게 되면서, 결과적으로 위대한 승리를 가져오게 된다. 부활절 전날 우리는 미사에서 이렇게 찬송하지 않는가: "오, 진정 필연적이었던 아담의 범죄여, 그리스도의 죽음이 그것을 취소시켰다! 오, 복된 범죄여, 그러한 위대한 구원자를 가질 수 있게 하였다!"[41]

---

41 "O certe necessarium Adae peccatum, quod Christi morte deletum est! O felix culpa, quae talem ac tantum meruit habere Redemptorem!" Ibid., 129.

라이프니츠는 이러한 '복된 범죄'에 기초한 미학적 신정론이 사실 서양 신학사의 가장 전통적인 신정론 가운데 하나였음을 주장하며, 자신이 아우구스티누스와 아퀴나스의 사상을 계승하고 있다고 생각했다.

불완전한 부분이 전체의 더 큰 완전성을 위해 필요할 수 있다. 여기서 나는 아우구스티누스의 견해를 따른 것이다. 그는 백 번도 넘게 하나님이 악을 허용한 이유는 거기로부터 더 큰 선을 가져오기 위해서라고 말했다. 토마스 아퀴나스도 악의 허용은 우주의 선을 지향한다고 했다(libr. 2, *Sent. Dist.* 32, qu. I, art. I). 고대의 사상가들은 아담의 타락을 복된 범죄(*felix culpa*)라고 불렀다는 것을 나는 보여주었다. 그것이 하나님 아들의 성육신이라는 엄청난 이익에 의해 보상되었기 때문이다. 성자는 피조물들 사이에서는 도무지 가능하지 않았을 고귀한 어떤 것을 우주에게 선물하였다.[42]

이러한 고전적인 미학적 신정론의 전통은 알렉산더 포프의 〈인간에 대한 에세이〉(*An Essay on Man*, 1733)라는 시에서도 드러나고 있다. 부분적 악은 '거대한 존재의 사슬'이라는 하나님의 우주적인 전체 시나리오에 위협이 아니라 오히려 도움을 줄 수 있다.

어마어마한 미로迷路! 그러나 계획 없는 것은 아니다.

...

---

42 *Ibid.*, 378.

웃어야 할 곳에서는 웃어라,

솔직할 수 있는 곳에서는 솔직해라.

하지만 하나님의 길을 인간에게 변증하라.

…

고백하건대, 가능한 세계들 가운데에서

무한의 지혜는 최고의 세계를 틀림없이 만들었다.

…

그렇다면 인간의 불완전성이나 하늘의 잘못을 말하지 말라.

오히려 인간은 인간인 한에서 완벽하다고 말하라.

…

우리의 실수는 교만 속에, 이성의 교만 속에 놓여 있는 것이다.

…

거대한 존재의 사슬!(Vast Chain of Being)

하나님에게서 시작해서

천상의 존재인 천사와 지상의 존재인 인간에게로,

짐승에게로, 새에게로, 물고기에게로, 벌레에게로,

어떤 눈도 볼 수 없고

어떤 안경도 발견할 수 없는 것으로 이어지는!

무한에서 그대에로,

그대에서 무無로…

…

모든 자연은 그대에게는 알려지지 않은 예술품.

모든 우연은 그대가 볼 수 없는 질서.

모든 부조화는 이해되지 않은 조화.

모든 부분적 악, 그러나 전체의 선.

교만과 실수하는 이성에도 불구하고,

확실한 진리 하나가 있다:

'존재하는 모든 것은 옳은 것이다!'(Whatever Is, is Right)[43]

미로처럼 이해할 수 없는 사건과 비극이 세계에 대한 우리의 상식을 산산이 부수지만, 그런 이해 불가능한 세계와 역사가 이미 신의 계획인 것이다. 인간의 불완전성은 인간의 완전성일 뿐이다. 인간은 인간으로서 최고로 완벽하며, 우리의 불완전한 면들은 바로 그러한 인간을 완성하는 것이다. 인간은 하나님도 아니고, 천사도 아니다. 불완전성을 불평하는 것은 이성의 교만일 뿐이다. 인간은 자신의 완전한 불완전성, 불완전한 완전성만을 고립시켜 볼 뿐이다. 인간이 일부분을 차지하고 있는 전체 우주, '거대한 존재의 사슬'을 만일 그가 볼 수 있다면! 무한에서 인간으로, 인간에서 무無로 이어지는 아름다움의 사슬을 볼 줄 안다면, "모든 부분적 악, 그러나 전체의 선"(All partial evil, universal good)이 바로 하나님의 예술이라는 것을 이해할 것이다. 지진과 해일의 상처도, 히틀러의 희생자도 거대한 우주의 음악 속에서는 하나의 작은 음계일 뿐이다. 이것도 있어야 한다. 그래야 아름다움이 탄생할 수 있다. "존재하는 모든 것은 옳은 것이다!"(Whatever IS, is RIGHT!)

---

43 Alexander Pope, "An Essay on Man," *The Norton Anthology of Poetry,* 3rd ed. (New York: W. W. Norton & Company), 424-430.

5. 헤겔

우리는 10장에서 '세계의 역사'(*Weltgeschichte*)가 신정론이라는 헤겔의 사상을 살펴보았다. 여기서는 이러한 역사적 신정론이 지닌 미학적 성격, 곧 신극神劇(theo-drama)으로서의 역사를 보고자 한다.[44] 헤겔이 말하듯 "종교적 직관처럼 예술적 직관도, 아니 오히려 이 둘 뿐만 아니라 학문적 사유도 전부 경이로움에서 시작하였다."[45] 역사는 신극의 경이로운 예술이며, 여기서 "영/정신(*Geist*)이 예술가이다."[46]

미학이란 영이 창조한 아름다움을 성찰하는 예술철학이다. "미학의 주제는 아름다움(the beautiful)이라는 넓은 영역, 더 정확하게는 예술(art) 혹은 순수예술(*die schöne Kunst*, fine art)이다."[47] 종교와 철학처럼 예술도 신을 사유하고 표현하는 한 방식이며, 예술도 이러한 문명의 가장 고귀한 사명을 자신만의 독특한 방식으로, 곧 즉각적이고 감각적인 표현을 통해 수행하는 것이다. 본질적으로 예술, 종교, 철학

---

44 G. W. F. Hegel, *Encyclopedia of Philosophy*, trans. G. E. Mueller (New York: Philosophical Library, 1959), 256 (*Heidelberg Encyclopaedia*, 448절); *Hegel's Philosophy of Mind, Being Part Three of the Encyclopaedia of the Philosophical Sciences*, trans. William Wallace (Oxford: Clarendon Press, 1971), 277 (548절); *Hegel's Philosophy of Right*, trans. T. M. Knox (Oxford: Clarendon Press, 1952), 216 (340절).

45 G. W. F. Hegel, *Aesthetics: Lectures on Fine Arts*, trans. T. M. Knox (Oxford: Clarendon, 1975), 314.

46 G. W. F. Hegel, *Phenomenology of Spirit*, trans. A. V. Miller (Oxford: Oxford University Press, 1977), 424 (698절). 또한 idem, *Aesthetics*, 72; idem, *Lectures on the Philosophy of World History, Introduction: Reason in History*, trans. H. B. Nisbet (Cambridge: Cambridge University Press, 1975), 101 참조.

47 Hegel, *Aesthetics*, 1.

은 모두 '신에 대한 예배'(Gottesdienst)이다.[48] 영은 예술의 직관, 종교의 표상 그리고 철학의 개념을 통해 신을 예배한다. 예술철학 혹은 미학이 신학적 차원을 가지는 본질적 이유가 여기에 있다.

순수예술은 자신의 자유自由 속에서만 진리의 예술(wahrhaft Kunst)이다. 그것은 종교 그리고 철학과 함께 동일한 영역에 자리할 때, 자신의 '가장 높은' 사명을 성취하는 것이다. 인류의 가장 깊숙한 관심이자 영의 가장 포괄적인 진리가 되는 '신성한 존재'(das Göttliche)를 우리 마음에 가져오고 표현하는 또 하나의 방법이 예술이다. 예술 작품 안에 국가들은 자신의 가장 풍부한 내적 직관과 사유를 담았으며, 예술은 종종 그들의 철학과 종교를 이해하는 열쇠가 된다. 어떤 국가들의 경우에는 거의 유일한 열쇠가 된다. 하지만 종교와 철학과 예술은 이러한 소명을 각각 독특한 방식으로 공유한다. 예술은 가장 높은 존재를 감각적 방식으로 표현함으로, 그러한 존재를 감각과 감정과 자연의 드러남의 양식에 더 가깝게 가져온다.[49]

헤겔의 미학적 신정론을 이해하려면, 이러한 예술이 영의 '자기 이중화 혹은 복제'(Verdoppelung, duplication)라는 것을 우리는 이해해야 한다.[50] 예술이란 자유로운 영이 거칠고 완고한 자연의 물질

---

48 *Ibid.*, 101.

49 *Ibid.*, 7-8.

50 Hegel, *Aesthetics*, 32. 데즈몬드에 따르면, "역사의 '교수대'를 직면하여 헤겔 자신이 신정론으로 분명하고 직접적으로 제시하고 있는 헤겔의 역사철학(philosophy of history) 은 미학적 신정론(an aesthetic theodicy)의 많은 특징들을 드러내고 있다. 곧 그것은 이 세계의 아름다움을 전체 조화의 구체화로서 긍정하는 것이다." William Desmond, *Art*

속에 자신을 다시 실현하고, 거기서 자신의 모습을 재인식하게 되는 일종의 '자기 이중화' 과정이다. 예술은 영과 자연의 화해인 것이다. 예술가는 자신의 가장 내면적인 정신을 자신 밖의 자연적 물질에 드러내어 자기의식을 완성하듯, 세계정신은 동일한 방식으로 자신을 시간상으로 외화外化하여 자기의식의 완성으로서 역사를 실현한다. 이처럼 병행적으로 역사와 예술은 영이 실현한 자유이다.

구체적으로 헤겔은 예술의 정신이 역사적 시기로 구분될 수 있다고 본다. (1) 상징주의 예술(symbolic art)은 하나님을 일종의 애매한 보편성으로 '추구'(*Erstreben*)하는 단계이다. 추상적 보편성이라는 내용의 결핍은 표현의 추상성이라는 형식의 결핍을 병행적으로 가져온다. (2) 고전주의 예술(classical art)은 신성의 구체성에 '도달'(*Erreichen*)하는 단계이다. 여기서 내용과 형식이 완전한 일치를 이루면서 고전적 아름다움의 극치가 실현된다. (3) 낭만주의 예술(romantic art)은 신성의 개체성이라는 역사적 사건으로 인해 예술 자체가 '초월'(*Überschreiten*)되는 단계이다. 깊은 영성은 예술이라는 형식을 파열시키고 초월하여 예술의 극복을 가져온다.[51]

나아가 상징주의, 고전주의, 낭만주의라는 역사적 시기는 각각 대표적인 개별 예술 장르들과 관련이 있다고 헤겔은 본다. 상징주의는 건축, 고전주의는 조각 그리고 낭만주의는 그림, 음악, 시(문학)로 대표된다는 것이다. (1) 상징주의 예술은 신성의 획득이라기보다는 추구이기 때문에 하나님의 존재를 직접 표현하는 것은 불가능하고, 오직 그러한 신성의 거주 공간으로서 '건축建築'만이 가능하다. (2) 고전

---

and the Absolute: A Study of Hegel's Aesthetics (Albany: SUNY, 1986), 104.
51 Hegel, *Aesthetics*, 81.

주의 예술은 신성의 내용과 형식이 완벽하게 일치하는 것을 인간의 몸에서 발견한다. 따라서 '조각彫刻'을 통한 신성의 개별적 형태의 표현은 다양한 아름다움의 극치를 가져온다. (3) 그리스도의 성육신과 십자가에서처럼 낭만주의 예술은 아름다움이 영성을 위해 자리를 내어주어야 하는 것을 감지한다. 그리스 예술이 아름다움의 극치라면, 기독교 예술은 영성의 도래이다. 낭만주의 예술은 '회화繪畵', '음악音樂', '시詩'를 통한 아름다움의 점진적 영성화를 보여준다. 앞서 조각이 대리석 등과 같이 삼차원적인 매체를 사용하였다면, 그림은 캔버스의 평면이라는 더 영성화된 이차원적인 매체를 사용한다. 하지만 음악은 이러한 공간적 매체를 모두 버리고 소리라는 시간적 매체를 사용한다. 마지막으로 시와 문학은 가장 영적이고 내면적인 매체, 곧 언어를 사용한다. 헤겔은 여기에 서사적 시, 서정적 시, 드라마적 시를 포함한다. 드라마 혹은 연극은 헤겔의 예술 체계의 마지막 절정에 위치한다. 요컨대 예술은 건축, 조각, 회화, 음악, 시를 통한 점진적 영성화의 과정을 거치는 것이다.[52]

> 드라마 예술(*dramatischen Kunst*)의 주제는 무엇보다도 갈등을 잉태한 상황, 곧 대립하는 상대방들의 전쟁과 갈등의 충돌이다. 그것은 해결을 요구한다. 이러한 아름다움의 가장 완전하고 심층적인 발전과정(*Entwicklung*)을 표현할 수 있는 것이 바로 드라마 예술의 특권이다. 반면 예를 들어 조각은 위대한 정신의 충돌과 화해, 곧 행동 전체를 형상화하고 전달할 수 있는 위치에 있지는 않다. 회화도 조금 더 폭넓기는 하지만,

---

52 *Ibid.*, 89.

행동이 지닌 한 측면만을 우리 시선 앞에 가져올 수 있을 뿐이다. … 음악의 음표들은 뒤따르는 음표에 자리를 내어주고 머무르지 않고 사라진다. 하지만 시각예술, 회화, 조각 등에서는 한 외부적 모습이 영속적으로 고정되어 지속될 뿐이지만, 어떤 추악한 것이 해결되지 않았을 때도 그러한 추악한 것에 고정되는 것은 실수일 뿐이다. 따라서 드라마 예술에는 완벽하게 허용되는 모든 것이 시각예술에 허용되는 것은 아니다. 드라마 예술에서는 추악한 것이 잠깐 등장하지만, 곧 다시 사라지기 때문이다.53

종교와 철학과 더불어 예술이 표현하는 것, 특히 예술의 마지막 극치인 드라마 예술이 드러내는 것은 신성한 영/정신의 행동 자체, 행동 전체, 곧 행동의 내용과 형태가 완벽하게 일치하는 전체의 아름다움이다. 헤겔은 드라마 예술에서 종교적 거룩함과 철학적 진리의 구체적인 얼굴을 본 것이다. 추악한 행동만이 아니라 행동 전체가 자유의 아름다움을 가져온다. 사유의 과제는 부분에 고착하는 것이 아니라 전체를 직관하는 것이다. 그리고 역사의 과정은 다름 아닌 자유의 '발전과정'이다. 이 모든 것을 헤겔은 자신의 『논리학』뿐만 아니라 『미학』을 통해서도 주장하고 있는 것이다. 요컨대 세계사는 하나님의 연극이다. 역사의 무대 위에 선 행위자들의 주관적이고 내면적인 동기와 더불어 그런 행동이 지닌 객관적이고 외부적인 환경이 함께 드라마의 결과를 결정하는 것이다. 신극에서는 다름 아닌 행동으로서의 자기 정체성, 곧 배우 자신들이 '살아 있는 예술 작품'이

---

53 *Ibid.*, 205.

되는 것이다.[54]

마치 우리 눈앞에 실제로 일어나는 것처럼, 드라마는 하나의 완전한 행동
을 표현한다. 등장인물의 마음 안에서 어떤 행동이 생겨나는 것이지만,
동시에 그러한 행동이 가져오는 결과는 거기에 관련된 목적들, 사람들,
갈등들의 본질적 성격에 의해서 결정된다.[55]

역사歷史의 신극에서는 모두가 배우이며, 아무도 관객이 아니다.
단테의 신곡神曲과 헤겔의 신극神劇이 차이가 나는 이유가 여기에 있다.
단테의 신곡은 희극(comedy)이지만, 헤겔의 신극은 희비극(tragico-
medy)이다. 단테의 신곡에서 부동의 동자인 하나님은 자신이 상처
입을 위험성은 전혀 없이 이러한 연극 바깥에서만 존재한다. 반면
헤겔의 신극에서 하나님은 바깥이 없는 역사 자체, 곧 삼위일체의
존재신론(onto-theology)의 드라마로 존재한다.

단테의 『신곡』에는 운명이나 진정한 투쟁이란 존재하지 않는다. 거기에
는 아무런 저항 없이 절대자의 존재에 대한 절대적 확신과 보증이 있기
때문이다. 이러한 완전한 평온과 고요 속으로 운동성을 가져오는 어떤
저항도 단지 심각성이 결핍한 혹은 내적 진리가 결핍한 저항일 뿐이다.[56]

---

54 *Ibid.*, 955.

55 *Ibid.*, 1158.

56 G. W. F. Hegel, *Natural Law: The Scientific Ways of Treating Natural Law, Its Place in
Moral Philosophy, and Its Relation to the Positive Sciences of Law*, trans. by T. M. Knox
(Philadelphia: University of Pennsylvania Press, 1975), 105-106.

반면에 존재신론으로서의 역사의 신정론 혹은 역사의 드라마는 하나님 자체가 갈등에 참여하는 심각한 희비극이다. 역사는 결코 단순히 행복의 장소가 아니라 영의 노동과 사유를 통해 자유가 성장하는 골고다의 언덕이기 때문이다. 역사의 신극이 바로 신정론이다.

> 이러한 하나님의 뜻이 지니는 합리성과 또한 필연성이 성찰되어야 하며, 이것이 신정론 혹은 하나님의 옹호, 곧 우리의 사상(*Idee*)의 입증이라 불릴 수 있을 것이다. 바로 전에 내가 말했듯, 그것은 세계 속에서 일어난 사건들은 합리적이라는 증명이다. 세계의 역사는 정신/영(*Geist*)의 역사의 한 부분으로서 정신/영의 과정이며, 그것은 자기 자신의 성찰로 되돌아가 자신이 무엇인지에 대한 의식에 도달해야 한다.57

헤겔의 신극(theo-drama), 곧 신정론(theodicy)에서 하나님은 극작가이며 동시에 배우이다. 하나님의 신극의 예술 작품은 다름 아닌 세계사, 곧 '살아 있는 예술 작품'으로서의 삼위일체 하나님이다.58 삼위일체 하나님은 자유의 행동 자체이기 때문이다. "바로 이러한 진리, 이러한 관념이 삼위일체의 교리라고 불렸다: '하나님은 영이다, 순수한 앎의 행동이다, 자신에게 현존하는 행동이다.'"59 오레건^Cyril

---

57 G. W. F. Hegel, *Lectures on the History of Philosophy, Volume 3: Medieval and Modern Philosophy*, trans. by E. S. Haldane and Frances H. Simson (Lincoln and London: University of Nebraska Press, 1995), 7-8.

58 Hegel, *Aesthetics*, 955.

59 G. W. F. Hegel, *Lectures on the Philosophy of Religion: Volume 3, The Consummate Religion*, ed. Peter C. Hodgson (Berkeley, Los Angeles, London: University of California Press, 1984), 283-284.

O'Regan은 삼위일체에 대한 고전적인 병행 모델, 곧 내재적-경세적 모델을 헤겔의 내재적-포괄적 모델과 대조시킨다. 그는 역사의 전체로서의 하나님이라는 헤겔의 삼위일체론을 '존재 신학' 혹은 '포괄적 삼위일체'(Inclusive Trinity)라고 부른다.[60] 발타자에 따르면, "삼위일체 교리는 세계의 유일하게 가능한 신정론으로 보인다. 그것의 빛을 통해서만 우리는 다른 모든 신정론의 부적절성을 분명하게 보게 되기 때문이다(그리고 이것은 선험적인 아프리오리적 방식으로 말해지는 것이다)."[61] 또한 전체로서의 역사와 부분으로서의 드라마 예술이라는 병행 구조에 기초한 헤겔의 미학적 신정론은 '제유提喩'(synecdoche)로서의 아름다움이라는 윙엘의 생각에 의해서도 지지되는 것으로 보인다. "아름다운 것 속에서, 부분은 전체를 위해서 드러난다. 아름다운 것은 전체를 위한 부분(pars pro toto)이다. 그것은 제유를 통해 기능한다. 이런 방식으로 더 큰 전체는 '깨어진' 실존, '의미 없는' 삶 그리고 바로 정확하게 그러므로 인간 존재의 '잃어버린 전체성'을 확실하게 표현할 수 있는 것이다."[62]

---

60 O'Regan, *The Heterodox Hegel*, 74-75. 존재 신학에 대한 언급은 *ibid.*, 3. 오레건이 분석한 헤겔의 포괄적 삼위일체론에서 1) 성부는 내재적 삼위일체, 2) 성자는 창조, 성육신, 구속, 3) 성령은 신성한 현존을 가리킨다.

61 Hans Urs von Balthasar, *The Glory of the Lord: A Theological Aesthetics, vol. 1: Seeing the Form* (San Francisco: Ignatius Press, 1998), 507. 테오드라마에 대한 헤겔의 견해와 발타자의 견해를 비판적으로 비교한 논문으로는 J. B. Quash, "'Between the Brutally Given, and the Brutally, Brutally Free': Von Balthasar's Theology of Drama in Dialogue with Hegel," *Modern Theology* 13.3 (1997): 293-318을 참조하라. 흥미롭게도 쿼시는 이 글에서 "발타자가 자신의 어마어마한 신학적 삼부작의 중간 부분[테오드라마 혹은 신극]을 설명하는 장르로서 '드라마'를 선택한 것에는 어떤 헤겔적인 기초들이 존재한다는 사실"을 증명하고자 한다(*Ibid.*, 293).

62 Eberhard Jüngel, "'Even the beautiful must die': Beauty in the Light of Truth. Theological Observations on the Aesthetic Relation," *Theological Essays II* (Edinburgh: T & T Clark,

헤겔은 신정론으로서의 역사를 참되게 이해하는 방법은 예술을 통해서라고 생각했다. 단순한 사료 편찬으로서의 역사 이해에 비교할 때, "예술은 이러한 나쁜, 순간적인 세계의 순전한 가상과 기만으로부터 현상들의 진정한 참된 내용을 해방시킨다."63 예술은 즉각적 역사에 영으로부터 다시 태어난 보다 높은 현실성을 부여한다. 역사의 신정론은 영의 미학적 행동이 실현하는 신극 자체이다.

난 이제는 이성의 가장 고차원적 행동이 미학적 행동이라는 것을 확신한다. 진리와 선은 오직 아름다움 안에서만 자매가 될 수 있다. 시인만큼이나 철학자도 미학적 능력을 갖추고 있어야 한다. 미학적 감각 없는 사람은 단지 문자-철학자(Buchstaben-philosophers)일 뿐이다.64

6. 화이트헤드

우주의 목적은 '아름다움의 생산'이라고 화이트헤드는 말하였다.65 우주의 존재론적 모험과 전진은 하나님의 기억 속에 영원 불멸성을 획득하며, 하나님의 존재 자체가 미학적 팽창 혹은 미학적 진화를 하도록 만든다. "따라서 하나님 안에는 윤리적(ethical) 성장 혹은

1995), 64.

63 Hegel, *Aesthetics*, 9.

64 H. S. Harris, *Hegel's Development: Toward the Sunlight 1770-1801* (Oxford: Clarendon Press, 1972), 253; G. W. F. Hegel, *The Difference between Fichte's and Schelling's System of Philosophy*, trans. H. S. Harris and Walter Cerf (Albany: State University of New York Press, 1977), 172.

65 Alfred North Whitehead, *Adventures of Ideas* (New York: The Macmillan Company, 1933), 341.

인식적(cognitive)인 성장은 없지만, 미학적(aesthetic) 성장은 존재한 다."66 하나님은 실현된 가치를 객체적 영원 불멸성으로 전환하여 영구히 기억하며 소멸이라는 궁극적 악으로부터 우리를 구출한다. 앞의 13장에서 우리는 이미 과정 신정론을 살펴보았으며, 여기서는 그것을 다른 측면에서 몇몇 미학적 명제들을 통해 고찰하도록 하자.67

명제 1: 우주는 단지 생명 없는 물질의 덩어리가 아니라, 미학적 느낌이라
는 존재의 보편적 경험으로 구성된다.

물질이라는 개념은 이미 하나의 추상적 관념이다. 오히려 우주에 있어 가장 보편적이고도 구체적인 사실은 개개 경험의 미학적 느낌이 발생한다는 것이다: "현실적 사실이란 미학적 경험의 사실이다."68 화이트헤드의 미학적 존재론에 따르면 "자연은 그 미적 가치로부터 분리될 수 없다."69

명제 2: 미학적 느낌으로서의 존재 경험은 수학적 아름다움인 조화調和
(harmony)와 가을적 아름다움인 강도強度(intensity)라는 양극

---

66 Charles Hartshorne, "Whitehead's Idea of God," 530; 손호현, 『아름다움과 악, 3권: 화이 트헤드의 미학과 신정론』, 88에 인용된다.

67 아래의 내용은 손호현, "미학신학을 찾아서: 화이트헤드의 과정신학과 미학," 「한국조 직신학논총」 16집: 253-284를 요약하고 수정한 것이다.

68 A. N. Whitehead, *Process and Reality, corrected edition* (New York: Free Press, 1978), 427 (이하 *PR*). 페이지 번호는 초판을 따랐다. Cf. 오영환 역, 『과정과 실재』 (서울: 민음 사, 1991), 494.

69 A. N. Whitehead, *Science and the Modern World* (New York: Macmillan Company, 1925), 122(이하 *SMW*). 오영환 역, 『과학과 근대세계』 (서울: 서광사, 1989), 139.

적 가치를 추구한다.

　화이트헤드의 미학적 존재론은 피타고라스가 보았던 영원한 '수학적 아름다움'으로서의 조화와 에코가 소멸하는 '가을적 아름다움'이라 불렀던 강도의 두 미학적 가치를 중재하려는 시도이다.[70] 피타고라스는 "수나 형상과 같은 수학적 존재들이 우리들의 지각 경험에 나타나는 현실적 존재들을 구성하는 궁극적 질료"라고 가르쳤던 것으로 전해진다.[71] 수학의 추상 개념들은 단순성, 영구성, 질서정연함 등과 같은 일종의 미학적 조화를 지향한다.

　하지만 존재의 미학적 느낌은 미학적 구체성이라고 하는 또 하나의 관심 축이 요구한다. 전체의 조화와 함께 개체의 강도가, 평화와 함께 모험이 추구되어야 하는 것이다. 중세 후기 이러한 사물의 구체성이 지닌 강도에 대한 관심은 예술에 있어 '자연주의'의 도래로 대변되었다.[72] 곧 '변화의 정신과 보존의 정신' 둘 다가 없이는 어떤 사물도 제대로 존재할 수 없는 것이다.[73] 우주 전체의 과정은 두 거대한 미학적 흐름이 모든 삶의 차원에 침투해서 표출되는 것이다.

　명제 3: 조화의 지나친 독점적 추구는 사소함(triviality)의 미학적 악을

---

70 수학적 아름다움으로서의 조화에 대해서는 Whitehead, *Adventures of Ideas*, 190, 354 참조(이하 *AI*). 오영환 역, 『관념의 모험』(파주: 한길사, 1996), 246, 419 참조. '소멸하는 가을적 아름다움'이라는 표현에 대해서는 Umberto Eco, *The Aesthetics of Thomas Aquinas* (Cambridge, Mass.: Harvard University Press, 1988), 10 참조.

71 *SMW* 40; 『과학과 근대세계』, 52.

72 *SMW* 22; 『과학과 근대세계』, 35.

73 *SMW* 281; 『과학과 근대세계』, 289.

가져오고, 강도의 지나친 독점적 추구는 부조화(discord)의 미학적 악을 가져온다.

조화와 강도의 대조적인 미학적 가치는 거기에 상응하는 미학적 선과 미학적 악을 가진다. 조화라는 가치를 독점적으로 추구할 때, 우리는 왜곡된 형태의 저속한 조화, 즉 '사소함'(triviality)의 미학적 악을 초래하게 된다. 하지만 조화의 추구가 강도의 추구와 균형을 이룰 때 우리는 '평화'(peace)라는 미학적 선을 가질 수 있는 것이다. 반대로 오직 강도라고 하는 미학적 가치가 추구될 때, 우리는 왜곡된 형태의 파괴적인 강도, 즉 '부조화'(discord)의 미학적 악을 초래하게 된다. 하지만 이러한 강도의 추구가 조화의 추구와 적절한 균형을 이룰 때 우리는 '모험'(adventure)이라는 미학적 선을 가질 수 있는 것이다. 요컨대 우주의 미학적 상황은 '조화-사소함-평화'의 미학적 축과 '강도-부조화-모험'의 미학적 축 둘로 구성되어지는 것이다.74

명제 4: 화이트헤드가 궁극적으로 가치를 두는 것은 조화의 보존이라기 보다는 강도의 획득이다.

화이트헤드가 조화와 강도 둘 다를 요구하는 건 분명하지만, 그가

---

74 하트숀 또한 이와 유사하게 우리의 미학적 상황을 분석하였다. Charles Hartshorne, *Creative Synthesis & Philosophic Method* (La Salle, Illinois: The Open Court Publishing Co., 1970), 303-321. 이러한 미학적 두 축에 대한 보다 간략한 논의로는 그리핀의 '조화 대 부조화' 그리고 '강도 대 사소함'이라고 하는 구조적 분석을 들 수 있다. David Ray Griffin, *God, Power, and Evil: A Process Theodicy* (Philadelphia: The Westminster Press, 1976), 282-285.

궁극적으로 선호하는 것은 강도의 획득과 모험의 중요성이다. 문명은 강도 높은 모험이 없이는 권태의 화석화 현상을 초래하게 된다. "우리는 어쩌면 모든 느낌이 서서히 굳어가는 '마비 현상'이나 그 전조 혹은 징후로서 느낌이 '생기를 잃고 무기력하게 길든 상태'보다는 차라리 느낌의 '부조화 혹은 대립'(Discord)을 선택해야 할 것이다. 왜냐하면 보다 저차원에서의 완성은 고차원에서의 미완성보다 가치 없는 것이기 때문이다."75 아름나움과 진리가 세계 내에서 전진의 모험을 하기 위해 필요한 것은 반복이 아닌 발견이다. 태초에 "하나님이 원초적으로 욕구하고 추구하는 목적은 강도의 획득이지 보존이 아니다."76 그리고 화이트헤드가 말하듯, "가장 아름다운 진리는 언어의 사전적 의미 너머에 존재한다."77

명제 5: 조화와 강도라는 우주의 양극적인 미학적 구조 때문에 필연적으로 발생할 수밖에 없는 악은 하나님에게 책임을 돌릴 수 없다.

만약 태초에 하나님 홀로 존재하였고 하나님 홀로 모든 것을 결정하였다는 일원론적 세계관을 고수한다면, "우리는 모든 선의 근원뿐만 아니라 모든 악의 근원도 하나님 안에서 찾을 수밖에는 없는 것이다."78 하지만 하나님, 창조성 그리고 영원적 객체들이라는 하나가 아닌 다수의 형이상학적 궁극자들이 조화와 강도의 양극을 가진 우주를

---

75 *AI* 339; cf. 『관념의 모험』, 403.
76 *PR* 160; 『과정과 실재』, 217.
77 *AI* 343; cf. 『관념의 모험』, 407.
78 *SMW* 250-251; cf. 『과학과 근대세계』, 261.

함께 실현한 것이라면, 그 과정에서 발생하는 악은 하나님 혼자의 책임은 아닐 것이다. "사물들이 구체화되는 데 있어 그 과정을 지배하는 범주들이 바로 왜 악이 있어야만 하는가 하는 이유들이다."[79] 그리핀에 따르면, "과정 신정론이 주장하는 가장 중요한 생각은 진정한 악의 가능성은 세계가 지니는 형이상학적(따라서 필연적) 특성들에 뿌리를 두고 있다는 것이다."[80]

명제 6: 존재의 보편적 자유는 악의 발생을 가능케 할 뿐 아니라 아름다움
      의 전진도 가능케 한다.

인간뿐 아니라 우주의 모든 존재는 자유의 사건이다. 일원론적 세계관에 대한 화이트헤드의 거부가 하나님의 책임 없음을 강조한다면, 우주의 보편적 자유에 대한 화이트헤드의 긍정은 개개 존재하는 것들의 악에 대한 책임성을 강조한다. 밖에서 주어지는 여건, 느낌, 목적이라는 세계의 공공성만으로는 우주의 과정이 결코 설명될 수 없다. 이러한 요소들이 우리의 결정에 가지는 인과적 작용력을 넘어서서, 거기에는 항상 우리의 자유로운 반응 혹은 사적인 느낌이라는 궁극적인 측면이 남아 있기 때문이다. "이러한 궁극적인 반응은 작용인 作用因(efficient cause)이 전달하는 이미 결정된 것들 위에다가 창조적 강조 創造的 强調(creative emphasis)라는 자신의 결정적인 마지막 도장을 찍음으로써 자기 창조적 활동을 완결짓는다."[81]

---

79 PR 341; cf. 『과정과 실재』, 406-407.
80 Griffin, God, Power, and Evil, 276.
81 PR 75; cf. 『과정과 실재』, 125.

모든 존재하는 것의 자유에 대한 화이트헤드의 긍정은 전통적으로 오직 하나님에게만 돌려졌던 자기 원인(*causa sui*)이라는 사상을 존재론적으로 보편화시키고 민주화하고 있다. 우주는 존재의 자유로운 창조성의 사건이다. "다자^{多者}는 일자^{一者} 속으로 들어오며, 다시 그 일자에 의해 증가되는 것이다."[82] 이러한 방식으로 우주는 긴, 어쩌면 영구한 호흡을 하는 것이다. 우주 전체가 한 단일한 존재 속으로 모이고, 다시 우주 전체는 그 존재가 가지고 오는 새로운 느낌의 사적인 색조에 의해 더 풍성하게 변화하는 것이다. 우주는 자유로운 아름다움의 진화적 팽창이다.

> 명제 7: 하나님은 우주의 아름다움의 전진을 자신 속에 기억하며, 하나님 존재의 아름다움의 전진으로 변환시키고, 바로 이러한 신적 아름다움의 영원불멸성^{永遠不滅性}이 궁극적 악으로서의 소멸^{消滅}을 극복하는 것이다.

태초에 하나님의 원초적 목표가 우주 내에서의 가치의 창조적 실현과 강도의 획득에 있다면, 이러한 목표에 대한 가장 심각한 위협은 이미 실현된 가치가 완전히 잃어지는 것이다. 이것이 바로 악은 개개의 악한 행동들이라는 구체적인 모습뿐만 아니라, 어떤 보다 근본적인 위협이라는 형이상학적 특성을 가진다고 화이트헤드가 본 이유이다. "시간적 세계에 있어서, 궁극적 악(ultimate evil)은 어떤 구체적인 악보다도 그 뿌리가 더 깊다. 그것은 과거가 사라져 간다는 사실, 곧 시간^{時間}

---

82 *PR* 32; cf. 『과정과 실재』, 79.

은 '끊임없는 소멸'(perpetual perishing)이라는 사실에 있다."[83] 우주 속에서 우리가 실현한 가치와 아름다움은 우리가 소멸한다면, 동시에 소멸하고 마는 것인가? 화이트헤드는 개인의 불멸성이란 실현된 가치의 불멸성에 대한 단지 한 구체적인 예라고 본다. 또한 이것을 파괴하는 듯한 끊임없는 소멸이라는 궁극적 악은 모든 현실적 존재를 조금의 상실도 없이 기억하는 하나님의 지혜에 의해 극복된다.

> 따라서 '인간의 불멸성'(The Immortality of Man)이라는 생각은 '실현된 가치의 불멸성'(The Immortality of Realized Value)이라는 보다 큰 맥락에서는 단지 하나의 부수적 문제일 뿐이다. 실현된 가치의 불멸성이란 시간성 속에 존재하던 단순한 사실이 가치의 불멸성을 획득하게 되는 것을 가리킨다.[84]

태어남에서 죽음까지 한 인간의 삶이 마감될 때, 하나님은 그 사람의 '시간적 개인성'을 가치의 관념 세계에서, 곧 하나님의 마음속에서 그 사람의 '불멸하는 개인성'으로 보존하시는 것이다.[85] 요컨대 우리는 자신이 실현한 가치로서 불멸한다.

우주의 전진은 하나님의 전진과 함께 이루어진다. 전자는 물리적 세계가 하나님의 결과적 본성 속에서 그 자신의 개념적 완성을 획득하게 되는 것을 가리키고, 후자는 하나님의 원초적 혹은 개념적 본성이

---

83 *PR* 517; cf.『과정과 실재』, 585.

84 Whitehead, "Immortality," Paul Arthur Schilpp ed., *The Philosophy of Alfred North Whitehead* (New York: Tudor Publishing Company, 1951. 2nd ed.; 1st ed. in 1941), 688.

85 *Ibid.*, 693.

세계로부터 물리적 느낌 혹은 미학적 색조를 받아들여 확장하게 되는 것을 가리킨다. 세계는 물리적 축에서 개념적 축으로 전진하게 되는 것이고, 하나님은 개념적 축에서 물리적 축으로 전진하게 되는 것이다. 세계가 객체적 불멸성을 지니도록 하나님이 자신의 마음속에서 세계를 보존하는 것을 화이트헤드는 신학에서 말하는 '세계의 신격화'(the Apotheosis of the World)라고 본다.[86] 결과적으로 우리의 관점에서 볼 때 "존재할 수 없는 것임에도 여전히 존재한다"는 믿기지 않는 사실, 곧 불멸성의 기적을 경험하게 되는 것이다.[87] 하나님의 관점에서 볼 때 우주 속에서 발생하는 삶의 고통, 실패 그리고 황폐뿐 아니라 또한 함께 발생하는 삶의 새로운 가치의 창조와 그 아름다움을 물리적으로 같이 느낄 수 있게 되는 것이다. 화이트헤드의 하나님은 '부동의 동자'(the unmoved mover)가 아니라 '참 좋은 동반자—이해하며 같이 고통받는 자'(the great companion-the fellow-sufferer who understands) 이다.[88]

스쳐 지나가며 강렬하게 소멸하는 세계의 가을적 아름다움이 하나님 존재의 기억 속에서 영원불멸하는 수학적 아름다움으로 모아든다는 것이 화이트헤드의 미학적 신정론의 핵심을 이루고 있다. 그것은 악의 문제에 대한 종래의 보복적 정의라는 전통적인 도덕론적 접근법과는 다른 새로운 미학적 접근법을 가능케 한다. 하나님이 원하는 것은 보복이 아니라 아름다움의 전진이다: "우주의 목적론적 구조는

---

86 *PR* 529; cf. 『과정과 실재』, 599.

87 *PR* 531; cf. 『과정과 실재』, 601.

88 *PR* 520과 532; cf. 『과정과 실재』, 588, 603. 오영환은 "위대한 동반자 — 이해하는 일련 탁생(一蓮托生)의 수난자"로 번역하고 있다.

아름다움의 생산을 지향한다."[89]

II. 예술의 신정론

1. 빈센트 반 고흐

예술가는 자신의 신정론을 예술을 통해 경험하고 표현한다. 네덜란드 화가 빈센트 반 고흐[Vincent Wilhelm van Gogh]의 첫 번째 예술 작품은 그림이 아니라 설교였다. 오직 나중에야 그는 '그림으로 된 설교'를 썼다. 1876년 10월 하순 런던 외곽 리치먼드[Richmond]시의 감리교회에서 고흐는 생애 처음으로 설교하게 되며, 동생 테오에게 자신의 설교문을 편지로 보내었다.

> 시편 119:19. "나는 땅에서 나그네가 되었사오니 주의 계명들을 내게 숨기지 마소서." 우리의 인생은 순례자의 길입니다. 이것은 오래된 믿음일 뿐만 아니라 참 좋은 믿음입니다. 우리는 이 땅에서 나그네이지만, 외롭게 혼자인 것은 아닙니다. 하늘 아버지께서 우리와 함께 하시기 때문입니다. 우리는 순례자이며, 우리의 삶은 이 땅에서 하늘로 가는 긴 걸음 혹은 여행입니다. … 인생의 마지막을 우리는 죽음이라 부릅니다. 이때는 주변에 선 사람들의 마음속 비밀스러운 방에서 말씀들이 선포되고, 이런저런 것들이 보여지고 느껴지는 시간입니다. 우리는 모두 우리 마음속에

---

89 *AI* 341; cf. 『관념의 모험』, 405-406.

그런 것들, 그런 것들에 대한 예감을 가지고 있습니다. 한 사람이 태어날 때 슬픔이 분명 있지만, 또한 깊은 말할 수 없는 기쁨도 있습니다. 그 기쁨은 가장 높은 천국에까지 다다릅니다. 그렇습니다, 한 사람이 세상에 태어날 때 하나님의 천사들이 환하게 웃으며 희망하며 축복합니다. 죽음의 시간에 분명 슬픔이 있지만, 또한 선한 싸움을 싸운 자에게는 죽음의 시간이 말할 수 없는 기쁨의 시간입니다. …

우리의 인생은 항해에 비할 수 있습니다. 우리가 태어난 곳에서 머나먼 피난처로 여행하게 됩니다. 이전의 우리 삶은 강에서 노를 젓는 것과도 같습니다. 하지만 곧 파도는 높아지고, 바람은 더 사납게 변합니다. 우리가 알게 되기도 전에 우리는 이미 바다에 있는 것입니다. 우리 마음속에서는 하나님을 향한 기도가 생겨납니다: "날 보호하소서 하나님, 나의 돛단배는 너무도 작으며, 당신의 바다는 너무도 광대합니다." 사람의 마음은 바다와도 같습니다. 마음의 폭풍이 있으며, 마음의 조류와 마음의 심해가 있기 때문입니다. 하지만 마음의 진주도 또한 존재합니다. 하나님을 찾는 마음, 하나님과 동행하는 마음은 다른 어떤 마음보다도 더 많은 폭풍을 가집니다. …

우리의 인생은 순례자의 길입니다. 저는 한번은 아름다운 그림을 본 적이 있습니다. 그것은 저녁 풍경을 그린 것입니다. 오른편 멀리에는 저녁 안개 속 언덕들이 파랗게 드러납니다. 그 언덕들 너머에서는 황혼의 해가 영광스럽게 비추고, 은빛과 금빛과 자줏빛의 햇살이 회색빛 구름을 뚫고 나옵니다. 들판의 풍경은 풀과 마른 잎들로 덮여 있습니다. 가을이기 때문입니다. 들판을 가로지르는 길은 저 멀리, 멀고도 높은 산으로 나아갑니다. 산꼭대기에는 지는 해가 그 영광의 빛을 비추고 있는 마을이 있습니다. 길 위에는 손에 지팡이를 든 순례자가 있습니다. 이미 오랫동안 길을 왔기에 그는 매우 지쳤습니다. 순례자는 검은색 인물과 한 여인을 만나게 되고, 마치 사도 바울의 "근심하는 자 같지만 항상 기뻐하라"는 말을 떠올리게 합니다.[90] 그 천사는 순례자들을 격려하고 그들의 질문에 대답하기 위해 보내졌던 것입니다. 순례자는 천사에게 묻습니다: "길이 언덕을 지나 꼭대기까지 이어지나요?" 그녀가 대답합니다: "그렇습니다, 꼭대기까지 이어집니다." 다시 순례자가 묻습니다: "하루 내내 가야 할까요?" 다시 천사가 대답합니다: "벗이여, 아침부터 밤이 되도록 가야 합니다." 이어서 순례자는 근심하며, 하지만 항상 기뻐하며 다시 길을 나섭니다. 그가 근심한 이유는 목적지가 아직 멀리 떨어져 있고, 길은 길게 남았기 때문입니다. 하지만 그가 기뻐한 이유는 멀리 저녁 황혼에 빛나고 있는 영원한 도성을 바라볼 때 희망에 가득하기 때문입니다. …

우리 모두 각각의 일상의 삶으로 되돌아갈 때, 꼭 기억하도록 합시다. 일상의 사물들은 단지 보이는 그것뿐만은 아닙니다. 일상의 사물들을 통해 하나님은 더 높은 것들을 가르치십니다. 우리의 인생이란 순례자의 길입니다. 그리고 무엇보다도 우리는 이 땅에서는 나그네이며, 낯선 나그네들을 보살피고 지키시는 하나님 아버지가 계시고, 우리는 모두 형제라는 것을 기억합시다. 아멘.[91]

---

90 고린도후서 6:10.

91 Vincent van Gogh, *The Complete Letters of Vincent van Gogh with reproductions of all the drawings in the correspondence*, volume 1 (London: Thames & Hudson, 1978), 87-91. 안재경, 『고흐의 하나님』 (서울: 홍성사, 2010), 112-113 참조.

고흐의 설교문은 자신을 포함한 '우리의 인생은 순례자의 길', 이 땅에서부터 천국으로의 긴 여행길이라는 고백으로 시작해서 여정에 혼재하는 슬픔과 기쁨 그리고 출생과 죽음을 순례자의 마음을 연단하는 방법으로 사용해야 한다는 권고 그리고 무엇보다도 삶과 세계를 순례자로 지나가며 누구보다 치열하게 하나님과 이웃을 사랑해야 한다고 설교했다. 흥미로운 사실은 고흐가 자신의 설교 마지막을 순례사의 길을 표현한 조지 헨리 보턴George Henry Boughton(1835~1905)의 그림에 대한 설명으로 마무리하고 있다는 것이다.92 고흐에게 있어 성서의 순례자의 시편, 보턴의 순례자의 그림 그리고 자신의 순례자의 설교 모두는 결국 하나의 동일한 삶의 그림이었다.

고흐는 1879~1880년 겨울 내적인 격동의 시간을 보내며 자신의 순례길의 방식이 회화에 있음을 확신한다. 목회자가 되고자 했던 동일한 이유에서 이제 고흐는 화가가 되고자 한 것이다. 그는 점차 자신이 이전에 가지고 있던 고전적 신학과의 결별을 선언한다. 오히려 거리 청소꾼들과 그들이 끄는 수레의 말들, 광부들의 가난하고 거친 삶을 보며 고흐는 그들의 지저분한 옷과 깊은 가난의 표정들에 드러나는 하나님의 연민을 본다. 1880년 여름 보르나쥬Borinage 한 광부의 집이 고흐의 첫 번째 스튜디오였다.93 빵 대신 감자를 먹는 가난한 광부 가족들의 일상의 성만찬을 보며 그는 이렇게 적고 있다:

---

92 George Henry Boughton, <God speed! Pilgrims setting out for Centerbury. Time of Chaucer>(123 × 184 cm; painted in 1874). 고흐는 1876년 8월 26일 편지에서 이 그림을 언급한다. Gogh, *Complete Letters*, 1:66.

93 Gogh, *Complete Letters*, 1:xxx, 1:200.

늙고 가난한 사람들은 얼마나 아름다운지. 그들을 묘사하기에 적합한 말을 찾을 수가 없다. … "아, 저 지저분한 사람들 좀 봐", "저런 류의 인간들이란" … 그래, 그런 일이 나를 생각에 잠기게 한다. 그런 장면은 사람들이 가장 진지하고 가장 아름다운 것을 의도적으로 피하는 것이라 느껴졌다. 한마디로 스스로 자기 입을 막고 자신의 날개를 자르는 짓이지.[94]

고흐의 신앙은 예술의 아름다움과 삶의 진실을 믿는 것이다. 고흐가 자신을 성서 복음서 기자 중 한 명인 누가에 비유한 것에서도 잘 드러난다. 카를 라너는 시인 릴케에서 '사제司祭'와 '시인詩人'의 결합 가능성을 보았다.[95] 우리는 또한 고흐에게서 사제이면서 화가라는 인간 실존의 가장 높은 가능성을 발견할 수 있다.

자네는 내가 성경을 연구하려고 그렇게 애를 썼음에도 성경에 그리 깊이 빠지지 않는다는 사실에 놀랄지 모르겠네. 그 이유는 다름 아니라 성경에는 유일한 핵심인 그리스도밖에 계시지 않기 때문이라네. 예술적인 관점에서 보더라도 그리스도는 지고하신 분이라네. 그리스, 인도, 이집트, 페르시아의 고대 미술품들이 대단히 큰 진보를 이루었음에도 그리스도는 그 모든 것들이 이루어 놓은 것과 비교할 수 없는 분이지. 그리스도는 생생한 영과 살아있는 육체로 일하셨지. 그리스도는 조각 대신 사람을 만드셨지. … 나는 화가이기에 내가 수소라고 종종 느낀다네. 황소, 독수

---

94 빈센트 반 고흐/신성림 옮김, 『반 고흐, 영혼의 편지』 (서울: 예담, 1999), 86.
95 Karl Rahner, "Priest and Poet," *Theological Investigations*, vol. 3 (Baltimore: Helicon Press, 1967), 294.

리, 사람을 흠모하는 수소 말이네. 모름지기 경외하는 마음으로 야망을 꿈꾸기를 버려야 한다네.[96]

무엇보다도 사제-화가(priest-painter)로서 고흐는 동생 테오에게 보낸 1888년 5월의 편지에서 세계의 슬픔과 관련하여 신은 실패할 권리가 있는지를 묻고 있다. 전통적인 고전적 유신론에서 신의 속성은 그의 실패를 불가능하게 만든다. 시간의 지평을 넘어서는 모든 과거, 현재, 미래의 사건에 대한 완벽한 지식을 가지고 있기에 신은 전지하다. 신은 그의 의지를 세계에 방해 없이 실현시킬 수 있기 때문에 신은 전능하다. 그리고 신은 자신의 피조물에게 최고의 행복을 원하기에 신은 전선하다. 이런 조건에서 신은 결코 실패할 수 없다. 하지만 고흐는 자신도 화가이기에 세계의 풍경을 그리는 작업의 실패 가능성을 이해하게 된다. 그리고 그는 긍정적인 대답을 제공한다. 마치 화가가 마음에 들지 않는 그림을 망칠 수도 있는 것처럼, 신도 그러한 경우가 있을 수 있다는 것이다. 같은 화가로서 이해하며, 고흐는 하나님을 위해 하나님의 실패를 슬퍼한다.

이 세계를 보며 하나님을 비난해서는 안 된다는 생각이 점점 더 강하게 들어. 이 세계는 하나님이 망쳐버린 습작習作(a study)에 불과해. 아주 좋아하는 예술가가 결국은 망쳐버린 습작을 두고 우리가 무슨 말을 할 수 있겠니? 가만히 입을 다물고 비판하지 않을 뿐이지. 하지만 다음에는 더 나은 작품을 요구할 권리는 있어. 그의 손으로 만든 다른 작품들도

---

96 안재경, 『고흐의 하나님』 (서울: 홍성사, 2010), 164.

보아야만 하겠지. 이 세계는 예술가 자신이 뭘 하는지 잘 모를 때, 제정신이 아닌 불행한 시기에 서둘러서 물감을 덕지덕지 칠하며 만든 것이 분명해. 오랜 전설에 따르면, 이 선량한 늙은 하나님이 자신의 이 '습작 세계'(this world-study)를 만들기 위해 엄청난 수고를 했다고 해.

난 그런 전설이 맞을 거라는 생각이 들어. 하지만 그래도 하나님은 습작을 너무 여러 가지 점에서 망쳤어. 그런 정도의 실수를 할 수 있는 이는 오직 주님뿐이겠지. 아마도 그것이 우리가 가질 수 있는 가장 훌륭한 위안이야. 바로 그 동일한 창조의 손이 거기에 걸맞은 보상을 다시 그려낼 것이라고 희망할 권리가 우리에게 있기 때문이야. 너무도 자주 그리고 너무도 선하고 고귀한 이유에서 비판받는 지금 우리의 삶은 그것 이상의 어떤 것이어야 한다고 생각해서는 안 돼. 우리가 다시 태어난다면 지금보다 나은 삶을 살 수 있기를 희망할 뿐이야.[97]

이것은 용서라기보다는 이해이다. 곧 고흐가 제시하는 예술의 신정론은 이 세계 자체를 옹호하지는 않는다. 그것을 그린 화가 하나님을 옹호할 뿐이다. 이 '습작 세계'는 습작으로 실패할 수 있다고 화가 하나님을 옹호한다. 동시에 다음 작품이 더 낫기를 희망할 수 있는 인간의 '권리'를 최고의 위안으로 주장한다. 고흐에게 있어서 가장 아름다운 그림, 늘 마음속에 생각하며 캔버스에 옮기려 시도했던 별이 빛나는 하늘은 영원한 동경 속에서 '결코 그리지 않은 그림'이었던 것이다.[98]

---

97 Vincent van Gogh, *The Compete Letters of Vincent van Gogh*, vol. 2 (London: Thames & Hudson, 1978), 572. 고흐, 『반 고흐, 영혼의 편지』, 159 참조.

철학자 사르트르는 실존주의와 휴머니즘과 무신론이 결코 분리될 수 없는 유기적 관계를 맺는다고 보았다. 그럼에도 그의 예술에 대한 관찰은 고흐의 예술의 신정론이 제기하는 것과 유사한 사유를 제시한다.

> 도덕적 선택은 예술 작품의 창조와 비교될 수 있다. … "화가는 어떤 그림을 그려야만 하는가?"라고 우리는 한 번이라도 물은 적이 있는가? … 어떤 그림이 그려졌을 때, 그것이 바로 그 화가가 그려야만 했던 그림이다. 어떤 선험적인(a priori) 미학적 가치도 존재하지 않으며, 작품의 일관성 안에서 오직 나중에야 그러한 가치들이 등장하는 것이다. … 이것과 윤리가 무슨 관계가 있을까? 우리는 동일한 창조적 상황 안에 놓이게 되는 것이다. … 예술과 윤리가 가지는 공통점은 둘 다 창조, 곧 발명이라는 것이다. 여기서 우리는 무엇을 해야 할지 미리 선험적으로 결정할 수는 없는 것이다.[99]

또한 시몬 베유도 고흐의 예술에서 희망이 부재한 고통 가운데 그리스도를 신앙하는 가능성을 발견하였다. 그녀 자신이 '고통(affliction)의 지점'이라고 부르는 시점에 와서 고흐는 "한계에 직면하여, 자신에게 거짓말하지 않기 위해, 희망이 부재하지만 견디는 것"이라고 보았다.[100] 피로와 혐오의 한계에 직면한 이러한 고통은 희망 없이 견디는 것이 한계에 직면할 때 타자에 대한 복수심으로 전락할 수 있다.

---

98 고흐, 『반 고흐, 영혼의 편지』, 169.

99 Jean-Paul Sartre, *Existentialism*, trans. Bernard Frechtman (New York: Philosophical Library, 1947), 49-51.

100 Simone Weil, *The Notebooks of Simone Weil*, trans. Arthur Wills (London: Routledge, 2004), 153.

시몬 베유 자신도 극심한 두통으로 고통당할 때 다른 누군가의 이마를 때림으로써 자신과 동일한 두통을 일으키고자 하는 악의를 느꼈다고 고백한다.101 하지만 이러한 '고통의 지점'에서 희망의 부재를 유일하게 견딜 수 있는 방법은 그리스도의 고통 속에 참여하는 것이다. "우리의 모든 죄악이라는 것은 단지 인간의 비참함, 곧 그리스도를 포함해서 모든 인류에게 공통적인 비참함의 표현일 뿐이라고 여겨야 하며, 오직 그것만이 이러한 죄악과 비참함을 포장함이 없이 성찰할 수 있게 만든다. 그렇게 할 힘이 없다면, 우리는 결국 거짓말을 해야 한다."102 여기서 기도는 위로의 획득이 아니라 고통을 온전히 주목하는 것이다. 고흐도 고통을 주목하는 것은 "하나님을 위해 슬퍼하는 것"이라고 보았다.103

우리는 고흐가 사용한 유화의 두꺼운 물감층 자체가 고흐의 신학적 표현이라고 본다. 곧 그는 이 땅의 현생을 넘어서는 죽음 후의 생명이 존재하며 또한 거기도 예술이 존재할 가능성을 생각한다. 그때는 별들 사이에서 고흐는 그림을 그릴 것이다. 이런 고흐의 관점에서 볼 때 "삶은 평면적이다"(life is flat)라고 추론하는 이른바 현대의 과학적 세계관은 사유의 미성숙을 드러낼 뿐이다.104 이런 맥락에서 고갱과의 의견의 충돌에도 불구하고 그의 그림이 보여주는 두꺼운 물감층의 존재는 예술적인 양식 비평뿐 아니라, 종교적 신앙과 신학의 관점에서도 분석되어야 한다. 물감의 두터움은 삶은 평면적일 뿐이라는 성찰

---

101 *Ibid.*, 153.

102 *Ibid.*, 154.

103 Gogh, *Complete Letters*, 1:78.

104 Vincent van Gogh, *The Compete Letters of Vincent van Gogh*, vol. 3 (London: Thames & Hudson, 1978), 497.

되지 않은 선입견에 대한 '사제-화가'의 저항이기도 하기 때문이다. 그렇기에 예술은 고흐에게 신비 그 자체의 계시이다: "붓을 한 번 움직이는 것은 얼마나 신기한 일인가! … 그것은 진실된 것, 본질적인 것을 잡아내는 방법이다."105

2. 윤동주

빈센트 반 고흐가 '사제-화가'라고 한다면, 윤동주는 '사제-시인'이라고 할 수 있다. 동생 윤일주의 회고에 따르면, 윤동주가 1943년 27세의 나이에 일본에 체류하면서 소장한 책들의 목록에는 『고흐 서간집』과 『고흐의 일생』이 들어 있다.106 윤동주와 고흐가 보여주는 오래 슬픔을 참아낸 인간의 존엄성은 마침내 신을 비난하기보다는 오히려 신을 이해하고 다음에는 더 나은 세계를 요구하는 바람으로 드러난다. 실존의 고통과 슬픔이 신의 존재를 결정적으로 반박하는 세계 안에 버려진 유기감이 아니라, 그러한 고통조차도 신의 품 안에서의 고통이라고 그들은 보았다. 그리고 민중신학자 서남동은 이렇게 말한다: "그러므로 '나의 하나님 왜 나를 버리시나이까' 하신 예수의 임종시의 절규는 신 밖에 던져진 상태가 아니라 신의 품 안에 파고드는 괴로움이다."107

---

105 고흐, 『반 고흐, 영혼의 편지』, 234.

106 이건청 편저, 『나의 별에도 봄이 오면: 윤동주 평전』 (서울: 문학세계사, 1981), 30; 왕신영·심원섭·오오무라 마스오·윤인석 엮음, 『사진판 윤동주 자필 시고전집』 증보판 (서울: 민음사, 2011), "윤동주 연보"; 고운기, 『나의 별에도 봄이 오면: 윤동주의 삶과 문학』 (서울: 산하, 2006), 167.

107 서남동, 『전환시대의 신학』 (서울: 한국신학연구소, 1976), 28.

윤동주의 시 〈팔복〉은 단지 신앙인으로서의 영성을 드러낼 뿐 아니라, 악과 고통의 문제라는 신정론神正論(theodicy)에 대한 상당한 신학적 성찰을 제시하고 있다.[108] 1942년 연희전문 졸업 후 1개월 반 정도 고향에 머물며 덴마크의 실존주의 신학자 키르케고르Søren Kierkegaard(1813~1855)를 탐독한다. "한 번 나는 그와 켈케골에 관한 이야기를 하다가 그의 켈케골에 관한 이해가 신학생인 나보다 훨씬 깊은데 놀라지 않을 수 없었다"고 고향 친구 문익환 목사는 회고한다.[109] 일본 유학에 필수적이었던 도항증명서 발급을 위해 1942년 1월 29일 '히라누마 도오쥬우'로 창씨개명서를 연희전문학교에 제출해야 했던 윤동주는 닷새 전에 자신의 운명이 "이다지도 욕될가"라고 한탄하며 성 아우구스티누스의 저작을 떠올리게 하는 시 〈참회록懺悔錄〉을 쓴다. 1943년 일본 체류 중에는 목사가 되려다 화가가 된 빈센트 반 고흐에 대한 저작들(『고흐 서간집』과 『고흐의 생애』)을 독서한다. 독립운동의 협의로 수감된 일본의 복강형무소에서 그는 고향 집에 부탁해 보내진 『영화英和대조 신약성경』을 읽는다. 1945년 2월 16일 향년 29세에 조국의 독립을 6개월 앞두고 윤동주는 옥중에서 의문에 둘러싸인 죽음을 맞이한다.[110]

윤동주는 "詩人이란 슬픈 天命인줄 알면서도"(〈쉽게 씌어진 詩〉), 침묵과 언어 사이의 좁은 오솔길을 걷는 '사제 시인'의 천명을 피하지

108 이하는 손호현, "윤동주와 신정론: 司祭와 詩人의 결혼으로서의 「八福」," 「신학논단」 81 (2015년 9월), 107-138 일부 내용을 편집한 것이다.

109 문익환, "동주형의 추억," 윤동주 시집, 『하늘과 바람과 별과 시』(서울: 정음사, 1968), 220.

110 왕신영 외 엮음, 『사진판 윤동주 자필 시고전집』 증보판 "윤동주 연보"; 송우혜, 『윤동주 평전』 재개정판 (서울: 푸른역사, 2004) 참조.

않았다. 헤세도 "시인은 슬픈 고독자이지만, 그의 작품은 신과 별의
밝음에 힘입어 빛을 비추는 자"라고 한다.[111] 윤동주는 '하늘'과 '바람'
과 '별'과 '길'과 '어머니' 같은 만물의 근원적 존재를 언어로 드러내는
사명을 십자가처럼 조용히 짊어졌던 완벽한 사제이자 완벽한 시인,
곧 라너가 말한 '사제와 시인의 결혼'(the marriage of priest and poet)을
체현한 존재이다.[112] 윤동주의 〈팔복〉 자필 원고에 대한 느낌을 송우
혜는 이렇게 표현한다.

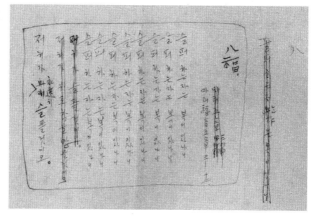

윤동주, 「팔복(八福)」 자필 시고[113]

---

111 헤세, 『유리알 유희』; 김주연 편, 『현대 문학과 기독교』, 132에 인용된다. 본인은 윤동주
의 '천명' 의식을 만물의 성육화에 대한 사제-시인의 역할에 대한 의식이라고 보지만,
고운기는 그것을 창조주를 대신하는 창작 의식이라고 해석한다. "어찌하여 윤동주는
시인을 '슬픈 천명'이라 정의하고 있는 것일까? … 이는 곧 독일의 시인 릴케가 외친
'시인은 신의 저주받은 인간'이라는 말을 바꾸어 본 것이다. 중세인과 달리 근대인은
절대적인 신의 영향에서 벗어나려 하였다. 그런 근대적 지식인으로서 릴케는 신이 관장
하는 일의 핵심을 건드리는 존재가 시인이라고 보았던 것이다. 신이 관장하는 일의
핵심은 무엇인가? 그것은 곧 창조이다. … 신의 영역을 침범하는 이 같은 행위야말로
신에게 저주받을 짓을 하는 것이나 다름없다. 릴케는 시인의 존재가 얼마나 엄청난가를
이처럼 역설적인 표현으로 보여 주었다." 고운기, 『나의 별에도 봄이 오면: 윤동주의
삶과 문학』 (서울: 산하, 2006), 16.

112 Rahner, "Priest and Poet," 310.

내가 윤동주 시인의 육필 원고들 전체에서 가장 깊은 인상을 받은 것은, 시 「팔복八福」의 원고였다. 그것은 퇴고를 마친 뒤 깨끗하게 정서해놓은 형태가 아니라 퇴고한 자취가 그대로 남아 있는 원고였다. 그래서 시인이 퇴고하면서 거쳤던 마음과 생각의 움직임과 기복의 형태를 고스란히 안고 있는 참으로 희귀한 원고였다.[114]

〈팔복〉의 대표적인 수정 요소와 과정을 보면, 1) "저히가 슬플것이오"가 먼저 씌여졌다 삭제된다. 2) "저히가 위로함을받을것이오"가 대신 씌여졌다 삭제된다. 3) "저히가 오래 슬플 것이오"가 행을 바꾸어 씌여졌다. 4) 여기서 "오래"가 다시 삭제되고 "永遠히"로 수정되면서 2연이 "저히가 永遠히 슬플것이오"로 마침내 완성된다.[115] 시인의 마음이 걸어야 했던 길이 그만큼 고뇌로 가득했다는 것을 단적으로 드러내는 친필 원고이다. 이러한 〈팔복〉의 퇴고 과정에 대한 신학적 비평을 간략히 제시해보면 다음과 같다.

---

113 왕신영 외 엮음, 『사진판 윤동주 자필 시고전집』, 170.

114 송우혜, 『윤동주 평전』, 284.

115 홍장학, 『정본 윤동주 전집 원전연구』(서울: 문학과지성사, 2004), 287. 홍장학은 여기서 수정 과정의 두 가지 가능성을 제시한다. 첫째 가능성은 1) → 2) → 3) → 4)이며, 둘째 가능성은 3) → 4) → 1) → 2)이다. 송우혜는 1) → 2) → 3) → 4)로 보며, 다른 해석을 해야 할 결정적인 문헌적 증거가 없는 이상 필자도 첫 번째 순차적 수정이라는 해석이 자연스럽다고 생각한다. 송우혜, 『윤동주 평전』, 286-287.

「팔복」의 퇴고 흔적	신학 비평
1) "저히가 슬플것이오"	슬픔의 반신정론(신의 존재 혹은 정의로움을 부정하기)
2) "저히가 위로함을 받을것이오"	위로의 신정론(보복의 신정론, 자유의지 신정론)
3) "저히가 오래 슬플것이오"	종말의 신정론(종말론적 신정론, 고통의 신비 신정론)
4) "저히가 永遠히 슬플것이오"	영원한 슬픔의 신정론(참여의 신정론)

　　윤동주가 처음 시도한 슬픔의 반신정론은 가짜 글과 가짜 종교가
그려낸 비눗방울 같은 하나님을 터뜨리자는 바늘과도 같다. 슬픔의
부재가 아니라 슬픔 자체가 구원이다. 비눗방울 같은 하나님을 터뜨리
고, 고흐처럼 윤동주도 맨발로 슬픔의 이 땅을 디디며 걷고자 하였다.
이런 순례자의 여정에서 윤동주는 위로의 신정론이 말하는 정의의
하나님, 나아가 죽음 후의 평화를 약속하는 종말론적 신정론을 만나기
도 한다. 하지만 거기서 머물지 않고 끝까지 더 나아가 도착한 영원한
슬픔의 신정론은 예수의 하나님, 통곡할 줄 아는 하나님, 슬픔의
하나님을 되찾는 것으로 시는 끝난다.

　　윤동주의 시는 그 자체로 리쾨르Paul Ricoeur가 말한 '애도哀悼(mourning)
의 신정론이다.[116] 시인과 사제의 완벽한 결합을 보여주는 존재가
윤동주이며, 그의 시는 응축된 신학이다. 〈팔복〉은 부재하는 신, 화내
거나 위로하는 신, 위로를 연기하는 신을 모두 자신의 품 안으로
중력처럼 끌어당겨 안아버리는 영원히 슬퍼하는 신을 예배한다. 그는
유리처럼 깨어지기 쉬운 연약한 신이며, 울기를 즐겨하는 신이며,

---

116 Paul Ricoeur, "Evil, A Challenge to Philosophy and Theology," *Journal of the American
　　Academy of Religion*, LIII/3 (Dec. 1985), 635-648, 특히 646 이하를 참조하라.

우주를 철저히 예정하는 전능자라기보다 아무 대책 없이 우주의 슬픔 모두를 자신 속으로 받아들이는 신이며, 자신의 존재 전체를 십자가 밑에 선 윤동주의 결정에 묵묵히 내어주는 신이다.

III. 유비의 거울

미학적 신정론 혹은 예술의 신정론은 일종의 '유비의 거울'(*speculuum analogiae*)과도 같다. 폴 리쾨르는 플로티누스의 섭리론이 우주의 미적 완성을 위해 악의 존재를 합리화시키고 도구화시켰다고 비판한다. 플로티누스의 미학적 신정론은 리쾨르의 견해로는 이데올로기적 수사학에 불과한 것으로, 실제적이고 현실적인 악의 문제를 다루기보다는 단지 그것의 그림자인 미학적 메타포나 이미지만을 생각 속에서 다룰 뿐이다.

하지만 신정론이 논쟁과 설득의 수사학이라는 차원을 결코 벗어나지 못한다는 것을 누가 보지 못하겠는가? 그것이 드러내는 한계에 비례하여 수많은 논쟁에 의존하는 것은 단지 우연이 아닐 것이다. 어떻게 사유가 전체(the whole)의 관점으로 올라서서 다음과 같이 말할 수 있단 말인가. 질서가 존재하기 때문에 무질서가 또한 존재한다? 만약 그러하다면, 그것은 역사의 슬픔을 단지 소극^{笑劇}으로, 빛과 그림자의 유희라는 사악한 소극으로, 나아가 부조화의 미학(esthetic of discord)으로 환원시키는 것이 아닌가! ("부조화도 그 독특한 아름다움을 지닌다"; "모든 마을은 폭군을 가지기 마련이다; 폭군이 거기 있다는 것은 좋은 일이다; 폭군도

그 적절한 자리를 가진다") 바로 이것이 신정론의 나쁜 신앙이다. 신정론
은 실제적 악을 이기는 것이 아니라, 단지 그것의 미학적 유령을 이길
뿐이다.[117]

미국 철학자 산타야나[George Santayana]는 그것이 우리 마음이 만든 일종
의 심리적인 장식裝飾과 은폐隱蔽의 이데올로기에 불과하다고 보았다.
아름다움이 악을 극복할 수 있다는 희망은 "즉각적인 아름다움이
종종 끔찍하고 슬픈 것들을 옷 입히는 데 사용된다"는 심리적 사실을
드러낼 뿐이라는 것이다.[118] 곧 그것은 악과 아름다움 사이의 심리적
다리를 만드는 연상작용이라고 산타야나는 평가한다.

> 따라서 세계 전체가 영혼의 양식을 위해 만들어졌다는 것, 아름다움은
> 단지 자신만이 아니라 모든 존재하는 것들의 존재 이유에 대한 변명이라
> 는 것, 만물의 완성을 향한 열망은 우주의 비밀이고 열쇠라는 것, 이 모든
> 것들은 하나의 심리적 사실에 대한 시적인 반향反響일 뿐이다. 여기서
> 심리적 사실은 우리 인간의 마음이란 통합성, 자신의 행동에 잘 말을
> 듣지 않는 무의식, 자신의 영역 안에 있는 것을 흡수하고 공감적으로
> 변환시키는 것을 지향하는 유기체라는 사실이다.[119]

---

117 Paul Ricoeur, *The Conflict of Interpretations*, ed. Don Ihde (Evanston: Northwestern University Press, 1974), 311-312.

118 George Santayana, *The Sense of Beauty: Being the Outline of Aesthetic Theory* (1896; reprinted ed., Dover Publications, 1955), 127; 손호현, 『아름다움과 악, 1권: 신학적 미학 서설』(서울: 한들출판사, 2009), 103에 인용된다.

119 Santayana, *The Sense of Beauty*, 99; 손호현, 『아름다움과 악, 1권』, 102-103에 인용된다.

하지만 인간의 심리에 대한 산타야나의 현상학적 관찰은 추가적으로 인간의 마음에 대한 심층적인 신학적이고 형이상학적인 물음으로 이어질 수도 있을 것이다. 왜 아름다움이 악을 장식하거나 은폐할 수 있는가? 왜 인간의 마음은 끔찍하게 추한 인생의 비극과 부조리한 역사의 고통과 설명할 수 없는 근원적 악에도 불구하고 그것들 위에 추모의 꽃을 조용히 내려놓고 아름다운 언어의 옷을 입히며 삶을 견디려 하는 것일까? 어떤 이유가 이러한 마음의 미학적 통합성이라는 현상을 촉발하는 것인가? 이런 질문들의 맥락에서 다시 본 미학적 신정론은 추상적 논리라기보다는 삶의 직관적인 경험, 곧 본인이 '유비의 거울'이라고 부른 것에 기초한다고 생각한다. 인간의 마음은 무엇인가라는 질문에 혹자는 '뇌', '가슴', '혈액', '원자', '공기', '불', '신체의 구조' 등등이라고 대답할 수도 있겠지만, 아우구스티누스^{St.} _{Augustine}는 『삼위일체론』에서 '인간의 마음'은 "자신을 기억하고, 자신을 이해하며, 자신을 사랑하는" 삼중적 구조를 가지며 하나님의 삼위일체를 거울처럼 드러내는 '하나님의 형상'이라고 한다.[120] 그에 따르면 "인간의 마음(humana mens)은 동등하지 않은 형상(impar imago)이지만, 그럼에도 여전히 형상이다."[121]

우리는 인간의 마음이 악과 아름다움을 통합하려는 심리적 경향성을 가지는 이유는 '하나님의 형상'으로 창조되었기 때문이라고 생각해 볼 수 있다(창 1:27). 이런 관점에서 이해된 미학적 신정론은 우리 마음 안에 존재하는 '유비의 거울'을 통해 세계를 보는 시도이다.

---

120 Augustine, *The Trinity,* translated by Edmund Hill (New York: New City Press, 1991), 293-294(10권 VI. 8- VII. 9), 379 (14권 VIII. 11).

121 *Ibid.,* 299(10권 XII. 19).

우리가 예술에 기초해서 예수를 이해하고, 경세적經世的 삼위일체를 통해서 내재적內在的 삼위일체를 이해하는 것과도 비슷하다. 사도 바울은 그것을 희미한 거울이라고 표현한다: "우리가 이제는 거울로 보는 것 같이 희미하나 그때에는 얼굴과 얼굴을 대하여 볼 것이요, 이제는 내가 부분적으로 아나 그때에는 주께서 나를 아신 것 같이 내가 온전히 알리라"(고전 13:12).

아우구스티누스는 바울의 희미한 거울을 '수수께끼'(aenigma) 혹은 '알레고리'(allegoria)라고 해석한다. 곧 유비의 거울은 마치 달을 가리키는 손가락처럼 "하나로 다른 것을 의미하는 것이다."122 그는 인간의 언어를 예로 든다. 말을 할 때 우리 마음 안의 '인간의 말'이 발성을 통해 '육체의 소리'가 되는 것처럼, 유사하게 '하나님의 말씀'이 역사적 성육신의 사건을 통해 '육신'이 된 것이다. 이처럼 인간의 말은 하나님의 말씀에 대한 희미한 유비의 거울로 작용하며, 이 둘 사이에는 어떤 유사성이 존재한다고 그는 보았다.123 곧 유비의 거울은 피조물의 자연과 역사에 남겨진 삼위일체 하나님의 '흔적'(vestigium), 인간의 마음에 각인된 하나님의 '형상'(imago)으로서 존재하며, 그러한 유사성이 가능한 이유는 세계 자체가 곧 '하나님의 예술'(ars divina)이기 때문이다.124

카를 라너Karl Rahner도 이러한 유비의 거울을 종교적 사제와 예술적 시인의 언어와 역할에서 발견한다. 시인이 이 땅에 존재하는 이유는 '집, 다리, 샘, 문, 납골 항아리, 과일나무, 창문, 기둥, 탑' 등의 존재를

---

122 *Ibid.*, 406(15권 IX. 15).
123 *Ibid.*, 409(15권 XI. 20).
124 *Ibid.*, 213(6권 X. 12), 379(14권 VIII. 11).

언어로 말하기 위해서라는 라이너 마리아 릴케의 시(Rilke, *Ninth Elegy*)를 인용하며, 시인의 말이 사물 자체의 현존을 가능케 하는 원초적 말이 될 때 우리에게 초월의 문을 열어준다고 라너는 보았다. 인간뿐 아니라 만물은 그 자신의 본질 속에서 자신이 드러나길 원한다. 이러한 본질의 드러남을 가능케 하는 것이 바로 원초적 말이다. 시인은 이러한 원초적 말을 발설하려 세상에 왔다. 그렇기에 "한 사람이 동시에 사제司祭이며 시인詩人이라면, 그것은 인간의 가장 높은 가능성이다."125

시인의 말은 사제의 성례전과 유사하다. 빵과 포도주라는 물질이 성찬식을 통해 하나님의 신비를 드러내듯, 다른 만물도 자신의 신비로운 본질이 드러나길 기다리는 것이다. 곧 그들은 시인의 말을 기다리는 것이다. 만물은 자신이 알려지고 사랑받고 완성되기를 원한다. 이런 이유에서 우리는 시인의 말을 경멸해서는 안 되는 것이다. 시인의 말과 사제의 말, 예술과 종교는 그리스도의 성육신을 통해 이루어진 유비의 거울이 되는 것이다. "하나님의 말씀은 인간의 말이라는 수준으로 자신을 낮추었으며, 고단하고 하찮고 일상적인 생활의 말들 안으로 오셨다."126

우리는 지금은 오직 유비의 거울을 통해 시간을 본다. 시간의 파편들이 만들어 낸 부분적 아름다움에서 시간 전체가 끝날 때 만들어 낼 우주적 아름다움을 꿈꾼다. 마치 화가 고흐가 화가 하나님을 희미하게 상상한 것처럼, 철학자 헤겔이 역사철학을 일종의 희곡론戲曲論으로 해석한 것처럼 그리고 신학자 아우구스티누스가 우주의 존재를 하나님의 시詩라고 이해한 것처럼 인간은 유비의 거울을 통해 시간의

---

125 Karl Rahner, "Priest and Poet," 294.
126 Rahner, "Priest and Poet," 313-314.

부분에서 시간의 전체를 예견하는 것이다. 그렇기에 미학적 신정론은 직관적 경험을 논리로 구성한 것이며, 그러한 유비의 거울을 통해 아름다움을 희망하는 것이다. 물론 다른 선택을 하는 자들도 존재한다. 하지만 "그들이 바라보는 거울이 곧 '거울'(*speculum*)이라는 사실, 하나의 형상이라는 사실을 자신들은 알지 못할 것이다."[127]

---

127 Augustine, *The Trinity*, 429(15권 XXIV. 44).

18 장

기술적 신정론

I. 역사의 특이점: 신(*Deus*)의 세 가지 변천

악과 고통이 종교적 문제만이 아니라 기술의 문제라고 보는 견해가 기술적 신정론^{技術的 神正論}(technological theodicy)이다. 새로운 역사의 특이점이 지금 도래하고 있다. 예측할 수 없는 자연재해, 질병과 장애 그리고 죽음이라는 궁극적 부조리 등등 인류가 경험하는 혹은 경험하기 두려워하는 악과 고통은 신^神이라는 종교적 관점에서만 해결될 수 있다고 과거의 사람들은 생각하였다. 하이데거^{Martin Heidegger}는 1966년 「스피겔」지와의 인터뷰에서 현대의 비인간적인 '기술'(tech-nicity, *die Technik*)의 세계로부터 "오직 신만이 우리를 구원할 수 있다"라고 말한 적이 있다.

> 철학이 현대 세계의 상황에 즉각적인 변화의 결과를 가져올 수는 없을 것이다. 그것은 단지 철학뿐 아니라 모든 인간의 성찰과 노력에서도 마찬 가지다. 오직 신만이 우리를 구원할 수 있다. 우리에게 존재하는 유일한 가능성은 사유와 시작^{詩作}을 통해 신의 도래를 혹은 부재하는 신이라는 쇠퇴의 상황에 놓인 우리를 고려한다면 신의 부재를 기꺼이 준비하는 것이다.[1]

우리는 지금 과거와는 질적으로 다른 역사의 특이점을 지나가고 있는 것은 아닐까? 오늘날 인류는 하이데거가 말했듯 악과 죽음과

---

1 Martin Heidegger, "Nur noch ein Gott kann uns retten," *Der Spiegel* 30 (1976): 193-219. Trans. by W. Richardson as "Only a God Can Save Us," Thomas Sheehan ed., *Heidegger: The Man and the Thinker* (Chicago: Precedent Publishing, 1981), 45-67.

기술로부터 구원할 '신의 도래'를 기다리며 신의 부재를 견디고 있다기보다는 인간 스스로 신의 기능을 대신 수행하는 역사의 특이점에 놓여 있는 듯하다. 어쩌면 이제 오직 '호모 데우스*Homo Deus*'만이 우리를 구원할 수 있는지도 모른다.[2]

인류는 이전에 한 번도 소유해보지 못했던 신적인 힘을 가지게 되었다. 과거의 종말론이 신의 개입을 기다렸다면, 기술적 종말론은 호모 데우스가 언제든 실현할 수 있는 것이다. 호모 사피엔스가 신의 구원으로만 불멸에 도달할 수 있다고 생각했다면, 호모 데우스는 기술을 통해 스스로 자기 구원자가 되고자 한다. 점진적으로 신정론은 탈종교화의 과정을 겪고 있다. 특이점의 인류는 기술을 통해 질병뿐만이 아니라 죽음 자체도 극복하고자 실험하고 있다. 죽음이란 인류가 극복해야 할 마지막 최후의 질병이라는 것이다. 우리가 처한 시대는 종교적 신을 통해서가 아니라 호모 데우스가 스스로 불멸성을 획득하려 시도하는 역사의 특이점이다.

인류는 각각의 특이점마다 '신'(*Deus*)이라는 이름으로 자기 시대의 특징을 표시해왔다. 고대와 중세는 종교극宗敎劇에서 자신의 시대를 '기계 장치로부터 내려온 신'(*Deus ex machina*)으로 묘사했다. 삶과 운명이 도무지 해결될 기미가 없이 실타래처럼 얽혀버린 상황에서 마지막에 기중기의 기계 장치를 타고 하나님이 무대 위로부터 내려와서 모든 문제를 권선징악으로 행복하게 마무리하는 것으로 시대정신을 표현하였다.

근대의 '신'은 인간의 삶과 운명을 무대 위에서 혹은 우주 밖에서

---

2 Yuval Noah Harari, *Homo Deus: A Brief History of Tomorrow* (New York: Harper, 2017).

내려와서 외부적 개입을 통해 통제하지 않는다. 오히려 그는 자연적 법칙을 통해 활동하는 우주 전체의 모습에 가깝다. 존재의 전체가 신적인 것이며, 그렇기에 존재의 총체성이 사실은 '신 혹은 자연'이라는 것이다. 스피노자는 이러한 근대의 시대정신을 다음과 같이 적고 있다:

> 자연은 목적을 위해 움직이지 않는다. 우리가 영원히 무한한 존재라고 부르는 신 혹은 자연(*Deus, sive Natura*)은 스스로 존재하는 필연성을 따라서만 움직일 뿐이다. … 그가 어떤 목적을 위해 존재하는 것은 아닌 것처럼, 그가 어떤 목적을 위해 행동하는 것도 아니다. … 목적인目的因이 라 불리는 것은 단지 인간의 욕구가 표현된 것일 뿐이다.[3]

하지만 마치 우주의 블랙홀처럼 역사의 특이점에 인류의 여정이 도달한 지금, 이전의 신에 관한 생각들은 설득력의 광채를 잃어가는 듯하다. 고·중세의 '기계 장치로부터 내려온 신'(*Deus ex machina*)에 서 근대의 '신 혹은 자연'(*Deus, sive Natura*)으로 변화하게 만든 것이 철학과 계몽이라고 한다면, 오늘날 현대의 '호모 데우스*Homo Deus*'를 가능하게 한 것은 바로 하이데거가 기술이라고 부른 인간의 자기 결정력이다. 유발 하라리는 호모 사피엔스가 호모 데우스로 진화하는 과정을 다음과 같이 분석한다:

---

3 Edwin Curley ed., *The Collected Works of Spinoza*, vol. 1 (Princeton, New Jersey: Princeton University Press, 1985 and 2016), 544. 한국의 신학자 다석 류영모는 이러한 스피노자의 신관을 동양의 사상과 유사하다고 주목하였다. "있는 모두 그대로가 하느님이다. 이를 스피노자와 노자는 '자연'이라고 하였다. 이 자연은 성령, 허공, 천체로 이루어진 있는 그대로 하느님이다." 류영모, 『명상록: 진리와 참 나』, 박영호 풀이 (두레, 2000), 246-247.

인간을 신으로 업그레이드하는 방법은 다음과 같은 세 가지 중에서 어느 하나를 따라가는 것이다: 생명공학(biological engineering), 사이보그 공학(cyborg engineering) 그리고 비非유기체 공학(the engineering of non-organic beings). … 호모 사피엔스는 차근차근 자신을 로봇과 컴퓨터에 결합하면서 점진적으로 업그레이드할 가능성이 크다. 우리의 후손들은 과거를 되돌아보며, 더 이상 자신들이 옛날에 성경을 썼던 동물과는 진혀 닮지 않았다는 것을 깨닫게 될 것이다.[4]

II. 기술적 신정론

신이 아니라 기술이 인류를 구원할 것이다. 이것이 기술적 신정론의 신념이다.[5] 특히 어쩔 수 없는 인간의 죽음이라는 생물학적 필연성으로부터 과학기술이 인류를 해방할 수도 있을 것이라는 가능성에 우리는 주목한다. 이러한 기대는 미래의 종교와 기독교에 중요한 변화를 가져올 것이다.

기술과 죽음에 대한 최근의 프로젝트들은 자연 생태계 혹은 컴퓨터 망 등등 초인간적 네트워크에 인류를 통합시킴으로써 일종의 불멸성을 가져오려고 한다. 이러한 기술적 시도는 '네트워크 신정론'(theodicy of networks)이라고 불리기도 한다.[6] 그것은 사망한 인간의 삶의 흔적

---

4 Harari, *Homo Deus*, 43, 49.

5 이하는 Hohyun Sohn, "Singularity Theodicy and Immortality," *Religions* (2019): 10, 165의 내용을 번역, 수정, 확장한 것이다.

6 Denisa Kera, "Designing for Death and Apocalypse: Theodicy of Networks and Uncanny Archives," *The Information Society* 29 (2013): 177-183. 케라는 네트워크 신정론을 이렇게

을 컴퓨터 소프트웨어, 하드웨어, 생명공학 등의 도움으로 우주에 편입시킴으로 일종의 개인적 불멸성을 획득하려는 시도를 가리킨다. 예를 들어 '미션 이터너티Mission Eternity'라는 프로젝트는 스위스의 이토이Etoy Corporation사가 주도하는 일종의 '디지털 묘지'이다. 죽은 이의 생애가 디지털 프로필, 녹화물, 저장 데이터 등의 형식으로 컴퓨터 네트워크 혹은 휴대폰에 저장되는 것이다. 이런 디지털 정보의 보존은 서서히 생물학적 기억에서 망각되는 것을 막고, 어쩌면 망자가 새롭게 '천사'(angels)와 같은 모습으로 영원한 불멸성을 획득하는 것이라고 한다.

종교적 신념이나 과학적 사변으로부터 독립적으로, 미션 이터너티는 죽음 이후의 삶을 탐구한다. 우리의 프로젝트는 다음과 같은 사실에 기초한다: 우리가 확실히 아는 것은 우리가 삶의 흔적들과 엄청난 양의 정보를 남긴다는 것이다. 이토이사는 컴퓨터 기술을 사용하여 인간의 흔적을 영원히 저장한다. 죽은 자는 지구적인 기억 안에서 삶의 흔적 혹은 바이오매스(biomass)로 계속해서 존재하게 된다. 정부의 데이터베이스, 가족들의 컴퓨터, 직업적 기록들, 그리고 전기적 자극으로 우리의 SNS에 저장되는 감정의 데이터 등이 이러한 바이오매스를 구성한다. … 우리의 캡슐(M∞ ARCANUM CAPSULES)은 사용자들의 삶의 디지털 흔적과 '영혼'(soul)을 담게 되고, 사람들에게 죽음 이후에도 활동적으로 남게 한다.7

설명한다: "디자인과 예술이 소프트웨어, 하드웨어, 최신 생명공학 등을 서로 결합하는 최근의 시도들은 죽음(death)과 기술(technology)이라는 섬뜩하게 신비한 관계를 성찰하면서 인간의 유한성과 가능한 종말에 대한 몇몇 독특한 대응들을 가져왔다. 이러한 프로젝트들은 적절한 장례, 애도, 기억, 보존으로 생각되던 것들을 어떻게 확장할 수 있는지 보여준다. 이를 통해 우리는 죽음에 대한 우리의 개인적이고 집단적인 대응을 보다 잘 이해할 수 있고, 예상치 못한 기술의 활용을 탐구할 수 있다." *Ibid*., 177.
7 이토이사의 '미션 이터너티' 웹사이트 참고(http://missioneternity.org/etoy/). 2020년 9월

혹은 우리는 보다 아날로그적인 다른 불멸의 방식들을 선호할 수도 있다. '생현존'(biopresence)이라는 사후의 삶에 대한 프로젝트는 사망한 이의 DNA를 살아있는 나무에 결합함으로 전통적인 무덤과 비석의 역할을 대신 할 수 있다는 것이다.[8]

과정신학의 용어로 표현한다면, 이러한 네트워크 신정론은 '객체적 불멸성'(objective immortality)을 '어느 정도' 가능하게 만들 수도 있을 것이다. 하지만 몇몇은 이러한 개인의 삶의 기억과 흔적을 객관적이고 영속적으로 보존하는 것을 넘어서는 일종의 '주체적 불멸성'(subjective immortality), 곧 죽음 후의 개인의 활동적이고 능동적인 삶도 기술적 신정론이 제공할 수 있을 것으로 기대한다.

과정신학자 포드[Lewis Ford]와 수하키[Marjorie Suchocki]의 정의에 따르면, 주체적 불멸성이란 '신체의 해체 이후 영혼의 생존', 곧 육체의 죽음 이후에도 영혼은 하나님의 결과적 본성 안에서 개인적 느낌의 직접성을 상실하지 않고 생존하는 것을 뜻한다.[9] 일상적 언어로 표현한다면, 죽음 후에 개인은 하나님의 우주적인 기억 안에서 영속적으로 보존되고, 어떤 다른 추가적 경험은 개인의 정체성을 바꾸기에 비록 불가능하지만, 여전히 감정을 직접적으로 느낄 수 있는 영혼의 상태로 살아간다는 것이다. 하지만 크래프트[Lori E. Krafte]와 같은 다른 과정 사상가들은 객체적 불멸성을 넘어서는 이러한 주체적 불멸성에 대해 회의적이다.[10] 개인이 사후에 어떤 추가적인 경험을 한다고 가정한다면, 죽음

접속. Kera, "Designing for Death and Apocalypse," 179.

8 Kera, "Designing for Death and Apocalypse," 179-180.

9 Lewis S. Ford and Marjorie Suchocki, "A Whiteheadian Reflection on Subjective Immortality," *Process Studies* 7 (1977), 1. 손호현, 『아름다움과 악: 3권, 화이트헤드의 미학과 신정론』 (서울: 한들출판사, 2009), 154-169 참고.

후 추가적인 경험을 영속적으로 하는 개인은 더 이상 죽음 이전의 개인과 동일한 정체성을 가지지는 않기에 엄밀한 의미에서 주체적 불멸성은 성립하지 않는다. 반대로 죽음 이후의 개인이 추가적인 경험을 하지 않는다고 가정한다면, 죽음 전과 죽음 후의 개인의 정체성의 문제는 해결될 수 있으나 포드와 수하키가 희망한 개인의 능동적이고 직접적인 감정과 느낌의 활동, 곧 주체적 불멸성은 여전히 부정된다. 화이트헤드A. N. Whitehead의 형이상학적 우주에서 추가적 경험이 없는 감정과 느낌의 경험은 불가능하기 때문이다.

본인이 아는 한, 객체적 불멸성을 넘어서는 주체적 불멸성을 현재 세계에서 약속하는 기독교 신정론은 아직 존재하지 않는다. 헤겔G. W. F. Hegel의 사변적 신정론은 인류의 멸종 가능성을 고려하지는 않았던 듯하며, 화이트헤드의 과정 신정론은 인간의 영원불멸성이 오직 객관적 방식으로만, 곧 하나님의 영속적 기억 안에 실현된 고정된 가치로서만 가능하다고 주장한다. 하지만 흥미롭게도 최근의 몇몇 기술적 신정론들은 차안此岸적인 주체적 불멸성을 약속하는 듯 보인다.[11]

『특이점이 온다』의 저자 레이 커츠와일Ray Kurzweil은 죽음이 자연적인 과정이 아니라 피할 수 있는 질병이라고 주장한다. 죽음에는 아무런 형이상학적 혹은 생물학적 필연성도 존재하지 않는다는 것이다. 어쩌면 인류는 조금만 더 삶을 연장한다면 마침내 죽음을 정복할 수 있을지

---

10 Lori E. Krafte, "Subjective Immortality Revisited," *Process Studies* 9 (1979): 35-36.

11 주체적 불멸성은 두 가지 방식으로 생각될 수 있다. 전통적인 방식은 천국에서의 영혼의 불멸성, 곧 피안적인 주체적 불멸성(other-worldly subjective immortality)이다. 반면 기술적 신정론은 차안적인 주체적 불멸성(this-worldly subjective immortality), 곧 개인이 어떤 과학기술의 도움으로 현실의 우주에서 영속적으로 존재할 수도 있을 것으로 기대한다.

도 모른다고 그는 생각한다: "영원히 살기 위해서, 필요한 만큼 충분히 살 수 있는 수단을 바로 지금 우리는 가지고 있다."[12] 그는 기하급수적으로 발전하는 미래의 기술이 죽음으로부터의 비종교적인 구원을 인류에게 선물할 것이라고 강력하게 주장한다. 최근 유전공학, 나노기술, 로봇공학, 인공지능 등의 성과가 인류의 죽음에 대한 태도를 근원적으로 바꾸고 있다.

> 역사적으로 인류가 자신의 제한된 생물학적 생명을 초과해서 존재할 수 있는 유일한 수단은 미래의 후손에게 자신의 가치, 신앙 그리고 지식을 전달하는 것이었다. 하지만 현재 우리는 자신의 존재 패턴을 보존하는 사용 가능한 수단들에 있어서 일종의 패러다임 전환에 접근하고 있다. … 생명공학과 나노기술이 완벽하게 실현될 때, 죽음을 불가피하게 만드는 사실상의 모든 의학적 원인을 우리는 제거할 수 있을 것으로 예상한다. 또한 우리가 비非생물학적 존재를 향해 진화하면서 자신을 '백업'(backing up)하는 수단, 곧 자신의 지식과 기술과 성격을 구성하는 핵심 패턴들을 저장하는 수단을 획득하게 될 것이다. 따라서 우리가 아는 죽음의 이유 대부분을 제거할 수 있게 될 것이다.[13]

커츠와일의 이러한 특이점주의(Singularitarianism)를 한 괴상한 과학기술자의 유사종교적인 환상이라고 우리는 무시해버리고 싶은 유혹을 느낄지도 모른다. 그것은 가짜 예언이며 거짓된 약속이라고

---

12 Ray Kurzweil, *The Singularity Is Near: When Humans Transcend Biology* (New York: Penguin Books, 2005), 371.

13 Kurzweil, *Singularity Is Near*, 323.

신정론의 성찰에서 단순히 제외하기보다는 이러한 생각이 제기되는 우리의 새로운 당대, 곧 인류 역사의 특이점을 신학적으로 분석해야 하지 않을까? 모든 신학자는 자신의 연구 영역 바깥에서 이루어지는 인류의 관심들과 기술적 발전들이 신학과 사회윤리에 끼치는 영향에 대해 성찰할 의무가 있다. 아래에서 본인은 커츠와일이 제안하는 차안적인 주체적 불멸성을, 구체적으로 그의 세 가지 죽음의 극복 방법들을 분석하고자 한다: 1) 인체냉동보존기술의 냉동하기(freezing) 방법, 2) 유전공학의 복제하기(cloning) 방법, 3) 정보기술의 업로드하기(uploading) 방법. 이러한 기술적 신정론이 과연 종교 특히 기독교가 '영혼'이라고 부른 개인의 정체성을 보존할 수 있는지 지금부터 살펴보도록 하자.

1. 냉동하기

기술적 신정론의 첫째 방법인 인체냉동보존기술(cryonics)은 죽은 이의 몸을 저온으로 냉동하는 것을 가리킨다. 커츠와일에 따르면, "그것은 방금 죽은 사람의 사망 과정, 냉동보존 과정 그리고 죽음에 이르게 한 질병 혹은 상태 등등에서 입은 손상을 되돌릴 수 있는 기술이 미래에 존재할 때까지, 곧 나중에 다시 '소생'(reanimating)시킬 수 있을 때까지 죽은 사람의 인체를 냉동하여 보존하는 것이다."[14]

예를 들어 미국 애리조나에 있는 알코어 생명연장재단(Alchor Life Extension Foundation)은 심장이 멈춘 15분 이내에 인체의 냉동보존

---

14 Kurzweil, *Singularity Is Near*, 384.

절차를 진행하면, 미래의 회복을 위한 모든 중요한 정보를 보존할 수 있으며 사실상 죽음의 과정을 멈출 수 있다고 주장한다.

> 나노기술의 점진적 발전은 분자 하나하나까지 재생시키는 것을 포함해서 광범위한 세포손상의 회복과 재생을 가능케 하는 방법들을 결국 찾을 것이다. … 만약 개인의 생존이란 신체 구조의 생존을 의미한다면, 만약 차가운 온도가 본질적인 신체 구소를 충분한 해상도로 보존할 수 있다면 그리고 만약 가시적으로 예상할 수 있는 미래의 기술이 냉동보존 과정의 손상들을 치료할 수 있다면, 그렇다면 냉동보존 방법은 비록 지금 당장은 증명될 수 없지만 결국 효과적인 것으로 증명될 것이다.[15]

인체냉동보존을 통한 죽음의 극복 방법은 현재의 기술과 미래의 기술, 곧 지금 우리가 인체와 뇌를 얼마나 손상하지 않고 높은 해상도로 보존할 수 있는지와 미래의 나노기술이 이미 발생한 손상을 얼마만큼 회복시킬 것인지에 그 성공 여부가 달려 있다. 그리고 몇몇 신학자는 '육체의 부활'이라는 기독교 교리가 어쩌면 인체냉동보존기술을 통해서 미래에 기술적으로 실현될 수도 있다고 제안한다.

캘빈 머서Calvin Mercer는 사도 바울이 말한 부활 후의 새로운 영적 몸이라는 생각에 기초하여 "소생된 혹은 심지어 로봇화된 몸이 신학적으로 수용될 수 없다고 반대하는 신학자들은 그와 유사하게 전혀 다른 구성을 지닌 사도 바울의 '영적 몸'은 어떻게 수용할 수 있는지 설명해야 할 필요가 있다"라고 반문한다.[16] 이처럼 머서가 죽은 자와

---

15 알코어 생명연장재단의 공식 홈페이지 내용(https://alcor.org/AboutCryonics/ index.html) 참조. 2020년 9월 접속.

인체냉동보존기술을 통해 소생한 자 사이의 인격적 정체성에 대해 아무런 구분을 하지 않는 반면에 커츠와일은 보다 온건한 입장을 제시한다. 그는 다시 소생한 자가 동일한 사람이라기보다는 일종의 업그레이드된 새로운 사람, 곧 레이 커츠와일이라는 자신의 경우 '레이2'가 될 것이라고 한다. 왜냐하면 레이2는 전혀 다른 재료와 전혀 새로운 신경구조를 가질 것이기 때문이다.[17]

냉동보존 피라미드(cryonic pyramid)라는 이러한 이집트적 불멸성은 해결책의 기능을 수행하기보다는 단지 해결책의 연기가 아닐까? 마치 악의 문제의 해결을 죽음 이후의 사후세계로 연기하는 모든 지연된 신정론처럼 혹은 스피노자가『윤리학』에서 '무지의 성소'(the sanctuary of ignorance)에 호소하는 것이라고 비판한 것처럼,[18] 냉동하기의 방법은 죽음을 직접 극복하는 것이라기보다는 해결을 미래로 연기하는 것에 불과하기 때문이다. 요컨대 그것은 인류에게 대안적인 생명의 연장 방법들이 생기기까지 시간의 벌어진 틈을 막는 일종의 임시 조치이다. 하지만 냉동하기의 방법이 결국 생명을 연장했는지 아니면 오히려 죽음을 연장했는지는 오직 미래만이 대답할 수 있다.

2. 복제하기

영국의 오브리 드 그레이[Aubrey de Grey]는 수십 년 이내에 과학자들이

---

16 Calvin Mercer, "Resurrection of the Body and Cryonics," *Religions* 8 (2017), 96.

17 Kurzweil, *Singularity Is Near*, 384.

18 Benedictus Spinoza, *The Collected Works of Spinoza*, Edwin Curley ed., vol. 1 (Princeton, New Jersey: Princeton University Press, 1985), 443.

세포의 신진대사 효율성을 극대화하여 인간의 노화 과정을 오히려 거꾸로 역전시키는 유전자 치료법을 개발할 것이라고 믿는다. 그는 이러한 가능성을 '장수 탈출 속도'(longevity escape velocity)라고 부른다.[19] 과학기술의 발전 등으로 인간의 기대수명이 그러한 기술의 발전을 위해 사용된 시간보다 더 길게 늘어난다면, 인간은 그만큼 더 죽음으로부터 탈출하여 장수에 도달하게 된다는 가설이다. 예를 들어 일 년 동안에 인간의 기대수명이 십 년이 더 늘어나는 것이 그런 경우이다. 드 그레이는 노화와 죽음의 문제는 신체의 유지와 보수의 문제와도 같다고 본다. 자동차나 주택이 시간이 지나감에 따라 낡아져서 유지와 보수를 필요로 하는 것과 마찬가지라는 것이다. 그는 인간의 수명을 연장할 생의학적 치료법 혹은 유전자적 치료법에 죽음을 극복할 희망이 있다고 생각한다.

드 그레이와 달리 커츠와일은 유전자 치료법보다는 유전자 복제가 인간의 불멸성을 위해 더 큰 가능성을 가져올 것으로 생각한다. 유전자 복제는 어떤 생물학적 존재와 유전적으로 동일한 복제물을 생산하는 것을 가리킨다. 이러한 복제 기술이 멸종위기에 놓인 동물의 복원과 기아의 극복 등 여러 문제를 해결할 것이라고 그는 기대한다. 동물의 경우 유전자 복제가 가능하다는 것이 이미 양(1997), 쥐(1998), 말(2003), 고양이(2004) 그리고 개(2006)의 경우 증명되었다. 나아가 만약 인간의 유전자 복제가 이루어진다면, 죽음과 유한성 자체가 극복될 것이라고 커츠와일은 생각한다. 그에 따르면 "일종의 매우 약한 형태의 불멸성(a very weak form of immortality)으로서, 인간 복제가 일어날 것이라는

---

19 Aubrey de Grey, *Ending Aging: The Rejuvenation Breakthroughs That Could Reverse Human Aging in Our Lifetime* (New York: St. Martin's Press, 2007), 331.

사실은 의심의 여지가 없다."[20]

인간의 유전자 복제에 대한 기술적 가능성과 윤리적 함의에 대한 논의들과는 별개로, 논리적으로 '나 자신의 미래 생존'과 '나의 유전자가 복제된 존재의 미래 생존'은 서로 다른 문제이다. 예를 들어 나에게 일란성 쌍둥이 형제가 있다고 가정해보자. 아무리 유전적으로 유사하거나 심지어 동일하더라도 그가 나는 아니다. 이처럼 개인의 인격적 정체성의 문제에 있어서 자연적 쌍둥이이든 유전적으로 복제된 쌍둥이이든 본질적으로 나에게는 둘 다 타인이라는 지위를 가진다는 점에서는 다르지 않다. 둘 다는 결국 내가 아니라 생물학적 쌍둥이 혹은 유전적으로 복제된 쌍둥이다. 이런 이유에서 유전공학의 복제하기 방법은 우리가 앞에서 '차안적인 주체적 불멸성'이라 부른 것을 보증한다고 볼 수는 없다.[21] 우리는 나중에 커츠와일의 업로드하기 전략을 논의할 때 개인의 정체성 문제를 다시 논의할 것이다. 다만 여기서는 이러한 유전적으로 복제된 내가 다른 정체성을 가진 타인이라는 우리의 입장이 사실은 커츠와일 자신의 견해이기도 하다는 것만 확인하고자 한다. 그에 따르면,

유전자 복제는 철학적 정체성에 있어서 아무런 문제도 가지지 않는다. 왜냐하면 그러한 복제된 존재는 다른 사람이기 때문이다. 오늘날 보통의 쌍둥이가 다른 것보다도 어쩌면 더 다를 것이기 때문이다.[22]

---

20 Kurzweil, *Singularity Is Near*, 222.

21 앞의 각주 11을 참조하라.

22 Kurzweil, *Singularity Is Near*, 224-225.

만약 이러한 비정체성(non-identity)의 입장이 커츠와일 자신의 견해라고 한다면, 두 번째 기술적 신정론으로서의 유전자 복제하기는 '매우 약한 형태의 불멸성'을 제공한다기보다는 아무런 불멸성도 전혀 제공하지는 않는다고 우리가 평가하는 것이 옳을 것이다. 더군다나 인간의 유전적 복제가 수반하는 자기 변경의 결과는 어쩌면 인류에게 있어 일종의 '종의 자살'(species suicide)을 가져오는 어리석은 행위일지도 모른다.[23] 미국의 역사학자이자 정치학자인 후쿠야마는 인류의 자기 변경의 위험성을 이렇게 경고한다.

> 우리가 자신을 어떤 보다 우월한 것으로 개조하기 시작한다면, 그렇게 강화된 존재들은 어떤 권리를 요구할 것인가? 뒤에 남겨진 인간들과 비교해서 그들은 어떤 권리를 실제로 소유할 것인가? 만약 몇몇이 이러한 선택을 한다면, 나머지가 따라가지 않을 수 있을까? 이러한 질문들은 부유한 선진국들에서도 내부적으로 충분히 곤란한 문제들이다. 여기에 우리는 세계에서 가장 가난한 나라들의 시민들에게 끼칠 영향도 고려해야만 한다. 가난한 그들에게는 생명공학의 기적 같은 기술이 도달할 수 없는 꿈일 것이며, 평등의 가치에 대한 위협이 더욱더 실제적으로 될 것이다.[24]

어쩌면 이런 여러 이유에서인지 커츠와일은 유전공학의 '물리적 복제하기'(physical cloning)보다는 정보기술을 통한 '정신적 복제

---

23 Daniel R. Heimbach, "Cloning Humans: Dangerous, Unjustifiable, and Genuinely Immoral," *Valparaiso University Law Review* 32 (1998): 633-660.

24 Francis Fukuyama, "Transhumanism," *Foreign Policy*, no. 144 (2004): 42-43.

하기'(mental cloning)의 방법, 곧 정보의 업로드를 통한 전이轉移(trans-
ference)의 전략을 선호한다.[25]

3. 업로드하기

드 그레이의 생물학 혹은 유전학을 통한 해결책과 달리 커츠와일은
미래에는 인간의 생물학적 몸이 전혀 불필요하게 될 것이라고 본다.
과학자들은 인간의 뇌를 역설계逆設計하여 의식을 일종의 사실상 불멸하
는 하드웨어에 업로드하고 전이시킬 것이기 때문이라는 것이다. 우리
는 커츠와일의 업로드하기 전략 혹은 전이의 전략을 세 가지 차원에서
분석하려고 한다. 기술적 가능성, 철학적 가능성 그리고 종교적 가능성
이 그것이다.

첫째로 한 개인의 인격적 정체성을 컴퓨터의 기판에 전이시키는
것은 기술적으로 가능한 것인가? 커츠와일은 자신이 '패턴주의자'(pat-
ternist), 곧 한 개인의 정체성이란 개인의 마음이 지닌 정보의 고유한
패턴이라고 보는 견해를 가진다고 주장한다. 마치 불교의 존재론에서
한 사람의 개성의 자리란 그 사람의 의식이라고 보는 견해와 유사하다
는 것이다. 만약 그러하다면 우리의 개인적 정체성, 곧 정보의 패턴을
어떤 슈퍼컴퓨터에 업로드하고 전이시켜서 '백업'(backing up)하는
것은 원칙적으로 그리고 기술적으로 불가능하지 않다고 그는 생각한
다.[26]

---

25 Kurzweil, *Singularity Is Near*, 224.

26 *Ibid*., 388.

뇌스캔 기술과 업로딩 기술이 해상도와 정확성에 있어서 기하급수적인 속도로 발전할 것이기 때문에 이러한 과정에서 어떠한 손실도 없이 한 사람의 성격, 기억, 기술 그리고 삶의 역사 전체가 고스란히 저장될 것이다.[27]

두 번째 철학적 질문은 "업로드가 끝난 인간의 뇌가 정말 당신인지 아닌지"의 여부이다.[28] 냉동하기 혹은 복제하기 전략과는 달리 점진적인 업로드의 전략은 개인의 정체성 문제를 가져오지 않을 것이라고 커츠와일은 본다. 우리가 자신의 개인 정보를 오래된 컴퓨터에서 새로운 컴퓨터로 옮길 수 있는 것처럼, 마찬가지로 자신의 개인적 인격성이라는 정보 패턴도 동일한 방식으로 생물학적 뇌에서 비非생물학적 기판으로 옮길 수 있을 것이라고 그는 주장한다. 이러한 업로드 과정이 점진적으로 이루어진다면, "'과거의 레이'(old Ray) 혹은 '새로운 레이'(new Ray)가 존재한다기보다는 오직 끝없이 나아지는 레이(increasingly capable Ray)만이 존재할 것이다."[29]

셋째로 그리고 가장 중요하게, 업로드된 인간의 정보 패턴이 종교가 오랫동안 영혼(soul)이라고 불러온 것과 동일하다고 우리는 볼 수 있는가? 커츠와일은 영혼이라는 용어를 사용하지는 않지만, 그의 전이의 방법이 가지는 종교적 함의를 놓치기는 쉽지 않다. 영혼의 죽음을 합리화하는 것이 과거 종교의 가장 중요한 역할이었던 반면에 특이점주의의 '새로운 종교'(new religion)는 영혼의 궁극적 목표가

---

27 *Ibid.*, 199.

28 *Ibid.*, 201.

29 *Ibid.*, 201-202.

우주의 불멸하는 한 부분이 되는 것이라고 커츠와일은 주장한다.[30] 이러한 영혼과 물질적 우주의 점진적인 통합을 통해서 결국 우주는 무한한 신적 지성을 가지는 영적인 전체, 곧 신이 될 것이라고 그는 본다. 마이클 짐머만[Michael E. Zimmerman]이 커츠와일을 헤겔의 철학적 계보 안에 위치시키는 것은 결코 우연한 해석이 아니다.[31] 헤겔과 커츠와일 둘 다 우주의 역사가 물질이라는 화석화 상태에서 지성이 탈출하여 영의 공동체로 진화하는 하나님의 자기실현의 영성화 과정, 곧 우주의 신격화 과정이라고 보기 때문이다.

> 물질세계는 내재적으로 진화하며, 각각의 단계는 이전 단계를 초월한다. … 진화는 더 큰 복잡성, 더 큰 우아함, 더 큰 지식, 더 큰 지능, 더 큰 아름다움, 더 큰 창조성, 더 큰 사랑의 방향을 향해서 움직인다. 그리고 이 모든 것들이 하나님(God)이라고 불렸다. 단지 아무런 제한도 없다는 것이 다를 뿐이다. 하나님은 무한한 지식, 무한한 지능, 무한한 아름다움, 무한한 창조성, 무한한 사랑이다. 진화는 무한의 단계에 도달할 수는 없다. 하지만 진화가 기하급수적으로 폭발하면서 그러한 방향을 향해서 움직이는 것은 확실하다. 따라서 진화는 우리의 하나님이라는 관념을 향해 냉혹하게 움직여간다. 비록 그 이상에 결코 도달하지 못할 것이지만 말이다.[32]

---

30 *Ibid.*, 375.

31 Michael E. Zimmerman, "The Singularity: A Crucial Phase in Divine Self-Actualization?", *Cosmos and History* 4 (2008): 347-370.

32 Kurzweil, *Singularity Is Near*, 476.

이러한 우주 안에서도 영혼이 존재하는가의 질문은 영혼의 뜻에 대한 종교적 문법이 먼저 규명되어야 대답될 수 있다. 만약 커츠와일의 미래에 대한 예측이 옳다면, 우주의 궁극적 운명은 일종의 기계 하나님이 되는 것이다. 특이점주의의 '새로운 종교'는 영적 기계를 섬긴다. 고·중세가 '기계 장치에서 내려온 신'(Deus ex machina)을 섬겼고, 근대가 '자연으로서의 신'(Deus, sive Natura)을 사유했다면, 현대/탈현대의 인류는 컴퓨터 정보기술의 도움으로 마침내 일종의 기계 하나님, 곧 기계신機械神(Deus, sive machina)의 도래를 목도하는 것은 아닐까? 인간의 운명은 도래하는 기계신의 일부분이 되는 것, 곧 '호모 데우스Homo Deus'가 되는 것일까? 이것을 영혼이라고 부를 수 있을까?

III. 기술적 신정론을 향한 세 가지 도전

1. 기술적 차원: 무의식의 문제

죽음은 극복할 수 있는 질병이라는 커츠와일의 기술적 신정론을 더 좁은 의미에서 정보 패턴의 전이 혹은 업로드하기 방법론의 차원으로만 제한하며, 본인은 아래에서 세 가지 도전을 제시하고자 한다.

첫째는 기술적 가능성이다. 앞에서 살펴본 것처럼 커츠와일은 가까운 미래에 인간의 뇌스캔이 일종의 '정신적 복제'를 하면서 '한 사람의 성격, 기억, 기술, 그리고 삶의 역사 전체'를 미래의 비생물학적인 신체 혹은 기판에 조금의 손실도 없이 옮길 수 있다고 주장한다. 커츠와일과 진화심리학자들은 인간의 뇌를 컴퓨터의 인공지능 모델을 통해 접근하는 것이다. 곧 인간의 뇌란 언어 습득 모듈, 배우자에 대한 성적 선호 모듈 등등 수많은 기능적 구조들로 구성된다는 것이다. 이러한 견해는 뇌가 마치 회로들로 구성된 일종의 컴퓨터와 마찬가지라는 전제에서 출발하는 것이다.[33] 하지만 인간의 뇌에 대한 컴퓨터 모델이 정보, 데이터 혹은 인공지능 등으로 환원될 수 없는 인간의 무의식도 설명할 수 있는지는 분명하지 않다고 본인은 본다.

무의식은 마음에 대한 우리의 이해에 있어 커다란 공백과도 같다. 카를 구스타프 융[C. G. Jung]은 "의식적인 인격으로서의 자아는 전체 현상으로서의 자기 인격과 일치하지 않는다"라고 말한다.[34] 인간의 의식이란 우리 마음이 소유하고 처리하는 정신적 내용의 매우 작은 부분에 불과하다는 것이다. 융의 심층심리학은 인간의 마음이 최소한 다음과 같은 네 가지 차원으로 이루어진 다층적 구조를 가진다고 제안한다: (1) '자아'(the Ego, consciousness), (2) '그림자'(the Shadow), (3) '아니마'(*Anima*)와 '아니무스'(*Animus*) 그리고 (4) '자기'(the Self, unconsciousness)가 그것이다.

나아가 마지막 네 번째 층위는 무의식을 포함하며 여기에서도 최소한 세 가지 추가적인 하위집단이 존재한다고 융은 주장한다: "첫째는 잠시 잠재의식으로 되었지만 언제든 자율적으로 다시 생각해 낼 수 있는 내용이다(기억). 둘째는 자율적으로 다시 생각해 낼 수는 없는 무의식적 내용이다. 셋째는 전혀 의식화될 수는 없는 내용이다."[35]

---

33 John Tooby and Lisa Cosmides, "Conceptual Foundations of Evolutionary Psychology," *The Handbook of Evolutionary Psychology* (Hoboken, NJ: Wiley, 2005).

34 C. G. Jung, *Aion: Researches into the Phenomenology of the Self* (Princeton, New Jersey: Princeton University Press, 1959), 5.

35 Jung, *Aion*, 4.

무의식의 첫째와 둘째 하위집단인 기억과 손상된 기억은 어쩌면 미래의 뇌스캔 기술을 통해 포착될 수도 있다고 가정하자. 하지만 무의식의 셋째 하위집단은 그것이 개인적 무의식이든 혹은 인류의 집단적 무의식이든, 우리 자신의 마음조차도 정보화 혹은 패턴화할 수는 없는 (unpatternizable) 일종의 심층 무의식이다. 그럼에도 융은 이러한 비非의식적이고 초超의식적인 심층 무의식이 모든 개인의 '개성화 과정'(individuation process)에서 결정적이라고 본다.36

융의 심층심리학에서 볼 때 우리는 미래의 발전된 뇌스캔 기술이라고 하더라도 개성의 상당한 손실 없이 마음의 패턴화될 수 없는 영역, 심층 무의식의 영역, 곧 융이 '전혀 의식화될 수는 없는 내용'이라고 부른 것을 패턴화할 수 있을지에 대해서 회의적이다. 논리적으로 볼 때 처음에 인간의 뇌가 정보화하고 패턴화할 수 없는 무의식을 나중에 뇌스캔이 오히려 패턴화해서 업로드할 수는 없다. 정보의 패턴으로 환원될 수 없는 무의식의 신비, 곧 마음의 비주제적 배경 혹은 초의식적인 초월성이 뇌스캔의 기술적 환원 과정에서 상당 부분 생략될 것이다. 이러한 한계는 단지 기술 발전의 단계에서 극복이 가능한 우발적 문제라기보다는 더 깊은 논리적 모순 혹은 근원적인 형이상학적 문제와 관련되는 듯하다. 토마스 아퀴나스는 하나님의 전능성이라고 하더라도 "소크라테스가 앉아 있으면서 동시에 앉아 있지 않다"라는 모순된 상황을 실현하지는 못한다고 보았다.37 마찬가지로 아무리 '호모 데우스'라 하더라도 정보화될 수 없는 것의 정보화,

---

36 C. G. Jung, *Psychology and Religion: West and East*, trans. R. F. C. Hull (New York: Pantheon Books, 1958), 467.

37 Thomas Aquinas, *Summa Theologiae* I q. 25 a. 4.

패턴화될 수 없는 것의 패턴화를 실현시킬 수는 없다. 무의식을 무의식이 아닌 다른 어떤 것으로 만들지 않고서 무의식을 고스란히 의식화할 수는 없기 때문이다.

신학자와 종교철학자는 영혼이 지닌 이러한 무의식성 혹은 초의식성의 신비를 강조하였다. 힌두교와 불교의 업보(karma) 사상에 영향을 받은 영국의 신학자 존 힉John Hick은 영혼의 윤회설이 각각의 생명이 전생에서 이어온 '기억의 무의식적 실타래'라는 최소한의 의미에서 상당한 설득력이 있다고 주장한다.[38] 힉은 개인의 무의식이 단지 죽음으로 소멸하는 것이 아니라 사후의 어떤 그릇 혹은 기체基體에 담기게 되는 것이 바로 '카르마'라고 보았다. 또한 『컴퓨터는 무엇을 할 수 없는가』에서 미국의 철학자 휴버트 드레이퍼스Hubert Dreyfus는 컴퓨터가 모든 인간의 정체성 혹은 인격 형성에 있어서 필수적인 것, 곧 '상식적인 지식의 무의식적인 배경'을 갖고 있지는 않다고 지적한다.[39]

컴퓨터 정보기술이 얼마나 효율적으로 정보와 패턴을 처리할 수 있든지와 무관하게 인간 존재의 무의식 영역이 복제될 수 없을 논리적 혹은 형이상학적 가능성이 있다. 인간의 무의식을 모방하는 알고리즘이 설계될 수 있는지도 명확하지 않다. 설혹 그러한 무의식의 알고리즘이 디자인될 수 있다고 하더라도 그것이 '나의 개인적 무의식을 저장하는, 곧 구원하는(saving)' 기술적 신정론은 아닐 것이라고 본인은 생각한다. 그것은 스캔되고 패턴화되기에는 너무도 패턴이 없고, 너무도 신비하다.

---

38 John Hick, *Death and Eternal Life* (London: Collins, 1976), 305.
39 Hubert Dreyfus, *What Computers Can't Do* (New York: MIT Press, 1972), 158.

우리는 무의식 스캔의 논리적/형이상학적 불가능성에 추가적으로 선택적인(selective) 백업과 업로드의 문제도 성찰해야 한다. 미래의 뇌스캔은 일종의 선택적 백업 기술을 제공할 가능성이 크다. 우리가 긍정적으로 경험한 기억은 고스란히 혹은 증강적으로 스캔하는 반면에 우리의 비극적 경험은 어쩌면 패턴의 저장 공간에서 완전히 삭제하거나 최소한 축소하고자 원할지도 모른다. 이러한 선택적 업로드가 자발적인 것이든 혹은 비자발적인 것이든, 엄밀한 의미에서 그것은 개인의 인격을 고스란히 전이시키는 것은 아니다. 인류가 자신을 선택적으로 백업하고, 그것을 다시 컴퓨터의 인공지능이라는 뛰어난 연산력과 결합한다면, 그렇게 탄생하는 호모 데우스는 인류를 업그레이드한 것일까? 심층 심리학자 융이 인간의 마음을 여러 층위로 나누었던 것처럼 유발 하라리도 '의식의 스펙트럼'(spectrum of consciousness)을 다음과 같은 층위로 나눈다: "네트워크에 연결된(wired) 정신, 인간의 정신, 동물의 정신, 모든 가능한 정신."[40] 여기서 결국 살아남는 것은 가장 최소한의 내용, 곧 '네트워크에 연결된 정신'일 것이다. 기술적 신정론의 이런 약속은 어쩌면 인류의 업그레이드가 아니라 다운그레이드가 아닐까? 하라리의 말에 따르면,

> 세 번째 천년의 시작점에 서서 우리는 전혀 다른 차원의 도전을 직면하고 있다. 자유주의적 인간주의(liberal humanism)가 기술인간주의(techno-humanism)의 도래를 예비하였고, 이제 의학은 아픈 사람을 치료하는 것보다는 건강한 사람을 업그레이드하는 데 점점 더 집중하고 있다. 의사

---

40 Harari, *Homo Deus*, 364.

들과 기술자들과 소비자들은 더 이상 정신의 문제를 고치는 데 만족하지 않는다. 이제 그들은 정신을 업그레이드하고자 원하는 것이다. … 어쩌면 인류는 성공적으로 신체와 뇌를 업그레이드할 것이다. 하지만 이런 과정에서 우리는 마음을 잃어버릴지도 모른다. 어쩌면 기술인간주의는 인류를 '다운그레이드'(downgrading)하는 결과로 끝날 것이다.[41]

2. 철학적 차원: 개인의 정체성과 시간적 순차성

화이트헤드[Alfred North Whitehead]와 데렉 파핏[Derek Parfit]의 정체성 철학은 우리의 개성이 경험의 시간적 순차성을 통해 구성된다고 본다. 화이트헤드의 형이상학에 따르면 정체성이란 개인적 경험들 혹은 현실적 경우들이 순차적으로 조직화된 일종의 경험들의 사회, 곧 한 인간이 태어나서 죽을 때까지의 축적한 경험의 시간적 통일성이다. 이러한 순차적 경험이 더 이상 이루어지지 않을 때 인간은 완성되고 죽는 것이다.

인간 경험에 대한 우리의 설명에서 우리는 인간의 개성이란 인간 경험의 경우들 사이의 일종의 발생적 관계라고 다소 희석했다. 그럼에도 여기서 개인의 통일성은 분명하게 피할 수 없는 사실이다. … 어떤 의미에서든 한 사람이 태어나서 죽을 때까지 그의 삶의 통일성이 존재하는 것이다.[42]

---

41 *Ibid.*, 364, 368.
42 Alfred North Whitehead, *Adventures of Ideas* (New York: Macmillan Company, 1933), 239-240.

여기서 인간의 개성이 발생하려면, 시간적 순차성(temporal seriality)의 원리가 중요하다. 단지 경험들의 덩어리가 독특한 개성을 곧바로 형성하지는 않는다. 순차성의 원리가 각각의 경험들을 시간의 선후관계에 따라 배열하며, 하나의 고유한 개인사個人史의 실타래로 조직하는 과정이 추가적으로 필요하기 때문이다. 순차성의 원리는 우리가 가지는 각각의 경험에 독창적인 미학적 색조(tonality)를 부여한다.

A와 B가 완전히 동일한 물질로 구성된 동일한 양의 음식 C(사과 타르트)를 먹는다고 가정해보자. 시간적 순차성의 원리가 A와 B에게 각각 다른 색조의 식사 경험(C1 혹은 C2)을 가져오게 될 것이다. A와 B는 동일한 사과 타르트를 먹은 후에 조금 더 개성이 차이 나는 사람들이 된다. 그것은 순차성의 원리 때문이다. 우리의 초기 배고픈 정도와 앞서 먹은 음식의 선행적 성격 등등 수없이 많은 요소가 추후의 식사 경험에 영향을 끼친다. 이렇게 고유한 색조의 창조적 경험이 우리의 정체성이 되는 것이다.

> 만약 당신이 식사를 즐기고 있고, 디저트로 먹을 사과 타르트의 즐거움을 생각하고 있다고 해보자. 그것은 아마 당신이 즐거워하는 맛일 것이다. 물론 타르트는 올바른 때에 제공되어야 할 것이다. … 개인의 정체성(Personal Identity)의 성격에 대해 보다 자세히 생각해보자. 실제적 경험들 전체의 순차적 배열(sequence) 그리고 그 경험들이 지닌 각각의 즉각적인 독특성을 고려하면 이런 결론을 가져온다. 어떤 한 경험의 경우는 이전 순서의 경험의 경우를 자신의 존재 속으로 가져오게 되고, 따라서 과거의 자기 정체성의 강조된 경험을 현재의 즉각성 속으로 가져오게 되는 것이다.[43]

사과 타르트를 식사 후의 디저트로 먹은 것이 아니라 식사 전에 가져왔다면, 그런 경험은 전혀 달랐을 것이다. 혹은 과거에 사과 타르트에 대한 알레르기 반응을 보였던 사람이라면, 식후에 나온 디저트가 전혀 달갑지 않을 것이다. 이처럼 물질적 요소뿐 아니라 순서 혹은 경험의 시간적 순차성이 개인의 인격적 정체성에서 중요하다. 우리의 경험의 덩어리들이 하나의 역사적인 여정 혹은 순차적인 이야기로서 배열될 때 우리의 정체성이 발생하는 것이다. 화이트헤드에게 따르면 개인의 정체성이란 어떤 단일하고 선재先在하는 데카르트주의적인 이성이라기보다는 다양한 경험들이 시간상으로 순차적인 연쇄 집단의 사회로 조직화될 때 발생하는 것이다.

한 개인이란 그의 경험들이 모두 함께 작동하는 일종의 흐름(stream)과도 같다. 곧 그것이 나의 삶의 실타래(thread) 혹은 당신의 삶의 실타래이다.[44]

유사하게 영국의 철학자 데렉 파핏도 개인의 정체성 문제를 자신이 '시간 의존성 주장'(Time-Dependence Claim)이라고 부르는 것에 관련시킨다: "만약 어떤 한 사람이 실제로 임신하였던 그때 태어나지 않았다고 한다면, 그 사람은 결코 존재할 수 없다는 것이 참이다."[45]

---

43 Alfred North Whitehead, "Immortality" (1941), *The Philosophy of Alfred North Whitehead,* ed. Paul Arthur Schilpp (New York: Tudor Publishing Company, 1951), 686, 689.

44 Alfred North Whitehead, *Modes of Thought* (New York: Macmillan Company, 1938), 221-222.

45 Derek Parfit, *Reasons and Persons* (Oxford: Oxford University Press, 1984), 351.

그는 임신한 14세 소녀의 예를 제시한다. 14살의 엄마가 태어날 아이에게 나쁜 출발을 줄 가능성이 더 크지만, 출산하는 선택을 했다고 가정하자. 만약 엄마가 몇 년을 더 기다렸다면 아이에게 훨씬 안정적인 출발을 제공할 수도 있었을 것이다. 어떤 의미에서는 엄마의 선택이 아이의 처지에서는 불행한 것일 수도 있다. 하지만 엄마의 출산 결정이 아이를 불행하게 만들었다거나 혹은 도덕적으로 비난받을 수 있는 행동을 했다고 비판할 수는 없다고 파핏은 주장한다. 그의 논리는 매우 단순하고 분명하다. 만약 엄마가 아이를 지금 출산하지 않고 몇 년을 더 기다렸다가 출산한다면 그렇게 태어난 아이는 동일한 아이가 아니기 때문이다. 이처럼 파핏은 시간 위에 펼쳐진 개인의 정체성이라는 문제를 '비정체성 문제'(Non-Identity Problem)라고 부른다.[46] 개인의 개성 혹은 정체성이란 시간 위에 펼쳐진 것이기에 시간이 바뀌면 정체성도 바뀌는 것이다.

본인은 화이트헤드의 시간적 순차성의 원리와 파핏의 시간 의존성 주장이 커츠와일의 기술적 신정론의 성공을 평가할 때도 사용될 수 있다고 본다. 비슷한 맥락에서 젠 헬러[Jan C. Heller]는 "정체성이란 시간 의존적이다"라는 파핏의 견해를 인간 복제의 법률적 문제에 적용하며, 유전적으로 복제된 어떤 사람도 사실상 "새로운 한 명의 생물학적 존재"라고 주장하였다.[47] 비록 복제된 사람이 사실상 동일한 유전자 물질을 공유하게 될 것이지만, 자연적 환경과 사회적 여건이 그가 어떤 사람이 되는지 결정하는 데 중요한 역할을 할 것이기 때문이라는

---

46 *Ibid.*, 359.

47 Jan C. Heller, "Religious Perspectives on Human Cloning: Revisiting Safety as a Moral Constraint," *Valparaiso University Law Review* 32 (1998): 661-678.

것이다. 아무리 유전적으로 정확하게 복제된 '나'라고 하더라도 생물학적인 '나'의 삶이 지닌 독특한 시간적 순차성까지 정확하게 공유할 수는 없다.

커츠와일은 기술적 신정론이 인체냉동기술의 냉동하기 방법이나 유전공학의 복제하기 방법을 채용한다면, 이러한 '비정체성 문제'를 벗어날 수는 없다는 것을 인정한다. 하지만 정보기술의 업로드하기 방법, 곧 전이의 전략은 다르다고 그는 주장한다. 앞에서 우리가 이미 살펴보았듯 비유기체적이고 비생물학적인 기판(substrate)으로의 '우리 지성, 개성, 기술의 점진적인 전이(gradual transfer)'는 비정체성의 문제를 발생시키지 않으며, 오직 단일하고 증강된 한 명의 개인만 가져올 것이라고 커츠와일은 주장한다.[48] 그의 점진적 전이의 전략은 충분히 단순하고 설득력이 있어 보인다. 사실 우리는 신체 일부가 손상되었을 때 보조기구 혹은 인공장기 등으로 교체하지만, 그렇다고 우리의 정체성 혹은 영혼이 완전히 달라졌다고 생각하지는 않는다. 그럼에도 불구하고 사태를 보다 자세히 성찰하면 커츠와일의 점진적 전이의 전략도 이전의 다른 두 전략과 마찬가지로 모호성을 가진다는 것을 발견하게 된다.

먼저 '점진적인 전이'(gradual transfer)가 사실상 여러 번의 전이 (multiple transfer)를 의미한다면, 이 경우 비정체성의 문제는 필연적으로 발생한다. 2030년에 생물학적 '레이1'이 자신의 뇌를 스캔하여 슈퍼컴퓨터에 '레이2'로 업로드하였다고 해보자. 바로 전이가 끝나는

---

48 "'과거의 레이'(old Ray) 혹은 '새로운 레이'(new Ray)가 존재한다기보다는 오직 끝없이 나아지는 레이(increasingly capable Ray)만이 존재할 것이다." Kurzweil, *Singularity Is Near*, 201-202.

순간부터 슈퍼컴퓨터 안의 '레이2'는 생물학적 '레이1'과는 전혀 다른 삶의 여정 혹은 시간적 순차성을 가질 것이다. 생물학적 '레이1'은 자기 집으로 돌아갈 것이지만, '레이2'는 그때부터 네트워크상의 거의 무한한 인공지능의 가능성을 학습할지도 모른다. 만약 10년 혹은 20년 후에 생물학적 '레이1'이 다시 뇌스캔을 한다고 해보자. (그때의 레이가 여전히 레이1인지는 논외로 하자.) 이미 인공지능으로 존재하는 '레이2'와는 별개로 새로운 '레이3' 그리고 또 다른 스캔의 '레이4' 등이 복수의 전이를 통해 생겨날 것이다. 요컨대 커츠와일이 말하는 '점진적인 전이'가 여러 번의 전이를 뜻한다면, 그것이 가져오는 결과는 생물학적 '레이1', 인공지능으로 복제된 '레이2', '레이3', '레이4' 등등 의 흥미로운 공존 상황이 될 것이다. 우리가 앞에서 살펴본 화이트헤드 와 파핏을 정체성 철학을 수용한다면, 각각의 레이는 자신만의 시간적 순차성에서 기인하는 독특한 개성과 감정의 색조를 지닌 독립적 인격 이다. 또한 시간 의존성 주장 때문에 탄생의 시점이 2030년, 2040년 혹은 2050년인가에 따라 전혀 다른 각각의 레이가 될 것이다.

어쩌면 커츠와일은 점진적인 여러 번의 업로드하기를 레이2라는 동일한 파일의 중첩적인 업그레이드로 생각할 수도 있다. 하지만 마치 철학자 레씽[G. E. Lessing]이 우연한 역사적 진리와 필연적인 철학의 진리 사이에는 아무리 노력해도 건널 수 없는 '추악한 큰 도랑'(the ugly broad ditch)이 존재한다고 했듯이,[49] 어떤 경우든 커츠와일의 기술적 신정론도 생물학적 '레이1'과 인공지능으로 복제된 '레이2' 사이의 비정체성이라는 문제를 항상 초래한다. 우리는 생물학적 자신

---

49 Gotthold Ephraim Lessing, *Lessing's Theological Writings* (Stanford: Stanford University Press, 1957), 54-55.

을 뒤에 남기지 않고, 결코 우리 자신을 업로드할 수는 없기 때문이다. 나아가 만약 우리의 생물학적 정체성과 그것이 지닌 시간적 순차성이 보존되지 않는다면, 기술적 신정론이 약속하는 차안적인 주체적 불멸성은 공허한 약속으로 들린다.

3. 종교적 차원: 하나님의 피조물로서의 영혼

개인의 죽음 후 사후의 운명에 대해서 기독교 신학은 크게 두 가지 의견을 제시했다. 죽은 자의 육체적 부활론과 영혼의 불멸론이 그것이다. 우리는 여기서는 오직 후자의 입장만을 다루고자 한다. 달리 말해 기술적 신정론과 종교적 부활론 사이의 관계를 캘빈 머서가 했던 것처럼 옹호하거나 영혼과 육체의 분리 불가능성이라는 토마스 아퀴나스 등의 고전적 입장에 기초하여 육체의 부활 없는 영혼의 불멸 그 자체를 비판하고자 하지는 않을 것이다.[50] 대신 영혼의 불멸성

---

50 토마스 아퀴나스에 따르면, "영혼은 신체의 형상이다(*anima est forma corporis*). 따라서 영혼을 가진 어떤 것도 물질과 형상으로 구성된다"(*Summa Theologiae*, 1a. 3, 2). "영혼은 신체의 형상으로서, 신체와 통합되어 있다"(*Summa Contra Gentiles* 2.83.9). 이런 입장은 영혼을 생물학적인 몸으로부터 분리될 수 없는 존재로 해석할 가능성을 가진다. 하지만 본인은 육체 없는 영혼의 불멸성에 대한 논의가 전혀 없이 육체적 부활론만으로는 "부활이 일어나기 전에 다른 인간 혹은 생명의 일부분이 된 우리 몸의 일부분은 어떻게 될 것인가?" 등의 유사한 난제들을 적절히 대답할 수 없다고 생각한다. 죽음의 순간에 육체로부터 분리된 영혼이 한 개인의 인격적 정체성의 담지자로 지속적으로 기능할 가능성도 있다. 사망 후의 영혼이 신비 안에서 잠자는 수면 상태에 놓이든 연옥에서 정화의 과정을 거치든, 불멸하는 영혼이라는 신학적 관념 없이는 미래의 몸의 육체적 부활 교리도 설명하기가 어렵다. 다음의 관련 논의들도 참조하라: 캘빈 머서는 트랜스휴머니즘(transhumanism)의 프로젝트가 기독교의 몸의 부활 교리에 대한 재해석이라고 본다. Calvin Mercer, "Resurrection of the Body and Cryonics," *Religions* 8 (2017), 96. 테드 피터스는 몸의 부활이 인간 본성에 대한 기독교의 존재론에서 본질적인 부분이라고 주장한다. Ted Peters, *Playing God? Genetic Determinism and*

이라는 생각이 전제하듯 육체와 영혼의 분리 가능성을 가설적으로 인정한다면 커츠와일의 사이버공간에서의 불멸성이 이러한 기독교적인 영혼불멸설의 사상과 유사성을 가지는지를 성찰하고자 한다. 만일 커츠와일의 기술적 신정론이 성공한다면 영혼의 불멸성도 옹호되는 것일까?

영혼은 인류 문명에 있어서 숭고한 존엄성을 지닌 중요한 근원 개념이다. 철학자 플라톤은 이 세계 속으로 떨어져 태어나기 이전에 이미 선재先在하는 육체 없는 순수한 영혼의 존재를 주장하였다. 따라서 "육체를 경멸하고, 육체를 피하고, 육체로부터 독립적으로 되고자 노력할 때, 철학자의 영혼이 다른 모든 이들보다 앞서게 되는 것이다"(Phaedo 65c)라고 그는 말한다. 그의 영혼불멸설에 영향을 받은 초기 기독교 신학자들은 영혼의 기원에 대해 크게 두 가지 입장을 발전시켰다. 영혼 전승설(traducianism)과 영혼 창조설(creationism)이 그것이다.

영혼 전승설의 창시자인 테르툴리아누스Tertullian는 원래 아담의 영혼 하나만이 하나님에 의해 직접 창조되었으며, 아담의 단일한

Human Freedom (New York: Routledge, 1997). 링컨 케논은 '몰몬 트랜스휴머니즘'의 신정론적 가능성을 고찰한다. Lincoln Cannon, "What is Mormon Transhumanism?", Theology and Science 13, 2 (2015): 202-218. 로버트 제라치는 인공지능을 기독교 종말론의 세속적 형태라고 평가한다. Robert M. Geraci, "Apocalyptic AI: Religion and the Promise of Artificial Intelligence," Journal of the American Academy of Religion, 76, 1 (2008): 138-166; idem, "Artificial Intelligence, Networks, and Spirituality," Zygon 45, 4 (2010): 1003-1020. 몇몇 가톨릭과 개신교 신학자들은 최근의 기술 발전에 대해 다소 회의적이다. Brian Patrick Green, "Transhumanism and Roman Catholicism: Imagined and Real Tensions," Theology and Science 13, 2 (2015): 187-201; Jonathan M. Cahill, "Freedom for Life: Karl Barth, Transhumanism and Human Flourishing," Ethics & Medicine 30, 2 (2014): 81-95.

영혼이 생식 작용을 통해 자녀들에게 전승되는 것으로 생각했다. 영혼의 기원은 물질로부터의 방출의 결과라고 보는 물질주의적 견해에 반대하여 테르툴리아누스는 "영혼은 물질부터 발생한 것이 아니라 하나님의 '숨'(breath)에 그 기원을 가진다"라고 가르쳤다(De Anima 3.4). 또한 영혼의 신적 지위에 대한 플라톤의 강조와는 달리 테르툴리아누스는 영혼의 피조성을 또한 강조하였다.

하지만 다른 신학자들은 영혼 창조설의 견해를 보다 선호하였다. 개인의 영혼이 출생의 순간에 하나님에 의해 직접적으로 창조된다고 보는 영혼 창조설의 대표자로 토마스 아퀴나스를 들 수 있다. 그에 따르면, 인간의 영혼을 창조하는 능력은 '오직 하나님만의 특권'이다 (Summa Contra Gentiles, 2.87.3).

> 하나님은 각각의 개인을 위해 각각의 영혼을 특별하게 창조하신 것이다. 하나님은 모든 영혼들을 함께 창조하지 않으셨으며, 단일한 영혼이 다른 육체들에게 결합하도록 하신 것도 아니다(2.83.38).

아우구스티누스의 신학적 권고를 따라서 본인은 비록 영혼 창조설이 현재의 대표적인 입장으로 받아들여지지만, 어떤 한 입장이 배타적으로 '기독교적인' 영혼관이라고 경직되게 주장할 필요는 없다고 본다. 아우구스티누스의 영혼의 기원에 대한 네 가지 가설은 다음과 같다: (1) 단일 영혼설, (2) 책임 계승설, (3) 신적 임무설, (4) 자유 추락설 (『자유의지론』, 3.20.56-3.21.59). 첫째, 만약 '하나의 영혼'만이 원래 만들어졌고, 모든 개개 인간들의 영혼은 바로 이 하나의 영혼에서 유래한다고 한다면, 최초의 인간 아담이 자발적으로 죄를 지었을 때 우리 모두도 그 속에서 이미 함께 자발적으로 범죄한 것이다(단일 영혼설). 둘째, 만약 개개인들이 태어날 때 그들의 영혼들이 만들어진다면, "이전의 한 영혼의 과실이 그 이후에 만들어지는 영혼들의 본성을 결정하게 된다"고 생각하는 것이 전혀 불합리하지 않다고 본다(책임 계승설). 셋째, 만약 하나님의 어떤 은밀한 처소에 영혼들이 미리 존재하고 있다가 육체로 보냄을 받았다고 한다면, 첫 인간으로 인해 사멸싱의 징벌 아래에 놓여 있는 인간의 육체를 질서 있게 잘 다스리고 덕으로 훈련시켜 그 적합한 때가 오면 다시 천상으로 복귀시키는 것이 그들이 보냄을 받은 '임무'인 것이다(신적 임무설). 넷째, 만약 미리 존재하고 있던 영혼들이 하나님으로부터 임무를 부여받고 파송 받은 것이 아니라 '자기 마음대로' 육체로 내려왔다면, 그러한 자신들의 자발적 선택으로 인해 겪게 되는 어떠한 무지나 수고도 하나님을 탓할 수는 없는 것이다(자유 추락설). 단일 영혼설, 책임 계승설, 신적 임무설, 자유 추락설 중에서 처음의 단일 영혼설이 하나님의 정의로운 심판에 대한 아우구스티누스의 신학적 주장에 가장 적합함에도 불구하고 그는 이 중에서 어떤 한 입장을 올바른 기독교적 설명이라고 선택하는 데 크게 관심하지는 않는다.51 "이러한 견해들 중 어떤 것도 성급하게 긍정되어서는 안 될 것이다"(『자유의지론』, 3.21.59). 대신 아우구스티누스는 이 네 입장 중에서 어떤 것을 선택하든지 "영혼들은 자기 자신들의 죄에 대한 징벌을 받는 것이다"라는 사실을 보여주고자 한다(『자유의지론』, 3.22.63).52

---

51 J. Patout Burns, "Variations on a Dualist Theme: Augustine on the Body and the Soul," Jane Kopas ed. *Interpreting Tradition: The Art of Theological Reflection* (California: Scholars Press, 1983), 22.

기독교 신학자들의 영혼의 기원에 대한 견해들은 분명 여러 차이점을 가지지만, 영혼이란 궁극적으로 하나님의 피조물이며, 따라서 영혼을 창조하는 것은 '오직 하나님만의 특권'이라는 점에서는 일치한다. 개인의 영혼이 태초에 하나님이 아담의 코에 불어 넣었던 숨이든 혹은 생물학적으로 태어나는 바로 그 순간에 하나님이 독립적으로 창조하신 것이든, 결국 개인의 영혼은 하나님의 창조 활동의 결과이다.

IV. 우주의 특이점인 개인의 영혼

하나님만이 인간의 영혼을 우주의 진정한 특이점으로 창조할 수 있다. 인간 영혼이 지닌 존엄성의 이유가 여기에 있다. 헬무트 틸리케 Helmut Thielicke는 이러한 영혼의 신학적 존엄성을 강조하기 위해 '외부로부터 부여된 존엄성'(*dignitas aliena*, alien dignity)이라는 표현을 사용한다. "인간 존엄성의 근거는 인간이 지닌 어떤 내재적인 특성에 있는 것이 아니라, 하나님이 인간을 창조하셨다는 바로 그 사실에 있는 것이다."[53] 판넨베르크도 영혼과 하나님의 교제가 바로 "각각의 인간이 지닌 소외될 수 없는 존엄성의 근거"라고 말한다.[54] 인간의 영혼은 그 기원起源(origin)이 하나님이기에 존엄성을 지니는 것이다.

반면에 커츠와일의 기계신(*Deus, sive machina*) 혹은 호모 데우스

---

52 손호현, 『아름다움과 악: 2권, 아우구스티누스의 미학과 신정론』 (서울: 한들출판사, 2009), 97-98.

53 Helmut Thielicke, "The Doctor as a Judge of Who Shall Live and Who Shall Die," *Who Shall Live?* ed. Kenneth Vaux (Philadelphia: Fortress Press, 1970), 172.

54 Wolfhart Pannenberg, *Systematic Theology*, vol. 2 (Grand Rapids: Eerdmans, 1994), 176.

*Homo Deus*는 영혼을 창조할 수는 없고, 단지 추수할 수 있을 뿐이다. 한 사람의 개성 혹은 정체성이란 정보의 독특한 패턴이라는 그의 패턴주의적 인간관을 고려할 때, 이러한 추수도 어쩌면 영혼의 구원이라기보다는 정보의 저장에 가까울 것이다. 따라서 본인은 '영혼'(soul)과 '불멸성'(immortality)이란 용어가 결국 그에 의해 잘못된 위치에 놓이게 되었다고 믿는다. 최소한 기독교 전통의 자리에서 영혼의 불멸성이란 존재의 궁극적 신비와의 지성적 혹은 의지적 교제를 의미한다. 그런 종교적 문법을 배경으로 지닌 개념이 영혼의 신적인 기원에 대한 아무런 고려 없이 패턴화된 정보의 유지라는 기술적 의미로 오용될 위험성이 있다. 영혼의 불멸성은 단순히 우리의 지금 의식이 무기한 지속성을 가지는 상태를 가리키는 말에 불과하지는 않다. 오히려 그것은 신에게서 유래하여 신에게로 되돌아가는 우리 운명의 궁극적 존엄성을 가리키는 종교적인 상징이다. 영혼은 인류의 가장 근원적 뿌리 상징(root symbol)인 것이다.

인간의 개성은 시간적 순차성과 시간적 의존성에 관련된다고 본인은 주장하였다. 영혼이 언제 시작되고, 어떻게 시작되는지가 중요한 이유이다. 기독교 종교에서 이러한 순차성 혹은 시간 의존성은 우리가 태어날 때 혹은 그 이전에 영혼이 창조되는 순간부터 시작되는 것이다. 뇌스캔을 통해 복제된 인공지능적 정체성은 이러한 신적인 기원의 시작점을 결핍한다. 그것의 시작점에는 '신'(*Deus*)이 아니라 '기술'(*die Technik*)이 놓여 있으며, 이런 이유에서 그것은 우리의 영혼을 온전히 대변하지 못한다. 커츠와일의 기술적 신정론이 약속한 '차안적인 주체적 불멸성'은 온전히 실현되지는 않는·듯하다. 오히려 다음의 업로드가 한 번 더 이루어질 때마다 항상 "우리는 개인으로서는 없어져 버릴 가장자리 선 위에 서게 되는 것이다."⁵⁵ 요컨대 기술적 신정론 혹은 특이점 신정론은 처음에는 영혼의 차안적인 주체적 불멸성이라는 인간중심주의적인(anthropocentric) 약속으로 시작했지만, 결국 정보의 객체적 불멸성이라는 탈脫인간중심주의적인(de-anthropocentric) 결과로 끝나고 있다. 인체냉동보존기술에서 유전자 복제를 거쳐 인터넷 공간에서의 정보 패턴의 불멸성으로의 점진적 미끄러짐은 이러한 전환을 보여주는 것이다. 마치 그것은 경주의 중간에 말을 바꾸어 타는 것과도 같다.

---

55 Bill McKibben, *Enough: Staying Human in an Engineered Age* (New York: Henry Holt & Co., 2003), 46.

19 장

결론:
체계의 신정론, 나그네 신정론, 무의 신정론

언어와 침묵 사이에서 신정론은 존재한다. 언어는 체계의 시도이거나 혹은 체계의 결핍을 드러내는 비판적 해체이다. 그리고 침묵은 체계와 결핍의 언어를 통해서만 비로소 잉태된다. 침묵은 이미 존재하는 것이 아니라 찾아온 결과이다. 그것은 언어를 통해서만 발생하는 영혼의 사건이다.

하이데거가 말한 공포와 염려의 관계와도 이것은 유사하다. 우리는 다양한 대상들을 두려워하고, 그러한 공포 안에서 모든 것을 혼란스럽게 느낀다. 하지만 세계 안에 지금 존재한다는 근원적 사실은 염려의 정조를 일으킨다. 그에 따르면 "염려는 그러한 혼란을 일으키지 않으며, 오히려 어떤 독특한 고요함을 가져온다."[1] 염려는 침착한 멜랑콜리에 가깝다.

마찬가지로 신정론의 언어는 구체적인 악의 이유들에 대한 공포와 대결할 수 있지만, 그러한 대결의 행동 자체는 해결될 수 없는 근원적 침묵의 정조를 오히려 잉태한다. 따라서 언어와 침묵의 역할은 다르다. 행동의 시도와 의미의 희망은 다른 방식으로 우리를 지탱한다. 언어가

---

1 Martin Heidegger, "What Is Metaphysics?", *Basic Writings* (New York: Harper & Row, 1977), 100.

침묵할 때, 침묵이 언어화한다.

헤겔은 체계적인 사유자일 뿐 아니라 체계의 사유자이다. "체계가 없는 철학은 전혀 학문적일 수 없다"고 그는 말한다.[2] 논리학, 자연철학, 정신철학이라는 그의 체계의 신정론(theodicia systematis)은 감정의 언어를 개념의 언어로 표현한다.[3] 기독교의 섭리 교리, 곧 "하나님의 경세經世에 대한 교리"는 체계의 신정론에서는 "합리적인 것이 현실적인 것이며 또한 현실석인 것이 합리적인 것이다"라는 개념적 인식으로 이해된다.[4]

『악의 이유들』이라는 이 저서도 다른 의미이지만 성서와 기독교의 주변에서 발견되는 여러 대답을 살펴보는 일종의 체계의 신정론을 시도한 것이라고 할 수 있다. 우리가 살펴본 성찰을 간략하게 요약하면 아래와 같다.

① 무신론: "신이 없다면, 악을 설명할 필요도 없다." 혹은 "신이 없어도, 악을 설명할 수 있다."[5]

② 다신론: "신들이 여럿이라면, 하나님이 아닌 다른 신들이 악의 이유다."[6]

---

2 G. W. F. Hegel, *Enzyklopädie der philosophischen Wissenschaften I* (Frankfurt am Main: Suhrkamp, 1970), 59-60; idem, *The Encyclopaedia Logic: Part 1 of the Encyclopaedia of Philosophical Sciences with the Zusätze*, trans. T. F. Geraets, W. A. Suchting, and H. S. Harris (Indianapolis: Hackett Publishing Company, Inc., 1991), 39 (§ 14).

3 Hegel, *Enzyklopädie I*, 24; Hegel, *Encyclopaedia Logic*, 11.

4 Hegel, *Enzyklopädie I*, 47; Hegel, *Encyclopaedia Logic*, 29 (§ 6). G. W. F. Hegel, *Philosophy of Right*, trans. T. M. Knox (Oxford: The Clarendon Press, 1952), 10.

5 시편 10:4; 욥기 9:21-24, 12:4-6, 21:14-15.

6 시편 82:1-8; 지혜서 13:1-7; 신명기 5:7.

③ 악마론: "악은 하나님이 아니라 악마 때문이다."[7]

④ 분열 인격론: "악마는 하나님의 어두운 얼굴이다."[8]

⑤ 자유의지 신정론: "악은 자유의지의 선택 때문이다."[9]

⑥ 교육적 신정론: "악은 영혼의 성장을 위한 하나님의 교육법이다."[10]

⑦ 내세의 신정론: "악은 내세에 극복된다."[11]

⑧ 역사의 신정론: "세계의 역사가 하나님을 정당화한다."[12]

⑨ 교제의 신정론: "고난은 하나님과 교제하는 기회이다."[13]

⑩ 예정의 신정론: "하나님은 만물을 예정하며, 인간의 운명은 이미 결정
되어 있다."[14]

⑪ 과정 신정론: "악은 만물의 창조성 때문에 발생한다."

⑫ 무악론: "악은 존재하지 않으며, 따라서 해결할 문제도 없다."

⑬ 신정론 없는 위안: "진정한 위안에는 '왜'라는 이유가 없다."

⑭ 논리적 신정론: "악과 하나님은 논리적 공존이 가능하다."

⑮ 미학적 신정론: "아름다움이 악을 극복한다."

⑯ 기술적 신정론 "신이 아니라 과학기술이 인류를 구원할 것이다."

⑰ 성서적 신정론: "악의 이유들에 대한 개방된 결론이 바로 성서의 신정

---

7 욥기 1-2장; 스가랴 3:1-2; 역대상 21:1; 마태복음 4장; 누가복음 4장.

8 이사야 45:5-7; 예레미야 19:11.

9 에스겔 18:1-4.

10 이사야 30:20; 아모스 4:6-11; 호세아 11:1-7; 잠언 3:11; 로마서 5:3-5; 히브리서 12:4-10;
고린도전서 10:13.

11 창세기 5:24; 열왕기하 2:3; 에스겔 37장; 이사야 26:19; 다니엘 12:1-3; 지혜서 1-3장; 마
태복음 22:23-32; 마가복음 12:18-27; 누가복음 20:27-38; 사도행전 3:21, 23:6-8; 로마서
5:17, 11:36; 고린도전서 15:26-28; 고린도후서 4:14.

12 이사야 45:5-7.

13 이사야 52:13-53:12; 히브리서 12:6-10.

14 출애굽기 9:12; 이사야 45:7; 로마서 9:21.

론이다."

성서의 신정론은 모든 체계의 신정론에 대한 가장 급진적인 비판이다. 성서는 악의 이유들에 대한 손쉬운 종교적 대답을 버리고 '거부할 수 없는' 해석의 개방성이라는 공간으로 들어서도록 독자를 초대하기 때문이다. 모든 체계의 신정론은 자신 안에 자신의 언어를 해체할 계기를 담고 있다는 사실을 우리는 성서의 신정론을 통해 보게 된다. 체계는 해체의 계기를 담고 있으며, 카를 바르트의 나그네 신학조차도 그런 의미에서는 이미 체계이다.

"모든 신학은 나그네 신학(theologia viatorum)이다"라고 바르트는 말한다.[15] 악의 이유들, 곧 창조의 질서를 무화無化시키려는 제3의 이질적인 요소를 언어가 체계화할 수 없고, 체계의 내재적인 요소로 포섭할 수도 없기 때문이다. 다시 말해 "무(das Nichtige)의 질문"은 "뒤이은 신정론의 질문"을 필연적으로 가져오지만, 모든 신학과 신정론과 무의 질문은 궁극적으로는 체계로 완성될 수 없는 파편적이고 부서진 사유이다.[16] 악은 우리를 체계 없는 나그네로 만든다.

체계의 신정론은 자신 안에 자신의 파괴를 가져올 언어의 틈 혹은 모순을 담고 있다. 이러한 한계성에 대한 비판으로서의 나그네 신정론(theodicia viatorum)은 오직 체계에 대한 해체로만 존재하기에 그것도 아직 침묵이 아닌 언어이다. 체계의 신정론과 나그네 신정론은 길과 고향처럼 서로를 구성한다.

---

15 Karl Barth, *Church Dogmatics, III.3, The Doctrine of Creation* (Edinburgh: T & T Clark, 1960), 293.

16 *Ibid.* 365.

언어가 침묵할 때, 침묵이 언어화한다. 체계와 해체의 언어가 침묵 속으로 가라앉을 때, 마침내 침묵이 말을 건네온다. 체계의 신정론과 나그네 신정론이 만들어 낸 결과가 바로 무無로부터의 신정론(theodicia ex nihilo)이다. 하지만 그것은 긍정도 결핍도 넘어서는 침묵의 자리이다. 여기서 하나님은 빛도 아니고, 어두움도 아니다. 체계의 예술가도, 해체의 나그네도 아니다. 침묵의 하나님은 빛나는 어두움, 곧 언어 너머의 무이다.

중세의 신학자 에크하르트Meister Eckhart는 사도 바울이 만난 하나님을 무로서의 하나님이라고 불렀다. 성서에 따르면, 다메섹으로 가던 사울은 하늘로부터 빛이 자신을 둘러싸는 것을 경험하며 땅에 엎드린다. 뒤이어 "사울이 땅에서 일어나 눈은 떴으나 아무것도 보지 못하였다(nihil videbat)."17 역설적으로 그는 하나님이 '무'(nihil)라는 것을 본 것이다. 아무것도 보지 못한 사도 바울의 부정적 경험은 오히려 '무'의 하나님을 만난 신비의 경험이었다.

그가 땅에서 일어나서 눈을 떴을 때 그는 무(nichts)를 보았다. 이 무 (dieses Nichts)는 하나님(Gott)이었다. 그가 하나님을 보았을 때, 그는 하나님을 하나의 무(ein Nichts)라고 이름하였다.18

---

17 사도행전 9:8.

18 *"Als er aufstand von der Erde, sah er mit offenen Augen nichts, und dieses Nichts war Gott: denn als er Gott sah, das nennt er ein Nichts."* Meister Eckhart, *Deutsche Predigten Und Traktate* (Wissenschaftlichte Buchgesellschaft Darmstadt), 228. Cf. Maurice O'C. Walshe trans. and ed., *The Complete Mystical Works of Meister Eckhart* (New York: A Herder & Herder Book, 2009), 137 (19번째 설교 *"surrexit autem saulus de terra apertisque oculis nihil videbat"*).

언어 너머의 침묵에 자리하는 무의 신정론은 무의 신학에 기초한다. 하나님은 존재 자체를 넘어서는 무, 곧 '존재를 넘어서는 초^超존재'(ὑπερ-ούσιος οὐσία)이다.[19] 초존재 혹은 무를 경험하는 것은 '결핍'(privation)의 경험이 아니라 오히려 충만한 '부정'(negation)의 경험이다.[20] 결핍을 초월한 부정과 침묵을 에크하르트는 마치 자신 속에 무^無를 잉태한 여인과도 같다고 묘사한다. 하나님을 담은 인간이었던 성모 마리아는 결코 자신의 아들 예수 그리스도를 이해할 수 없었기에 무를 잉태한 경험과도 같았을 것이다. 마찬가지로 사도 바울도 다메섹으로 가다 모든 존재와 언어를 초월하는 무의 그리스도를 가슴에 잉태하였다.

영혼은 전적인 자기 부정을 통해 합일에 들어가게 될 때, 하나님이 무^無 안에 계신 것을 만나게 된다. 그것은 사람이 마치 꿈속에 있는 것과도 같다. 그것은 대낮에 꾸는 백일몽^{白日夢}이다. 거기서 그는 마치 아이를 잉태한 여인처럼, 무^無를 잉태하게 된 것이다. 그러한 무^無 안에서 하나님이 태어난 것이다. 하나님은 무^無의 소산이다. 하나님은 무^無 안에서 태어

---

19 Dionysius the Areopagite, *The Divine Names*, 1.1: "It is the Universal Cause of existence (αιτία του εἶναι πασιν; *causa esse omnibus*) while Itself existing not (αὐτὸ δὲ μὴ ὄν; *ipsa autem non est*), for It is beyond all Being and such that It alone could give, with proper understanding thereof, a revelation of Itself." 그 자신은 "존재하지 않는" (μὴ ὄν) 하나님은 *esse*(존재)가 아니라 "존재를 넘어서는 초(超)존재"(ὑπερούσιος οὐσία; Super-essence beyond essence)이다. 우리는 이 "초존재(超存在)와 감추어진 신성"(ὑπερούσιος καὶ κρύφια θεότης; the Super-essence and hidden Godhead)에 대해 말을 아껴야 한다(*Divine Names*, 1.2).

20 결핍이란 자연적 상태를 전제하며, 여기서 무엇인가 훼손되었다는 것을 뜻한다. 반면 부정은 자연과 결핍을 모두 초월하는 것이다. 아리스토텔레스의 해체적 '결핍'과 초월적 '부정'의 차이에 대한 설명으로는 그의 *Metaphysics IV*, 2, 1004a, 10-16; H. A. Wolfson, "Negative Attributes in the Church Fathers and the Gnostic Basilides," *The Harvard Theological Review*, April 1957, Vol. 50, No. 2, 145-156을 참조하라.

났다.[21]

성서와 신학과 신정론은 무의 하나님을 증언하기에 철학 너머로 초월한다. 서양의 철학자들은 "무로부터 아무것도 나오지 않는다"(οὐδὲν ἐξ οὐδενός, 혹은 *ex nihilo nihil fit*)라는 거의 공통된 의견을 주장한다.[22] 하지만 존재는 오직 또 다른 존재에서 유래한다는 이러한 철학의 선입견을 정면으로 비판한 것이 바로 기독교의 '무로부터의 창조'(*creatio ex nihilo*) 교리이다. 토마스 아퀴나스의 해석에 따르면, 우주의 창조 이전에 원초적 물질 등과 같은 어떤 것도 존재하지 않았으며, 아무것도 없었다.

이러한 논쟁은 물질이 창조와는 별개로 존재하지 않는다는 것을 증명한

---

21 Walsh, *Meister Eckhart*, 140. 2세기 기독교 영지주의자인 바실리데스(Basilides)는 기독교 신학에서 최초로 '무로부터의 창조' 교리를 정초하였으며, 그것을 '무로서의 하나님'(ὁ οὐκ ὢν θεός)과 관련하여 해석하였다. 곧 무로부터의 창조가 가능한 유일한 참된 하나님은 무로서의 하나님이라는 것이다. Gerhard May, *Creatio Ex Nihilo: The Doctrine of 'Creation out of Nothing' in Early Christian Thought*, translated by A. S. Worrall (London and New York: T & T Clark International, 1994), 63 각주 24, 73 각주 55의 원문을 참조하라.

22 이러한 서양철학의 격언은 아리스토텔레스에 의해 처음으로 분명하게 표현된다. 『물리학』에서 그는 아낙시만드로스(Anaximander), 엠페도클레스(Empedocles), 아낙사고라스(Anaxagoras) 등과 같은 철학적 물리학자들이 "비존재(非存在)부터 아무것도 나오지 않는다"(ὡς οὐ γιγνόμενον οὐδενὸς ἐκ του μὴ ὄντος)라는 공통된 의견을 수용하였다고 전달한다. Aristotle, *Physics*, book 1, 4 (187a 27-31). 심지어 20세기의 위대한 형이상학자 화이트헤드조차 이른바 존재론적 원리를 주장하였다: "존재론적 원리(存在論的 原理, the ontological principle)는 모든 결정이 하나의 혹은 그 이상의 현실적 존재들에 돌려질 수 있다고 선언하는 것이다. 왜냐하면 현실적 존재들을 떠나서는 아무것도 없고, 단지 비존재(non-entity)만이 있을 뿐이다. — '나머지는 단지 침묵일 뿐이다.'" Alfred North Whitehead, *Process and Reality* (New York: Macmillan, and Cambridge, U.K.: Cambridge University Press, 1929), 68; cf. 화이트헤드 지음/오영환 옮김, 『과정과 실재』(서울: 민음사, 1991), 116.

다. 물질이 혼자 창조된 것이 아니라는 뜻이다. 창조는 물질만을 만드는 것이 아니라, 존재 전체를 만드는 것이기 때문이다.23

　　기독교의 '무로부터의 창조' 교리는 존재의 피조성被造性과 그 너머의 신비를 고백한다. 피조된 존재 이전은 무이다. 우리는 아직 존재 이전, 곧 우주의 빅뱅 이전 이른바 '특이점'(Singularity)을 표현할 적합한 언어를 가지고 있지 못하다. 어쩌면 특이점點이란 언어가 드러내려는 것은 존재나 공간을 가지지 않는 개념적 자리이다. 그것은 어떤 물질이나 질량도 없는, 하지만 모든 존재를 그 안에 품고 있는 절대적인 거룩한 무라고 생각할 수 있지 않을까? 다석 류영모柳永模는 무에도 마음이 있다고 생각했다. "빔은 절대자가 아니라 절대자 하나님의 마음입니다."24 우리는 '무로부터의 창조'(creatio ex nihilo) 교리를 무이신 하나님으로부터 존재가 창조된 것이라고 볼 수 없을까? 여기서 '-로부터'는 물질적 재료가 아닌 기원의 출처를 가리키는 것이다. 아퀴나스에 따르면 "어떤 것이 무로부터(ex nihilo) 만들어졌다고 말할 때, 전치사인 '으로부터'(ex)는 순서/질서(ordo)를 가리키는 것이며, 질료인을 의미하는 것이 아니다. 마치 새벽을 이어서 정오가 따라온다고 우리가 말하듯, 그것이 뒤이어 일어난다는 뜻이다."25 곧 무를

---

23 "The argument proves that matter does not exist save from creation, not that it is created alone. For creation is the production of a whole existent, not merely of its matter [*creatio est productio totius esse, et not solum materiae*]." Thomas Aquinas, *Summa Theologiae*, 1a. 45, 4.

24 박영호, 『다석 전기: 류영모와 그의 시대』 (서울: 교양인, 2012), 414.

25 "When he speak of something being made from nothing (*ex nihilo*), the preposition 'from'('*ex*') signifies a sequence (*ordinem*) not a material cause (*causam materialem*); as when we say that noon comes from the dawn we mean that it follows after." *ST* 1a,

뒤이어 존재가 일어났다. 그렇기에 무로부터 존재의 창조는 존재 이전의 하나님으로부터의 창조, 곧 '무이신 하나님으로부터의 창조'(creatio ex nihilo Deo)이다.

언어와 침묵, 존재 신학과 신비 신학은 수레의 두 바퀴처럼 서로를 움직여 준다. 기독교 신학은 무無가 곧 악惡이라는 일종의 '무의 악마화'(demonization of nihil)에서 벗어나야 한다.[26] 무는 악마화되기에는 너무도 거룩하다. 화이트헤드에 따르면, "중세와 근대의 철학자들 사이에는 하나님이 가지는 종교적 중요성을 확립하고자 애쓴 나머지, 하나님에게 형이상학적 칭송을 바치는 유감스러운 습관이 널리 퍼져 있었다."[27] 그런 공허한 '형이상학적 칭송' 중의 하나가 하나님은 존재 자체이며, 무는 악이라는 생각은 아닐까? 존재의 원인과 존재라는 결과는 구분되어야 한다. 따라서 하나님은 다른 존재자들을 존재하게 만드는 '존재 자체' 혹은 '존재의 근거' 혹은 '존재의 힘'이라는 틸리히의 표현은 조금 수정되어야 한다.[28] 하나님은 '존재의 근거' 혹은 '존재의 힘'이지만, '존재 자체'가 아니라 존재 자체의 기원인 무無(nihil)이다.

철학과 신학의 존재 중심주의에서 우리가 해방될 때 무가 단지

45, 1.

26 바르트는 무를 악마의 본성과 기원이라고 여긴다: "What is the origin and nature of the devil and demons? The only possible answer is that their origin and nature lie in nothingness." Karl Barth, *Church Dogmatics*, III.3, 5, 22.

27 Alfred North Whitehead, *Science and The Modern World* (New York: The Macmillan Company, 1925), 250; 화이트헤드 지음/오영환 옮김, 『과학과 근대세계』(서울: 서광사, 1989), 261.

28 Paul Tillich, *Systematic Theology*, volume 1 (Chicago: The University of Chicago Press, 1951), 235-236.

결함이 있는 잠재적 존재라기보다는 악으로 환원될 수 없는 '근원'의 거룩함이라는 것을 깨닫게 된다.29 어떤 형이상학적 개념도 하나님을 모두 표현할 수 없기에 우리는 존재라는 이름을 우상偶像의 자리에서 독점적 가치로 사용해서는 안 된다. 오히려 그것은 다원적 개념들과 함께 잠정적 의미를 지닌 것으로 사용되어야 한다. 중세의 아우구스티누스와 아퀴나스의 존재 신학(ontotheology)이 존재로서의 하나님을 강조했다면 그리고 근대에 와서 헤겔과 화이트헤드가 과정신학 (process theology)의 하나님을 발견했다면, 이제 우리는 동양과 한국 으로부터 무의 신학(theology of nothing)의 하나님을 만날 수도 있지 않을까? 사도 바울은 로마서 11:26에서 무와 존재와 과정의 삼위일체를 이렇게 가르친다.

이는 만물이 주에게서 나오고, 주로 말미암고, 주에게로 돌아감이라. 그에게 영광이 세세에 있을지어다. 아멘(ὅτι ἐξ αὐτοῦ καὶ δι αὐτοῦ καὶ εἰς αὐτὸν τὰ πάντα· αὐτῷ ἡ δόξα εἰς τοὺς αἰῶνας· ἀμήν).

없는 성부無(nihil)와 있는 성자有(esse) 사이의 영적 과정過程(processio) 이 삼위일체 하나님이시다. 하나님은 무와 존재와 과정의 삼위일체이 시다. 신정론은 무와 존재와 과정의 거룩한 신비를 옹호하는 것이다.

---

29 마이스터 에크하르트는 '무'(nihil)로서의 하나님을 '토대 혹은 근원'(grund)이라고 불렀다. "토대(ground)에는 침묵의 '중간'(the silent 'middle')만이 있다. 여기에는 아무것도 없고, 오직 쉼만이 있다." Walshe, Meister Eckhart, 31. '토대'(중세 고독일어의 'grunt', 현대 독일어의 'grund')가 가지는 중요성 때문에 맥긴은 에크하르트의 신학을 '토대의 신비주의'(mysticism of ground)라고 부를 것을 제안한다. Bernard McGinn, The Mystical Thought of Meister Eckhart: The Man From Whom God Hid Nothing (New York: A Herder and Herder Book, 2001), 37.

아퀴나스가 성서를 인용하듯, "주님께서는 죽이시고 또한 살리신다"(*Dominus mortificat et vivificat*).[30]

언어를 말해 본 자만이 침묵할 수 있다. 침묵을 품은 자만이 언어를 잉태한다. 언어 없이 무를 경험할 수 없기 때문이다. 빈 마음만이 초월의 언어를 태어나게 하기 때문이다. 신정론은 무의 거룩함이 자신의 존재를 드러내도록 우리의 언어를 드리는 성례전이다. 체계와 길 사이에서 침묵이 언어화한 것이 신정론이다. 그러한 신정론은 무용한 것인가? 악의 이유들에 대한 체계와 해체와 침묵은 사실 우리의 삶에서 불필요한 것인가? 모든 존재의 가치를 유용성(*utilitas*)으로 축소하려는 것은 오직 근대적 인간의 사유 습관일 뿐이다. 아우구스티누스의 통찰처럼, 하나님은 '사용'(*uti*)의 대상이 아니라 '향유'(*frui*)의 대상이다.[31] 또한 "단순성을 추구하라 그리고 그것을 불신하라"고 화이트헤드는 조언한다.[32] 신정론의 존재 이유는 어쩌면 대답에 있는 것도, 질문에 있는 것도 아니다. 악의 이유들에 대한 대답과 뒤이은 그것들의 불신을 통해 신정론은 우상 속으로 신을 망각하지 않도록 우리를 지킨다. 신정론은 우리의 인간성과 초월적 신비를 지키는 과제이다.

---

30 사무엘상 2:6; *ST*, 1a. 49, 2.

31 "어떤 존재를 향유(享有, *frui*)하는 것은 그 존재 자체만을 위하며, 그 존재 안에서 만족하며 쉬는 것이다. 반면 사용(使用, *uti*)하는 것은 욕망의 정당한 대상일 경우, 그것을 소유하기 위해 자신에게 주어진 모든 수단을 동원하는 것이다. 부당한 대상일 경우, 오히려 남용이라고 우리는 불러야 한다." Augustine, *De Doctrina Christiana*, I, 4.

32 "Seek simplicity and distrust it." A. N. Whitehead, *The Concept of Nature* (Cambridge: Cambridge University Press, 1920), 163.

러시아의 한 수도원에서 라이너 마리아 릴케[Rainer Maria Rilkey]가 기도처럼 찾아온 일련의 시를 기록한 것 중에 〈난 삶의 회전回轉 반경을 넓히며 살았다〉는 시가 있다. 여기서 릴케는 자신의 인생을 하나님이라는 태초의 물음을 맴도는 작은 매에 비유한다.

> 난 삶의 회전 반경을 넓히며 살았다
> 세상을 가로질렀다
> 마지막 이 회전은
> 끝내지 못할지도 모르지만
> 난 자신을 온전히 거기에 준다
>
> 난 태초의 망루 둘레를,
> 하나님 둘레를 회전한다
> 벌써 천년의 여러 번을 회전하고 있다
> 하지만 아직도 모르겠다
> 난 매일까,
> 폭풍일까,
> 한 위대한 노래일까?[33]

우리도 릴케의 '매'처럼 두려움 없이 하나님이라는 물음 주위를 선회하고자 한다. 그것은 항상 마치지 않은 염려의 여정이다. 미정고未定

---

33 Rainer Maria Rilkey, "Ich lebe mein Leben in wachsenden Ringen," Anita Barrows and Joanna Macy trans., *Rilke's Book of Hours: Love Poems to God* (New York: Riverhead books, 1996), 48.

稿는 곧 완결되지 않은 원고이다. 신정론의 완성은 항상 불가능하다. 그럼에도 거기에 자신을 던지는 것이 신학적 실존의 존재 방식이다.

참 고 문 헌

1. 한국어 저술, 논문

고운기.『나의 별에도 봄이 오면: 윤동주의 삶과 문학』. 서울: 산하, 2006.

고흐, 빈센트 반 지음/신성림 옮김.『반 고흐, 영혼의 편지』. 서울: 예담, 1999.

그리핀, 데이빗 지음/이세형 옮김.『과정 신정론: 하나님, 힘, 그리고 악에 대한 물음』. 대구: 이문출판사, 2007.

김경재.「함석헌 사관의 기독교적 요소」.『신학사상』66집, 1989.

_____.「함석헌의 '씨올'의 역사철학」. 교수신문 엮음,『오늘의 우리 이론 어디로 가는가: 현대 한국의 자생이론 20』. 서울: 생각의 나무, 2003.

김성수.『함석헌 평전: 신의 도시와 세속 도시 사이에서』. 서울: 삼인, 2011.

김태곤 편.『한국무신도』. 서울: 열화당, 1989.

김흥호.『제소리: 유영모 선생님 말씀』. 서울: 풍만, 1983.

노평구 엮음.『김교신 전집 6: 일기 II』. 서울: 부키, 2002.

다석학회 엮음.『다석강의』. 서울: 현암사, 2006.

덴칭거, 하인리히.『신경, 신앙과 도덕에 관한 규정·선언 편람』. 서울: 한국천주교주 교회의, 2017.

도스또예프스끼, 표도르 미하일로비치 지음/이대우 옮김.『까라마조프 씨네 형제 들』. 파주: 열린책들, 2007.

레벤슨, 존 D. 지음/홍국평, 오윤탁 옮김.『창조와 악의 잔존: 하나님의 전지전능에 대한 유대교의 드라마』. 서울: 새물결플러스, 2019.

류영모 지음/박영호 풀이.『명상록: 진리와 참 나』. 서울: 두레, 2000.

마샬, I. 하워드.『루가복음 (II)』. 서울: 한국신학연구소, 1984.

문익환.「동주형의 추억」. 윤동주 시집,『하늘과 바람과 별과 시』. 서울: 정음사, 1968.

박영식.『고난과 하나님의 전능』. 서울: 동연출판사, 2012.

박영호.『다석 전기: 류영모와 그의 시대』. 서울: 교양인, 2012.

박재순.『민중신학과 씨올 사상』. 서울: 천지, 1990.

박종홍. 『실학 사상의 탐구』. 서울: 현암사, 1974.

브라이트, J. 『예레미야』. 서울: 한국신학연구소, 1985.

빌라데서, 리차드 지음/손호현 옮김. 『신학적 미학』. 서울: 한국신학연구소, 2001.

서남동. 『전환시대의 신학』. 서울: 한국신학연구소, 1976.

셸링 지음/최신한 옮김. 『인간적 자유의 본질 외』. 파주: 한길사, 2000.

소금 유동식전집편집위원회 편집. 『소금 유동식 전집 제4권: 신학사』. 서울: 한들출판사, 2009.

손호현. 「아름다움의 모험: 화이트헤드의 세 가지 신정론 분석」. 『한국기독교신학논총』 43집, 2006.

_____. 「미학신학을 찾아서: 화이트헤드의 과정신학과 미학」. 『한국조직신학논총』 16집, 2006.

_____. 『아름다움과 악: 1권, 신학적 미학 서설』. 서울: 한들, 2009.

_____. 『아름다움과 악: 2권, 아우구스티누스의 미학과 신정론』. 서울: 한들, 2009.

_____. 『아름다움과 악: 3권, 화이트헤드의 미학과 신정론』. 서울: 한들, 2009.

_____. 『아름다움과 악: 4권, 헤겔의 미학과 신정론』. 서울: 한들, 2009.

_____. 「다원성과 모호성: 구약성서의 신정론 연구」. 『한국기독교신학논총』 82집, 2012.

_____. 『사도신경: 믿음의 알짬』. 서울: 동연, 2014.

_____. 「윤동주와 신정론: 司祭와 詩人의 결혼으로서의 八福」. 『신학논단』 81집, 2015.

_____. 「신정론과 위안: 에크하르트의 『하나님의 위안』 연구」. 『신학연구』 72집, 2018.

_____. 「가난의 초월성과 민중신학의 미래: 민중 데우스, 예술, 그리고 성서」. 죽재 서남동기념사업회 엮음, 『민중신학과 예술』. 서울: 동연, 2018.

_____. 「융의 사위일체 신정론: '넷째는 어디에 있는가'」. 『신학사상』 182집, 2018.

송우혜. 『윤동주 평전』 재개정판. 서울: 푸른역사, 2004.

신우진. 「고난받는 자를 위한 신정론: 다석 유영모와 화이트헤드의 신정론의 대화를 중심으로」. 연세대학교 대학원 신학과 석사학위논문, 2023.

신후담 지음/김선희 옮김. 『하빈 신후담의 돈와서학변』. 서울: 사람의무늬, 2014.

아우구스띠누스 지음/성염 역주. 『자유의지론』. 왜관: 분도출판사, 1998.

아우구스티누스 지음/성염 역주.『신국론: 제11-18권』. 왜관: 분도출판사, 2004.

_____. /성염 역주.『삼위일체론』. 왜관: 분도출판사, 2015.

안재경.『고흐의 하나님』. 서울: 홍성사, 2010.

왕신영·심원섭·오오무라 마스오·윤인석 엮음.『사진판 윤동주 자필 시고전집』증
　　　보판. 서울: 민음사, 2011.

원효 지음/은정희 역주.『대승기신론 소·별기』. 서울: 일지사, 1991.

Westermann, C.『이사야(3)』. 서울: 한국신학연구소, 1990.

유동식.『풍류도와 예술신학: 유동식 신학수첩』. 서울: 한들출판사, 2006.

이건청 편저.『나의 별에도 봄이 오면: 윤동주 평전』. 서울: 문학세계사, 1981.

이능화, 권상로 저.『朝鮮宗敎史』. 서울: 민속원 影刊, 2002.

이능화.『조선신사지(朝鮮神事誌)』. 서울: 동문선, 2007.

이용주.「악에 직면하여 신을 사유함: 셸링의『자유론』을 중심으로」.『헤겔연구』
　　　37호.

이정배.『없이 계신 하느님, 덜 없는 인간: 多夕신학의 얼과 틀 그리고 쓰임』. 서울:
　　　도서출판 모시는 사람들, 2009.

일연 지음/김원중 옮김.『삼국유사』. 서울: 을유문화사, 2002.

정약종.『주교요지』. 하성래 감수. 서울: 성황석두루가서원, 2009.

정인보 지음/문성재 역주.『조선사연구 下』. 서울: 우리역사연구재단, 2013.

정지석.「함석헌의 민중사상과 민중신학」.『신학사상』134집, 2006.

케제만, 에른스트.『로마서』. 서울: 한국신학연구소, 1986.

포우프, 마빈 H.『욥기』. 서울: 한국신학연구소, 1983.

폰 라트, 게르하르트.『창세기』. 서울: 한국신학연구소, 1983.

한국문화신학회 엮음.『한국신학, 이것이다』. 서울: 한들출판사, 2008.

함석헌.『聖書的 立場에서 본 朝鮮歷史』. 서울: 星光文化社, 1950.

_____.『뜻으로 본 韓國歷史』. 서울: 一宇社, 1962.

_____.『함석헌 저작집』7권. 파주: 한길사, 2009.

_____.『함석헌 저작집』18권. 파주: 한길사, 2009.

홍장학.『정본 윤동주 전집 원전연구』. 서울: 문학과지성사, 2004.

화이트헤드 지음/오영환 옮김.『과정과 실재』. 서울: 민음사, 1991.

_____. /류기종 옮김.『宗敎論』. 서울: 종로서적, 1986.

_____. /오영환 옮김. 『과학과 근대세계』. 서울: 서광사, 1989.

_____. /오영환·문창옥 옮김. 『열린 사고와 철학』. 서울: 고려원, 1992.

_____. /오영환 옮김. 『관념의 모험』. 파주: 한길사, 1996.

힉, 존 지음/김장생 옮김. 『신과 인간 그리고 악의 종교철학적 이해』. 파주: 열린책
    들, 2007.

2. 외국어 저술, 논문

Adams, Marilyn McCord. *Horrendous Evils and the Goodness of God*. Ithaca and
    London: Cornell University Press, 1999.

Adams, Marilyn McCord and Robert Merrihew Adams ed. *The Problem of Evil*.
    Oxford: Oxford University Press, 1990.

Al-Fayyumi, Saadiah Ben Jesoph. *The Book of Theodicy: Translation and
    Commentary on the Book of Job*. Trans. L. E. Goodman. New Haven: Yale
    University Press, 1988.

Augustine. *Divine Providence and the Problem of Evil: A Translation of St.
    Augustine's De Ordine*. New York: Cosmopolitan Science & Art Service
    Co., Inc., 1942.

_____. *Earlier Writings*. Trans. John H. S. Burleigh. Philadelphia: Westminster,
    1953.

_____. *Letters* II. Washington, D. C.: The Catholic University of America Press,
    1953.

_____. *The Trinity*. Trans. Edmund Hill. New York: New City Press, 1991.

_____. *Enchiridion ad Laurentium de fide spe etcaritate* (A Handbook on Faith,
    Hope, and Love). In Roberts, Alexander and Donaldson, James eds,
    Nicene and Post-Nicene Fathers, First Series: Volume III. Oak Harbor, WA:
    Logos Research Systems, 1997.

Balthasar, Hans Urs von. *The Glory of the Lord: A Theological Aesthetics, Volume
    I: Seeing the Form*. San Francisco: Ignatius Press, 1998.

_____. *Glory of the Lord: A Theological Aesthetics, Volume V: The Realm of*

Metaphysics in the Modern Age. San Francisco: Ignatius Press, 1991.

Barineau, R. Maurice. *The Theodicy of Alfred North Whitehead: A Logical and Ethical Vindication*. Lanham and New York: University Press of America, Inc., 1991.

Barth, Karl. *Church Dogmatics III.1: The Doctrine of Creation*. Edinburgh: T & T Clark, 1958.

_____. *Church Dogmatics III.3: The Doctrine of Creation*. Edinburgh: T & T Clark, 1960.

Bonhoeffer, Dietrich. *Letters and Papers from Prison*. London: SCM Press, 1967.

Brown, Peter. *Augustine of Hippo*. Berkeley: University of California Press, 1967.

Bultmann, Rudolf. *Jesus Christ and Mythology*. New York: Charles Scribner's Sons, 1958.

_____. *Kerygma and Myth*. New York: Harper Torchbooks, 1961.

Burns, J. Patout. "Variations on a Dualist Theme: Augustine on the Body and the Soul." In Jane Kopas ed., *Interpreting Tradition: The Art of Theological Reflection*. California: Scholars Press, 1983.

_____. "Augustine on the origin and progress of evil." In William S. Babcock ed., *The Ethics of St. Augustine*. Atlanta: Scholars Press, 1991.

Cahill, Jonathan M. "Freedom for Life: Karl Barth, Transhumanism and Human Flourishing." *Ethics & Medicine*, 30.2, 2014.

Calvin, John. *Institutes of the Christian Religion*. Trans. Ford Lewis Battles. Philadelphia: Westminster, 1960.

Campbell, C. A. *On Selfhood and Godhood*. London: George Allen & Unwin, 1957.

Cannon, Lincoln. "What is Mormon Transhumanism?" *Theology and Science*, 13.2, 2015.

Caputo, John D. *The Mystical Element in Heidegger's Thought*. New York: Fordham University Press, 1986.

Charet, F. X. "A Dialogue Between Psychology and Theology: The correspondence of C. G. Jung and Victor White." *Journal of Analytical Psychology*, vol. 35, 1990.

Clendenen, Avis. "Hildegard, Jung, and the Dark Side of God." *Magistra*, vol. 16, no. 2, 2010.

Cobb, John B. *A Christian Natural Theology: Based on the Thought of Alfred North Whitehead*. Philadelphia: The Westminster Press, 1965.

Corbett, Lionel. "Jung's *The Red Book* Dialogues with the Soul." *Jung Journal: Culture & Psyche*, vol. 5, no. 3, 2011.

Crenshaw, James L. *Defending God: Biblical Responses to the Problem of Evil*. Oxford: Oxford University Press, 2005.

Cunningham, Conor. *Genealogy of Nihilism: Philosophies of nothing and the difference of theology*. London and New York: Routledge, 2002.

Davis, Stephen T. *Encountering Evil: Live Options in Theodicy. A New Edition*. Louisville: Westminster John Knox Press, 2001.

Deleuze, G. and F. Guattari. *What is Philosophy*. Trans. G. Burchell and H. Tomlinson. London: Verso, 1994.

Desmond, William. *Art and the Absolute: A Study of Hegel's Aesthetics*. Albany: SUNY, 1986.

Dostoevsky, Fyodor. *Letters of Fyodor Michailovitch to his Family and Friends*. Trans. Ethel Colburn Mayne. London: Chatto & Windus, 1917.

_____. *The Idiot*. Trans. Alan Myers. Oxford: Oxford University Press, 1992.

Dreyfus, Hubert. *What Computers Can't Do*. New York: MIT Press, 1972.

Eckhart, Meister. *Meister Eckhart: A Modern Translation*. Trans. Raymond Bernard Blakney. New York: HarperOne, 1941.

_____. *Meister Eckhart: The Essential Sermons, Commentaries, Treatises, and Defense*. Trans. Edmund Colledge and Bernard McGinn. Mahwah, NJ: Paulist Press, 1981.

_____. *Meister Eckhart: Selected Treatises and Sermons*. Trans. James M. Clark and John V. Skinner. London: Fount, 1994.

_____. *The Complete Mystical Works of Meister Eckhart*. Ed. and trans. Maurice O'C. Walshe. New York: A Herder & Herder Book, 2009.

Eco, Umberto. *The Aesthetics of Thomas Aquinas*. Cambridge, Mass.: Harvard

University Press, 1988.

Edgerton, Franklin trans. *The Bhagavad Gita*. New York: Harper Touchbooks, 1964.

Ely, Stephen Lee. *The Religious Availability of Whitehead's God: A Critical Analysis*. Madison: The University of Wisconsin Press, 1942.

Fackenheim, Emil. *Encounters between Judaism and Modern Philosophy: A Preface to Future Jewish Thought*. New York: Schocken, 1973.

Feinberg, John S. *The Many Faces of Evil: Theological Systems and the Problems of Evil, Revised and Expanded Edition*. Wheaton, Illinois: Crossway Books, 2004.

Ford, Lewis S. *The Emergence of Whitehead's Metaphysics 1925-1929*. Albany, N. Y.: State University of New York Press, 1984.

Ford, Lewis S. and Marjorie Suchocki. "A Whiteheadian Reflection on Subjective Immortality." *Process Studies*, 7, 1977.

Frankfurt, Harry G. "The Logic of Omnipotence." *The Philosophical Review*, vol. 73, no. 2, 1964.

Fukuyama, Francis. "Transhumanism." *Foreign Policy*, no. 144, 2004.

Geraci, Robert M. "Apocalyptic AI: Religion and the Promise of Artificial Intelligence." *Journal of the American Academy of Religion*, 76.1, 2008.

_____. "Artificial Intelligence, Networks, and Spirituality." *Zygon*, 45.4, 2010.

Gogh, Vincent van. *The Complete Letters of Vincent van Gogh with reproductions of all the drawings in the correspondence*. London: Thames & Hudson, 1978.

Grant, Robert M. and David Tracy. *A Short History of the Interpretation of the Bible*. Second edition. USA: Fortress Press, 1984.

Green, Brian Patrick. "Transhumanism and Roman Catholicism: Imagined and Real Tensions." *Theology and Science*, 13.2, 2015.

Green, Ronald M. "Theodicy." Mircea Eliade ed., *The Encyclopaedia of Religion*, vol. 14. New York: MacMillan, 1987.

Grey, Aubrey de. *Ending Aging: The Rejuvenation Breakthroughs That Could*

Reverse Human Aging in Our Lifetime. New York: St. Martin's Press, 2007.

Griffin, David Ray. *God, Power, and Evil: A Process Theodicy*. Philadelphia: Westminster Press, 1976.

_____. *Evil Revisited: Responses and Reconsiderations*. Albany: State University of New York Press, 1991.

Harari, Yuval Noah. *Homo Deus: A Brief History of Tomorrow*. New York: Harper, 2017.

Harris, H. S. *Hegel's Development: Toward the Sunlight (1770-1801)*. Oxford: Clarendon Press, 1972.

_____. *Hegel's Development: Night Thoughts (Jena 1801-1806)*. Oxford: Clarendon Press, 1983.

Hartshorne, Charles. *The Logic of Perfection and Other Essays in Neoclassical Metaphysics*. La Salle, Illinois: Open Court Publishing Company, 1962.

_____. *Creative Synthesis & Philosophic Method*. La Salle, Illinois: The Open Court Publishing Co., 1970.

_____. *Born To Sing: An Interpretation and World Survey of Bird Song*. Bloomington: Indiana University Press, 1973.

Hefner, Philip. "Is Theodicy a Question of Power?" *Journal of Religion*, 59, no. 1, 1979.

Hegel, G. W. F. *Philosophy of History*. Trans. J. Sibree. New York: P. F. Collier and Son, 1905.

_____. *Briefe: Von und an Hegel*, vol. 1. Ed. Johannes Hoffmeister. Hamburg: Meiner, 1952.

_____. *Hegel's Philosophy of Right*. Trans. T. M. Knox. Oxford: Clarendon Press, 1952.

_____. *Encyclopedia of Philosophy*. Trans. G. E. Mueller. New York: Philosophical Library, 1959.

_____. *Hegel's Philosophy of Mind, Being Part Three of the Encyclopaedia of the Philosophical Sciences*. Trans. William Wallace. Oxford: Clarendon Press, 1971.

_____. *Lectures on the Philosophy of World History. Introduction: Reason in History.* Trans. H. B. Nisbet. Cambridge: Cambridge University Press, 1975.

_____. *Aesthetics: Lectures on Fine Arts.* Trans. T. M. Knox. Oxford: Clarendon, 1975.

_____. *Natural Law: The Scientific Ways of Treating Natural Law, Its Place in Moral Philosophy, and Its Relation to the Positive Sciences of Law.* Trans. T. M. Knox. Philadelphia: University of Pennsylvania Press, 1975.

_____. *Phenomenology of Spirit.* Trans. A. V. Miller. Oxford: Oxford University Press, 1977.

_____. *Faith & Knowledge.* Trans. H. S. Harris & Walter Cerf. Albany: SUNY Press, 1977.

_____. *The Difference between Fichte's and Schelling's System of Philosophy.* Trans. H. S. Harris and Walter Cerf. Albany: State University of New York Press, 1977.

_____. *Hegel: The Letters.* Trans. Clark Butler and Christiane Seiler. Bloomington: Indiana University Press, 1984.

_____. *Lectures on the Philosophy of Religion,* 3 vols. Ed. Peter C. Hodgson. Berkeley: University of California Press, 1984, 1987, 1985.

_____. *The Encyclopaedia Logic: Part I of the Encyclopaedia of Philosophical Sciences with the Zusätze.* Trans. T. F. Geraets, W. A. Suchting, and H. S. Harris. Indianapolis and Cambridge: Hackett Publishing Company, Inc., 1991.

_____. *Lectures on the History of Philosophy, vol. 3: Medieval and Modern Philosophy.* Trans. by E. S. Haldane and F H. Simson. Lincoln and London: University of Nebraska Press, 1995.

Heidegger, Martin. *Essays in Metaphysics.* New York; Philosophical Library Inc., 1960.

_____. *Being and Time.* Trans. John Macquarrie and Edward Robinson. New York: Harper & Row, 1962.

_____. *Der Satz vom Grund*. Pfullingen: Verlag Günther Neske, 1965.

_____. "Nur noch ein Gott kann uns retten." *Der Spiegel*, 30, 1976.

_____. "What Is Metaphysics?" *Basic Writings*. New York: Harper & Row, 1977.

Heimbach, Daniel R. "Cloning Humans: Dangerous, Unjustifiable, and Genuinely Immoral." *Valparaiso University Law Review*, 32, 1998.

Heisenberg, Werner. *The Physicist's Conception of Nature*. London: Hutchinson & Co., 1958.

Heller, Jan C. "Religious Perspectives on Human Cloning: Revisiting Safety as a Moral Constraint." *Valparaiso University Law Review*, 32, 1998.

Helmer, Christine. "More Difficult to Believe? Luther on Divine Omnipotence." *International Journal of Systematic Theology*, vol. 3, no. 1, 2001.

Hermanni, F. *Die letzte Entlastung*. Wien: Passagen-Verlag, 1994.

Hick, John. *Death and Eternal Life*. London: Collins, 1976.

_____. *Evil and the God of Love*. Revised edition. New York: Harper & Row, 1977.

_____. *Philosophy of Religion*, fourth edition. Englewood Cliffs, New Jersey: Prentice Hall, 1990.

Hodgson, Peter C. *God in History: Shapes of Freedom*. Nashville: Abingdon Press, 1989.

Hopkins, Jasper. *Nicholas of Cusa on Learned Ignorance: A Translation and an Appraisal of De Docta Ignorantia*. Minneapolis: Arthur J. Banning Press, 1985.

Hume, David. *Dialogues concerning natural religion*. Indianapolis: Bobbs-Merrill, 1947.

Hwang, Sunwoo. "Transgenerational Punishment in the Hebrew Bible." Heerak Christian Kim, *Journeys in Biblical Studies*. Highland Park: The Hermit Kingdom Press, 2008.

Hyppolite, Jean. *Genesis and Structure of Hegel's Phenomenology of Spirit*. Trans. Samuel Cherniak and John Heckman. Evanstn: Northwestern University Press, 1974.

Jung, Carl Gustav. *Psychology and Religion: West and East as The Collected Works of C. G. Jung, vol. 11.* Trans. R. F. C. Hull. New York: Pantheon Books, 1958.

_____. *Aion: Researches into the Phenomenology of the Self* as *The Collected Works of C. G. Jung*, vol. 9, part 2. Trans. R. F. C. Hull. Princeton, N. J.: Princeton University Press, 1959.

Jüngel, Eberhard. "'Even the beautiful must die': Beauty in the Light of Truth. Theological Observations on the Aesthetic Relation." In Jüngel, *Theological Essays II.* Edinburgh: T & T Clark, 1995.

Kant, Immanuel. *Critique of Pure Reason.* Trans. Werner S. Pluhar. Indianapolis and Cambridge: Hackett Publishing Company, Inc., 1996.

_____. "On the miscarriage of all philosophical trials in theodicy." In Kant, *Religion and Rational Theology,* trans. Allen W. Wood and George Di Giovanni. Cambridge: Cambridge University Press, 1996.

_____. "Lectures on the Philosophical Doctrine of Religion." In Kant, *Religion and Rational Theology,* trans. Allen W. Wood and George Di Giovanni. Cambridge: Cambridge University Press, 1996.

Kaufman, Gordon D. *In Face of Mystery: A Constructive Theology.* Cambridge: Harvard University Press, 1994.

Kaufmann, Walter. *Hegel: Reinterpretation, Texts, and Commentary.* London: Weidenfeld and Nicholson, 1966.

Kearney, R. *The God who may be: A hermeneutics of religion.* Bloomington: Indiana University Press, 2001.

Kera, Denisa. "Designing for Death and Apocalypse: Theodicy of Networks and Uncanny Archives." *The Information Society,* 29, 2013.

Krafte, Lori E. "Subjective Immortality Revisited." *Process Studies,* 9, 1979.

Kurzweil, Ray. *The Singularity Is Near: When Humans Transcend Biology.* New York: Penguin Books, 2005.

Laato, Antti and Johannes C. de Moor eds. *Theodicy in the World of the Bible.* Leiden and Boston: Brill, 2003.

Lactantius. *On the Anger of God.* Trans. William Fletcher. Grand Rapids, Michigan:

Wm. B. Eerdman, 1951.

Lamborn, Amy Bentley. "Revisiting Jung's 'A Psychological Approach to the Dogma of the Trinity': Some Implications for Psychoanalysis and Religion." *Journal of Religion and Health*, vol. 50, no. 1, 2011.

Lammer, Ann Conrad. *In God's Shadow: The Collaboration of Victor White and C. G. Jung*. New York: Paulist Press, 1994.

_____. "Jung and White and the God of terrible double aspect." *Journal of Analytical Psychology*, 52, 2007.

Larrimore, Mark. *The Problem of Evil: A Reader*. Oxford: Blackwell, 2001.

Lawrence, D. H. "Preface to Dostoevsky's *The Grand Inquisitor*." Rene Wellek ed., *Dostoevsky*. Englewood Cliffs, N.J.: Prentice-Hall, 1962.

Leibniz, G. W. *Theodicy: Essays on the Goodness of God, the Freedom of Man and the Origin of Evil*. Ed. Austin Farrer and trans. E. M. Huggard. New Haven: Yale University Press, 1982.

_____. *G. W. Leibniz: Philosophical Essays*. Trans. Roger Ariew and Daniel Garber. Indianapolis and Cambridge: Hackett Publishing Company, 1989.

Lessing, Gotthold Ephraim. *Lessing's Theological Writings*. Stanford: Stanford University Press, 1957.

Lindbeck, George A. "Barth and Textuality." *Theology Today*, 43, 1986.

Livingston, James C. *Modern Christian Thought*, vol. 1, second edition. Minneapolis: Fortress, 2006.

Lovejoy, Arthur O. *The Great Chain of Being: A Study of the History of an Idea*. Cambridge, MA: Harvard University Press, 1936.

Löwith, Karl. *Meaning in History*. Chicago: The University of Chicago Press, 1949.

Lucas, George R. *Two Views of Freedom in Process Thought: A Study of Hegel and Whitehead*. Missoula, Montana: Scholars Press, 1979.

Luther, Martin. *Lectures on Genesis: Chapters 26-30*. Ed. Jaroslav Pelikan, Hilton C. Oswald, and Helmut T. Lehmann. *Luther's Works*. Philadelphia: Fortress, 1999.

_____. *The Bondage of the Will*. Trans. O. R. Johnston. Grand Rapids: Baker, 2003.

Mackie, J. L. "Evil and Omnipotence." *Mind*, 64, 1955.

Maritain, Jacques. *Creative Intuition in Art and Poetry*. New York: Pantheon Books, 1953.

Mattes, Mark C. *Martin Luther's Theology of Beauty: A Reappraisal*. Grand Rapids, Michigan: Baker Academic, 2017.

Mavrodes, George. "Some Puzzles Concerning Omnipotence." *The Philosophical Review*, vol. 72, no. 2, 1963.

May, Gerhard. *Creaio Ex Nihilo: The Doctrine of 'Creation out of Nothing' in Early Christian Thought*. Trans. A. S. Worrall. London and New York: T & T Clark International, 2004.

McGinn, Bernard. *The Mystical Thought of Meister Eckhart: The Man From Whom God Hid Nothing*. New York: A Herder and Herder Book, 2001.

_____. *The Harvest of Mysticism in Medieval Germany*. New York: A Herder & Herder Book, 2005.

McKibben, Bill. *Enough: Staying Human in an Engineered Age*. New York: Henry Holt & Co., 2003.

Mercer, Calvin. "Resurrection of the Body and Cryonics." *Religions*, 8, 2017.

Moltmann, Jürgen. *The Crucified God*. Minneapolis: Fortress Press, 1993.

_____. "Only the Suffering God Can Help." *The Cry for Simplicity*, vol. 7, no. 4 by WMF US & Global, May 6, 2009.

_____. "Political Theology in Ecumenical Contexts." In Francis Schüssler Fiorenza, Klaus Tanner, Michael Welker eds., *Political Theology: Contemporary Challenges and Future Directions*. Louisville, Kentucky: Westminster John Knox Press, 2013.

Moreno, Antonio. "Jung's Ideas on Religion." *The Thomist*, vol. 31, no. 3, 1967.

Neiman, Susan. *Evil in Modern Thought: An Alternative History of Philosophy*. Princeton: Princeton University Press, 2002.

Nemo, Philippe. *Job and the Excess of Evil*. Pittsburgh: Duquesne University Press, 1998.

Neusner, Jacob ed. *Judaism Transcends Catastrophe*, vol. 1: *Faith Renewed*.

Macon, Georgia: Mercer University Press, 1994.

Nicoll, W. Robertson ed. *The Expositor's Greek Testament*, vol. 3. New York: George H. Doran Company, 1897-1910.

Nietzsche, Friedrich. *Ecce Homo*. Trans. Duncan Large. Oxford: Oxford University Press, 2007.

Norris, Christopher. *Spinoza & the Origins of Modern Critical Theory*. Oxford: Basil Blackwell, 1991.

O'Connell, Robert J. *Art and the Christian Intelligence in St. Augustine*. Cambridge, MA: Harvard University Press, 1978.

O'Flaherty, W. D. *The Origins of Evil in Hindu Mythology*. Berkeley: University of California Press, 1976.

O'Regan, Cyril. *The Heterodox Hegel*. Albany: SUNY, 1994.

Palmer, M. F. *Freud and Jung on Religion*. New York: Routledge, 1997.

Pannenberg, Wolfhart. *Systematic Theology*, vol. 2. Trans. Geoffrey W. Bromiley. Grand Rapids, Michigan: William B. Eerdmans Publishing Company, 1994.

_____. *Systematic Theology*, vol. 3. Trans. Geoffrey W. Bromiley. Grand Rapids, Michigan: William B. Eerdmans Publishing Company, 1998.

Parfit, Derek. *Reasons and Persons*. Oxford: Oxford University Press, 1984.

Peckham, John. "An Investigation of Luther's View of the Bondage of the Will with Implications for Soteriology and Theodicy." *Journal of the Adventist Theological Society*, 18/2, Autumn 2007.

Penchansky, David. *What Rough Beast? Images of God in the Hebrew Bible*. Lousville: Westminster John Knox, 1999.

Peters, Ted. *Playing God? Genetic Determinism and Human Freedom*. New York: Routledge, 1997.

Philip, H. L. *Jung and the Problem of Evil*. New York: Robert M. McBride Co., 1959.

Pike, Nelson. "Hume on Evil." *Philosophical Review*, 72, 1963.

Plantinga, Alvin C. *God and Other Minds*. Ithaca, N.Y.: Cornell University Press, 1967.

_____. *God, Freedom, and Evil.* Grand Rapids, Michigan: William B. Eerdmans Publishing Company, 1977.

Pollock, Frederick. *Spinoza: His Life and Philosophy,* 2nd edition. 1899; New York: American Scholar Publications, Inc., 1966.

Pope, Alexander. "An Essay on Man." In *The Norton Anthology of Poetry,* 3rd ed. New York: W. W. Norton & Company.

Quash, J. B. "'Between the Brutally Given, and the Brutally, Brutally Free': Von Balthasar's Theology of Drama in Dialogue with Hegel." *Modern Theology,* 13.3, 1997.

Rahner, Karl. *Theological Investigations,* vol. 3. Baltimore: Helicon Press, 1967.

_____. *Theological Investigations,* vol. 19. New York: Crossroad, 1983.

Ricoeur, Paul. *The Symbol of Evil.* Boston: Beacon Press, 1967.

_____. *The Conflict of Interpretations.* Evanston: Northwestern University Press, 1974.

_____. "Evil, A Challenge to Philosophy and Theology." *Journal of the American Academy of Religion,* LIII/3, 1985.

Rilkey, Rainer Maria. *Rilke's Book of Hours: Love Poems to God.* Trans. Anita Barrows and Joanna Macy. New York: Riverhead books, 1996.

Rowe, William. "The Problem of Evil and Some Varieties of Atheism." *American Philosophical Quarterly,* 16, 1979.

Russel, Jeffrey Burton. *The Devil: Perceptions of Evil from Antiquity to Primitive Christianity.* Ithaca: Cornell University Press, 1977.

_____. *Satan: The Early Christian Tradition.* Ithaca: Cornell University Press, 1981.

Santayana, George. *The Sense of Beauty: Being the Outline of Aesthetic Theory.* 1896; reprinted ed., Dover Publications, 1955.

Sartre, Jean-Paul. *Existentialism.* Trans. Bernard Frechtman. New York: Philosophical Library, 1947.

Schleiermacher, Friedrich. *The Christian Faith.* Edinburgh: T. & T. Clark, 1989.

Schmitt, Carl. *Political Theology: Four Chapters on the Concet of Sovereignity.* Trans.

George Schwab. Chicago: The University of Chicago Press, 2005.

Schürmann, Reiner. *Wandering Joy: Meister Eckhart's mystical philosophy*. Great Barrington, MA: Lindisfarne Books, 2001.

Sheehan, Thomas ed. *Heidegger: The Man and the Thinker*. Chicago: Precedent Publishing, 1981.

Sohn, Hohyun. "Minjung Theological Aesthetics." *Madang*, vol. 29, 2018.

_____. "Singularity Theodicy and Immortality." *Religions*, 10, 165, 2019.

Spinoza, B. *Ethics*. Trans. G. H. R. Parkinson. Oxford: Oxford University Press, 2000.

_____. *The Collected Works of Spinoza*, vol. 2. Ed. and trans. Curley, Edwin. Princeton, New Jersey: Princeton University Press, 2016.

Stein, Murray. "Of texts and contexts: reflections upon the publication of The Jung-White Letters." *Journal of Analytical Psychology*, 52, 2007.

Stoeber, Michael. *Evil and the Mystics' God: Towards a Mystical Theodicy*. Toronto: University of Toronto Press, 1992.

Stopa, Sasja Emilie Mathiasen. "'Seeking Refuge in God against God': The Hidden God in Lutheran Theology and the Postmodern Weakening of God." *Open Theology*, 4, 2018.

Surin, Kenneth. *Theology and the Problem of Evil*. Oxford: Basil Blackwell Inc., 1986.

Sweeney, Marvin A. *Reading the Hebrew Bible After the Shoah: Engaging Holocaust Theology*. Minneapolis: Fortress Press, 2008.

Swinburne, Richard. *Providence and the Problem of Evil*. Oxford: Clarendon Press, 1998.

Tatarkiewicz, Wladyslaw. *History of Aesthetics. Vol. II: Medieval Aesthetics*. Trans. R. M. Montgomery. The Hague: Mouton, 1970.

Tertullian. *Adversus Marcionem*. Ed. and trans. Ernest Evans, 2 vols. Oxford: Clarendon, 1972.

TeSelle, Eugene. *Augustine the Theologian*. New York: Herder and Herder, 1970.

Thielicke, Helmut. "The Doctor as a Judge of Who Shall Live and Who Shall Die."

In Kenneth Vaux ed., *Who Shall Live?* Philadelphia: Fortress Press, 1970.

Thorburn, William. "The Myth of Occam's Razor." *Mind*, vol. 27, 1918.

Tilley, Terrence W. *The Evils of Theodicy*. Washington, D.C.: Georgetown University Press, 1991.

Tillich, Paul. *Systematic Theology*, vol. 1. Chicago: The University of Chicago Press, 1951.

Tooby, John and Lisa Cosmides. "Conceptual Foundations of Evolutionary Psychology." *The Handbook of Evolutionary Psychology*. Hoboken, NJ: Wiley, 2005.

Tracy, David. *Plurality and Ambiguity: Hermeneutics, Religion, Hope*. Chicago: University of Chicago Press, 1987.

Von Rad, Gerhard. *Old Testament Theology*, vol. 1. Trans. D. M. G. Stalker. New York: Harper & Row, 1962.

Weber, Max. *Religionssoziologie*. Tübingen: Verlag von J. C. B. Mohr, 1920.

_____. *The Sociology of Religion*. Trans. Ephraim Rischoff. Boston: Beacon, 1963.

Weil, Simone. *The Notebooks of Simone Weil*. Trans. Arthur Wills. London: Routledge, 2004.

Whitehead, Alfred North. *The Concept of Nature*. Cambridge: Cambridge University Press, 1920.

_____. *Science and the Modern World*. New York: Macmillan Company, 1925.

_____. *Religion in the Making: Lowell Lectures 1926*. New York: The Macmillan Company, 1926.

_____. *Process and Reality*. New York: Macmillan, and Cambridge, U.K.: Cambridge University Press, 1929.

_____. *Adventures of Ideas*. New York: The Macmillan Company, 1933.

_____. *Modes of Thought*. New York: Macmillan Company, 1938.

_____. "Immortality." In Paul Arthur Schilpp ed., *The Philosophy of Alfred North Whitehead*. New York: Tudor Publishing Company, 1951.

Wolfson, Harry Austryn. *The Philosophy of Spinoza: Unfolding the Latent Processes of His Reasoning*, volume 1. Cambridge: Harvard University Press, 1934.

_____. "Negative Attributes in the Church Fathers and the Gnostic Basilides."
The Harvard Theological Review, April 1957.

Zimmerman, Michael E. "The Singularity: A Crucial Phase in Divine
Self-Actualization?" *Cosmos and History*, 4, 2008.

찾 아 보 기

악의 이유들: 기독교 신정론

2023년 8월 14일 처음 찍음

지은이   손호현
펴낸이   김영호
펴낸곳   도서출판 동연
등록   제1-1383호(1992년 6월 12일)
주소   서울시 마포구 월드컵로 163-3
전화/팩스   (02) 335-2630 / (02) 335-2640
이메일   yh4321@gmail.com
인스타그램   instagram.com/dongyeon_press

ISBN 978-89-6447-900-1 93200